MICHELIN

ATLANTE STRADALE *e* TURISTICO
ATLAS ROUTIER *et* TOURISTIQUE
TOURIST *and* MOTORING ATLAS
STRASSEN- *und* REISEATLAS
TOERISTISCHE WEGENATLAS
ATLAS DE CARRETERAS *y* TURÍSTICO

Italia

Sommario

Copertina interna
Quadro d'insieme

Grandi itinerari .... IV - VII
Distanze VIII
Legenda .... IX - XI

Cartografia - 1/300 000
Italia .... 2 - 81
Sicilia .... 82 - 93
Sardegna .... 94 - 103

Indice completo .... 104 - 169

Copertina interna
Legenda completa

Sommaire

Intérieur de couverture
Tableau d'assemblage

Grands itinéraires .... IV - VII
Tableau de distances VIII
Légende .... IX - XI

Cartographie - 1/300 000
Italie .... 2 - 81
Sicile .... 82 - 93
Sardaigne .... 94 - 103

Index .... 104 - 169

Intérieur de couverture
Légende complète

Contents

Inside front cover
Key to map pages

Route planning .... IV - VII
Distances VIII
Key .... IX - XI

Mapping - 1:300 000
Italy .... 2 - 81
Sicily .... 82 - 93
Sardinia .... 94 - 103

Index .... 104 - 169

Inside back cover
Key

Inhaltsübersicht

Umschlaginnenseite
Übersicht

Reiseplanung .... IV - VII
Entfernungen VIII
Zeichenerklärung .... IX - XI

Kartographie - 1/300 000
Italien .... 2 - 81
Sizilien .... 82 - 93
Sardinien .... 94 - 103

Register .... 104 - 169

Umschlaginnenseite
Zeichenerklärung

Inhoud

Binnenzijde van het omslag
Overzichtskaart

Grote verbindingswegen .... IV - VII
Afstandstabel VIII
Verklaring van de tekens .... IX - XI

Cartografie - 1/300 000
Italië .... 2 - 81
Sicilië .... 82 - 93
Sardinië .... 94 - 103

Register .... 104 - 169

Binnenzijde van het omslag
Verklaring van alle tekens

Sumario

Portada interior
Mapa índice

Información general .... IV - VII
Distancias VIII
Signos convencionales .... IX - XI

Cartografía - 1/300 000
Italia .... 2 - 81
Sicilia .... 82 - 93
Cerdeña .... 94 - 103

Índice .... 104 - 169

Contraportada interior
Signos convencionales

Piante di città | **Plans de ville** | **Town plans**
Stadtpläne | **Stadsplattegronden** | **Planos de ciudades**

104 Agrigento
104 Alessandria
105 Ancona
105 Aosta
106 Arezzo
106 Ascoli Piceno
107 Assisi
108 Bari
109 Bergamo
109 Bologna (pianta d'insieme)
110 Bologna
111 Bolzano
111 Brescia
112 Brindisi
113 Cagliari
115 Catania
116 Como
117 Cortina d'Ampezzo
118 Cosenza
118 Courmayeur
118 Cremona
119 Cuneo
121 Ferrara
121 Firenze (pianta d'insieme)
122 Firenze
123 Forlì
124 Genova (pianta d'insieme)
125 Genova
127 La Spezia
127 L'Aquila
128 Lecce
128 Livorno
129 Lucca
130 Mantova
130 Messina
131 Milano (pianta d'insieme)
132 Milano
134 Modena
136 Napoli (pianta d'insieme)
137 Napoli
138 Novara
139 Padova
139 Palermo (pianta d'insieme)
140 Palermo
141 Parma
141 Pavia
142 Perugia
142 Pesaro
143 Pescara
143 Piacenza
144 Pisa
145 Prato
146 Ravenna
147 Reggio nell'Emilia
148 Reggio di Calabria
148 Rimini
149 Roma (pianta d'insieme)
150 Roma
151 Salerno
152 San Gimignano
154 San Marino
155 San Remo
155 Sassari
156 Siena
157 Siracusa
158 Sorrento
158 Spoleto
159 Stresa
160 Taormina
160 Taranto
161 Torino (pianta d'insieme)
162 Torino
163 Trento
163 Treviso
164 Trieste
165 Udine
165 Urbino
165 Varese
166 Venezia
167 Verona
168 Vicenza
169 Viterbo

Grandi itinerari

Grands itinéraires

Route planning

Reiseplanung

Grote verbindingswegen

Información general

.... REGIONE	(Asti) Provincia

ABRUZZO
Chieti
L'Aquila
Pescara
Teramo

BASILICATA
Matera
Potenza

CALABRIA
Catanzaro
Cosenza
Crotone
Reggio di Calabria
Vibo Valentia

CAMPANIA
Avellino
Benevento
Caserta
Napoli
Salerno

EMILIA-ROMAGNA
Bologna
Ferrara
Forlì
Modena
Parma
Piacenza
Ravenna
Reggio Emilia
Rimini

FRIULI-VENEZIA GIULIA
Gorizia
Pordenone
Trieste
Udine

LAZIO
Frosinone
Latina
Rieti
Roma
Viterbo

LIGURIA
Genova
Imperia
La Spezia
Savona

LOMBARDIA
Bergamo
Brescia
Como
Cremona
Lecco
Lodi
Mantova
Milano
Pavia
Sondrio
Varese

MARCHE
Ancona
Ascoli Piceno
Macerata
Pesaro e Urbino

MOLISE
Campobasso
Isernia

PIEMONTE
Alessandria
Asti
Biella
Cuneo
Novara
Torino
Verbano-Cusio-Ossola
Vercelli

PUGLIA
Bari
Brindisi
Foggia
Lecce
Taranto

SARDEGNA
Cagliari
Nuoro
Oristano
Sassari

SICILIA
Agrigento
Caltanissetta
Catania
Enna
Messina
Palermo
Ragusa
Siracusa
Trapani

TOSCANA
Arezzo
Firenze
Grosseto
Livorno
Lucca
Massa Carrara
Pisa
Pistoia
Prato
Siena

TRENTINO-ALTO ADIGE
Bolzano
Trento

UMBRIA
Perugia
Terni

VALLE D'AOSTA
Aosta/Aoste

VENETO
Belluno
Padova
Rovigo
Treviso
Venezia
Verona
Vicenza

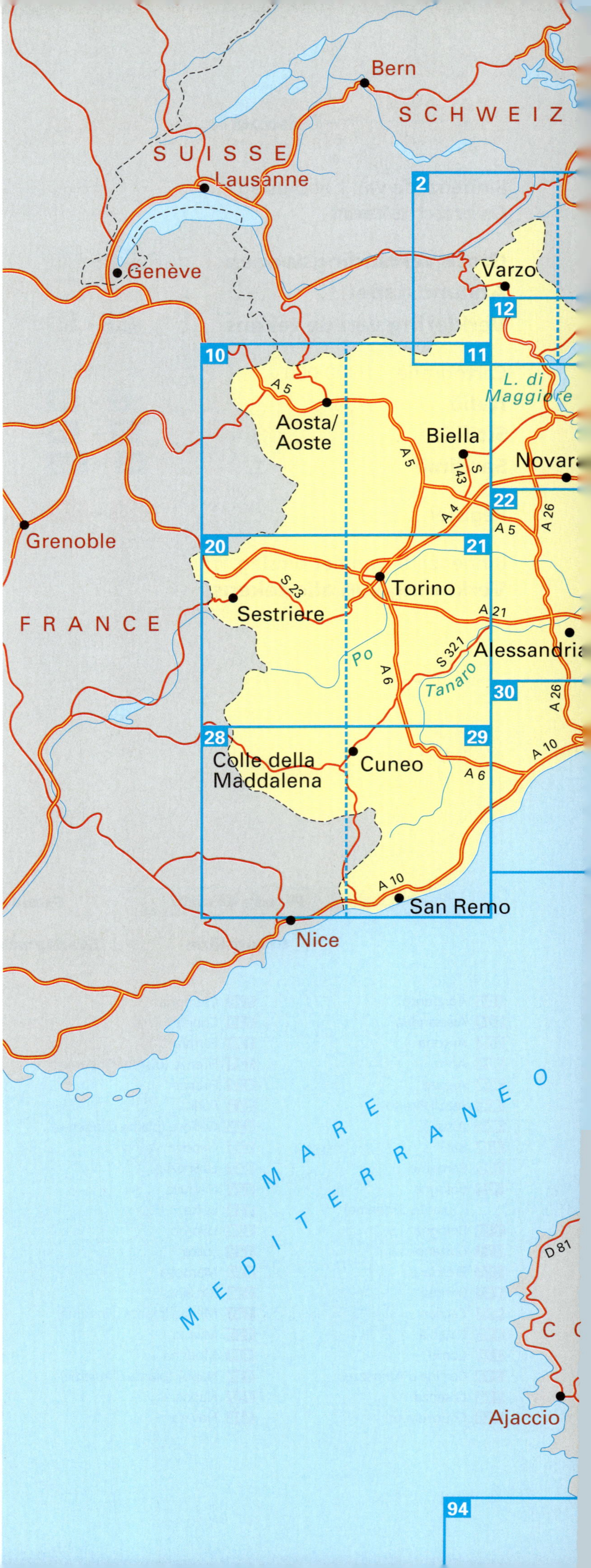

St. Anton
Innsbruck
LIECHTENSTEIN
ÖSTERREICH
SVIZZERA
Klagenfurt
Bolzano/
Bozen
Cortina
d'Ampezzo
Tolmezzo
Ponte
di Legno
Sondrio
Belluno
Udine
Ljubljana
Lugano
L. di Lugano
L. di Como
Trento
Pordenone
SLOVENIJA
Piave
L. d'Iseo
Brescia
L. di Garda
Verona
Trieste
HRVATSKA
Milano
Padova
Venezia
Rijeka
Adda
Ticino
Cremona
Adige
Piacenza
Parma
Modena
Reno
MARE
ADRIATICO
Genova
Rapallo
Bologna
Ravenna
la Spezia
S. Marino
Arno
Firenze
Ancona
MARE
LIGURE
Livorno
Arezzo
Siena
Perugia
L. Trasimeno
Portoferraio
Grosseto
ITALIA
Ascoli Piceno
Bastia
I. d'Elba
Orbetello
L. di Bolsena
Terni
L. di Campotosto
Pescara
Viterbo
l'Aquila
I. di Montecristo
L. di Bracciano
Tevere
ROMA
Isernia
Campobasso
Latina
Volturno
CORSE
A 22
A 23
A 4
A 1
A 7
A 9
A 12
A 13
A 14
A 15
A 21
A 24
A 25
A 11
S 49
S 42
S 39
S 38
S 36
S 47
S 50
S 53
S 434
S 10
S 309
S 45
S 16
S 63
S 12
S 67
S 71
S 76
S 429
S 2
S 77
S 3
S 4
S 79
S 17
S 148
S 213
S 650
N 198
N 193
3
4
5
6
7
8
9
13
14
15
16
17
18
19
23
24
25
26
27
31
32
33
34
35
36
37
38
39
40
41
42
43
44
45
46
47
48
49
50
51
52
56
57
58
95

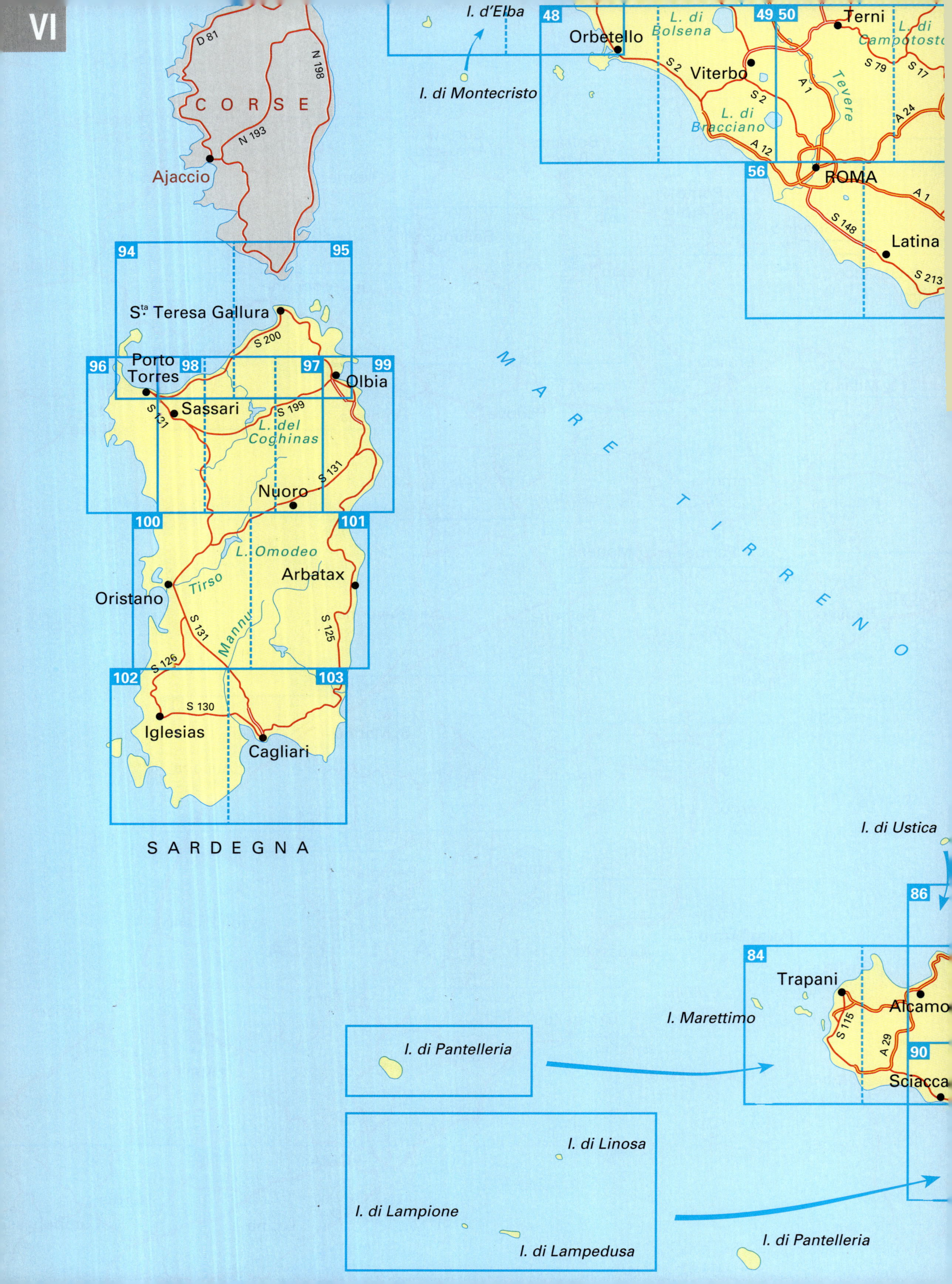

CORSE
D 81
N 198
N 193
Ajaccio
I. d'Elba
I. di Montecristo
48
Orbetello
L. di Bolsena
S 2
Viterbo
L. di Bracciano
A 12
49
50
Terni
L. di Campotosto
S 79
S 17
A 1
Tevere
A 24
56
ROMA
S 148
Latina
S 213
94
95
Sta Teresa Gallura
S 200
96
Porto Torres
98
97
99
Olbia
Sassari
S 131
S 199
L. del Coghinas
Nuoro
100
101
L. Omodeo
Arbatax
Oristano
Tirso
S 125
Mannu
S 126
102
103
S 130
Iglesias
Cagliari
SARDEGNA
MARE TIRRENO
I. di Ustica
86
84
Trapani
Alcamo
I. Marettimo
S 115
A 29
90
Sciacca
I. di Pantelleria
I. di Linosa
I. di Lampione
I. di Lampedusa
I. di Pantelleria

51
52
53
54
55
57
58
59
60
61
62
63
64
65
66
67
68
69
70
71
72
73
74
75
76
77
78
79
80
81
82
83
85
87
88
89
91
92
93
Pescara
l'Aquila
I. Pianosa
I. Tremiti
MARE ADRIATICO
Termoli
Vieste
L. di Lesina
L. di Varano
Manfredonia
Isernia
Campobasso
Volturno
Foggia
Bari
Benevento
Altamura
Brindisi
Napoli
Potenza
Matera
Taranto
Manduria
Lecce
I. d'Ischia
I. di Capri
Ferrandina
Agropoli
Lagonegro
Gallipoli
Crati
Cirò Marina
Cosenza
Crotone
Vibo Valentia
MARE IONIO
Capo d'Orlando
Messina
Reggio di Calabria
Siderno
Palermo
Cefalù
Simeto
Adrano
Caltanissetta
Catania
SICILIA
Agrigento
Siracusa
A 24
A 25
A 14
S 650
S 17
S 647
S 89
S 655
A 16
A 1
A 3
S 96
S 169
S 16
S 379
S 7
S 407
S 106
S 18
S 101
S 275
S 274
S 534
S 116
S 107
S 280
A 20
A 18
A 19
S 189
S 121
S 640
S 115
S 417
S 194
S 114

Distanze

Le distanze sono calcolate a partire dal centro delle città e seguendo la strada che, pur non essendo necessariamente la più breve, offre le migliori condizioni di viaggio.

Distances

Les distances sont comptées à partir du centre-ville et par la route la plus pratique, c'est à dire celle qui offre les meilleures conditions de roulage, mais qui n'est pas nécessairement la plus courte.

Distances

The distances quoted are not necessarily the shortest but have been based on the roads wich afford the best driving conditions and are therefore the most practical.

Entfernungen

Die Entfernungen gelten ab Stadtmitte unter Berücksichtigung der günstigsten (nicht immer kürzesten) Strecke.

Afstandstabel

De afstanden zijn berekend van centrum tot centrum langs de meest geschikte, maar niet noodzakelijkerwijze kortste route.

Distancias

El kilometraje está calculado desde el centro de la ciudad y por la carretera más práctica para el automovilista, que no tiene porqué ser la más corta.

Ancona – Domodossola: 561 km

	Alessandria	Ancona	Aosta	Bari	Bergamo	Bologna	Brennero (Passo del)	Brescia	Brindisi	Campobasso	Catanzaro	Civitavecchia	Como	Cortina d'Ampezzo	Cosenza	Domodossola	Ferrara	Firenze	Foggia	Genova	L'Aquila	La Spezia	Livorno	Milano	Modena	Napoli	Otranto	Padova	Parma	Perugia	Pescara	Piacenza	Potenza	Ravenna	Reggio di Calabria	Roma	Salerno	San Marino	San Remo	Siena	Sondrio	Susa	Taranto	Tarvisio	Torino	Trento	Trieste	Udine	Venezia
Ancona	464
Aosta	168	615
Bari	915	468	1069
Bergamo	149	458	229	908
Bologna	252	217	406	667	248
Brennero (Passo del)	434	578	537	1029	317	368
Brescia	178	412	276	863	61	200	271
Brindisi	1028	580	1182	117	1023	782	1145	977
Campobasso	773	326	927	220	769	529	891	723	333
Catanzaro	1179	788	1339	352	1194	969	1316	1148	364	488
Civitavecchia	505	297	665	497	578	353	697	531	610	298	684
Como	136	482	212	933	58	272	371	112	1045	795	1216	592
Cortina d'Ampezzo	484	504	586	954	366	292	126	320	1067	817	1257	641	422
Cosenza	1085	694	1245	272	1100	877	1221	1053	270	394	98	591	1132	1165
Domodossola	167	561	223	1011	170	350	479	220	1124	874	1295	664	146	527	1202
Ferrara	289	261	443	712	207	49	328	161	824	574	1014	398	317	250	922	387
Firenze	315	293	475	681	335	112	456	288	794	481	867	250	367	400	775	437	160
Foggia	791	344	945	133	787	547	909	741	246	89	431	391	820	833	339	890	593	575
Genova	87	516	247	909	205	305	490	231	1022	710	1096	424	197	539	1004	244	341	232	846
L'Aquila	638	191	792	395	634	394	755	588	508	193	686	199	666	680	593	736	440	368	276	601
La Spezia	190	432	350	826	263	221	480	216	939	626	1012	341	285	500	920	348	261	149	762	112	515
Livorno	264	406	424	741	336	186	531	290	853	541	927	246	358	475	835	421	235	89	635	187	454	97
Milano	91	432	188	882	53	221	362	103	995	745	1166	542	59	410	1073	129	261	304	763	139	608	226	302
Modena	207	261	361	712	203	41	325	157	825	574	995	379	236	330	903	306	90	133	592	256	437	176	212	174
Napoli	788	397	947	263	803	580	924	756	376	161	407	294	835	868	315	905	628	477	178	711	243	622	560	773	605
Otranto	1108	661	1262	201	1104	857	1226	1058	85	416	423	692	1137	1150	330	1207	911	876	330	1102	589	1021	959	1075	907	458
Padova	317	330	420	781	199	118	272	154	893	643	1083	467	255	176	991	361	77	221	661	366	506	327	300	246	156	694	970
Parma	163	313	317	763	170	107	328	120	876	626	1047	430	192	358	954	262	142	185	643	204	489	114	190	130	55	657	953	208
Perugia	466	146	626	574	486	239	607	439	687	375	761	184	518	532	668	588	292	156	445	389	180	299	239	457	288	372	764	359	345
Pescara	605	156	759	303	601	361	722	554	416	165	637	292	633	646	545	703	407	462	183	653	102	575	545	571	403	248	492	473	459	258
Piacenza	97	369	253	820	81	159	344	85	932	682	1103	479	128	393	1011	198	198	241	700	144	545	163	239	66	115	714	1009	222	67	390	512
Potenza	927	455	1087	132	942	658	1063	895	221	198	320	433	974	943	228	1044	704	616	110	850	382	761	699	913	744	157	283	771	801	511	293	853
Ravenna	320	174	474	614	316	77	438	270	727	477	941	364	349	283	848	419	90	184	495	369	340	289	263	287	119	552	804	135	175	186	306	228	605
Reggio di Calabria	1267	877	1427	455	1283	1060	1404	1236	453	577	160	774	1315	1348	189	1385	1108	957	522	1190	723	1102	1040	1253	1085	498	515	1175	1141	852	727	1194	411	1031
Roma	596	305	756	428	611	391	733	565	541	229	615	82	644	676	522	714	437	286	323	521	119	431	328	582	414	225	618	504	470	183	210	523	365	360	706
Salerno	829	438	989	240	844	622	965	798	353	139	356	335	876	909	264	946	669	518	156	753	284	663	601	815	646	55	431	736	703	413	289	755	106	592	448	261
San Marino	380	137	534	577	376	135	497	329	690	440	903	325	408	421	810	478	182	192	457	427	303	348	322	346	178	513	767	248	234	148	269	287	568	75	994	318	558
San Remo	197	642	357	1051	330	432	616	357	1164	852	1238	566	322	664	1145	354	471	374	973	146	741	244	326	268	388	848	1241	494	341	527	785	276	988	503	1329	653	893	560
Siena	382	243	542	634	397	174	518	350	747	435	821	184	423	462	728	499	218	71	529	305	323	215	121	368	200	431	824	289	256	107	359	308	571	254	912	236	475	179	442
Sondrio	233	559	309	1009	112	349	270	145	1122	872	1293	669	108	288	1201	243	301	431	890	282	735	353	429	139	305	904	1199	289	256	580	702	197	1043	419	1384	708	948	477	419	496
Susa	141	598	164	1048	233	388	542	283	1161	911	1309	637	225	590	1217	227	427	445	929	218	774	323	397	192	344	920	1238	420	295	598	740	231	1059	458	1400	724	964	516	290	512	314
Taranto	1003	556	1157	104	999	751	1121	953	72	311	307	587	1032	1045	214	1102	806	771	225	995	484	916	854	970	802	354	126	872	858	666	394	911	166	707	398	514	267	668	1147	716	1101	1139
Tarvisio	547	568	650	1018	430	356	237	383	1131	880	1321	705	485	168	1228	591	314	458	898	596	743	565	538	476	394	931	1207	240	450	589	710	456	1009	347	1412	736	976	485	733	524	439	656	1110
Torino	91	548	119	999	187	338	496	237	1112	861	1260	588	179	544	1167	181	377	396	879	168	724	274	348	146	294	870	1188	374	246	549	691	182	1009	409	1351	675	915	466	239	463	269	60	1090	609
Trento	300	444	402	894	182	233	139	136	1007	756	1177	562	238	157	1085	344	192	315	774	348	619	346	394	228	190	788	1083	134	192	465	586	208	927	304	1269	593	832	361	485	381	163	408	985	300	357
Trieste	485	505	587	955	367	293	339	320	1068	818	1258	642	423	224	1165	529	251	395	835	533	681	502	475	413	331	868	1145	178	387	526	647	393	946	285	1349	673	913	423	670	461	461	593	1047	165	542	307
Udine	455	475	557	925	337	263	243	290	1038	788	1228	612	393	152	1135	499	222	365	805	503	651	472	445	383	301	838	1115	148	357	496	617	363	916	255	1319	643	883	393	640	431	431	563	1017	99	512	251	72
Venezia	348	309	450	759	230	156	283	184	872	622	1121	505	285	158	1029	392	115	259	639	396	485	365	338	276	194	732	949	41	250	331	451	257	750	146	1212	536	775	223	527	325	325	456	842	222	405	170	160	131
Verona	235	360	337	810	117	149	235	71	923	673	1094	478	173	258	1001	279	95	231	690	283	535	262	311	163	106	704	1000	88	109	381	502	143	844	190	1185	509	749	277	420	297	211	343	902	322	292	99	260	230	123

SICILIA

	Agrigento	Caltanissetta	Catania	Messina	Palermo	Ragusa	Siracusa
Caltanissetta	60						
Catania	167	111					
Messina	202	200	98				
Palermo	128	128	210	234			
Ragusa	142	132	94	194	250		
Siracusa	216	160	63	163	259	76	
Trapani	176	226	307	331	109	312	357

SARDEGNA

	Arbatax	Cagliari	Nuoro	Olbia	Oristano
Cagliari	153				
Nuoro	87	180			
Olbia	172	264	104		
Oristano	157	94	90	173	
Sassari	201	217	123	106	126

Legenda

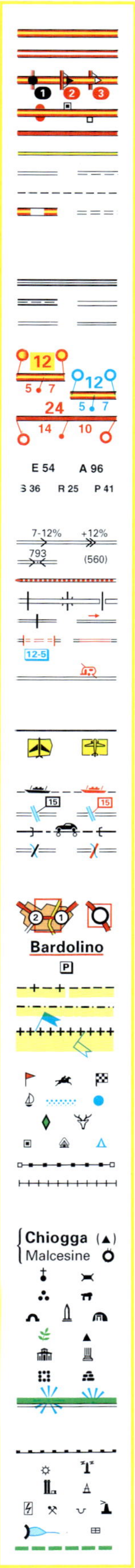

Strade
Autostrada
Doppia carreggiata di tipo autostradale
Svincoli : completo, parziale
Svincoli numerati
Aree di servizio - Alberghi - Ristorante o self-service
Strada di collegamento internazionale o nazionale
Strada di collegamento interregionale o di disimpegno
Strada rivestita - non rivestita
Strada per carri, sentiero
Autostrada, strada in costruzione
(data di apertura prevista)

Larghezza delle strade
Carreggiate separate
4 corsie - 2 corsie larghe
2 o più corsie - 2 corsie strette

Distanze (totali e parziali)
tratto a pedaggio } su autostrada
tratto esente da pedaggio } su autostrada
Su strada

Numerazione - Segnaletica
Strada europea - Autostrada
Strada statale - Strada regionale - Strada Provinciale

Ostacoli
Forte pendenza (salita nel senso della freccia)
Passo - Altitude
Percorso difficile o pericoloso
Passaggi della strada: a livello, cavalcavia, sottopassaggio
Casello - Strada a senso unico
Strada vietata - Strada a circolazione regolamentata
Innevamento : probabile periodo di chiusura
Strada con divieto di accesso per le roulottes

Trasporti
Ferrovia
Aeroporto - Aerodromo
Trasporto auto: (stagionale in rosso)
su traghetto
su chiatta (carico massimo in t.)
per ferrovia
Traghetto per trasporto passeggeri

Risorse alberghiere - Amministrazione
Le indicazioni si limitano alle risorse selezionate nella GUIDA MICHELIN
Località con pianta nella GUIDA MICHELIN
Esercizi segnalati nella GUIDA MICHELIN
Capoluogo amministrativo
Confini amministrativi
Zona franca
Frontiera: Dogana - Dogana con limitazioni

Sport - Divertimento
Golf - Ippodromo - Circuito Automobilistico
Porto turistico - Spiaggia - Stabilimento balneare
Parco divertimenti - Parco con animali, zoo
Albergo isolato - Rifugio - Campeggio
Funicolare, funivia, seggiovia
Ferrovia a cremagliera

Mete e luoghi d'interesse
Principali luoghi d'interesse, vedere LA GUIDA VERDE
Località o siti interessanti, luoghi di soggiorno
Edificio religioso - Castello, fortezza
Rovine - Monumento megalitico
Grotta - Ossario - Necropoli etrusca
Giardino, parco - Altri luoghi d'interesse
Palazzo, villa - Vestigia greco-romane
Scavi archeologici - Nuraghe
Panorama - Vista - Percorso pittoresco

Simboli vari
Teleferica industriale
Industrie - Torre o pilone per telecomunicazioni
Raffineria - Pozzo petrolifero o gas naturale
Centrale elettrica - Miniera - Cava - Faro
Diga - Cimitero militare
Parco nazionale o regionale

Légende

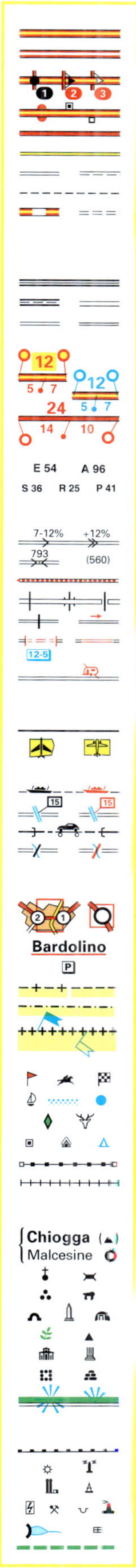

Routes
Autoroute
Double chaussée de type autoroutier
Échangeurs : complet, partiels
Numéros d'échangeurs
Aires de service - Hôtels - Restaurant ou libre-service
Route de liaison internationale ou nationale
Route de liaison interrégionale ou de dégagement
Route revêtue - non revêtue
Chemin d'exploitation , sentier
Autoroute, route en construction
(le cas échéant : date de mise en service prévue)

Largeur des routes
Chaussées séparées
4 voies - 2 voies larges
2 voies ou plus - 2 voies étroites

Distances (totalisées et partielles)
Section à péage } sur autoroute
Section libre } sur autoroute
sur route

Numérotation - Signalisation
Route européenne - Autoroute
Route d'État - régionale - provinciale

Obstacles
Forte déclivité (flèches dans le sens de la montée)
Col - Altitude
Parcours difficile ou dangereux
Passages de la route: à niveau, supérieur inférieur
Barrière de péage - Route à sens unique
Route interdite - Route réglementée
Enneigement : période probable de fermeture
Route interdite aux caravanes

Transports
Voie ferrée
Aéroport - Aérodrome
Transport des autos: (liaison saisonnière en rouge)
par bateau
par bac (charge maximum en tonnes)
par voie ferrée
Bac pour piétons

Hébergement - Administration
Indications limitées aux ressources sélectionnées dans les guides MICHELIN
Localité possédant un plan dans le Guide MICHELIN
Ressources sélectionnées dans le Guide MICHELIN
Capitale de division administrative
Limites administratives
Zone franche
Frontière: Douane - Douane avec restriction

Sports - Loisirs
Golf - Hippodrome - Circuit automobile
Port de plaisance - Plage - Baignade
Parc récréatif - Parc animalier, zoo
Hôtel isolé - Refuge de montagne - Camping
Funiculaire, téléphérique, télésiège
Voie à crémaillère

Curiosités
Principales curiosités : voir LE GUIDE VERT
Localités ou sites intéressants, lieux de séjour
Édifice religieux - Château, forteresse
Ruines - Monument mégalithique
Grotte - Ossuaire - Nécropole étrusque
Jardin, parc - Autres curiosités
Palais, villa - Vestiges gréco-romains
Fouilles archéologiques - Nuraghe
Panorama - Point de vue - Parcours pittoresque

Signes divers
Transporteur industriel aérien
Industries - Tour ou pylône de télécommunications
Raffinerie - Puits de pétrole ou de gaz
Centrale électrique - Mine - Carrière - Phare
Barrage - Cimetière militaire
Parc national ou régional

Key

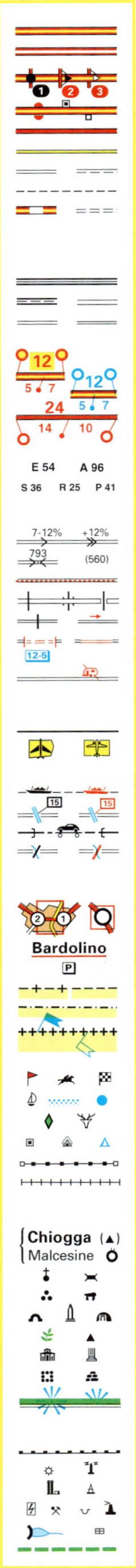

Roads
Motorway
Dual carriageway with motorway characteristics
Interchanges : complete, limited
Interchange numbers
Service areas - Hotels - Restaurant or self-service
International and national road network
Interregional and less congested road
Road surfaced - unsurfaced
Rough track, footpath
Motorway, road under construction
(when available: with scheduled opening date)

Road widths
Dual carriageway
4 lanes - 2 wide lanes
2 or more lanes - 2 narrow lanes

Distances (total and intermediate)
Toll roads } on motorway
Toll-free section }
on road

Numbering - Signs
European route - Motorway
State road - Regional road - Provincial road

Obstacles
Steep hill (ascent in direction of the arrow)
Pass - Altitude
Difficult or dangerous section of road
Level crossing: railway passing, under road, over road
Toll barrier - One way road
Prohibited road - Road subject to restrictions
Snowbound, impassable road during the period shown
Caravans prohibited on this road

Transportation
Railway
Airport - Airfield
Transportation of vehicles: (seasonal services in red)
by boat
by ferry (load limit in tons)
by rail
Passenger ferry

Accommodation - Administration
The information below corresponds to MICHELIN GUIDE selections
Town plan featured in THE MICHELIN GUIDE
Resources mentioned in THE MICHELIN GUIDE
Administrative district seat
Administrative boundaries
Free zone
National boundary: Customs post - Secondary customs post

Sport & Recreation Facilities
Golf course - Horse racetrack - Racing circuit
Pleasure boat harbour - Beach - Bathing place
Country park - Safari park, zoo
Secluded hotels - Mountain refuge hut - Camping site
Funicular, cable car, chairlift
Rack railway

Sights
Principal sights: see THE GREEN GUIDE
Towns or places of interest, places to stay
Religious building - Historic house, castle, fortress
Ruins - Prehistoric monument
Cave - Ossuary - Etruscan necropolis
Garden, park - Other places of interest
Palace, villa - Greek or roman ruins
Archaeological excavations - Nuraghe
Panoramic view - Viewpoint - Scenic route

Other signs
Industrial cable way
Industrial activity - Telecommunications tower or mast
Refinery - Oil or gas well
Power station - Mine - Quarry - Lighthouse
Dam - Military cemetery
National or regional park

Zeichenerklärung

Straßen
Autobahn
Schnellstraße mit getrennten Fahrbahnen
Anschlussstellen : Voll - bzw. Teilanschlussstellen
Anschlussstellennummern
Tankstelle mit Raststätte - Hotels - Restaurant / SB-Restaurant
Internationale bzw.nationale Hauptverkehrsstraße
Überregionale Verbindungsstraße oder Umleitungsstrecke
Straße mit Belag - ohne Belag
Wirtschaftsweg, Pfad
Autobahn, Straße im Bau
(ggf. voraussichtliches Datum der Verkehrsfreigabe)

Straßenbreiten
Getrennte Fahrbahnen
4 Fahrspuren - 2 breite Fahrspuren
2 oder mehr Fahrspuren - 2 schmale Fahrspuren

Straßentfernungen (Gesamt- und Teilentfernungen)
Mautstrecke } auf der Autobahn
mautfreie Strecke }
auf der Straße

Nummerierung - Wegweisung
Europastraße - Autobahn
Staatsstraße - Regionale Straße - Provinzialstraße

Verkehrshindernisse
Starke Steigung (Steigung in Pfeilrichtung)
Pass - Höhe
Parcours difficile ou dangereux
Bahnübergänge: schienengleich, Unterführung, Überführung
Mautstelle - Einbahnstraße
Gesperrte Straße - Straße mit Verkehrsbeschränkungen
Eingeschneite Straße : voraussichtl. Wintersperre
Für Wohnanhänger gesperrt

Verkehrsmittel
Bahnlinie
Flughafen - Flugplatz
Autotransport: (rotes Zeichen: saisonbedingte Verbindung)
per Schiff
per Fähre (Höchstbelastung in t)
per Bahn
Personenfähre

Unterkunft - Verwaltung
Gekennzeichnete Orte sind im MICHELIN-FÜHRER aufgeführt
Orte mit Stadtplan im MICHELIN-FÜHRER
Im MICHELIN-FÜHRER erwähnt
Verwaltungshauptstadt
Verwaltungsgrenzen
Freizone
Staatsgrenze: Zoll - Zollstation mit Einschränkungen

Sport - Freizeit
Golfplatz - Pferderennbahn - Rennstrecke
Yachthafen - Badestrand - Strandbad
Erholungspark - Tierpark, Zoo
Abgelegenes Hotel - Schutzhütte - Campingplatz
Standseilbahn, Seilbahn, Sessellift
Zahnradbahn

Sehenswürdigkeiten
Hauptsehenswürdigkeiten: siehe GRÜNER REISEFÜHRER
Sehenswerte Orte, Ferienorte
Sakral-Bau - Schloss, Burg, Festung
Ruine - Vorgeschichtliches Steindenkmal
Höhle - Ossarium - Etruskiche Nekropole
Garten, Park - Sonstige Sehenswürdigkeit
Palast, Villa - Griechische, römische Ruinen
Ausgrabungen - Nuraghe
Rundblick - Aussichtspunkt - Landschaftlich schöne Strecke

Sonstige Zeichen
Industrieschwebebahn
Industrieanlagen - Funk-, Sendeturm
Raffinerie - Erdöl-, Erdgasförderstelle
Kraftwerk - Bergwerk - Steinbruch - Leuchtturm
Staudamm - Soldatenfriedhof
Nationalpark oder Naturpark

Verklaring van de tekens

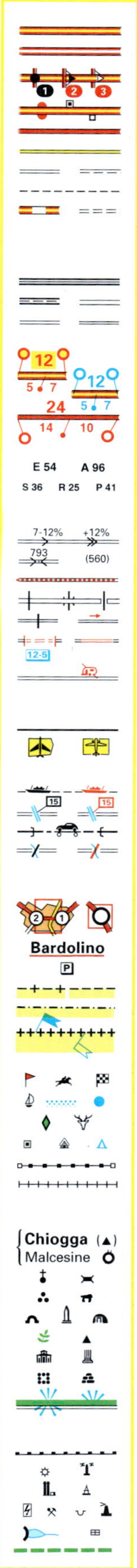

Wegen
Autosnelweg
Gescheiden rijbanen van het type autosnelweg
Aansluitingen : volledig, gedeeltelijk
Afritnummers
Serviceplaatsen - Hotels - Restaurant of zelfbediening
Internationale of nationale verbindingsweg
Interregionale verbindingsweg
Verharde weg - onverharde weg
Landbouwweg, pad
Autosnelweg in aanleg, weg in aanleg
(indien bekend: datum openstelling)

Breedte van de wegen
Gescheiden rijbanen
4 rijstroken - 2 brede rijstroken
2 of meer rijstroken - 2 smalle rijstroken

Afstanden (totaal en gedeeltelijk)
gedeelte met tol } op autosnelwegen
tolvrij gedeelte } op autosnelwegen
op andere wegen

Wegnummers - Bewegwijzering
Europaweg - Autosnelweg
Nationale weg - Regionale weg - Provinciale weg

Hindernissen
Steile helling (pijlen in de richting van de helling)
Pas - Hoogte
Moeilijk of gevaarlijk traject
Wegovergangen: gelijkvloers, overheen, onderdoor
Tol - Weg met eenrichtingsverkeer
Verboden weg - Beperkt opengestelde weg
Sneeuw : vermoedelijke sluitingsperiode
Verboden voor caravans

Vervoer
Spoorweg
Luchthaven - Vliegveld
Vervoer van auto's: (tijdens het seizoen: rood teken)
per boot
per veerpont (maximum draagvermogen in t.)
per spoor
Veerpont voor voetgangers

Verblijf - Administratie
Het onderstaande verwijst naar diverse Michelingidsen
Plaats met een plattegrond in DE MICHELIN GIDS
Hotels of restaurants die in DE MICHELIN GIDS vermeld worden
Hoofdplaats van administratief gebied
Administratieve grenzen
Vrije zone
Staatsgrens: Douanekantoor -
Douanekantoor met beperkte bevoegdheden

Sport - Recreatie
Golfterrein - Renbaan - Autocircuit
Jachthaven - Strand - Zwemplaats
Recreatiepark - Safaripark, dierentuin
Afgelegen hotel - Berghut - Kampeerterrein
Kabelspoor, kabelbaan, stoeltjeslift
Tandradbaan

Bezienswaardigheden
Belangrijkste bezienswaardigheden : zie DE GROENE GIDS
Interessante steden of plaatsen, vakantieoorden
Kerkelijk gebouw - Kasteel, vesting
Ruïne - Megaliet
Grot - Ossuarium - Etruskische necropool
Tuin, park - Andere bezienswaardigheden
Paleis, villa - Grieks-Romeinse overblijfselen
Archeologische opgravingen - Nuraghe
Panorama - Uitzichtpunt - Schilderachtig traject

Diverse tekens
Kabelvrachtvervoer
Industrie - Telecommunicatietoren of -mast
Raffinaderij - Olie- of gasput
Elektriciteitscentrale - Mijn - Steengroeve - Vuurtoren
Stuwdam - Militaire begraafplaats
Nationaal of regionaal park

Signos convencionales

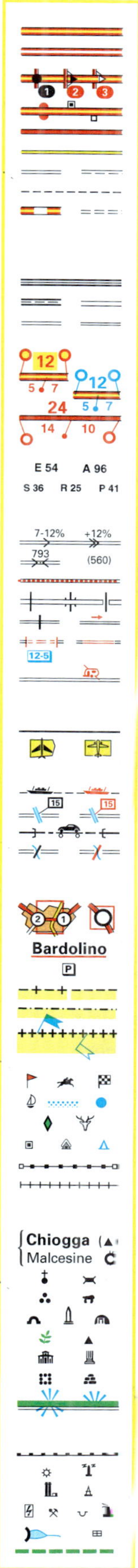

Carreteras
Autopista
Autovía
Enlaces : completo, parciales
Números de los accesos
Áreas de servicio - Hotel - Restaurant o auto servicio
Carretera de comunicación internacional o nacional
Carretera de comunicación interregional o alternativo
Carretera asfaltada - sin asfaltar
Camino agrícola, sendero
Autopista, carretera en construcción
(en su caso: fecha prevista de entrada en servicio)

Ancho de las carreteras
Calzadas separadas
Cuatro carriles - Dos carriles anchos
Dos carriles o más - Dos carriles estrechos

Distancias (totales y parciales)
Tramo de peaje } en autopista
Tramo libre } en autopista
en carretera

Numeración - Señalización
Carretera europea - Autopista
Carretera estatal - regional - provincial

Obstáculos
Pendiente Pronunciada (las flechas indican el sentido del ascenso)
Puerto - Altitud
Recorrido difícil o peligroso
Pasos de la carretera: a nivel, superior, inferior
Barrera de peaje - Carretera de sentido único
Tramo prohibido - Carretera restringida
Nevada : Período probable de cierre
Carretera prohibida a las caravanas

Transportes
Línea férrea
Aeropuerto - Aeródromo
Transporte de coches: (Enlace de temporada : signo rojo)
por barco
por barcaza (carga máxima en toneladas)
por línea férrea
Barcaza para el paso de peatones

Alojamiento - Administración
Indicaciones sobre los establecimientos seleccionados en LA GUÍA MICHELIN
Localidad con plano en LA GUÍA MICHELIN
Localidad seleccionada en LA GUÍA MICHELIN
Capital de división administrativa
Límites administrativos
Zona franca
Frontera: Aduanas - Aduana con restricciones

Deportes - Ocio
Golf - Hipódromo - Circuito de velocidad
Puerto deportivo - Playa - Zona de baño
Zona recreativa - Reserva de animales, zoo
Hotel aislado - Refugio de montaña - Camping
Funicular, Teleférico, telesilla
Línea de cremallera

Curiosidades
Principales curiosidades : ver LA GUÍA VERDE
Localidad o lugar interesante, lugar para quedarse
Edificio religioso - Castillo, fortaleza
Ruinas - Monumento megalítico
Cueva - Osario - Necrópolis etrusca
Jardín, parque - Curiosidades diversas
Palacio, villa - Vestigios grecorromanos
Restos arqueologicos - Nuraghe
Vista panorámica - Vista parcial - Recorrido pintoresco

Signos diversos
Transportador industrial aéreo
Industrias - Torreta o poste de telecomunicación
Refinería - Pozos de petróleo o de gas
Central eléctrica - Mina - Cantera - Faro
Presa - Cementerio militar
Parco nacional o regional

2
5
6
7
B E R N
C
D
E
11
12
Schynige Platte
Wilderswil
Därligen
Leissigen
Saxeten
Lütschental
Grosse Scheidegg
Wetterhorn
Grindelwald
Zweilütschinen
Reichenbach
Morgenberghorn
Wengen
Männlichen
Gleckstein
Berglistock
Kiental
Dreispitz
Schwalmern
Lauterbrunnen
Kleine Scheidegg
Schreckhorn
Eiger
Schilthorn
Trümmelbachfälle
Mürren
Jungfraujoch
Mönch
Lauteraarhorn
Bächlistock
Griesalp
Stechelberg
Jungfrau
Fiescherhörner
Finsteraarhorn
Dündenhorn
Hohtürli
Gspalten
Gspaltenhorn
Blümlisalp
Öeschinensee
Gletscherhorn
Grünhorn
Oberaarhorn
Oberaarjoch
Konkordia
Wannenhorn
Breithorn
Hollandia
Grosser Aletschfirn
Sattelhorn
Aletschhorn
Doldenhorn
Petersgrat
Lötschbergtunnel
Fafleralp
Lötschenpass
Blatten
Breithorn
Oberaletsch
Nesthorn
Lötschental
Lonza
Bietschhorn
Wilerhorn
Kippel
Goppenstein
Grosser Aletschgletscher
Eggishorn
Bellwald
Fiesch
Bettmeralp
Betten
Lax
Ernen
Riederalp
Mörel
Blatten
Naters
Brig
Rotten / Rhône
Binn
Gampel
Raron
Ausserberg
Lalden
Turtmann
Eischoll
Unterbäch
Visp
Glishorn
Simplontunnel
Bättlihorn
Ritterpass
Helsenhorn
Bortelhorn
Wasenhorn / Pzo Terra
Visperterminen
Simplonpass
Alpe Veglia
Galleria del Sempione
S. Domenico
M. Leone
Alter Spittel
Augstbordhorn
Törbel
Stalden
Gspon
Schwarzhorn
Augstbordpass
Rothorn
Simelihorn
Gondo
Iselle
Trasquera
Varzo
Simplon
Gstein-Gabi
Gondoschlucht
Diveria
Val Divedro
Eisten
Grächen
St Niklaus
Fletschhorn
Lagginhorn
Zwischbergen
P^zo Pioltone
Barrhorn
Ferichhorn
Saas-Balen
Bordier
Balfrin
Weissmies
Saas-Grund
Mischabol
Saas-Fee
Almagellerhütte
Domhütte
Dom
Randa
Mischabel
Port Jengrat / Pzo d'Andolla
Andolla
Saas Almagell
Täsch
Alphubel
Britannia
L. di Cavalli
Città di Novara
Pzo Bottarello
Antronapiana
L. di Antrona
Camposecco
Latelhorn
Allalinhorn
Mattertal
Mattmarksee
ZERMATT
Rimpfischhorn
Findelen
Val di Antrona
L. di Campliccioli
Pzo S.Martino
Gaspare
Moro Pass / Pso di Moro
Gornergrat
Stockhorn
Gornergletscher
Monte Rosa
Cima di Lazzi
Macugnaga
Theodulpass / Colle di Teodulo
Breithorn
Plateau Rosa
Dufourspitze / Pta Dufour
Pta Ghifetti
Lyskamm
Piramide Vincent
Corno di Faller
Pta Indren
MONTE ROSA
St. Jacques
Casale Monferrato
Alagna Valsesia
M. Tagliaferro
Rima
Carcoforo
Pzo Tignaga
Ceppo Morelli
Valle Anzasca
Pontegrande
S. Carlo-Vanzone
Bannio Anzino
Cima Capezzone
Sta Maria
Rimella
Fobello
Cervatto
Ferrera
Sabbia
le Piane
M. Capio
Valstrona
Guttannen
Tieralplistock
Gelmer
Dammastock
Göscheneralpsee
Ritzlihorn
Handeggfall
Handegg
Gelmersee
Rhonegletscher
Galenstock
A. Heim
Grimselpass
Grimselsee
Lauteraar
Gletsch
Furkapass
Oberaarsee
Gr. Sidelhorn
Basistunnel Furka
Rotondo
Oberwald
Obergesteln
P. Rotondo
Ulrichen
Pzo Gallina
Münster
Nufenenpass
Reckingen
Rotten
Corno-Gries
Blitzingen
Griespass / Pso di Gries
Maria Luisa
Passo di S. Giacomo
L. di Toggia
Goms
Blinnenhorn
L. di Morasco
la Frua
M. Basodino
Cascata d. Toce
Ofenhorn / Pta d'Arbola
Formazza
Albrunpass / Bocchetta d'Arbola
L. Vannino
Val Formazza
L. Codelago o Devero
M. Giove
Chiesa
Pta di Cazoli
M. Cervandone
Alpe Devero
Foppiano
Bosco/Gurin
Val Devero
Goglio
Passo
Sonnenhorn
Val Antigorio
Toce
Campo
M. Cistella
Baceno
Premia
Valle di Campo
Pzo Lago Gelato
Viceno
Crodo
Pso Medaro
Agarina
Val d'Ossola
Valle dell'Isorno
Pioda di Crana
Bagni di Craveggia
Crevoladossola
Piana di Vigezzo
Preglia
Masera
Druogno
Toceno
Craveggia
M. Straciugo
S. Lorenzo
Bognanco
Domodossola
Trontano
Val Vigezzo
Sta Maria Maggiore
Malesco
Finero
M. Togano
Beura-Cardezza
Villadossola
Viganella
Parco Nazionale della Val Grande
Pzo di Rossola
Cima di Laurasca
M. Zeda
Piedimulera
Vogogna
Premosello
Cuzzago
Cicogna
Pieve Vergonte
Anzola d'Ossola
Candoglia
Fantoli
Ornavasso
Bracchio
Miazzina
Intragna
Mergozzo
Cossogno
M. Massone
Forno
Gravellona Toce
Fondotoce
Feriolo
Verbania
Luzzogno
Casale Corte Cerro
Pallanza
Baveno
Mottarone
Omegna
Quarna
Alpino
Stresa
Strona
Borromee

Göschenen
Oberalppass
Val Tavetsch
Tschamut
Curaglia
Platta
Tenigerbad
Lumbrein
P. Cavel
2946
Vrin
Piz Beverin
2998
Andermatt
Hospental
Badus
2928
L. da Curnera
L. da Nalps
Medelser
P. Vial
3168
Terri
Thalkirch
3056
Gemsstock
2961
Gotthardtunnel/
Galleria S. Gottardo
Maighels
P. Gannaretsch
3040
Sogn Gions
P. Medel
3211
Passo della Greina
P. Tomül
2946
Vals
P. Centrale
2001
P. Blas
3019
L. da Sontga Maria
Scopi
3199
P. Terri
3149
Valsertal
Alperschällihorn
3039
Cufercal
Roflaschlu
Cadlimo
St. Gotthardpass/
Passo del S. Gottardo
Val Tremola
Campo Blenio
Lago di Luzzone
Zervreila See
Safierberg
2486
Sufers
Airolo
Piora
Lago Ritom
1916
Passo del Lucomagno/
Lukmanierpass
Fanellahorn
3124
Rheinwald
Madels i.R.
Splügen
Nufenen
Hinterrhein
1612
Fontana
Altanca
P. Sole
2773
Quinto
Valle Santa Maria
Olivone
P. Cassimoi
3129
Güferhorn
3383
Zapport
Hinterrhein
Splügenpass /
Pso dello Spluga
Surettaho
Pzo Sure
3027
Piotta
Ambri
Rodi
Lurengo
Osco
Molare
Aquila
Dangio
Adula
P. Molare
2585
Rheinwaldhorn
3402
Zapporthorn
3152
2065
Passo del
S. Bernardino
3279
Pzo Tambo
2113
Montespluga
Lago Sambuco
Dalpe
Primadengo
Faido
Chiggiogna
Acquarossa
Val Blenio
Adula
San Bernardino
L. di Montespluga
Bertа
P. Campolungo
2713
Campo Tencia
Calonico
Lavorgo
Leontica
Cma Rossa
3161
I. Rodond
2830
Stuetta
Fusio
Leventina
P. Forno
2907
Dongio
Brenno
Isola
Mades
Piano di Peccia
3072
P. Campo Tencia
Malvaglia
Madra
Cima de Barna
2362
Starleggia
San Carlo
(960)
Peccia
2864
Sobrio
Semione
Fil di Remia
2939
Pian San Giacomo
1170
Campodolcino
(1070)
P. Malora
2640
Prato-Sornico
Giornico
Bodio
Pontirone
Valbella
Mesocco
Fraciscio
Prestone
3026
Pzo Quadro
Fontana
P. di Mezzodi
2708
Val Lavizzara
353
Biasca
Rossa
Soazza
Mesox
L. del Truzzo
Gallivaggio
Val S. Giacomo
M. Zucchero
2736
Sonogno
Torrone Alto
2950
Sta Domenica
443
Bignasco
Frasco
Val Calanca
Moesa
S. Giacomo Filippo
Cevio
P. delle Pecore
2381
TICINO
Iragna
Osogna
P. de Groven
2694
4212
Lostallo
Olmo
Chiavenna
Valle Maggia
Brione
Pne Rosso
2505
P. di Claro
2727
Selma
Arvigo
Valle Mesolcina
(333)
Menarola
Someo
2360
Lodrino
Cresciano
P. de Cressim /
Pze Roggione
2575
Gordona
P. Cramalina
2322
Coglio
Lodano
Lavertezzo
Prosito
Preonzo
Ste Maria in Calanca
Cama
S. Pietro
Maggia
Val Verzasca
Claro
Arbedo-Castione
S. Vittore
Grono
Pzo Martello
2459
Pzo Ledu
2503
Samolaco
Vergeletto
P. di Vogorno
2442
Gnosca
Gorduno
Roveredo
2593
Era
Gordevio
Vogorno
2390
A 13-E 43
(1730)
Como
P. Paglia
Russo
Loco
Avegno
Cimetta
1672
Mergoscia
BELLINZONA-N
Monte Carasso
240
Monte Laura
Valle Onsernone
S. Bernardo
Tenero
Gordola
Sementina
Gudo
Bellinzona
Albonico
Intragna
Tegna
254
Brione
Cugnasco
BELLINZONA-S
Giubiasco
Carena
M. Marmontana
2314
Dosso del Liro
Livo
Gera Lario
Sorico
Cameco
Melezza
Centovalli
Losone
Locarno
Minusio
Ticino
Pianezzo
2014
Pso d. S. Jorio
Domaso
Palagnedra
Ronco
Ascona
Magadino
Cadenazzo
Camoghè
2232
Stazzona
Gravedona
M. Limidario
2188
S. Nazzaro
Quartino
M. Ceneri
(554)
Isone
2245
Pzo di Gino
Garzeno
Abbadia
Piona
Colico
Brissago
Piaggio di Valmara
Gerra
Gambarogno
Fosano
Vira
Rivera
M. Garzirola
2116
Dongo
Cursolo-Orasso
Dirinella
1553
Bironico
M. Bar
1816
Val Cavargna
Pianello d. Lario
Olgiasca
Dorio
Roccoli Lorla
Famenta
(224)
Zenna
Pino L. Maggiore
Indemini
M. Tamaro
1961
Vira
(2107)
M. Bregagno
Cremia
Sueglio
Cannobio
Armio
Mezzovico
Bidogno
Cavargna
S. Bartolomeo V. Cav.
Rezzonico
Tremenico
Cannobina
Orrido
Traffiume
Musignano
Maccagno
Curiglia
Taverne
Tesserete
Bogno
Sta Maria
Dervio
Carmine
Val Veddasca
M. Lema
1620
Mugena
Sonvico
(271)
Porlezza
Carlazzo
Acquaseria
Plesio
Casargo
Trarego Viggiona
1534
M. Spalavera
Agra
Breno
Gravesano
LUGANO
Canobbio
(Valsolda)
Oria
S. Mamete
Grandola
Bellano
(204)
Vendrogno
Cannero Riviera
Dumenza
Migliegia
Bioggio
M. Brè
Bene-Lario
Aurano
(202)
Luino
Astano
Bedigliora
Lugano
(203)
Menaggio
Cadenabbia
Perledo
Premeno
(817)
Germignaga
Fornasette
Agno
Gandria
Claino-Osteno
Tremezzo
Varenna
Bee
Brezzo di Bedero
Cremenaga
Molinazzo
Caprino
Lanzo d'Intelvi
Rampone
Laino
1441
Ossuccio
Lenno
(216)
Bellagio
Esino Lario
Porto Valtravaglia
Margorabbia
Montegrino
Tresa
Caslano
S. Salvatore
912
Campione d'Italia
S. Fedele I.
Castiglione d'I.
Mezzegra
Vignola
Lierna
Grigna Sett.
2409
Ponte Tresa
Marchirolo
Corona
Melide
Arogno
Casasco d'I.
Sala Comacina
I. Comacina
Intra
Caldè
S. Antonio
Grantola
Cunardo
Lavena
Figino
Brusimpiano
Bissone
1703
Pigra
Guello
Civenna
16
Cassano Valcuvia
Ghirla
(445)
Marzio
M. Generoso
Lizzasco
Argegno
Lezzeno
Oliveto
Olcio
Laveno
1235
Arcumeggia
Duno
1129
Morcote
Brusino Arsizio
Erbonne
Madna d. Ghisallo
Magreglio
Somana
1062
Cittiglio
Rancio Valcuvia
Cuasso al Monte
Melano
Brienno
Nesso
Veleso
1686
Barni
Mandello del Lario
Sangiano
Cuvio
Brinzio
Besano
Porto Ceresio
Bellavista
Muggio
M.S. Primo
Onno
Boesio
Orino
Meride
Riva S. Vitale
M. Erbino
Laglio
Zelbio
Pognana Lario
Sta Caterina
Gemonio
M. Campo dei Fiori
1226
Bisuschio
Viggiù
Arzo
Tremona
1325
Sormano
Abbadia
Lasnigo
Valsassina

10
11
Rhein
CHUR
Klosters
Monbiel
Silvretta
Wiesbadener
Silvrettahorn
3244
Ringelspitz
Kunkelspass
1357
Felsberg
Maladers
Castiel
Peist
Parsenn
Weissfluhgipfel
Verstanklahorn
3301
Trin
Tamins
Flims-Waldhaus
Reichenau
Domat / Ems
Schanfigg
Langwies
Sapün
Wolfgang
Davoser See
Pischahorn
2979
P. Linard
3411
Bonaduz
Feldis / Veulden
Malix
Tschiertschen
Lizirüti
Vorderrhein
Versam
Rhäzüns
Dreibündenstein
2174
Weisshorn
2653
Maran
Tiejerflue
2781
DAVOS
1535
Dorf
Platz
Flüelatal
Tschuggen
2054
Tunnel
Valendas
Rothenbrunnen
Tumegl / Tomils
Churwalden
Arosa
Frauenkirch
Jakobshorn
2590
B
Tenna
Stätzerhorn
2574
Valbella
Parpan
Lenzerheidepass
1549
Aroser Rothorn
2980
Sandhubel
2764
Glaris
Wisshorn
3085
Flüelapass
2383
Schwarzhorn
3146
Val Susasca
Susch
1426
Heinzenberg
Rodels
Domleschg
Lenzerheide / Lai
2906
Lenzerhorn
Sertig-Dörfli
Dürrboden
Cazis
P. Scalottas
2323
Züge
2880
Sils
Vaz/Obervaz
Wiesen
Bärentritt
Landwasser
Grialetsch
Tschappina
Thusis
Schin
Lantsch/Lenz
Alvaneu
Brienz
Hoch Ducan
3063
Scalettapass
2606
Piz Vadret
3229
Safien-Platz
Albula
Filisur
Gletscher Ducan
3020
Stierva
Surava
Tiefencastel
Via Mala
Piz Beverin
2998
Lohn
Bergüner Stein
1626
Brail
Thalkirch
3056
Zillis
Kesch
Donath
Andeer
Piz Curver
2972
Salouf
Bergün / Bravuogn
P. Kesch
3418
Es-cha
S-chanf
Zuoz
Cunter
Corn da Tinizong
3172
P. Ela
3339
Alperschällihorn
3039
Cuferal
Roflaschlucht
Schons
Savognin
Tinizong
Preda
2312
Val d'Alvra
Albulapass
La Punt-Chamues-ch.
P. Chaschauna
Pzo Cassana
3070
Sufers
2674
1258
Rona
Bever
Ausserferrera
Piz d'Err
3378
Splügen
Val Ferrera
Jenatsch
Piz Ot
3246
Samedan
OBERENGADIN
Celerina
Schlarigna
Muottas Muragl
2568
Surettahorn / Pzo Suretta
3027
Innerferrera
Mulegns
P. Nair
3057
M. Cotschen
3104
Splügenpass / Passo dello Spluga
2113
Montespluga
Tambo
3279
3262
Wissberg
3057
L. da Marmorera
Marmorera
ST. MORITZ
Pontresina
L. di Montespluga
Bertacchi
Campsut
P. Platta
3392
Julierpass
P. Julier
3380
P. Languard
3262
P. la Stretta
3104
Val Bernina
3007
Stuetta
P. Timun
3209
Cresta
Bivio
1799
2284
St. Moritz-Bad
1815
Isola
Lago di Lei
Avers
Juf
P. Lagrev
3168
Silvaplana
Surlej
3123
Chünetta
2083
Forcola di L.
2315
Madesimo
(1536)
Valle di Lei
Tscheischhorn
3019
Sils/Segl Baselgia
L. da Silvaplauna
Starleggia
2948
Pzo Groppera
Septimerpass
2310
Maloja
Sils/Segl Maria
Tschierva
Boval
Passo del Bernina
Campodolcino
(1070)
Chiavenna
Fraciscio
P. Piot
3053
L. da Segl
Pso del Maloja
1815
P. Corvatsch
3451
Vadret da Morteratsch
2973
Diavolezza
2328
la Rosa
Prestone
3045
P. Bles / Pzo d'Inferno
Casaccia
Coaz
3751
P. Morteratsch
Pzo Bernina
4049
Pizzo Palü
3905
3604
3026
Pzo Quadro
3163
Pzo Stella
P. Duan
3131
Löbbia
Alp Grüm
2091
Val S. Giacomo
Gallivaggio
Pzo Gallegione
3107
Bregaglia
Pzo Roseg
3937
3996
Pzo Zupo
P. Varuna / Pzo Verona
3453
S. Giacomo Filippo
Soglio
La Porta
Maira
Pso del Muretto
2562
Marinelli
3075
S. Carlo
Olmo
Piuro
Sta Croce
Stampa
3244
3214
M. del Forno
Longoni
Carate Brianza
2628
Pass da Canfinal / Pso Confinal
Poschiavo
Chiavenna
(333)
Castasegna
Villa d. Chiavenna
Sciora
Albigna
Forno
Chiareggio
2734
Sasso Nero
Sasso Moro
3108
Parco d. Marmitte
Menarola
Prata Camportaccio
Pzo Cengalo
3275
Cma di Castello
3388
Allievi
Mallero
Val
L. Palü
L. di Alpe Gera
Gordona
M. Gruf
2936
3370
Porro
Pzo di Canciano
3323
le Prese
L. di Poschiavo
S. Cassiano
Giannetti
3678
Primolo
(1000)
Franscia
Pso Scalino
Miralago
S. Pietro
Somaggia
20
(1172)
M. Disgrazia
Lanzada
Chiesa in Valmalenco
Caspoggio
Alpe Campiascio
(Samolaco)
Brasca
Bagni d. Masino
Malenco
Pzo Ledu
2503
Era
Mera
3033
Pzo Ligoncio
S. Martino
3114
Torre di Sta Maria
Vetta di Ron
3136
2901
Campocologno
(1790)
Como
Novate Mezzola
Corni Bruciati
Spriana
P. Combul / M. Combolo
Volta
Preda Rossa
Albonico
Cataeggio
Boirolo
Villa di Tirano
D
L. di Mezzola
Verceia
2430
M. Erbea
Buglio in Monte
(290)
Ardenno
Berbenno di Valtellina
Castione Andevenno
Sondrio
S. Bernardo
Bianzone
Gera Lario
Sorico
Livo
S 402
Nuova Olonio
Cino
Caspano
Masino
Postalesio
Poggiridenti
Tresivio
Ponte in Valtellina
Teglio
(856)
Tresenda
Domaso
Mello
Civo
Dazio
Chiuro
S. Giacomo
Gravedona
Dubino
Traona
Adda
Forcola
Caiolo
Fusine
Albosaggia
Faedo
Piateda Alta
Castello dell'Acqua
Arigna
Carona
Abbadia Piona
Colico
Piantedo
S 38
Delebio
Rogolo
Cosio Val.
Morbegno
(255)
Talamona
Campo
Olgiasca
Sacco
Albaredo per S. Marco
Tartano
M. Vespolo
2385
Ambria
Agnedo
14
Dorio
Roccoli Lorla
M. Legnone
2609
Rasura
13
Sueglio
Pedesina
2353
L. di Belviso
Dervio
Tremenico
L. di Venina
Pzo di Coca
M. Torena

5
12
13
14
B
C
D
6
16
Tirolerkopf
Augstenberg
P. Tasna
Scuol
Schuls
Ftan
Guarda
Ardez
Sent
Ramosch
Vnà
Tschlin
Martina
Strada
Tuoi
Tarasp
Vulpera
P. Lischana
UNTER-ENGADIN
En/Inn
P. Pisoc
P. Nuna
P. Plavna Dadaint
S-charl
Piz Sesvenna
P. Tavrü
Ofenpass/
Pass dal Fuorn
Piz Starlex
Tschierv
Fuldera
Valchava
Val Müstair
Müstair
P. Murtaröl /
Cima la Casina
Pass Umbrail /
Gp. di Sta Maria
P. Schumbraida
M. Sumbraida
Livigno
Pzo del Ferro
Lago del Gallo
L. di S. Giacomo di Fraele
L. di Cancano
Pso d'Eira
Trepalle
Pso di Foscagno
M. Foscagno
Valdidentro
Isolaccia
Arnoga
P. Paradisin
Val Viola
Bormio
Bagni di Bormio
Sta Lucia
Valle di Sotto
Bormio 2000
Cima de Piazzi
Cima Bianca
cima di Saoseo /
Cima Saoseo
Eita
C. Redasco
Sasso Campana
Malghera
Valle Grosina
Le Prese
Fumero
Sondalo
Trevisina /
Trevisina
Fusino
Inc. Rupestri
Grosio
Grosotto
M. Masucciò
Mazzo di Valtellina
Vervio
Tovo di S. Agata
Pra Campo
Lovero
Tirano
Stazzona
M. Padrio
Aprica
Corteno Golgi
Cortenedolo
Edolo
Sonico
Rino
Malonno
Garda
Demo
Cevo
Saviore
Paisco
M. Lorio
Pso di Foppa
Vezza d'Oglio
Incudine
Monno
Vione
Ponte di Legno
Temù
M. Serottini
M. Coleazzo
Pezzo
M. Tonale
Passo del Tonale
La Presanella
C. Busazza
Cima Presanella
M. Mandrone
Garibaldi
M. Baitone
Tonolini
M. Adamello
M. Fumo
Lobbia Alta
Crozzon di Lares
Gnutti
Prudenzini
M. Carè Alto
Adamello
Val di Genova
Cascata di Nardis
Ragada
Carisolo
Pinzolo
Caderzone
Bocenago
Spiazzo
Pelugo
Val Rendena
Val d'Algone
Malga Movlina
Agostini
C. Tosa
Cima Brenta
Gruppo di Brenta
Molveno
Lago di Molveno
Cima Groste
M. Spinale
Pietra Grande
Campo Carlo Magno
Madonna di Campiglio
L. di Cornisello
S. Antonio di Mavignola
Bédole
Denza
C. Palù
M. Nambino
Stavel
Vermiglio
Val Vermiglio
Fucine
Ossana
Pellizzano
Fazzon
Mezzana
Marilleva
Folgarida
Commezzadura
Dimaro
L. di Tovel
Val Meledrio
M. Peller
Val di Sole
Monclassico
Malé
Magras
Caldes
Cima Mezzana
Pso Cercena
Rabbi
Bagni di Rabbi
Val di Rabbi
Bordolona
Bresimo
Bordiana
Cogolo
Peio
Peio Terme
Corno dei Tre Signori
Pso di Gavia
M. Gavia
Punta S. Matteo
Vedr. d. Forni
M. Viòz
Val de la Mare
Stelvio
dello
Branca
i Forni
Valfurva
Sta Caterina
M. Sobretta
M. Confinale
Pizzini-Frattola
Gran Zebru
Königsspitze
M. Cevedale
Zufallspitze
Cima Venezia
Larcher
Lago del Careser
Cole
Corsi
Cma Sternai
Dorigoni
L. di Fontana Bianca
L. Verde
Gioveretto
L. di Gioveretto
Ortles / Ortler
ORTLES / ORTLER
Città di Milano
Cresta di Reit
Pso dello Stelvio /
Stilfserjoch
Trafoi
Solda / Sulden
Solda di Fuori /
Ausser Sulden
Serristori
Cma Vertana
Sta Maria alla Fonderia
Parco Nazionale
Gomagoi
Stelvio / Stilfs
Prato allo Stelvio /
Prad a. Stilfserjoch
Furkel Sp. /
Pzo di Forcola
Sta Maria
P. Chavalatsch
Tubre /
Taufers i. Münstertal
Glorenza / Glurns
Laudes / Laatsch
Clusio / Schleis
Slingia / Shlinig
Abb. di M. Maria
Burgusio / Burgeis
Malles Venosta
Mals
Planol / Planeil
Mazia / Matsch
Val di Mazia
Sluderno / Schluderns
Spondigna / Spondinig
Cengles / Tschengls
Lasa / Laas
Tarnello / Tarnell
Corzes / Kortsch
Silandro / Schlanders
Coldrano / Goldrain
Castelbello / Kastelbell
S. Martino al Monte /
St. Martin am Vorberg
Laces / Latsch
Tarres / Tarsch
Morter
Val Venosta / Vinschgau
Bagni di Salto /
Bad Salt
Martello / Martell
Ganda di M. / Gand
Pta di Lasa
L'Orecchia di Lepre
L. di Quaira
S. Nicolò / St. Nikolaus
Sta Gertrude / St. Gertraud
Val Martello
Pta d'Alliz
Tanai / Thanai
Pta Saldura / Saldurnspitze
Maso Corto / Kurzras
Vernago / Vernagt
L. di Vernago
Madonna di S. / Unserfrau
Senales / Schnals
Certosa / Karthaus
Val di Senales
Rattisio Nuovo / Neurateis
Casera di Fuori / Vorderkaser
Similaun
Hintere Schwärze
Pta Valbella
Weißkugel /
Palla bianca
Melago / Melag
Pio XI
Weißseespitze /
Pa Lago Bianco
ÖTZTALER ALPEN
Fluchtkogel
Breslauer-H.
Wildspitze
Vernagt-H.
Brandenburger Hs.
Vent
Rofen
Gr. Ramolkogel
Ramol-Hs.
Kreuzspitze
Hochjoch / Giogo Alto
Martin Busch-Hs.
Schalfkogel
Hochwilde
Curon Venosta /
Graun i. Vinschgau
L. di Resia
Resia / Reschen
Reschenpaß /
Passo di Resia
Roia / Rojen
P. S-chalambert
S. Valentino alla Muta /
St. Valentin a. d. Haide
L. di Muta
Adige / Etsch
Adda
Oglio
Noce
Sarca
Rendena
Valtellina
L. di Pian Palu
Zuf.
Monte
Val d'Ultimo

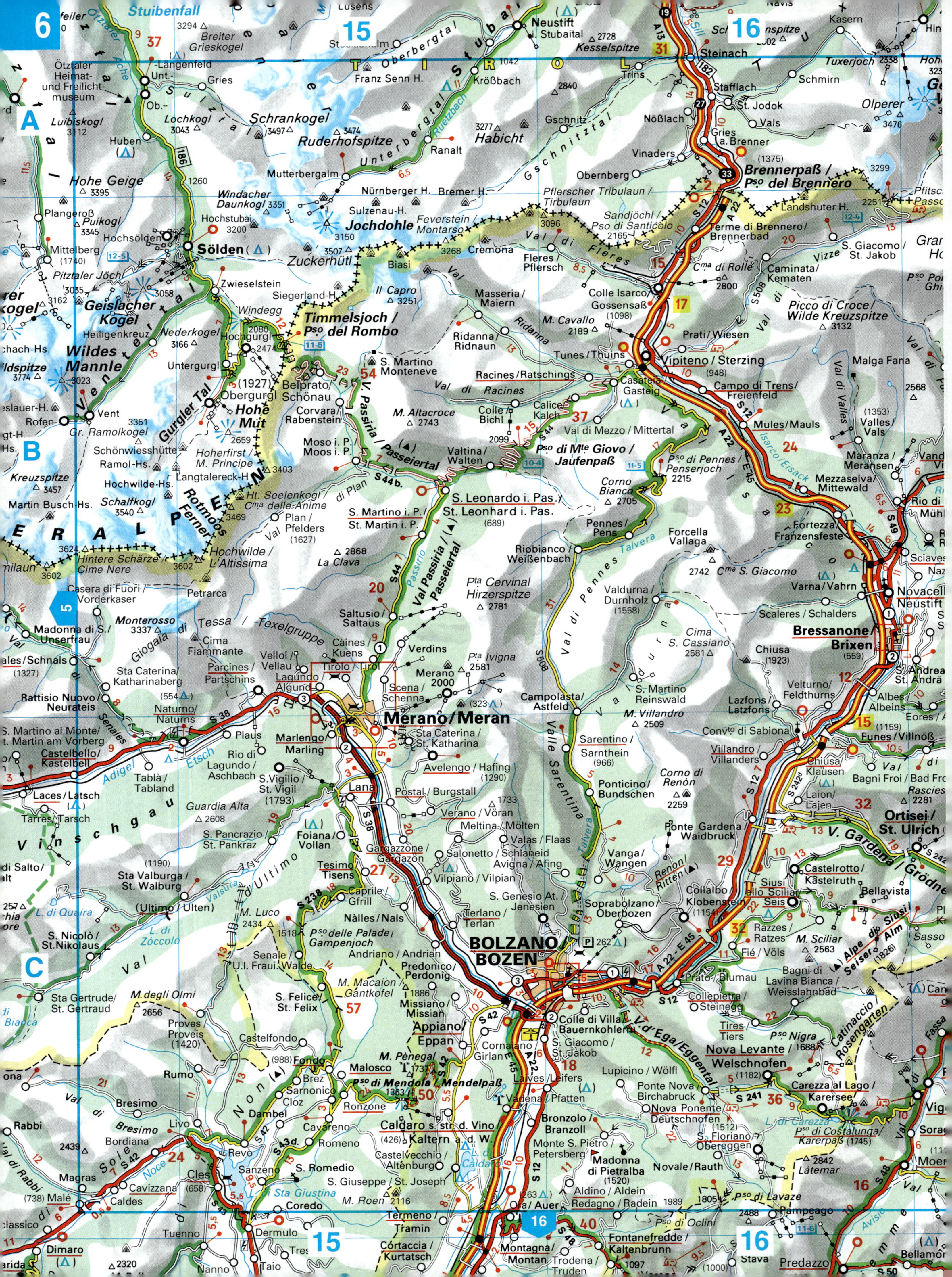

Stuibenfall
15
16
Lüsens
Neustift i. Stubaital
Kesselspitze
Steinach
Kasern
Tuxerjoch
Breiter Grieskogel
Ötztaler Heimat- und Freilichtmuseum
Längenfeld
Unt.
Ob.
Gries
Franz Senn H.
Krößbach
Trins
Stafflach
Schmirn
Olperer
St. Jodok
Vals
Lubiskogl
Huben
Lochkogl
Schrankogel
Ruderhofspitze
Habicht
Gschnitz
Nößlach
Gries a. Brenner
Ranalt
Unterbergtal
Gschnitztal
Vinaders
Obernberg
Brennerpaß / Pso del Brennero
Hohe Geige
Mutterbergalm
Nürnberger H.
Bremer H.
Pflerscher Tribulaun / Tirbulaun
Landshuter H.
Windacher Daunkogl
Sulzenau-H.
Plangeroß
Puikogl
Hochstubai
Jochdohle
Feverstein / Montarso
Sandjöchl / Pso di Santicolo
Terme di Brennero / Brennerbad
Hochsölden
Sölden
Zuckerhütl
Biasi
Cremona
Fleres / Pflersch
S. Giacomo / St. Jakob
Mittelberg
Pitztaler Jöchl
Zwieselstein
Siegerland-H.
Il Capro
Masseria / Maiern
Colle Isarco / Gossensaß
Cma di Rolle
Caminata / Kematen
Geislacher Kogel
Windegg
Timmelsjoch / Pso del Rombo
Ridanna / Ridnaun
M. Cavallo
Picco di Croce / Wilde Kreuzspitze
Heiligenkreuz
Nederkogel
Hochgurgl
Prati / Wiesen
Wildes Mannle
Untergurgl
S. Martino Monteneve
Tunes / Thuins
Vipiteno / Sterzing
Malga Fana
Obergurgl
Belprato / Schönau
Racines / Ratschings
Casateia / Gasteig
Campo di Trens / Freienfeld
Vent
Rofen
Gurgler Tal
Hohe Mut
Corvara / Rabenstein
Val di Racines
Colle / Bichl
Calice / Kalch
Mules / Mauls
Gr. Ramolkogel
M. Altacroce
Val di Mezzo / Mittertal
Valles / Vals
Schönwiesshütte
Ramol-Hs.
Moso i. P. / Moos i. P.
Valtina / Walten
Pso di Mte Giovo / Jaufenpaß
Maranza / Meransen
Kreuzspitze
Hohewilde-Hs.
Hoherfirst / M. Principe
Langtalereck-H.
V. Passiria / Passeiertal
Pso di Pennes / Penserjoch
Mezzaselva / Mittewald
Martin Busch-Hs.
Schalfkogl
Ht. Seelenkogl / Cma delle Anime
S. Leonardo i. Pas. / St. Leonhard i. Pas.
Corno Bianco
Rio di Pusteria / Mühlbach
Plan / Pfelders
S. Martino i. P. / St. Martin i. P.
Pennes / Pens
Forcella Vallaga
Fortezza / Franzensfeste
Hintere Schärze / Cime Nere
Hochwilde / L'Altissima
La Clava
Riobianco / Weißenbach
Cma S. Giacomo
Varna / Vahrn
Novacella / Neustift
Casera di Fuori / Vorderkaser
Petrarca
Pta Cervinal / Hirzerspitze
Valdurna / Durnholz
Scaleres / Schalders
Monterosso
Tessa / Texelgruppe
Saltusio / Saltaus
Bressanone / Brixen
Madonna di S. / Unserfrau
Cima Fiammante
Caines / Kuens
Verdins
Cima S. Cassiano
Chiusa
Schnals
Velloi / Vellau
Pta Ivigna
Velturno / Feldthurns
Sta Caterina / Katharinaberg
Parcines / Partschins
Lagundo / Algund
Tirolo / Tirol
Merano 2000
Scena / Schenna
Campolasta / Astfeld
S. Martino / Reinswald
Lazfons / Latzfons
St. Andrea / St. Andrä
Rattisio Nuovo / Neurateis
Naturno / Naturns
Merano / Meran
Sta Caterina / St. Katharina
M. Villandro
Albes / Albeins
S. Martino al Monte / St. Martin am Vorberg
Plaus
Marlengo / Marling
Convto di Sabiona
Funes / Villnöß
Castelbello / Kastelbell
Rio di Lagundo / Aschbach
Avelengo / Hafling
Sarentino / Sarnthein
Villandro / Villanders
Chiusa / Klausen
Laces / Latsch
Tablà / Tabland
S. Vigilio / St. Vigil
Lana
Postal / Burgstall
Ponticino / Bundschen
Corno di Renòn
Laion / Lajen
Bagni Froi / Bad Froi
Tarres / Tarsch
Guardia Alta
Verano / Vöran
Meltina / Mölten
Valas / Flaas
Ponte Gardena / Waidbruck
Ortisei / St. Ulrich
V. Gardena / Grödner
Vinschgau
S. Pancrazio / St. Pankraz
Foiana / Vollan
Gargazzone / Gargazon
Salonetto / Schlaneid
Avigna / Afing
Vanga / Wangen
Renòn / Ritten
Castelrotto / Kastelruth
Tesimo / Tisens
Vilpiano / Vilpian
Siusi
Bellavista
Sta Valburga / St. Walburg
Caprile / Gfrill
S. Genesio At. / Jenesien
Soprabolzano / Oberbozen
Collalbo / Klobenstein
Siusi allo Sciliar / Seis
Ultimo / Ulten
L. di Quaira
M. Luco
Nàlles / Nals
Terlano / Terlan
Razzes / Ratzes
M. Sciliar
Alpe di Siusi / Seiser Alm
Val d'Ultimo
L. di Zoccolo
Pso delle Palade / Gampenjoch
Bolzano / Bozen
Fié / Völs
S. Nicolò / St. Nikolaus
Senale / U.I. Frau i. Walde
Andriano / Andrian
Prato / Blumau
Bagni di Lavina Bianca / Weisslahnbad
Pedronico / Perdonig
M. Macaion / Gantkofel
Sta Gertrude / St. Gertraud
M. degli Olmi
S. Felice / St. Felix
Missiano / Missian
Collepietra / Steinegg
Catinaccio / Rosengarten
Proves / Proveis
Appiano / Eppan
Colle di Villa / Bauernkohlern
Tires / Tiers
Pso Nigra
Castelfondo
Cornaiano / Girlan
S. Giacomo / St. Jakob
V. d'Ega / Eggental
Nova Levante / Welschnofen
Fondo
M. Pènegal
Lupicino / Wölfl
Rumo
Brez
Malosco
Pso di Mendola / Mendelpaß
Laives / Leifers
Ponte Nova / Birchabruck
Carezza al Lago / Karersee
Bresimo
Sarnonico
Clòz
Ronzone
Vadena / Pfatten
Nova Ponente / Deutschnofen
L. di Carezza
Pso di Costalunga / Karerpass
Val di Bresimo
Dambel
Cavareno
Caldaro s. str. d. Vino / Kaltern a. d. W.
Bronzolo / Branzoll
S. Floriano / Obereggen
Rabbi
Livo
Bordiana
Romeno
Monte S. Pietro / Petersberg
Madonna di Pietralba
Revo
Castelvecchio / Altenburg
Novale / Rauth
Làtemar
Val di Sole
Cles
Sanzeno
S. Romedio
Cavizzana
S. Giuseppe / St. Joseph
Caldaro
Aldino / Aldein
Magras
Caldes
Sta Giustina
Coredo
M. Roen
Redagno / Radein
Pso di Lavazè
Malé
Termeno / Tramin
Ora / Auer
Pso di Oclini
Pampeago
Tuenno
Dermulo
Cortaccia / Kurtatsch
Montagna / Montan
Fontanefredde / Kaltenbrunn
Stava
Predazzo
Dimaro
Tres
Taio
Nanno
Trodena / Truden
Bellamonte

17
18
19
A
B
C
8
Zillertaler Alpen
Roßwandspitze
3157
Kasseler H.
Greizer H.
Ochsner
3107
Berliner H.
Schlegeis-Speicher
Furtschagl-Hs.
Gr. Möseler / Mesule
Gr. Löffler / M. Lovello
Vitt. Veneto
Scharzenstein / Sasso Nero
S. Giovanni / St. Johann
Valle Aurina / Ahrntal
Cadipietra / Steinhaus
S. Pietro / St. Peter
Predoi / Prettau
Casere / Kasern
Hundskehljoch / P.so del Cane
Krimmlertauern / P.so dei Tauri
Rauchkofel / M. Fumo
Malga Prato / Wieser Alm
Tridentina
Fonte alla Roccia / Trinkstein
Giorgio Lungo
Birnlücke / Fo.lla del Picco
Dreiherrnspitze / P.zo dei Tre Signori
Rostocker H.
Gr. Geiger
Bacener H.
Eichham
3371
Bonn-Matreier-H.
Kristallkopf
3008
Hinterbichl
Clara-H.
Rötspitze / P.zo Rosso di Predoi
Klammljoch / P.so di Gola
2288
Isel
Virgental
Virgen
Matrei
Prägraten
Lasörling
3098
Lasörlinggruppe
Reichenberger H.
Dreieck-Spitze / Triangolo di Riva
3031
Malga dei Dossi / Knutten-Alm
Cima Dura
3130
Riva di Tures / Rein in Taufers
Oberhaus
Porro
Riobianco / Weißenbach
(Valle Aurina / Ahrntal)
Lutago / Luttach
L. di Neves
Campo Tures / Sand i. Taufers
Valle di Riva
Vedrette di Ries / Rieserfernergruppe
Collalto / Hochgall
3436
Barmer H.
Erlsbach
Mariahilf
St. Jakob i. Defereggen
St. Veit i. Def.
Hopfgarten i. Def.
Huber
Schwarzach
Defereggental
Lappago / Lappach
Selva dei Molini / Mühlwald
Molini di Tures / Mühlen
Fundres / Pfunders
Val Selva dei Molini
M. Gruppo
2809
M. Sommo
2418
Villa Ottone / Uttenheim
Riomolino / Mühlbach
Croda Nera / Schwarze Wand
Anterselva di M. / Antholz M.
L. d'Anterselva
Anterselva di Sopra / Antholz Obertal
Stallersattel / P.so di Stalle
Croda Rossa
2817
Malga Pudio / Pidig Alm
Weiße Spitze
2963
Unterstalleralm
Hochgrabe
2951
Volkzeiner H.
Hochalmspitze
2797
Riepenspitze / M. Ripa
2775
Deferegger Alpen
Gölbner
2943
Vallarga / Weitenta
Terento / Terenten
Issengo / Issing
Chienes / Kiens
S. Giorgio / St. Georgen
Gais
Vila di Sopra / Ob. Wielenbach
Montone
2483
Sta Maddalena Vallalda / St. Magdalena
Bagni di Salomone / Bad Salomonsbrunn
V. di Casies / Gsies
S. Martino / St. Martin
Kalkstein
Innervillgraten
St. Katarina
Toblacher Pfannhorn / Corno di Fana
Außervillgraten
Brunico / Bruneck
(835)
Perca / Percha
Falzes / Pfalzen
Casteldarne / Ehrenburg
Val Pusteria
Rasun-Anterselva / Rasen-Antholz
Planca di Sotto / Unterplanken
Tesido / Taisten
Rienza
Bagni di Selva / Bad Rahmwald
S. Lorenzo di S. / St. Lorenzen
Riscone / Reischach
Valdaora / Olang
Giogo d'Asta
2194
Luson / Lüsen
Plan de Corones / Kronplatz
2273
Pieve di M. / Plaiken
Monguelfo / Welsberg
Villabassa / Niederdorf
Monte Rota / Radsberg
Dobbiaco / Toblach
S. Candido / Innichen
Prato alla Drava / Winnebach
Sillian
Tessenberg
Panzendorf
Straßen
Arnbach
Hollbrück
Kartitsch
Longega / Zwischenwasser
Bagni di Pervalle / Bad Bergfall
Braies / Prags
S. Vito / St. Veit
L. di Braies / Pragser Wildsee
Dobbiaco Nuovo
L. di Dobbiaco
Versciaco / Vierschach
M. Elmo / Helm
Sillianer H.
Obstansersee H.
Cima di Plose / Plose Bühel
2504
Antermoia / Untermoi
S. Vigilio di M. / St. Vigil
(Marebbe / Enneberg)
Plancios / Palmschoss
P.so di Erbe
Sass de Putia / Longiaru / Campill
S. Martino i. B. / St. Martin i. T.
La Valle / Wengen
Pederoa
Croda del Becco / Seekofel
Ponticello / Brückele
Prato Piazza / Plätzwiesen
Croda Rossa / Hohe Geisel
3146
Sesto / Sexten
Croda dei Baranci
Bagni di S. Giuseppe / Bad Moos
P.so di M. Croce di Comelico / Kreuzbergpass
Val Padola
Sta Maddalena / St. Magdalena
Genova
Funes
Odle / Geislerspitze
3025
P.so di Poma
Cma Dieci
3026
(Badia / Abtei)
Pedraces / Pedratsches
Fodara Vedla
Cimabanche
Carbonin / Schluderbach
Tre Cime di Lavaredo / Drei Zinnen
2999
Zsigmondy-Comici
Croda dei Toni / Zwölferkofel
Pàdola
Comelico Superiore
La Gardenaccia
2668
La Villa / Stern
La Varella
3055
P.so di Limo
S. Cassiano / St. Kassian
Armentarola
Misurina
L. di Misurina
Carpi
Gruppo dei Cadini
Auronzo di Cadore
Danta
Sta Cristina / St. Christina
Selva / Wolkenstein
P.so di Gardena / Grödner Joch
Corvara i. B.
P.so di Valparola
Le Tofane
Pocol
Cristallo
3221
Tre Croci
CORTINA D'AMPEZZO
(1204)
Tondi di Faloria
Stabiziane
Palùs S. Marco
M. Agudo
Sta Caterina
Cima Gogna
Gruppo di Sella
P.so di Sella
P.so di Campolongo
Col di Lana
2452
P.so di Falzarego
Averau
Nuvolau
Palmieri
Zuel
Cimon del Froppa
Gruppo delle Marmarole
Vigo di Cadore
Canazei
P.so Pordoi
Arabba
Pieve di Livinallongo
Andraz
Passo di Giau
Croda da Lago
S. Marco
Galassi
Lozzo di C.
Lorenzago di C.
Domegge di C.
Mazzin
Alba
P.so di Fedaia
Rocca Pietore
Colle Sta Lucia
Selva di Cad.
Pescul
S. Vito di C.
Antelao
3263
Calalzo di Cadore
P.so della Mauria
Lago di Pieve di C.
Marmolada
3342
Sottoguda
Caprile
Forcella Staulanza
Venezia
Borca di C.
Vodo Cadore
Venas di C.
Tai di C.
Pieve di Cadore
Sasso di Valfredda
Falier
Alleghe
Masarè
M. Pelmo
3168
Mareson
Sonino
Valle di C.
Boite
Perarolo di Cadore
Padova
Monfalcon di Montanaia
Taramelli
P.so S. Pellegrino
Vallada Ag.
M. Civetta
3220
Zoppè di C.
Cibiana di C.
Pordenone
Caviola
S. Tomaso Ag.
Zoldo Alto
Passo Cibiana
Falcade
Canale d'Agordo
Cencenighe Agordino
Vazzoler
Chiesa
Dont
Forno di Zoldo
Fusalgo
Cima dei Preti
Passo Duran
Ospitale di Cadore
Maniago
Gares
Pale di S. Lugano
Carestiato
Pramperet
Mezzocanale
Paneveggio
P.so di Lusia
C. Bocche
S. Pellegrino

8
19
20
21
B
C
D
7
17
18
St. Katarina
Außervillgraten
Unterried
Anras
Aßling
Mittewald a. d. D.
Drau
Dolomiten
Gr. Sandspitze
Spitzkofel 2718
2772
Karlsbader H.
Nikolsdorf
Lengberg
Oberdrauburg
Flaschberg
Zwickenberg
Irschen
Dellach i.Drautal
Berg
Emberger A.
1755
2655
Prato alla Drava / Winnebach
Sillian
Tessenberg
Panzendorf
Abfaltersbach
Straßen
Arnbach
Hollbruck
Lienzer Dolomiten
Eggenkofel 2590
Schatzbühel 2090
Gailberg Sattel
982
Drautal
Torkofel 2275
Compton-H.
Reißkofel
2371
Versciaco / Vierschach
Kartitsch
Kartitscher Sattel 1529
Obertilliach
Untertilliach
St. Lorenzen i. Lesachtal
Liesing
Birnbaum
St. Jakob i. Lesachtal
Laas
Kötschach
Mauthen
Dellach
Würmlach
Gundersheim
M.Elmo / Helm 2433
Sillianer H.
Obstansersee H.
Pfannspitze 2678
Großer-Kinigat / M. Cavallino 2689
Sexten
S.Giuseppe / Moos
Bagni di S. Giuseppe / Bad Moos
Maria Luggau
Lesachtal
Gail
Karnische Alpen
Zwölferspitz 2593
Steinkarspitz / M. Antola 2524
Hochweißstein-Hs.
P.so di M. Croce di Comelico / Kreuzbergpass
1636
2600
Campo Fiscalino / Fischleinboden
Polinik 2331
Hoche Warte / M. Coglians 2780
E. Pichl-H.
Plöckenpaß / P.so di M. Croce Carnico
1360
Timau
Hoher Trieb / Cuestalta 2199
P.so Cason di Lanza 2145
Berti
Zsigmondy-Comici
Crode dei Longerin 2569
M. Peralba 2693
Calvi
Hochalpljoch / Pso dell'Oregone
Pierabec
Croda dei Toni / Zwölferkofel 3094
Val Pàdola
Pàdola
Comelico Superiore
S. Nicolò di C.
Valle Visdende
Cimasappada
Forni Avoltri
(888)
Collina
Marinelli
M. Crostis 2251
M. Paularo 2043
Case Orsolina
2700
Danta
1476
P.so del Zovo
Auronzo di Cadore
(864)
Campolongo
Sto Stefano di Cadore (908)
Sappada (1250)
2314
Rigolato
2094
Cleulis
Ligosullo
Paularo
M. Agudo
1585
Sta Caterina
Cima Gogna 1880
Piave
M. Terza Grande 2585
De Gasperi
2462
M. Creta Forata
Pesariis
Prato Carnico
Tualis
Cercivento
Zovello
Ravascletto
Treppo Carnico
Paluzza
M. Tersadia 1961
Dierico
Lambrugno
Marmarole
Vigo di Cadore
M.Brentoni 2548
Forcella Lavardet
1542
Val Pesarina
Comeglians
Liariis
1740
Sutrio
Casera Losa
Mione
Ovaro
Piano d'Arta
1967
M. Arvenis
S. Pietro di Carnia
Arta Terme
Zuglio
Baion
Lozzo di C.
Lorenzago di C. (880)
M. Tudaio di Razzo 2285
1760
Sella di Razzo
Sauris di Sopra
Col Gentile 2076
Ponte del Buso
La Maina
Trischiamps
Plugna
2190
M. Sernio
Grauzaria
Domegge di C.
P.so della Mauria 1298
Lumiei
Gorto
Calalzo di Cadore
Lago di Pieve di C.
2473
Lago di Sauris
1785
Vinaio
Raveo
Illegio
Pieve di Cadore (878)
2580
Giaf
M. Cridola
Forni di Sopra (907)
P.so del Pura 1425
Ampezzo (560)
Villa Santina
Mediis
(323)
Tolmezzo
Moggio Udinese
Tai di C.
Padova
Andrazza
1906
M. Amariana
Enemonzo
Villa
Valle di C.
2548
Monfalcon di Montanaia
Tagliamento
Forni di Sotto
Socchieve
Preone
Chiaicis
Verzegnis
Amaro
Perarolo di Cadore
Pordenone
Flaiban-Pacherini
Cavazzo Carnico
M. Verzegnis 1915
954
Sella Chianzutan
Somplago
Portis
1506
Carnia
2479
M. Pramaggiore
2168
M. Chiarescons
Forcola di M. Rest
1052
1908
1617
Rivalgo
Cima dei Preti 2703
L. di Cavazzo
Alesso
Venzone
1961
Tramonti di Sopra
S. Francesco
Bordano
Ospedaletto
Maniago
2322
M. Cornaget
2309
Cimoliana
Val Settimana
Meduna
Trasaghis
Passo di S. Osvaldo
Cimolais (575)
Lago di Cà Zul
Tramonti di Sotto
Pielungo
1478
Gemona
Castellavazzo
827
Erto
Casso
L. del Vaiont
Pinedo
Claut
Cellina
Forcella Clautana 1437
Lago di Cà Selva
Chievolis
Lago di Tramonti
1369
M. Taiet
Peonis
Osoppo
Redona
Gerchia
1148
Anduins
Forgaria nel F.
Provagna
Col Nudo 2472
2067
M. Resettum
2026
Poffabro
Sottomonte
Clauzetto
Flagogna
S. Floreano
Soverzene
Val Cellina
Arcola
Andreis
Forcella di Pala Barzana
Meduno
Toppo
Travesio
Castelnuovo del Friuli
Buia
Treppo
Muris
S. Martino d'Alpago
Barcis
Cavasso Nuovo
Fanna
Usago
Pinzano al T.
Ragogna
Majano
Tagliamento
2231
L. di Barcis
840
Maniago
Colle
Sequals (234)
Valeriano
S. Daniele del Friuli (252)
Colloredo di M. Albano
Chies d'Alpago
Montereale Valcellina (317)
Campagna
Lestans
Caporiacco
Alpago
Puos d'A.
Bastia
Farra d'A.
1642
Malnisio
Vajont
Arba
Meduna
Istrago
Carpacco
Rive d'Arcano
Pagnacco
Rodeano
Fagagna
Ciconicco
Tambre
Cansiglio
2250
M. Cavallo
Piancavallo (1267)
Cellina
Tauriano
Spilimbergo (132)
Coseano
Canale Ledra
Martignacco
Spert
Sta Croce
Marsure
S. Leonardo Valcellina
Basaldella
Barbeano
Dignano
Cisterna
S. Vito di Fagagna
488
Sella di Fadalto
Pian dell' Osteria
Aviano
S. Martino di Campagna
Vivaro
Provesano
Gradisca
Flaibano
S. Marco
Colloredo di Prato
Fadalto
1357
Piano del Cansiglio (1006)
Sedrano
S. Foca
S. Giorgio della Richinvelda
Pozzo
Mereto di Tomba
Blessano
M. Pizzoc
1565
Budoia (140)
Rauscedo
S. Odorico
Bressa
Polcenigo
S. Quirino (116)
Domanins
S. Martino al T.
Pantianicco
Basiliano
La Crosetta
Sedegliano
Villaorba
Grotte del Caglieron
Fregona
Sarone
Roveredo in Piano
Vigonovo
Cordenons
Valvasone
Rivis
Beano
Basagliapenta
Orgnano
E 66
E 55
A 23
S 52
S 51
S 355
S 465
S 251
S 464
S 463
S 13
S 552
S 512
S 422
P 619
P 465
P 532
R 355
11-5
12-3
12-4
12-5
10-5

9
22
23
B
C
D
19
Spittal a.d. Drau
Kleblach
Lind i. Drautal
Steinfeld
Goldeck
Unteramlach
Molzbichl
Olsach
Döbriach
Mirnock
Feld a. See
Gnesau
Himmelberg
Drau
Gajach
Fellbach
Waisach
Techendorf
Latschur
Weißensee
Neusach
Stockenboi
Ferndorf
Kamering
Paternion
Fresach
Verditz
Afritz
Arriach
Gerlitzen
Steindorf
Bodensdorf
Weißbriach
Mößlacher
Wiederschwing
Nikelsdorf
Feistritz a.c.D.
Weißenstein
Außere Einöde
Karzelnche
Sattendorf
Ossiacher See
Ossiach
Köstenberg
St. Lorenzen i. Gitschtal
Weißenbach
Boden
Kreuzen
Kellerberg
Puch
Treffen
Annenheim
Gitschtal
Spitzegel
Rubland
Kobesnock
Töplitsch
St. Ruprecht
St. Andrä
Landskron
Kerschdorf
Wernberg
Kirchbach
Radnig
Vellach
Windische Höhe
Forolach
Bleiberg-Kreuth
Bad Bleiberg
Heiligengeist
Fellach
Jenig
Waidegg
Hermagor
Göntschach
Tratten
Villach
Maria Gail
Lind
Rattendorf
Tröpolach
Möderndorf
Egg
Paßriach
St. Stefan a.d.G.
Dobratsch
Villacher Alpe
Trebdorfer-A.
Eggeralm
Vorderberg
Nötsch
Gail
Drobollach
Faaker See
Faak
St. Martin
Ledenitzen
Trogkofel / Creta di Aip
Gartnerkofel
M. Poludnig
Oisternig
Feistritz a.d.G.
Arnoldstein
Fürnitz
Finkenstein
Latschach
Naßfeld-Paß / Pso di Pramollo
Nordio-Deffar
M. Cavallo
Unterthörl
Coccau
Ofen / M. Forno
Wurzen-P. / Korensko Sedlo
Berta-H.
Rosenbach
Mittagskogel
Foresta
Camporosso in Valcanale
Tarvisio
Laglesie-S. Leopoldo
Malborghetto
Pontebba
Fella
Fusine Laghi
Rateče
Podkoren
Gozd-Martuljek
Dovje
Sella di Cereschiatis
Bagni di Lusnizza
Valbruna
Canale
Fusine in Valromana
Laghi di Fusine
Kranjska Gora
Sava Dolinka
Mojstrana
Aupa
Val Montesanto di Lussari
Bernardinis
Foresta di Fusine
Planica
Riofreddo
Zacchi
Grego
Sella di Sompdogna
Cave del Predil
M. Mangart
Vršič
Škrlatica
Vrata
Zuc del Boor
Dogna
di Tarvisio
Pellarini
Jôf di Montasio
Brunner
Predel
Chiusaforte
Di Brazza
Corsi
L. del Predil
Pso d. Predil / Predel
Log
Canale
Saletto
Canale di Raccolana
Sella Nevea
Passo di Nevea
Trenta
Triglav
Pokljuka
Resiutta
Valle di Resia
S. Giorgio
Gilberti
Grintavec
Mrzli Studenec
M. Plauris
Stolvizza
M. Canin
Bovec
Socka
Triglavski
Vogel
Narodni Park
Sella Carnizza
Musi
Passo di Tanamea
Uccea
Cezsoča
Žaga
Lepena
Srednja Vas
Stara Fužina
Jereka
Nomenj
Quarnan
Pradielis
Lusevera
Gran Monte
Soča
Trnovo
Bohinjsko Jezero
Ribčev Laz
Bohinjska Bistrica
Gemona d. Friuli
Monteaperta
Montemaggiore
Breginj
Krn
Kuk
Montenars
Artegna
Taipana
Borjana
Robič
Kobarid
Rodica
Vogel
Magnano in R.
Zaiama
Platischis
Natisone
Tarcento
Nongruella
Torlano
Prossenicco
M. Mataiur
Kamno
Podbrdo
Sedilis
Subit
Livek
Nimis
Montefosca
Montemaggiore
Tolmin
Colalto
Attimis
Stupizza
Pulfero
Drenchia
Ljubinj
Kneža
Qualso
Canebola
Cepletischis
Grandę
Savorgnano
Masarolis
Most na Soči
Grahovo
Tricesimo
Malina
Savogna
Lombai
Cerkno
Reana del Roiale
Faedis
Magredis
Stregna
Ronchis
S. Pietro al Natisone
Tavagnacco
Ziracco
Togliano
S. Leonardo
Povoletto
Cividale del Friuli
Dolenja Trebuša
Stopnik
Remanzacco
Moimacco
Castelmonte
Kanal
Feletto Umberto
Idrijca
Judrio
Banjšice
Orzano
Gagliano
UDINE
Premariacco
Prepotto
Mernicco
Čepovan
Pasian di Prato
Orsaria
Batte
Plava
Pradamano
Spessa
SLOVENIJA
Basaldella
Dolegna del Collio
Lokve
Kodr
Paparotti
Oleis
Buttrio
Kojsko
Skalnica
Campoformido
Corno di Rosazzo
Pavia di Udine
Dobrovo
M. Sabotino
Manzano
Oslavia
Trnovo
M. Goljaki
Lauzacco
S. Floriano del Collio

CHAMONIX-MONT-BLANC
Sallanches
Passy
Servoz
le Brévent
les Bossons
Tunnel du Mt Blanc
Combloux
St Gervais-les-Bains
le Fayet
les Houches
les Grds Mulets
Aigle du Midi
MEGÈVE
Mt d' Arbois
Mt Joly
les Contamines-Montjoie
Aigle Croche
Mt de Vores
C. du Joly
Dômes de Miage
Dôme du Goûter
Aigle de Bionnassay
Mt BLANC / M. BIANCO
Tré-la-Tête
Elisabetta
Mt Tondu
L. de la Girotte
Hauteluce
Col de la Seigne
Tête Nord des Fours
Beaufort
Ville des Glaciers
Pnte de Léchaud
Cormet de Roselend
Bge de Roselend
les Chapieux
Mt de Mirande / M. Miravidi
Col du Pit St Bernard / Colle del Piccolo S. Bernardo
Aigle du Grd Fond
le Roignais
la Grde Parei
Bonneval
Bourg-St. Maurice
Séez
la Rosière
Arc 1600
les Arcs
Arc 1800
Arc 2000
Granier
Valezan
Aime
Landry
Mâcot-la-Plagne
Peisey-Nancroix
Longefoy
Aigle Rouge
Regaud
Mt Pourri
du Pré
la Plagne
les Lanches
Somt de Bellecôte
la Grde Rochette
SAVOIE
Bozel
Laisonnay
Tignes
C. du Palet
Courchevel
Planay
Grd Bec
Pnte de la Grde Casse
Grde Motte
Pralognan-la-Vanoise
Pralin-Mugnier
VANOISE
Parc National de la Vanoise
FRANCE
Pnte de la Sana
Pnte de Méan Martin
Dôme de Chasseforêt
Grd Roc Noir
le Cuchet
l'Arpont
Dent Parrachée
Termignon
Lanslebourg-Mont-Cenis
Lanslevillard
Sollières-Sardières
MASSIF DE
Aussois
Modane
Avrieux
Bramans
Pnte Clairy
Lac du Mont Cenis
Col du Mont Cenis
Massif du Mt Cenis
Grand-Croix
le Planay
Tunnel du Fréjus
Aigle de Scolette
Mt Lamet
C. de l' Autaret
Mt Tour
Pta Marmottere
Moncenisio
Rocciamelone
Novalesa
la Ripola
Bar
Croix Rousse / Croce Rossa
Pnta d'Arnas
Pnte de Ronce
Pnte de Charbonnel
Vincendières
Vallée d'Avérole
Avérole
Uia Bessanese
M. Collerin
l'Albaron
Uia di Ciamarella
Cima Monfret
Bessans
le Môlard
Bonneval-s-Arc
Criou
Evettes
Col de l'Iseran
Pnte des Lessières
Val d'Isère
Prariond
Grde Aigle Rousse
Carro
Levanna Centrale
Lago di Ceresole
Ceresole Reale
M. Unghiasse
Noasca
Valle
Rosone
M. Tovo
Forno Alpi Graie
Groscavallo
Stura di Val Grande
Val Grande
Chialamberto
Cantoira
Ceres
Ala di Stura
Mondrone
Balme
Val di Ala
Cirié
Pessinet
Monti
Torre d'Ovarda
Germagna
Usseglio
Val di Viù
Viù
Margone
Lemie
Stura di Viù
Malciaussia
Pta Lunella
Colle del Colombardo
Colle del Lis
Monco
Barrage de Tignes
L. du Chevril
Aigle de la Grde Sassière
Bezzi
L. de la Sassière
Pta di Galisia / Pnte de la Galise
Colle del Nivolet
Orco
Gran Paradiso
Parco Nazionale del Gran Paradiso
Ciarforòn
Bénévolo
M. Tout Blanc
Pont
Herbetet
Gran S. Pietro
Monveso di Forzo
L. di Telessio
M. Color
Rhêmes-Notre-Dame
Grde Rousse
Val di Rhêmes
Valsavarenche
Val Savarenche
Chanavey
Surier
Lago di Beauregard
Valgrisenche
Val Grisenche
Bonne
Testa del Rutor
la Thuile
Ste Foy-Tarentaise
Grd Assaly
M. Paramont
Planaval
la Joux
la Thuile
Porassey
Pré-St. Didier
Chécrouit
Val Veny
la Visaille
Val Cresta d'Arp
Courmayeur
Verrand
Entrèves
Plampincieux
Val Ferret
la Grde Rochère
Traforo del M. Bianco
Torino
Dente del Gigante
Aigle du Géant
Grdes Jorasses
Pnte Helbronner
Tête Rousse
Vallot
Aigle de Triolet
Mt Dolent
Aigle Verte
Aigle d'Argentière
Argentière
Glacier d'Argentière
Mer de Glace
Couvercle
les Praz
Belvédère
Tête du Colonney
Plateau d' Assy
Chardonnet
Saleina
A. Neuve
la Fouly
Ferret
Col du Ferret
Pré de Bar
Lavachey
Grd Golliaz
Col du Grd St Bernard
C. del Gran S. Bernardo
Bourg-St-Pierre
Mt Ferret
Tunnel
Mt Vélan
Traforo
Valsorey
Vélan
Grand Combin
Chanrion
Pnte d'Otemma
L. de Mauvoisin
Panossière
Mt Blanc de Cheilon
Fenêtre de Durand
M. Gelé
Glacier
Oyace
Ollomont
Valpelline
Châtelair
St-Rhémy-en-Bosses
St-Oyen
Etroubles
Doues
Allein
Gran S. Bernardo
Flassin
Gignod
Roisan
Blavy
Morgonaz
M. Fallère
AOSTA/AOSTE
St. Christophe
Ville s. Sarre
Vetan
St. Nicolas
Sarre
Charvensod
Brissogne
Gressan
Peroulaz
St. Pierre
Aymavilles
Pila
Villeneuve
Introd
Arvier
Leverogne
Avise
St Derby
Dora Baltea
la Salle
Morgex
Chabodey
Cle S. Carlo
Planaval
Dora di Valgrisanche
VALLE D'A
Ozein
M. Emilius
Rhêmes-St.-Georges
Savara
Vieyes
Grd Eyvia
Val di Cogne
Epinel
Gimillan
Cretaz
Cogne
la Grivola
Valnontey
Lillaz
Parco Nazionale

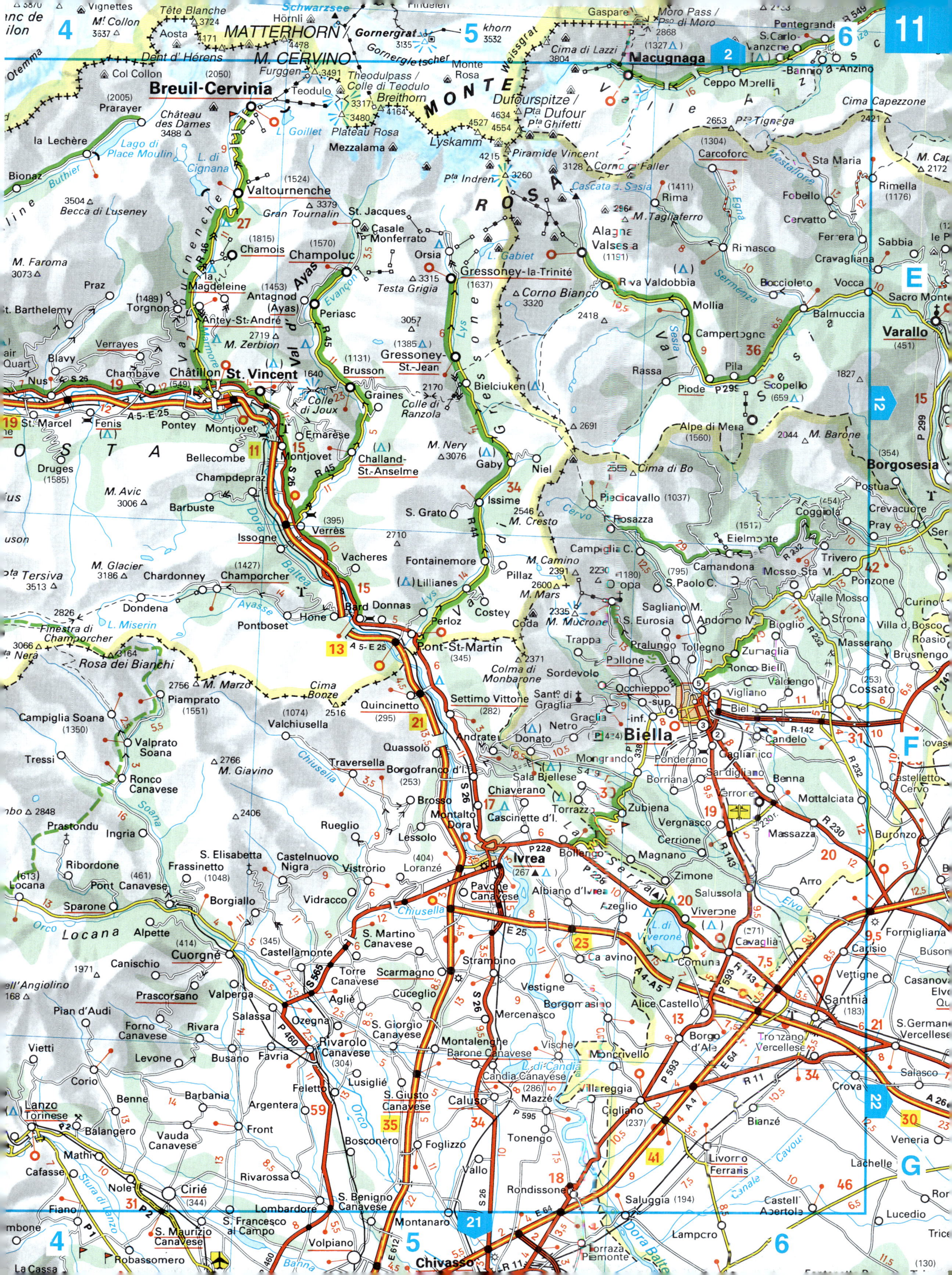
MATTERHORN
M. CERVINO
Breuil-Cervinia
Valtournenche
Chamois
Champoluc
Gressoney-la-Trinité
Gressoney-St.-Jean
MONTE ROSA
Dufourspitze / Pta Dufour
Macugnaga
Alagna Valsesia
Varallo
Borgosesia
Châtillon
St. Vincent
Brusson
Challand-St.-Anselme
Verrès
Pont-St-Martin
Bard
Biella
Ivrea
Cuorgnè
Castellamonte
Rivarolo Canavese
Caluso
Chivasso
Santhià
Cirié
Lanzo Torinese
Locana
Valchiusella
Oropa
Cossato
Cavaglià
Viverone
Saluggia
Livorno Ferraris
Crescentino
Settimo Vittone
Quincinetto
Borgofranco d'Ivrea
Montjovet
Fenis
St. Marcel
Nus
Champorcher
Antey-St-André
Torgnon
La Magdeleine
Ayas
Valle Mosso
Trivero
Candelo
Strambino
Agliè
Favria
Front
Volpiano
Montanaro
Mazzè
Foglizzo
San Benigno Canavese
Bosconero
Rondissone
Tronzano Vercellese
Crova
Mottalciata
Buronzo
Salussola
Zimone
Cerrione
Mongrando
Graglia
Donato
Andrate
Quassolo
Brosso
Lessolo
Vistrorio
Valprato Soana
Ronco Canavese
Ingria
Sparone
Pont Canavese
Alpette
Prascorsano
Valperga
Rivara
Forno Canavese
Levone
Barbania
Nole
Robassomero
Lombardore
Mathi
Balangero
Corio
Rocca Canavese
Vauda Canavese
San Maurizio Canavese
San Francesco al Campo
Lusigliè
Feletto
San Giusto Canavese
Candia Canavese
Vische
Villareggia
Moncrivello
Cigliano
Tonengo
Bianzè
Lamporo
Lucedio
Saluggia
Carisio
Formigliana
Buronzo
Arro
Massazza
Benna
Gaglianico
Ponderano
Borriana
Sandigliano
Verrone
Vergnasco
Magnano
Zubiena
Torrazzo
Sala Biellese
Bollengo
Albiano d'Ivrea
Azeglio
Piverone
Palazzo Canavese
Borgomasino
Vestignè
Mercenasco
Montalenghe
Orio Canavese
Barone Canavese
Scarmagno
Torre Canavese
San Martino Canavese
Pavone Canavese
Banchette
Loranzè
Vidracco
Baldissero Canavese
Borgiallo
Castelnuovo Nigra
Frassinetto
Traversella
Rueglio
Issiglio
Alice Castello
Borgo d'Ale
Vettignè
Santhià
Varallo
Rimasco
Rima
Carcoforo
Fobello
Cervatto
Balmuccia
Vocca
Scopello
Pila
Piode
Campertogno
Mollia
Riva Valdobbia
Rassa
Gaby
Issime
Fontainemore
Lillianes
Perloz
Donnas
Hône
Pontboset
Arnad
Issogne
Champdepraz
Emarèse
Graines
Periasc
Antagnod
Brusson
Testa Grigia
Col di Joux
Chambave
Verrayes
Pontey
Quart
Oyace
Bionaz
Prarayer
Aosta
Valpelline
Gran Paradiso
Rosa dei Banchi
Cima Bonze
Mombarone
Colma di Mombarone
Piedicavallo
Rosazza
Campiglia Cervo
Andorno Micca
Sagliano Micca
Tollegno
Pralungo
Pollone
Sordevolo
Occhieppo
Vigliano Biellese
Valdengo
Ronco Biellese
Zumaglia
Bioglio
Camandona
Mosso Santa Maria
Strona
Masserano
Brusnengo
Curino
Crevacuore
Pray
Coggiola
Postua
Serravalle Sesia
Lago di Viverone
Dora Baltea
Orco
Chiusella
Soana
Elvo
Cervo
Sesia
Lys
Évançon
Valle d'Aosta
A5-E25
A4-A5
A4
A26
S26
S565
P460
P593
P228
P338
P143
P232
R11
R143
R232
R142
E64
E612

12
Crevoladossola
Domodossola
Bognanco
S. Lorenzo
Preglia
Masera
Druogno
Toceno
Craveggia
Sta Maria Maggiore
Malesco
Re
Camedo
Intragna
Locarno
Ascona
Minusio
Magadino
Brissago
Cannobio
Cannero Riviera
Luino
Parco Nazionale della Val Grande
Val Vigezzo
Val Cannobina
Villadossola
Beura-Cardezza
Antronapiana
Viganella
Piedimulera
Vogogna
Premosello
Pieve Vergonte
Anzola d'Ossola
Cuzzago
Candoglia
Ornavasso
Mergozzo
Verbania
Fondotoce
Intra
Pallanza
Laveno
Baveno
Stresa
Mottarone
I. Borromee
Gravellona Toce
Omegna
Casale Corte Cerro
Luzzogno
Forno
Rimella
Varallo
Cravagliana
Sabbia
Cesara
Nonio
Pettenasco
Orta S. Giulio
Ameno
Miasino
Armeno
Gignese
Belgirate
Lesa
Meina
Arona
Angera
Ranco
Ispra
Brebbia
Besozzo
Cittiglio
Gavirate
Varese
M. Campo dei Fiori
Sta Maria del Monte
Induno Olona
Lugano
Agno
Melide
Morcote
Ponte Tresa
Marchirolo
Cunardo
Ghirla
Valganna
Lago Maggiore
Lago d'Orta
Lago di Varese
L. di Monate
L. di Comabbio
Borgosesia
Quarona
Grignasco
Borgomanero
Gozzano
Invorio
Oleggio Castello
Dormelletto
Castelletto s. Ticino
Sesto Calende
Vergiate
Somma Lombardo
Gallarate
Busto Arsizio
Legnano
Malpensa
Cassano Magnago
Tradate
Castiglione Olona
Malnate
Gattico
Veruno
Borgo Ticino
Agrate Conturbia
Bogogno
Cressa
Suno
Divignano
Varallo Pombia
Pombia
Marano Ticino
Vizzola Ticino
Lonate Pozzolo
Romagnano Sesia
Gattinara
Ghemme
Sizzano
Fontaneto d'Agogna
Cavaglio d'A.
Cavaglietto
Barengo
Fara Novarese
Briona
Momo
Mezzomerico
Vaprio d'Agogna
Oleggio
Bellinzago Novarese
Nosate
Castano Primo
Turbigo
Cuggiono
Inveruno
Magenta
Boffalora s. Ticino
Robecco sul Naviglio
Abbiategrasso
Trecate
Romentino
Galliate
Cameri
Caltignaga
Novara
Biandrate
Recetto
Carpignano Sesia
Ghislarengo
Arborio
Landiona
Casaleggio Novara
Vercelli
Cossato
Masserano
Brusnengo
Lozzolo
Serravalle Sesia
Crevacuore
Cerano
Sozzago
Garbagna
Olengo
Fisrengo
Albano Vercellese
S. Nazzaro Sesia
Carisio
Formigliana
Buronzo
Mottalciata

9
10
3
4
D
E
F
14
23
Bellinzona
Giubiasco
Monte Laura
Carena
Camoghè
M. Garzirola
M. Bar
Albonico
Verceia
Cataeggio
Erbea
Buglio in Monte
Berbenno di Valtellina
Castione Andevenno
Postalesio
Caspano
Masino
Ardenno
Dosso del Liro
Livo
Gera Lario
Sorico
Nuova Olonio
Cino
Traona
Dubino
Civo
Nello
Dazio
Adda
Stazzona
Garzeno
Gravedona
Abbadia di Piona
Colico
Piantedo
Delebio
Rogolo
Cosio Valt.
Sacco
Morbegno
Talamona
Forcola
Campo
Fusine
Caiolo
Dongo
Pianello d. Lario
M. Bregagno
Cremia
S. Bartolomeo V. Cav.
Rezzonico
Sta Maria
Acquaseria
Carlazzo
Porlezza
Grandola
Plesio
Bellano
Vendrogno
Dervio
Dorio
Sueglio
Tremenico
Pagnona
Premana
Roccoli Lorla
M. Legnone
Pizzo Alto
Pedesina
Gerola Alta
Albaredo per S. Marco
Tartano
M. Vespolo
M. Cadelle
S. Simone
Foppolo
Carona
Branzi
Mezzoldo
Piazzatorre
Cusio
Ornica
Valtorta
Sta Brigida
Olmo al Brembo
Isola di Fondra
Roncobello
Lenna
Piazza Brembana
Cassiglio
Casargo
Margno
Pian d. Betulle
Crandola Valsassina
Cortenova
Primaluna
Introbio
Pasturo
Barzio
Cremeno
Moggio
Zuccone Campelli
Piani di Artavaggio
M. Aralalta
Camerata Cornello
Lugano
Oria
S. Mamete
Bene-Lario
Menaggio
Cadenabbia
Tremezzo
Lenno
Ossuccio
Bellagio
Esino Lario
Valsassina
Varenna
Perledo
Taceno
Gandria
Campione d'Italia
Claino-Osteno
Laino
S. Fedele I.
Castiglione d'I.
Lanzo d'Intelvi
Ramponio
Arogno
Casasco d'I.
M. Generoso
Erbonne
Dizzasco
Argegno
Sala Comacina
Mezzegra
I. Comacina
Lierna
Grigna Sett.
Grigna Merid.
Guello
Civenna
Lezzeno
Madna d. Ghisallo
Magreglio
Oliveto
Olcio
Somana
Mandello del Lario
Brienno
Nesso
Veleso
Barni
M.S. Primo
Onno
Maggio
C. di Balisio
Piani Resinelli
Taleggio
Vedeseta
Olda
Dossena
S. Giovanni Bianco
Serina
M. Alben
Oltre il Colle
Zambla
Melano
Bellavista
Vitale
Muggio
M. Bisbino
Zelbio
Pognana Lario
Sormano
Lasnigo
Abbadia Lariana
Ballabio Inf.
Laorca
Mendrisio
Carate Urio
Moltrasio
Torno
Faggeto Lario
Caglio
Valbrona
Canzo
Asso
Malgrate
M. Serrada
Lecco
Morterone
Fuipiano Valle Imagna
Brumano
Gerosa
S. Pellegrino Terme
Balerna
Cernobbio
Riva
D. Faggeto
Palanzone
Caslino d'Erba
Valmadrera
S. Pietro
Longone al S.
Pusiano
Civate
Galbiate
Erve
Calolziocorte
Valsecca
Rota d'Imagna
Berbenno
Brembilla
Zogno
Algua
Trafficanti
Aviatico
Chiasso
Pedrinate
Blevio
Brunate
COMO
Ponte Lambro
Erba
Tavernerio
Albavilla
L. di Annone
L. di Pusiano
Bosisio Parini
Garlate
Olginate
Carenno
Torre de'Busi
S. Omobono Imagna
Ubiale-Clanezzo
Ambria
Selvino
Gazzaniga
Gironico
Lucino
Albate
Montorfano
Alserio
Merone
Anzano d. Parco
Lurago d'Erba
Oggiono
Ello
Molteno
Dolzago
Airuno
Valcava
Capizzone
Roncola
Sedrina
Villa d'Almè
Almè
Almenno
Poscante
Sorisole
Nembro
Albino
Pradalunga
Grandate
Casnate
Intimiano
Alzate Br.
Cantù
Fino Mornasco
Vertemate
Cremnago
Inverigo
Barzago
Campsirago
Castello di Brianza
Rovagnate
Brivio
Cisano Berg.
Palazzago
Caprino Bergamasco
Pontida
Ambivere
S. Bartolomeo
Ponteranica
Alzano Lombardo
Villa di Serio
Tribolina
Appiano Gentile
Figino Ser.
Carimate
Vighizzolo
Arosio
Renate
Barzanò
Viganò
Briosco
Besana in Br.
Missaglia
Montevecchia
Calco
Villa d'Adda
Sotto il Monte Giovanni XXIII
Merate
Mapello
BERGAMO
Valbrembo
Mozzo
Sombreno
Torre Boldone
Gorle
Scanzorosciate
Seriate
Albano
Cermenate
Lomazzo
Mariano Comense
Lentate
Giussano
Casatenovo
Monticello
Cernusco
Osnago
Carvico
Terno d'Isola
Ponte S. Pietro
Curno
Treviolo
Lallio
Grassobbio
Bagnatica
Rovellasca
Misinto
Rovello Porro
Cogliate
Meda
Cabiate
Carate Brianza
Triuggio
Canonica
Usmate
Paderno d'Adda
Medolago
Calusco d'A.
Bonate Sotto
Dalmine
Madone
Stezzano
Zanica
Cavernago
Bolgare
Telgate
Saronno
Seveso
Cesano Maderno
Seregno
Desio
Bovisio
Sovico
Biassono
Lissone
Lesmo
Arcore
Vimercate
Bernareggio
Cornate d'A.
Bottanuco
Suisio
Capriate S. Gervasio
Levate
Comun Nuovo
Malpaga
Calcinate
Caronno Pert.
Solaro
Limbiate
Varedo
Masciago
Nova Mil.
Monza
Villasanta
Concorezzo
Burago di Molgora
Bellusco
Busnago
Roncello
Trezzo s. Adda
Brembate
Osio Sotto
Verdello
Ghisalba
Origgio
Senago
Lainate
Garbagnate Mil.
Paderno
Cinisello
Balsamo
Cusano M.
Agrate Br.
Cavenago di Br.
Cambiago
Vaprio d'A.
Zingonia
Pognano
Urgnano
Palosco
Arese
Bollate
Caponago
Carugate
Brugherio
Gessate
Masate
Canonica
Arcene
Pontirolo Nuovo
Spirano
Cologno al Serio
Martinengo
Cividate al Piano
Cortenuova
Rho
Bresso
Sesto S. Giovanni
Cologno Monz.
Bornago
Inzago
Gorgonzola
Pozzuolo Martesana
Fara Gera d'A.
Pontirolo d.A.
Treviglio
Brignano Gera d'A.
Morengo
Romano di Lombardia
Pero
Cornaredo
Olmo
Cernusco s.N.
Vimodrone
Cassina de' Pecchi
Pioltello
Segrate
Limito
Vignate
Melzo
Albignano
Truccazzano
Cassano d'Adda
Calvenzano
Caravaggio
Pagazzano
Bariano
Covo
Calcio
Settimo Mil.
MILANO
Liscate
Lavagna
Rivolta d'Adda
Arzago d'A.
Casirate d'A.
Vailate
Misano di Gera d'A.
Mozzanica
Antegnate
Sola
Isso
Fontanella
Pumenengo
Cusago
Cesano B.
LINATE
Peschiera Borromeo
Settala
Pantigliate
Merlino
Comazzo
Agnadello
Capralba
Camisano
Casale Cremasco
Gallignano
Corsico
Buccinasco
Chiaravalle Mil.
S. Donato Mil.
S. Giuliano Mil.
Paullo
Zelo Buon Persico
Tribiano
Gradella
Pieranica
Pandino
Trescore Cremasco
Sergnano
Casaletto di Sopra
Trezzano s. Nav.
Gaggiano
Rozzano

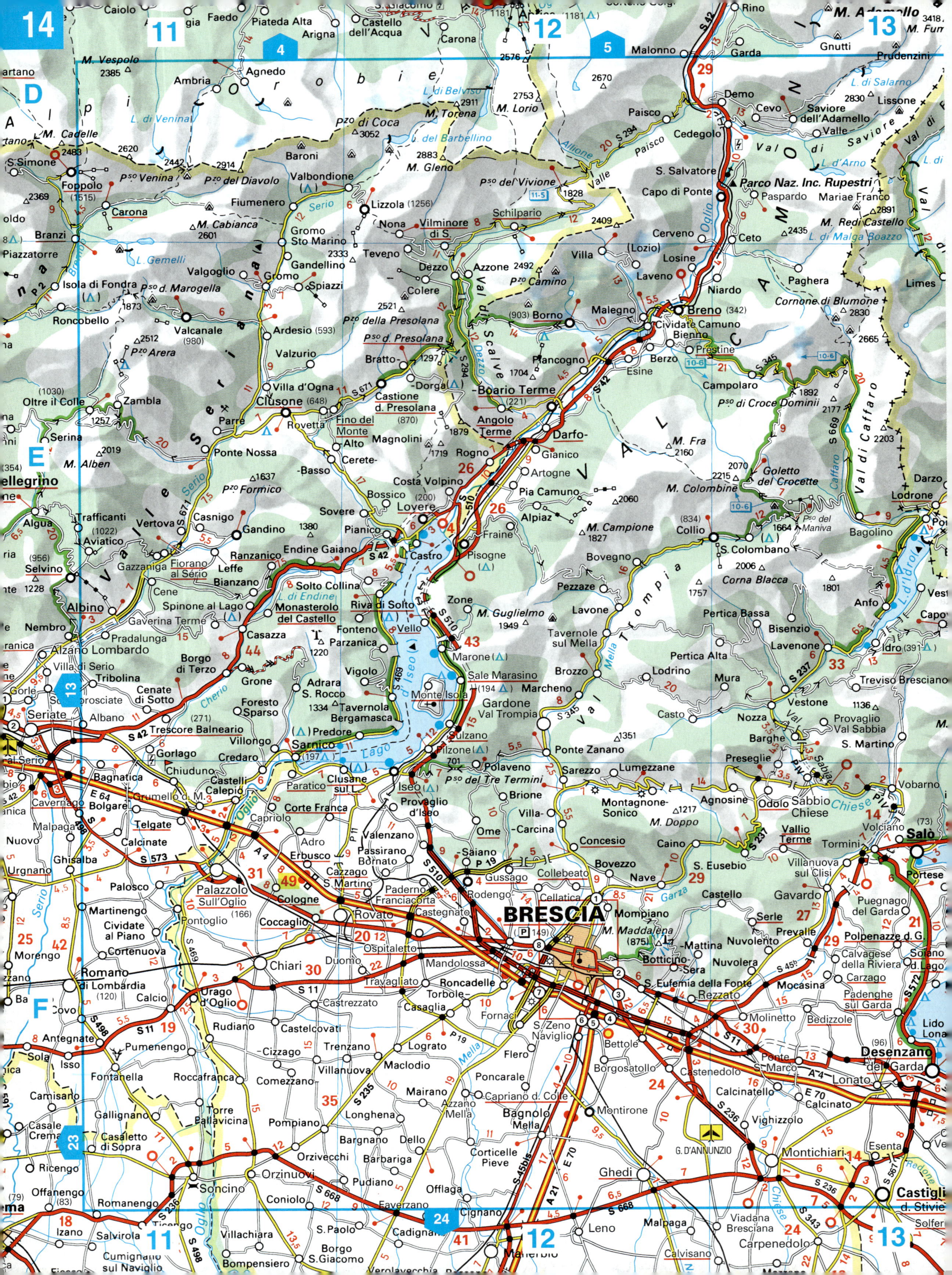

11
12
13
4
5
D
E
F
24
23
Caiolo
Faedo
Piateda Alta
Arigna
Castello dell'Acqua
Carona
Rino
M. Adamello
Gnutti
Prudenzini
Malonno
Garda
M. Vespolo
Ambria
Agnedo
L. di Belviso
M. Torena
M. Lorio
Paisco
Demo
Cevo
Saviore dell'Adamello
Valle
L. di Salarno
Lissone
M. Cadelle
L. di Venina
Pzo di Coca
L. del Barbellino
Cedegolo
Val di Saviore
S. Simone
Foppolo
Pso Venina
Pzo del Diavolo
Baroni
M. Gleno
Pso del Vivione
S. Salvatore
Capo di Ponte
Parco Naz. Inc. Rupestri
Paspardo
Mariae Franco
L. d'Arno
Valbondione
Fiumenero
Serio
Lizzola
Schilpario
Carona
Branzi
M. Cabianca
Nona
Vilminore di S.
Cerveno
M. Redi Castello
L. di Malga Boazzo
Piazzatorre
Gromo
Sto Marino
Teveno
Villa
(Lozio)
Losine
Ceto
L. Gemelli
Gandellino
Dezzo
Azzone
Laveno
Niardo
Paghera
Valgoglio
Isola di Fondra
Pso d. Marogella
Spiazzi
Colere
Pzo Camino
Cornone di Blumone
Limes
Roncobello
Valcanale
Ardesio
Pzo della Presolana
Pso d. Presolana
Borno
Malegno
Breno
Cividate Camuno
Bienno
Prestine
Pzo Arera
Valzurio
Val di Scalve
Bratto
Plancogno
Berzo
Esine
Villa d'Ogna
Clusone
Castione d. Presolana
Dorga
Boario Terme
Campolaro
Pso di Croce Domini
Oltre il Colle
Zambla
Parre
Rovetta
Fino del Monte
Angolo Terme
Darfo
Serina
Alto
Magnolini
Rogno
Gianico
M. Fra
Val Caffaro
Val di Caffaro
M. Alben
Ponte Nossa
Cerete
Costa Volpino
Artogne
Goletto del Crocette
Darzo
Lodrone
Pellegrino
Basso
Bossico
Lovere
Pia Camuno
M. Colombine
Pzo Formico
Sovere
Alpiaz
M. Campione
Collio
Pso del Maniva
Bagolino
Algua
Trafficanti
Aviatico
Vertova
Casnigo
Gandino
Pianico
Castro
Fraine
Pisogne
Bovegno
S. Colombano
Selvino
Gazzaniga
Fiorano al Serio
Ranzanico
Endine Gaiano
Leffe
Bianzano
Solto Collina
L. di Endine
Pezzaze
Corna Blacca
L. d'Idro
Anfo
Albino
Cene
Spinone al Lago
Monasterolo del Castello
Riva di Solto
Zone
M. Guglielmo
Lavone
Pertica Bassa
Nembro
Gaverina Terme
Pradalunga
Casazza
Fonteno
Vello
Tavernole sul Mella
Val Trompia
Bisenzio
Lavenone
Alzano Lombardo
Parzanica
Marone
Pertica Alta
Idro
Villa di Serio
Tribolina
Borgo di Terzo
Grone
Vigolo
Sale Marasino
Brozzo
Lodrino
Mura
Treviso Bresciano
Gorle
Cenate di Sotto
Adrara S. Rocco
Monte Isola
Marcheno
Vestone
Seriate
Albano
Foresto Sparso
Tavernola Bergamasca
Gardone Val Trompia
Casto
Nozza
Provaglio Val Sabbia
Trescore Balneario
Predore
Sulzano
Barghe
S. Martino
Gorlago
Villongo
Sarnico
Lago d'Iseo
Pilzone
Ponte Zanano
Preseglie
Val Sabbia
Bagnatica
Chiuduno
Credaro
Paratico
Clusane sul L.
Iseo
Polaveno
Sarezzo
Lumezzane
Vobarno
Castelli Calepio
Grumello d. M.
Pso del Tre Termini
Brione
Montagnone-Sonico
Agnosine
Odolo
Sabbio Chiese
Chiese
Cavernago
Bolgare
Telgate
Capriolo
Corte Franca
Provaglio d'Iseo
Villa-Carcina
M. Doppo
Volciano
Salò
Malpaga
Calcinate
Adro
Valenzano
Ome
Concesio
Caino
Vallio Terme
Tormini
Ghisalba
Erbusco
Passirano
Bornato
Saiano
Gussago
Collebeato
Bovezzo
Nave
Villanuova sul Clisi
Portese
Urgnano
Palosco
Palazzolo sull'Oglio
Cazzago S. Martino
Paderno Franciacorta
Castegnato
Rodengo
Cellatica
S. Eusebio
Castello
Gavardo
Puegnago del Garda
Cologne
Rovato
BRESCIA
Mompiano
Serle
Prevalle
Martinengo
Cividate al Piano
Pontoglio
Coccaglio
M. Maddalena
Polpenazze d. G.
Cortenuova
Ospitaletto
Mattina
Nuvolento
Calvagese della Riviera
Soiano d. Lago
Morengo
Chiari
Duomo
Mandolossa
Botticino-Sera
Nuvolera
Carzago
Romano di Lombardia
Calcio
Urago d'Oglio
Travagliato
Roncadelle
S. Eufemia della Fonte
Rezzato
Mocasina
Padenghe sul Garda
Castrezzato
Torbole-Casaglia
Covo
Rudiano
Castelcovati
Fornaci
S. Zeno Naviglio
Bettole
Molinetto
Bedizzole
Lido Lonato
Antegnate
Pumenengo
Cizzago
Trenzano
Lograto
Flero
Ponte S. Marco
Desenzano del Garda
Sola
Isso
Fontanella
Roccafranca
Comezzano
Villanuova
Maclodio
Mella
Poncarale
Borgosatollo
Castenedolo
Lonato
Camisano
Mairano
Azzano Mella
Capriano d. Colle
Calcinatello
Calcinato
Gallignano
Torre Pallavicina
Longhena
Bagnolo Mella
Montirone
Vighizzolo
Casale Cremasco
Casaletto di Sopra
Pompiano
Bargnano
Dello
G. D'ANNUNZIO
Montichiari
Esenta
Ricengo
Orzivecchi
Barbariga
Corticelle Pieve
Ghedi
Castiglione d. Stiviere
Offanengo
Soncino
Orzinuovi
Pudiano
Offlaga
Redone
Romanengo
Coniolo
Faverzano
Cignano
Malpaga
Viadana Bresciana
Solferino
Izano
Salvirola
Ticengo
Villachiara
S. Paolo
Cadignano
Leno
Carpenedolo
Cumignano sul Naviglio
Bompensiero
Borgo S. Giacomo
Verolavecchia
Manerbio
Calvisano

TRENTO
Rovereto
VERONA
Riva del Garda
Lago di Garda
Arco
Torbole
Nago
Malcesine
Limone sul Garda
Gardone Riviera
Toscolano-Maderno
Gargnano
Sirmione
Peschiera del Garda
Garda
Bardolino
Lazise
Torri del Benaco
Brenzone
Castelletto di B.
M. Baldo
Tione di Trento
Pinzolo
Comano Terme
Pergine Valsugana
Levico Terme
Caldonazzo
Folgaria
Lavarone
Schio
Valdagno
Recoaro Terme
Arzignano
Montecchio Maggiore
Soave
S. Bonifacio
Villafranca
Bussolengo
Pescantina
Sommacampagna
Lugagnano
Valeggio
Castelnuovo d. Garda
Desenzano
Ala
Avio
Mori
Brentonico
Isera
Valli Giudicarie
Val di Ledro
Lessini
Pasubio
Tignale
Campione del G.
Salò
Manerba d. Garda
Moniga d. Garda
Storo
Condino
Cimego
Bezzecca
Tiarno di Sopra
Mezzolago
Molina di L.
Lago di Ledro
Tenno
Dro
Cavedine
Vezzano
Lasino
Sarche
Calavino
Terlago
Cadine
Lavis
Civezzano
Vigolo Vattaro
Calliano
Besenello
Volano
Nomi
Villa Lagarina
Serravalle all'Adige
Vallarsa
Posina
Arsiero
Valli del Pasubio
Torrebelvicino
Trissino
Chiampo
Tregnago
Illasi
Mezzane di Sotto
Grezzana
S. Pietro in Cariano
Negrar
Fumane
Dolcè
Caprino Veronese
Rivoli V.
Affi
Costermano
Cavaion V.
Pastrengo
Sona
Colà
S. Giovanni Lupatoto
Zevio
Caldiero
Colognola ai Colli
Lavagno
S. Martino B. Albergo
Monteforte d'Alpone
Ponti sul Mincio
Monzambano
Pozzolengo
Castellaro Lagusello
S. Martino d. Battaglia
Povegliano Veronese
Castel d'Azzano
Ca' di David
Mincio
Adige
Brenta
Sarca
14
15

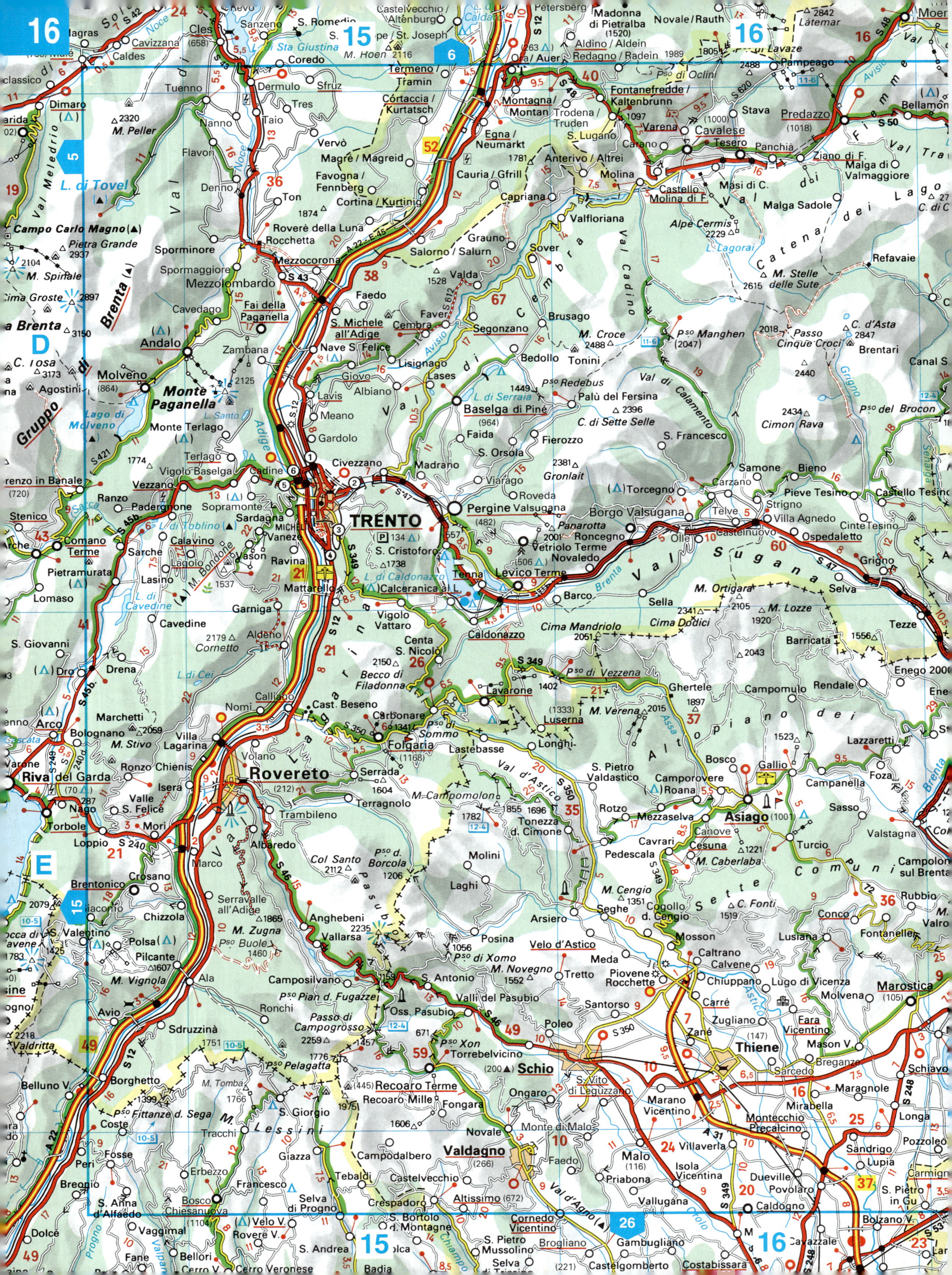
15
16
6
Cles
Sanzeno
S. Romedio
L. di Sta Giustina
Coredo
Caldes
Cavizzana
Dermulo
Sfruz
Tuenno
Dimaro
M. Peller
Taio
Tres
Nanno
Vervò
Flavon
Denno
Ton
L. di Tovel
Val Meledrio
Campo Carlo Magno
Pietra Grande
M. Spinale
Cima Groste
Brenta
Sporminore
Spormaggiore
Mezzolombardo
Mezzocorona
Roverè della Luna
Rocchetta
Fai della Paganella
Cavedago
Andalo
Molveno
Lago di Molveno
Monte Paganella
Zambana
Gruppo di Brenta
Monte Terlago
Terlago
Vigolo Baselga
Cadine
Vezzano
Padergnone
Sopramonte
Sardagna
L. di Toblino
Calavino
Lasino
Sarche
Pietramurata
Comano Terme
Stenico
Lomaso
Cavedine
L. di Cavedine
Dro
Drena
Arco
Riva del Garda
Nago
Torbole
Bolognano
Marchetti
M. Stivo
Villa Lagarina
Nomi
Calliano
Rovereto
Isera
Volano
Mori
Loppio
Brentonico
Crosano
Chizzola
Polsa
Pilcante
Ala
Avio
Sdruzzinà
M. Vignola
Borghetto
Belluno V.
Peri
Brentino
S. Anna d'Alfaedo
Dolcè
Fane
Cerro Veronese
Bosco Chiesanuova
Erbezzo
Velo V.
Roverè V.
Giazza
Selva di Progno
S. Andrea
Badia
Trento
Ravina
Mattarello
Civezzano
Pergine Valsugana
L. di Caldonazzo
Calceranica al L.
Caldonazzo
Levico Terme
Vetriolo Terme
Roncegno
Novaledo
Borgo Valsugana
Val Sugana
Barco
Sella
Castelnuovo
Telve
Ospedaletto
Grigno
Strigno
Villa Agnedo
Pieve Tesino
Castello Tesino
Bieno
Samone
Torcegno
Baselga di Piné
L. di Serraia
Fierozzo
Palù del Fersina
Val di Calamento
S. Francesco
Cimon Rava
Val di Cembra
Segonzano
Cembra
Faver
Lisignago
Lases
Albiano
Giovo
Lavis
Meano
Gardolo
S. Michele all'Adige
Nave S. Felice
Faedo
Salorno / Salurn
Grauno
Valda
Sover
Brusago
Bedollo
M. Croce
Tonini
Passo Manghen
Valfloriana
Val Cadino
Capriana
Cauria / Gfrill
Anterivo / Altrei
Egna / Neumarkt
Montagna / Montan
Trodena / Truden
Fontanefredde / Kaltenbrunn
Cavalese
Tesero
Panchià
Ziano di F.
Predazzo
Stava
Varena
Carano
Molina
Castello Molina di F.
Masi di C.
Malga Sadole
Catena dei Lagorai
M. Stelle delle Sute
Refavaie
Passo Cinque Croci
Brentari
Val di Fiemme
Bellamonte
Val Travignolo
Malga di Valmaggiore
Latemar
Moena
Pampeago
Lavaze
Aldino / Aldein
Redagno / Radein
Novale / Rauth
Madonna di Pietralba
Termeno / Tramin
Cortaccia / Kurtatsch
Magrè / Magreid
Favogna / Fennberg
Cortina / Kurtinig
Vigolo Vattaro
Centa S. Nicolò
Becco di Filadonna
Cima Vezzena
Vezzena
Lavarone
Luserna
M. Verena
Cima Mandriolo
Cima Dodici
M. Ortigara
M. Lozze
Barricata
Enego
Ghertele
Campomulo
Rendale
Lazzaretti
Altopiano dei Sette Comuni
Asiago
Gallio
Foza
Campanella
Sasso
Valstagna
Turcio
Bosco
Canove
Cesuna
Roana
Camporovere
Rotzo
Mezzaselva
Cavrari
Pedescala
M. Caberlaba
M. Cengio
Cogollo d. Cengio
Conco
Lusiana
Rubbio
Fontanelle
Marostica
Molvena
Lugo di Vicenza
Calvene
Caltrano
Chiuppano
Carrè
Zugliano
Fara Vicentino
Mason V.
Breganze
Thiene
Sarcedo
Schiavon
Maragnole
Mirabella
Montecchio Precalcino
Sandrigo
Lupia
Dueville
Povolaro
Caldogno
Villaverla
Isola Vicentina
Malo
Priabona
Vallugana
Marano Vicentino
S. Vito di Leguzzano
Schio
Torrebelvicino
Santorso
Piovene Rocchette
Velo d'Astico
Arsiero
Seghe
Meda
Tretto
Posina
Laghi
Molini
Tonezza d. Cimone
Val d'Astico
Folgaria
Serrada
Terragnolo
Trambileno
Albaredo
Marco
Serravalle all'Adige
M. Zugna
Pso Buole
Camposilvano
Anghebeni
Vallarsa
Pso Pian d. Fugazze
Passo di Campogrosso
Recoaro Terme
Recoaro Mille
Fongara
Valli del Pasubio
Oss. Pasubio
S. Antonio
Poleo
Ongaro
Monte di Malo
Valdagno
Novale
Campodalbero
Castelvecchio
Tebaldi
Crespadoro
Altissimo
S. Bortolo d. Montagne
Cornedo Vicentino
Brogliano
S. Pietro Mussolino
Gambugliano
Castelgomberto
Costabissara
Pso Pelagatta
M. Tomba
Pso Fittanze d. Sega
Lessini
S. Giorgio
Tracchi
Coste
Fosse
Passo Xon
M. Novegno
Pso di Xomo
Col Santo
Pso d. Borcola
M. Campomolon
Cast. Beseno
Carbonare
Pso di Sommo
Lastebasse
Longhi
S. Pietro Valdastico
Ronzo Chienis
Valle S. Felice
Garniga
Aldeno
Cornetto
Vigolo Baselga
Valfloriana
Gronlait
Viarago
Roveda
Madrano
S. Orsola
Faida
C. di Sette Selle
S. Cristoforo
Tenna
Panarotta
Carzano
Cinte Tesino
Selva
Tezze
Calvene
Canal S. Bovo
Pso del Brocon
Lagorai
Alpe Cermis
Val di Non

17
18
19
D
E
7
8
18
26
27
S. Pellegrino
Vallada Ag.
S. Tomaso Ag.
Zoldo Alto
Passo Cibiana
Rivalgo
Caviola
Falcade
Canale d'Agordo
Vazzoler
Cencenighe Agordino
Chiesa
Forno di Zoldo
Cima dei Preti
C. Bocche
Pso di Lusia
Pso di Valles
M. Moiazza
Passo Duran
Ospitale di Cadore
Maniago
Paneveggio
Pso di Rolle
Gares
Pale di S. Lugano
Carestiato
M. Tamer
Pramperet
Cima di Pramper
Mezzocanale
Passo di S. Osvaldo
Cimolais
Val Settimana
Col di Prà
Taibon Ag.
Agordo
La Valle Agordina
Castellavazzo
Erto
Pinedo
Claut
Val di S. Lugano
Voltago Ag.
Longarone
Casso
L. del Vajont
M. Agner
S. Martino di Castrozza
La Muda
Frassenè
Aurine
Rivamonte Ag.
Monte Schiara
Provagna
Col Nudo
Pradidali
Tiser
Gosaldo
Parco
Nazionale
Soverzene
Arcola
C. Scenaiol
Canale di Agordo
La Stanga
M. Serva
Val Cellina
L. di Calaita
Pso di Cereda
Titele
Gena
Polpet
S. Martino d'Alpago
Siror
Sagron-Mis
Canale del Mis
delle
Fiera di Primiero
Tonadico
M. Agnellezze
Gioz
Ponte nelle Alpi
Chies d'Alpago
L. del Mis
Mis
Mas
Pieve d'A.
Prade
Imer
Dolomiti
Bolago
Belluno
Alpago
Bovo
Mezzano
M. Pizzocco
Sospirolo
Puos d'A.
Pso di Gobbera
Boz
Vignole
R 204
Bastia
Farra d'A.
L. di Val Noana
Sedico
Tambre
M. Cavallo
le Vette
Paderno
Lago di S. Croce
Spert
Monte Croce
Bellunesi
S. Gregorio nelle Alpi
Visome
Faverga
Pian dell'Osteria
M. Pavione
Valle di Canzoi
Cesiomaggiore
Meano
Limana
Sta Croce
M. Coppolo
Aune
Marsiai
Sta Giustina
Polentes
Sella di Fadalto
Fadalto
Zorzoi
Pso Croce d'Aune
Pullir
Trichiana
Tassei
Piano del Cansiglio
Villabruna
Lentiai
Piave
Mel
Valmorel
Nevegal
Col Visentin
Lamon
Servo
Pedavena
Busche
Carve
M. Pizzoc
Polcenigo
M. Avena
Facen
Foen
Villapiana
S. Antonio
Pranolz
Bosco del Cansiglio
La Crosetta
Fonzaso
Mugnai
Villapaiera
Castello di Zumelle
Grotte del Calieron
S. Giovanni
Perer
Arten
Feltre
Anzù
Passo S. Boldo
Revine
Fregona
Sarone
Tovio
Col de Moi
Tovena
Lago
Vittorio Veneto
Seren del Grappa
Sarmede
Fiaschetti
Fontanafredda
Arsiè
Carpen
M. Crep
Tarzo
Caneva
Primolano
Caorera
S. Giacomo di Veglia
Cappel a Maggiore
Rocca
Cison di Valmarino
Follina
Carbonese
Cozzuolo
Cordignano
Sacile
L. del Corlo
Chiesa Nuova
M. Cesen
Miane
Formeniga
Colle Umberto
Godega di S. Urbano
M. Cismon
Vas
Farro
Refrontolo
S. Fior
Casere
Schievenin
Combai
S. Pietro di Feletto
Orsago
Cismon del Grappa
Quero
Pianezze
Guietta
Campea
Soligo
Solighetto
Bavèr
Francenigo
Alano di Piave
Segusino
Farra di S.
S. Vendemiano
Bibano
S. Vito
Col S. Martino
Fontana
Pieve di Soligo
Conegliano
Gaiarine
Fener
Valdobbiadene
Zoppè
Col d. Berretta
Colbertaldo
Semaglia d. Bat.
Codogne
Pederobba
Bigolino
Falzè di P.
Portobuffolè
M. Grappa
Vidor
Moriago d. Bat.
Susegana
Sta Lucia di P.
Mareno di P.
Moschin
Possagno
Cavaso del Tomba
Onigo
Fontanelle
Collalto
Crespano del Grappa
Castelcucco
Crocetta del Montello
Vazzola
Montello
Monfumo
Cornuda
Nervesa della Battaglia
Solagna
Borso d. G.
Villa Barbaro
Tezze
Lutrano
Oderzo
Paderno d. G.
Nogarè
Ciano
Giavera d. M.
S. Michele di P.
S. Polo di Piave
Pove d. G.
Olmo
Pagnano
Asolo
Maser
Arcade
Romano d'Ezzelino
Cimadolmo
Mussolente
Fonte
Venegazzu
Selva del M.
Spresiano
Lovadina
Ormelle
Casella
Caerano di S. Marco
Volpago d. M.
Visnadello
Maserada sul Piave
Piavon
Bassano del Grappa
S. Zenone degli Ezzelini
Montebelluna
Povegliano
Roncadelle
Altivole
Signoressa
Santandra
Candelu
Levada
S. Vito
Caselle
Trevignano
Villorba
Ronchi
Loria
Postioma
Vascon
Ponte di Piave
Rosà
Cassola
Barcon
Musano
Paderno
Saletto di P.
Salgareda
Ramon
Riese Pio X
Breda di P.
Cartigliano
Ponzano Veneto
Valla
Fossalunga
Porcellengo
Mignagola
Cavriè
Rossano Veneto
Castione
Fanzolo
Vedelago
Treviso
Carbonera
Tezze sul Brenta
Castello di Godego
Paese
Zenson di P.
Salvarosa
Istrana
S. Biagio di Callalta
Galliera Veneta
Albaredo
Ospedaletto
Silea
Monastier di Treviso
Cittadella
Castelfranco Veneto
Casacorba
Quinto di Treviso
Biancade
Fossalta di P.
Tombolo
Treville
S. Martino di Lupari
Badoere
S. Trovaso
Casier
Dosson
Roncade
Fontaniva
Onara
Resana
Levada
S. Alberto
Meolo
Musile
Brenta
S. Anna Morosina
Loreggiola
Piombino Dese
Preganziol
Casale sul Sile
Grantorto
S. Giorgio in Bosco
Fratte
Loreggia
Zero Branco
Trebaseleghe
Zerman
Ca' Tron
Caposile
Villa del Conte
Fossalta
Scorzè
Mogliano Veneto
Marcon
Quarto d'Altino

18
19
20
21
8
Piano del Cansiglio (1006)
Bosco
Polcenigo
Budoia (140)
Sedrano
S. Foca
S. Quirino (116)
Rauscedo
Domanins
S. Martino al T.
Pozzo
S. Odorico
Mereto di Tomba
Blessano
Bressa
Pantianicco
Basiliano
Sedegliano
Rivis
Villaorba
Beano
La Crosetta
Grotte del Caliero
Fregona
S. Giovanni
Sarone
Roveredo in Piano
Cordenons
Arzene
Valvasone
Vittorio Veneto
Sarmede
Fiaschetti
Vigonovo
Fontanafredda
Ronche
Pordenone
S. Lorenzo
Castions
Casarsa d. Delizia
Goricizza
Veglia
Caneva
Cappella Maggiore
Cordignano
Sacile (25)
Porcia
Zoppola
Orcenico Inferiore
Codroipo (44)
Passariano
Bertiolo
S. Giovanni
Cusano
Fiume Veneto
S. Vito al T. (31)
Rosa
Tagliamento
Talmassons
Flumignano
Orsago
Vallenoncello
Tamai
Camino al T.
Mussletto
Baver
Francenigo
Brugnera
Corva
Cimpello
Bannia
Savorgnano
Gleris
Gradiscutta
Flambruzzo
Vendemiano
Bibano
Prata di Pordenone
Tiezzo
Sile
Torrate
Varmo
Zoppè
Gaiarine
Puia
Cecchini
Azzano Decimo
Bagnarola
S. Paolo
Rivignano
Codogne
Pasiano di Pordenone
S. Andrea
Villotta
Morsano al T.
Teor
Portobuffolè
Fagnigola
Sesto al Reghena
Cordovado
Pocenia
Mareno di P.
Chions
Gruaro
Fraforeano
Fontanelle
Basalghelle
Pozzo
Cinto Caomaggiore
Teglio Veneto
E
Vazzola
Monticano
Mansuè
Meduna di Livenza
Azzanello
Fossabiuba
Pravisdomini
Pramaggiore
Muzzana del Turgnano
Lutrano
Blessaglia
S. Michele di P.
S. Polo di Piave
Oderzo (16)
Gorgo al Monticano
Annone Veneto
Precenicco
Cimadolmo
Ormelle
Summaga
Villanova
Portogruaro
S. Michele al T.
Marano Lagunare
Titiano
Piavon
Concordia Sagittaria
Giussago
Maserada sul Piave
Roncadelle
Fossalta Maggiore
Gorgo
Candelù
Levada
Chiarano
Sto Stino di Livenza
Lugugnana
Pertegada
Ronchi
Vascon
Saletto di P.
Loncon
Lemene
Cesarolo
Breda di P.
Ponte di Piave
Cessalto
Marina
Sindacale
Aprilia Marittima
Mignagola
Cavriè
Salgareda
Campo di Pietra
Torre di Mosto
Marinella
Zenson di P.
Ceggia
Bevazzana
S. Biagio di Callalta
S. Anna di Boccafossa
La Salute di Livenza
Brussa
Valpelina
Lignano
Noventa di P.
Staffolo
Silea
Monastier di Treviso
S. Giorgio di Livenza
S. Gaetano
Bibione
Foce
Biancade
Fossalta di P.
Stretti
Bibione Pineda
Roncade (8)
S. Donà di Piave (3)
Ca' Corniani
Porto di Falconera
Meolo
Casale sul Sile
Crepaldo
Caorle
Ca' Tron
Caposile
Passarella
Brian
Eraclea (2)
Torre di Fine
Porto Sta Margherita
Altino
Portegrandi
Jesolo
Cortellazzo
Eraclea Mare
Lido di Jesolo
Ca' Noghera
Torcello
Lio Piccolo
Cavallino
Marco Polo
Burano
Porto di Piave Vecchia
Treporti
Murano
Punta Sabbioni
Pto di Lido
Venezia
Lido di Venezia
Pula
Kérkira
Malamocco
Alberoni
Porto di Malamocco
S. Pietro in Volta
Pellestrina
A 4
A 28
S 13
S 14
S 463
S 251
S 354
P 35
P 42
P 50
P 52
P 54
P 59
R 53
R 89
E 70
27
19
20

SLOVENIJA
22
23
9
Basaldella
Campoformido
Pozzuolo del Friuli
Lestizza
Bicinicco
Gonars
Pradamano
Orsaria
Premariacco
Spessa
Dolegna
Prepotto
Mernicco
Oleis
Buttrio
Paparotti
Pavia di Udine
Lauzacco
Manzano
Corno di Rosazzo
Risano
Percoto
Lavariano
S. Giovanni al Natisone
Brazzano
Cormons
Trivignano Udinese
Medeuzza
Medea
Sta Maria la Longa
Palmanova
S. Vito al Torre
Versa
Romans d'Is.
Mariano del Friuli
Moraro
Mossa
Capriva del Friuli
Gorizia
Nova Gorica
Lucinico
S. Lorenzo Isontino
Gradisca d'Is.
Savogna d'Is.
Sagrado
Fogliano Red.
Redipuglia
M. S. Michele
Miren
Gabria
Opatje Selo
Kostanjevica
Doberdò del Lago
Ronchi dei Legionari
Jamiano
Brestovica
Dobrovo
Ruttars
S. Floriano del Collio
Oslavia
M. Sabotino
Kojsko
Skalnica
Plava
Soča
Lokve
Kodr
Trnovo
M. Goljaki
Predmeja
Trnovski
Volčja Draga
Selo
Ajdovščina
Prvačina
Vipava
Branik
Tišelj
Štanjel
Komen
Gorjansko
Podnanos
Pliskovica
Dutovlje
Branica
Štorje
Bagnaria Arsa
Aiello del Friuli
Strassoldo
Campolongo al Torre
Porpetto
S. Giorgio di Nogaro
Cervignano del Friuli
Ruda
Villa Vicentina
Villesse
S. Pier d'Is.
Staranzano
Pieris
Monfalcone
Nogaro
Torviscosa
Porto Nogaro
Carlino
Terzo d'Aquileia
Fiumicello
Gallinazza
Aquileia
S. Canzian d'Isonzo
S. Lorenzo
Panzano Bagni
Casa Riva Lunga
Duino
Sistiana
S. Giovanni al Timavo
Malchina
Aurisina
Sgonico
Grotta Gigante
Monrupino
Sežana
Fernetti
Divača
Aussa-Corno
Laguna di Marano
Isola S. Andrea
Lignano Sabbiadoro
Lignano Pineta
Lignano Riviera
Tagliamento
Belvedere
Sta Maria di Barbana
Grado
Grado Pineta
Fossalon di Grado
Punta Sdobba
Bocca di Primero
Golfo di Panzano
Sta Croce
Grignano
Miramare
Prosecco
Barcola
Opicina
Lipica
Padriciano
Basovizza
Lokev
TRIESTE
Golfo di Trieste
Baia di Muggia
S. Bartolomeo
Debeli Rtič
Muggia
Aquilinia
S. Dorligo d. Valle
Caresana
Pesek
Kozina
Ankaran
Sp. Škofije
Dekani
Petrinje
Koprski Zaliv
Rižana
Izola / Isola
Koper / Capodistria
Kubed
Podgorje
Slavnik
Hrastovlje
Madonin Rtič
Piran / Pirano
Portorož / Portorose
Rt. Savudrija
Piranski Zaliv
Savudrija
Šmarje
Marezige
Sočerga
Brda
Pakleni Rt.
Umag / Umago
Šterna
Buzet / Pinguente
Buje / Buie
Grožnjan
Oprtalj
Istarske Toplice
Lovrečica
Nova Vas
Porte-Porton
Livade
Mirna
Dajla
Motovun
Vižinada
Novigrad / Cittanova d'Istria
Luka Mirna
Kaščerga
Tar
Rt. Zub
Višnjan
Červar
Rt. Šilok
Orljak
Pazin / Pisino
E
F
G
21
22
23

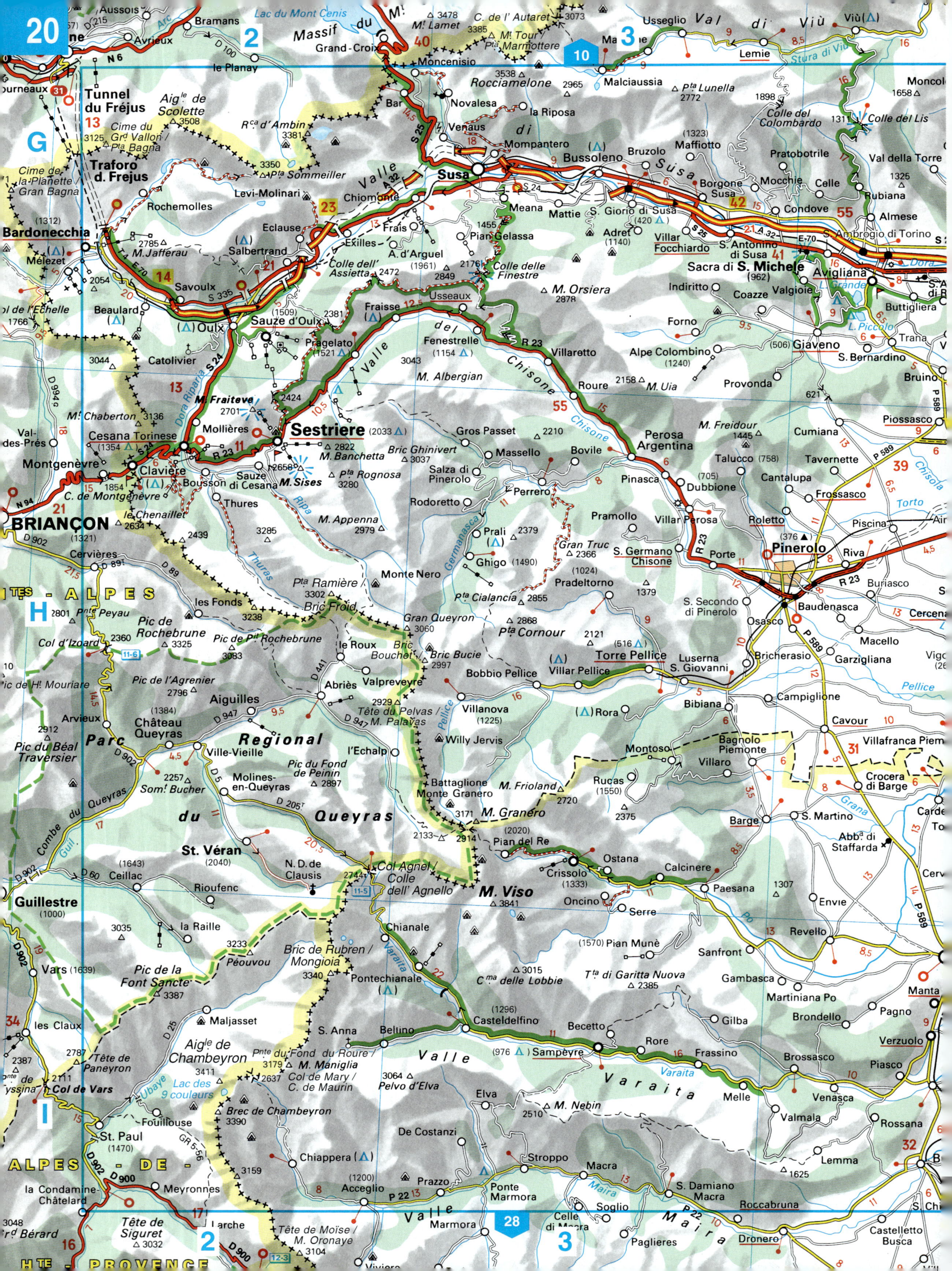
Aussois
Bramans
Lac du Mont Cenis
Massif du Mt
Grand-Croix
Mt Lamet
C. de l' Autaret
Mt Tour
Pta Marmottere
Usseglio
Val di Viù
Viù
Lemie
Stura di Viù
Moncenisio
Rocciamelone
Malciaussia
Pta Lunella
Moncolo
Tunnel du Fréjus
Aigle de Scolette
Novalesa
la Riposa
Colle del Colombardo
Colle del Lis
Cime du Grd Vallon / Pta Bagna
Rca d'Ambin
Venaus
Mompantero
Maffiotto
Pratobotrile
Val della Torre
Traforo d. Frejus
Pta Sommeiller
Valle di Susa
Susa
Bussoleno
Bruzolo
Borgone Susa
Mocchie
Celle
Rubiana
Cime de la Planette / Gran Bagna
Rochemolles
Levi-Molinari
Chiomonte
Meana
Mattie
S. Giorio di Susa
Condove
Almese
Bardonecchia
Eclause
Frais
Exilles
Pian Gelassa
Adret
Villar Focchiardo
S. Antonino di Susa
S. Ambrogio di Torino
Melezet
M. Jafferau
Salbertrand
A. d'Arguel
Colle dell' Assietta
Colle delle Finestre
Sacra di S. Michele
Avigliana
Dora
Savoulx
M. Orsiera
Indiritto
Coazze
Valgioie
Buttigliera
Col de l'Echelle
Beaulard
Oulx
Sauze d'Oulx
Fraisse
Usseaux
Valle del Chisone
Forno
L. Piccolo
Trana
Pragelato
Fenestrelle
Villaretto
Alpe Colombino
Giaveno
S. Bernardino
Catolivier
Valle
M. Albergian
Roure
M. Uia
Provonda
Bruino
M. Fraiteve
Chisone
Mt Chaberton
Mollières
Sestriere
Gros Passet
Perosa Argentina
M. Freidour
Cumiana
Piossasco
Val-des-Prés
Cesana Torinese
M. Banchetta
Bric Ghinivert
Massello
Bovile
Talucco
Tavernette
Montgenèvre
Clavière
Sauze di Cesana
M. Sises
Pta Rognosa
Salza di Pinerolo
Perrero
Pinasca
Dubbione
Cantalupa
Frossasco
Torto
Bousson
C. de Montgenèvre
Thures
Rodoretto
Pramollo
Villar Perosa
Roletto
Piscina
BRIANÇON
le Chenaillet
M. Appenna
Prali
Gran Truc
S. Germano Chisone
Pinerolo
Riva
Cervières
Ripa
Germanasca
Ghigo
Porte
Monte Nero
Pta Ramière
Pradeltorno
Buriasco
HAUTES - ALPES
Thuras
Pta Cialancia
S. Secondo di Pinerolo
Baudenasca
Pic de Peyau
les Fonds
Bric Froid
Gran Queyron
Pta Cornour
Osasco
Cercenasco
Pic de Rochebrune
Col d'Izoard
Pic de Pt Rochebrune
le Roux
Bric Bouchet
Bric Bucie
Torre Pellice
Luserna S. Giovanni
Bricherasio
Macello
Garzigliana
Pic de Hl Mouriare
Pic de l'Agrenier
Abriès
Valpreveyre
Bobbio Pellice
Villar Pellice
Pellice
Aiguilles
Tête du Pelvas / M. Palavas
Villanova
Rora
Bibiana
Campiglione
Arvieux
Château Queyras
Parc Regional du Queyras
Cavour
Villafranca Piem
Pic du Béal Traversier
Ville-Vieille
l'Echalp
Willy Jervis
Montoso
Bagnolo Piemonte
Villaro
Pic du Fond de Peinin
Molines-en-Queyras
Som! Bucher
Battaglione Monte Granero
M. Frioland
Rucas
Crocera di Barge
Combe du Queyras
M. Granero
Barge
S. Martino
Grana
St. Véran
Pian del Re
Abba di Staffarda
Guil
N.D. de Clausis
Col Agnel / Colle dell' Agnello
Ostana
Crissolo
Calcinere
Ceillac
Rioufenc
M. Viso
Oncino
Paesana
Guillestre
Serre
Envie
la Raille
Chianale
Po
Revello
Pic de la Font Sancte
Péouvou
Bric de Rubren / Mongioia
Pian Munè
Sanfront
Vars
Pontechianale
Cma delle Lobbie
Tta di Garitta Nuova
Gambasca
Martiniana Po
Manta
Varaita
Maljasset
Casteldelfino
Becetto
Gilba
Brondello
Pagno
les Claux
Aigle de Chambeyron
S. Anna
Bellino
Rore
Verzuolo
Tête de Paneyron
Pnte du Fond du Roure / M. Maniglia
Valle Varaita
Sampeyre
Frassino
Brossasco
Piasco
Col de Vars
Col de Mary / C. de Maurin
Pelvo d'Elva
Melle
Venasca
Ubaye
Lac des 9 couleurs
Brec de Chambeyron
Elva
M. Nebin
Valmala
Rossana
Fouillouse
St. Paul
De Costanzi
ALPES - DE - HTE - PROVENCE
Chiappera
Stroppo
Lemma
la Condamine-Châtelard
Meyronnes
Acceglio
Prazzo
Ponte Marmora
Macra
S. Damiano Macra
Roccabruna
Tête de Siguret
Larche
Tête de Moïse / M. Oronaye
Valle Maira
Marmora
Celle di Macra
Soglio
Paglieres
Dronero
Castelletto Busca
Crd Bérard
Viviere

Cafasse
Mathi
Nole
Ciriè
Rivarossa
S. Benigno Canavese
Vallo
Rondissone
Saluggia
Livorno Ferraris
Casten Apertole
Lache
Fiano
S. Maurizio Canavese
Lombardore
S. Francesco al Campo
Montanaro
Lucedio
Robassomero
Volpiano
Chivasso
Torrazza Piemonte
Verolengo
Lamporo
Crescentino
Fontanetto Po
Trino
La Cassa
Givoletto
Caselle To.
Leinì
Brandizzo
Castagneto Po
S. Gillio
Borgaro To.
Venaria Reale
Settimo Torinese
Brusasco
Palazzolo Vercellese
Druento
S. Sebastiano da Po
Lauriano
Verrua Savoia
Gabiano
Caselette
Pianezza
Casalborgone
Sulpiano
Pozzengo
Alpignano
Gassino To.
Rivalba
Tonengo
Brozolo
Cerrina Monf.
Mombello Monf.
Collegno
S. Mauro To.
Sciolze
Cinzano
Berzano di S. Pietro
Robella
Odalengo Grande
Serralunga
Rosta
Grugliasco
Superga
Baldissero To.
Abba di Vezzolano
Cocconato
Pozzo
Santo di Crea
Rivoli
TORINO
Albugnano
Murisengo
Ponzano Monf.
Cereseto
Villarbasse
Marentino
Moncucco To.
Passerano
Montiglio
Villadeati
Guazzolo
Rivalta di Torino
Beinasco
Pino To.
Piovà Massaia
Alfiano Natta
Andezeno
Mombello di Torino
Colcavagno
Moncalvo
Orbassano
Pecetto To.
Castelnuovo Don Bosco
Gallareto
Montechiaro d'Asti
Penango
Stupinigi
Moncalieri
Chieri
Buttigliera d'Asti
Santo Colle Don Bosco
Soglio
Tonco
Cioccaro
Nichelino
Trofarello
Villa S. Secondo
Calliano
Cambiano
Riva presso Chieri
Savi
Montafia
Camerano Casasco
Castell' Alfero
Grana
Volvera
Candiolo
Cortazzone
Calliannetto
Scurzolengo
La Loggia
Santena
S. Paolo Solbrito
Settime
None
Vinovo
Cortandone
Serravalle
Portacomaro
Piobesi To.
Poirino
Villanova d'Asti
Monale
Montegrosso
Madonna di Viatosto
Pieve di Scalenghe
Castagnole Piemonte
Villastellone
Baldichieri d'A.
Refrancore
Carignano
Villafranca d'A.
Quarto Inf.
Isolabella
Valfenera
Scalenghe
Osasio
Tigliole
Asti
Casanova
Cellarengo
Ferrere
Vaglierano
Azzano d'A.
Virle Piemonte
Ceretto
Pralormo
Lombriasco
Revigliasco d'A.
Rocca d'A.
Pancalieri
Carmagnola
Ternavasso
Antignano
Mongardino
Crocetta
Cisterna d'Asti
S. Damiano d'A.
Montegrosso d'A.
Montaldo Scarampi
Faule
Casalgrasso
S. Lorenzo
Montà
Canale
S. Martino Alfieri
Piano
Isola d'A.
Polonghera
Caramagna Piemonte
Ceresole Alba
Mombercelli
Priocca
Govone
Costigliole d'A.
Castelnuovo Calcea
Moretta
Sommariva del Bosco
Monteu Roero
Agliano
Murello
Racconigi
Montaldo Roero
Castellinaldo
Canove
Salere
Cavallerleone
Baldissero d'Alba
Vezza d'A.
Sanfrè
Borbore
Magliano Alfieri
Castagnole d. Lanze
Villanova Solaro
Foresto
Sommariva Perno
Corneliano d'Alba
Castagnito
Boglietto
S. Giorgio
Guarene
Neive
Calosso
S. Marzano Oliveto
Ruffia
Cavallermaggiore
Pocapaglia
Barbaresco
Castiglione Tinella
Canelli
Sta Vittoria d'Alba
Coazzolo
Scarnafigi
Bra
Cinzano
Alba
Treiso
Busi
Sto Stefano Belbo
Cassinasco
Monasterolo di Savigliano
Marene
Pollenzo
Roddi
Grinzane Cavour
Trezzo Tinella
Mango
Saluzzo
Verduno
Cossano Belbo
Savigliano
Cherasco
S. Rocco
Loazzolo
Bubbio
Lagnasco
Cervere
La Morra
Marengo
Diano d'Alba
Montelupo Albese
Rocchetta Belbo
Vesime
Monastero Bormida
Solere
S. Giovanni
Castiglione Falletto
Benevello
Castino
Falicetto
S. Lorenzo
Barolo
Serralunga d'Alba
Sinio
Lequio Berria
Perletto
Monsola
Genola
Narzole
Novello
Albaretto
Cortemilia
Roccaverano
Vottignasco
Salmour
Cravanzana
Olmo Gentile
Levaldigi
Lequio Tanaro
Monforte d'Alba
Roddino
Torre Bormida
Mombaldone
Vil afalletto
Fossano
Cissone
Serravalle Langhe
Cerretto Langhe
Bene Vagienna
Dogliani
Somano
Feisoglio
Levice
Bergolo
Serole
Bossolasco
Gorzegno
Tarantasca
Maddalene
Trinità
Piozzo
Centallo
S. Albano Stura
Carrù
Farigliano
Niella Belbo
Belvedere Langhe
Prunetto
Scaletta Uzzone
Murazzano
Magliano Alpi
Monesiglio
Piana Crixia
Po
Dora Baltea
Sangone
Stellone
Banna
Maira
Varaita
Tanaro
Stura di Demonte
Belbo
Bormida di Millesimo
Uzzone
Bormida di Spigno
Versa
Stura
Canale
MICHELIN
4
5
6
11
22
29
30
G
H
I

NOVARA
Vercelli
Vigevano
Abbiategrasso
Magenta
Mortara
Casale Monferrato
Valenza
ALESSANDRIA
Tortona
Novi Ligure
Acqui Terme
Nizza Monferrato
Moncalvo
Trino
Santhià
Trecate
Robecco sul Naviglio
Cassinetta di Lugagnano
Albairate
Corbetta
Romentino
S. Martino
Pernate
Olengo
Cerano
Sozzago
Terdobbiate
Tornaco
Cassolnovo
Ozzero
Morimondo
Gravellona
Cilavegna
Parona
Sforzesca
Besate
Motta Visconti
Gambolò
Remondò
Borgo S. Siro
Tromello
Garlasco
Alagna
Dorno
Parasacco
S. Biagio
Bereguardo
Zerbolò
Gropello Cairoli
Ottobiano
Valeggio
Scaldasole
Pieve Albignola
Ferrera Erbognone
Galliavola
Sannazzaro de' Burgondi
Mezzana Bigli
Balossa Bigli
Cornale
Silvano Pietra
Corana
Isola S. Antonio
Molino dei Torti
Torremenapace
Casei Gerola
Guazzora
Castelnuovo Scrivia
Pontecurone
Rivanazzano
Casalnoceto
Viguzzolo
Volpedo
Berzano di T.
Sarezzano
Villaromagnano
Carbonara Scrivia
Cerreto Grue
Montemarzino
Villalvernia
Costa Vescovato
Avolasca
Carezzano
S. Agata Fossili
Cassano Spinola
Sardigliano
Vargo
Borghetto di Borbera
Stazzano
Vignole Borbera
Serravalle Scrivia
Arquata Scrivia
Grondona
Cantalupo
Gavi
Parodi Ligure
Carrosio
Montaldeo
S. Cristoforo
Castelletto d'Orba
Silvano d'Orba
Tassarolo
Pasturana
Francavilla Bisio
Capriata d'Orba
Basaluzzo
Predosa
Pozzolo Formigaro
Fresonara
Bosco Marengo
Frugarolo
Pollastra
Mandrogne
Cascina Grossa
Rivalta Scrivia
Marengo
Spinetta
S. Giuliano-Nuovo
S. Giuliano-Vecchio
Castelceriolo
Lobbi
Pietra Marazzi
Montecastello
Piovera
Sale
Bassignana
Rivarone
Pecetto di Valenza
Valle S. Bartolomeo
Valmadonna
Castelletto Monf.
S. Salvatore Monf.
Lu
Cuccaro Monf.
Fubine
Quargnento
Felizzano
Solero
Quattordio
Castello di Annone
Cerro Tanaro
Masio
Oviglio
Villa del Foro
Castellazzo Bormida
Borgoratto Aless.
Casal Cermelli
Gamalero
Castelspina
Sezzadio
Castelferro
Castelnuovo Bormida
Rivalta Bormida
Strevi
Cassine
Ricaldone
Alice Bel Colle
Maranzana
Mombaruzzo
Bruno
Incisa Scapaccino
Bergamasco
Cortiglione
Castelletto Molina
Fontanile
Castel Rocchero
Montabone
Calamandrana
Canelli
S. Marzano Oliveto
Calosso
Boglietto
Agliano
Castelnuovo Calcea
Mombercelli
Vinchio
Madonna
Montaldo Scarampi
Montegrosso d'A.
Mongardino
Rocca d'Arazzo
Rocchetta Tanaro
Azzano d'A.
Quarto Inf.
Refrancore
Portacomaro
Scurzolengo
Castagnole Monferrato
Montemagno
Viarigi
Franchini
Arrobbio
Grana
Calliano
Castell' Alfero
Penango
Tonco
Cioccaro
Casorzo
Grazzano Badoglio
Ottiglio
Frassinello Monf.
Vignale Monf.
Camagna Monf.
Conzano
Occimiano
Mirabello Monf.
Villabella
Giarole
Pomaro Monf.
Borgo S. Martino
Ticineto
Valmacca
Bozzole
Frassineto Po
Terranova
Candia Lomellina
Breme
Sartirana Lomellina
Torre Beretti
Frascarolo
Suardi
Gambarana
Capraglia
Mede
Lomello
Pieve del Cairo
Semiana
Velezzo Lomellina
Valle L.
Zeme
Cozzo
Cergnago
S. Giorgio di L.
Olevano di L.
Castello d'Agogna
Celpenchio
Langosco
Motta de Conti
Caresana
Rosasco
S. Angelo di L.
Castelnovetto
Nicorvo
Albonese
Rivoltella
Robbio
Pezzana
Palestro
Confienza
Vinzaglio
Borgolavezzaro
Vespolate
Granozzo
Casalino
Garbagna Novarese
Cameriano
Lumellogno
Fisrengo
Biandrate
Recetto
Greggio
S. Nazzaro Sesia
Villarboit
Albano Vercellese
Casalvolone
Villata
Borgo Vercelli
Caresanablot
Formigliana
Carisio
Busonengo
Collobiano
Casanova Elvo
Quinto Vercellese
Olcenengo
S. Germano Vercellese
Salasco
Sali Vercellese
Veneria
Lignana
Desana
Asigliano Vercellese
Lachelle
Ronsecco
Lucedio
Tricerro
Costanzana
Pertengo
Stroppiana
Rive
Villanova Monferrato
Balzola
Morano sul Po
Camino
Pontestura
Fontanetto Po
Palazzolo
Gabiano
Pozzengo
Mombello Monf.
Serralunga
Sant° di Crea
Ponzano Monf.
Cereseto
Guazzolo
Alfiano Natta
Treville
Ozzano Monf.
Rosignano Monferrato
Terruggia
S. Giorgio Monf.
PO
Sesia
Ticino
Tanaro
Bormida
Scrivia
Orba
Belbo
Tiglione
Agogna
Erbognone
Terdoppio
Stura
Grana
Borbera
Lemme
Grue
MICHELIN
A 26
A 21
A 7
E 25
E 70
E 62
A 26 d.
R 11
R 10
R 30
R 31
S 596
S 494
S 211
S 35
P 35b.
P 456
P 592
S 334
S 10
R 457
R 455
R 230
A 4
A 26dir.
6
7
8
12
21
30
11
F
G
H

MILANO
Cesano B.
Corsico
Buccinasco
Trezzano s. Naviglio
Gaggiano
Gudo Visconti
Zibido S.Giacomo
Noviglio
Binasco
Rozzano
Basiglio
Opera
Mirasole
Gratosoglio
Chiaravalle Mil.
LINATE
Peschiera Borromeo
Settala
Liscate
Lavagna
Rivolta d'Adda
Vailate
Misano di Gera d'A.
Mozzanica
Sola
Isso
Caravaggio
Capralba
Camisano
Gallignano
Casaletto di Sopra
Ricengo
Offanengo
Romanengo
S. Donato Mil.
S.Giuliano Mil.
Paullo
Zelo Buon Persico
Tribiano
Mediglia
Dresano
Mulazzano
Spino d'Adda
Gradella
Pieranica
Pandino
Trescore Cremasco
Cremosano
Sergnano
Casale Cremasco
Pianengo
Crema
Izano
Salvirola
Cumignano sul Naviglio
Fiesco
Trigolo
Viboldone
Melegnano
Casalmaiocco
Boffalora d'A.
Dovera
Vaiano
Bagnolo
Capergnanica
Chieve
Crespiatica
Galgagnano
Montanaso Lombardo
Cadilana
Casaletto Ceredano
Ripalta Cremasca
Ripalta Arpina
S. M. di Bressanoro
Locate di Triulzi
Pieve Emanuele
Siziano
Carpiano
Gnignano
Cerro al L.
Tavazzano c. Villavesco
S. Zenone al Lambro
Lodi Vecchio
S.Grato
Lodi
Corte Palasio
Abbadia Cerreto
Credera Rubbiano
Moscazzano
Montodine
Castelleone
Soresina
Casorate Primo
Trovo
Lacchiarella
Turago Bordone
Rognano
Giussago
Landriano
Vidigulfo
Bascapè
Salerano sul Lambro
Mairano
S.Angelo
Muzza
Torrevecchia
Caselle Lurani
Valera Fratta
Borgo S. Giovanni
Pieve Fissiraga
Cavenago d'A.
Cavriaga
S.Martino in Strada
Mairago
Turano Lodigiano
S. Latino
Oscasale
Certosa di Pavia
Giovenzano
Marcignago
Torre del Mangano
Borgarello
Pontelungo
Zibido
Zeccone
Lardirago
Marzano
S. Angelo Lodigiano
Villanova d. Sillaro
Borghetto Lodigiano
Ossago Lodigiano
Secugnago
Melegnanello
Bertonico
S. Bassano
Formigara
S.Genesio ed Uniti
Magherno
Torre d'Isola
Calignano
Villanterio
Vistarino
Pavia
Gerenzago
Monteleone
Graffignana
Livraga
Brembio
Terranova d. Passerini
Castiglione d'Adda
Cavacurta
Pizzighettone
Regona
Villanova d'Ardenghi
Carbonara al Ticino
Albuzzano
Copiano
Genzone
Terme di Miradolo
S.Colombano al Lambro
Zorlesco
Casalpusterlengo
Maleo
Crotta d'Adda
S.Martino Siccomario
Filighera
Miradolo Terme
S. Cristina
Chignolo Po
Orio Litta
Ospedaletto
Codogno
Cava Manara
Travacò S.
Linarolo
Belgioioso
Corteolona
Bissone
Lambrinia
Senna Lodigiano
Somaglia
S.Fiorano
Corno Giovine
Cornovecchio
Sommo
Vaccarizza
S.Giacomo
Sostegno
Costa de' Nobili
Alberone
Badia Pavese
Corte S. Andrea
Guzzafame
Fombio
Mezzanino
Rea
Verrua Po
Albaredo Arn.
S.Cipriano Po
Spessa
Pieve Porto Morone
Monticelli Pavese
Boscone Cusani
Guardamiglio
Valloria
Contrebbia
Meleti
Sto Stefano Lodigiano
Caselle Landi
Mezzana Corti
Bottarone
Casanova Lonati
Bressana
Bastida Pancarana
Barbianello
Portalbera
Arena Po
S. Zenone al Po
PO
Pievetta e Bosco Tosca
Calendasco
S.Rocco al Porto
Mortizza
Mezzani
Castelletto Po
Cervesina
Lungavilla
Pinarolo Po
Robecco Pavese
Casatisma
Stradella
Bosnasco
Rivaldina
Sarmato
S.Imento
Roncarolo
Pizzale
Broni
Canneto Pavese
Castel S.Giovanni
Rottofreno
S. Nicolò
Gragnanino
PIACENZA
Roncaglia
Redavalle
Montescano
Montù Beccaria
S.Damiano al Colle
Borgonovo Val Tidone
Campremoldo Sotto
Casteggio
Fumo
Castana
Pietra de' Giorgi
Creta
Rovescala
Ziano Piacentino
Mottaziana
Gragnano Trebbiense
Verza
Quarto
S.Bonico
Pontenure
Montebello d. Batt.
Calvignano
Mornico Losana
Sta Maria d. Versa
Vicobarone
Castelnovo
Breno
Campremoldo Sopra
Casaliggio
Gossolengo
Voghera
Montalto Pavese
Rocca de' Giorgi
Montalbo
Sarturano
Molinazzo
Settima
Podenzano
S.Giorgio Piacentino
Cadeo
Torrazza Coste
Borgo Priolo
Golferenzo
Corano
Caseleggio
Gazzola
Rivalta Trebbia
Retorbido
Montecalvo Versiggia
Tassara
Agazzano
Canevino
Volpara
Trevozzo
Pianello Val Tidone
Niviano
Grazzano Visconti
Montanaro
Fontana Fredda
Nazzano
Rocca Susella
Stephanago
Borgoratto Mormorolo
Pometo
Ruino
Piozzano
Roveleto Landi
Vigolzone
Centovera
Chero
Montesegale
Nibbiano
Azzano
Rezzanello
Rivergaro
S. Damiano
Carpaneto Piacentino
Ciriano
Godiasco
Torre degli Alberi
Trebecco
Monticello
Pigazzano
Fizzolo
Vigolo Marchese
Sanguignano
Val di Nizza
S. Albano
Pecorara
Gadignano
Monteventano
Ponte dell'Olio
Cecima
Abbazia S.Alberto di Butrio
Valverde
Zavattarello
Costalta
Sevizzano
M. Lazzaro
Bobbiano
Travo
Riva
Castione
Sta Maria del Rivo
Badagnano
Castell' Arquato
Ponte Nizza
Pizzocorno
Pietragavina
Romagnese
Cicogni
Chiulano
Bagnaria
Varzi
S. Pietro Casasco
Casa Matti
Mezzano Scotti
Trebbia
Perino
Biana
Groppparello
Lugagnano Val d'Arda
S. Sebastiano Curone
Gremiasco
Fabbrica Curone
P.so del Penice
Cadelmonte
Riglio
Veleia
Vernasca
Castellaro
Menconico
M. Penice
Sta Maria
Bobbio
P.so del Cerro
Bettola
Groppovisdomo
Rustigazzo
Montacuto
Sta Margherita di Staffora
Ceci
Aglio
Piccoli
S. Michele
Dignini
Garadassi
Caldirola
Forotondo
Brallo di Pregola
Corte Brugnatella
Coli
Pradovera
Maiolo
Bigoti
Obolo
Rabbini
Castelletto
Bruggi
Colleri
Corbesassi
Marsaglia
Farini
Gusellli
Morfasso
Bore
Volpara
M. Gropa
Albera Ligure
Pian dell'Arma
M. Chiappo
M. Aserei
Mareto
Groppallo
M. Menegosa
Rovina
Cabella Ligure
P.so del Giovà
M. Lesima
Carisasca
Cerignale
Castelcanafurone
Grondone
Bruzzi di Sotto
M. Carameto
9
10
11
13
24
31
F
G
H

11
12
13
14
F
G
H
23
31
32
Orzivecchi
Barbariga
Corticelle Pieve
G. D'Annunzio
Montichiari
Soncino
Orzinuovi
Pudiano
Offlaga
Ghedi
Castiglione d. Stiviere
Romanengo
Coniolo
Faverzano
Cignano
Malpaga
Viadana Bresciana
Solferino
Izano
Salvirola
Ticengo
Villachiara
S. Paolo
Cadignano
Leno
Carpenedolo
Cumignano sul Naviglio
Bompensiero
Borgo S.Giacomo
Manerbio
Calvisano
Fiesco
Genivolta
Verolavecchia
Bassano Bresciano
Mezzane
Trigolo
Azzanello
Acqualunga
Verolanuova
Castelletto
Visano
Medole
Ripalta Arpina
S. M. di Bressanoro
Castelvisconti
Quinzano d'Oglio
Cigole
Pavone del Mella
Isorella
Acquafredda
Castel Goffredo
Soresina
S. Gervasio Bresciano
Castelleone
Bordelano
Corte de' Cortesi
Pontevico
Gottolengo
Casalpoglio
Montodine
Casalmorano
Milzano
Sopra
S. Latino
Barzaniga
Cignone
Monasterolo
Pralboino
Remedello
Sotto
Casalmoro
Oscasale
Sta Maria dei Sabbioni
Casalbuttano ed Uniti
Robecco d'Oglio
Alfianello
Gambara
Casaloldo
S. Bassano
Annicco
Olmeneta
Seniga
Fiesse
Castelnuovo
Paderno Ponchielli
Scandolara Ripa d'Oglio
Ostiano
Cadimarco
Castiglione d'Adda
Formigara
Farfengo
S. Martino in Beliseto
Corte de' Frati
Pescarolo ed Uniti
Gabbioneta
Volongo
Asola
Regona
Ossolaro
Pozzaglio
Levata
Fontanella Grazioli
Mariana Mantovana
Cavacurta
Pizzighettone
Ossalengo
Casalromano
Gazzo degli Ippoliti
Grumello Crem.
Dosimo
S. Antonio Negri
Acquanegra sul Chiese
Sesto ed Uniti
Bettenesco
Vescovato
Isola Dovarese
Redondesco
Maleo
Crotta d'Adda
Acquanegra Crem.
Costa S. Abramo
Persico
Cicognolo
Torre de' Picenardi
Mosio
Corno Giovine
Cornovecchio
Spinadesco
Cava Tigozzi
Cremona
Malagnino
Drizzona
Canneto sull'Oglio
S. Fiorano
Meleti
Castelnuovo Bocca d'Adda
Pieve S.Giacomo
S. Lorenzo de' Picenardi
Piadena
Calvatone
Sto Stefano Lodigiano
Caselle Landi
Monticelli d'Ongina
Olza
Mezzano
Ca' de' Bonavogli
Ca' d'Andrea
Voltido
Tornata
Bozzolo
Marcaria
Castelvetro Piacentino
Sospiro
Cingia de' Botti
Solarolo Rainero
Mezzanino
Gerre de Caprioli
Pieve d'Olmi
Cella Dati
Rivarolo Mantovano
Roncarolo
Zerbio
S. Nazzaro
S. Giuliano
Stagno Lombardo
S. Daniele Po
Castelponzone
S.Giovanni in Croce
Casteldidone
Cividale Mantovano
Caorso
Soarza
Isola Pescaroli
Motta Baluffi
Scandolara Ravara
Roncaglia
Polignano
S. Pietro in Cerro
Villanova sull'Arda
Polesine Parmense
Zibello
Villanova
Commessaggio
Chiavenna Landi
Ragazzola
Stagno
Torricella del Pizzo
Martignana di Po
Rivarolo del Re
Bonico
Villa Verdi
Vidalenzo
Pieveottoville
Roccabianca
Gussola
Sabbioneta
Pontenure
Cortemaggiore
S. Agata
Gramignazzo
Torricella
Casalmaggiore
Villa Pasquali
S.Giorgio Piacentino
Cadeo
Besenzone
Bersano
Busseto
Sta Caterina
Fontanelle
Sacca
Vicomoscano
Mercore
Roncole Verdi
Samboseto
Coltaro
Casalbellotto
Montanaro
Fontana Fredda
Sissa
S.Nazzaro
Sanguigna
Cicognara
Cogozzo
Centovera
Chero
S.Protaso
Fiorenzuola d'Arda
Soragna
S.Secondo Parmense
Trecasali
Mezzano Sup.
Ciriano
Chiaravalle d. Colomba
Castione Marchesi
Castellina
Torrile
Colorno
Parmetta
Carpaneto Piacentino
Rizzolo
Bastelli
Ronco Campo Canetto
Mezzano Inf.
Vigolo Marchese
Lusurasco
Alseno
Paroletta
Fontanellato
Vicomero
S. Polo
Gainago
Brescello
Fidenza
Viarolo
Castell'Arquato
Terme di Bacedasco
Castelnuovo Fogliani
Casalbarbato
Fontevivo
Cervara
Ravadese
Lentigione
Badagnano
Parola
Bianconese
Sorbolo
S. Sisto
Bacedasco
Sta Margherita
Sanguinaro
S.Martino
Poviglio
Lugagnano Val d'Arda
Vigoleno
Salsomaggiore Terme
Noceto
Ponte Taro
Eia
Chiozzola
Olmo
Castelnovo di Sotto
Vernasca
Tabiano Bagni
Tabiano
Costa Pavesi
S. Pancrazio
Parma
Casaltone
Velleia
Rustigazzo
La Trinità
Pie di Via
Vicofertile
Gattatico
Praticello
Caprara
Dignini
Pontegrosso
Stradella
S.Prospero
Castelletto
Pasquali
Varano Marchesi
Medesano
Taneto
Rabbini
Besozzola
Pellegrino Parmense
Collecchio
Gaione
Alberi
S. Ilario d'Enza
Calerno
Cadé
Castellaro
Visiano
Felegara
Gaiano
Carignano
Pilastrello
Gazzaro
Monticelli Terme
Morfasso
Bore
Ozzano Taro
Sala Baganza
Corcagnano
Vigatto
Basilicagoiano
Montecchio Emilia
Rovina
S.Andrea Bagni
Cafragna
Felino
Basilicanova
Piazza
Barco
Cavriago
Vianino
Varano de' Melegari
Viazzano
Fornovo di Taro
S. Michele Gatti
S.Vitale di Baganza
Pilastro
Panocchia
Mamiano
Montechiarugolo
Bibbiano
M. Carameto
P.so del Pelizzone
Varsi
Lagadello
Piantonia
Neviano de' Rossi
Torrechiara
Lesignano de' Bagni
Pessola
Prelerna
Citerna
S.Ilario di Baganza
Strognano
Traversetolo
Quattro Castella
Marzolara
Vallerano
Langhirano
Mulazzano
Castione
S.Polo d'Enza
M. Barigazzo
Solignano
Selva Grossa
Terenzo
Oglio
Adda
PO
Serio
Mella
Chiese
Naviglio d'Isorella
Arda
Chiavenna
Riglio
Chero
Ongina
Stirone
Parola
Grande
Taro
Parma
Enza
Recchio
Baganza
Cinghio
Ceno
Pessola
Modolena
A 1
A 21
A 15
E 35
E 70
E 31
S 9
S 10
S 415
S 498
S 343
S 45bis
S 588
S 462
S 587
S 359
S 357
S 62
S 513
S 420
S 358
S 234
S 236
S 668
P 87
P 64

S. Martino d. Battaglia
Pozzolengo
Olioisi
Monzambano
Castellaro Lagusello
Custoza
Sommacampagna
Alpo
S. Giovanni Lupatoto
Zevio
Belfiore
S. Bonifacio
Cavriana
Valeggio sul Mincio
Villafranca di Verona
Povegliano Veronese
Castel d'Azzano
Ca'di David
Raldon
Buttapietra
S. Maria
Albaro
Arcole
S. Gregorio
Volta Mantovana
Quaderni
Mozzecane
Nogarole Rocca
Vigasio
Vallese
Palù
Oppeano
Ronco all'Adige
Veronella
Albaredo d'A.
Cologna Veneta
Pozzolo
Tormine
Vasto
Cerlongo
Belvedere
Trevenzuolo
Isola d.Scala
Tarmassia
Villafontana
Isola Rizza
Bovolone
Caselle
Ceresara
Goito
Roverbella
Castiglione Mantovano
Bagnolo
Salizzole
Bonavicina-Borgo
Bonavigo
Minerbe
Marengo
Roncoleva
Erbè
Pellegrina
S. Pietro di Morubio
Sacca
Marmirolo
Canedole
Villanova Maiardina
Biondé di Visegna
Angiari
Rodigo
Soave
Porto Mantovano
Castelbelforte
Sorgà
Capitello
Bosch S. Anna
Rivalta sul Mincio
Susano
Bonferraro
Nogara
Sanguinetto
Cerea
Legnago
Sarginesco
MANTOVA
Gazzo
Castel d'Ario
S. Pietro
Vigo
Castellucchio
Curtatone
Cadè
Villa Garibaldi
Villimpenta
Casaleone
Aselogna
Casatico
Frassino
Pradello
Gazzo Veronese
Maccacari
Rosta
Ospitaletto
Montanara
S. Silvestro
Roncoferraro
Roncanova
Valli Grandi Veronesi
S. Michele in Bosco
Cerese
Formigosa
Pietole
(Virgilio)
Barbasso
Nosedole
Pilastro
Serraglio
Cappelletta
Bagnolo S.Vito
Casale
Cardinala
Sto Stefano
Torretta
Campitello
Governolo
Serravalle a Po
Correggioli
Cesole
Campione
Mirasole
Sustinente
Revere
Ostiglia
Melara
Bergantino
S. Pietro Polesine
Gazzuolo
Boccadiganda
S. Nicolò Po
Carnatta
Bocca Chiavica
Borgoforte
Motteggiana
S. Benedetto Po
Quingentole
Borgofranco su Po
Torricella
Portiolo
Sta Lucia
Pieve di Coriano
Carbonara di Po
Tabellano
Villa Saviola
Nuvolato
Castelnovo Bariano
Castelmassa
Squarzanella
Sailetto
Ghisione
Cizzolo
S. Matteo d. Chiaviche
Camatte
Pegognaga
Quistello
Schivenoglia
Villa Poma
Magnacavallo
Sermide
Suzzara
Codisotto
Quattrocase
Calto
Villastrada
S. Giacomo d. Segnate
Dragoncello
Felonica
Palidano
Polesine
Poggio Rusco
Salina
Luzzara
Gonzaga
Marzettelle
Bondanello
Dosolo
Casoni
Vallalta
Giovanni el Dosso
Tramuschio
S. Martino Spino
Pilastri
Rangona
Pomponesco
Tagliata
Bondeno
Villarotta
Moglia
Fossa
Quarantoli
Gavello
Ponti di Spagna
Guastalla
Reggiolo
Concordia sulla Secchia
Redena
Burana
Gualtieri
S. Giacomo
Novi di Modena
S.Possidonio
Mirandola
Ponte S. Pellegrino
Bondeno
Boretto
Fabbrico
Rolo
Bellaria
S. Antonio in Mercadello
S. Giacomo Roncole
Mortizzuolo
Scortichino
Sta Vittoria
S. Rocco
Novellara
Campagnola Emilia
Pioppa
S. Biagio
S. Felice sul Panaro
Massa Finalese
Viarovere
Meletole
Rovereto s. Secchia
Cavezzo
Medolla
Rivara
Canaletto
Finale Emilia
Reno Finalese
Cogruzzo
Rio Saliceto
Budrione
Borgo
Motta
Dogaro
Alberone
Cadelbosco di Sotto
Vezzola
Canolo
Migliarina
Sto Marino
Cortile
Cadecoppi
Galeazza
Pilastrello
Camposanto
Zurco
La Rocca
S. Michele
Carpi
S. Prospero
Palata Pepoli
Bevilacqua
Correggio
Solara
Cadelbosco di Sopra
Bagnolo in Piano
Budrio
Soliera
Sorbara
Stuffione
Sammartini
Renazzo
Dosso
Sesso
S. Martino in Rio
Gargallo
Bastiglia
Bomporto
Crevalcore
Poggetto
Ganaceto
Ravarino
Cento
Pieve di Cento
REGGIO EMILIA
Gavassa
Prato
Campogalliano
Albareto
Decima
Venezzano
S. Pietro in Casale
Coviolo
Masone
Villanova
Navicello
Nonantola
S. Agata Bolognese
Castello d'Argile
Canali
Due Maestà
Gavassetto
Lorenzatico
S. Giorgio di Piano
Rubiera
Cittanova
Saliceto Panaro
Recovato
S. Giovanni in Persiceto
Argelato
Fogliano
MODENA
Fossalta
Padulle
Albinea
Arceto
S. Ambrogio
Riolo
Tivo
Sala Bolognese
Castelfranco
S. Damaso
Mincio
Adige
Tione
Tartaro
Menago
Po
Secchia
Panaro
Crostolo
A 4
A 1
A 22
E 45
E 35
S 12
S 62
S 236
S 249
S 413
S 482
S 496
S 468
S 568
S 255
S 434
R 10
R 62
S 420
S 63
S 9
S 10
P 17
P 500
14
15
26
33
34
F
G
H

Vicenza
Padova
Rovigo
Adria
Legnago
Montagnana
Este
Monselice
Lendinara
Badia Polesine
Abano Terme
Montegrotto Terme
Piove di Sacco
Lonigo
Montecchio Maggiore
Trissino
Castelgomberto
Caldogno
Dueville
Camisano Vicentino
Piazzola sul Brenta
Villafranca Padovana
Campodarsego
Camposampiero
Vigonza
Noventa Padovana
Stra
Legnaro
Saonara
Albignasego
Selvazzano Dentro
Teolo
Cervarese Sta Croce
Barbarano Vicentino
Noventa Vicentina
Cologna Veneta
Sermide
Bondeno
Stellata
Occhiobello
Sta Maria Madd.
Pontelagoscuro
Ferrara
Polesella
Crespino
Villadose
Cavarzere
Conselve
Bovolenta
Battaglia Terme
Cinto Euganeo
Colli Euganei
Monti Berici
Arquà Petrarca
Galzignano Terme
Valsanzibio
Soave
Monteforte d'Alpone
Arcole
Copparo
Fratta Polesine
Castelmassa
Canaro
Occhiobello
Ficarolo
Melara
Castagnaro
Villa Bartolomea
Bergantino
Adige
Po
Brenta
Bacchiglione
Canale Bianco
Canale Gorzone
A4
A13
E70
F
G
H
16
17
25
33
34

Trovaso
Casier
Dosson
S. Alberi
Preganziol
Casale sul Sile
Roncade
Meolo
S. Donà di Piave
Zero Branco
Sambughè
Zerman
Ca' Tron
Caposile
Passarella
Eraclea
Torre di Fine
Caorle
Brian
Porto Sta Margherita
Mogliano Veneto
Marcon
Quarto d'Altino
Altino
Peseggia
Martellago
Marocco
S. Liberale
Portegrandi
Dese
Trivignano
Maerne
Mirano
Mestre
Spinea
Chirignano
Tessera
Ca' Noghera
Torcello
MARCO POLO
Burano
Lio Piccolo
Cavallino
Jesolo
Cortellazzo
Eraclea Mare
Lido di Jesolo
Porto di Piave Vecchia
Treporti
Murano
Marghera
Porto Marghera
Oriago
Malcontenta
Fusina
Punta Sabbioni
Pto di Lido
VENEZIA
Lido di Venezia
Pula
Kérkira
Malamocco
Alberoni
Porto di Malamocco
S. Pietro in Volta
Lugo
Campagna Lupia
Lova
Pellestrina
GOLFO
DI VENEZIA
Conche
Porto di Chioggia
Chioggia
Sottomarina
Cavarzere
Ca' Bianca
Cantarana
Foce d. Brenta
Foce d. Adige
Isola Verde
Martinelle
S. Anna
Rosapineta
Rosolina Mare
S. Pietro
Cavanella d'Adige
Ca' Briani
Caleri
Tornova
Isola Albarella
Norge Polesine
Rosolina
Loreo
Foce del Po di Levante
Donada
Ca Cappello
Porto Levante
Cavanella Po
Foce del Po di Maistra
Scanarello
Mazzorno
Porto Viro
Contarina
Taglio di Po
Boccasette
Isola d'Ariano
Piano
Pila
Bocche d. Po d. Pila
Ca' Venier
Ca' Zuliani
Tolle
Ariano nel Polesine
Porto Tolle
Polesine Camerini
Massenzatica
Segalare
Isola della Donzella
Ca' Mello
Isola di Polesine
Mesola
Scardovari
Bosco Mesola
Gnocca
Italba
Oca
Cassella
Bonelli
Sacca d. Scardovari
Goro
Abbazia di Pomposa
Bosco d. Mesola
Gnocchetta
Bocca del Po
Laguna Veneta
Brenta
Adige
Sile
Piave
F
G
H
17
18
19
20
35

ALPES-DE-HTE-PROVENCE
ALPES-MARITIMES
Parc National du Mercantour
Valle Maira
Valle Stura di Demonte
Meyronnes
Larche
Tête de Siguret 3032
Tête de Moïse / M. Oronaye 3104
Col de Larche / Colle della Maddalena 1996
Tête de Fer 2885
Jausiers
Barcelonnette (1132)
le Sauze
Super-Sauze (1700)
L. des Sagnes
Tête de l'Enchastraye / M. Enciastraia 2955
Argentera
Bersezio
Ferrere
Pietraporzio
Sambuco
Vinadio (904)
Aisone
Demonte (778)
Moiola
Borgo S. Dalmazzo (641)
Roccavione
Robilante
Roaschia
Valdieri
Entracque (904)
Trinità
Vernante (799)
Pallanfre (1370)
Andonno
Festiona
Forani
Gaiola
Valloriate
Rittana
Vignolo
Cervasca
S. Anna
Bernezzo
S. Matteo
Monterosso Grana
Valgrana
Caraglio
Passatore
Cuneo
Montemale di Cuneo
Dronero
Castelletto Busca
Lemma
Roccabruna
S. Damiano Macra
Macra
Stroppo
Chiappera
Acceglio (1200)
Prazzo
Ponte Marmora
Marmora
Celle di Macra
Soglio
Paglieres
Pradleves (822)
Frise
Sta Lucia
Gorré
S. Giacomo
Castelmagno
Chiappi (1661)
M. Tibert 2647
Rca la Meia 2831
C. di Valcavera 2416
M. Bram 2357
M. Nebius 2600
Preit
Viviere
Talarico
Zanotti (2100)
Pianche
Bagni di Vinadio
S. Bernolfo
S. Anna (2010)
Pta Maladecia 2745
L. della Sella
M. Matto 3088
S. Anna
Terme di Valdieri
Tta Malinvern 2938
Cma di Argentera 3297
Digo da Chiotas
Genova
Cma di Mercantour 2772
M. Carbone 2807
E. Soria (1840)
Cma dei Gelas 3143
Cme du Gélas
Mt Clapier 3045
Valmasque
Mt Bégo 2872
Vallée des Merveilles
les Merveilles
Cime du Diable 2685
Pte des 3 Communes 2082
l'Authion 1889
Col de Turini 1607
Col de la Bonette 2715
Sestrière
Mt Ténibre 3031
Lac de Rabuons
St. Dalmas-le-Selvage
St. Etienne-de-Tinée
Cime de Colle Longue / Cma di Collalunga 2759
Col de la Lombarde / Colle di Lombarda 2350
Isola
Isola 2000
Mt St. Sauveur 2711
Mollières
Cme de Fremamorta 2730
Col de Salèse 2031
C. di Ciriegia / C. de Cerise 2543
Cougourde
Madone de Fenestre
Mt Neillier 2785
le Boréon (1500)
Col St. Martin 1500
St. Martin-Vésubie (960)
St. Dalmas
Mt Tournairet 2085
Roquebillière (612)
Granges-de-la-Brasque
la Bollène-Vésubie
Lantosque
Brec d'Utelle 1606
Peïra-Cava (1450)
Col de Brouis 879
Gges du Piaon
Col de Braus 1002
Sospel
Olivetta
Airole
Castillon
Villatella
Menton
Ste Agnès
Gorbio
Peille
Peillon
l'Escarène
Lucéram
Coaraze
Contes
Tourrette-Levens
Levens
Utelle
St. Jean-la-Rivière
Madone d'Utelle
Gges de la Vésubie
Plan du Var
Castagniers
Carros
Falicon
La Turbie
Roquebrune
Eze
Beaulieu
Monte-Carlo Monaco
Cap-Martin
Villa Hanbury
M. Pelat 3051
Col de la Cayolle 2327
Pte Cote de l'Ane 2916
Jalorgues
Demandols
Auron (1608)
las Donnas 2474
Cime de Pal 2818
Roya (1507)
Entraunes
St. Martin-d'Entraunes
Mgne de l'Alp
Mt Mounier 2817
St. Sauveur-sur-Tinée
Péone
Valberg (1669)
Beuil (1450)
Col de la Couillole 1678
Roubion
Guillaumes
Gd Coyer 2693
Mt St. Honorat 2517
Gges de Daluis
Dôme de Barrot 2137
Gorges du Cians
Pierlas
Ilonse
Pte des 4 Cantons 1774
Pont-de-Clans
Sausses
Entrevaux (515)
Puget-Théniers
Col de St. Raphaël
Villars-sur-Var
Roquesteron
St. Auban
Montagne du Cheiron
Thorenc
Gréolières
Coursegoules
Bouyon
Col de la Sine
Col de Valferrière
Escragnolles
Pas de la Faye (981)
St. Vallier-de-Thiey
Gourdon
Col de Vence 970
Vence
Gattières
St. Paul
le Bar-sur-Loup
Loup
Var
Tinée
Vésubie
Bévéra
Stura
Gesso
Ubaye

Tarantasca
Centallo
Maddalene
S. Albano Stura
Trinità
Piozzo
Farigliano
Bossolasco
Belvedere Langhe
Niella Belbo
Prunetto
Scaletta Uzzone
Piana Crixia
Montanera
Castelletto Stura
Morozzo
Magliano Alpi
Carrù
Murazzano
Mombarcaro
Monesiglio
Gottasecca
Sta Giulia
Carmine
Crava
Bastia Mondovì
Marsaglia
Igliano
Paroldo
Gabutti
Carretto
Margarita
Niella Tanaro
Torresina
Castellino Tanaro
Saliceto
Cuneo
Trucchi
Briaglia
Sale
S. Giovanni
Cengio
Cairo Montenotte
Spinetta
Mondovì
Vicoforte
Lesegno
Ceva
Priero
Montezemolo
Millesimo
Carcare
Beinette
Pianfei
Villanova Mondovì
Piazza
Vasco
S. Michele Mondovì
Mombasiglio
Plodio
S. Lorenzo
Peveragno
Santo di Vicoforte
Nucetto
Castelnuovo di Ceva
Boves
Chiusa di Pesio
Roccaforte Mondovì
Monastero di Vasco
Montaldo di Mondovì
Scagnello
Battifollo
Perlo
Murialdo
Pallare
Frabosa Sottana
Frabosa Soprana
Roburent
Bagnasco
Ronchi
S. Giacomo
Lurisia
Miroglio
Viola
Massimino
Rovia
Prea
Pamparato
Calizzano
Osiglia
Mallare
S. Bartolomeo
Corsaglia
Pievetta
Bormida
Costa Rossa
Certosa di Pesio
Artesina
Prato Nevoso
Grotta di Bossea
Caragna
Vetria
Settepani
Piano dei Corsi
Limone Piemonte
M. Mondole
Bossea
Valcasotto
Priola
Colle di Melogno
Rialto
Feglino
Garessio
Calice Ligure
Tenda
Traforo di Tenda
Tunnel de Tende
P.ta Marguareis
Saracco Volante
M. Mongioie
Manolino
Valcaira
Colle S. Bernardo
le Volte
Bardineto
Magliolo
Gorra
M. Carmo
Giogo di Toirano
Tovo
S. Giacomo
Verezzi
Borgio Verezzi
Viozene
Colle Scravaion
Erli
Carpe
Verzi
Pietra Ligure
Vievola
Upega
Ormea
Ponte di Nava
Castelvecchio di Rocca Barbena
Balestrino
Loano
Mt Bertrand
Nasino
Zuccarello
Toirano
Borghetto Sto Spirito
Tende
Morignole
Colla S. Bernardo
Mónesi di Triora
Nava
Capraúna
Alto
Castelbianco
Martinetto
Ceriale
C. di Nava
Armo
Aquila di Arroscia
Arnasco
Cisano sul Neva
Campochiesa
N.D. des Fontaines
Mt Saccarel / M. Saccarello
M. Fronte
Mendatica
Pornassio
Borghetto d'Arroscia
Vendone
Cenesi
St. Dalmas-de-Tende
la Brigue
Vessalico
Ranzo
Ortovero
Leca
Albenga
Verdéggia
Pieve di Teco
Cenova
Casanova Lerrone
Villanova d'Albenga
M. Monega
Rezzo
Vellego
Garlenda
I. Gallinara
C. S. Bartolomeo
Testico
Capo Sta Croce
C. Melosa
Triora
Andagna
Villalunga
Alassio
Saorge
Mt Peyrevieille / M. Pietravecchia
Molini di Triora
Agaggio Inferiore
C. di Oggia
Caravonica
Borgomaro
Stellanello
Andora
Laigueglia
Buggio
C. di Langan
Chiusanico
Villa Faraldi
Breil-sur-Roya
Pigna
Carpasio
Chiusavecchia
Pantasina
Diano Arentino
Roncagli
Capo Mele
M. Ceppo
Villatalla
Vasia
Pontedassio
Marina di Andora
Castel Vittorio
Montalto Ligure
Diano Castello
Cervo
Rocchetta Nervina
Vignai
Badalucco
Prelà
Montegrazie
S. Bartolomeo al Mare
Fanghetto
Baiardo
Lecchiore
Dolcedo
Diano Marina
S. Michele
Isolabona
Apricale
Passo Ghimbegna
M. Bignone
Ceriana
Pietrabruna
Caramagna Ligure
Capo Berta
Strada interrotta
Perinaldo
Castellaro
Taggia
Cipressa
Pompeiana
Lingueglietta
Oneglia
Imperia
Porto Maurizio
Trucco
Dolceacqua
S. Romolo
Verezzo
Bussana Vecchia
S. Lorenzo al Mare
S. Biagio della Cima
Seborga
Riva Ligure
Sto Stefano al Mare
Vallebona
Camporosso
C. Verde
Arma di Taggia
Ventimiglia
Vallecrosia
C. Nero
Ospedaletti
SAN REMO
C.S. Ampelio
Bordighera
Camporosso Mare
RIVIERA DI PONENTE

Acqui Terme
Cassinasco
Castel Rocchero
Montabone
Rivalta Bormida
Stazzano
Vignole Borbera
Cantalupo
Serra
Gavi
Silvano d'Orba
Francavilla Bisio
Sessame
Bistagno
Bubbio
Loazzolo
Carpeneto
Rocca Grimalda
Castelletto d'Orba
S. Cristoforo
Parodi Ligure
Montaldeo
Arquata Scrivia
Grondona
Vesime
Monastero Bormida
Melazzo
Bagni
Visone
Morsasco
Trisobbio
Ovada
Tagliolo Monferrato
Carrosio
Borlasca
Isola del Cantone
Ponti
Cavatore
Grognardo
Cremolino
Lerma
Mornese
Bosio
Voltaggio
Ronco Scrivia
Perletto
Olmo Gentile
Roccaverano
Denice
Montechiaro Piana
Cartosio
Morbello
Valosio
Molare
Cassinelle
Mombaldone
Ponzone
Borgo Fornari
Pietrafaccia
M. Tobbio
Molini
Busalla
Savignone
Serole
Malvicino
Cimaferle
Bandita
Rossiglione
Campo Ligure
Capanne Marcarolo
P.so della Bocchetta
P.so dei Giovi
Spigno Monferrato
Pian Castagna
Olbicella
Cravasco
Mignanego
Serra Riccò
Casella
Roboaro
Ponte Erro
Tiglieto
Masone
Praglia
Campomorone
Squaneto
Maddalena
Martina Olba
Acquabianca
Urbe
Ceranesi
Pontedecimo
Cipriano
S. Olcese
Pedemonte
Creto
Scaletta Uzzone
Piana Crixia
Mioglia
Sassello
Palo
P.so del Turchino
Sta Giulia
Dego
Giusvalla
Veirera
Vara Inferiore
Fiorino
Acquasanta
S. Carlo
Bolzaneto
Molassana
Villa
Carretto
Pontinvrea
Colle del Giovo
M. Beigua
P.so del Faiallo
Mele
Rivarolo Lig.
Dorra
Quezzi
Rocchetta Cairo
S. Giustina
Alpicella
Sciarborasca
Voltri
Prà
Pegli
Sestri Ponente
Cairo Montenotte
Becca del Tesoro
Corona
Pero
Montenotte Superiore
Stella
S. Martino
Arenzano
Cogoleto
(VIA AURELIA)
Sampierdarena
GENOVA
Boccadasse
Quinto al Mare
Millesimo
Carcare
Plodio
Ferrania
Ellera
Invrea
Varazze
Altare
Santuario
Albisola Superiore
Celle Ligure
Ronchi
Pallare
Albissola Marina
Savona
Roviasca
Mallare
Quiliano
Zinola
Bormida
Vado Ligure
Capo di Vado
Piano dei Corsi
Segno
S. Giorgio
Bergeggi
I. di Bergeggi
Rialto
Feglino
Spotorno
Portio
Noli
Calice Lig.
Capo di Noli
Gorra
Verezzi
Varigotti
Finale Ligure
Borgio Ver.
Verzi
Pietra Lig.
Loano
Borghetto Sto Spirito
Ceriale
Albenga
I. Gallinara
Sta Croce
Bastia
Île-Rousse
Ajaccio-Bastia
I. Canarias
Barcelona-Palma
Palau
Porto Torres
Olbia
Palermo
Tunis
Ile-Rousse
RIVIERA DI PONENTE
GOLFO DI GENOVA
7
8
22
21
29
I
J
A 10 - E 80
A 6 - E 717
A 26 - E 25
A 7 - E 62
R 30
S 334
P 456
P 542
P 334
S 29
S 456
S 35
P 1
P 29
P 155
P 490

RIVIERA DI LEVANTE
Promontorio di Portofino
Golfo del Tigullio
Nervi
Bogliasco
Pieve Lig.
Sori
Recco
Camogli
S. Rocco
P.ta Chiappa
S. Fruttuoso
Portofino
Paraggi
Sta Margherita Ligure
Rapallo
Zoagli
N. S. di Montallegro
Ruta
Chiavari
Lavagna
Cavi
Sestri Levante
P.ta Manara
Riva Trigoso
P.ta Baffe
Moneglia
Deiva Marina
Framura
Bonassola
Levanto
Monterosso al Mare
P.ta Mesco
Vernazza
Corniglia
Manarola
Riomaggiore
Cinque Terre
Campiglia
Portovenere
I. Palmaria
LA SPEZIA
Le Grazie
Riccò d. Golfo di Spezia
Casella
Pian di Barca
Beverino
Follo
Borghetto di Vara
Cavanella di Vara
Rocchetta di Vara
Brugnato
Carrodano
Mattarana
M. Pistone
Monterosso al Mare
Montale
Pignone
Bracco
P.so d. Bracco
Castiglione Chiavarese
Casarza Lig.
Bargone
Monte Domenico
Cogorno
Basilica dei Fieschi
Frisolino
Conscenti
Carasco
Leivi
S. Colombano Certenoli
Terrarossa
Borgonovo Lig.
Mezzanego
S. Siro Foce
Borzonasca
Cichero
Pian dei Ratti
S. Andrea di Foggia
Cicagna
Avegno
Uscio
Gattorna
Lumarzo
Desiderio
M. Bastia
Bargagli
Davagna
P.so di Scoffera
Laccio
Torriglia
Montoggio
Avosso
Pentema
Valbrevenna
Tonno
Crocefieschi
Vobbia
Vallenzona
Casalbusone
Cabella Ligure
Albera Ligure
Volpara
M. Gropa
Pian dell'Arma
M. Chiappo
P.so di Giovà
M. Lesima
Montaldo di Cosola
Cartasegna
M. Bossola
Carrega Lig.
M. Carmo
Gorreto
Alpe
Berga
M. Antola
Propata
Rondanina
Fascia
Isola
Rovegno
Loco
L. d. Brugneto
Garaventa
Montebruno
Costafontana
P.so di Portello
M. Collere
Casoni
Fontanigorda
Rezzoaglio
Villanoce
Cabanne
Neirone
Ognio
Favale di Malvaro
Lorsica
Orero
M. Ramaceto
Brizzolara
P.so la Forcella
L. di Giacopiane
Prato Sopralacroce
P.so del Bocco
M. Zatta
Reppia
Prato
Ne
M. Porcile
Maissana
Tavarone
Torza
Castello
Carro
Sesta Godano
Zignano
Suvero
Varese Ligure
Ossegna
S. Pietro Vara
Comuneglia
Scurtabò
Pelosa
Sta Maria del Taro
Grondana
M. Penna
M. Aiona
Sto Stefano d'Aveto
M. Maggiorasca
Drusco
Anzola
Bedonia
Tornolo
Compiano
Borgo Val di Taro
Gall. d. Borgallo
Valdena
Pontestrambo
Tarsogno
M. Zuccone
P.so di Cento Croci
Montegroppo
Caranza
M. Gottero
Chiusola
Valico d. Rastrello
Coloretta
P.so dei Due Santi
Zum Zeri
Patigno
Tecchia Rossa
Rossano
Montereggio
Vignola
Cervara
Albareto
Folta
Buzzò
Bratto
P.so d. Bratello
M. Molinatico
Ostia Parmense
Caffaraccia
M. La Tagliata
Stradella
Cereseto
P.so Colla
Noveglia
M. Barigazzo
Ponteceno
Pione
Carpana
Bardi
P.so del Pelizzone
M. Carameto
Bruzzi di Sotto
M. Meregosa
Groppallo
Farini
Le Moline
P.so d. Pianazze
Sta Giustina
Pertuso
Selva
M. Ragola
P.so Zovallo
Cornolo
P.so di Montevacà
Ferriere
Perotti
Grondone
P.so del Mercatello
Castelcanafurone
M. Aserei
Mareto
Gambaro
Cattaragna
Salsominore
Boschi
Marsaglia
Brugnatella
Corte
Colleri
Corbesassi
Carisasca
Cerignale
Traschio
Zerba
Suzzi
Ottone
Orezzoli
Foppiano
Gusell
Morf
Vezzano
Botta

11
12
13
I
J
K
24
31
36
Pelizzone
Ceno
Lagadello
Pessola
Prelerna
Solignano
Citerna
Selva Grossa
Piantonia
Neviano de' Rossi
S. Ilario di Baganza
Torrechiara
Strognano
Lesignano de' Bagni
Mamiano
Quattro Castella
Traversetolo
S. Polo d'Enza
Salvarano
Marzolara
Vallerano
Langhirano
Mulazzano
Castione de Baratti
Terenzo
Calestano
Pranello
Neviano d. Arduini
Ciano d'Enza
Pecorile
M. Barigazzo
Noveglia
Pieve di Gusaliggio
Cassio
Canesano
Cozzano
Pastorello
Urzano
Provazzano
Canossa
Stradella
M. La Tagliata
Valmozzola
Ghiare
Ravarano
Casaselvatica
La Strada
La Costa
Sordiglio
Caffaraccia
Ostia Parmense
Castellonchio
Boschetto
Sasso
Sella di Lodignano
Trinità
Borgo Val di Taro
Berceto
Fugazzolo
M. Cervellino
Tizzano Val Parma
Mediano
Compiano
Montata
Corchia
Petrignacola
Carobbio
Vezzano
Vedriano
Migliara
Casina
M. Molinatico
Roccaferrara
Lagrimone
Mercato
Gombio
Marola
Pso d. Cisa
Pso di Sillara
Corniglio
Schia
Ruzzano
Vetto
Spigone
Gall. d. Borgallo
Pso d. Bratello
Pso del Righetto
M. Caio
Micheli
Ranzano
Villaberza
Felina
Carpineti
Valdena
Bratto
Bosco
Rosano
Montelungo
Pso Cirone
Grammatica
Pso di Ticchiano
Palanzano
Selvanizza
Castelnovo ne'Monti
Cast.
Grondola
Pracchiola
Casalina
Mariotti
Lagdei
Monchio d. Corti
Vairo
Gazzolo
Ramiseto
Pietra Bismantova
Gatta
Cervara
Pso dei Due Santi
Vignola
Zum Zeri
M. Marmagna
Lugagnano
Rimagna
Pieve S. Vicenzo
Terme di Sta Lucia
Cervarezza
Cavola
Vologno
Pontremoli
Rigoso
Succiso
Vallisnera
Busana
Sologno
Villa Minozzo
Patigno
Tecchia Rossa
Caprio
M. Sillara
Cerrè
Quara
(Zeri)
Arzelato
Lunigiana
Biglio
Valle
Pso di Lagastrello
L. Paduli
Alpe di Succiso
Collagna
Montecagno
Minozzo
Coloretta
Rossano
Rocchetta
Filattiera
Compione
M. Alto
Cerreto Alpi
Ligonchio
Monteorsaro
Montereggio
Mulazzo
Bagnone
Torsana
La Gabellina
L. di Cerreto
Vaglie
Zamboni
Asta
Frassinoro
Zignano
Villafranca in Lunigiana
Tavernelle
Comano
Pso del Cerreto
Pso di Pradarena
M. Cusna
Battisti
Gazzano
Suvero
M. Cornoviglio
Licciana Nardi
Sassalbo
Taverone
Tresana
Merizzo
Cisigliana
Cima Belfiore
Rosaro
M. Prato
Civago
Rocchetta di Vara
Calice al Cornoviglio
Pieve di Monti
Agnino
Fivizzano
Capanne di Sillano
Pso di Forbici
Cavanella di Vara
Giovagallo
Olivola
Pratomedici
Turlago
Regnano
Piandelagotti
Novegigola
Aulla
Rometta
Gassano
Casola in Lunigiana
Giuncugnano
Sillano
Orecchiella
Pso d. Radici
Oltre Vara
Beverino
Podenzana
Pallerone
Gragnola
Codiponte
Pso Carpinelli
Piazza al Serchio
Corfino
Bolano
Ceserano
Aulella
Minucciano
S. Romano in G.
S. Pellegrino in Alpe
Follo
Tendola
Vezzanello
Gramolazzo
Villa Collemandina
Riccò d. Golfo di Spezia
Bottagna
Sto Stefano di Magra
Monzone
Equi Terme
Camporgiano
Poggio
Castiglione di Garfagnana
Casella
Vezzano Lig.
LA SPEZIA
Marciaso
Gorfigliano
Naturale
Parco
Vinca
Vagli Sopra
Arcola
Sarzana
Fosdinovo
M. Pisanino
Pieve Fosciana
Fosciandora
Trebiano
Castelpoggio
Campo Cecina
L. di Vagli
Careggine
Castelnuovo di Garfagnana
M. Tambura
Vagli Sotto
Ortonovo
Cave di Fantiscritti
Colonnata
Alpi Apuane
Castelvecchio Pascoli
Campiglia
S. Terenzo
Castelnuovo Magra
Forno
Resceto
Isola Santa
Molazzana
Barga
Coreglia Antelminelli
Le Grazie
Lerici
Ameglia
Luni
Fossola
Carrara
Antona
Alpe S. Antonio
Gallicano
Fornaci di Barga
Portovenere
Fiascherino
Tellaro
Montemarcello
Marinella di Sarzana
Avenza
Canevara
Arni
Galleria d. Cipollaro
S. Carlo Terme
Vergemoli
Ghivizzano
I. Palmaria
Golfo d. Spezia
Bocca di Magra
Massa
Pania d. Croce
Grotta d. Vento
Fornovolasco
I. del Tino
Marina di Carrara
Levigliani
Pruno
Vallico
Fabbriche di Vallico
Marina di Massa
Montignoso
Seravezza
Riviera della Versilia
Strettoia
Marina dei Ronchi
Colognora
Borgo a Mozzano
Olbia
Bastia
Golfo Aranci
Cinquale
Stazzema
S. Anna
Foce di Porchette
S. Rocco
Querceta
Forte dei Marmi
Pietrasanta
Casoli
Gello
Diecimo
Valdicastello C.
M. Prano
Camaiore
Pescaglia
S. Donato
Marina di Pietrasanta
Capezzano Pianore
Nocchi
Fiano
S. Martino in Freddana
Focette
Monsagrati
Ponte a Moriano
Lido di Camaiore
Bargecchia
Valpromaro
Villa Forci
Elici
Viareggio
Massarosa
S. Macario

MODENA
Rubiera
Cittanova
Formigine
Sassuolo
Scandiano
Fiorano Modenese
Maranello
Castelnuovo Rangone
S.Giovanni in Persiceto
Castelfranco Emilia
Spilamberto
Vignola
Savignano sul Panaro
Crespellano
Anzola dell'Emilia
Casalecchio di Reno
Zola Predosa
Pavullo nel Frignano
Serramazzoni
Montefiorino
Sestola
Fanano
Pievepelago
Fiumalbo
Abetone
M. Cimone
Lizzano in Belvedere
Porretta Terme
Gaggio Montano
Vergato
Marzabotto
Castiglione dei Pepoli
Cutigliano
S.Marcello Pistoiese
Bagni di Lucca
PISTOIA
Montecatini
Monsummano
Collodi
Pescia
PRATO
Barberino di Mugello
Loiano
Monzuno
Sasso Marconi
Bazzano
Monteveglio
Castello di Serravalle
Zocca
Guiglia
Montese
Castel d'Aiano
Rocca di Roffeno
P.so della Futa
Passo d. Raticosa
P.so d. Collina
Agliana
Vaiano
Montemurlo
Serravalle Pistoiese
Piteglio
Marliana
Pracchia
Castelvecchio
Villa Basilica
Pietrabuona
Uzzano
Buggiano
A 1
S 12
S 64
S 65
S 66
S 324
S 325
S 486
S 569
S 623
14
15
25
34
37
38

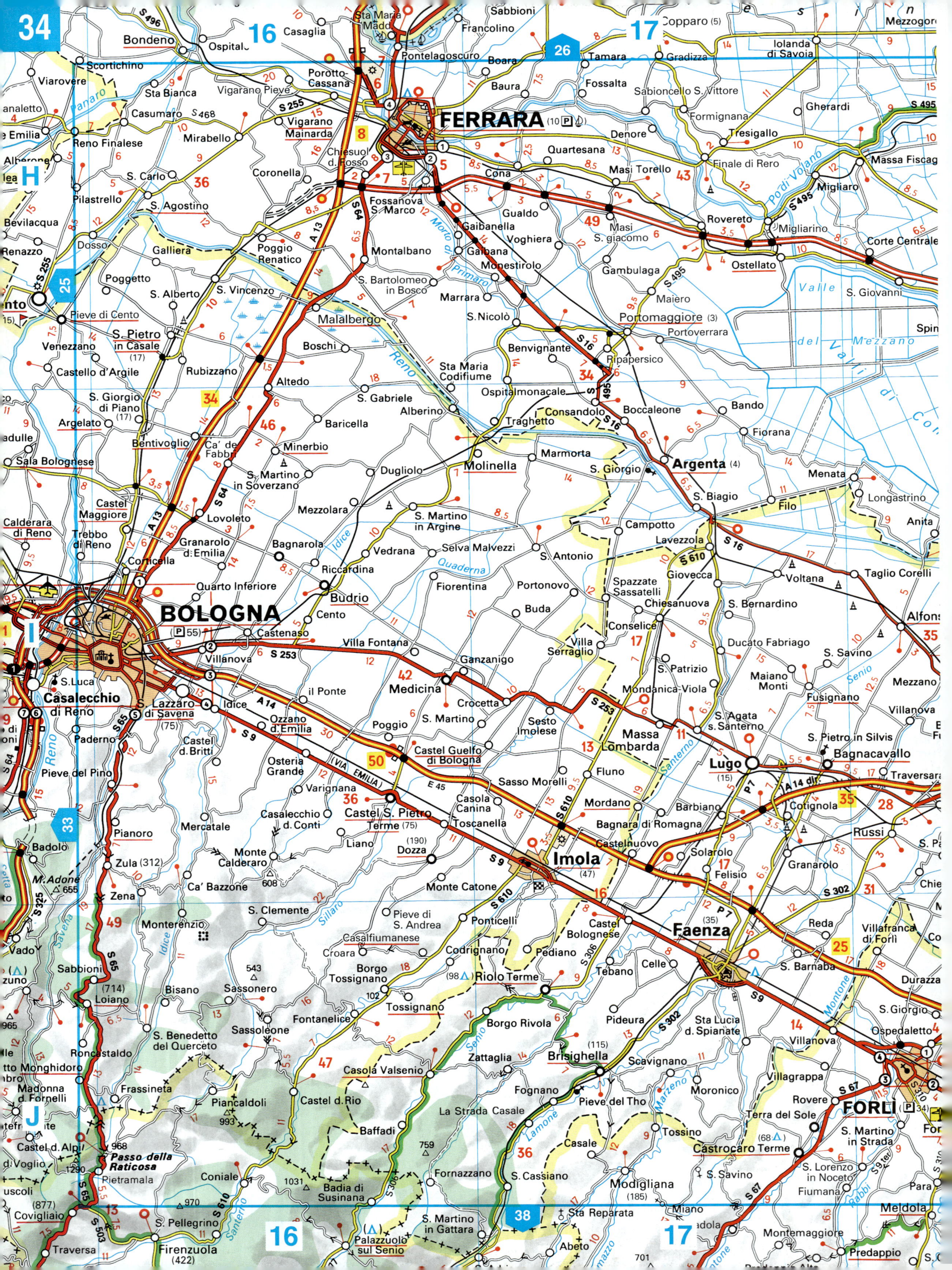
FERRARA
BOLOGNA
Imola
Faenza
FORLI
Lugo
Argenta
Portomaggiore
Bondeno
Ospitale
Casaglia
Sta Maria Madd.
Sabbioni
Francolino
Copparo
Mezzogoro
Iolanda di Savoia
Pontelagoscuro
Boara
Tamara
Gradizza
Scortichino
Viarovere
Porotto-Cassana
Baura
Fossalta
Sabioncello S. Vittore
Sta Bianca
Vigarano Pieve
Formignana
Gherardi
Casumaro
Vigarano Mainarda
Denore
Tresigallo
Reno Finalese
Mirabello
Chiesuol d. Fosso
Quartesana
Massa Fiscaglia
S. Carlo
Coronella
Cona
Masi Torello
Finale di Rero
Migliaro
Pilastrello
S. Agostino
Fossanova S. Marco
Gualdo
Masi S. giacomo
Rovereto
Migliarino
Corte Centrale
Bevilacqua
Gaibanella
Voghiera
Dosso
Galliera
Poggio Renatico
Montalbano
Gaibana
Ostellato
Renazzo
Monestirolo
Gambulaga
Poggetto
S. Alberto
S. Vincenzo
S. Bartolomeo in Bosco
Marrara
Valle
S. Giovanni
Maiero
Pieve di Cento
Malalbergo
S. Nicolò
Portoverrara
S. Pietro in Casale
Venezzano
Boschi
Benvignante
Mezzano
Spin
Castello d'Argile
Rubizzano
Sta Maria Codifiume
Ripapersico
Altedo
S. Giorgio di Piano
S. Gabriele
Ospitalmonacale
Alberino
Consandolo
Boccaleone
Bando
Argelato
Baricella
Traghetto
Fiorana
Bentivoglio
Ca' de Fabbri
Minerbio
Marmorta
Sala Bolognese
S. Martino in Soverzano
Dugliolo
Molinella
S. Giorgio
Menata
Castel Maggiore
Mezzolara
S. Martino in Argine
S. Biagio
Filo
Longastrino
Calderara di Reno
Lovoleto
Campotto
Anita
Trebbo di Reno
Granarolo d. Emilia
Bagnarola
Vedrana
Selva Malvezzi
Lavezzola
Corticella
Riccardina
S. Antonio
Quaderna
Giovecca
Voltana
Taglio Corelli
Quarto Inferiore
Fiorentina
Portonovo
Spazzate Sassatelli
Budrio
Chiesanuova
S. Bernardino
Cento
Buda
Alfonsine
Castenaso
Conselice
Villa Fontana
Villa Serraglio
Ducato Fabriago
S. Savino
Villanova
Ganzanigo
S. Patrizio
S.Luca
Casalecchio di Reno
Medicina
Maiano Monti
Mezzano
Il Ponte
Mondanica-Viola
Fusignano
S. Lazzaro di Savena
Idice
Ozzano d. Emilia
Crocetta
Sesto Imolese
S. Agata s. Santerno
Villanova
Paderno
Castel d. Britti
Poggio
S. Martino
Massa Lombarda
S. Pietro in Silvis
Bagnacavallo
Osteria Grande
Castel Guelfo di Bologna
Fluno
Traversara
Pieve del Pino
Varignana
Sasso Morelli
Barbiano
Cotignola
Casola Canina
Mordano
Castel S. Pietro Terme
Casalecchio d. Conti
Toscanella
Bagnara di Romagna
Russi
Badolo
Mercatale
Pianoro
Liano
Dozza
Castelnuovo
Solarolo
M. Adone
Zula
Monte Calderaro
Felisio
Granarolo
Zena
Ca' Bazzone
Monte Catone
S. Clemente
Pieve di S. Andrea
Ponticelli
Castel Bolognese
Reda
Villafranca di Forlì
Monterenzio
Casalfiumanese
Vado
Sabbioni
Croara
Codrignano
Pediano
Borgo Tossignano
Riolo Terme
Tebano
Celle
S. Barnaba
Durazza
Loiano
Bisano
Sassonero
Tossignano
Pideura
S. Giorgio
Fontanelice
Borgo Rivola
Sta Lucia d. Spianate
Ospedaletto
S. Benedetto del Querceto
Sassoleone
Villanova
Roncastaldo
Brisighella
Scavignano
Monghidoro
Zattaglia
Casola Valsenio
Moronico
Villagrappa
Frassineta
Madonna d. Fornelli
Fognano
Rovere
Piancaldoli
Castel d. Rio
Pieve del Tho
La Strada Casale
Terra del Sole
Baffadi
Tossino
S. Martino in Strada
Castel d. Alpi
Passo della Raticosa
Casale
Castrocaro Terme
Pietramala
Coniale
Fornazzano
S. Cassiano
Modigliana
S. Savino
S. Lorenzo in Noceto
Badia di Susinana
Fiumana
Coviglaio
Miano
Sta Reparata
Meldola
S. Pellegrino
S. Martino in Gattara
Palazzuolo sul Senio
Montemaggiore
Traversa
Firenzuola
Abeto
Predappio
Panaro
Reno
Idice
Sillaro
Santerno
Senio
Lamone
Marzeno
Montone
Rabbi
Savena
Po di Volano
Morto di Primaro
del Mezzano
A 13
A 14
A 14 dir
S 64
S 65
S 9
S 16
S 253
S 255
S 302
S 306
S 310
S 325
S 468
S 495
S 496
S 503
S 610
S 67
E 45
P7
(VIA EMILIA)

18
19
20
27
H
I
J
39
Donzella
Bosco Mesola
Gnocca
Oca
Italba
Sacca di Scardovari
Cassella
Bonelli
Goro
Po di Goro
Bosco d. Mesola
Abbª di Pomposa
Codigoro
Gnocchetta
Taglio d. Falce
Bocca del Po delle Tolle
Gorino
Volano
Vaccolino
Lido di Volano
Bocche del Po di Gnocca
Valle Bertuzzi
Marozzo
Bacucco
Bocca del Po di Goro
S 309
Lagosanto
Lido d. Nazioni
Lido di Pomposa
Volania
S. Giuseppe
E 55
Lido d. Scacchi
Comacchio
Porto Garibaldi
Lido d.Estensi
Saline
Lido di Spina
Lidi Ferraresi (▲)
Foce del Reno
Cippo di A. Garibaldi
Mandriole
Reno
S. Alberto
Casal Borsetti
Cruser
Savarna
Lamone
Pineta S. Vitale
Marina Romea
Porto Corsini
Torri
Marina di Ravenna
S 67
Carmerlona
Punta Marina
S 309 dir.
S 16
RAVENNA
Piangipane
S. Michele
S 253
Godo
Lido Adriano
Porto Fuori
Fiumi Uniti
S. Apollinare in Classe
Lido di Dante
S. Marco
Roncalceci
Molinaccio
Pineta di Classe
Ghibullo
Sto Stefano
Lido di Classe
Foce del Savio
Lido di Savio
S. Pietro in Vincoli
Campiano
Bevano
Savio
Milano Marittima (▲)
S. Pietro in Campiano
Borghetto
Castiglione di Ravenna
Cervia (▲)
Casemurate
Saline
S 254
Pinarella
Carpinello
Pisignano
Sta Maria d. Grazie di Forno
Mensa
Cesenatico (▲)
Ronco
S. Andrea
S. Giorgio
S 71b
Valverde
Forlimpopoli
Sta Maria Nuova
Gatteo a Mare (△)
Selbagnone
Diegaro
Martorano
Cella
S. Mauro a Mare
Bertinoro
Cesena
Villamarina
Bellaria-(▲)
Macerone
Sala
Igea Marina (▲)
Fratta
Rubicone
Gambettola
Borghonchio
A 14-E 55
Polenta
Madna d. Monte
Gatteo
Torre Pedrera
Viserbella (△)
E 45
Calisese
S 9
VIA EMILIA
S. Mauro Pascoli
Viserba

11
12
13
K
L
M
32
42
GOLFO
DI GENOVA
Riviera della Versilia
Marina di Pietrasanta
Camaiore
Capezzano Pianore
Focette
Lido di Camaiore
Viareggio
Massarosa
Bargecchia
Élici
Valpromaro
Villa Forci
Nocchi
Monsagrati
Fiano
S. Donato
S. in Freddana
Ponte a Moriano
S. Macario in Piano
Lucca
Quiesa
Massaciuccoli
Nozzano
Balbano
Lago di Massaciuccoli
Filettole
Torre d. Lago Puccini
Marina di Torre d. Lago
Parco Naturale
Migliarino
S. Rossore
e Massaciùccoli
Vecchiano
Rigoli
S. Giuliano Terme
S. Quirico
Vorno
Monte
Metato
Madonna dell'Acqua
Asciano
Agnano
PISA
Tenuta di S. Rossore
Cascine Vecchie
Calci
Mezzana
Caprona
Uliveto
Riglione-Oratoio
Navacchio
Cascina
Marina di Pisa
S. Piero a Grado
GALILEO GALILEI
Macerata
Arnaccio
Fosso
Tirrenia
Tenuta di Tombolo
Vicarello
Calambrone
Stagno
Guasticce
Nugola
Cenaia
Collesalvetti
Fauglia
LIVORNO
Torre d. Meloria
Torretta
S. Martino
Salviano
Parrana-S.Giusto
Lorenzana
Ardenza
Antignano
Montenero
Orciano
Gabbro
Calafuria
Nibbiaia
Sta Luce
L. di Sta Luce
Quercianella
Castelnuovo d.lla Misericordia
Isola di Gorgona
Porto-Vecchio
Portoferraio
Cagliari - Capraia
Bastia
Olbia - Porto Torres
Golfo Aranci - Palermo
Genova
Barcelona
Rosignano Marittimo
Castiglioncello
Rosignano Solvay
Vada
Secche di Vada
S. Pietro in Palazzi
Cecina
Marina di Cecina
La California
Marina di Bibbona
Forte di Bibbona
Vla le Sabine
Marina di Castagneto-Donoratico
A 11
A 12
S 1
E 80
S 12
R 206
P 224
P 555
AURELIA

14
15
33
PRATO
FIRENZE
K
Fiesole
Sesto Fiorentino
Calenzano
Pistoiese
Collodi
Pescia
Montecatini Terme
Monsummano Terme
Pieve a Nievole
Altopascio
Fucecchio
Empoli
Vinci
Signa
Scandicci
Impruneta
Pontedera
S. Miniato
Montopoli in Val d'Arno
Castelfiorentino
Certaldo
Montespertoli
S. Casciano in Val di Pesa
Tavarnelle Val di Pesa
Barberino Val d'Elsa
Greve in Chianti
Poggibonsi
Castellina in Chianti
S. Gimignano
Colle di Val d'Elsa
Monteriggioni
Volterra
Saline di Volterra
Pomarance
Casole d'Elsa
Radicondoli
Montecastelli Pisano
Larderello
Castelnuovo di Val di Cecina
Ponteginori
Guardistallo
Casale Marittimo
Bibbona
Riparbella
Casaglia
Montecatini Val di Cecina
Lari
Capannoli
Peccioli
Ponsacco
Palaia
Castelfranco di Sotto
Sta Croce sull'Arno
Bientina
Calcinaia
Vicopisano
Chianni
Laiatico
Orciatico
Montaione
Gambassi Terme
Sovicille
Rosia
Monteverdi Marittimo
Canneto
Bolgheri
Lustignano
Colline Metallifere
Terme di Bagnolo
Travale
Chiusdino
Montalcinello
Frosini
43
44
38
L
M
14
15

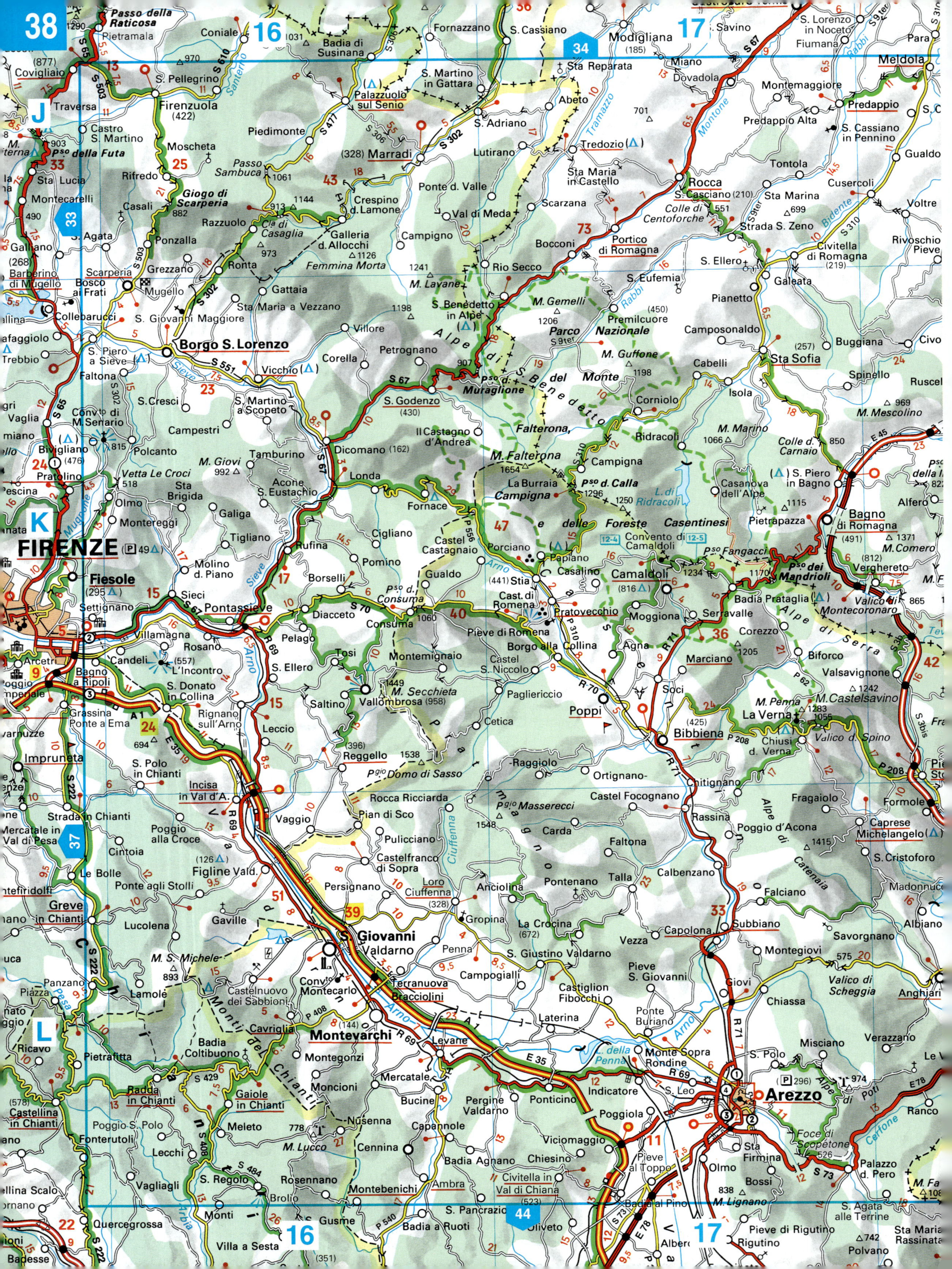
Passo della Raticosa
Pietramala
Coniale
16
Badia di Susinana
Fornazzano
S. Cassiano
Modigliana
17
Savino
S. Lorenzo in Noceto
Fiumana
Para
34
Covigliaio
S. Pellegrino
Firenzuola
Santerno
Palazzuolo sul Senio
S. Martino in Gattara
Sta Reparata
Miano
Dovadola
Meldola
Traversa
Castro S. Martino
Moscheta
Piedimonte
S. Adriano
Abeto
Montemaggiore
Predappio
Predappio Alta
S. Cassiano in Pennino
J
Pso della Futa
Passo Sambuca
Marradi
Lutirano
Tredozio
Tramazzo
Tontola
Gualdo
Sta Lucia
Rifredo
Giogo di Scarperia
Crespino d. Lamone
Ponte d. Valle
Sta Maria in Castello
Rocca S. Casciano
Colle di Centoforche
Sta Marina
Cusercoli
Voltre
Montecarelli
Casali
Razzuolo
Val di Meda
Scarzana
Strada S. Zeno
Bidente
Civitella di Romagna
Rivoschio Pieve
S. Agata
Ponzalla
Cà di Casaglia
Galleria d. Allocchi
Campigno
Bocconi
Portico di Romagna
Galliano
Grezzano
Ronta
Femmina Morta
Rio Secco
S. Ellero
Galeata
Barberino di Mugello
Scarperia
Bosco ai Frati
Mugello
Gattaia
M. Lavane
S. Eufemia
Pianetto
Sta Maria a Vezzano
S. Benedetto in Alpe
M. Gemelli
Rabbi
Premilcuore
Collebarucci
S. Giovanni Maggiore
Villore
Parco Nazionale
Camposonaldo
Buggiana
Civo
Cafaggiolo
Trebbio
Borgo S. Lorenzo
Petrognano
Sta Sofia
S. Piero a Sieve
Corella
M. Guffone
Cabelli
Spinello
Ruscel
Faltona
Vicchio
Pso d. Muraglione
Alpe di S. Benedetto
del Monte
Isola
S. Cresci
S. Martino a Scopeto
S. Godenzo
Corniolo
M. Mescolino
Vaglia
Convento di M. Senario
Campestri
Il Castagno d'Andrea
Falterona
M. Marino
Colle d. Carnaio
Bivigliano
Polcanto
Tamburino
Dicomano
M. Falterona
Ridracoli
Campigna
S. Piero in Bagno
Pratolino
Vetta Le Croci
M. Giovi
Londa
La Burraia
Campigna
Pso d. Calla
L. di Ridracoli
Casanova dell'Alpe
Alfero
Pescina
Sta Brigida
Acone
S. Eustachio
Fornace
Foreste Casentinesi
Pietrapazza
Bagno di Romagna
K
Olmo
Monteregggi
Galiga
Cigliano
Castel Castagnaio
Porciano
Papiano
Convento di Camaldoli
M. Comero
FIRENZE
Tigliano
Rufina
Pomino
Stia
Casalino
Camaldoli
Pso Fangacci
Pso dei Mandrioli
Verghereto
Fiesole
Molino d. Piano
Borselli
Gualdo
Arno
Sieve
Settignano
Sieci
Pso d. Consuma
Cast. di Romena
Pratovecchio
Badia Prataglia
Valico di Montecoronaro
Pontassieve
Diacceto
Consuma
Pieve di Romena
Moggiona
Serravalle
Alpe di Serra
Villamagna
Rosano
Pelago
Borgo alla Collina
Corezzo
Candeli
L'Incontro
Tosi
Montemignaio
Castel S. Niccolò
Agna
Marciano
Biforco
Arcetri
Bagno a Ripoli
S. Ellero
Valsavignone
S. Donato in Collina
M. Secchieta
Vallombrosa
Paglericcio
Soci
M. Penna
La Verna
M. Castelsavino
Grassina
Ponte a Ema
Rignano sull'Arno
Saltino
Poppi
Bibbiena
Valico d. Spino
Impruneta
Leccio
Cetica
Chiusi d. Verna
S. Polo in Chianti
Incisa in Val d'A.
Reggello
Pgio Domo di Sasso
Raggiolo
Ortignano
Chitignano
Strada in Chianti
Vaggio
Rocca Ricciarda
Castel Focognano
Fragaiolo
Formole
Pian di Sco
Pgio Masserecci
Rassina
Caprese Michelangelo
Poggio alla Croce
Pulicciano
Carda
Poggio d'Acona
Cintoia
Figline Vald.
Castelfranco di Sopra
Faltona
S. Cristoforo
Le Bolle
Persignano
Loro Ciuffenna
Talla
Calbenzano
Ciuffenna
Ponte agli Stolli
Anciolina
Pontenano
Falciano
Greve in Chianti
Gaville
S. Giovanni Valdarno
Gropina
La Crocina
Capolona
Subbiano
Albiano
Lucolena
Penna
S. Giustino Valdarno
Vezza
Savorgnano
Montegiovi
M. S. Michele
Campogialli
Pieve S. Giovanni
Castelnuovo dei Sabbioni
Conv. Montecarlo
Terranuova Bracciolini
Castiglion Fibocchi
Giovi
Valico di Scheggia
Anghiari
Panzano
Lamole
Chiassa
Piazza
Monti del Chianti
Cavriglia
Montevarchi
Laterina
Ponte Buriano
Misciano
Verazzano
L
Badia Coltibuono
Levane
L. della Penna
Monte Sopra Rondine
S. Polo
Ricavo
Pietrafitta
Montegonzi
Radda in Chianti
Moncioni
Mercatale
Indicatore
S. Leo
Arezzo
Ranco
Castellina in Chianti
Gaiole in Chianti
Bucine
Pergine Valdarno
Ponticino
Poggiola
Foce di Scopetone
Poggio S. Polo
Meleto
Nusenna
Capannole
Fonterutoli
M. Lucco
Cennina
Viciomaggio
Pieve al Toppo
Sta Firmina
Palazzo d. Pero
Lecchi
Badia Agnano
Chiesino
Olmo
Castellina Scalo
Vagliagli
S. Regolo
Rosennano
Montebenichi
Ambra
Civitella in Val di Chiana
Bossi
Brolio
Badia al Pino
M. Lignano
S. Pancrazio
44
Quercegrossa
Monti
Gusme
Badia a Ruoti
Oliveto
Albero
Pieve di Rigutino
Rigutino
S. Agata alle Terrine
Sta Maria Rassinata
Polvano
Badesse
Villa a Sesta
22
16
17

Cesena
Bellaria-Igea Marina
Gambettola
Gatteo
Bordonchio
Torre Pedrera
Viserbella
Viserba
RIMINI
Rivabella
Savignano sul Rubicone
Santarcangelo di Romagna
Sta Giustina
Bellariva
Marebello
Rivazzurra
Miramare
Riccione
Misano Adriatico
Cattolica
Gabicce Mare
Gabicce Monte
Casteldimezzo
Fiorenzuola
Spadarolo
Vergiano
Corpolo
S. Lorenzo in Correggiano
Ospedaletto
Villa Verucchio
Verucchio
Poggio Berni
S. Giovanni in Galilea
Torriana
Sogliano al Rubicone
Montebello
Serravalle
S. Marino
Faetano
Fiorentino
Montescudo
Coriano
Cerasolo
Scacciano
Misano Monte
Sta Monica
S. Giovanni in Marignano
Gradara
Taverna
Monte Colombo
Gemmano
Morciano di Romagna
Tavullia
Mercatino Conca
Monte Grimano
Montecopiolo
Villagrande
Monte Cerignone
Sassofeltrio
Saludecio
Mondaino
Monte Grimano
Tavoleto
S. Giorgio
Colbordolo
S. Angelo in Lizzola
Montecchio
Montelabbate
Novafeltria
S. Leo
Talamello
Perticara
Sarsina
Mercato Saraceno
Pennabilli
Carpegna
Macerata Feltria
Sassocorvaro
Mercatale
Lunano
Piandimeleto
Urbino
Montecalvo in Foglia
Auditore
Casinina
Pieve di Cagna
Fossombrone
Fermignano
Urbania
S. Angelo in Vado
Mercatello s. Metauro
Borgo Pace
Badia Tedalda
Sestino
Belforte all'Isauro
Montefelcino
Canavaccio
Acqualagna
Cagli
Piobbico
Apecchio
Cantiano
Pergola
Frontone
Serra S. Abbondio
Scheggia
Gubbio
Sansepolcro
S. Giustino
Città di Castello
Citerna
Monterchi
Pistrino
Lama
Selci
Pietralunga
Umbertide
Montone
Trestina
Sta Lucia
Promano
Lugnano
Morra
Bocca Trabaria
Bocca Serriola
M. Nerone
M. Catria
M. Petrano
Gola del Furlo
Alpe d. Luna
Sassoferrato
Gaville
Rucce
Sentino
Metauro
Foglia
Conca
Marecchia
Tevere

19
20
Riccione
Misano Adriatico
Cattolica
Gabicce Mare
Gabicce Monte
Casteldimezzo
Fiorenzuola di Focara
PESARO
Fano
Bellariva
Marebello
Rivazzurra
Miramare
Spadarolo
Vergiano
Corpolo
S. Lorenzo in Correggiano
Villa Verucchio
Verucchio
Ospedaletto
Scacciano
Cerasolo
Serravalle
Coriano
Misano Monte
Sta Monica
S. Giovanni in Marignano
Gradara
S. Clemente
Croce
S. Marino
Faetano
Montescudo
Monte Colombo
Taverna
Morciano di Romagna
Tavullia
Gemmano
Serra di Sotto
Sta Maria d. Monte
Burgo Sta Maria
Villa Fastiggi
Trebbiantico
Montefiore Conca
Saludecio
Montecchio
Candelara
Sta Maria di Arzilla
Fenile
Mercatino Conca
Mondaino
Monte Gridolfo
Montelabbate
Tavoleto
S. Giorgio
Colbordolo
S. Angelo in Lizzola
Monteciccardo
Carignano
Madonna del Ponte
Torrette
Castelnuovo
Monte Cerignone
Monte Grimano
Montelicciano
Montemaggio
Florentino
Sassofeltrio
Pietracuta
Montebello
Torriana
S. Giovanni in Galilea
Poggio Berni
Borghi
Secchiano
S. Leo
Madna di Pugliano
Villagrande
Montecopiolo
Carpegna
Mercato Vecchio
Macerata Feltria
Cappuccini
Pietrarubbia
Frontino
Conv. to di Montefiorentino
Auditore
Casinina
Montecalvo in Foglia
Ca' Gallo
Gallo
Ripe
Montegaudio
Mombaroccio
Cuccurano
Lucrezia
S. Costanzo
Mondolfo
Sassocorvaro
S. Donato in Tavignone
Mercatale
Pieve di Cagna
Petriano
Monteguiduccio
Fontecorniale
Cartoceto
Saltara
Calcinelli
Cerasa
Stacciola
Trasanni
La Torre
Isola di Piano
Serrungarina
Montemaggiore al Met.
Piagge
Urbino
Lunano
Piandimeleto
S. Bernardino
Montefelcino
Tavernelle
Montebello
S. Giorgio di Pes.
Monte Porzio
Montesoffio
Canavaccio
Belvedere
Fossombrone
Via Flaminia
Vergineto
Orciano di Pes.
Mondavio
Peglio
S. Giovanni in Ghiaiolo
S. Lazzaro
S. Ippolito
Fermignano
Calmazzo
Gilordino
Barchi
Corinaldo
Urbania
Mercatello s. Metauro
S. Angelo in Vado
Passo del Furlo
Gola del Furlo
M. Paganuccio
Isola di Fano
Torre S. Marco
S. Michele
Sagrata
Furlo
S. Martino dei Muri
Fratte Rosa
Castelleone di Suasa
Ostra Vetere
Orsaiola
Piano
Acqualagna
Monte Paganuccio
Cartoceto
Montalfoglio
Bellaria
Candigliano
Abb.a di Lastreto
Monterolo
S. Lorenzo in Campo
Smirra
Monte Martello
Tarugo
S. Martino del Piano
Pian di Molino
Piobbico
S. Fiorano
Cardella
Molleone
Fenigli
Pergola
Madna di Piano
Loretello
Barbara
Apecchio
M. Valmeronte
M. Nerone
Secchiano
Cagli
Piticchio
Serra de' Conti
Montecarotto
S. Savino
Bellisio Solfare
Palazzo
Castiglioni
Poggio S. Marcello
M. Fumo
Bocca Serriola
M. di Granano
Serravalle di Carda
M. Petrano
Frontone
Arcevia
Castelplanio
Rosora
Angeli
Fraccano
Pianello
Moria
Caprile
Serra S. Abbondio
Catobagli
Sto Stefano
Avacelli
Mergo
Serra S. Quirico
Morena
Pontedazzo
Eremo di Fonte Avellana
Cantiano
Monterosso
Serra di Burano
Caicambiucci
Chiaserna
M. Catria
Badia di Sitria
Isola Fossara
Montelago
Sta Croce
Genga
Cupra
M. Frontano
Pietralunga
M. Cerrone
Pontericcioli
S. Benedetto
S. Bartolomeo
Valdorbia
Sassoferrato
Grotte di Frasassi
Falcioni
S. Elia
S. Martino
M. Picognola
Scheggia
Perticano
Gaville
S. Vittore di Chiuse
Domo
Carpini
Nogna
Monteleto
Madna della Cima
Villa Col de' Canali
Ruocce
Nebbiano
Poggio S. Vicino
S. Faustino
Nerbisci
Semonte
M. Cucco
Bastia
Poggio S. Romualdo
Montone
Campo Reggiano
S. Martino in Colle
Gubbio
S. Ubaldo
Costacciaro
Fabriano
Borgo Tufico
M. S. Vicino
Sta Maria di Sette
S. Benedetto
Madna dei Monti
Padule
Sigillo
Campodiegoli
Castiglione
Cerreto d'Esi
Ponte d'Assi
Torre Calzolari
Osteria del Gatto
C. di Fossato
Cancelli
S. Silvestro
Civitella Ranieri
Badia
Pietramelina
Castiglio
Branca
Fossato di Vico
Valleremita
Collamato
Braccano
Badia S. Salvatore
Mengara
Pellegrino
M. Maggio
Serradica
Matelica
Pierantonio
Colpalombo
Gaglfole
Guinza
Sentino
Metauro
Foglia
Conca
Marano
Ausa
Cesano
Nevola
Misa
Esino
Burano
Assino
Chiascio
Saonda
Carpina
K
L
39
45
46

21
22
23
K
L
M
MARE
ADRIATICO
Durrës
Mali Losin
Zadar
Šibenik
Split
Hvar
Kerkira
Igoumenitsa
Pátra
Marotta
Cesano
Senigallia
Scapezzano
Roncitelli
S. Angelo
Marzocca
Montignano
Brugnetto
Bettolelle
S. Silvestro
Montemarciano
Marina di Montemarciano
Rocca Priora
Falconara Marittima
Filetto
Cassiano
Gabella
Ostra (188)
Chiaravalle
Castelferretti
Palombina
ANCONA
Pietralacroce
M. dei Corvi
Morro d'Alba
Belvedere Ostrense
Monte S. Vito
Camerata Picena
Torrette
Pinocchio
Montacuto
Portonovo
Sta Maria di P.
Badia di S. Pietro
M. Conero
S. Marcello
Monsano
Montesicuro
Angeli
Camerano
Agugliano (203)
Mazzangrugno
Jesi (96)
Polverigi
Offagna
Sirolo
Numana
Marcelli
Moie
Sta Maria Nuova
Rustico
S. Paterniano
Osimo (265)
Osimo Stazione
Castelfidardo
Pianello
Monte Roberto
Collina
Casenuove
Padiglione
Campocavallo
S. Paolo di Jesi
Montoro
Loreto (125)
Porto Recanati
Borghetto
S. Vittore
Filottrano (270)
Staffolo
Musone
Esino
Fiumicella
Bagnola
Montefano
Recanati
Apiro
Strada
Torre
Cingoli (631)
Troviggiano
Osterianova
Montecassiano
Potenza Picena
Porto Potenza Picena
Montecanepino
Avenale
Appignano
Conv.to di Forano
Sombucheto
Montelupone
Chiesanuova di S. Vito
Montecosaro
Civitanova Alta
Fontespina
Civitanova Marche
Castel S. Pietro
Colcerasa
S. Lorenzo
Abbª di Sta Maria in Selva
Helvia Ricina
Villa Potenza
Morrovalle
Treia
Passo di Treia
Macerata
S. Claudio al Chienti
Borgo di Staz. Montecosaro
Trodica
Pitino (602)
Pollenza
Sforzacosta
Piediripa
Corridonia
S. M. a Pie di Chienti
Casette d'Ete
Porto S. Elpidio
Marina Paleriense
S. Elpidio
Sta Maria di Rambona
Stigliano
A 14
A 14 - E 55
S 16
S 76
S 77
S 361
S 362
S 502
S 571
S 485
46
47
36
27

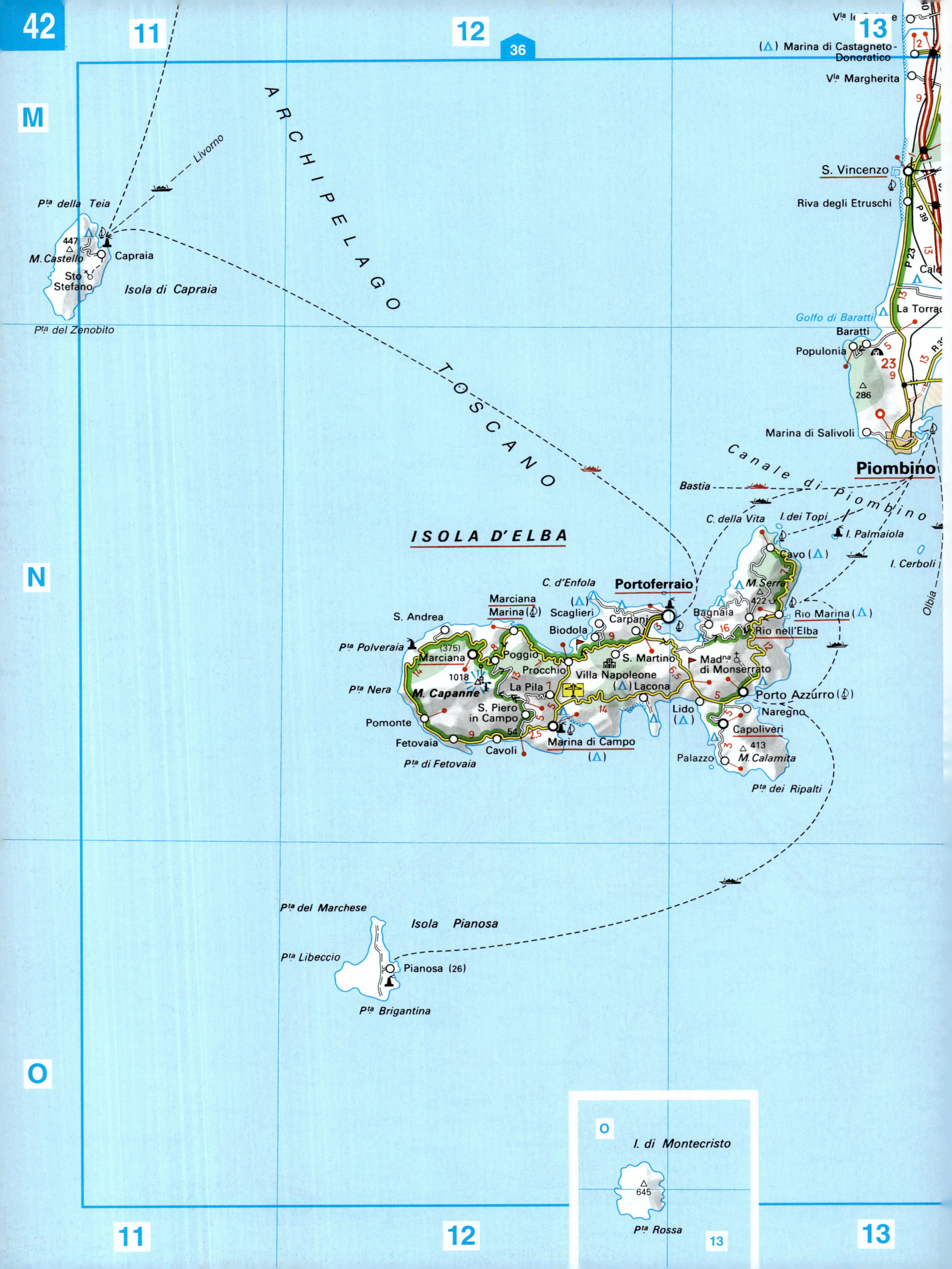

11
12
13
36
M
N
O
Vla Margherita
(Δ) Marina di Castagneto-Donoratico
S. Vincenzo
Riva degli Etruschi
P39
P23
Golfo di Baratti
La Torrac
Baratti
Populonia
23
286
Marina di Salivoli
Piombino
Livorno
Pta della Teia
447
M. Castello
Capraia
Sto Stefano
Isola di Capraia
Pta del Zenobito
ARCHIPELAGO TOSCANO
Canale di Piombino
Bastia
C. della Vita
I. dei Topi
I. Palmaiola
Cavo (Δ)
I. Cerboli
Olbia
ISOLA D'ELBA
C. d'Enfola
Portoferraio
M. Serra
422
Rio Marina (Δ)
Rio nell'Elba
Bagnaia
Carpani
Scaglieri
Biodola
Marciana Marina
S. Andrea
Pta Polveraia
(375)
Marciana
Poggio
Procchio
1018
M. Capanne
Pta Nera
La Pila
S. Martino
Villa Napoleone
(Δ) Lacona
Madna di Monserrato
Porto Azzurro
Naregno
Lido (Δ)
Capoliveri
413
M. Calamita
Palazzo
Pta dei Ripalti
S. Piero in Campo
Pomonte
Fetovaia
Cavoli
Marina di Campo (Δ)
Pta di Fetovaia
Pta del Marchese
Isola Pianosa
Pta Libeccio
Pianosa (26)
Pta Brigantina
I. di Montecristo
645
Pta Rossa
13

Canneto
Monteverdi Marittimo
Lustignano
Lagoni d. Sasso
Solaio
Montalcinello
Brenna
Bagnai
Donoratico
Castagneto Carducci
Lagoni Rossi
Terme di Bagnolo
Fosini
Travale
Lagoni
Chiusdino
Abbª di S. Galgano
S. Lorenzo a Merse
Casciano
Sassetta
Monterotondo Marittimo
Le Cornate
Gerfalco
Montieri
Palazzetto
Monticiano
Ponte Macereto
Frassine
Fontalcinaldo
Luriano
Scalvaia
Lama lesa
S. Carlo
M. Calvi
Rocca di S. Silvestro
Suvereto
Montebamboli
Niccioleta
Prata
Boccheggiano
Gabellino
Belagaio
Bagni di Petriolo
Campiglia Marittima
Cafaggio
Venturina
Massa Marittima
Casalappi Ruschi
Montioni
Valpiana
Resta
Perolla
Tatti
Meleta
Sassofortino
Roccatederighi
M. Alto
Casale di Pari
Pari
Bagnolo
Roccastrada
Casenovole
Monte Antico
Riotorto
L. dell' Accesa
Montemassi
Ribolla
Civitella Marittima
Stazione di Roccastrada
Prato Ranieri
Rondelli
Follonica
Scarlino Scalo
Gavorrano
Scarlino
Ravi
Caldana
Giuncarico
Grilli
Monte Lattaia
Sticciano
Paganico
Sasso d'Ombrone
M. Leoni
Montorsaio
Poggi d. Sasso
Cinigiano
Golfo di Follonica
Portiglione
Braccagni
Montepescali
Batignano
Campagnatico
Monte Cucco
Vetulonia
Tomba di Pietrara
Tirli
Torre Civette
Pian d'Alma
Poggio Ballone
Buriano
Roselle
Granaione
Arcille
Punta Ala
Sc° dello Sparviero
Le Rocchette
Roccamare
Macchiascandona
Padule di Raspollino
Grosseto
Istia d'Ombrone
Polveraia
Riva del Sole
Castiglione della Pescaia
Pineta del Tombolo
Preselle
Montorgiali
Marina di Grosseto
Principina a Mare
Rispescia
Pancole
M. Bottigli
Scansano
Spergolaia
Alberese
Pereta
Marina di Alberese
Tre Collelungo
Parco Naturale d. Maremma
Monti dell' Uccellina
Montiano
Magliano in Toscana
S. Bruzio
Fonteblanda
Formiche di Grosseto
Talamone
S. Donato
Albinia
Pgio del Leccio
Quattrostrade
Bastia
Porto - Vecchio
Laguna
Orbetello Scalo
Pta Lividonia
Porto Sto Stefano
Orbetello
Pta Cala Grande
Sta Liberata
di Orbetello
Cala Piccola
Promontorio dell' Argentario
Cosa
Ansedonia
Isola del Giglio
Il Giardino

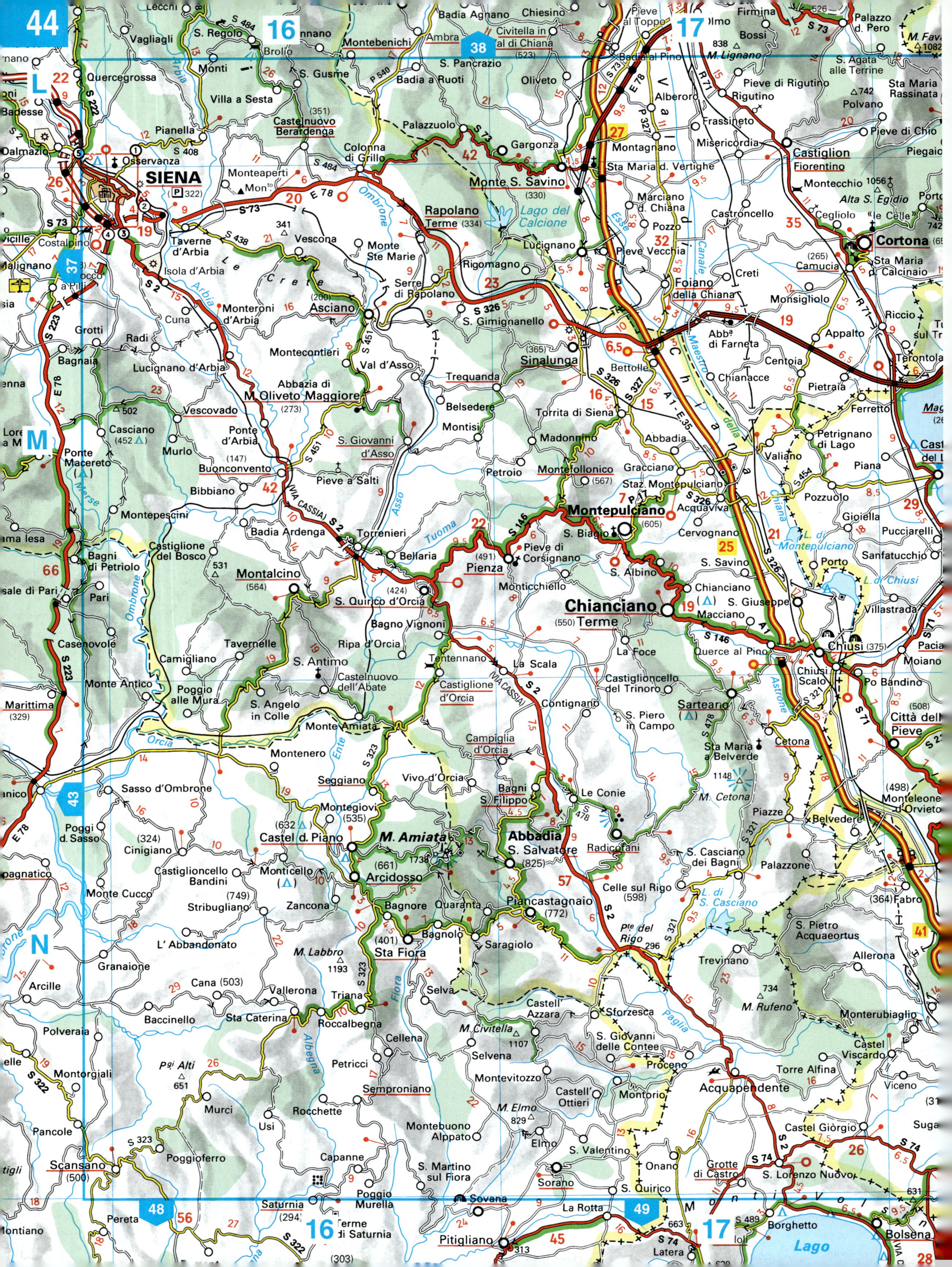
16
38
17
Badia Agnano
Chiesino
Civitella in Val di Chiana
Vagliagli
S. Regolo
Brolio
Montebenichi
Ambra
Quercegrossa
Monti
S. Gusme
S. Pancrazio
Badia a Ruoti
Oliveto
Villa a Sesta
Castelnuovo Berardenga
Pianella
Palazzuolo
Colonna di Grillo
Gargonza
Monte S. Savino
Osservanza
SIENA
Monteaperti
Rapolano Terme
Lago del Calcione
Ombrone
Taverne d'Arbia
Vescona
Monte Ste Marie
Lucignano
Costalpino
Isola d'Arbia
Le Crete
Serre di Rapolano
Rigomagno
Asciano
Monteroni d'Arbia
S. Gimignanello
Cuna
Radi
Grotti
Bagnaia
Montecontieri
Val d'Asso
Sinalunga
Lucignano d'Arbia
Abbazia di M. Oliveto Maggiore
Trequanda
Belsedere
Vescovado
Casciano
Murlo
Ponte d'Arbia
S. Giovanni d'Asso
Montisi
Torrita di Siena
Buonconvento
Ponte Macereto
Bibbiano
Pieve a Salti
Petroio
Montefollonico
Madonnino
Montepescini
Badia Ardenga
Torrenieri
Pienza
Montepulciano
Castiglione del Bosco
Bagni di Petriolo
Montalcino
Bellaria
Pieve di Corsignano
S. Biagio
S. Quirico d'Orcia
Monticchiello
Chianciano Terme
Pari
Bagno Vignoni
Casenovole
Tavernelle
Ripa d'Orcia
Camigliano
S. Antimo
Castelnuovo dell'Abate
Tentennano
La Scala
Castiglione d'Orcia
Monte Antico
Poggio alle Mura
S. Angelo in Colle
Monte Amiata
Contignano
Castiglioncello del Trinoro
S. Piero in Campo
Sarteano
Montenero
Campiglia d'Orcia
Seggiano
Vivo d'Orcia
Bagni S. Filippo
Le Conie
Sasso d'Ombrone
Montegiovi
Castel d. Piano
M. Amiata
Abbadia S. Salvatore
Radicofani
Poggi d. Sasso
Cinigiano
Castiglioncello Bandini
Monticello
Arcidosso
Celle sul Rigo
Monte Cucco
Stribugliano
Zancona
Bagnore
Quaranta
Piancastagnaio
Bagnolo
Sta Fiora
Saragiolo
L' Abbandonato
Granaione
M. Labbro
Arcille
Cana
Vallerona
Triana
Selva
Castell' Azzara
Sforzesca
Baccinello
Sta Caterina
Roccalbegna
Polveraia
Cellena
M. Civitella
Selvena
S. Giovanni delle Contee
Proceno
Acquapendente
Montorgiali
Petricci
Montevitozzo
Castell' Ottieri
Montorio
Semproniano
Murci
Rocchette
Pancole
Usi
Montebuono
Alpapato
M. Elmo
Elmo
S. Valentino
Poggioferro
Scansano
Capanne
S. Martino sul Fiora
Sorano
S. Quirico
Onano
Grotte di Castro
S. Lorenzo Nuovo
Pereta
Saturnia
Poggio Murella
Sovana
La Rotta
Terme di Saturnia
Pitigliano
Latera
Borghetto
Lago
Bolsena
Marittima
Montepulciano
Acquaviva
Cervognano
Gracciano
Staz. Montepulciano
Abbadia
Bettolle
S. Albino
S. Savino
Chianciano
S. Giuseppe
Macciano
Querce al Pino
La Foce
Chiusi
Chiusi Scalo
Cetona
Sta Maria a Belverde
M. Cetona
Piazze
Belvedere
S. Casciano dei Bagni
Palazzone
L. di S. Casciano
Trevinano
M. Rufeno
S. Pietro Acquaeortus
Allerona
Monterubiaglio
Castel Viscardo
Torre Alfina
Viceno
Castel Giòrgio
Fabro
Monteleone d'Orvieto
Città della Pieve
Po Bandino
Moiano
Villastrada
L. di Chiusi
L. di Montepulciano
Porto
Sanfatucchio
Pucciarelli
Gioiella
Pozzuolo
Valiano
Piana
Petrignano di Lago
Ferretto
Pietraia
Centoia
Chianacce
Abbª di Farneta
Appalto
Riccio
Terontola
Monsigliolo
Creti
Foiano della Chiana
Pieve Vecchia
Pozzo
Marciano d. Chiana
Castroncello
Camucia
Cortona
Sta Maria d. Calcinaio
Cegliolo
Montecchio
Alta S. Egidio
Castiglion Fiorentino
Misericordia
Frassineto
Montagnano
Sta Maria d. Vertighe
Alberoro
Rigutino
Pieve di Rigutino
Polvano
Pieve di Chio
S. Agata alle Terrine
Sta Maria Rassinata
Palazzo d. Pero
Firmina
Bossi
Badia al Pino
Pieve al Toppo
M. Lignano
Val di Chiana
Chiana
Canale Maestro della Chiana
Esse
Orcia
Asso
Tuoma
Arbia
Merse
Albegna
Fiora
Paglia
Astrone
Ente
48
49
16
17
43
37
L
M
N

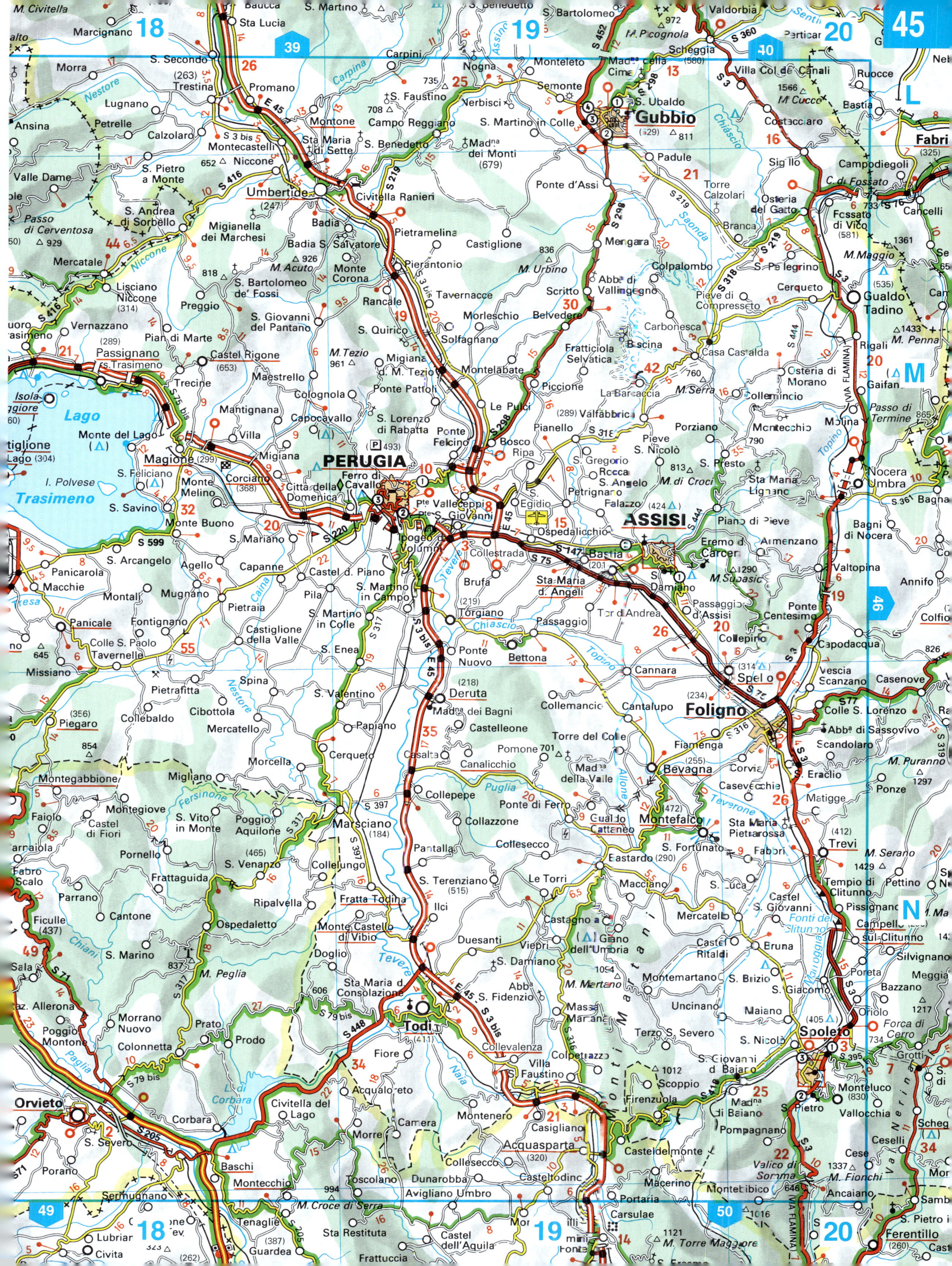

18
19
20
39
40
49
50
46
L
M
N
Gubbio
S. Ubaldo
Scheggia
Villa Col de' Canali
Costacciaro
Sigillo
Fossato di Vico
Gualdo Tadino
Rigali
Gaifana
Nocera Umbra
Valtopina
Umbertide
Montone
Trestina
Promano
Montecastelli
Niccone
Civitella Ranieri
Pietramelina
Castiglione
Mengara
Colpalombo
Pierantonio
Morleschio
Solfagnano
Montelabate
Piccione
Valfabbrica
Casa Castalda
Colle Umberto
Passignano s. Trasimeno
Castel Rigone
Lago Trasimeno
I. Polvese
Isola Maggiore
Magione
Monte del Lago
S. Feliciano
S. Savino
Monte Melino
Corciano
Mantignana
Migiana
Colognola
Capocavallo
PERUGIA
Ferro di Cavallo
Città della Domenica
Ponte Felcino
Bosco
Ripa
Pianello
S. Gregorio
Rocca S. Angelo
Petrignano
Ponte Valleceppi
Ponte S. Giovanni
Ipogeo d. Volumni
Collestrada
S. Egidio
Ospedalicchio
ASSISI
Bastia
S. Damiano
Eremo d. Carceri
M. Subasio
Passaggio d'Assisi
Torgiano
Brufa
Bettona
Cannara
Spello
Foligno
Bevagna
Montefalco
Trevi
Spoleto
Monteluco
Deruta
Casalina
Marsciano
Collepepe
Todi
Fratta Todina
Monte Castello di Vibio
Massa Martana
Acquasparta
Casigliano
Orvieto
Lago di Corbara
Baschi
Montecchio
Ficulle
Panicale
Tavernelle
Piegaro
Castiglione della Valle
Pila
S. Martino in Campo
S. Martino in Colle
S. Enea
S. Valentino
Papiano
Cerqueto
Mercatello
Spina
Pietrafitta
Cibottola
Colle S. Paolo
Montegabbione
Monteleone
Castel di Fiori
S. Venanzo
Ripalvella
Ospedaletto
Prodo
Civitella del Lago
Corbara
Collazzone
Gualdo Cattaneo
Giano dell'Umbria
Castel Ritaldi
Montemartano
Fonti del Clitunno
Campello sul Clitunno
Scandolaro
Ferentillo
Arrone
Avigliano Umbro
Dunarobba
Carsulae
Portaria
Montebibico
Castel dell'Aquila
Sta Restituta
Guardea
Lubriano
Civita
Monti Martani
M. Martano
Tevere
Chiascio
Topino
Nestore
Puglia
Paglia
Chiani
Niccone
Carpina
Assino
Teverone
Marroggia
Nera
Naia
Caina
S 3 bis
E 45
S 75
S 147
S 220
S 298
S 317
S 318
S 397
S 416
S 448
S 599
S 3
S 79 bis
S 205

20
21
22
40
41
45
50
51
L
M
N
Fabriano
Cingoli
Macerata
Tolentino
Camerino
Matelica
Gualdo Tadino
Nocera Umbra
Colfiorito
Visso
Norcia
Cascia
Spoleto
Trevi
Amandola
Sarnano
Corridonia
Montefortino
Arquata del Tronto
Acquasanta Terme
Amatrice
Ferentillo
Sambucheto
Campello sul Clitunno
Sellano
Preci
Castelsantangelo s. Nera
Frontignano
Ussita
Pievebovigliana
Muccia
Serravalle di Chienti
S. Severino Marche
Castelraimondo
Fiuminata
Sefro
Pioraco
Esanatoglia
Cerreto d'Esi
Apiro
Treia
Pollenza
Urbisaglia
S. Ginesio
Caldarola
Belforte del Chienti
Camporotondo di Fiastrone
Comunanza
Montemonaco
Montegallo
Pretare
Castelluccio
Forca Canapine
Triponzo
Cerreto di Spoleto
Vallo di Nera
Scheggino
Sant'Anatolia di Narco
Monteleone di Spoleto
Poggiodomo
Roccaporena
Parco Naz. dei Monti Sibillini
Monti Sibillini
M. Vettore
2476
M. Sibilla
2175
M. Priora
2332
L. di Fiastra
L. di Borgiano
L. di Polverina
Chienti
Nera
Fiastrone
Tronto
Potenza
Esino
Topino
S 77
S 361
S 209
S 256
S 320
S 396
S 4
S 3
S 78
S 502
S 319
S 433

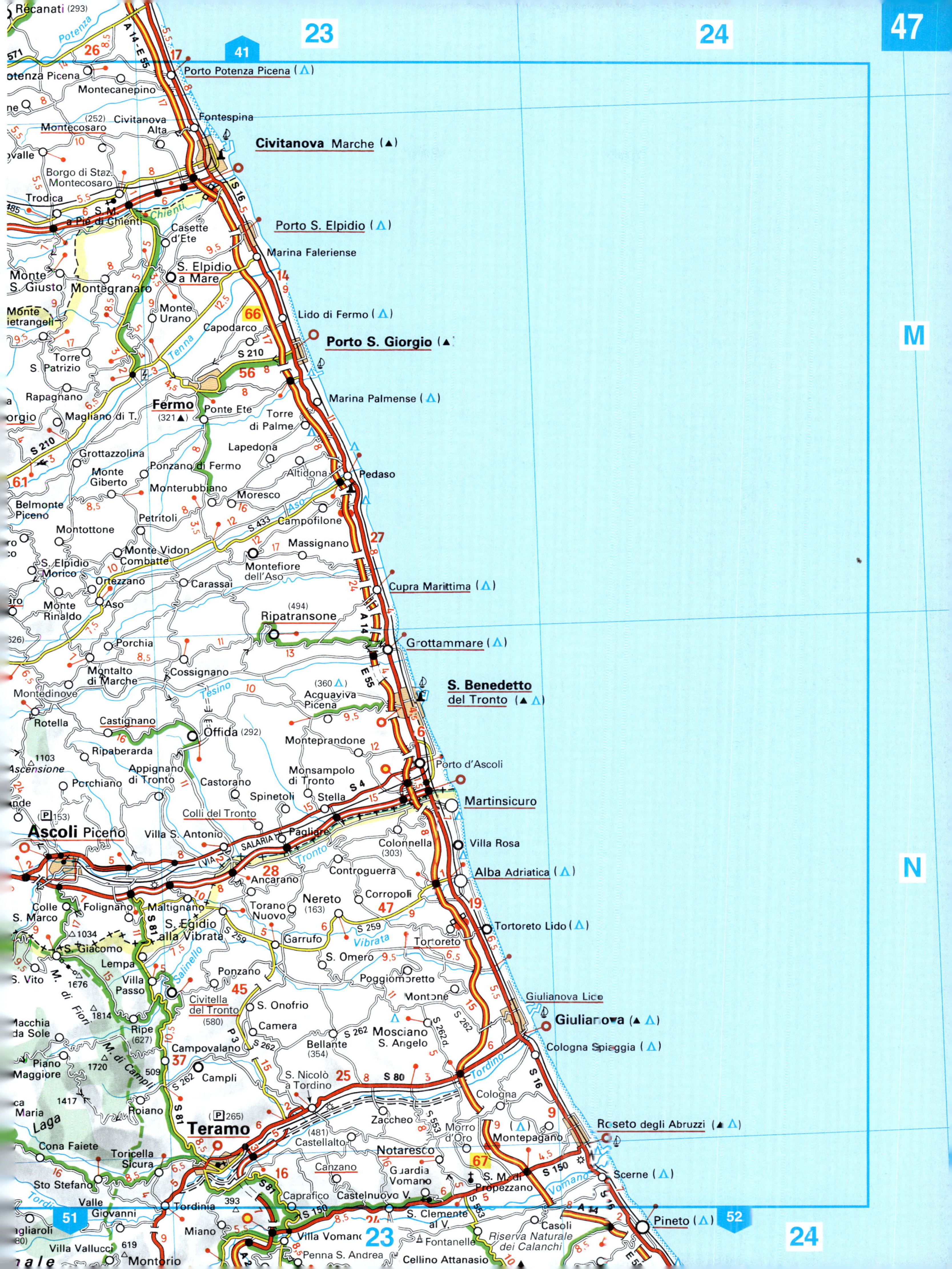
23
24
41
M
N
51
52
Recanati (293)
Potenza
Porto Potenza Picena
Montecanepino
Civitanova Alta
Montecosaro
Fontespina
Civitanova Marche
Borgo di Staz. Montecosaro
Trodica
Chienti
S. M. a Pie di Chienti
Casette d'Ete
Porto S. Elpidio
Marina Faleriense
Monte S. Giusto
Montegranaro
S. Elpidio a Mare
Monte Urano
Lido di Fermo
Capodarco
Porto S. Giorgio
Torre S. Patrizio
Tenna
S 210
Rapagnano
Fermo
(321)
Ponte Ete
Marina Palmense
Magliano di T.
Torre di Palme
Lapedona
Grottazzolina
Monte Giberto
Ponzano di Fermo
Altidona
Pedaso
Monterubbiano
Moresco
Belmonte Piceno
Petritoli
Aso
S 433
Campofilone
Montottone
Massignano
Monte Vidon Combatte
Montefiore dell'Aso
S. Elpidio Morico
Ortezzano
Carassai
Cupra Marittima
Monte Rinaldo
(494)
Ripatransone
A 14
E 55
Grottammare
Porchia
Montalto di Marche
Cossignano
S. Benedetto del Tronto
Montedinove
Tesino
(360)
Acquaviva Picena
Rotella
Castignano
Offida (292)
Monteprandone
1103
Ascensione
Ripaberarda
Appignano di Tronto
Porto d'Ascoli
Monsampolo di Tronto
Porchiano
Castorano
Spinetoli
Stella
S 4
Martinsicuro
(153)
Colli del Tronto
Ascoli Piceno
Villa S. Antonio
Pagliare
Colonnella (303)
Villa Rosa
SALARIA
VIA
Tronto
Controguerra
Alba Adriatica
Ancarano
Colle S. Marco
Folignano
Maltignano
Torano Nuovo
Nereto (163)
Corropoli
S 81
S. Egidio alla Vibrata
S 259
Tortoreto Lido
1034
S. Giacomo
Garrufo
Vibrata
Tortoreto
Lempa
S. Omero
Salinello
S. Vito
Villa Passo
Ponzano
Poggiomorello
1676
M. di Fiori
Civitella del Tronto (580)
Montone
Giulianova Lido
1814
S. Onofrio
Giulianova
Macchia da Sole
Ripe (627)
Camera
S 262
Mosciano S. Angelo
S 262 d
Cologna Spiaggia
P 3
Bellante (354)
Piano Maggiore
1720
M. di Campli
509
Campovalano
S. Nicolò a Tordino
S 80
Tordino
Campli
S 16
1417
Cologna
Maria
Laga
Roiano
Teramo
(265)
Zaccheo
S 553
Morro d'Oro
Montepagano
Roseto degli Abruzzi
Cona Faiete
(481)
Castellalto
Notaresco
Toricella Sicura
S 150
Canzano
Guardia Vomano
S. Maria Propezzano
Vomano
Scerne
Sto Stefano
Valle
Tordinia
393
Caprafico
Castelnuovo V.
S. Clemente al V.
Casoli
Pineto
Giovanni
Miano
Villa Vomano
Fontanelle
Riserva Naturale dei Calanchi
agliaroli
Villa Vallucci
619
Montorio
Penna S. Andrea
Cellino Attanasio

14
15
16
43
44
O
P
Q
Principina a Mare
Rispescia
Spergolaia
Alberese
Marina di Alberese
Tre Collelungo
Pgio Lecci
Monti dell' Uccellina
Parco Naturale d. Maremma
M. Bottigli
Scansano
(500)
Poggioferro
Saturnia
(294)
Montiano
Pereta
Pomonte
Albegna
Magliano in Toscana
(128)
Colle-Lupo
S. Bruzio
Manciano
(444)
Fonteblanda
Talamone
S. Donato
Marsiliana
(119)
Campigliola
M. Cavallo
L. Acquato
Albinia
Pgio del Leccio
Quattrostrade
Monteti
M. Magg
Formiche di Grosseto
Bastia
Porto - Vecchio
Porto Sto Stefano
Orbetello
Orbetello Scalo
il Giardino
Capalbio
(217)
Pescia Fiorentina
Laguna di Orbetello
Pta Lividonia
Pta Cala Grande
Sta Liberata
Promontorio dell'Argentario
Cala Piccola
il Telegrafo
C. d'Uomo
Port'Ercole
Cosa
Ansedonia
Carige
Capalbio Stazione
Garavicchio
L. di Burano
Pescia Romana
I. Formica di Burano
Marina di Pescia Romana
Pta di Torre Ciana
Isola del Giglio
Pta del Fenaio
Campese
Giglio Castello
Giglio Porto
Pta del Capel Rosso
Villa Romana
I. di Giannutri
Pta del Capel Rosso
VIA AURELIA
S 1
E 80
S 74
S 323
S 440
S 322
MAREMMA
MARE TIRRENO

Lago di Bolsena
(-146)
I. Bisentina
I. Martana
Bolsena
Montefiascone
(633)
Capodimonte
Marta
Valentano
Gradoli
Grotte di Castro
S. Lorenzo Nuovo
Borghetto
Latera
Onano
S. Quirico
Sorano
Sovana
Pitigliano
S. Valentino
S. Martino sul Fiora
Poggio Murella
Terme di Saturnia
La Rotta
L. di Mezzano
Sta Maria di Sala
Poggio Buco
Pian di Morrano
Farnese
Ischia di Castro
Cellere
M. Bellino
Riminino
Canino
(229)
M. Canino
Tessennano
Arlena di Castro
Piansano
Tuscania
(166)
S. Pietro
Musignano
Abbadia
Vulci
S. Giuliano
Timone
Arrone
Olpeta
Montalto di Castro
(44)
Montalto Marina
Pgio Martino
Montebello
Riva dei Tarquini
Tarquinia
(133)
Necropoli etrusca
Marina Velca
Lido di Tarquinia
Lombardi
Monte Romano
Marta
Mignone
Capecchio
Leia
Norchia
Casale Cinelli
Vetralla
(300)
Cura
Villa S. Giovanni in Tuscia
Blera
Barbarano Romano
Civitella Cesi
(190)
Pgio di Coccia
Veiano
La Farnesiana
M.le Grazie
Allumiere
Tolfa
(484)
Monti della Tolfa
M. Tolfaccia
M. Acqua Tosta
Rota
Bagni di Stigliano
Canale Monterano
Oriolo Romano
Manziana
Terme Taurine
Civitavecchia
Aurelia
Fanciullo
Sta Marinella
Capo Linaro
Sta Severa
Sasso
Castel Giuliano
Necropoli etrusca
Cerveteri
Ceri
Ladispoli
Palo
Palidoro
Passo Oscuro
Maccarese
Aranova
La Botta
Tragliata
Golfo Aranci
Arbatax
Olbia
Cagliari
Viterbo
Bagnaia
Villa Lante
Madna di Quercia
Bagni di Viterbo
Castel d'Asso
Ferento
Vitorchiano
(285)
Grotte Sto Stefano
Fastello
Celleno
Roccalvecce
Castel Cellesi
S. Michele in Tev.
Civitella d'Agliano
Bagnoregio
Lubriano
Civita
Castiglione in Tev.
Sermugnano
Porano
S. Antonio
Graffignano
Montecalvello
Sipicciano
Magugnano
Mugnano in Tev.
Bomarzo
Parco dei Mostri
Bassano in Tev.
Chia
Soriano nel Cimino
(510)
M. Cimino
Vallerano
Vignanello
Canepina
S. Martino al Cimino
Tobia
Monti Cimini
M. Venere
M. Fogliano
L. di Vico
Tre Croci
Carbognano
Caprarola
Fabrica di Roma
Casaletto
Punta del Lago
Ronciglione
(441)
Capranica
Sutri
Bassano Romano
L. di Monterosi
Monterosi
Bagni di Vicarello
Vicarello
Monti Sabatini
Trevignano Romano
(166)
Lago di Bracciano
(-160)
Bracciano
Anguillara Sabazia
Vigna di Valle
Osteria Nuova
L. di Alviano
Alviano
Guardea
Baschi
Montecchio
Attigliano
Porchiano
M. Croce
Via Cassia
Via Aurelia
17
18
44
45
50
56
Q
O
P

Acquasparta
Casteldelmonte
Cese
M. Fionchi
Valico di Somma
Collesecco
Toscolano
Dunarobba
Macerino
Montebibico
Ancaiano
Sambucheto
S. Pietro in Valle
Spoleto
Portaria
Carsulae
Montecastrilli
S. Gemini Fonte
M. Torre Maggiore
Strettura
Ferentillo
Castellonalto
M. Aspra
Ruscio
M. Croce di Serra
Tenaglie
Guardea
Sta Restituta
Castel dell'Aquila
Frattuccia
S. Gemini
S. Erasmo
Cesi
Montefranco
M. Petano
Arrone
Polino
Macchie
L. di Alviano
Alviano
Lugnano in Teverina
S. Bartolomeo
Capitone
Foce
Rivo
Collestatte Piano
Forca dell' Arrone
Leonessa
Cascata d. Marmore
Piediluco
Marmore
L. di Piediluco
Morro Reatino
Rivodutri
Monti Reatini
TERNI
Narni Scalo
S. Valentino
Porchiano
Amelia
Sipicciano
Attigliano
Giove
Montecampano
Narni
Penna in Teverina
S. Liberato
Mugnano in Tev.
Bomarzo
Parco dei Mostri
Bassano in Tev.
Chia
Orte
L. di S. Liberato
Nera
L'Aia
Aifrocanto
Stroncone
Pie di Moggio
Prati
S. Francesco
Colli sul Velino
Labro
Conv.to S. Giacomo
Poggio Bustone
S. Pietro
M. Terminillo
L. Lungo
L. di Ripa Sottile
Cantalice
Pian de Valli
Lisciano
Terminillo
Vazia
Conv. La Foresta
Sta Rufina
Cittaducale
S. Urbano
Conv.to lo Speco
M. Macchialunga
Greccio
Spinacceto
Terria
Rieti
Vigne
Sta Maria
Lugnola
S. Vito
Otricoli
Calvi dell'Umbria
Configni
Soriano nel Cimino
S. Centignano
Vasanello
Vignanello
Canepina
Gallese
Fianello
Vacone
Cottanello
Montasola
Contigliano
Conv.to di Fonte Colombo
Casette
S. Filippo
S. Elia
Montebuono
Tarano
Torri in Sabina
Magliano Sabina
Sta Maria di Legarano
Casperia
M. Pizzuto
S. Giovanni Reatino
Grotti
Fassinoro
Cimini
Fabrica di Roma
Corchiano
Borghetto
Collevecchio
Sta Maria in Vescovio
Selci
Cantalupo in S.
Roccantica
Monte S. Giovanni in S.
Belmonte in S.
Carbognano
Caprarola
Falerii Novi
Civita Castellana
Ronciglione
Tevere
Imelle
Stimigliano
Forano
Poggio Catino
Montenero Sabino
Rocca Sinibalda
Poggio Mirteto
Salisano
Ornaro
Torricella in S.
Capranica
Sutri
Nepi
Castel S. Elia
M. Soratte
S. Oreste
Ponzano Romano
Filacciano
Nazzano
Torrita Tiberina
Montopoli di S.
Castelnuovo di Farfa
Casaprota
Poggio S. Lorenzo
Monteleone Sabino
Stipes
Sta Vittoria
Faleria
Abb.a di Farfa
Poggio Nativo
Farfa
Fara in Sabina
Colle di Tora
Bassano Romano
L. di Monterosi
Monterosi
Gabelletta
Calcata
Mazzano Romano
Rignano Flaminio
Civitella S. Paolo
Talocci
Cerdomare
Poggio Moiano
Lago di Turano
Ponticelli
Magliano Romano
Vallelunga
Sette Vene
Fiano Romano
Corese Terra
Passo Corese
Scandriglia
Campagnano di Roma
Morlupo
Capena
Borgo Quinzio
Acquaviva
Nerola
Orvinio
Trevignano Romano
Lago di Bracciano
L. di Martignano
Sacrofano
Castelnuovo di Porto
Montemaggiore
Montelibretti
Montorio Romano
Monteflavio
Moricone
Bracciano
Anguillara Sabazia
Vigna di Valle
Girardi
Riano
Cretone
Stazzano
M. Pellecchia
Civitella
Percile
Licenza
Cesano
Formello
M. Aguzzo
Castelchiodato
Palombara Sabina
M. Gennaro
Roccagiovine
Riofreddo
Cineto Romano
Monterotondo Scalo
Monterotondo
S. Angelo Romano
S. Giovanni in Argentella
Mandela
Osteria Nuova
Olgiata
Mentana
Marcellina
M. Morra
Vicovaro
Veio
Isola Farnese
Prima Porta
Settebagni
Torre Lupara
Montecelio
Guidonia
S. Polo dei Cavalieri
Sta Maria di Galeria
Saracinesco
Tragliata
La Giustiniana
Boccea
Ottavia
Monte Sacro
Settecamini
Bagni di Tivoli
Tivoli
Castel Madama
Ciciliano
Villa Adriana
Lunghezza
P.so d. Fortuna
Torrevecchia
Monte Mario
S. Gregorio da Sassola
M. Cerella
Aranova
La Bottaccia
Casalotti
Città d. Vaticano
Tor Sapienza
Osteria dell'Osa
Corcolle
Casape
Gallicano nel Lazio
Poli
Centocelle
Maccarese
Monti Prenestini
Monti Tiburtini
Monti Sabini
Aniene
Arrone
Salto
Turano
Velino
VIA FLAMINIA
VIA CASSIA
VIA SALARIA
VIA TIBURTINA VALERIA
VIA AURELIA
G.R.A.

21
22
46
47
L'Aquila
Avezzano
Amatrice
Parco Nazionale
Gran Sasso d'Italia
Corno Grande
Campo Imperatore
Lago di Campotosto
Campotosto
Montereale
Valico delle Capannelle
Pizzoli
Arischia
Preturo
Coppito
Assergi
Camarda
Paganica
Bazzano
Poggio Picenze
Barisciano
Fonte Cerreto
Castel del Monte
Calascio
Castelvecchio Calvisio
Santo Stefano di Sessanio
Navelli
Civitaretenga
Capestrano
Bussi
Rocca di Mezzo
Rocca di Cambio
Campo Felice
Rovere
Ovindoli
Celano
Aielli
Cerchio
Pescina
Collarmele
Forca Caruso
Castelvecchio Subequo
Gagliano Aterno
Secinaro
Acciano
Molina Aterno
Fontecchio
Tione d. Abruzzi
Fagnano Alto
Fossa
Casentino
S. Demetrio ne' Vestini
Villa S. Angelo
Prata d'Ansidonia
Ocre
S. Panfilo d'Ocre
Bagno Grande
Pianola
Poggio di Roio
Lucoli
Collimento
Casamaina
Villagrande (Tornimparte)
Scoppito
Sella di Corno
Rocca di Corno
Antrodoco
Borgo Velino
Posta
Borbona
Cittareale
Montorio al Vomano
Tossicia
Isola del Gran Sasso d'Italia
Castelli
Prati di Tivo
Pietracamela
Fano Adriano
Crognaleto
Cortino
Teramo
Fiamignano
Petrella Salto
Lago d. Salto
Pescorocchiano
Castelmenardo
Corvaro
Borgorose
Torano
L. della Duchessa
M. Velino
Magliano de' Marsi
Massa d'Albe
Alba Fucens
Rosciolo dei Marsi
Scurcola Marsicana
Tagliacozzo
Carsoli
Oricola
Pereto
Arsoli
Sante Marie
Cappadocia
Castellafiume
Capistrello
Civitella Roveto
Luco d. Marsi
Trasacco
Ortucchio
Lecce nei Marsi
Gioia dei Marsi
Venere
Centro telespaziale
Piana del Fucino
Celano
S. Benedetto dei Marsi
Subiaco
Cervara di Roma
Camerata Nuova
Rocca di Botte
Monti Simbruini
Campo Staffi
Filettino
Vallepietra
Jenne
Trevi nel Lazio
Morrea
A 24 - E 80
A 25 - E 80
S 17
S 5
S 80
VIA TIBURTINA VALERIA
VIA SALARIA
Abruzzi
57
58

23
24
47
Notaresco
Canzan
Guardia Vomano
S. M. di Propezzano
Scerne
Pineto
Caprafico
Castelnuovo V.
S. Clemente al V.
Casoli
Riserva Naturale dei Calanchi
Villa Vomano
Fontanelle
Penna S. Andrea
Cellino Attanasio
Mutignano
Silvi Alta
Silvi Marina
Basciano
Cermignano
Atri (442)
Villa Bozza
S. M. di Ronzano
Montefino
Castel Castagna
Bisenti
Castilenti
Colledara
Castiglione Messer Raimondo
Elice
Città S. Angelo (320)
Montesilvano Marina
S. Giovanni al Mavone
Cipressi
PESCARA
Split
Colledoro
Arsita
Fino
Isola del Gran Sasso d'It.
Palombara
Roccafinadamo
Picciano
Cappelle sul Tavo
Castelli
Collecorvino
Spoltore
Cupoli
Penne (438)
Loreto Aprutino
Caprara d'Abruzzo
Farindola
S. Silvestro
Francavilla al Mare
L. di Penne
Moscufo
S. M. del Lago
Sambuceto
Fonte Vetica
Imperatore
Montebello di Bertona
Pianella
S. Giovanni Teatino
Vestea (592)
S. Angelo
Cerratina
Lido Riccio
Ortona
Vado di Sole
Villa Celiera
Villanova
Torrevecchia Teatina
Miglianico
Aquilano
Sasso
Castel del Monte
Civitella Casanova
Cepagatti
Villareia
Ripa Teatina
Catignano
Villa Oliveti
Tollo
Villa Sta Lucia d. Abr.
Carpineto d. Nora
Nocciano
Chieti
Villa Grande
Ofena
Vicoli
Civitaquana
Villa S. Giovanni
Rosciano
Villamagna
Giuliano Teatino
Villa S. Leonardo
Calascio
Brittoli
Manoppello Scalo
Bucchianico
Vacri
Crecchio
Castelvecchio Calvisio
Cugnoli
Alanno
Sta Maria Arabona
Casalincontrada
Canosa Sannita
Villa Caldari
Carapelle Calvisio
Forca di Penne
Pietranico
Scafa
C. Spaccato
Ari
Frisa
Treglio
S. Pio delle Camere
Capestrano
Corvara
Manoppello (257)
Serramonacesca
Arielli
Pescara
Pescosansonesco
Casacanditella
Poggiofiorito
Lanciano (283)
Caporciano
Torre de' Passeri
S. Valentino in Abr. Citeriore
Fara Filiorum Petri
Civitaretenga
Roccamontepiano
Orsogna (430)
Navelli
Collepietro
Castiglione a Casauria
S. Clemente a Cas.
Lettomanopello
Pretoro
Filetto
Castel Frentano
Mozzagrogna
Abbateggio
Rapino
Guardiagrele
Bussi s. Tirino
Bolognano
Roccamorice
Comino
Succiano
Tocca da Casauria
Passo Lanciano
Rizzacorno
S. Benedetto in Perillis
Musellaro
Piano d. Fonti
Popoli
S. Tommaso
Caramanico Terme (700)
Sto Spirito
Pennapiedimonte
S. Eusanio del Sangro
Salle Nuova
Molina Aterno
la Maielletta
Secinaro
Parco
Nazionale
S. Vittorino
Guarenna
Vittorito
Roccacasale
S. Eufemia a Maiella
Palombaro
Gagliano Aterno
M. Morrone
Corfinio
Castel di Ieri
Roccacaramanico
Fara S. Martino
Casoli (378)
Altino
Perano
S. Pelino
Pratola Peligna
M. Amaro
Civitella Messer Raimondo
Raiano
Badia Morronese
Archi
Roccascalegna
Goriano Sicoli
Passo S. Leonardo
Marane
Grotta del Cavallone
Gessopalena
Bomba
Forca Caruso
Campo di Fano
Prezza
Pacentro
Lama dei Peligni
Torricella Peligna
Sulmona (375)
Campo di Giove
Taranta Peligna
Fallascoso
Pennadomo
Carrito
Cocullo
Bugnara
Introdacqua
Cansano
Lettopalena
Colledimacine
Iuvanum
Colledimezzo
Anversa d. Abruzzi
della
Montenerodomo
Montebello s. Sangro
Pietraferrazzana
Ortona dei Marsi
Pettorano sul Gizio
Palena (767)
Villa Sta Maria
Monteferrante
Aschi Alto
Gole di Sagittario
Eremo di S. Antonio
Maiella
Civitaluparella
Fallo
Gioia dei Marsi
M. Genzana
Pizzoferrato
Frattura
M. Rotella
Borrello
Roio del Sangro
Villalago
Quadri
Bisegna
Appennina
Rocca Pia
Valico d. Forchetta
Gamberale
Rosello
Castel Fraiano
M. Argatone
L. di Scanno
Scanno (1050)
Pescocostanzo
S. Antonio
S. Angelo d. Pesco
Pescopennataro
Montagna Grande
Rivisondoli
M. Secine
Passo del Diavolo
M. Rotondo
Piano delle Cinquemiglia
Mimola
Roccaraso
Castel del Giudice
M. Fontecchia
58
59

25
26
27
O
P
Q
Marina di S. Vito (Δ)
S. Vito Chietino
S. Giovanni in Venere
Fossacesia Marina
Fossacesia
Torino di Sangro Marina (Δ)
Lido di Casalbordino
Porto di Vasto
Porto di Vasto
Torino di Sangro
Villalfonsina
Paglieta
Casalbordino
(203)
Pollutri
Scerni
S. Giacomo
Monteodorisio
Vasto (144 ▲)
Marina di Vasto
S. Salvo Marina
Marina di Montenero (Δ)
Cupello
S. Salvo
Petacciato Marina (Δ)
I. Tremiti
Termoli
Atessa
(433)
Casalanguida
Gissi
Furci
Lentella
Carpineto Sinello
Guilmi
S. Buono
Fresagrandinaria
Petacciato
S. Giacomo degli Schiavoni
L.do di Campomarino (Δ)
Campomarino
Mafalda
Montenero di Bisaccia
(273)
Liscia
Palmoli
Dogliola
Tufillo
Carunchio
Fraine
Montazzoli
Caspinalveti
Tavenna
Montecilfone
Guglionesi
(369)
Portocannone
Clitern a Nuova
Marina di Chieuti
S. Felice del Molise
Palata
Montemitro
Celenza s. Trigno
Torrebruna
Castiglione Messer Marino
Mad.na di Canneto
Montefalcone nel Sannio
(659)
M. Mauro
Acquaviva Collecroce
S. Martino in Pensilis
Chieuti
S. Giovanni Lipioni
Boccavivara
Sinello
Osento
Treste
Trigno
Sinarca
Biferno
Monti dei Frentani
S 16
S 652
S 154
S 364
S 86
S 650
S 157
S 483
S 87
S 647
S 16ter
P 150
A 14
E 55
A 14 - E 55
59
60
54
32
22
31

27
28
A
B
C
53
59
60
I. Capraia
I. S. Nicola
S. Domino
Sta Maria a Mare
I. S. Domino
Isole Tremiti (▲)
I. Tremiti
Termoli
Lido di Campomarino (Δ)
Campomarino
Portocannone
Marina di Chieuti
Clitemia Nuova
S. Martino in Pensilis
Chieuti
Serracapriola
(269)
Ripalta
Pte di Civitate
Fortore
Saccione
Cigno
Ururi
(265)
Rotello
Mass. Piscicelli
S. Paolo di Civitate
(187)
Torremaggiore
(169)
Mass. la Marchesa
Ponte del Porco
S. Severo
(89)
Sta Croce di Magliano
(608)
Bonefro
Montelongo
S. Giuliano di Puglia
(515)
Colletorto
Mass. Vallevona
Casalnuovo Monterotaro
(430)
Δ 550
Carlantino
Celenza Valfortore
Δ 785 M. Miano
Casalvecchio di Puglia
(465)
Castelnuovo d. Daunia
(543)
Pietramontecorvino
(456)
M. Sambuco
981
Motta Montecorvino
(662)
791
Volturara Appula
(526)
Volturino
S. Marco la Catola
Ponte 13 Archi
Gambatesa
(468)
Tufara
Lago di Occhito
Carignano
Lucera
(219)
Mass. Petrulli
Mass. Stilla
Canale
Mass. Parisa
La Marchesa
Triolo
Masseria Visciglieto
Ponte Sta Giusta
Sta Maria
La Motticella
Palmori
Duanera la Rocca
Arpinova
Vulgano
Foggia
Pta Pietre Nere
Marina di Lesina
Cornone
Lago di Lesina
Lesina
Casa Caniglia di Sotto
Santo S. Nazario
Poggio Imperiale
Staz. di Apricena
Candelaro
Apricena
(73)
Staz. di S. Marco in Lamis
S. Matteo
Torre Mileto
Lido di Torre Mileto
Capoiale
260
M. d'Elio
Sannicandro Garganico
(224)
274
Passo di Ingarano
M. Coppa F.
913
Promon
685
668
Santo d. Madna di Stignano
S. Marco in Lamis
(550)
Rignano Garganico
(590)
512
Madonna di Cristo
Ponte di Ciccalento
Masseria Monaco Cappelli
Salsola
Celone
Mass. Polluce
Villaggio Amendola
S 16
S 87
S 483
S 480
S 16ter
S 376
S 17
S 89
S 272
P 142
P 109
P 38
A 14 - E 55
A 14
E 55
31
47

A
B
C
(90) Peschici
Manacore
(42) Rodi Garganico
S. Menaio
Lido del Sole
Foce di Varano
Isola
Lago di Varano
Bagno
Cagnano Varano (165)
Ischitella
Vico del Gargano (445)
Carpino
Casa Forestale
Foresta Umbra
Gargano
Sta Mª di Merino
I. la Chianca
Spiaggia Scialmarino
Faro di S. Eufemia
Vieste (43)
Spiaggia del Castello
Lido di Portonuovo
Gattarella
Testa del Gargano
Baia di Campi
Portogreco
Pugnochiuso
Baia dei Gabbiani
Grotta Campana Grande
Baia delle Zagare
Mattinatella
M. Nicola 430
Valico di Lupo
M. Sacro 872
Mattinata (77)
Pto di Mattinata
Pta Rossa
M. Spigno 1008
M. Calvo 1055
S. Giovanni Rotondo (566)
Ruggiano
Monte S. Angelo (796)
Tomaiolo
Coppa d. Macchia
S. Salvatore
Santº di Pulsano
L'Annunziata
Mass. Torre Varcaro
Manfredonia
Lido di Siponto
Sta Maria di S.
Mass. Russo
S. Leonardo di S.
Mass. Candelaro
Staz. di Candelaro
Amendola
Azienda Beccarini
Scalo dei Saraceni
Ippocampo
Lido di Rivoli
Cervaro
Tavernola
Macchia Roto
Sette Poste
Zapponeta
GOLFO DI MANFREDONIA
S 89
S 272
S 89b
P 52
P 53
P 141
P 77
P 45 b
61
29
30

ROMA
Città d. Vaticano
Palidoro
Aranova
Torrevecchia
Monte Mario
Sacro
Settecamini
(VIA TIBURTINA VALERIA)
Lunghezza
La Bottaccia
Casalotti
Passo Oscuro
Maccarese
Malagrotta
Tor Sapienza
Osteria dell'Osa
Centocelle
Torrenova
Finocchio
(VIA CASILINA)
Colonna
Fregene
Bonifica di Maccarese
Corviale
Cinecittà
Ponte Galeria
Morena
Monte Porzio C.
Frascati
Montecompatri
E.U.R.
Cecchignola
Focene
LEONARDO DA VINCI
Ciampino
Grottaferrata
Rocca Priora
Acilia
Vitinia
Valleranello
(VIA APPIA)
Marino
Rocca di Papa
M. Cavo
TEVERE
Spinaceto
Santo d. Divino Amore
Frattocchie
Necropoli
Golfo Aranci
Arbatax
Fiumicino
Ostia
Ostia Antica
(VIA C. COLOMBO)
Castel Porziano
Borgata Trigoria
Falcognana
Castel Gandolfo
L. di Albano
Casal Palocco
Lido di Faro
Infernetto
Tenuta di Caccia
Pavona
Albano Laziale
Nemi
Lido di Ostia
Ariccia
Genzano di Roma
L. di Nemi
Lido di Castel Fusano
Cecchina
Fontana di Papa
Tor Paterno
Pomezia
Campoleone
Lanuvio
Guardapasso
Pratica di Mare
S. Procula Maggiore
Zingarini
Borgo S. Rita
Presciano
Tor Vaianica
Ardea
Aprilia
Spiaggia di Rio Torto
Carano
Tor S. Lorenzo
Marina di S. Lorenzo
Lido dei Pini
B. di Padiglione
Campoverde
Le Ferriere
Lavinio - Lido di Enea
Borgo Montello
Tre Cancelli
Lido di Cincinnato
Lido d. Sirene
L. di S. Antonio
Anzio
Nettuno
Acciarella
Torre Astura
I. di Ponza
Nettuno
Anzio
LATINA
Priverno
Fondi
Sabaudia
Terracina
Itri
Formia
S. Felice Circeo
Gaeta
Isole Ponziane o Pontine
I. Zannone
I. Palmarola
I. di Ponza
I. Ventotene
Ischia
1/800 000
Q
R
S
18
19
49
50

20
21
22
50
51
Q
R
S
58
Subiaco (408)
S. Benedetto
S. Scolastica
Vallepietra (825)
M. Tarino
Camp Staffi
Serra S. Antonio
Civitella Roveto
Madna Candel.
M. Alto
Forchetta Morrea
Gerano
Mentorella
M. Cerella
Guadagnolo
Rocca Sto Stefano
Pisoniano
Casape (475)
Poli
Bellegra
Arcinazzo Romano
Jenne
Filettino (1097)
Meta
M. Viglio
Civita d'Antino
S. Vito Romano
Capranica Prenestina
Affile
Roiate
Trevi nel Lazio
Aniene
M. Cantar
Morino
S. Vincenzo V. Roveto
Palestrina (465)
Rocca di Cave
Olevano Romano
Serrone
Altipiani di Arcinazzo (845)
Colle Cimetta
Campocatino (1787)
Zagarolo
Genazzano (374)
Piglio
Fiuggi (747)
Rendinara
Roccavivi
S. Cesareo
Cave
Paliano (476)
Torre Caietani
Guarcino (625)
La Monna
Certosa di Trisulti (325)
Pizzo Deta
Labico
Acuto
Fonte
Vico nel Lazio
Prato di Campoli
Carchitti
Valmontone
Sta Maria di Pugliano
Trivigliano
Collepardo
M. Pedicino
Macere
Artena
Anagni (460)
L. di Canterno
Fumone
Sta Maria Amaseno
Sta Francesca
Lariano
Colleferro (238)
Castellaccio
Alatri (502)
Veroli (594)
Fontanafratta
Scifelli
Giulianello
Segni (650)
Gavignano
Ferentino (393)
La Madonnina
Castelliri
L. di Giulianello
Velletri (352)
Rocca Massima (795)
Sgurgola
Terme Pompeo
Frosinone (291)
Casamari
Abbazia di Casamari
Il Giglio
S. Angelo in Villa
Boville Ernica
Anitrella
Castel Ginnetti
M. Lupone
Cori (398)
Montelanico
Gorga (766)
Morolo
Torrice
Monte S. Giovanni Campano
Carpineto Romano (604)
Pian d. Croce
Supino (321)
S. Antonio
Ripi
Strangolagalli
Cisterna di Latina
Norba
Norma (410)
M. Melaina
Patrica
Arnara
Pofi
Ceccano
Ceprano (120)
Doganella
Abbazia di Valvisciolo
Ninfa
Cona di Selvapiana
M. Semprevisa
Isola Bella
Monti Lepini
Giuliano di Roma
S. Sosio
Borgo Flora
Borgo Carso
Sermoneta (257)
Bassiano
Roccagorga
Maenza
Prossedi
Villa Sto Stefano
M. Campo Lupino
Castro dei Volsci
Falvaterra
Casale delle Palme
Latina Scalo
Macchioni
Grotte di Pastena
Borgo Podgora
Sezze (319)
Pisterzo
Borgo Piave
Borgo Bainsizza
Faiti
Priverno
Roccasecca dei Volsci
Amaseno
M. Calvilli
Pastena
Latina
Bocca di Fiume
Abbazia di Fossanova
Vallecorsa
Borgo Sta Maria
Madna dell'Auricola
Borgo Sabotino
S. Michele
Codarda
Le Monache
Monti Ausoni
Lenola
Borgo Isonzo
Sonnino (430)
La Taverna
Foce Verde
Capo Portiere
Borgo Grappa
Pontinia
Mesa
M. delle Fate
Passo d. Quercia del Monaco
Lido di Latina
L. di Fogliano
Borgo S. Donato
Galleria di Mont'Orso
L. dei Monaci
Fondi
Campo Soriano
Monte S. Biagio
L. di Caprolace
Parco Nazionale del Circeo
Borgo Vodice
M. Leano
M. Sto Stefano
L. di Fondi
Madna d. Civita
Borgo Hermada
Tempio di Giove Anxur
M. Grande
Sabaudia
S. Vito
Terracina
Lido di Fondi
Lago S. Puoto
M. Lauzo
Itri
L. di Sabaudia
Porto Badino
L. Lungo
Grotta di Tiberio
Sperlonga
Borgo Montenero
Molella
Torre Olevola
M. Circeo
S. Felice Circeo
C. Circeo
Faro di Torre Cervia
I. di Ponza
I. Ventotene
Sacco
Amaseno
Ufente
Sisto
Portatore
Liri
Teppia
Cosa

Parco Nazionale d'Abruzzo
Scanno
Pescasseroli
Opi
Villetta Barrea
Lago di Barrea
Civitella Alfedena
Barrea
Scontrone
Alfedena
Roccaraso
Rivisondoli
Pescocostanzo
Castel di Sangro
Montagna Grande
Monti della Meta
Le Mainarde
Collelongo
Villavallelonga
Serra Lunga
Sora
Isola d. Liri
Arpino
Atina
Picinisco
Alvito
Posta Fibreno
Lago Fibreno
S. Donato Val di Comino
Casalvieri
Roccasecca
Arce
Ceprano
Aquino
Pontecorvo
Piedimonte S. Germano
Cassino
Abbª di Montecassino
Cervaro
S. Vittore del Lazio
Venafro
Isernia
Pozzilli
Monteroduni
Castel S. Vincenzo
Rocchetta-Nuova
Cerasuolo
Filignano
Acquafondata
Viticuso
Conca Casale
Mignano Monte Lungo
Rocca d'Evandro
S. Apollinare
S. Giorgio a Liri
Esperia
Ausonia
Coreno Ausonio
Castelforte
Santi Cosma e Damiano
Minturno
Minturnæ
Scauri
Formia
Gaeta
Serapo
Itri
Fondi
Sessa Aurunca
Roccamonfina
Teano
Vairano Patenora
Presenzano
Sparanise
Pignataro
Capua
Carinola
Cellole
Baia Domizia
Golfo di Gaeta
Monti Aurunci
Garigliano
Liri
Volturno
Melfa
Sangro
Casamari
Castelliri
Fontechiari
Vicalvi
Gallinaro
Settefrati
Belmonte Castello
Terelle
Colle S. Magno
Castrocielo
Villa Sta Lucia
Piedimonte Alta
Pignataro Interamna
S. Angelo in Theodice
S. Ambrogio sul Garigliano
Vallemaio
Selvacava
Sta Maria del Plano
Spigno Saturnia
Castellonorato
Sta Maria Infante
S. Lorenzo
Pico
Pastena
Lenola
Campodimele
S. Giovanni Incarico
Falvaterra
Colle Alto
Colfelice
Villafelice
Fraioli
Santopadre
Fontana Liri
Monte S. Giovanni Campano
Strangolagalli
Boville Ernica
Veroli
Pescosolido
Campoli Appennino
Balsorano
Civita d'Antino
Acquaviva d'Isernia
Cerro al Volturno
Fornelli
Macchia d'Isernia
Sesto Campano
Pratella
Ciorlano
Capriati a Volturno
Vallelunga
Roccaravindola
Montaquila
Colli a Volturno
Scapoli
Cardito
Vallerotonda
S. Elia Fiumerapido
Valvori
Vallegrande
Villa Latina
Casalattico
Rosanisco
Taverna
Galluccio
Conca d. C.
Sta Maria d. Lattani
Marzano Appio
Caianello
Pietramelara
Riardo
Calvi Risorta
Francolise
Carinola
Falciano del Massico
M. Massico
Piedimonte Massicano
Cupa
Lauro
Corigliano
Ponte
Cascano
Sto Ianni
Montanaro
Nocelleto
Ciamprisco
S. Andrea
I. di Ponza
I. Ventotene
Marina di Minturno

Campobasso
Benevento
Castiglione Messer Marino
Agnone
Trivento
Frosolone
Bojano
Monti del Matese
Lago del Matese
Piedimonte Matese
Alife
Telese
Guardia Sanframondi
Morcone
Altilia Saepinum
Riccia
Larino
Lago del Liscione
Lago di Occhito
Montefalcone nel Sannio
Castelmauro
Guardialfiera
Lupara
Lucito
Casacalenda
Bonefro
Sta Croce di Magliano
Colletorto
Petrella Tifernina
Montagano
Ripalimosani
Oratino
Campodipietra
Ferrazzano
Mirabello Sannitico
Vinchiaturo
Baranello
Busso
Gildone
Jelsi
Gambatesa
Tufara
Cercemaggiore
Sepino
Sassinoro
Cusano Mutri
Pietraroja
Cerreto Sannita
Pontelandolfo
Campolattaro
Fragneto Monforte
Pesco Sannita
Pietrelcina
Paupisi
Solopaca
Vitulano
Foglianise
Caiazzo
Dragoni
Alvignano
Faicchio
S. Lorenzello
S. Salvatore Telesino
Castelvenere
Amorosi
Puglianello
Sta Maria Occorrevole
S. Potito Sannitico
Gioia Sannitica
Calvisi
Carpinone
Castelpetroso
Cantalupo nel Sannio
Macchiagodena
S. Massimo
Roccamandolfi
Campitello Matese
Letino
Valle Agricola
S. Gregorio M.
Pietrabbondante
Carovilli
Pescolanciano
Chiauci
Civitanova del Sannio
Bagnoli del Trigno
Salcito
Pietracupa
Duronia
Torella del Sannio
Castropignano
Limosano
S. Angelo Limosano
Fossalto
Molise
Sessano del Molise
Pesche
Pettoranello del Molise
Isernia
Trigno
Biferno
Tammaro
Calore
Volturno
Fortore
Cigno
Verrino
S 87
S 17
S 372
S 650
S 647
S 212
S 645
S 651
S 618
25
26
52
53
54
60
64
65
Q
R
S

S. Martino in Pensilis
Chieuti
Ripalta
Lesina
Lago
Casa Caniglia di Sotto
Santo S. Nazario
Sannicandro Garganico
M. Coppa F.
Poggio Imperiale
Ururi
Serracapriola
Fortore
Pte di Civitate
Passo di Ingarano
Promon
Apricena
Staz. di Apricena
Cigno
Saccione
Rotello
Candelaro
Santo d. Madna di Stignano
S. Marco in Lamis
S. Matteo
Montorio nei Frentani
Montelongo
Mass. Piscicelli
S. Paolo di Civitate
Staz. di S. Marco in Lamis
Bonefro
Sta Croce di Magliano
Mass. la Marchesa
Torremaggiore
S. Severo
Rignano Garganico
S. Giuliano di Puglia
Colletorto
Ponte del Porco
Madonna di Cristo
Mass. Vallevona
Ponte Sta Giusta
Sta Maria
Triolo
Ponte di Ciccalento
Casalnuovo Monterotaro
Mass. Petrulli
Masseria Monaco Cappelli
Carlantino
Canale
Mass. Stilla
Masseria Viscigliето
Mass. Polluce
Occhia Valf.
Casalvecchio di Puglia
Castelnuovo d. Daunia
Salsola
Celone
Celenza Valfortore
M. Miano
La Motticella
Villaggio Amendola
Mass. Parisa
Palmori
Duanera la Rocca
Arpinova
Occhito
Pietramontecorvino
La Marchesa
S. Marco la Catola
M. Sambuco
Lucera
Ponte 13 Archi
Motta Montecorvino
Carignano
Gambatesa
Volturara Appula
Volturino
FOGGIA
Tufara
Mass. Mezzana Grde
Pte di Troia
Borgo S. Giusto
Castelvetere in Val Fortore
Tertiveri
Alberona
Canale
Bartolomeo in Galdo
M. Pagliarone
Vulgano
Iorenzo
Cervaro
Santo d. Incoronata
Decorata
Baselice
Biccari
Borgo Segezia
Tavernazza
Troia
Carap
Foiano di Val Fortore
Roseto Valfortore
M. Cornacchia
Pte Cervaro
Orta
Castelluccio Valmaggiore
Montefalcone di Val Fortore
Faeto
Celle di S. Vito
Giardinetto
Ordona
Castelluccio dei Sauri
Ponte Nuovo
Molinara
Sannoro
M. S. Vito
Orsara di Puglia
Radogna
Ginestra degli Schiavoni
Castelfranco in Miscano
Greci
Montaguto
Sant. di Valleverde
Palazzo d'Ascoli
Carapellotto
S. Giorgio la Molara
Casalbore
Malvizza
Bovino
Conte di N
Pago Veiano
Buonalbergo
Miscano
Savignano Irpino
Deliceto
Panni
M. Crispiniano
Convto Consolazione
Ascoli Satriano
S. Vito
Montecalvo Irpino
Cerreto
Ciommarino
S. Arcangelo Trimonte
Monteleone di Puglia
Masseria il Pidocchio
Ariano Irpino
Stradola
Accadia
Bastia
Frugno
S. Agata di Puglia
Candela
S. Liberatore
Calaggio
Posta Fissa
Zungoli
Anzano di Puglia
Mass. Chieffo
Apice
Bonito
Melito Irpino
Orneta
Villanova del Battista
M. Malara
Rocchetta S. Antonio
S. Vito
Castello di Lago
Scampitella
Grottaminarda
Flumeri
Vallesaccarda
Monti della Daunia
A 14
A 16
E 55
E 842
S 16
S 17
S 89
S 90
S 655

Gargano
Foresta Umbra
Carpino
Bagno
Cagnano Varano (165)
Casa Forestale
Gattarella
Testa del Gargano
Baia d. Campi
Portogreco
Pugnochiuso
Valico di Lupo
M. Sacro 872
M. Spigno 1008
Baia dei Gabbiani
Grotta Campana Grande
Baia delle Zagare
Mattinatella
Mattinata (77)
Pto di Mattinata
Pta Rossa
M. Calvo 1055
S. Giovanni Rotondo (566)
Monte S. Angelo (796)
Ruggiano
Tomaiolo
Coppa d. Macchia
S. Salvatore
Santo di Pulsano
L' Annunziata
Mass. Torre Varcaro
Manfredonia
Lido di Siponto
Sta Maria di S.
Mass. Russo
S. Leonardo di S.
Mass. Candelaro
Staz. di Candelaro
GOLFO DI MANFREDONIA
Scalo dei Saraceni
Ippocampo
Lido di Rivoli
Amendola
Azienda Beccarini
Cervaro
Tavernola
Macchia Rotonda
Sette Poste
Zapponeta
Torre Pietra
Saline
Mass. Inacquata
Borgo Mezzanone
Carapelle
La Pescia
Tressanti
Montaltino
Lupara
Trinitapoli
Margherita di Savoia
Foce dell' Ofanto
Barletta
Madna di Sterpeto
S. Ferdinando di Puglia (68)
Passo d'Orta
Nova
Mass. Paolillo
Stornara
Stornarella (151)
Mass. Ferranti
Cerignola (120)
S. Giovanni in Fonte
Pozzo Terraneo
Canale Castello
Corleto
Borgo Libertà
Mass. Torretta
L. di Capacciotti
S. Carlo
S. Leonardo
Moschella
Crocifisso
Mass. Coppe di Maltempo
Lamalunga
Posta d. Camerelle
Gaudiano
Madna di Ripalta
Loconia
Locone
Cefalicchio
Le Torri
Canne
Montaltino
Mass. Ciminarella
Mass. S. Vincenzo
Canosa di Puglia (105)
Le Palombe
Madna dei Miracoli
S. Salvatore
Mass. Tre di Bocca
Andria (151)
Mto alla Disfida di Barletta
Montegrosso
Troianelli
Mass. Cariati
il Marziano
Mass. Spagnoletti
Castel del Monte (556)
Minervino Murge (420)
Torre del Vento
Casino di Monsignore
Mass. Citulo
Piano
S. Magno
Ofanto
A 14 - E 55
A 16 - E 842
S 16 E 2
S 89
S 272
S 93
S 98
S 97
S 170
S 529
P 141
P 77
P 75
29
30
55
62
66
67
B
C
D

30
31
55
61
66
67
Lido di Rivoli
Zapponeta
Sette Poste
Torre Pietra
Saline
Margherita di Savoia
Foce dell' Ofanto
Montaltino
Lupara
Trinitapoli
S. Ferdinando di Puglia
Barletta
Madna di Sterpeto
Trani
Convto Sta Maria d. Colonna
Bisceglie
Casino di Monsignore
Sta Maria di Giano
Chianca
il Pulo
Canne
Montaltino
Mass. S. Vincenzo
Mass. Ciminarella
Madna dei Miracoli
Andria
S. Salvatore
Canosa di Puglia
Mass. Tre di Bocca
Le Palombe
Le Torri
Madna di Ripalta
Mto alla Disfida di Barletta
Corato
Ruvo di Puglia
Terlizzi
Sovereto
Montegrosso
Troianelli
Mass. Cariati
Loconia
Cefalicchio
Crocifisso
Mass. Coppe di Maltempo
Lamalunga
il Marziano
Torre del Vento
Palombaio
Mariotto
Mass. Spagnoletti
Castel del Monte
Minervino Murge
Gaudiano
Mass. Ginistrelli
Mass. Piano del Monaco
Mass. Citulo
S. Magno
Mass. le Matine di Latta
Mass. Nuova del Duca
Montemilone
M. Caccia
Mass. Giuncata
Cantra dell'Ulmeta
Mass. Taverna Nuova
Mass. Olivieri
Mass. Modesti
Mass. Fornisono
Murgia del Ceraso
Quasano
Mass. Trentangeli
Mass. Lupara
Mass. Trullo
Murgia di Serra Ficaia
Spinazzola
Ponte Impiso
Mass. De Lorenzis
Abba della Trinità
Mass. Epitaffio
Mass. Salomone
Poggiorsini
Gurlamanna
il Pulo
Palazzo S. Gervasio
Basentello
Maschito
Mass. Maiorana
M. Belvedere
Mass. Oliveto
L. di Serra del Corvo
Madna del Buon Cammino
Murgetta
Mass. Civiello
Banzi
Dolcecanto
Forenza
Genzano di Lucania
L. Genzano
Gravina in Puglia
Mass. Pescarella
S. Zaccaria
Fiumarella
Mass. Lama la Noce
Mass. Civiello
Taccone
Acerenza
Bradano
M. Torretta
L. di Acerenza
S. Giorgio
Oppido Lucano
Irsina
Serra d. Stella
Gravina di Picciano
Sta Maria d'Irsi
Pietragalla
Cancellara
Matera
Verrutoli
Tolve
Madna di Pic
Ofanto
Locone
A 14 - E 55
A 16 - E 842
S 93
S 97
S 98
S 170
S 170 d. A
S 170dir. A
S 16
S 387
S 378
S 529
S 655
S 168
S 169
S 96
S 96bis
S 99
P 77
P 75
P 141
P 95 b.
P 138

32
33
D
E
69
68
Dubrovnik
Bar
Durrës
BARI
Giovinazzo
Sto Spirito
Palese
Bitonto
Modugno
Palo del Colle
Binetto
Grumo Appula
Toritto
Bitetto
Balsignano
Bitritto
Carbonara di B.
Ceglie d. Campo
Loseto
Valenzano
Ognissanti
Capurso
Triggiano
S. Giorgio
Torre a Mare
Noicattaro
Rutigliano
Cellamare
Adelfia
Sannicandro di Bari
Mola di Bari
Cozze
S. Vito
Polignano a Mare
Monopoli
Mass. Rocerti
Conversano
Casino d'Erchia
Cozzana
Cristo Re
Triggianello
Casamassima
Turi
Cast. Marchione
Grotte di Castellana
Castellana Grotte
Antoneli
Gorgofreddo
Impalata
Sta Lucia
Monte S. Nicola
Macchia di monte
Lamar
Losci
Egna
Sammichele di Bari
Acquaviva delle Fonti
Cassano d. Murge
Mass. Servedio
Madna di Mellitto
Mass. Panfresco
Bgo dei Pini Mercadante
Foresta di Mercadante
Grotta di Putignano
Putignano
Mass. Petrosino
Mass. dell'Erba
M. Serio
Mass. Balsente
Selva di Fasano
Fasano
Zona dei Trulli
M. Sannace
Mass. Cimino
Murgia Sgolgore
Altamura
Santeramo in Colle
Gioia del Colle
Noci
Alberobello
Coreggia
S. Marco
Locorotondo
Madonna d. Scala
Mass. Morea
Mass. Zippo
Casal Sabini
Casino Eramo a Marzagaglia
Mass. Sava
Mass. Iesce
Mass. Di Santo
Lebbrosario
Masseria Viglione
M. Angiulli
Pizzoferro Monsignore
Mass. Fiscinella
Carpari
Mass. Monaci
Mass. Orimini
S. Basilio
Mass. Pandoro
M. Orsetti
Mass. Piccoli
S. Francesco
Masseria Torre Spagnola
Chiese rupestri
Mass. Cangi
Mass. Tafuri
Madna d. Carmine
Mass. del Vecchio
Castellaneta
M. S. Elia
Mass. Fragneto
Mass. Piovacqua
Mass. Pizziferro
S. Paolo
Valle d'Itria
VIA APPIA
Gravina
A 14
A 14 - E 843
E 55
S 16
S 96
S 98
S 100
S 171
S 172
S 271
S 377
S 604
S 634

23
24
25
58
59
D
E
F
Sessa Aurunca
Teano
Roccamonfina
Calvi Risorta
Pignataro Magg.
Alvignano
Caiazzo
S. Salvatore
Puglianello
Telesia
Telese
Amorosi
Calore
Melizzano
Cellole
Piedimonte Massicano
Carinola
Falciano del Massico
M. Massico
Sparanise
Francolise
Cales
Pastorano
Vitulazio
Bellona
Liberi
Formicola
Pontelatone
Castel di Sasso
Piana di M. Verna
Villa Sta Croce
Castel Campagnano
Biancano
Limatola
Dugenta
Castel Morrone
Ponte Biferchia
S. Agata de' Goti
Valle di Madd.
Moiano
Le Vagnole
Mondragone
Cancello ed Arnone
Grazzanise
Volturno
Sta Maria la Fossa
Capua
Sta Maria Capua Vetere
S. Angelo in formis
S. Prisco
Casagiove
Caserta
Caserta-Vecchia
Maddaloni
S. Nicola la Strada
Marcianise
Macerata
Portico
Capodrise
Cervino
Sta Maria a Vico
Arienzo
S. Felice a Cancello
Castel Volturno
Pineta Grande
Villa Literno
Casal di Principe
Villa di Briano
S. Cipriano d'Aversa
Frignano
Teverola
Casaluce
Cancello
S. Angelo
Cicciano
Camposano
Cimitile
Pineta Mare
Sta Maria a Pantano
Trentola Ducenta
Aversa
Cesa
Orta di Atella
Caivano
Acerra
Regi Lagni
Parete
S. Antimo
S. Arpino
Frattamaggiore
Cardito
Afragola
Pomigliano d'A.
Marigliano
Ischitella Lido
L. di Patria
Liternum
Marina di Lago di Patria
Giugliano in Campania
Qualiano
Villaricca
Arzano
Casoria
Castello di Cisterna
Vitaliano
Saviano
Marina di Varcaturo
Marano di N.
Mugnano
Casalnuovo
Somma Ves.
S. Gennaro Vesuv.
Licola Mare
Quarto
Pianura
Capodimonte
Capodichino
S. Anastasia
Pollena-Trocchia
Ottaviano
Cuma
Campi Flegrei
Camaldoli
Solfatara
L. d'Averno
L. d. Fusaro
Agnano
Cercola
S. Sebastiano al Ves.
M. Somma
Osserv.
VESUVIO
S. Giuseppe Vesuviano
Terzigno
Poggiomarino
Baia
Torregaveta
Pozzuoli
Posillipo
Portici
S. Giovanni a T.
S. Giorgio a Cr.
Herculanum
Ercolano
Boscotrecase
Boscoreale
Pompei
Porto Vecchio
Palau
Monte di Procida
Bacoli
Miseno
I. di Nisida
Marechiaro
NAPOLI
Torre del Greco
Leopardi
Canale di Procida
C. Miseno
Lacco Ameno
Casamicciola Terme
Lido di Procida
Procida
Isola di Procida
Torre Annunziata
Porto
Ponte
M. Epomeo
Forio
Ischia
GOLFO DI NAPOLI
Castellammare di Stabia
Barano d'Ischia
Pta Imperatore
S. Angelo
Lido di Maronti
Isola d'Ischia
Vico Equense
M. Faito
Moiano
Penisola Sorrentina
Piano di Sorr.
Meta
S. Agnello
Sorrento
Positano
Massa Lubrense
S. Pietro
Vettica Magg.
Bocca Grande
S. Agata s. Due Golfi
Li Galli
Termini
Marina d. Cantone
Marina Grande
Pta Campanella
Anacapri
Grotta Azzurra
Capri
M. Solaro
I. Faraglioni
Pta Carena
Marina Piccola
Isola di Capri
Bocca Piccola
Costiera
Cagliari
Palermo
I. Stromboli

Benevento
Avellino
SALERNO
Ariano Irpino
Eboli
Battipaglia
Amalfi
Maiori
Minori
Ravello
Vietri s. Mare
Cava de' Tirreni
Nocera Inf.
Nocera Sup.
Pagani
Sarno
Mercato S. Severino
Baronissi
Fisciano
Solofra
Montella
Atripalda
Mercogliano
Monteforte I.
Montesarchio
Grottaminarda
Campagna
Pontecagnano
Montecorvino Rovella
Montecorvino Pugliano
Olevano sul Tusciano
S. Giorgio d. Sannio
Pietrelcina
Paupisi
Vitulano
Torrecuso
Foglianise
Cautano
Castelpoto
Apollosa
Bucciano
Bonea
Cervinara
Rotondi
Paolisi
Arpaia
Pannarano
Roccabascerana
Ceppaloni
Arpaise
Chianche
Altavilla Irpina
Tufo
Prata
Grottolella
Montefredane
Manocalzati
Candida
Parolise
Chiusano di S. Domenico
Salza Irpina
Volturara Irpina
Serino
Forino
Contrada
Aiello d. Sabato
Bellizzi I.
Bracigliano
Siano
Castel S. Giorgio
Roccapiemonte
Castiglione d. Genovesi
S. Cipriano Picentino
S. Mango Piem.
Giffoni V. Piana
Giffoni S. Cas.
Acerno
Bagnoli Irpino
Nusco
Lioni
S. Angelo dei Lombardi
Gesualdo
Paternopoli
Castelfranci
Taurasi
Mirabella Eclano
Fontanarosa
Sturno
Frigento
Flumeri
Vallesaccarda
Trevico
Vallata
Zungoli
Castel Baronia
Carife
Calabritto
Caposele
Senerchia
Quaglietta
Contursi Terme
Serre
Persano
Altavilla Silentina
Albanella
Ponte Barizzo
Capaccio
Roccadaspide
Castelcivita
Controne
Postiglione
Piana del Sele
Golfo di Salerno
Amalfitana
Capo d'Orso
Conca dei Marini
Furore
Gragnano
Agerola
M. Terminio
M. Cervialto
Monti Picentini
Foce del Sele
La Picciola
Spineta Nuova
Faiano
Fuorri
Pellezzano

28
60
29
61
65
70
71
D
E
F
Panni
M. Crispiniano
Deliceto
Convto Consolazione
Ascoli Satriano
Corleto
Borgo Libertà
Madna di Ripalta
Monteleone di Puglia
Ciommarino
Frugno
Masseria il Pidocchio
Mass. Torretta
L. di Capacciotti
Moschella
Crocifisso
Loconia
Accadia
Bastia
S. Agata di Puglia
Candela
S. Carlo
S. Leonardo
Mass. Coppe di Maltempo
Anzano di Puglia
Calaggio
Posta Fissa
Posta d. Camerelle
Gaudiano
M. Malara
Rocchetta S. Antonio
Mass. Chieffo
Ofanto
Scampitella
Ponte S. Venere
Mass. Ginistrelli
Vallesaccarda
Lavello
Montemilone
Trevico
Lacedonia
L. del Rendina
Oscata
Vallata
Lago di S. Pietro
Mass. Tanga
Bisaccia
Monteverde
Melfi
Mass. Trentangeli
Nuova Bisaccia
Aquilonia
Rapolla
Venosa
Abba della Trinità
Pietri
M. Mattina
Mass. Giurazzi
M. Vulture
Barile
Borgo le Taverne
Monticchio Bagni
Abba S. Michele
Ginestra
Guardia L. Morra De Sanctis
Mattinella
Mass. Vitamore
L.di Monticchio
Maschito
Andretta
Rionero in Vulture
Ripacandida
S. Angelo i Lombardi
Calitri
S. Andrea
Sta Lucia
Cairano
Atella
Mass. Civiello
Lago di Conza
Forenza
Conza d. Campania
Scalera
Serra Carriero
Teora
Ruvo del Monte
S. Zaccaria
Dragonetti
Fiumarella
Rapone
Sella di Conza
S. Andrea di Conza
Pescopagano
S. Fele
Filiano
Bradano
Acerenza
Materdomini
Castelnuovo di Conza
Passo d. Crocelle
S.Ilario
Castel Lagopesole
M. Torretta
Santomenna
Frusci
Possidente
S. Giorgio
L. di Acerenza
Laviano
Castelgrande
M. Sta Croce
Bagni di S. Cataldo
M. Caruso
S. Angelo
Pietragalla
M. Eremita
Muro Lucano
Bella
Avigliano
S. Nicola
Monte Boschetiello
Quaglietta
Valva
Senerchia
Ruoti
Colliano
Giuliano
M. Ogna
M. Moio
Baragiano
Vaglio Basilicata
Oliveto Citra
Sta Maria di Loreto
Bagni Contursi
Ricigliano
Palomonte
S.Gregorio Magno
Balvano
Picerno
M. li Foi di Picerno
Potenza
Contursi Terme
Buccino
Romagnano al Monte
Brindisi Montagna
Bivio Palomonte
Vietri di Potenza
Rifreddo
Serra la Neviera
Tito
Pso Croce d. Scrivano
Tanagro
Zuppino
Castelluccio Cosentino
Salvitelle
Pignola
Scorzo
Caggiano
Savoia di Lucania
Postiglione
Sicignano d. Alburni
Auletta
Pertosa
S. Angelo le Fratte
Satriano di Lucania
La Sellata
Anzi
Petina
Grotta di Pertosa
M. Sierio
Melandro
M. Alburno
Monti Alburni
Polla
Abriola
M. Pierfaone
Controne
Castelcivita
Bosco di Corleto
Madonna del Carmine
Brienza
Sasso di Castalda
Calvello
Grotta di Castelcivita
Tempa del Prato
S. Arsenio
Ottati
S. Angelo a Fasanella
S. Pietro al Tanagro
Atena Lucana
Pergola
Aquara
Fasanella
Corleto Monforte
S. Rufo
Marsico Nuovo
Bellosguardo
Tpa d. Rose
M. Volturino
M. Pilato
Sala Consilina
Vallo di Diano

Montegrosso
Troianelli
Mto alla Disfida di Barletta
Corato
Ruvo di Puglia
Terlizzi
Bitonto
Soverето
Modugno
Cefalicchio
il Marziano
Mass. Cariati
malunga
Minervino Murge
Mass. Spagnoletti
Castel del Monte
Torre del Vento
Palombaio
Palo del Colle
Mariotto
Mass. Citulo
Mass. Piano del Monaco
S. Magno
Mass. le Matine di Latta
Binetto
Grumo Appula
Mass. Panfresco
Toritto
Mass. Giuncata
M. Caccia
Mass. Nuova del Duca
Cant.ra dell'Ulmeta
Mass. Taverna Nuova
Mass. Olivieri
Mass. Modesti
Mass. Fornisono
Murgia del Ceraso
Quasano
Madna di Mellitto
Mass. Servedi
Mass. Trullo
Murgia di Serra Ficaia
Spinazzola
Ponte Impiso
Mass. De Lorenzis
M U R G E
Mass. Epitaffio
Mass. Salomone
Bgo dei Pini Mercadante
Palazzo S. Gervasio
Poggiorsini
Gurlamanna
il Pulo
Foresta di Mercadante
Basentello
Mass. Maiorana
M. Belvedere
Mass. Oliveto
Madna del Buon Cammino
Banzi
L. di Serra del Corvo
Dolcecanto
Murgetta
Altamura
Murgia Sgol
L. Genzano
Gravina in Puglia
Mass. Pescarella
Casal Sabini
Mass. Lama la Noce
Mass. Stesulli
Taccone
Bradano
Serra d. Stella
Mass. Sava
Mass. t lesce
Masseria Viglion
Oppido Lucano
Irsina
Borgo Venusio
Gravina di Picciano
Sta Maria d'Irsi
Matera
Masseria Torre Spagn
Tolve
M. Verrutoli
Madna di Picciano
Chiese rupestri
Calle
S. Chirico Nuovo
Timmari
La Martella
Valico Tre Cancelli
Grassano
Bilioso
Mass. Parco dei Monaci
VIA APPIA
Tricarico
Grottole
L. di S. Giuliano
Basento
Miglionico
Trivigno
Albano di Lucania
Campomaggiore
Calciano
Montescag
M. la Croccia
Garaguso
Castelmezzano
Oliveto Lucano
Salandrella
Salandra
Pomarico
Pietrapertosa
Accettura
S. Mauro Forte
Ferrandina
Mass. la Piana
Laurenzana
d. Caperino
Misegna
La Montagna
Pisticci Scalo
Stigliano
Gorgoglio
Cirigliano
Pisticci
Craco
Peschiera
Palazzine
Corleto
Madonna
di Ponte Fontanelle

32
33
63
S. Giorgio
Torre a Mare
Mola di Bari
Cozze
S. Vito
Polignano a Mare
Monopoli
Lamandia
Egnazia
Modugno
Palo del Colle
Balsignano
Ceglie d. Campo
Carbonara di B.
Triggiano
Ognissanti
Capurso
Noicattaro
Bitritto
Loseto
Valenzano
Rutigliano
Mass. Roberti
Cellamare
Bitetto
Binetto
Grumo Appula
Sannicandro di Bari
Adelfia
Toritto
Conversano
Cozzana
Cristo Re
Triggianello
Casino d'Erchia
Casamassima
Mad^na di Mellitto
Mass. Servedio
Turi
Cast. Marchione
Monte S. Nicola
Antonelli
Gorgofreddo
Macchia di monte
Acquaviva delle Fonti
Sammichele di Bari
Grotte di Castellana
Castellana Grotte
Impalata
Sta Lucia
B^go dei Pini Mercadante
Cassano d. Murge
Grotta di Putignano
Putignano
Selva di Fasano
Fasano
Laureto
Foresta di Mercadante
Mass. Petrosino
Mass. dell' Erba
M. Serio
Mass. Balsente
Zona dei Trulli
M. Sannace
Mass. Cimino
Murgia Sgolgore
Noci
Alberobello
Coreggia
S. Marco
M. Signora
Santeramo in Colle
Gioia del Colle
Madonna d. Scala
Locorotondo
Casal Sabini
Casino Eramo a Marzagaglia
Mass. Morea
Mass. Zippo
Mass. Sava
Mass. lesce
Mass. Di Santo
Lebbrosario
Mass. Piscinella
Carpari
Valle d'Itria
M. Angiulli
Masseria Viglione
Pizzoferro Monsignore
Mass. Monaci
Mass. Orimini
Martina Franca
Mass. Pandoro
S. Basilio
M. Orsetti
Mass. Piccoli
Mass. Tafuri
Mass. Cangiulli
S. Francesco
M. S. Elia
Mass. Fragneto
S. Paolo
Masseria Torre Spagnola
Chiese rupestri
Mass. Del Vecchio
Mad^na d. Carmine
Mass. Piovacqua
VIA APPIA
Castellaneta
Mottola
Villaggio di Petruscio
Mass. Pizziferro
Laterza
Crispiano
S. Simone
Mass. Orimini
Santº d. Mad^na d. Scala
Palagianello
Massafra
Mass. Parco dei Monaci
Gravina di Laterza
Masseria S. Domenico
Palagiano
Statte
Monteme
Ginosa
Quartiere Paolo VI
Sta Maria d'Attoli
Masseria Follerato
Mass. d'Anela
Masseria Conca d'Oro
Montescaglioso
Chiatona
Lido Azzurro
Monteias
Mass. Magliati
Case Perrone
TARANTO
Mare Piccolo
S. Giorg Ionico
Mare Grande
Mass. S. Paolo
Mass. d. Palme
Castellaneta Marina
I. S. Pietro
Isole Cheradi
Praia a Mare
Roccafor
Riva dei Tessali
I. S. Paolo
Masseria Serra Marina
Bosco il Pineto
Lato
Capo S. Vito
S. Donato
Ginosa Marina
Lido Bruno
La Lama
Talsano
Tavole Palatine
Scalo
Bernalda
Lido Gandoli
Leporano
Metapontum
Metaponto
Lido di Metaponto
Marina di Pulsan
Lido Sil
Marconia
73
S 100
S 172
S 604
S 171
S 377
S 7
S 271
A 14 - E 843
S 106 - E 90
S 16
E 55
S 175
S 580
S 407 - E 847
66
67

34
35
36
E
F
appa
Savelletri
Torre Canne
S 379
Pozzo Guacito
Rosa Marina
Marina di Ostuni
Speziale
Pulita
Montalbano
Costa Merlata
Torre Pozzella
Sta Sabina
Specchiolla
S 16
(393)
Cisternino
Casalini
Ostuni
(207)
(172)
Carovigno
Torre Guaceto
E 55
Kérkira
Igoumenítsa
Pátra
Pta Penne
Brindisi
I. S. Andrea
Capo Bianco
C. di Torre Cavallo
CASALE
Paradiso
Serranova
Mass. Apani
Pascarosa
S. Vito
dei Normanni
Mass. Restinco
Ceglie
(303)
Messapica
Pozzo
Salerno
S 581
Mass. Palagogna
Mass. Belloluogo
S 605
S. Michele
Salentino
Mass. S. Giacomo
Pta d. Contessa
Mass. Villanova
Torre Mattarelle
Lido Cerano
Mass. Palmarini
S 613
S 7 - E 90
(VIA APPIA)
zzonara
425
Mass. del Duca
Mass. Castelluzzo
Mass. Cortemaggiore
Villa Castelli
Canale Reale
(72)
Mesagne
Cerrito
Tuturano
Torre S. Gennaro
Lindinuso
Casalabate
Lella
Grottaglie
Latiano
(140)
Francavilla
Fontana
Tavoliere di Lecce
(36)
S. Pietro
Vernotico
Torchiarolo
Oria
Torre Sta Susanna
Cellino
S. Marco
Mass. Caprarica
Mass. Laurito
S. Cosimo
della Macchia
Sant' S. Antonio
S. Donaci
Squinzano
Abba Sta Maria di Cerrate
Carosino
S. Marzano
di S. Giuseppe
Erchie
Villa Baldassarri
Campi
Salentina
Trepuzzi
Monteparano
S 7ter
Fragagnano
S. Pancrazio
Salentino
Guagnano
Faggiano
Sava
Manduria
(79)
Salice
Salentino
Novoli
S. Crispieri
Uggiano
Montefusco
S 174
(37)
Pulsano
Lizzano
Mass. Monteruga
Carmiano
Arnesano
M. Bagnolo
124
Masseria
Marchioni
Monteroni
di Lecce
Torricella
Avetrana
Veglie
(49)
S. Pietro
in Lama
Mass. Corte Vetere
74
75
Monacizzo
Torretta
Le Conche
Librari
Maruggio
Boncore
Leverano
S 101

26
27
65
66
F
G
H
Sta Lucia
S. Berniero
Sele
Persano
Calore
Scanno
Altavilla Silentina
Postiglione
Sicignano d. Alburni
Monti Alburni
M. Alburno
Petina
Auletta
Controne
Castelcivita
Grotta di Castelcivita
Tempa del Prato
Bosco di Corleto
Matinella
Ponte Barizzo
Albanella
Foce del Sele
Gromola
Laura
Paestum
Ottati
S. Angelo a Fasanella
Aquara
Fasanella
Corleto Monforte
Bellosguardo
M. Soprano
Capaccio
Volpara
Roccadaspide
Castel S. Lorenzo
Roscigno-Vecchio
Roscigno-Nuovo
Sella del Corticato
Trentinara
M. Vesole
Madna di Costantinopoli
Felitto
Sacco
Villa Littorio
M. Mòtola
Giungano
Ogliastro Cil.
Monteforte Cilento
Magliano Vetere
Laurino
Piaggine
Agropoli
Pta Tresino
M. Tresino
Prignano Cilento
Cicerale
Alento
Ostigliano
Gorga
Stio
Campora
Parco
M. Raialunga
Torchiara
Laureana Cil.
Rutino
Perito
Orria
Gioi
Sta Maria di Castellabate
Vatolla
Lustra
Mercato Cil.
S. Mango
S. Marco
Castellabate
Perdifumo
Sessa Cil.
Omignano
Omignano Scalo
Salento
Moio d. Civitella
Cannalonga
del
Cilento
Pta Licosa
Isola Licosa
M. Licosa
Serramezzana
Montecorice
M. d. Stella
S. Mauro Cilento
Stella Cil.
Vallo d. Lucania
Novi Velia
Madna di Novi Velia
M. Sacro
S. Biase
Ogliastro Marina
Casal Sottano
Celso
Pollica
Acquavella
Casal Velino
Castelnuovo Cilento
Ceraso
Alfano
Acciaroli
Pioppi
Marina di Casal Velino
Sta Barbara
Velia
Cuccaro Vetere
Futani
Montano Antilia
Laurito
Ascea
Terradura
Abatemarco
Marina di Ascea
Rodio
S. Mauro la Bruca
Roccagloriosa
Marina di Pisciotta
Pisciotta
S. Nicola
Poderia
Celle
Foria
Centola
Acquavella
M. Bulgheria
Caprioli
Licusati
S. Giovanni
Palinuro
Grotta Azzurra
Capo Palinuro
Camerota
Lentiscosa
Marina di Camerota
Punta
Mingardo
Lambro
Torno
Calore
S 18
S 19
S 166
S 267
S 447
S 447r
S 447a
S 488
S 562
S 562d

26
27

Caggiano
Savoia di Lucania
Satriano di Lucania
Angelo Fratte
M. Sierio
Polla
Atena Lucana
Brienza
Sasso di Castalda
M. Pierfaone
Abriola
Anzi
Calvello
La Sella
Lago di Ponte Fontanelle
Pietrapertosa
Oliveto Lucano
Accettura
Laurenzana
M. Caperino
Monti della Maddalena
Vallo di Diano
Tanagro
Pergola
Marsico Nuovo
M. Volturino
M. Pilato
Tª d. Rose
Sala Consilina
S. Michele
Paterno
Marsicovetere
Madonna di Viggiano
Corleto Perticara
Gorgoglione
Stigliano
Cirigliano
La Montagna
Madonna di Pergamo
Guardia Perticara
Prato Perillo
S. Marco
Teggiano
Silla
Trinità
Padula
Villa d'Agri
Agri
Viggiano
M. dell'Agresto
Sauro
M. Vivo
Monte S. Giacomo
Sassano
Ascolese
Certosa di S. Lorenzo
Sta Longa
Tramutola
Madª della Stella
Armento
Missanello
M. Cerasulo
Nazionale
Peglio
Arenabianca
Grumento Nova
Grumentum
Montemurro
Gallicchio
Lago del Pertusillo
Spinoso
M. Cervati
Buonabitacolo
Montesano Scalo
Montesano sulla Marcellana
Sella Cessuta
Sarconi
S. Martino d'Agri
M. Cariusi
Pte Inferno
Moliterno
Croce di Raparo
Roccanova
Sanza
Serra la Giumenta
Bussento
M. Forcella
Casalbuono
Serra Fisciolo
M. Raparo
S. Chirico Raparo
M. Centaurino
M. Rotondo
Sta Maria dei Martiri
Calore
Tempa di Roccarossa
Rimendiello
Castelsaraceno
Caselle in Pittari
Casaletto Spartano
Fortino
Noce
L. Laudemio
Calvera
Carbone
Teana
Chiaromonte
Tortorella
M. Cocuzzo
M. del Papa
M. Sirino
M. Alpi
Fardella
Sicilì
Morigerati
Battaglia
Lagonegro
Torre Orsaia
Torraca
Latronico
M. Pallareta
Episcopia
Sinni
Tempone
Serralunga
Sta Marina
Vibonati
Rotale
Ispani
Villammare
Sapri
S. Costantino
Rivello
Pecorone
Nemoli
Magnano
Villaneto
Bosco
Policastro Bussentino
Capitello
Scario
M. Coccovello
M. la Spina
S. Severino Lucano
Acquafredda
Lauria
Castelluccio Superiore
Castelluccio Inferiore
La Fagosa
Passo la Colla
Trecchina
Gallizzi
Golfo di Policastro
degli Infreschi
Fiumicello
Sta Venere
Porto di Maratea
Maratea
Piano dei Peri
Viggianello
Santo S. Biagio
Brefaro
M. Serramale
Laino Borgo
Rotonda
Parco Nazionale del Pollino
Grotta di Maratea
Marina di Maratea
Castrocucco
Tortora
Laino Castello
S. Onofrio
Colle d'Impiso
Castrocucco di Maratea
Aieta
Lao
Lido di Tortora
Praia a Mare
Montagna
M. Ciagola
Colle d. Dragone
Mormanno
Avena
Papasidero
Campo Tenese
Coscile
I. di Dino
S. Nicola Arcella
Sta la Limpida
Morano Calabro
Tremoli
Castrovillari
M. Palanuda
Capo Scalea
Scalea
Sta Domenica Talao
Orsomarso
M. Caramolo
S. Basile
Saracena
Marcellina
Verbicaro
Cozzo del Pellegrino
Sta Maria del Monte
Lungro
Sta Maria del Cedro

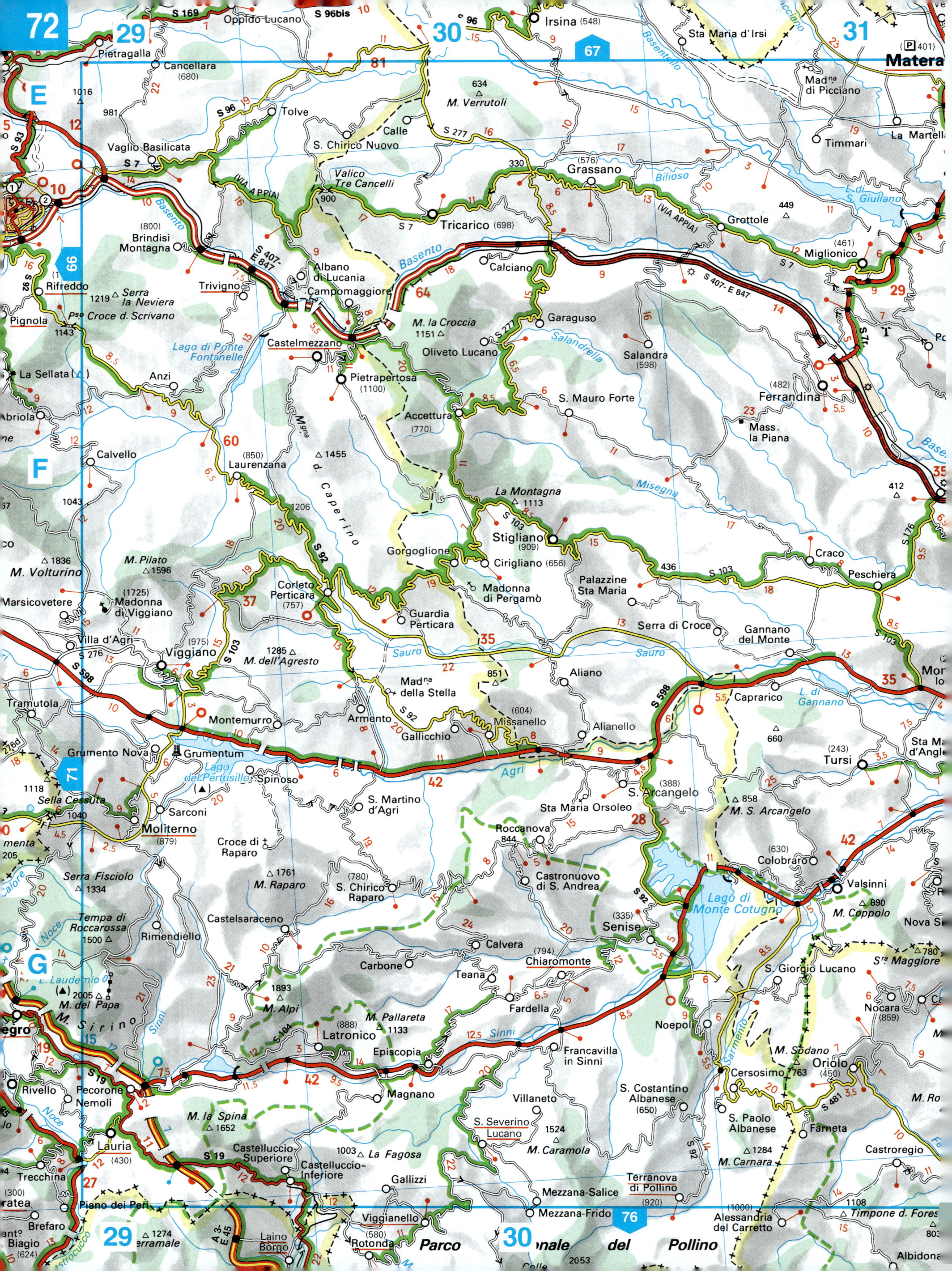

29
30
31
67
66
71
76
E
F
G
Oppido Lucano
Pietragalla
Cancellara
Irsina (548)
Sta Maria d'Irsi
Matera
Madna di Picciano
Timmari
La Martella
M. Verrutoli
Tolve
Calle
S. Chirico Nuovo
Vaglio Basilicata
Valico Tre Cancelli
Grassano
Bilioso
Tricarico (698)
Grottole
Miglionico
L. di S. Giuliano
Brindisi Montagna
Basento
Albano di Lucania
Campomaggiore
Trivigno
Calciano
Rifreddo
Serra la Neviera
Pso Croce d. Scrivano
Pignola
M. la Croccia
Garaguso
Oliveto Lucano
Salandrella
Salandra (598)
Lago di Ponte Fontanelle
Castelmezzano
Pietrapertosa (1100)
La Sellata
Anzi
Accettura (770)
S. Mauro Forte
Ferrandina
Mass. la Piana
Abriola
Calvello
Laurenzana
Mgna d. Caperino
La Montagna
Misegna
Stigliano (909)
Cirigliano (656)
Gorgoglione
Craco
Peschiera
M. Volturino
M. Pilato
Madonna di Viggiano
Marsicovetere
Corleto Perticara (757)
Madonna di Pergamo
Palazzine Sta Maria
Guardia Perticara
Serra di Croce
Gannano del Monte
Villa d'Agri
Viggiano
M. dell'Agresto
Sauro
Aliano
Madna della Stella
Tramutola
Montemurro
Armento
Gallicchio
Missanello
Alianello
Caprarico
L. di Gannano
Tursi
Grumento Nova
Grumentum
Lago del Pertusillo
Spinoso
Agri
S. Arcangelo
M. S. Arcangelo
Sella Cessuta
Sarconi
Moliterno
S. Martino d'Agri
Sta Maria Orsoleo
Croce di Raparo
Roccanova
Colobraro
Valsinni
M. Raparo
S. Chirico Raparo
Castronuovo di S. Andrea
Lago di Monte Cotugno
M. Coppolo
Nova Siri
Serra Fisciolo
Tempa di Roccarossa
Castelsaraceno
Rimendiello
Senise
Calvera
Carbone
Chiaromonte
S. Giorgio Lucano
Sta Maggiore
L. Laudemio
M. del Papa
M. Sirino
M. Alpi
Teana
Fardella
Nocara
M. Pallareta
Latronico
Noepoli
Episcopia
Sinni
Francavilla in Sinni
M. Sodano
Oriolo
Cersosimo
Rivello
Pecorone
Nemoli
Magnano
Sarmento
S. Costantino Albanese
Villaneto
S. Paolo Albanese
Farneta
M. la Spina
S. Severino Lucano
M. Caramola
M. Carnara
Castroregio
Lauria
Castelluccio Superiore
Castelluccio Inferiore
La Fagosa
Trecchina
Gallizzi
Mezzana-Salice
Terranova di Pollino
Timpone d. Fores
Piano dei Peri
Mezzana-Frido
Alessandria del Carretto
Brefaro
Viggianello
Laino Borgo
Rotonda
Albidona
Parco Nazionale del Pollino
VIA APPIA
S 7
S 407 - E 847
S 92
S 103
S 598
S 19
S 104
S 481
S 176
S 277
S 96
S 96bis
S 169
A 3 - E 45

32
33
68
Vigliones
376
S 271
Monsignore
S. Basilio
Mass. Pandoro
461
M. Orsetti
Mass. Piccoli
521
Mass. Orimini
517
Masseria Torre Spagnola
Mass. Cangiulli
Mass. Tafuri
Madna d. Carmine
Mass. Del Vecchio
S. Francesco
S 377
M. S. Elia
550
Mass. Fragneto
S. Paolo
S 581
Mass. Piovacqua
Chiese rupestri
VIA APPIA
S 7
Castellaneta
(245)
Mottola
(387)
S 100
Villaggio di Petruscio
Mass. Pizziferro
Crispiano
S. Simone
Mass. Orimi
S 172
Laterza
(340)
411
Palagianello
Santo d. Madna d. Scala
Massafra
(110)
Gravina di Matera
S 175
Mass. Parco dei Monaci
S 580
Gravina di Laterza
A 14- E 843
Masseria S. Domenico
Palagiano
Statte
F
Ginosa
(240)
S 106dir.
VIA APPIA
S 7-E 843
Quartiere Paolo VI
Montescaglioso
(352)
Sta Maria d'Attoli
Masseria Follerato
Mass. d'Anela
Masseria Conca d'Oro
S 106-E 90
Bradano
S 380
Mass. Magliati
Chiatona
L. do Azzurro
Case Perrone
TARANTO
Mare Piccolo
(454)
Mass. d. Palme
Pineto
Castellaneta Marina
I. S. Pietro
Mare Grande
Mass. S. Paolo
302
S 175
Bosco il
Riva dei Tessali
Isole Cheradi
Praia a Mare
I. S. Paolo
S. Donato
Masseria Serra Marina
Capo S. Vito
Lido Bruno
La Lama
Talsano
Tavole Palatine
Ginosa Marina
Pisticci Scalo
Bernalda
(127)
Lido Gandoli
Pisticci
(364)
S 407- E 847
Metapontum
Metaponto
Lido di Metaponto
Marina di
Tinchi
Marconia
Cavone
Lido Quarantotto
Andriace
Marina di Pisticci
74
S 103
S 598
Recoleta
S 106- E 90
Scanzano Ionico
Lido di Scanzano
Agri
Eraclea
S 653
Policoro
G
Lido di Policoro
Sinni
(575)
E 90
Nova Siri Stazione
Rocca Imperiale
Rocca Imperiale Marina
713
Soprano
S 106
Montegiordano
Montegiordano Marina
666
Roseto Capo Spulico
Marina Roseto Capo Spulico
Capo Spulico
Amendolara
Marina di Amendolara
77
31
32
33

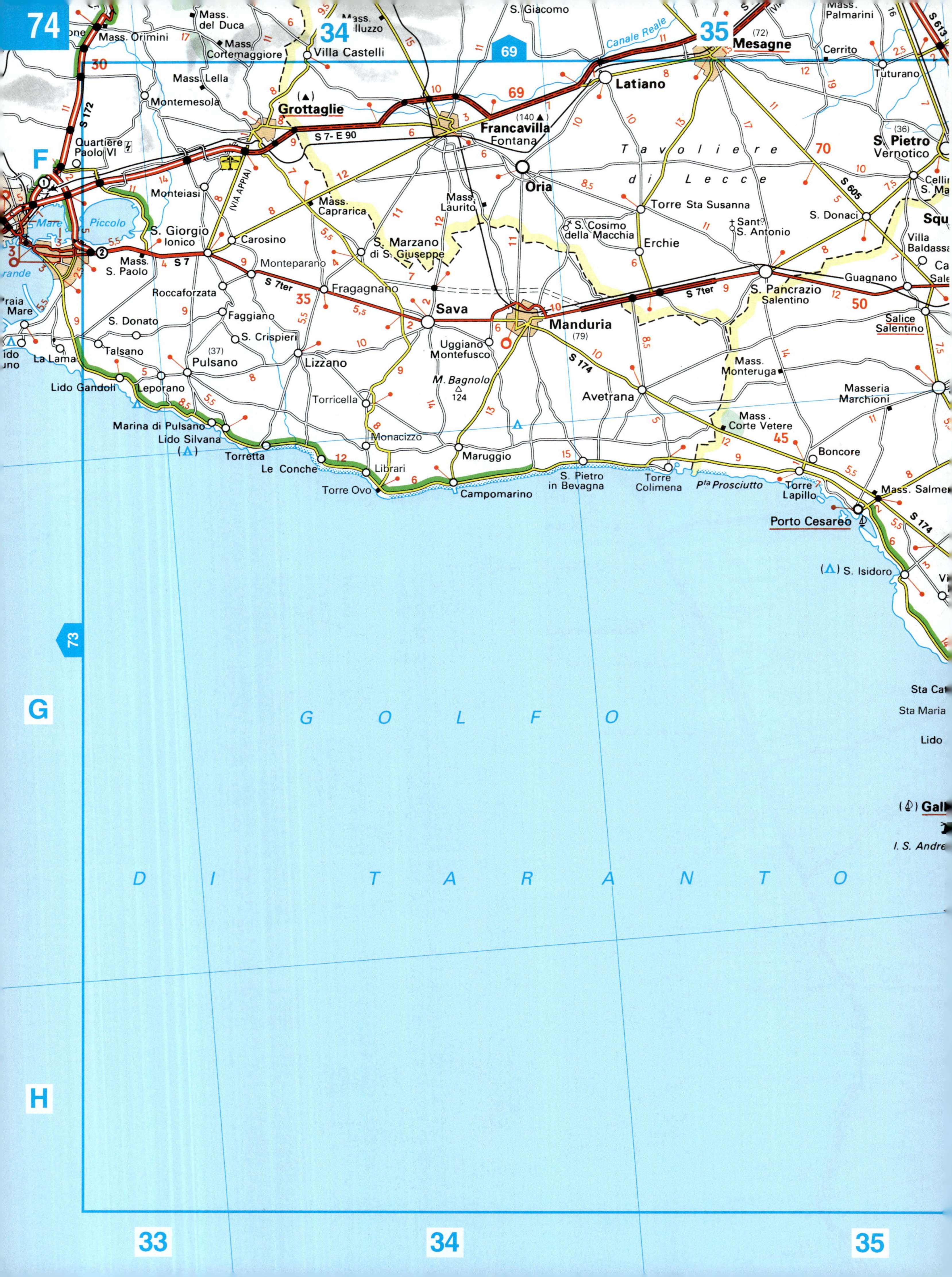
Mass. del Duca
Mass. Orimini
Mass. Cortemaggiore
Mass. Elluzzo
Villa Castelli
S. Giacomo
Canale Reale
Mesagne
Mass. Palmarini
Cerrito
Tuturano
S 613
S 172
Mass. Lella
Montemesola
Grottaglie
Francavilla Fontana
Latiano
S 7 - E 90
Quartiere Paolo VI
Monteiasi
(VIA APPIA)
Mass. Caprarica
Oria
Mass. Laurito
T a v o l i e r e
d i L e c c e
S. Pietro Vernotico
Cellino S. Marco
Torre Sta Susanna
Sant. S. Antonio
S. Donaci
S 605
Mare Piccolo
S. Giorgio Ionico
Carosino
S. Marzano di S. Giuseppe
S. Cosimo della Macchia
Erchie
Villa Baldassarri
Mass. S. Paolo
S 7
Monteparano
S 7ter
Fragagnano
Sava
Manduria
S. Pancrazio Salentino
Guagnano
Salice Salentino
Roccaforzata
Faggiano
S. Donato
S. Crispieri
Talsano
Pulsano
Lizzano
Uggiano Montefusco
M. Bagnolo
124
S 174
Avetrana
Mass. Monteruga
Masseria Marchioni
La Lama
Lido Gandoli
Leporano
Torricella
Marina di Pulsano
Lido Silvana
Torretta
Le Conche
Monacizzo
Librari
Torre Ovo
Maruggio
Campomarino
S. Pietro in Bevagna
Torre Colimena
Pta Prosciutto
Mass. Corte Vetere
Boncore
Torre Lapillo
Mass. Salmenta
Porto Cesareo
S. Isidoro
Sta Caterina
Sta Maria
Lido
Gallipoli
I. S. Andrea
G O L F O
D I T A R A N T O
69
73
F
G
H
33
34
35
30
35
45
50
70

36
37
F
G
H
Lido Cerano
Torre S. Gennaro
Lindinuso
Casalabate
Tre Rinalda
Tre Chianca
Torchiarolo
Abba Sta Maria di Cerrate
Case Simini
Frigole
Borgo Piave
S. Cataldo
Trepuzzi
Surbo
Novoli
Lecce
Acaia
Torre Specchia
Carmiano
Arnesano
Merine
Struda
Vanze
Monteroni di Lecce
Veglie (49)
Cavallino
Pisignano
Acquarica di Lecce
S. Foca
Roca Vecchia
S. Pietro in Lama
Lequile
Lizzanello
Vernole
Torre dell'Orso
S. Cesario di Lecce
Leverano
S. Donato di L.
Caprarica di L.
Castri di L.
Melendugno
S. Andrea
Copertino (34)
Galugnano
Borgagne
Calimera
Frassanito
Mass. Scianne
Sternatia
Martignano
Alimini Grande
Kérkira (Corfu)
Igoumenitsa
Zollino
Martano
Carpignano Salentino
Collemeto
Alimini Piccolo
Soleto
Castrignano de' Greci
Serrano
Cannole
Galatina (78)
Corigliano d'Otranto
Melpignano
Bagnolo del Salento
Nardò
Otranto
Noha
Cursi
Palmariggi
Giurdignano
Cenate
Galatone
Sogliano Cavour
Maglie (37)
Uggiano la Chiesa
Capo d'Otranto (82)
Aradeo
Cutrofiano
Muro Leccese
Minervino di Lecce
Porto Badisco
Neviano
Scorrano
Giuggianello
Sannicola (75)
Sanarica
Cocumola
Conchiglie
Collepasso
Botrugno
Poggiardo
Sta Cesarea Terme
Rivabella
Tuglie
Nociglia
Ortelle
Alezio
Surano
Romanelli
Parabita
Matino
Castro
Zinzulusa
Gallipoli
Spongano
Diso
Castro Marina
Baia Verde
Supersano
Andrano
Casarano (107)
Ruffano
Montesano Salentino
Castiglione
Marina di Andrano
Torre del Pizzo
Melissano
Taviano
Miggiano
Porto Tricase
Marina di Mancaversa
Racale
Taurisano
Specchia
Lucugnano
Tricase (98)
Torre Suda
Alliste
Acquarica del Capo
Marina Serra
Ugento
Tiggiano
Capilungo
Gemini
Presicce
Alessano
Corsano
Marine di Posto Rossi
Montesardo
Marina di Novaglie
Torre S. Giovanni
Salve
Morciano di Leuca
Torre Mozza
Patù
Gagliano del Capo (144)
Lido Marini
Castrignano del C.
Torre Pali
Marina di Pescoluse
Torre Vado
S. Gregorio
Marina di Leuca
Santa di
Sta Maria di Leuca
Pta Ristola
Capo Sta Maria di Leuca (60)
S 613
S 7 ter
S 16
S 543
S 611
S 101
S 476
S 664
S 497
S 459
S 275
S 173
S 274
S 475
S 474
△195

29
30
31
71
72
78
H
I
J
Parco Nazionale del Pollino
Superiore
Castelluccio-Inferiore
Gallizzi
Mezzana-Salice
Mezzana-Frido
Terranova di Pollino
M. Carnara
Alessandria del Carretto
Timpone d. Foresta
Piano dei Peri
Brefaro
Viggianello
Rotonda
Laino Borgo
Laino Castello
S. Onofrio
M. Serramale
Tortora
Aieta
Colle d'Impiso
M. Pollino
Colle d. Dragone
Sta Dolcedorme
M. Sparviere
Albidona
Plataci
S. Lorenzo Bellizzi
Cerchiara di Calabria
Villapiana
Montagna
M. Ciagola
Papasidero
Avena
Mormanno
Campo Tenese
Frascineto
Eianina
Civita
Francavilla Marittima
Santo Sta Maria d'Armi
Nicola Arcella
Tremoli
M. Palanuda
Morano Calabro
Castrovillari
S. Basile
Cassano allo Ionio
Lauropoli
Le Vigne
Scalea
Sta Domenica Talao
Orsomarso
M. Caramolo
Saracena
Piana di Sibari
Sibari
Doria
Marcellina
Verbicaro
Sta Maria del Monte
Lungro
Cozzo del Pellegrino
Firmo
Caselle
Sybaris
Sta Maria del Cedro
Grisolia
Maierà
Abatemarco
S. Donato di Ninea
Acquaformosa
Altomonte
Spezzano Albanese Terme
Mandria Luci
Pollinara
Thurio
Cirella
Pta di Cirella
I. di Cirella
La Mula
Buonvicino
Grondo
Spezzano Albanese
Cantinella
Diamante
Madna d. Pettoruto
S. Sosti
Mottafollone
Esaro
S. Lorenzo d. Vallo
Terranova da Sibari
Villaggio Frasso
S. Agata
Montea
Roggiano Gravina
Tarsia
Belvedere Marittimo
Pso d. Scalone
S. Agata di Esaro
Lago di Tarsia
S. Cosmo Alb.
Vaccarizzo Alb.
Marina di Belvedere
Sangineto
Malvito
Sta Caterina Alb.
Follone
Macchia
S. Demetrio Corone
Sangineto Lido
Bonifati
Fagnano Castello
Sta Maria d. Matina
Pagania
Cittadella del Capo
Capo Bonifati
S. Angelo
S. Marco Argentano
Cervicati
Sta Sofia d'Epiro
Sta Crista d'Acri
Montegrassano
Bisignano
Duglia
Cetraro
Cavallerizzo
Cerzeto
Sartano
Acri
Marina di Cetraro
Acquappesa
S. Martino di Finita
Torano Castello
Mucone
Terme Luigiane
S. Giorgio
Guardia Piem. Marina
Guardia Piem.
Rota Greca
Lattarico
Luzzi
Palazello
Piretto
Regina
Abba d. Sambucina
Le Monachelle
Cariglio
S. Benedetto Ullano
Bivio Acri
Varco S. Mauro
Marina di Fuscaldo
Fuscaldo
Scarcelli
Vaccarizzo
Montalto Uffugo
Rose
Serra la Guardia
Fago del Soldato
S. Vincenzo la Costa
Santo di S. Francesco
Arcavacata
Castiglione Cosentino
Paola
Marina di Paola
Gesuiti
S. Fili
S. Pietro in Guarano
Rende
Marano Marchesato
Castrolibero
Rovito
S. Lucido
Crocetta
Marano Principato
Cosenza
Spezzano d. Sila
Trenta
Spezzano Picc.
Cerisano
Pedace
Casole Bruzio
Pietrafitta
Falconara Albanese
Mendicino
Abba di Sta Domenica
Carolei
Dipignano
Aprigliano
Figline Vegliaturo
Fiumefreddo Bruzio
M. Cocuzzo
Paterno Calabro
Mangone
Longobardi
Crati
Coscile
Lao
Mercure
Raganello
Saraceno
S 19
S 18
S 92
S 105
S 106
S 107
S 279
S 283
S 504
S 533
S 534
S 559
S 660
A 3-E 45

32
73
33
H
I
J
Capo Spulico
Marina Roseto Capo Spulico
Amendolara
Marina di Amendolara
Trebisacce
Villapiana Lido
Sybaris Marine
Marina Schiavonea
Lido S. Angelo
Capo Trionto
Mirto Crosia
Foresta
Rossano Stazione
Amica
Corigliano Calabro
Rossano
Crosia
Calopezzati
St. di Pietrapaola
St. di Mandatoriccio-Campana
Cariati Marina
Cariati
S. Morello
Pta Fiume Nicà
Terravecchia
Crucoli Torretta
Scala Coeli
Crucoli
Cappella
Pta Alice
Cirò
Cirò Marina
Sant. Sta Maria del Patire
Piana Caruso
Paludi
Cropalati
Caloveto
Pietrapaola
Mandatoriccio
Destro
S. Giacomo d'Acri
Sra Castagna
M. Paleparto
M. Serino
Longobucco
M. Altare
Parco Nazionale della Calabria
La Fossiata
M. Sordillo
Bocchigliero
Campana
M. Lelo
Umbriatico
S. Anastasia
Lago di Cecita o Mucone
M. Pettinascura
Mezzocampo
M. Suvaro
Lipuda
Torre Melissa
Pino Grande
Savelli
Verzino
Pallagorio
S. Nicola dell'Alto
Carfizzi
Melissa
Strongoli
Croce di Magara
L. di Ariamacina
Germano
Le Murgie
Monte Botte Donato
L. Votturino
Silvana Mansio
Palla Palla
Zinga
Casabona
Ramundo
S. Giovanni in Fiore
Caste silano
Marina di Strongoli
Lorica
Rovale
Cerenzia
Bagni di Repole
Belvedere di Spinello
Fasana
Cagno
Infantino
Caccuri
Lago Arvo
Montenero
Croce di Agnara
Rocca di Neto
Bucchi
Colle d'Ascione
Caporosa
Trepidò-Sott.
Poverella
Sta Fania
Altilia
Ampollino
79
31
32
33

29
30
31
76
J
K
L
83
80
81
Falconara Albanese
Abbª di Sta Domenica
Fiumefreddo Bruzio
Longobardi Marina
Longobardi
M. Cocuzzo
Domenico
Dipignano
Carolei
Paterno Calabro
M. Serratore
Potame
Marina di Belmonte
Belmonte Calabro
Lago
Grimaldi
Altilia
Malito
Belsito
Marzi
Carpanzano
Rogliano
Mangone
Figline Vegliaturo
Aprigliano
Pietrafitta
Baracchella
Lago Arvo
Colle d'Ascione
Poverella
Parenti
Savuto
Bocca di Piazza
C. Bastarda
Serbº del Passante
Agrifoglio
Colosimi
Corati
Scigliano
Pedivigliano
Serradipiro
Bianchi
Soveria Mannelli
Amantea
S. Pietro in Amantea
Terrati
Aiello Calabro
Serra d'Aiello
Cleto
Campora S. Giovanni
Savuto
Martirano
Martirano Lombardo
Motta Sta Lucia
Adami
Conflenti
Decollatura
Panettieri
Carlopoli
Castagna
Corace
Cicala
S. Mango d'Aquino
Nocera Terinese
M. Mancuso
M. Reventino
S. Mazzeo
Pˢᵒ di Acquabona
Platania
Cerrisi
Serrastretta
Falerna
Falerna Marina
Castiglione Marittimo
Gizzeria
Terme Caronte
Nicastro
Sambiase
Zangarona
S. Pietro Apostolo
Angoli
Feroleto Antico
Pianopoli
Migliernia
Amato
Marcellinara
S. Eufemia Vetere
Lamezia Terme
Capo Suvero
Gizzeria Lido
S. Eufemia Lamezia
Vena
Caraffa di Catanzaro
S. 280 - E 848
S. Pietro a Maida Scalo
Maida Marina
Maida
Iacurso
Cortale
S. Pietro a Maida
Acconia
Curinga
Girifalco
Golfo
di S. Eufemia
Montesoro
M. Contessa
Amaroni
Squillace
Vallefiorita
I. Stromboli
Filadelfia
Pˢᵒ Fosso del Lupo
Francavilla Angitola
Palermiti
Lago dell'Angitola
Polia
Serralta di S. Vito
Centrache
Gasperina
Cenadi
Olivadi
Montepaone
S. Vito s. Ionio
Petrizzi
Argusto
Chiaravalle Centrale
Gagliato
Pizzo
Briatico
Vibo Valentia Marina
Pᵗᵃ di Zambrone
Marina di Zambrone
Zambrone
Pannaconi
Vibo Valentia
Maierato
Filogaso
Monterosso Calabro
Capistrano
S. Onofrio
Stefanaconi
S. Nicola da Crissa
Torre di Ruggiero
Vallelonga
Cardinale
S. Sostene
Davoli
Tropea
Sta Domenica
Parghelia
Zaccanopoli
Drapia
Zungri
S. Cono
Cessaniti
Vena
Piscopio
S. Gregorio d'Ippona
Brattirò
Caria
Mesiano
S. Costantino Calabro
Filandari
Francica
Vazzano
Pizzoni
Simbario
Brognaturo
Isca
M. Trematerra
Capo Vaticano
S. Nicolò
Spilinga
Ricadi
Coccorino
M. Poro
Pernocari
Rombiolo
Mileto
Paravati
S. Giovanni
S. Angelo
Soriano Calabro
Spadola
C. Morone
Lago di Lacina
Serra S. Bruno
M. S. Nicola
Comerconi
Joppolo
S. Calogero
Gerocarne
Sorianello
Arena
Sta Maria del Bosco
Pˢᵒ Croce di Panaro
Nicotera
Limbadi
Calimera
Mesima
Dasà
Acquaro
M. Pecoraro
Nicotera Marina
Marepotamo
Dinami
C. Bellardina
Mongiana
Ferdinandea
Guardavalle
Gioia del Tirreno
Serrata
Candidoni
S. Pietro di Carida
Pˢᵒ di Pietra Spada
Bivongi
Pazzano
Rosarno
S. Ferdinando
Laureana di Borrello
Plaesano
M. Crocco
Prateria
Fabrizia
Nardodipace

Crotone
Capo Colonna
Santo Hera Lacinia
Isola di Capo Rizzuto
Capo Rizzuto
Le Castella
Capo Cimiti
Vil. Turistico
Salica
Vermica
S. Anna
Papanice
Gabella Grande
Fasana
Bucchi
Rocca di Neto
Belvedere di Spinello
Neto
Sta Severina
Altilia
Scandale
S. Mauro Marchesato
Cutro
Termine Grosso
Rosito
S. Leonardo di Cutro
Campolongo
Steccato
Tacina
Marcedusa
Belcastro
Arietta
Mesoraca
Foresta
Petilia Policastro
Roccabernarda
Cotronei
Sta Rania
Caccuri
Cerenzia
Infantino
Cagno
Rovale
Montenero
Croce di Agnara
Trepidò
Ampollino
Caporosa
Parco Nazionale della Calabria
M. Gariglione
Pagliarelle
Ciricilla
M. Femminamorta
Tirivolo
Villaggio Racise
Buturo
Filippa
Petrona
Cerva
Andali
Cropani
Botricello
Cropani Marina
Calabricata
Sellia Marina
La Petrizia
Sersale
Zagarise
Magisano
Albi
Taverna
Sorbo S. Basile
S. Giovanni
Fossato Serralta
Sellia
Pentone
Gimigliano
S. Elia
Crichi
Soveria Simeri
Simeri
Pontegrande
Catanzaro
Sta Maria
Le Croci
S. Floro
Borgia
Catanzaro Lido
Roccella
Copanello
Staletti
Pta di Staletti
Montauro
Montepaone Lido
Soverato
Marina di Davoli
S. Andrea Apostolo d. Ionio
S. Andrea Apostolo d. Ionio Marina
Isca Marina
Badolato Marina
Badolato
Sta Caterina d. Ionio
Sta Caterina d. Ionio Marina
Marina di S. Antonio
Vinciarello
Caulonia
GOLFO DI SQUILLACE
S 106 - E 90
S 107 - E 846
S 109
S 19
S 19bis
S 384
S 181
S 180
S 179
J
K
L
31
32
33
77
81

28
29
78
83
89
L
M
N
GOLFO
DI GIOIA
Golfo di Milazzo
Stretto di Messina
Nicotera
Nicotera Marina
Gioia del Tirreno
Mesima
Rosarno
S. Ferdinando
Marina di Gioia Tauro
Gioia Tauro
Drosi
Rizz
Cirello
Ama
Taureana
Palmi
Capo Barbi
Marina di Palmi
M. S. Elia
Seminara
Castellace
Vara
S. Anna
Melicuccà
Calabretto
Cosoleto
Viola
Ceramida
Pellegrina
Bagnara Calabra
Costa
Favazzina
Scilla
S. Procopio
Sinopoli
S. Eufemia d'Aspr.
Solano
Melia
Scido
Delianuova
Piani di Carmelia
S. Roberto
Cippo Garibaldi
Aspromonte
Santuario di Polsi
Gambarie
Sto Stefano in Aspr.
S. Alessio in Aspr.
Calanna
Laganadi
Cerasi
Montalto (M. Cocuzza)
Parco Nazionale
Sella Entrata
Amendolea
Orti
Arasi
Terreti
Vinco
Mosorrofa
Cataforio
Cardeto
Cardeto Sud
S. Agata
Ravagnese
Armo
Oliveto
M. Embrisi
P. d'Ato
Roghudi
Roccaforte del Greco
Bagaladi
Fossato Ionico
Motta S. Giovanni
S. Lorenzo
Codonfuri
Amendolea
Chorio
S. Pantaleone
Montebello Ionico
Molaro
Pentedattilo
S. Carlo
Prunella
Bova Marina
Condofuri Marina
Marina di S. Lorenzo
Melito di Porto Salvo
S. Elia
Saline Ioniche
Capo dell'Armi
Lazzaro
Bocale
Punta di Pellaro
Pellaro
S. Leo
S. Gregorio
REGGIO DI CALABRIA
Archi
Gallico
Gallico Marina
Catona
Concessa
Villa S. Giovanni
Campo Calabro
Rosali
Torre Faro
Porticello-Sta Trada
Cannitello
I. Stromboli
I. Vulcano
C. Peloro
Mortelle
Ganzirri
Faro Sup.
Pace
Sparta
Massa S. Giorgio
C. Rasocolmo
S. Saba
Castanea d. Furie
Rodia
M. Ciccia
Divieto
Villafranca Tirrena
Gesso
Spadafora
Saponara
Venetico
Roccavaldina
Valdina
Rometta
Antennamare
Scala
Milazzo
Croce al Promontorio
Torregrotta
Pace d. Mela
Condrò
S. Filippo d. Mela
S. Pier Niceto
Monforte S. Giorgio
Sicaminò
Pellegrino
Barcellona Pozzo di Gotto
Sta Lucia del Mela
La Gala
Castroreale
Bafia
MESSINA
Larderia
Tremestieri
Mili S. Pietro
Sto Stefano di Briga
Galati Marina
P.zo d. Moda
M. Poverello
Pezzolo
Altolia
Giampilieri
Itala
Scaletta Zanclea
Itala Marina
Alì
Fiumedinisi
Alì Terme
M. Fossazza
P.zo di Vernà
Mandanici
Pagliara
Nizza di Sicilia
Rimiti
Antillo
Misserio
Roccalumera
Furci Siculo
Casalvecchio Siculo
Savoca
Sta Teresa di Riva
Limina
Ss. Pietro e Paolo
S. Alessio Siculo
C. S. Alessio
Rocca Fiorita
Forza d'Agrò
Mongiuffi-Melia
Gallodoro
Graniti
Letojanni
Taormina
Castelmola
Mazzarò
C. Taormina
Giardini-Naxos
C. Schisò
Naxos
S. Marco
Fiumefreddo di Sicilia

L
M
N
30
31
78
79
Marina di S. Antonio
Virciarello
Guardavalle
M. Pecoraro
Ferdinandea
P.so di Pietra Spada
Bivongi
Pazzano
Stilo
Caulonia
Punta Stilo
Monasterace
Monasterace Marina
B.vio Guardavalle
S 110
C. Bellardina
Mongiana
Fabrizia
M. Crocco
Nardodipace
Nardodipace Vecchio
Sto Todaro
S. Pietro di
Serrata
Candidoni
Laureana di Borrello
Prateria
Plaesano
Feroleto d. Chiesa
Galatro
Metramo
P.so Croce Ferrata
M. Seduto
Giffone
Anoia
Maropati
Melicucco
Cinquefrondi
Polistena
Macchina Lagana
Trappeto Bambino
S. Giorgio Morgeto
Piano della Limina
M. Limina
Mammola
Torbido
M. Granieri
S. Nicola
Popelli
Allaro
Ursini
Placanica
Stignano
Camini
Riace
Riace Marina
Strano
Caulonia
Focà
Grotteria
S. Giovanni di Gerace
Martone
Prisdarella
Gioiosa Ionica
Marina di Caulonia
Roccella Ionica
Giardini di Gioiosa
Cittanova
Taurianova
Terranova Sappo Minulio
Molochio
P.so di Mercante
Zomaro
Canolo
Chiusa
Agnana Calabra
Ferraro
Siderno Sup.
Marina di Gioiosa Ionica
Siderno
P.so di Ropola
Gerace
Messignadi
Oppido Mamertina
Piminoro
P.so di Cancelo
Antonimina
Ciminà
Bagni Minerali
Locri
Portigliola
Cirella
Platì
S. Ilario dello Ionio
Locri Epizefiri
Marina di S. Ilario
S. Nicola
Bombile
Ardore
Ardore Marina
M. Scorda
Careri
Benestare
Natile Nuovo
Bovalino Sup.
Bovalino Marina
S. Luca
M. Antenna
Bonamico
Casignana
S. Agata del Bianco
Bianco
Caraffa del Bianco
Samo
S. Anna
la Verde
Africo
Ferruzzano
Capo Bruzzano
Scrisà
Moticella
Bruzzano Zeffirio
M. Cerasia
Staiti
Pietrapennata
Razzà
Iermanata
Brancaleone Marina
Palizzi
Galati
Capo Spartivento
Spropolo
Stracia
Palizzi Marina
Costa dei Gelsomini
MARE IONIO
S 106-E 90
S 111
S 112
S 281
S 501
S 536

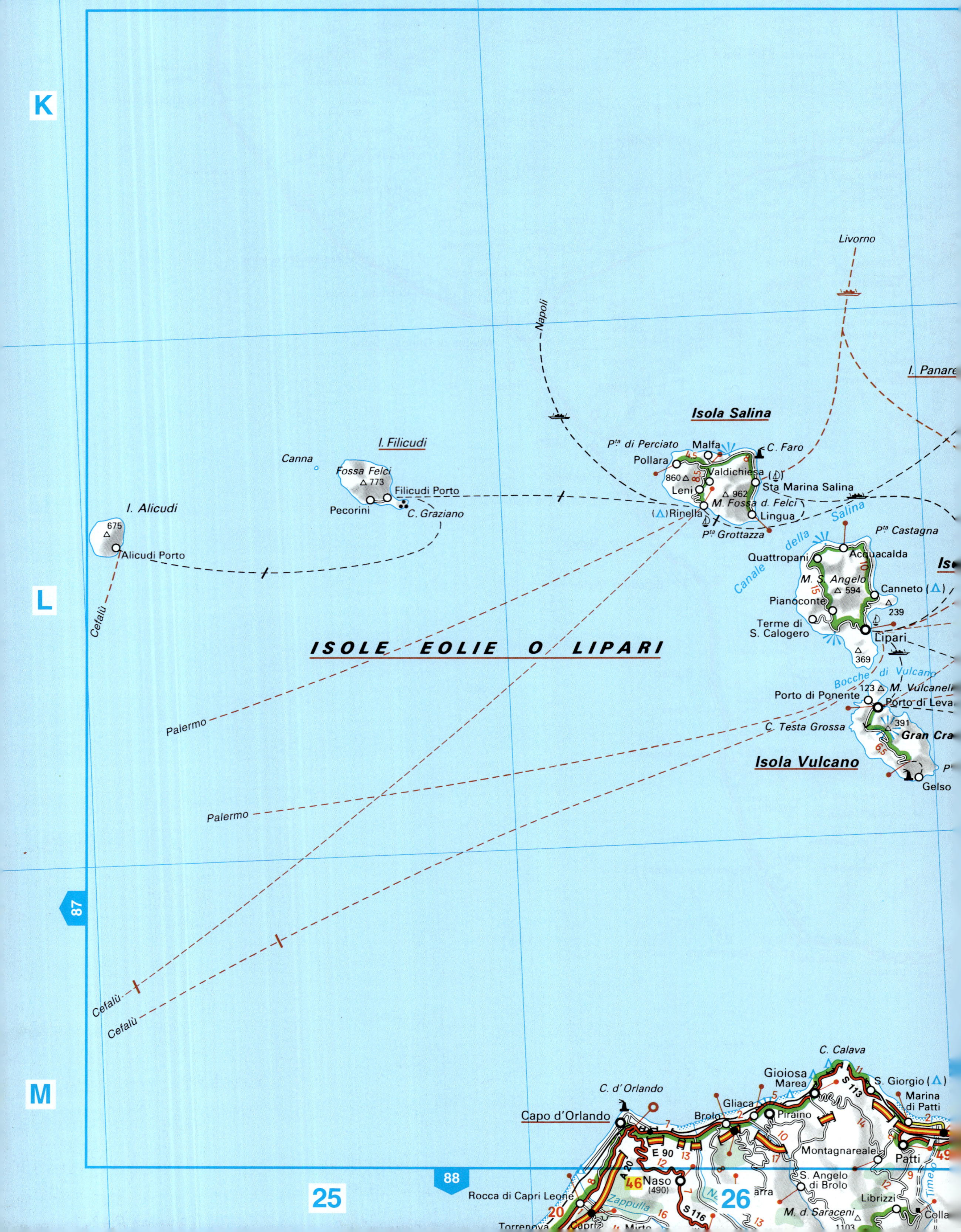
25
26
K
L
M
87
88
ISOLE EOLIE O LIPARI
Livorno
Napoli
I. Panare
Isola Salina
I. Filicudi
I. Alicudi
Canna
Fossa Felci
773
Filicudi Porto
Pecorini
C. Graziano
675
Alicudi Porto
Cefalù
Pta di Perciato
Malfa
C. Faro
Pollara
860
Valdichiesa
Leni
962
Sta Marina Salina
M. Fossa d. Felci
Rinella
Lingua
Pta Grottazza
Salina
della
Canale
Pta Castagna
Quattropani
Acquacalda
M. S. Angelo
594
Canneto
Pianoconte
239
Terme di
S. Calogero
Lipari
369
Bocche di Vulcano
Porto di Ponente
123
M. Vulcanell
Porto di Leva
C. Testa Grossa
391
Gran Cra
Isola Vulcano
Gelso
Palermo
Palermo
Cefalù
Cefalù
C. Calava
Gioiosa
Marea
S. Giorgio
Marina
di Patti
C. d'Orlando
Capo d'Orlando
Gliaca
Brolo
Piraino
Montagnareale
Patti
E 90
A 20
46
Naso
(490)
S. Angelo
di Brolo
Librizzi
Rocca di Capri Leone
Zappulla
S 116
S 113
M. d. Saraceni
Timeto
Torrenova
Capri
Mirto
Colla

27
28
K
L
M
80
89
Napoli
S. Bartolo
L. Strombolicchio
Sciara del Fuoco
S. Vincenzo
924
Ginostra
Vancori
Pta Lena
Isola Stromboli
Reggio di Calabria
I. Basiluzzo
I. Lisca Bianca
420
S. Pietro
Pta Milazzese
la Lipari
andiera
I. Stromboli
I. Vulcano
C. Rasocolmo
S. Saba
Sparta
Massa S. Giorgio
Mortelle
C. Peloro
Rodia
Castanea d. Furie
Faro Sup.
Bagnara Cal
Costa
Favazzina
Scilla
Torre Faro
Ganzirri
Porticello-Sta Trada
Canitello
C. di Milazzo
Golfo di Milazzo
Croce al Promontario
Villafranca Tirrena
Divieto
M. Ciccia
609
Pace
Villa S. Giovanni
Campo Calabro
S. Rober
Tono
Milazzo
Spadafora
Gesso
Fossazzo
Scala
Saponara
Concessa
Rosali
Golfo di Patti
Valdina
Venetico
Roccavaldina
Catona
Gallico Marina
Gallico
Laganadi
Sta Maria delle Grazie
Torregrotta
Olivarella
Pace d. Mela
Condro
Rometta
(600)
Cerasi
Calderà
S. Filippo d. Mela
Monforte S. Giorgio
Antennamare
1127
MESSINA
Archi
Orti
Arasi
C. Tindari
Tyndaris
Castroreale Terme
Meri
S. Pier Niceto
Sicaminò
Pellegrino
Larderia
Tremestieri
Terreti
Oliveri
S. Biagio
Barcellona Pozzo di Gotto
Sta Lucia del Mela
(215)
Mili S. Pietro
REGGIO DI CALABRIA
Vinco
Mosorrofa
Falcone
Terme Vigliatore
La Gala
Pizzo d. Moda
1015
Sto Stefano di Briga
Galati Marina
Catafo
575
Moreri
Furnari
Castroreale
1180
M. Poverello
1279
Pezzolo
Altolia
Ravagnese
Armo
S. Gregorio
Mazzarà
Mela
Floripotena
S. Agata
Stretto di Messina

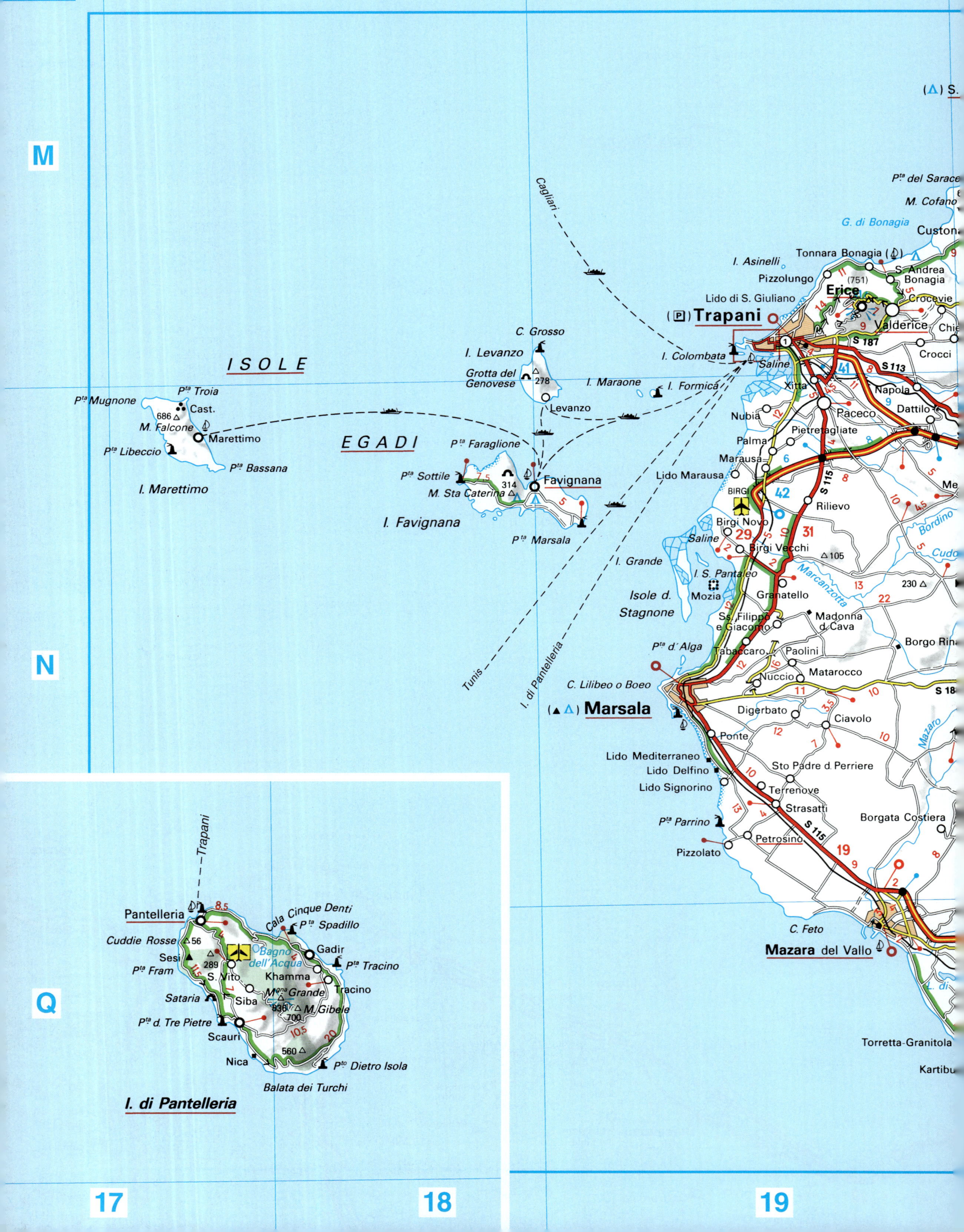
18
19
M
N
Q
17
18
19
ISOLE
EGADI
Pta Mugnone
Pta Troia
Cast.
686
M. Falcone
Marettimo
Pta Libeccio
Pta Bassana
I. Marettimo
C. Grosso
I. Levanzo
Grotta del Genovese
278
Levanzo
Pta Faraglione
Pta Sottile
314
M. Sta Caterina
Favignana
I. Favignana
Pta Marsala
I. Maraone
I. Formica
I. Colombata
Cagliari
Tunis
I. di Pantelleria
I. Asinelli
Pizzolungo
Lido di S. Giuliano
Trapani
Erice
(751)
Tonnara Bonagia
S. Andrea Bonagia
Crocevie
Valderice
G. di Bonagia
Pta del Sarace
M. Cofano
Custon
Crocci
S 187
S 113
Saline
Xitta
Nubia
Paceco
Napola
Dattilo
Palma
Pietretagliate
Marausa
Lido Marausa
BIRGI
Rilievo
S 115
Birgi Novo
Saline
Birgi Vecchi
105
I. Grande
I. S. Pantaleo
Mozia
Isole d. Stagnone
Granatello
Marcanzotta
230
Ss. Filippo e Giacomo
Madonna d. Cava
Borgo Rin
Pta d'Alga
Tabaccaro
Paolini
Matarocco
Nuccio
C. Lilibeo o Boeo
Marsala
Digerbato
Ciavolo
Ponte
Lido Mediterraneo
Lido Delfino
Lido Signorino
Sto Padre d. Perriere
Terrenove
Strasatti
Borgata Costiera
Pta Parrino
Petrosino
Pizzolato
C. Feto
Mazara del Vallo
Torretta-Granitola
Kartibu
Bordino
Mazaro
S 18
Trapani
Pantelleria
Cala Cinque Denti
Pta Spadillo
Cuddie Rosse
56
Sesi
Pta Fram
289
Bagno dell'Acqua
Gadir
Pta Tracino
S. Vito
Khamma
Tracino
Sataria
Siba
Mgna Grande
836
M. Gibele
700
Pta d. Tre Pietre
Scauri
560
Nica
Pto Dietro Isola
Balata dei Turchi
I. di Pantelleria

20
21
Capo Gallo
I. d. Femmine
Punta Raisi
Isola d. Femmine
Golfo di Carini
Sferracavallo
Mondello
Pta di Priola
M. Pellegrino
Partanna
Tommaso Natale
PUNTA RAISI
Capaci
A 29
M. Castellaccio
Terrasini
Cinisi
Villagrazia di Carini
Carini
Port.la Torretta
C. Rama
Madna del Furi
Torretta
PALERMO
E 90
Pzo Montanello
Boccadifalco
Zoo Fattoria
Lo Zucco
Giardinello
S. Martino d. Scale
Castellaccio
Montelepre
Monreale
Sta Maria di Gesù
Aquino
Villagrazia
Gibilrossa
Trappeto
M. Gibilmesi
Pioppo
Balestrate
Borgetto
Sant del Romitello
Altofonte
Belmonte Mezzagno
Partinico
M. Gradara
Giacalone
Portla d. Pianetto
Pzo Mirabella
Portla d. Paglia
Pzo Cervo
M. d. Fiera
Piana d. Albanesi
La Pizzuta
Sta Cristina Gela
L. di Piana d. Albanesi
L. Poma
S. Giuseppe Iato
Portla Ginestra
M. Jato
S. Cipirello
Marineo
M. Leardo
L. d. Scanzano
Grisi
S 118
Capo S. Vito
Pta di Solanto
Vito lo Capo
M. Monaco
Pta Tannure
Torre dell'Impiso
Golfo del Cofano
Golfo di Castellammare
Macari
M. Speziale
Castelluzzo
Purgatorio
Scopello
Sperone-Assieni
C. Puntazza
Pta Calabianca
M. Sparagio
Castellammare del Golfo
Baglio Messina
Balata di Baida
Alcamo Marina
Pzo d. Niviere
Battaglia
Buseto Palizzolo
Castello Inici
M. Scorace
Tangi
Ballata
Bruca
Alcamo
M. Bonifato
Mad.na dell'Alto
M. Ferricini
Fulgatore
Ummari
Segesta
Baglionuovo
L. Rubino
Mgna Grande
Calatafimi
M. Pietroso
M. Castellaccio di Frattacchia
Camporeale
S. Loe
Borgo Schirò
Sant.o del Rosario
Ficuzza
Bosco della Ficuzza
Vita
M. Polizzo
M. Baronia
Gallitello
Borgo Fazio
Ste del Parrino
M. Galiello
Portla di Poira
Rocca Mena
Ulmi
M. Sette Soldi
Posillesi
Salemi
Gibellina
Ruderi di Poggioreale
Belice Destro
Fratina
Corleone
S. Ciro
Ruderi di Gibellina
M. Giammaria
C.zo Donna Giacoma
Calamita Vecchia
M. del Coco
Ruderi di Salaparuta
Poggioreale
Pzo di Gallo
Portla Scorciavacche
Sta Ninfa
Salaparuta
Borgo Roccella
Campofiorito
Pzo Cangialoso
Madna d. Libera
Carraba Nuova
Partanna
Contessa Entellina
M. Triona
L. di Prizzi
Tre Grimesi
Sta Margherita di Belice
Sta Maria del Bosco
Bisacquino
L. di Gammauta
L. d. Trinità
Montevago
M. Genuardo
Chiusa Sclafani
Palazzo Adriano
SS. Trinità di Delia
M. Adranone
Giuliana
Castelvetrano
M. Magaggiaro
Sambuca di Sicilia
Portla Misilbesi
Pzo di Gallinaro
Campobello di Mazara
S. Biagio
S. Carlo
L. Arancio
Pzo Telegrafo
Burgio
Cave di Cusa
Menfi
M. Cirami
Villafranca Sicula
Modione
Rca Ficuzza
Caltabellotta
Selinunte
Bivio S. Bartolo
Lucca Sicula
M. S. Nicola
Triscina
Marinella
Porto Palo
S. Anna
Tre Fontane
Bivio Tamburello
Pta Granitola
Monte Kronio
S. Calogero
Calamonaci
Cast.
Ribera
C. S. Marco
Sciacca
S. Giorgio
M. Sara
S 113
S 187
S 119
S 188
S 115
S 624
S 386
S 186
A 29
E 90
E 931
M
N
O
98
99
20
21

21
22
L
K
M
N
85
90
Secca Colombara
Sc.° d. Medico
C. Falconiera
Secca Apollo
238
Ustica
Pta d. Spalmatore
Pta dell' Arpa
I. di Ustica
Palermo
Napoli
Livorno
Genova
Cagliari
Capo Gallo
561
I. d. Femmine
Sferracavallo
Mondello
Pta di Priola
Punta Raisi
Isola d. Femmine
Golfo di Carini
Partanna
M. Pellegrino
Vergine Maria
Golfo di Palermo
PUNTA RAISI
Tommaso Natale
Capaci
890
M. Castellaccio
606
(35)
Terrasini
Cinisi
Villagrazia di Carini
Carini (181)
Port.la Torretta
PALERMO
C. Mongerbino
Capo Zafferano
C. Rama
Golfo di Castellammare
Madna del Furi
Torretta
559
Aspra
Solunto
Porticello
964
Pzo Montanello
1050
Boccadifalco
Ficarazzi
Sta Flavia
Solanto
Zoo Fattoria
Lo Zucco
Giardinello
Montelepre
S. Martino d. Scale
Castellaccio
766
Monreale
(301)
Aquino
Villagrazia
Sta Maria di Gesù
Ciaculli
Villabate
Bagheria
Trappeto
M. Gibilmesi
1152
Pioppo
Gibilrossa
Casteldaccia
Calabianca
Balestrate
Borgetto
Sant del Romitello
Altofonte
Belmonte Mezzagno
Altavilla Milicia
C. Gr
Castellammare del Golfo
Partinico
(175)
1194
M. Gradara
Giacalone
1078
Portla d. Pianetto
588
Misilmeri
Portla d. Accia
294
Alcamo Marina
Jato
Pzo Mirabella
1165
797
Portla d. Paglia
Pzo Cervo
945
874
Inici
M. d. Fiera
971
1333
Piana d. Albanesi
Pzo d. Leone
1119
La Pizzuta
Sta Cristina Gela
Milicia
L. Poma
S. Giuseppe Iato
855
Portla Ginestra
di Piana d. Albanesi
Eleutero
Pzo Mangiatoriello
620
1257
Pzo d. Trigna
Alcamo
(256)
852
M. Jato
S. Cipirello
(531)
Marineo
Bolognetta
825
M. Bonifato
M. Ferricini
601
Madna dell'Alto
Grisi
1016
M. Leardo
786
M. Balatelle
Baucina
L. d. Scanzano
Ventimiglia
477
Cefalà Diana
Cast.
Calatafimi
(338)
M. Pietroso
531
1007
Villafrati
Ciminna
(521)
Godrano
M. Castellaccio di Frattacchia
317
S. Loe
Santo del Rosario
Camporeale
Borgo Schirò
672
Ficuzza
Mezzoiuso
777
Serre
Bosco della Ficuzza
574
M. Galiello
355
Portla di Poira
1613
Rocca Busambra
Gallitello
Sre del Parrino
326
Roccamena
Giardinello
Vicari (700)
Frattina
Campofelice di Fitalia
Belice Destro
1057
Czo Donna Giacoma
(250)
Gibellina
Ruderi di Gibellina
Ruderi di Poggioreale
Corleone
(542)
Mendola
Valle della Margana
Bivio Manganaro
663
M. Giammaria
560
644
Pzo di Gallo
683
Portla Scorciavacche
Portla d. Croce
491
Sta Ninfa
Ruderi di Salaparuta
Poggioreale
Borgo Roccella
Portla Imbriaca
917
Pzo Lanzone
430
Salaparuta
Campofiorito
1457
718
Madna d. Libera
Carruba
Pzo Cangialoso
(1007)
Prizzi
A 29
A 19
E 90
S 113
S 187
S 186
S 624
S 118
S 121
S 119
S 188
S 189
12 Freddo
Iato

23
24
L
M
N
82
88
91
Golfo di
Termini Imerese
Cefalù
C. Plaia
C. Raisigerbi
S. Ambrogio
Finale
Mistretta
Castel di Tusa
Torremuzza
S. Nicola l'Arena
Trabia
Termini Imerese
Campofelice di Roccella
Lascari
Sant° di Gibilmanna
Osservatorio Geofisico
P.zo S. Angelo
Pollina
Borrello
Tusa
Halaesa
Motta d'Affermo
Pettineo
Reitano
P.zo Taverna
P.zo Voturo
Port.la di Montenero
Imera
Buonfornello
Gratteri
P.zo Dipilo
Isnello
Castelbuono
Caccamo
M. S. Calogero
Sciara
Villaurea
Cerda
Collesano
Mongerati
M. d'Oro
S. Mauro Castelverde
Castel di Lucio
Timpa del Grillo
Piano Zucchi
P.zo Carbonara
Piano Battaglia
Port.la di Mare
M. dei Cervi
Marini
Port.la Mandarini
Geraci Siculo
P.za Cosimo
Grande o Imera Sett.le
Scillato
Aliminusa
Sambuchi
Montemaggiore Belsito
M. Roccelito
M. S. Salvatore
Madonie
Port.la d. Bifolchi
Malopassetto
Masseria S. Agrippina
Caltavuturo
Sclàfani Bagni
Polizzi Generosa
Nociazzi
Calcarelli
Petralia Sottana
Petralia Soprana
Gangi
Sperlinga
Igioffoli
Roccapalumba
P.so Conca
Port.la d. Lupo
Alia
M. Fiombino
Port.la Mangiante
Masseria Balate
Castellana Sicula
Fasano
Port.la Madonnuzza
Pianello
Verdi
M. Zimmara
S.ra Tignino
Blufi
Bompietro
Locati
Mass. Xireni
Valledolmo
P.zo Sampieri
Marcatobianco
Lercara Bassa
Lercara Friddi
Port.la d. Scavo
Caselgiordana
M. La Guardia
La Montagna
Torto
Pollina
Tusa
Gangi
S113
S 286
S 120
S 285
S 117
S 290
A 20
E 90
A 19 - E 932
S 643
S 113

25
82
26
Capo d'Orlando
Brolo
Piraino
Montagnareale
Patti
Naso (490)
Ficarra
S. Angelo di Brolo
Librizzi
Colla
M. d. Saraceni
Sinagra
Rocca di Capri Leone
Capri Leone
Torrenova
Mirto
Frazzanò
Castell' Umberto
S. Salvatore di Fitalia
Raccuia
S. Piero Patti
Ucria
S. Agata di Militello
S. Marco d'Alunzio
S. Filippo di F.
Acquedolci
Militello Rosmarino
Galati Mamertino (790)
Tortorici
Montalbano Elicona
Torre del Lauro
Grotta di S. Teodoro
Iria
Longi
Marina di Caronia
Alcara li Fusi
Rocche del Castro
Maru
Floresta
Polverello
M
Castel di Tusa
Torremuzza
Canneto
Caronia (304)
S. Fratello (675)
S. Nicola
Sto Stefano di Camastra
Halæsa
P.zo Filio
P.zo Tambulano
Port.la d. Zoppo
M. d. Morro
Favoscuro
Motta d'Affermo
Reitano
L. Biviere
Pettineo
M. Trefinaidi
P.zo Luminaria
S.ra del Re
M. Colla
Rocce Valdemone
Trearie
P.zo Lippo
M. Soro
Sta Domenica Vittoria
Mistretta (900)
Portella Femmina Morta Miraglia
Porticelle Soprane
M. Pomiere
P.zo Fau
Randazzo
Castel di Lucio
Abb.a di Maniace
P.gio Tornitore
Timpa del Grillo
M. Castelli
Colle del Contrasto
Capizzi (1139)
L. Ancipa
S. Teodoro
Cesarò (1150)
Maletto
M. Sta Maria
N
M. Sambughetti
P.so Malopasseto
Calogno
Troina
M. La Nave
Cerami (970)
Troina (1116)
Bronte (760)
Masseria S. Agrippina
Portelle
M. Femminamorta
Serra di Vito o di Caginia
Sperlinga
Villa Pietralunga
P.zo d'Eremita
M. Ruvolo
M. Zimmara
B.di Sperlinga
Sotto di Troina
Nicosia (700)
M. Schino d.Croce
M. Salici
M. Turchio
Gagliano Castelferrato (651)
Villaggio Sta Margherita
Simeto
M. La Guardia
Salso
Sparacollo
Adrano
Villadoro
Port.la Creta
Serra del Bosco
Lago Pozzillo
Carcari
M. Altesina
Nissoria
Agira (650)
Regalbuto
Biancavilla
Leonforte (603)
S. Giorgio
M. S. Agata
Mass. Intorella
Centuripe (733)
Sta Maria di Licodia
Erbavuso
Assoro
R.ca d'Aquila
Belpasso
L. Nicoletti
Calascibetta
Dittaino
Catenanuova
Muglia
Paternò (225)
Villarosa
Calderari
Enna (942)
Pergusa
Cozzo Arginemele
Libertinia
M. Iudica
Sferro
Parco Zoo di Sicilia
Port.la Castro
Mulinello
Castel di Iudica (475)
Borgo Franchetto
L. di Pergusa
M. Carangiaro
Valguarnera
M. Libra
Raddusa
Giumarra
Gerbini
M. Rossomanno
Mass. Stimpato
Bivio Jannarello
Olivo
L. di Ogliastro
Gornalunga
Morgantina
M. Polino
Aidone (816)
Margherito Sottano
Ramacca
Piazza Armerina (697)
Margherito Soprano
La Montagna
V.la Romana d. Casale
Benante
A 19
E 932
E 90
S 113
S 116
S 117
S 120
S 121
S 192
S 284
S 288
S 289
S 575
87
91
92
16

27
28
83
REGGIO DI CALABRIA
Tyndaris
Oliveri
Falcone
S. Biagio
Terme Vigliatore
Barcellona Pozzo di Gotto
La Gala
Sta Lucia del Mela
Sicaminò
Pellegrino
Mili S. Pietro
Sto Stefano di Briga
Calati Marina
Moreri
Furnari
Rodi
Castroreale
M. Poverello
Pezzolo
Altolia
Giampilieri
Itala
Scaletta Zanclea
Itala Marina
Alì
Alì Terme
Mazzarà S. Andrea
Milici
Bafia
Braidi
Basicò
Tripi
Sta Barbara
S. Marco
M. Fossazza
Fiumedinisi
Mandanici
Novara di Sicilia
S. Basilio
Pizzo di Vernà
Rimiti
Pagliara
Nizza di Sicilia
Roccalumera
Furci Siculo
Sta Teresa di Riva
Antillo
Misserio
Casalvecchio Siculo
Savoca
Fondachelli-Fantina
Port.la Pertusa
Port.la Mandrazzi
M. Rosso
M. Croce Mancina
Mgna Grande
Limina
Ss. Pietro e Paolo
S. Alessio Siculo
C. S. Alessio
Forza d'Agrò
Rocca Fiorita
Mongiuffi-Melia
Gallodoro
Malvagna
Francavilla di Sicilia
Moio Alcantara
Castiglione di Sicilia
Alcantara
Motta Camastra
Graniti
Letojanni
Passopisciaro
Solicchiata
Gole d. Alcantara
Gaggi
Castelmola
Taormina
Mazzarò
C. Taormina
Giardini-Naxos
C. Schisò
Naxos
Rovittello
Linguaglossa
Calatabiano
S. Marco
M. Nero
Piedimonte Etneo
Vena
Fiumefreddo di Sicilia
Mareneve
M. Pizzillo
Sta Venera
Fondachello
Nunziata
Mascali
ETNA
Citelli
Puntalazzo
Valle d. Bove
Fornazzo
S. Alfio
Riposto
Giarre
Montagnola
Milo
Macchia
Zafferana Etnea
Sta Venerina
Carruba
Cantoniera d. Etna
Sarro
Linera
Guardia
M. Pinitteddu
S. Alfio
Pozzillo
Stazzo
Tarderia
Fleri
Sta Tecla
Pedara
Trecastagni
Aci S. Antonio
Acireale
Riviera dei Limoni
Nicolosi
Viagrande
Aci Catena
Aci Bonaccorsi
Massa Annunziata
S. Giovanni la Pta
Valverde
Mascalucia
S. Gregorio di C.
Aci Trezza
Gravina d. C.
S. Agata li B.
Aci Castello
S. Giovanni Galermo
Cannizzaro
Riviera dei Ciclopi
Misterbianco
CATANIA
Motta S. Anastasia
S. Giorgio
Lido di Plaia
FONTANAROSSA
Simeto
Foce di Simeto
Gornalunga
Vaccarizzo
Valletta (Malta)
MARE IONIO
Golfo di Catania
Ravagnese
Armo
Oliveto
S. Gregorio
S. Leo
Pellaro
Punta di Pellaro
Bocale
Motta S. Giovanni
Montebello Ionico
Lazzaro
Molaro
Capo dell'Armi
Saline Ioniche
S. Elia
M
N
O
80
93

21
22
85
86
N
O
T
U
Ruderi di Gibellina
Ruderi di Poggioreale
P^zo di Gallo
M. Giammaria
Port^la Scorciavacche
Bivio Manganaro
Valle della Ma
Ruderi di Salaparuta
Salaparuta
Poggioreale
Borgo Roccella
Campofiorito
Port^la Imbriaca
Port^la d. Croce
P^zo Lanzone
Carruba Nuova
P^zo Cangialoso
Prizzi
L. di Prizzi
M. Carcaci
B^ta Carcaciotto
Partanna
Contessa Entellina
M. Triona
Sta Maria del Bosco
Bisacquino
L. di Gammauta
Filaga
Castronuovo di Sicilia
Sta Margherita di Belice
Montevago
La S^ra Lunga
M. Genuardo
M. Adranone
Chiusa Sclafani
Palazzo Adriano
L. Pian del Leone
L. Fanaco
Giuliana
M. Magaggiaro
Sambuca di Sicilia
Port^la Misilbesi
L. Arancio
S. Biagio
P^zo Telegrafo
P^zo di Gallinaro
M. Rose
C^zo Stagnataro
Sta Rosalia
Bivona
Sto Stefano Quisquina
P^zo d. Rondine
P^zo la Menta
M. Cirami
Menfi
V. Belice
Porto Palo
S. Carlo
Burgio
Villafranca Sicula
R^ca Ficuzza
Caltabellotta
L. Favara
Lucca Sicula
M. S. Nicola
Magazzolo
Alessandria della Rocca
Bivio S. Bartolo
S. Anna
Bivio Tamburello
Cianciana
Port^la Tanabuto
Monte Kronio
S. Calogero
Calamonaci
Verdura
Cast.
Ribera
S. Biagio Platani
Platani
Sciacca
C. S. Marco
S. Giorgio
S. Angelo Muxaro
M. Sara
M. Iazzo Vecchio
Cattolica Eraclea
M. le Fosse
S. Elisa
Seccagrande
Borgo Bonsignore
M. Giafaglione
Raffadali
Ioppolo Giancaxio
Laghetto Gorgo
Eraclea Minoa
C. Bianco
Bovo Marina
Montallegro
M. Sedita
C. Salan
M. Suzza
Port^la Milione
Giardina Gallotti
Siculiana Marina
Siculiana
Montaperto
Realmonte
Agrigento
Villaseta
Capo Rossello
P.^ta Grande
Porto Empedocle
S. Leon
Lido Car
I. di Linosa
S 115
S 188
S 118
S 624
S 386
E 931
ISOLE PELAGIE
P^ta Paranzello
Linosa
M. Vulcano
P^ta Calcarella
Porto Empedocle
I. di Linosa
Lampedusa
20
I. di Lampione
I. di Lampedusa
Linosa
Sc^o del Sacramento
M. Albero Sole
C. Ponente
C. Grecale
I. dei Conigli
Lampedusa
Mad^na di Porto Salvo
P^ta Sottile
19
20
22

23
24
87
88
92
Alia (726)
Port.la Mangiante
Masseria Balate
Castellana Sicula
Fianello
Blufi
M. Zimmara
Lercara Friddi
Marcatobianco
Lercara Bassa
Valledolmo (769)
P.zo Sampieri
Mass. Xireni
Bompietro
Locati
Casalgiordana
Port.la Scannata
Borgo Regalmici
Garcia
Vallelunga Pratameno
M. Catuso
Alimena
Villadoro
M. Altesina
Montoni-Vecchio
Tudia
Resuttano
Cacchiamo
P.zo Ficuzza
Sparacia
Villalba
Cozzo Pitursiddo
Port.la Recattivo
Port.la d. Morto
Erbavuso
Villapriolo
M. Giulfo
Recattivo
M. Matarazzo
M. Chibbò
S. Giovanni Gemini
Cammarata
Casalicchio
Polizzello
Marianopoli
Port.la Palermo
Sta Caterina Villarmosa (606)
Barriera Noce
Villarosa
Calascibetta
Enna
M.S. Vito
Manfredonico
Mussomeli (726)
Mappa
Acquaviva Platani
Casteltermini
Sutera
M. S. Paolino
Cozzo Campana
Xirbi
Port.la d. Verto
Port.la Castro
M. Carangiaro
Borgo Cascino
Campofranco
Fanzarotta
Torretta
Borgata Palo
S. Cataldo (625)
M. Sabbucina
Caltanissetta
Milena
Bompensiere
Roccella
Serradifalco
Muxarello
M. Campanella
Montedoro
Case Martinez
Marcato Bianco
Geracello
Pietraperzia
M. Polino
Prestianni
Camitrici
Marcato d'Arrigo
Aragona
Racalmuto
M. Castelluccio
M. Cane
Comitini
Grotte
Case Ramilia
Sta Rita
Barrafranca (450)
V.la Romana d. Casale
Canicattì (470)
Mass. Canalotto
M. Navone
Castrofilippo
M. Grotticelle
Delia
Sommatino
M. Sciorino
Nociara
L. S. Giovanni
Mazzarino (573)
Favara (338)
Riesi
Cast. di Mazzarino
Valle dei Templi
Naro (593)
S.ta La Guardia
Ravanusa
M. Gibbi
M. Malvizzo
M. Saraceno
Serbatoio Laura
Villaggio Mosè
Camastra
Campobello di Licata
C.zo Montagna
Bivio Burraitini
Fattoria Diliella
M. Gricuzzo
Butera (400)
M. Pozzillo
Port.la di Naro
Palma di Montechiaro (165)
P.ta Bianca
Fatt.a Ficuzza
Comunelli
Montechiaro
Port.la Corso
M. d. Guardia
Marina di Palma
M. Desusino
Castelluccio
Licata
Falconara
Manfria
Gela
Valletta (Malta)
S 640
S 122
S 189
S 115
E 931
S 626
S 191
S 190
S 123
S 557
S 644
S 121
A 19
S 117b
S 410
Salso
Platani
Gallo d'Oro
Salito
Belice
Naro
Palma
Delia

23
24

Aidone
Piazza Armerina
V.la Romana d. Casale
C. Parisi
Borgo Baccarato
Margherito Soprano
Margherito Sottano
La Montagna
Ramacca
Serbatoio di Pietrarossa
Borgo Pietro Lupo
Sette Feudi
Palagonia
Scordia
Palazzelli
M. Navone
Nociara
Mirabella Imbaccari
Serra Pietraliscia
Militello in Val di Catania
Mazzarino
S. Cono
S. Michele di Ganzaria
M. della Scala
Cast. di Mazzarino
M. d. Bubonia
Mineo
Mad.na del Piano
Grammichele
Caltagirone
Francofonte
C. Rigiurfo Gr.de
M. Marineo
Gricuzzo
L. Disueri
Niscemi
Mad.na del Buonconsiglio
Vizzini
Licodia Eubea
M.te Iblei
Buccheri
Ferla
M. Sta Venere
M. d. Guardia
Castelluccio
Ponte Olivo
Granieri
L. Dirillo
M. Lauro
M. Contessa
Sto Pietro
Botteghelle
Mazzarrone
Monterosso Almo
Buscemi
Priolo
Giarratana
Akrai
Palazzolo Acreide
P.gio Terrana
P.gio Mazzarrone
Gela
P.so d. Pantanelle
Sant.o di Gulfi
Chiaramonte Gulfi
Quaglio
Roccazzo
Pedalino
S.ta Vetrano
il Biviere
Acate
Acate o Dirillo
S.ta d. Burgio
Rigolizia
Cali
C. Iacono
S. Giacomo
Balata di Modica
Bellocozzo
Diligenza
Golfo di Gela
Villa Terlato
Comiso
Vittoria
Gianforma
Ragusa
Frigintini
Tresauro
Grotta delle Trabacche
Berdia Nuova
Scoglitti
Donnafugata
Costa
S.ra Meta
Cava d'Ispica
Camarina
M. Renna
Modica
Sta Croce Camerina
Camemi
Punta Braccetto
Ispica
Scicli
C. Zappulla
Punta Secca
Casuzze
C. Scaramia o Scalambri
Sta Barbara
Marina di Ragusa
Playa Grande
Donnalucata
Zimardo
Cava d'Aliga
Sampieri
Pozzallo
Marina di Modica
P.ta Religione
Valletta (Malta)

27
28
89
Foce di Simeto
Gornalunga
Catania
Vaccarizzo
S. Demetrio
Agnone Bagni
Lentini
Carlentini
Leontinoi
Villasmundo
C. Campolato
Brucoli
M. Tauro
C. Sta Croce
Augusta
P.to di Augusta
Golfo di Augusta
Megara Hyblaea
M. Carrubba
Pedagaggi
Melilli
Priolo Gargallo
Thapsos
Penisola Magnisi
Sortino
Necropoli di Pantalica
Monti Climiti
Marina di Melilli
Sta Panagia
C. Sta Panagia
Cassaro
C.Melilli
Solarino
M. Grosso
Floridia
Belvedere
Eurialo
Anapo
SIRACUSA
P.to Grande
Monasteri
Cavadonna
Canicattini Bagni
Fonte Ciane
Penisola della Maddalena
Terrauzza
C. Murro di Porco
Arenella
Cassibile
Ognina
C. Ognina
Fontane Bianche
P.ta del Cane
Valletta (Malta)
Testa dell'Acqua
Villa Vela
Castelluccio
Noto Antica
S. Corrado d. Fuori
Mass. Granieri
Avola
Marina di Avola
Noto
M. Renna
Tellaro
Asinaro
Calabernardo
V.le Romana d. Tellaro
Lido di Noto
Eloro
Golfo di Noto
S. Paolo
Rosolini
Bimmisca
I. Vendicari
Pant.o Roveto
Villa Modica
Fatt.a S. Lorenzo
S. Lorenzo Vecchio
Marzamemi
Burgio
Pant.o Longarini
Pachino
Marza
Maucini
Portopalo di C. Passero
C. Passero
I. di Capo Passero
P.ta Ciriga
P.ta delle Formiche
I. delle Correnti
P
Q

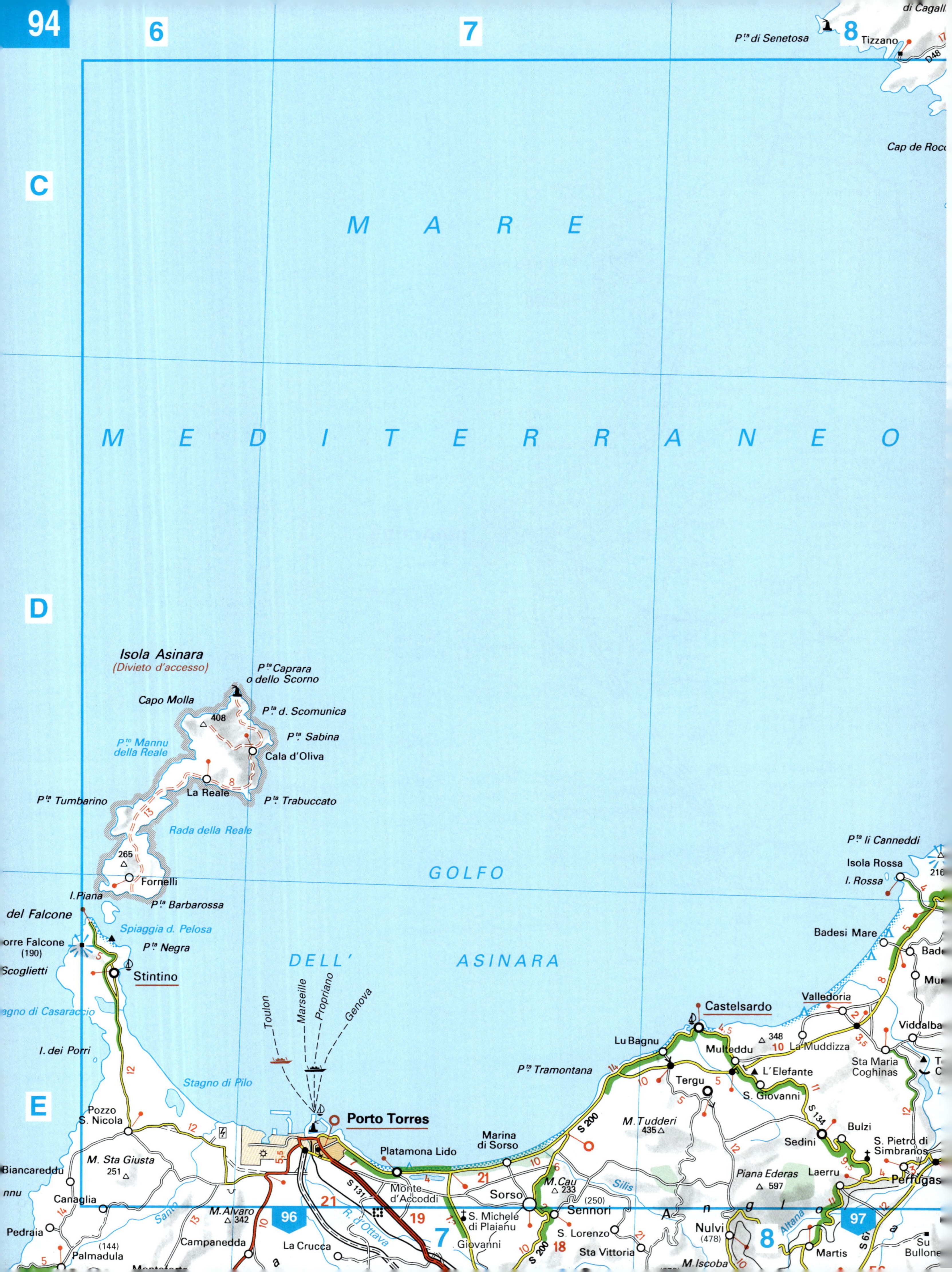
6
7
8
C
D
E
MARE MEDITERRANEO
GOLFO DELL' ASINARA
P.ta di Senetosa
Tizzano
di Cagall
Cap de Rocc
Isola Asinara
(Divieto d'accesso)
P.ta Caprara o dello Scorno
Capo Molla
P.ta d. Scomunica
P.ta Sabina
P.to Mannu della Reale
Cala d'Oliva
La Reale
P.ta Trabuccato
P.ta Tumbarino
Rada della Reale
Fornelli
I. Piana
P.ta Barbarossa
del Falcone
Spiaggia d. Pelosa
orre Falcone
P.ta Negra
Scoglietti
Stintino
agno di Casaraccio
I. dei Porri
Toulon
Marseille
Propriano
Genova
Stagno di Pilo
Pozzo S. Nicola
Porto Torres
Biancareddu
M. Sta Giusta
Canaglia
Pedraia
Palmadula
Campanedda
M. Alvaro
La Crucca
R. d'Ottava
Platamona Lido
Monte d'Accoddi
Marina di Sorso
Sorso
S. Michele di Plaianu
Giovanni
Sennori
S. Lorenzo
Sta Vittoria
M. Cau
M. Tudderi
P.ta Tramontana
Lu Bagnu
Castelsardo
Tergu
Multeddu
L'Elefante
S. Giovanni
Valledoria
La Muddizza
Sta Maria Coghinas
Viddalba
Badesi Mare
Isola Rossa
I. Rossa
P.ta li Canneddi
Bulzi
Sedini
S. Pietro di Simbranos
Laerru
Perfugas
Piana Ederas
Nulvi
M. Iscoba
Martis
Su Bullone
Altana
Silis
96
97

9
10
C
D
E
Gianuccio
Sotta
Pruno
Poggiale
Monacia-d'Aullène
Pianottoli-Caldarello
Figari
Pte d'Arcivale
Saparelli
I. Bruzzi
Ile des Moines
Golfe de Ventilegne
Bge de Figari
Mte Corbo
Capo di Feno
Bonifacio
Gurgazu
Ile Cavallo
Capo Pertusato
Iles Lavezzi
Golfe de Santa Manza
Pnte de Capicciola
Pta di Rondinara
Golfe de Sta Giulia
I. di u toro
Iles Cerbicale
Pta di u Cerchio
Ecueil de Lavezzi
Bocche di Bonifacio
I. la Presa
I. Sta Maria
I. Razzoli
I. Budelli
Parco Nationale dell' Arcipelago della Maddalena
Porto-Vecchio
Genova
Pta Marginetto
Punta Abbatoggia
I. Maddalena
Pta Galera
I. Caprera
Arcipelago della Maddalena
Isole Monaci
I. Spargi
La Maddalena
Moneta
Casa di Garibaldi
Stagnali
Pta Sardegna
Porto Raphael
I. Sto Stefano
Palau
Capo d'Orso
Pta Rossa
I. delle Bisce
Capo Ferro
Baia Sardinia
Costa Smeralda
Porto Cervo
Poltu Quatu
M. Moro
Abbiadori
Capo Capaccia
Capriccioli
I. Mortorio
Cala di Volpe
I. Soffi
Portisco
Pta della Volpe
Porto Rotondo
G. di Marinella
Pta del Canigione
Sta Teresa Gallura
Capo Testa
Pta Falcone
I. La Marmorata
La Ficaccia
Marazzino
Sta Reparata
Buoncammino
Val di Mela
Porto Pozzo
Barrabisa
Ciuchesu
S. Pasquale
Capannaccia
Cala Vall'Alta
Pta di li Francesi
Sra Pauloni
Campovaglio
M. Canu
Vignola Mare
Portobello di Gallura
Pta Cappeddu
Bassacutena
Liscia
M. Ruiu
La Conia
Cannigione
Pta Occhione
G. di Arzachena
Arzachena
Mulino di Arzachena
Albucciu
S. Pantaleo
Pta Cugnana
Cala Sarraina
Costa Paradiso
Pta Cruzitta
Aglientu
S. Pancrazio
Luogosanto
Necropoli di li Golghi
Tomba di Capichera
M. Tinnari
Vignola
Sra di lu Tassu
M. Padru
Pirazzolu
M. Abbalata
Trinità d'Agultu e Vignola
S. Pietro di Ruda
Izzana
M. S. Pietro
L. della Liscia
S. Antonio di Gallura
Pta Littu Petrosu
Golfo Aranci
M.sa Curi
Santo Nuragico Cabu Abbas
Golfo di Olbia
Olbia
Lido di Pittulongu
Sa Testa
Capo Ceraso
Lido d. Sole
Porto Istana
Murta Maria
Porto S. Paolo
Costa Dorata
M. Ruiu
Monte Petrosu
S. Filippo
Carana
Luras
Priatu
M. Pinu
Pta Salici
Aggius
Maiori
Nuchis
Calangianus
M. Tundu
Bortigiadas
Tempio Pausania
M. Telti
Scala Ruia
Telti
S. Simone
Arafena
M.la Eltica
Pta Balistreri
Lu Colbu
Vallicciola
Passo del Limbara
M. Limbara
Enas
Loiri
Lumbaldu
Campudulimu
Su Carale
Berchiddeddu
Monti
M. Acuto
S. Paolo
Gallura
N 196
N 198
D 859
S 133
S 133b
S 125
S 127
S 199
S 131 d.c.n.
P 147
98
99

6
7
94
E
F
G
100
GOLFO DELL' ASINARA
Fornelli
I. Piana
P.ta Barbarossa
Capo del Falcone
Spiaggia d. Pelosa
Torre Falcone
(190)
P.ta Negra
P.ta Scoglietti
Stintino
Stagno di Casaraccio
I. dei Porri
Stagno di Pilo
Toulon
Marseille
Propriano
Genova
Porto Torres
Pozzo S. Nicola
M. Sta Giusta
251
Biancareddu
Capo Mannu
Canaglia
La Pedraia
Palmadula
(144)
Capo dell' Argentiera
Argentiera
Monteforte
La Corte
464
M. Forte
444
L. Baratz
Porto Ferro
Campanedda
M. Alvaro
342
La Crucca
Bancali
Li Punti
Platamona Lido
Marina di Sorso
Monte d'Accoddi
Sorso
S. Michele di Plaiano
S. Giovanni
Sennori
(250)
M. Cau
233
S. Lorenzo
Sta Vittoria
SASSARI
Caniga
Mascari
R. d'Ottava
Mannu
Santo
Nurra
Filibertu
Tottubella
Sta Maria la Palma
Necropoli di Anghelu Ruju
M. Doglia
436
M. Timidone
361
I. Piana
Tramariglio
Porto Conte
Maristella
Palmavera
Fertilia
Rada di Alghero
I. Foradada
Grotta di Nettuno
Capo Caccia
Olmedo
Tomba Santu Pedru
M. Miale Ispina
267
Serra
Iscala Mola
Alghero
Sant.o di Valverde
Putifigari
558
M. Unturzu
Uri
L. Cuga
Cuga
Ittiri (400)
Tissi
Usini
Ossi
Muros
Cargeghe
(338)
Codrongianos
Florinas
(417)
S. Michele di Salvenero
Lu Bagnu
P.ta Tramontana
Castelsardo
Multeddu
Tergu
M. Tudderi
435
Nulvi
(478)
M. Iscoba
629
Osilo
(673)
N.S. di Bonaria
(766)
L. Bunnari
Bagni di S. Martino
SS. Trinità di Saccargia
Banari
Bessude
Siligo
Borutta
Thiesi
(461)
Cheremule
N.S. de Cabu Abbas
L. Bidighinzu
Melas
M. Gherra
658
M. Frusciu
583
Romana
Villanova Monteleone
(567)
Temo
Necropoli di Pottu Codinu
(360)
718
Pedra Ettori
Monteleone Rocca Doria
644
M. Minerva
719
M. Traessu
Bonu Ighinu
Cossoine
Mara
Padria
Pozzomaggiore
(438)
Semestene
S. Nicolò di Trullas
M. Ruiu
668
Scuola Agraria
M. Mannu
802
(405)
Montresta
I. sa Pagliosa
M. Pittada
788
520
Capo Marargiu
Badu Crabolu
Nuradeo
M. Rughe
666
Sindia (509)
Bosa Marina
Bosa
S. Pietro
I. Rossa
Modolo
Suni
Magomadas
Tinnura
Sagama
Abb.a di Sta Maria di Corte
Macomer
(551)
Porto Alabe
Tresnuraghes
(257)
M. S. Antonio
808
Scano di Montiferro
S 131
S 200
S 291
S 127 bis
S 131 bis
S 292
S 292 dir.
S 129b.
S 127
P 42
P 49

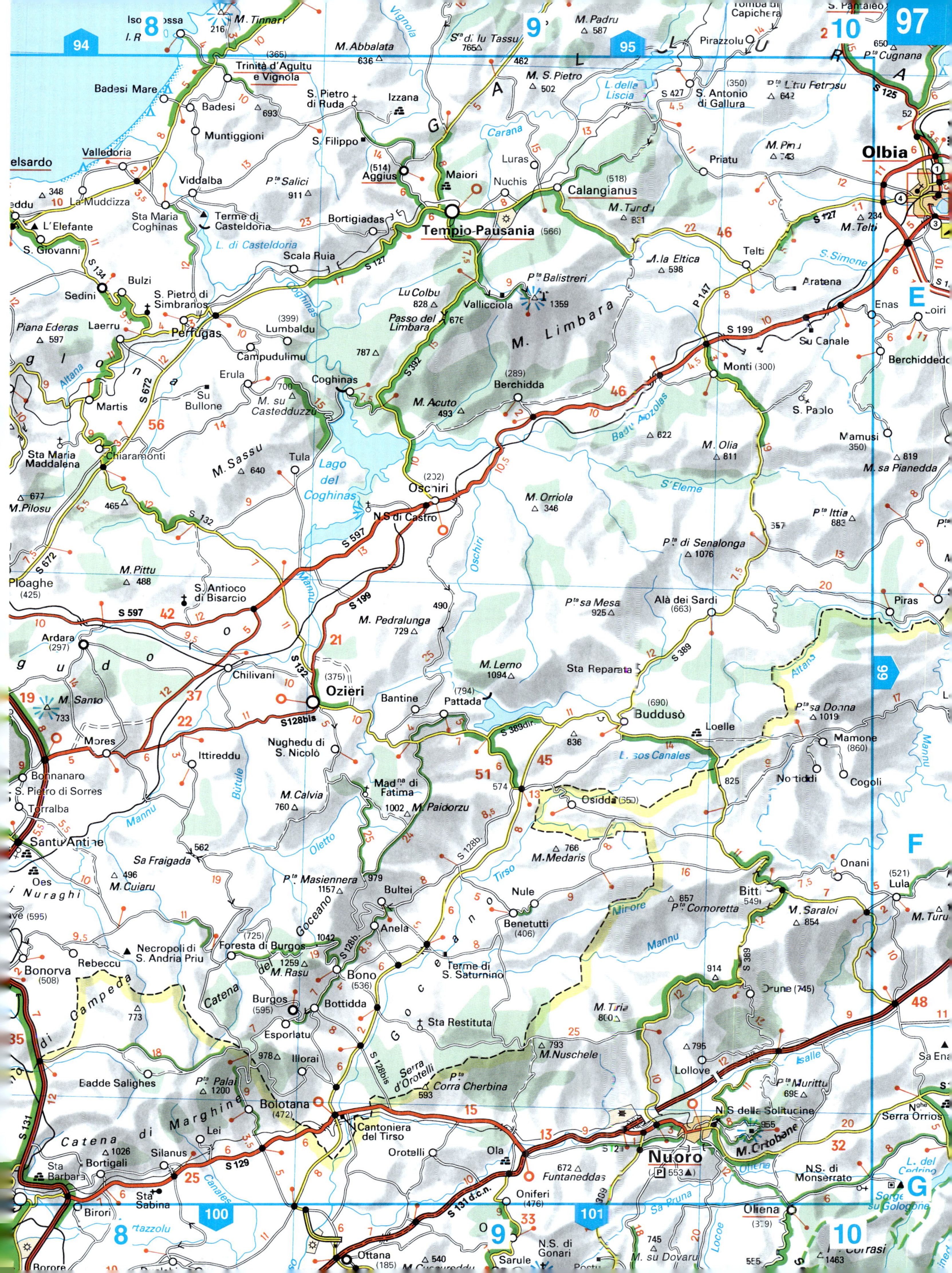

M. Tinnari
Trinità d'Agultu e Vignola
Badesi Mare
Badesi
Muntiggioni
Valledoria
La Muddizza
L'Elefante
S. Giovanni
Viddalba
Sta Maria Coghinas
Terme di Casteldoria
L. di Casteldoria
M. Abbalata
S. Pietro di Ruda
Izzana
S. Filippo
Aggius
Bortigiadas
Scala Ruia
Maiori
Tempio-Pausania
Nuchis
Luras
Carana
Calangianus
M. Padru
M. S. Pietro
L. delle Liscia
Pirazzolu
S. Antonio di Gallura
Priatu
M. Pinu
Olbia
P.ta Cugnana
M. Telti
Telti
M. la Eltica
P.ta Balistreri
M. Limbara
Vallicciola
Lu Colbu
Passo del Limbara
Sedini
Bulzi
S. Pietro di Simbranos
Perfugas
Laerru
Piana Ederas
Lumbaldu
Campudulimu
Erula
Su Bullone
M. su Casteddùzzu
Coghinas
M. Acuto
Berchidda
Monti
Su Canale
Enas
Berchiddeddu
S. Paolo
Mamusi
M. sa Pianedda
M. Olia
S'Eleme
Martis
Chiaramonti
Sta Maria Maddalena
M. Pilosu
M. Sassu
Tula
Lago del Coghinas
Oschiri
N.S di Castro
M. Orriola
P.ta di Senalonga
P.ta Ittia
Ploaghe
M. Pittu
S. Antioco di Bisarcio
Ardara
M. Pedralunga
P.ta sa Mesa
Alà dei Sardi
Piras
Chilivani
Ozieri
M. Lerno
Sta Reparata
Pattada
Bantine
Buddusò
Loelle
P.ta sa Donna
Mamone
Mores
M. Santo
Bonnanaro
S. Pietro di Sorres
Torralba
Ittireddu
Nughedu di S. Nicolò
Osidda
Nortiddi
Cogoli
Madna di Fatima
M. Calvia
M. Paidorzu
Santu Antine
Sa Fraigada
M. Cuiaru
Oes
Nuraghi
M. Medaris
Onani
Lula
M. Turu
P.ta Masiennera
Bultei
Nule
Benetutti
P.ta Comoretta
Bitti
M. Saraloi
Anela
Foresta di Burgos
M. Rasu
Necropoli di S. Andria Priu
Bonorva
Rebeccu
Bono
Terme di S. Saturnino
Burgos
Bottidda
Esporlatu
Sta Restituta
M. Tiria
Orune
Campeda
Illorai
M. Nuschele
Lollove
Badde Salighes
P.ta Palai
Serra d'Orotelli
P.ta Corra Cherbina
Bolotana
Cantoniera del Tirso
Orotelli
N.S della Solitudine
M. Ortobene
Nuoro
Serra Orrios
Catena di Marghine
Lei
Silanus
Bortigali
Sta Barbara
Sta Sabina
Birori
Ola
Funtaneddas
Oniferi
N.S. di Monserrato
Oliena
Sorgente su Gologone
Ottana
Sarule
N.S. di Gonari
M. su Dovaru
Tirso
Mannu
Oschiri
Olbia

Isola Rossa
I. Rossa
M. Tinnari
Trinità d'Agultu e Vignola
M. Abbalata
S. Pietro di Ruda
Izzana
Badesi Mare
Badesi
Muntiggioni
S. Filippo
Castelsardo
Valledoria
Viddalba
P.ta Salici
Aggius
Maiori
Luras
Nuchis
Tempio Pausania
Lu Bagnu
Multeddu
La Muddizza
L'Elefante
Sta Maria Coghinas
Terme di Casteldoria
Bortigiadas
P.ta Tramontana
Tergu
S. Giovanni
L. di Casteldoria
Scala Ruia
Porto Torres
M. Tudderi
Marina di Sorso
Sedini
Bulzi
S. Pietro di Simbranos
Lu Colbu
Valliciola
Platamona Lido
Piana Ederas
Laerru
Perfugas
Lumbaldu
Passo del Limbara
Monte d'Accoddi
Sorso
M. Cau
Sennori
Campudulimu
S. Michele di Plaianu
Nulvi
Erula
Coghinas
S. Giovanni
S. Lorenzo
Sta Vittoria
Su Bullone
M. su Casteddazzu
M. Acuto
Li Punti
M. Iscoba
Martis
Bancali
SASSARI
Osilo
Sta Maria Maddalena
Chiaramonti
M. Sassu
Tula
Lago del Coghinas
Caniga
N.S di Bonaria
L. Bunnari
M. Pilosu
Oschiri
N.S di Castro
Mascari
Bagni di S. Martino
Muros
Ossi
Tissi
SS. Trinità di Saccargia
Usini
Cargeghe
Codrongianos
Ploaghe
M. Pittu
S. Antioco di Bisarcio
M. Miale Ispina
Uri
Florinas
Michele di Salvenero
M. Pedralunga
L. Cuga
Ittiri
Ardara
Chilivani
M. Lerno
Ozieri
Bantine
Pattada
Putifigari
M. Unturzu
M. Gherra
Banari
Siligo
M. Santo
Bessude
Mores
Ittireddu
Nughedu di S. Nicolò
Sant. di Valverde
L. Bidighinzu
Borutta
Bonnanaro
Mad.na di Fatima
Villanova Monteleone
M. Frusciu
Thiesi
S. Pietro di Sorres
Torralba
M. Calvia
M. Paidorzu
Necropoli di Pottu Codinu
Cheremule
Santu Antine
Romana
N.S. de Cabu Abbas
Sa Fraigada
Pedra Ettori
Monteleone Rocca Doria
M. Traessu
Oes
Valle dei Nuraghi
M. Cuiaru
P.ta Masiennera
Bultei
M. Minerva
Bonu Ighinu
Giave
Anela
M. Ruiu
Cossoine
Foresta di Burgos
Goceano
Necropoli di S. Andria Priu
Scuola Agraria
Mara
Rebeccu
M. Rasu
Bono
Terme di S. Saturnino
Padria
Semestene
Bonorva
M. Mannu
Pozzomaggiore
S. Nicolò di Trullas
Catena del Goceano
Burgos
Bottidda
Montresta
Campeda
Esporlatu
Sta Restituta
M. Pittada
Illorai
Badde Salighes
P.ta Palai
Serra d'Orotelli
P.ta Corra Cherbina
Nuradeo
M. Rughe
Altopiano di Campeda
Bolotana
Catena di Marghine
Cantoniera del Tirso
Bosa Marina
Bosa
I. Rossa
S. Pietro
Sindia
Lei
Silanus
Orotelli
Ola
Modolo
Suni
Tinnura
Abb.a di Sta Maria di Corte
Sta Barbara
Bortigali
Magomadas
Sagama
Macomer
Sta Sabina
Porto Alabe
Tresnuraghes
M. S. Antonio
Birori
Murtazzolu
Ottana
Orani
Propriano
Genova

11
10
95
E
F
101
M. Padru
587
Tomba di Capichera
S. Pantaleo
Pirazzolu
Porto Rotondo
P.ta della Volpe
P.ta del Canigione
di Marinella
P.ta Cugnana
M. S. Pietro
502
L. della Liscia
S. Antonio di Gallura
P.ta Littu Petrosu
642
Capo Figari
La Spezia - Fiumicino
Civitavecchia
Livorno
Piombino
Golfo Aranci
340
M. sa Curi
415
Santo Nuragico Cabu Abbas
Golfo di Olbia
Genova
M. Pinu
743
Priatu
Olbia
Lido di Pittulongu
Sa Testa
Calangianus
(518)
M. Tundu
831
M. Telti
234
Lido d. Sole
Capo Ceraso
P.ta Timone
Arbatax
218
564
I. Tavolara
Porto Istana
Murta Maria
Telti
M.la Eltica
598
S. Simone
Porto S. Paolo
317
M. Ruiu
Costa Dorata
158
I. Molara
P.ta Balistreri
1359
Limbara
Aratena
Enas
Loiri
S 131 d.c.n.
138
Capo Coda Cavallo
Su Canale
Monte Petrosu
Monti (300)
Berchiddeddu
56
339
Marina di lu Impostu
46
Badu Abzolas
S. Paolo
58
Stagno di S. Teodoro
622
Mamusi
(350)
819
M. sa Pianedda
Pacru
(165)
Su Lernu
S. Teodoro
M. Olia
811
S'Eleme
M. Nieddu
P.ta Maggiore
971
Straules
P.ta d'Ottiolu
Agrustos
Cala di Budoni
M. Orriola
346
P.ta Ittia
883
657
P.ta di Colloredda
819
Budoni
P.ta di Senalonga
1076
M. Sempio
828
Brunella
Limpiddu
P.ta dell'Asino
Tanaunella
S. Lorenzo
513
P.ta sa Mesa
925
Alà dei Sardi
(663)
Piras
Sa Pedrabianca
(599)
Concas
Posada
S 389
Sta Reparata
Altana
L. di Posada
Torpè
La Caletta
M. Tundu
675
Lodè
P.ta sa Donna
1019
(690)
Buddusò
Loelle
836
Mamone
(860)
Mannu
Siniscola
Sta Lucia
P.ta Cupetti
1029
45
L. sos Canales
825
Nortiddi
Cogoli
433
P.ta Unnichedda
Cant. Guzzurra
(799)
Osidda (650)
Capo Comino
244
P.ta Joanneddu
766
M. Medaris
Onani
(521)
Lula
P.ta Catirina
1127
M. Senes
863
P.ta su Anzu
448
Monte Albo
Bitti
(549)
P.ta Comoretta
857
M. Saraloi
854
M. Turuddo
1127
826
P.ta su Grabellu
Minore
Mannu
914
Orune (745)
Cala Liberotto
Baronia
M. Tiria
800
48
Irgoli
Loculi
Onifai
Sologo
Galtelli
805
M. Tuttavista
Orosei
57
P.ta Nera
Marina di Orosei
793
M. Nuschele
795
Lollove
Sa Ena'e Thomes
Isalle
P.ta Murittu
698
N.S. della Solitudine
Serra Orrios
Cedrino
Ispinigòli
955
M. Ortobene
Nuoro
Mottorra
M. Irveri
616
672
Funtaneddas
553
Oliena
N.S. di Monserrato
L. del Cedrino
(387)
Dorgali
Cala Gonone
Sa Pruna
Sorgente su Gologone
Oliena
(379)
915
M. Tului
Golfo
N.S. di Gonari
745
M. su Dovaru
P.ta Corrasi
1463
555
Locoe
S 125
S 127
S 199
S 129
P 147

96
97
102
103
7
8
G
H
I
Macomer
Sta Barbara
Birori
Sta Sabina
Abb.a di Sta Maria di Corte
Suni
Tinnura
Sagama
Magomadas
Porto Alabe
Tresnuraghes
I. Rossa
M. S. Antonio
Borore
Dualchi
Noragugume
Sennariolo
Scano di Montiferro
Cuglieri
S. Leonardo de Siete Fuentes
Torre
Pta di Foghe
Mannu
Merchis
S. Ignazio
Sedilo
Santo Santu Antine
Aidomaggiore
Abbasanta
Altopiano di Abbasanta
M. Urtigu
M. Ferru
Santu Lussurgiu
Norbello
Ghilarza
Soddi
Zuri
Lago Omodeo
Tadasuni
Bidoni
Nughedu Sta Vittoria
Sorradile
Losa
Boroneddu
Sta Caterina di Pittinuri
Fattoria Pilli
Cornus
S' Archittu
M. Mesu 'e Roccas
Bonarcado
Paulilatino
Seneghe
Sta Cristina
Ardauli
Neoneli
Cala su Pallosu
Rocca Tunda
Capo Mannu
Porto Mandriola
Putzu Idu
Stagno de is Benas
Narbolia
Milis
Sta Chiara
Ulà Tirso
Ortueri
Busachi
Nghe s'Urachi
S. Vero Milis
Tramatza
Bauladu
Cala Saline
I. di Mal di Ventre
Stagno Sale Porcus
Riola Sardo
Baratili S. Pietro
Zeddiani
Villanova Truschedu
Tirso
Fordongianus
Santu Lussurgiu
Bau Ischios
S. Mauro
Mari Ermi
Sinis
Nurachi
Solarussa
Zerfaliu
Ollastra Simaxis
Allai
Samugheo
M. Grighini
Pta is Arutas
Stagno di Cabras
Donigala Fenughedu
Siamaggiore
Massama
Cabras
Solanas
Sili
Simaxis
Siapiccia
Siamanna
S. Salvatore
Stagno di Mistras
Marina di Torre Grande
Oristano
I. Catalano
S. Giovanni di Sinis
Tharros
Capo S. Marco
Foce del Tirso
Sta Giusta
Stagno di Sta Giusta
Palmas Arborea
Villaurbana
Ruinas
Scala s'Ebba
Meana
M. Corte
Mogorella
Asuni
Laconi
Tumboi
Granaxiu
S. Antonio Ruinas
Arborea
Golfo di Oristano
S. Anna
Pta Laccu sa Vitella
Senis
Nureci
Genna Spina
Villa Verde
Usellus
Assolo
S'Ungroni
Pau
Escovedu
Albagiara
Genoni
Capo d. Frasca
Arborea Lido
M. Arci
Zeppara
Gonnosnò
Giara di Gesturi
Ales
Sini
Genuri
Marrubiu
Tanca Marchese
Morgongiori
Curcuris
M. Maiori
S. Antonio di Santadi
Marceddi
Terralba
Pompu
Simala
Baradili
Baressa
Setzu
Gesturi
Stagno di Marceddi
Siris
Masullas
Gonnoscodina
Turri
Tuili
Barumini
S. Nicolò d'Arcidano
Uras
Marmilla
Su Nuraxi
Torre dei Corsari
Mogoro
Ussaramanna
Porto Palma
Gonnostramatza
Las Plassas
M. Funesu
Siddi
Pauli Arbarei
Villanova Franca
Lunamatrona
Collinas
Campidano
Sa Zeppara
Pardu Atzei
Nghe Genna Maria
Villanovaforru
Terme di Sardara
Sardara
Villamar
Marina di Arbus
M. Arcuentu
Monreale
Pabillonis
Costa Verde
Pta Nuracciolu
Montevecchio
S. Gavino Monreale
Sanluri
Segariu
Furtei
Guasila
Arcu sa Tella
Pta s'Accorradroxiu
Piscinas
Guspini
Ingurtosu
Arbus
Strovina
Piano Lasina
Bau
Pso Bidderdi
Gonnosfanadiga
Seddanus
Serrenti
Samatzai
S 129b.
S 129
S 292
S 131
S 388
S 126
S 442
S 197
S 196
S 547
S 338

Nuoro
Oliena
Dorgali
Cala Gonone
Golfo di Orosei
Orgosolo
Mamoiada
Oniferi
Orani
Sarule
Ottana
Olzai
Ollolai
Gavoi
Lodine
Fonni
Pratobello
Ovodda
Tiana
Austis
Teti
Sorgono
Tonara
Desulo
Atzara
Belvi
Aritzo
Gadoni
Seulo
Sadali
Seui
Esterzili
Ussassai
Gairo
Osini
Ulassai
Jerzu
Lanusei
Arzana
Elini
Ilbono
Loceri
Bari Sardo
Cardedu
Tortolì
Arbatax
Lotzorai
Girasole
Baunei
Triei
Ardali
Talana
Urzulei
Villagrande Strisaili
Villanova Strisaili
Sta Maria Navàrrese
I.dell' Ogliastra
Capo Bellavista
Torre di Bari
Marina di Gairo
Perdasdefogu
Escalaplano
Isili
Nurri
Orroli
Mandas
Donigala
Siurgus
Goni
Ballao
Silius
Armungia
Senorbì
Arixi
S. Basilio
Suelli
Selegas
Seuni
Gesico
Serri
Escolca
Gergei
Quirra
Melisenda
Sa Foxi Manna
Tertenia
Lago del Flumendosa
Lago di Mulargia
Monti del Gennargentu
Parco Nazionale del Golfo di Orosei e del Gennargentu
Supramonte
Gola su Gorruppu
Barbagia Seulo
Barbagia Belvi
Salto di Quirra
P.ta La Marmora 1834
Bruncu Spina 1829
Capo di Monte Santu
I. di Quirra

6
7
8
I
J
K
100
Piscinas
Ingurtosu
P.ta s'Accorradroxiu
Guspini
Monreale
Arbus
Strovina
Bau
Gonnosfanadiga
P.so Bidderdi
S 196
Seddanus
S. Michele
P.ta Mumullonis 499
Capo Pecora
Mannu
Fluminimaggiore
M. Linas 1236
P.ta Perda de sa Mesa
Villacidro
P.ta di S. Miali
Portixeddu
S. Pietro
Leni
P.ta Magusu 1021
Buggerru
S.ta Trigus 651
Tempio di Antas
Grugua
Acqua Resi
Arcu Genna Bogai
Malacalzetta
S. Benedetto
P.ta Cuccurdoni Mannu
Vallermosa
Pan di Zucchero
Masua
L. Monteponi
L. P.ta Gennarta
S. Giovanni
P.to Flavia
M. S. Pietro 661
P.ta S. Michele
Domusnovas
Decimoputzu
Nebida
Monteponi
Iglesias
S 130
Villaspeciosa
Fontanamare
S 126
Musei
Siliqua
Gonnesa
Cixerri
Villamassargia
Nuraghe Seruci
Bacu Abis
Acquafredda
Capo Altano o Giordano
Nuraxi Figus
Troncia
M. S. Miai 614
Zinnigas
M. Orri 723
Portoscuso
Cortoghiana
Terraseo
L. di Medau Zirimilis
I. Piana
Portovesme
Barbusi
Sirri
Tonnare
Sta Maria di Flumentepido
La Punta
M. Arcosu 948
Sta Lucia
Capo Sandalo
Guardia d. Mori 221
Paringianu
Monte Sirai
Carbonia
Riomurtas
L. Bau Pressiu
Carloforte
P.ta s'Aliga
Bruncu Teula
Narcao
Acquacadda
I. del Corno
Isola di S. Pietro
Saline
Perdaxius
Pesus
Nuxis
M.is Caravius 1116
La Caletta
M. S. Michele Arenas 492
M. Narcao 481
S 293
Calasetta
Matzaccara
S. Giovanni Suergiu
Villaperuccio
M. sa Mirra 1087
Gutturu Mannu
M.is Pauceris 720
Tratalias
L. di M. Pranu
P.ta delle Colonne
Cussorgia
Sta Maria
Santadi
Tupei
S 126dir.
Stagno di Sta Caterina
Palmas
Giba
Piscinas
Santadi Basso
Pantaleo
P.ta Maxia 1017
Monte Nieddu
S. Antioco
Saline
Villarios
S 195
Masainas
231
Porto Botte
S.gno di Porto Botte
Is Zuddas
P.ta Sebera 979
Is Scattas
Is Cannoneris (715)
Cala Lunga
Perdas de Fogu 271
Golfo di Palmas
S.ta Cresia 864
Santo
Cannai
S. Anna Arresi
M. Orbai 688
Isola di S. Antioco
Stagno di Maestrale
443
M. Arbus 239
Porto Pino
Is Pillonis
Teulada
M. Perdaia 437
P.ta Eva 551
S. Isidoro
Capo Sperone
Punta Menga
S.gno de is Brebeis
Valico Nuraxi de Mesu
Domus de Maria
I. la Vacca
M. Lapanu 317
M. Filau 363
I. Rossa
P.to di Teulada
P.to Scudo
P.to Zafferano
Costa del Sud
P.ta di Cala Piombo
Torre
Bithia
Cala Piombo
223
Capo Malfatano
Capo Spartivento
I. il Toro
Capo Teulada
Sud

CAGLIARI
Golfo di Cagliari
Quartu S. Elena
Villasimius
Capo Carbonara
Capo Ferrato
Muravera
Villaputzu
Dolianova
Sinnai
Selargius
Monserrato
Quartucciu
Pirri
Elmas
Assemini
Decimomannu
Uta
Sestu
Monastir
S. Sperate
Villasor
Serramanna
Nuraminis
Villagreca
Samatzai
Serrenti
Senorbì
Ortacesus
Guasila
Selegas
Suelli
Trexenta
Arixi
S. Basilio
Ballao
Armungia
Silius
S. Nicolò Gerrei
Villasalto
Gerrei
S. Andrea Frius
Barrali
Pimentel
Donori
Ussana
Serdiana
Soleminis
Settimo San Pietro
Maracalagonis
Burcei
S. Gregorio
Sarrabus
P.ta Serpeddì
M. Genis
M. Casargius
S. Vito
Castiadas
M. dei Sette Fratelli
Olia Speciosa
Annunziata
Camisa
Costa Rei
Monte Nai
Torre Salinas
S. Priamo
Stagno di Colostrai
Foce del Flumendosa
Flumendosa
Quirra
Capo S. Lorenzo
I. di Quirra
Casa della Marina
Cala di Sinzias
Cala Pira
I. Serpentara
P.ta Molentis
S.ta Notteri
I. dei Cavoli
G. di Carbonara
Solanas
Capo Boi
Torre d. Stelle
Torre Cala Regina
Geremeas
Capitana
Flumini
Foxi
S. Andrea
Poetto
Golfo di Quartu
Capo S. Elia
Cala Mosca
S. Elia
Stagno di Cagliari
Macchiareddu Saline
Golfo d. Angeli
Maddalena Spiaggia
Villa d'Orri
Porto Foxi
Sarroch
S. Giorgio
Villa S. Pietro
Perd 'e Sali
Pula
I. S. Macario
S. Efisio
Capo di Pula
Nora
Sta Margherita
Arbatax
Civitavecchia
Napoli - Livorno
Palermo
Trapani
Tunis
GOLFO DI CAGLIARI
S 125
S 131
S 130
S 195
S 387
S 547
S 554
S 466
S 128
S 196
9
10
I
J
K
101

A

Abano Terme 26 F17
Abatemarco 70 G28
Abatemarco (Fiume) 71 H29
Abbadia (Siena) 44 M17
Abbadia (Viterbo) 49 O16
Abbadia Cerreto 23 G10
Abbadia Lariana 13 E10
Abbadia S. Salvatore 44 N17
Abbalata (Monte) 95 D9
Abbasanta 100 G8
Abbasanta (Altopiano di) 100 G8
Abbateggio 52 P24
Abbatoggia (Punta) 95 D10
Abbiadori 95 D10
Abbiategrasso 22 F8
Abetaia 33 J14
Abeto (Firenze) 38 J17
Abeto (Perugia) 46 N21
Abetone 33 J14
Abisso (Rocca del) 28 J4
Abriola 66 F29
Abruzzese 51 P22
Abruzzo (Parco Nazionale d') 58 Q23
Abtei / Badia 7 C17
Acaia 75 F36
Acate 92 P25
Acate (Fiume) 92 P25
Accadia 60 D28
Acceglio 20 I2
Accellica (Monte) 65 E27
Accesa (Lago dell') 43 N14
Accettori (Punta s') 101 I10
Accettura 72 F30
Accia (Portella dell') 86 M22
Acciano 51 P23
Acciarella 56 R20
Acciaroli 70 G27
Acconia 78 K30
Accorradroxiu (Punta s') 100 I7
Accumoli 46 N21
Acerenza 66 E29
Acerenza (Lago di) 66 E29
Acerno 65 E27
Acerno (Le Croci di) 65 E27
Acero (Forca d') 58 Q23
Acerra 64 E25
Aci Bonaccorsi 89 O27
Aci Castello 89 O27
Aci Catena 89 O27
Aci S. Antonio 89 O27
Aci Trezza 89 O27
Acilia 56 Q19
Acireale 89 O27
Acone S. Eustachio 38 K16
Acqua (Bagno dell') 84 Q17
Acqua Resi 102 I7
Acqua Tosta (Monte) 49 P17
Acquabianca 30 I7
Acquabona (Passo di) 78 J31
Acquacadda 102 J8
Acquacalda 82 L26
Acquacanina 46 M21
Acquafondata 58 R23
Acquaformosa 76 H30
Acquafredda (Brescia) 24 G13
Acquafredda (Cagliari) 102 J8
Acquafredda (Potenza) 71 G29
Acqualagna 39 L20
Acqualoreto 45 N19
Acqualunga 24 G11
Acquanegra Cremonese 24 G11
Acquanegra sul Chiese 24 G13
Acquapendente 44 N17
Acquappesa 76 I29
Acquaria 33 J14
Acquarica del Capo 75 H36
Acquarica di Lecce 75 G36
Acquaro 78 L30
Acquasanta 30 I8
Acquasanta Terme 46 N22
Acquaseria 3 D9
Acquasparta 45 N19
Acquato (Lago) 48 O16
Acquavella 70 G27
Acquavena 71 G28
Acquaviva (Roma) 50 P20
Acquaviva (Siena) 44 M17
Acquaviva Collecroce 53 Q26
Acquaviva delle Fonti 63 E32
Acquaviva d'Isernia 58 Q24
Acquaviva Picena 47 N23
Acquaviva Platini 91 O23
Acquedolci 88 M25
Acquerino (Rifugio) 33 J15
Acquevive 59 R25
Acqui Terme 30 H7
Acri 76 I31
Acuto 57 Q21
Acuto (Monte) (Perugia) 45 M18
Acuto (Monte) (Sassari) 97 E9
Adalicu (Monte) 101 H10
Adamello 5 D13
Adamello (Monte) 5 D13
Adami 78 J31
Adda 5 C12
Addolorata (Santuario dell') 58 R24
Adelfia 63 D32
Adige 6 C14
Adige (Foce dell') 27 G18
Adone (Monte) 33 I15
Adrano 88 O26
Adranone (Monte) 85 N21
Adrara S. Rocco 14 E11
Adret 20 G3
Adria 26 G18
Adro 14 F11
Aeclanum 65 D27
Afers / Eores 6 B17
Affi 15 F14
Affile 57 Q21
Affrica (Scoglio d') 42 O12
Afing / Avigna 6 C16
Afragola (Napoli) 64 E24
Africo 81 M30
Agaggio Inferiore 29 K5
Agarina 2 D7
Agazzano 23 H10
Agelli 46 N22
Agello 45 M18
Agerola 65 F25
Aggius 97 E9
Agira 88 O25
Agliana 37 K15
Agliano 21 H6
Agliè 11 F5
Aglientu 95 D9
Aglio 23 H10
Agna (Arezzo) 38 K17
Agna (Padova) 26 G17
Agnadello 13 F10
Agnana Calabra 81 M30
Agnano 36 K13
Agnano (Napoli) 64 E24
Agnara (Croce di) 79 J32
Agnedo 4 D11
Agnellezze (Monte) 17 D18
Agnello (Colle dell') 20 H2
Agner (Monte) 17 D17
Agnino 32 J12
Agno 26 F16
Agno (Val d') 15 F15
Agnone 59 Q25
Agnone Bagni 93 P27
Agnosine 14 F13
Agogna 12 E7
Agordo 17 D18
Agordo (Canale di) 17 D18
Agosta 51 Q21
Agostini (Rifugio) 5 D14
Agra 3 D8
Agrano 12 E7
Agrate Brianza 13 F10
Agrate Conturbia 12 E7
Agresto (Monte dell') 72 F30
Agri 66 F29
Agriano 46 N21
Agrifoglio 78 J31
Agrigento 90 P22
Agropoli 70 F26
Agrustos 99 E11
Agudo (Monte) 8 C19
Agugliano 41 L22
Agugliaro 26 G16
Aguzzo (Monte) 50 P19
Ahrntal / Valle Aurina 7 B17
Ahrntal / Aurina (Valle) 7 A17
Aidomaggiore 100 G8
Aidone 88 O25
Aielli 51 P22
Aiello Calabro 78 J30
Aiello del Friuli 19 E22
Aiello del Sabato 65 E26
Aieta 71 H29
Aiguille de Triolet 10 E3
Aiguilles de Bionnassay 10 E2
Ailano 58 R24
Aiona (Monte) 31 I10
Aip (Greta di) / Trogkofel 8 C21
Airasca 21 H4
Airola 65 D25
Airole 29 K4
Airuno 13 E10
Aisone 28 J3
Akrai (Palazzolo Acreide) 92 P26
Ala 15 E14
Ala (Val di) 10 G3
Alà dei Sardi 97 F9
Ala di Stura 10 G3
Ala (Punta) 43 N14
Alagna 22 G8
Alagna Valsesia 11 E5
Alanno 52 P23
Alano di Piave 17 E17
Alassio 29 J6
Alatri 57 Q22
Alba (Cuneo) 21 H6
Alba (Trento) 7 C17
Alba Adriatica 47 N23
Alba Fucens 51 P22
Albagiara 100 H8
Albairate 22 F8
Albanella 65 F27
Albaneto 51 O21
Albani (Colli) 57 Q20
Albano 14 E11
Albano (Lago di) 56 Q20
Albano (Monte) (Modena) 32 J13
Albano (Monte) (Pistoia) 37 K14
Albano di Lucania 72 F30
Albano Laziale 56 Q19
Albano Vercellese 12 F7
Albaredo (Trento) 16 E15
Albaredo Arnaboldi 23 G9
Albaredo (Treviso) 27 F18
Albaredo d'Adige 25 G15
Albaredo per S. Marco 4 D10
Albarella (Isola) 27 G19
Albareto (Modena) 25 H14
Albareto (Parma) 31 I11
Albaretto della Torre 21 I6
Albaro 25 F15
Albate 13 E9
Albavilla 13 E9
Albe 51 P22
Albegna 44 N16
Albeins / Albes 6 B16
Alben (Monte) 14 E11
Albenga 29 J6
Albera Ligure 23 H9
Alberese 43 N15
Alberghi 37 K14
Albergian (Monte) 20 G2

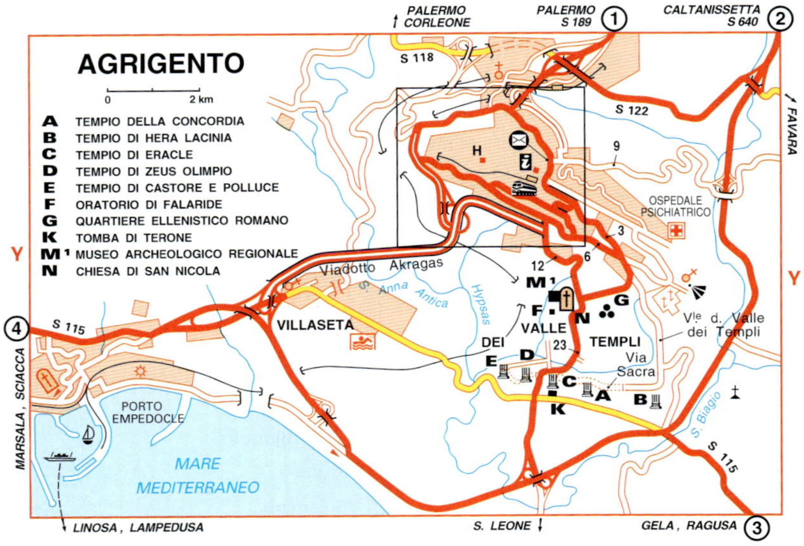

Circolazione regolamentata nel centro città

Crispi (Via F.) Y 3
La Malfa (Via U.) Y 6
Nuova Favara (Via) Y 9
Petrarca (Via) Y 12
Templi (Via dei) Y 23

Alberi 24 H12
Alberino 34 I16
Albero Sole (Monte) 90 U19
Alberobello 68 E33
Alberona 60 C27
Alberone 23 G10
Alberone (vicino a Cento) 25 H15
Alberone (vicino a Guarda F.) 26 H17
Alberoni 27 F18
Alberoro 44 L17
Albes / Albeins 6 B16
Albettone 26 F16
Albi 79 J31
Albiano (Arezzo) 38 L18
Albiano (Trento) 16 D15
Albiano d'Ivrea 11 F5
Albidona 76 H31
Albignano 13 F10
Albignasego 26 F17
Albinea 33 I13
Albinia 48 O15
Albino 14 E11
Albiolo 12 E8
Albisola Superiore 30 I7
Albissola Marina 30 J7
Albizzate 12 E8
Albo (Monte) 99 F10
Albonese 22 G8
Albonico 4 D10
Albosaggia 4 D11
Albucciu 95 D10
Albugnano 21 G5
Alburni (Monti) 66 F27
Alburno (Monte) 66 F27
Albuzzano 23 G9
Alcamo 85 N20
Alcamo Marina 85 M20
Alcantara 88 N26
Alcantara (Gole dell') 89 N27
Alcara li Fusi 88 M26
Aldein / Aldino 6 C16
Aldeno 16 E15
Aldino / Aldein 6 C16
Alento (Salerno) 70 G27

ALESSANDRIA

Bergamo (Via) Z 2
Brigata Ravenna (Viale) Z 3
Carducci (Piazza) Y 4
Carlo Marx (Corso) Z 6
Casale (Via) Y 7
Cavallotti (Corso) Z 8
Crimea (Corso) Z 9
Dante Alighieri (Via) Y 10
Fiume (Via) Y 12
Garibaldi (Piazza) Z 14
Gobetti (Piazza) Y 15
Gramsci (Via) Z 16
Lamarmora (Corso) Z 18
Libertà (Piazza della) Y 19
Machiavelli (Via) YZ 20
Magenta (Lungo Tanaro) Y 21
Marini (Corso Virginia) Y 23
Martiri (Via dei) Y 24
Morbelli (Via) Y 26
Pistoia (Via Ernesto) YZ 27
Pontida (Via) YZ 28
Roma (Corso) YZ
S. Dalmazzo (Via) Y 30
S. Giacomo d. Vittoria (Via) YZ 31
S. Martino (Lungo Tanaro) Y 32
S. Pio V (Via) Y 34
S. Caterina da Siena (Via) Y 35
S. Maria di Castello (Via) Y 36
Savona (Via) Z 38
Solferino (Lungo Tanaro) Y 39
Tivoli (Via) Z 40
Tizano (Via Vecellio) Y 41
Tripoli (Via) YZ 42
Turati (Piazza) YZ 43
Valfré (Piazza) Z 44
Vittorio Veneto (Piazza) Z 45
Vochieri (Via) Y 46
1821 (Via) Y 48

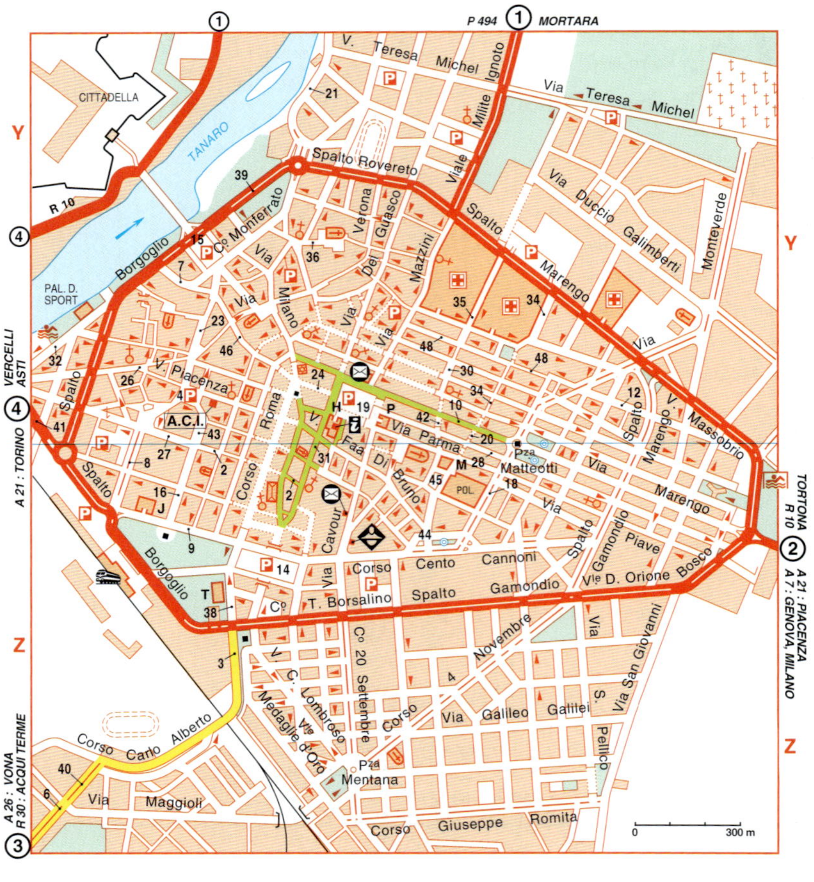

Alento (Chieti) 52 O24
Ales 100 H8
Alessandria 22 H7
Alessandria del Carretto 76 H31
Alessandria della Rocca 90 O22
Alessano 75 H36
Alesso 8 D21
Alezio 75 G36
Alfano 70 G28
Alfedena 58 Q24
Alfero 38 K18
Alfianello 24 G12
Alfiano Natta 21 G6
Alfonsine 34 I18
Alga (Punta d') 84 N19
Alghero 96 F6
Alghero (Rada di) 96 F6
Algone (Val d') 5 D14
Algua 13 E11
Algund / Lagundo 6 B15
Ali 80 M28
Ali Terme 80 M28
Alia 87 N23
Alianello 72 G30
Aliano 72 G30
Alice Bel Colle 22 H7
Alice Castello 11 F6
Alice (Punta) 77 I33
Alicudi (Isola) 82 L25
Alicudi Porto 82 L25
Alife 59 S24
Aliga (Punta s') 102 J7
Alimena 91 N24
Alimini Grande 75 G37
Alimini Piccolo 75 G37
Aliminusa 87 N23
Allai 100 H8
Allaro 81 L31
Alleghe 7 C18
Allein 10 E3
Allerona 44 N17
Alli 78 J31
Allievi 4 D10
Allione 5 D12
Alliste 75 H36
Alliz (Punta d') 5 B14
Allocchi (Galleria degli) 38 J16
Allone 45 N19
Allumiere 49 P17
Almenno S. Salvatore 13 E10
Almese 20 G4
Alonte 26 F16
Alpago 8 D19
Alpe 31 I9
Alpe d'Arguel 20 G2
Alpe Campiascio 5 D12
Alpe Cermis 16 D16
Alpe Colombino 20 G3
Alpe Devero 2 D6
Alpe di Mera 11 E6
Alpe di S. Antonio 32 J13
Alpe Gera (Lago di) 4 D11
Alpe Tre Potenze 33 J13
Alpe Veglia 2 D6
Alpette 11 F4
Alpi Apuane (Parco Naturale) 32 J12
Alpi (Monte) 71 G29
Alpi Orobie 4 D11
Alpiaz 14 E12
Alpicella 30 I7
Alpignano (Torino) 21 G4
Alpino 12 E7
Alpo 25 F14
Alseno 24 H11
Alserio (Lago di) 13 E9
Alta S. Egidio 44 M18
Altacroce (Monte) 6 B15
Altamura 67 E31
Altamura (Pulo di) 67 E31
Altana (Nuoro e Sassari) 99 F10
Altana (Sassari) 98 E8
Altano (Capo) 102 J7
Altare 30 I7
Altare (Monte) 77 I31
Altavilla Irpina 65 D26
Altavilla Milicia 86 M22
Altavilla Silentina 65 F27
Altavilla Vicentina 26 F16
Altedo 34 I16
Altenburg / Castelvecchio (Bolzano) 6 C15
Altesina (Monte) 88 N24
Alti (Poggi) 44 N16
Altidona 47 M23
Altilia (Crotone) 79 J32
Altilia (Cosenza) 78 J30
Altilia Saepinum 59 R25
Altino (Chieti) 52 P24
Altino (Venezia) 18 F19
Altipiani di Arcinazzo 57 Q21
Altissimo 15 E14
Altissimo (Località) 15 F15
Altivole 17 E17
Alto 29 J5
Alto (Giogo) / Hochjoch 5 B14
Alto (Monte) (L'Aquila) 51 Q22
Alto (Monte) (Grosseto) 43 M15
Alto (Monte) (Reggio Emilia) 32 J12
Altofonte 86 M21
Altolia 80 M28
Altomonte 76 H30
Altopascio 37 K14
Altrei / Anterivo 16 D16
Altrocanto 50 O19
Alvano (Pizzo d') 65 E25
Alvaro (Monte) 96 E6
Alviano 50 O18
Alviano (Lago di) 50 O18
Alvignano 59 S25
Alvisopoli 18 E20
Alvito 58 Q23
Alzano Lombardo 13 E11
Alzate Brianza 13 E9
Amalfi 65 F25
Amandola 46 N22
Amantea 78 J30
Amariana (Monte) 8 C21
Amaro 8 C21
Amaro (Monte) 52 P24
Amaroni 78 K31
Amaseno 57 R22
Amaseno (Fiume) 57 R21
Amato (Catanzaro) 78 K31
Amato (Reggio di Calabria) 80 L29
Amatrice 51 O21
Ambin (Rocca d') 20 G2
Ambra 38 L16
Ambria (Bergamo) 13 E11
Ambria (Sondrio) 4 D11
Ambrogio 26 H17
Ameglia 32 J11
Amelia 50 O19
Amendola 55 C29
Amendolara 77 H31
Amendolea 80 N29
Amendolea (Fiumara di) 80 M29
Ameno 12 E7
Amiata (Monte) 44 N16
Amica 77 I32
Amiternum 51 O21
Amorosi 64 D25
Ampezzo 8 C20
Ampezzo (Valle d') 7 C18
Ampollino (Lago) 78 J31
Anacapri 64 F24
Anagni 57 Q21
Anapo 93 P26
Ancaiano (Perugia) 50 O20
Ancaiano (Siena) 37 M15
Ancarano 47 N23
Anchione 37 K14
Ancinale 78 K31
Anciolina 38 L17
Ancipa (Lago) 88 N25
Ancona 41 L22
Andagna 29 K5
Andali 79 J32
Andalo 16 D15
Andezeno 21 G5
Andolla (Pizzo d') 2 D6
Andolla (Rifugio) 2 D6
Andonno 28 J4
Andora 29 K6
Andorno Micca 11 F6
Andrano 75 H37
Andrate 11 F5
Andraz 7 C17
Andrazza 8 C19
Andreis 8 D19
Andretta 66 E27
Andria 62 D30
Andriace 73 G32
Andriano / Andrian 6 C15
Anduins 8 D20
Anela 97 F9
Anela (Masseria d') 68 F32
Anfo 14 E13
Angeli 41 L22
Angeli di Mergo 40 L21
Angeli (Golfo degli) 103 J9
Angera 12 E7
Anghebeni 16 E15
Anghe u Ruiu (Necropoli) 96 F6
Anghiari 38 L18
Angiari 25 G15
Angiolino (Cima dell') 11 F4
Angitola (Lago dell') 78 K30
Angiulli (Monte) 68 E33
Anglona 98 E8
Angoli 78 K31
Angolo Terme 14 E12
Angri 65 E25
Anguillara Sabazia 50 P18
Anguillara Veneta 26 G17
Aniene 51 O21
Anime (Cima delle) / Hintere Seelenkogl 6 B15
Anita 34 I18
Anitrella 58 R22
Annicco 24 G11
Anrifo 46 M20
Annone (Lago di) 13 E10
Annone Veneto 18 E20
Annunziata 103 J10
Annunziata Lunga (Passo) 58 F24
Anoia 81 L30
Ansedonia (Cosa) 48 O15
Ansiei 7 C18
Ansina 45 L18
Antagnod 11 E5
Antas (Tempio di) 102 I7
Antegnate 14 F11
Antelao 7 C18
Antenna (Monte) 81 L29
Antennamare 80 M28
Anterivo / Altrei 16 D16
Antermoia / Untermoi 7 B17
Anterselva (Lago d') 7 B18
Anterselva (Valle di) 7 B18
Anterselva di Mezzo / Antholz Mittertal 7 B18
Anterselva di Sopra / Antholz Obertal 7 B18
Antey-St. André 11 E4
Antholz Mittertal / Anterselva di Mezzo 7 B18
Antholz Obertal / Anterselva di Sopra 7 B18
Anticoli Corrado 51 P20
Antignano (Asti) 21 H6
Antignano (Livorno) 36 L12
Antigorio (Val) 2 D6
Antillo 89 N27
Antola (Monte) 31 I9
Antola (Monte) / Steinkarspitz 8 C20
Antona 32 J12
Antonelli 68 E33
Antonimina 81 M30
Antrodoco 51 O21
Antrona (Lago di) 2 D6
Antrona (Val di) 2 D6
Antronapiana 2 D6
Antrosano 51 P22
Anversa degli Abruzzi 52 Q23
Anza 11 E6
Anzano del Parco 13 E9
Anzano di Puglia 60 D27
Anzasca (Valle) 11 E5
Anzi 66 F29
Anzino 2 E6
Anzio 56 R19
Anzola 31 I10
Anzola dell'Emilia 33 I15
Anzola d'Ossola 12 E7
Anzone del Parco 13 E9
Anzù 17 D17
Anzu (Punta su) 99 F11
Aosta / Aoste 10 E3
Aosta (Rifugio) 11 E4
Aosta (Valle d') 10 E3
Apani (Masseria) 69 E35
Apecchio 39 L19
Apice 65 D26
Apiro 41 L21
Apollo (Secca) 41 K21
Apollosa 65 D26
Appalto 44 M17
Appenna (Monte) 20 H2
Appennina 52 O23
Appennino (Gall. d') 33 J15
Appiano Gentile 12 E8
Appiano s. str. d. vino / Eppan 6 C15

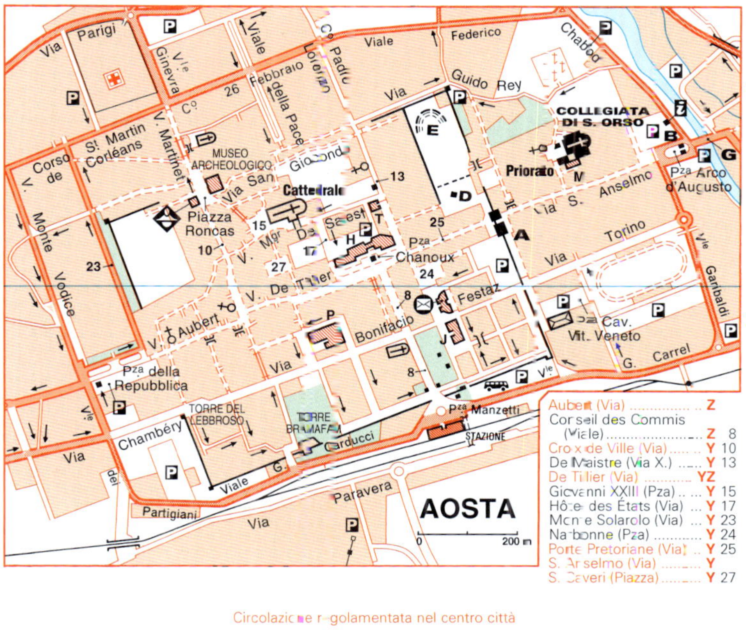

Circolazione regolamentata nel centro città

A PORTA PRETORIA   B ARCO DI AUGUSTO   D TEATRO   E ANFITEATRO   G PONTE

Appignano 41 L22
Appignano di Tronto 47 N22
Aprica 5 D12
Aprica (Passo dell') 5 D12
Apricale 29 K4
Apricena 54 B28
Apricena (Stazione di) 54 B28
Aprigliano 76 J31
Aprilia 56 R19
Aprilia Marittima 18 E21
Aquara 70 F27
Aquila di Arroscia 29 J6
Aquila (Rocca d') 88 O25
Aquilano 52 O25
Aquileia 19 E22
Aquilinia 19 F23
Aquilonia 66 E28
Aquino (Frosinone) 58 R23
Aquino (Palermo) 86 M21
Arabba 7 C17
Aradeo 75 G36
Aragona 91 O22
Arai 103 I9
Aralalta (Monte) 13 E10
Arancio (Lago) 90 O21
Aranova 56 Q18
Arasi 80 M29
Aratena 99 E10
Aratu 101 G9
Araxisi 100 H8
Arba 8 D20
Arbatax 101 H11
Arbia 44 L16
Arbola (Bocchetta d') 2 C6
Arbola (Punta d') 2 C6
Arborea 100 H8
Arborea (Località) 100 H7
Arborea Lido 100 H7
Arborio 12 F7
Arbu (Monte) (Cagliari) 103 J10
Arbu (Monte) (Nuoro) 101 G10
Arburese 102 I7
Arbus 100 I7
Arbus (Monte) 102 K7
Arcade 17 E18
Arcavacata 76 I30
Arce 58 R22
Arcene 13 F10
Arceto 33 I14
Arcetri 37 K15
Arcevia 40 L20
Archi (Chieti) 52 P25
Archi (Reggio di Calabria) 80 M28
Archittu (S') 100 G7
Arci (Monte) 100 H8
Arcidosso 44 N16
Arcille 43 N15
Arcinazzo Romano 57 Q21
Arcisate 12 E8
Arco 15 E14
Arcola (La Spezia) 32 J11
Arcola (Pordenone) 8 D19
Arcole 25 F15
Arcore 13 F9
Arcosu (Monte) 102 J8
Arcu (S') 101 H9
Arcu Correboi 101 G10
Arcu de Sarrala de Susu 101 H10
Arcu de Tascussi (S') 101 G9
Arcu 'e Tidu (Valico) 103 J10
Arcu Genna Bogai 102 I7
Arcu Guddetorgiu 101 G9
Arcu sa Ruinedda 103 J10
Arcu sa Tella 100 I7
Arcuentu (Monte) 100 I7
Arcueri (Valico) 101 H10
Arcugnano 26 F16
Arcumeggia 12 E8
Arda 24 H11
Ardali 101 G10
Ardara 98 F8
Ardauli 100 G8
Ardea 56 R19
Ardenno 4 D10
Ardenza 36 L12
Ardesio 14 E11
Ardivestra 23 H9
Ardore 81 M30
Ardore Marina 81 M30
Area Sacra 59 Q25
Aremogna 58 Q24
Arena 78 L30
Arena Po 23 G10
Arenabianca 71 G29
Arenella (Siracusa) 93 Q27
Arenzano 30 I8
Arera (Pizzo) 14 E11
Arese 13 F9
Arezzo 38 L17
Argatone (Monte) 52 Q23
Argegno 3 E9
Argelato 34 I16
Argenta 34 I17
Argentario (Promontorio d') 48 O15
Argentera (Cuneo) 28 I2
Argentera (Torino) 11 G5
Argentera (Cima di) 28 J3
Argentiera 96 E6
Argentiera (Capo dell') 96 E6
Argentina 29 K5
Argentina (Val) 29 K5
Arginemele (Cozzo) 88 O25
Argiolas (Genn') 103 I10
Argusto 78 K31
Ari 52 P24

AREZZO

Circulazione regolamentata nel centro città

Cavour (Via)	ABY	2
Cesalpino (Via)	BY	3
Chimera (Via della)	AY	5
Fontanella (Via)	BZ	6
Garibaldi (Via)	ABYZ	8
Giotto (Viale)	BZ	9
Grande (Piazza)	BY	
Italia (Corso)	ABYZ	
Madonna del Prato (V.)	AYZ	13
Maginardo (Viale)	AZ	14
Mecenate (Viale)	AZ	16
Mino da Poppi (Via)	BZ	17
Mochi (Via F.)	AY	19
Monaco (Via G.)	AYZ	20
Murello (Piagga del)	AY	22
Niccolò Aretino (Via)	AZ	23
Pellicceria (Via)	BY	25
Pescioni (Via)	BZ	26
Pileati (Via dei)	BY	28
Ricasoli (Via)	BY	30
Roma (Via)	AZ	31
S. Clemente (Via)	AY	32
S. Domenico (Via)	BY	33
Saracino (Via del)	AY	35
Sasso Verde (Via)	BY	36
Vittorio Veneto (Via)	AZ	38
20 Settembre (Via)	AY	40

M² MUSEO D'ARTE MEDIEVALE E MODERNA

ASCOLI PICENO

Alighieri (Via D.)	C	2
Arringo (Piazza)	BC	3
Bonaccorsi (Via del)	BC	5
Buonaparte (Via)	C	6
Cairoli (Via)	B	7
Cecco d'Ascoli (Piazza)	A	9
Corfino (Via di)	A	10
Fortezza (V. della)	B	13
Lazzari Tullio (Via)	A	14
Manilia (Via)	A	15
Matteotti (Piazza)	C	17
Ponte Maggiore	C	18
Ponte Pta Cartara	A	20
Ponte Pta Tuffilla (Nuovo)	C	21
Popolo (Piazza del)	B	
Pozzetto (Rua del)	A	23
Roma (Piazza)	B	22
S. Agostino (Piazza)	B	24
S. Angelo (Via)	B	25
S. Giuliano (Via)	A	26
Solestà (Via di)	B	28
Templari (Via dei)	A	29
Trebbiani (Via)	B	32
Trento e Trieste (Corso)	B	33
Trivio (Via del)	B	34
Vidacilio (Via)	B	35
20 Settembre (Via)	B	37

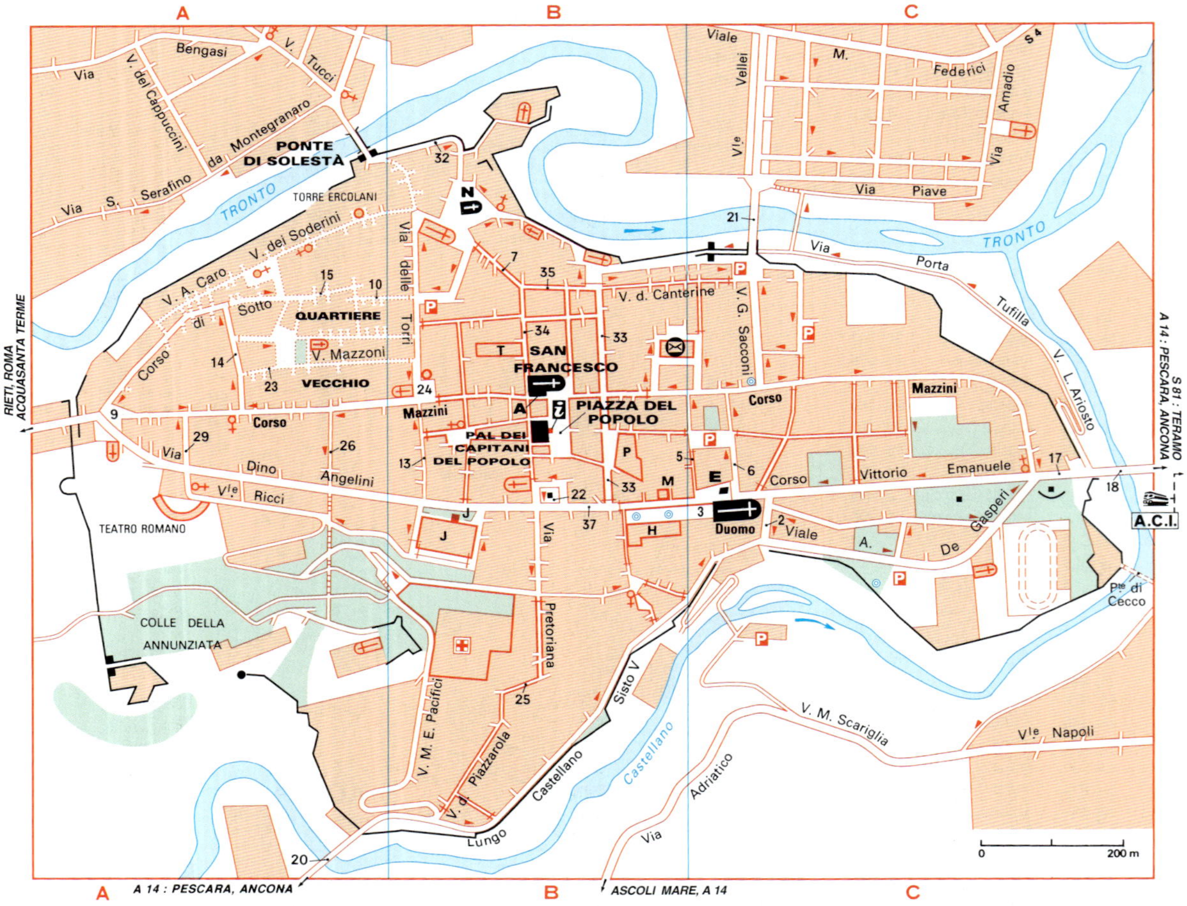

A LOGGIA DEI MERCANTI
E BATTISTERO
N CHIESA DEI SANTI VICENZO ED ANASTASIO

Ariamacina (Lago di) 77 J31
Ariano (Isola d') 27 H18
Ariano Ferrarese 27 H18
Ariano Irpino 60 D27
Ariano nel Polesine 27 H18
Ariccia 56 Q20
Arielli 52 P24
Arienzo 64 D25
Arietta 79 J32
Arigna 4 D11
Arina 17 D17
Aringo 51 O21
Arischia 51 O22
Aritzo 101 H9
Arixi 103 I9
Arlena di Castro 49 O17
Arli 46 N22
Arluno 12 F8
Arma di Taggia 29 K5
Armeno 12 E7
Armentarola 7 C17
Armento 72 G30
Armenzano 45 M20
Armi (Capo dell') 80 N29
Armio 3 D8
Armo (Imperia) 29 J5
Armo (Reggio di Calabria) 80 M29
Armungia 103 I10
Arnaccio 36 L13
Arnara 57 R22
Arnas (Punta d') 10 G3
Arnasco 29 J6
Arnesano 75 F36
Arni 32 J12
Arno 37 K15
Arno (Fosso d') 36 L13
Arno (Lago d') 5 D13
Arnoga 5 C12
Arola 12 E7
Arolo 12 E7
Arona 12 E7
Arosio 13 E9
Arpa (Punta dell') 41 K21
Arpaia 65 D25
Arpaise 65 D26

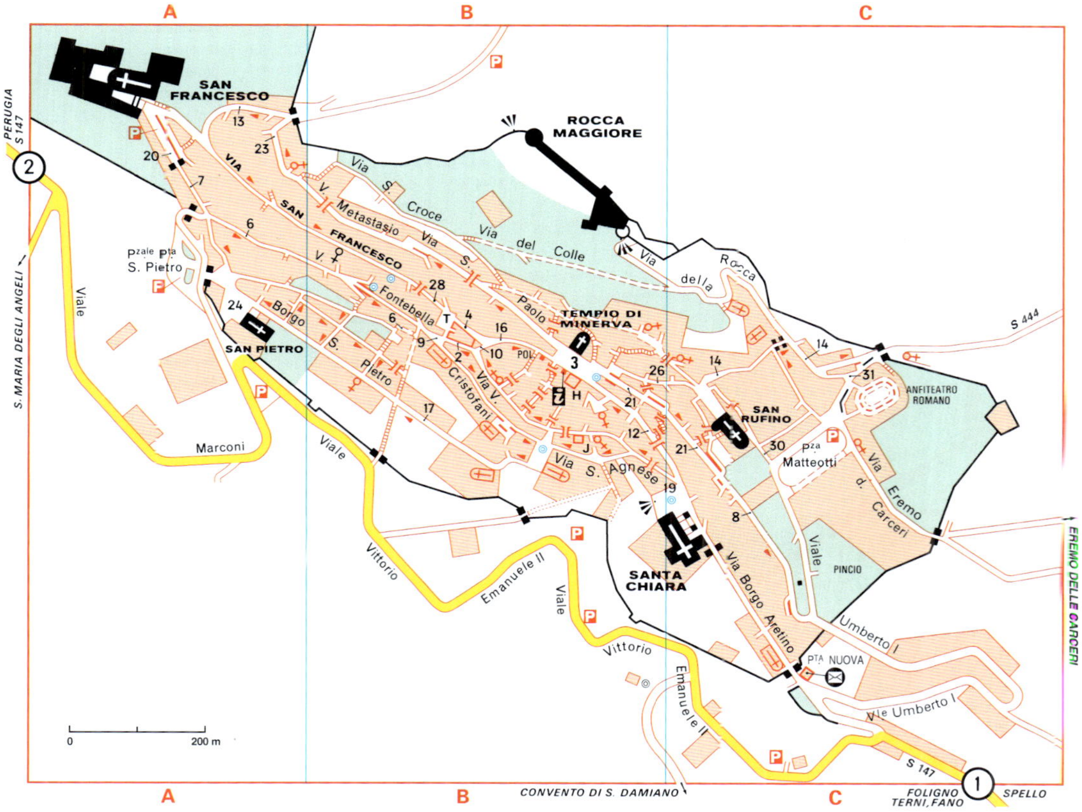
A
B
C
SAN FRANCESCO
ROCCA MAGGIORE
TEMPIO DI MINERVA
SAN PIETRO
SAN RUFINO
SANTA CHIARA
ANFITEATRO ROMANO
PINCIO
PTA NUOVA
Pzale pta S. Pietro
Pza Matteotti
PERUGIA S 147
S. MARIA DEGLI ANGELI
S 444
EREMO DELLE CARCERI
CONVENTO DI S. DAMIANO
FOLIGNO TERNI, FANO
SPELLO
S 147
0
200 m

ASSISI

Brizi (Via) B 2
Comune (Pza del) B 3
Fontebella (Via) B
Fortini (Via A.) B 4
Fosso Cupo (Via del) AB 6
Frate Elia (Via) A 7
Galeazzo Alessi (V.) C 8
Garibaldi (Piazzetta) B 9
Giotto (Via) B 10
Mazzini (Corso) B 12
Merry del Val (Via) A 13
Porta Perlici (Via) C 14
Portica (Via) B 16
S. Apollinare (Via) B 17
S. Chiara (Piazza) BC 19
S. Francesco (Pza) A 20
S. Gabriele della Addolorata (Via) BC 21
S. Giacomo (Via) A 23
S. Pietro (Piazza) A 24
S. Rufino (Via) B 26
Seminario (V. del) B 28
Torrione (Via del) C 30
Villamena (Via) C 31

Arpino 58 R22
Arpinova 54 C28
Arquà Petrarca 26 G17
Arquà Polesine 26 G17
Arquata del Tronto 46 N21
Arquata Scrivia 30 H8
Arramene (Genna) 101 G10
Arre 26 G17
Arro 11 F6
Arrobbio 22 H7
Arrone (Roma) 50 Q18
Arrone (Terni) 50 O20
Arrone (Viterbo) 49 O17
Arrone (Forca dell') 50 O20
Arroscia 29 J5
Arrubiu 101 H9
Arsago Seprio 12 E8
Arsego 26 F17
Arsié 17 E17
Arsiero 16 E16
Arsita 52 O23
Arsoli 51 P21
Arta Terme 8 C21
Artegna 8 D21
Artemisio (Monti) 56 Q20
Arten 17 D17
Artena 57 Q20
Artesina 29 J5
Artogne 14 E12
Arutas (Punta is) 100 H7
Arvenis (Monte) 8 C20
Arvier 10 E3
Arvo 77 J31
Arvo (Lago) 77 J31
Arzachena 95 D10
Arzachena (Golfo di) 95 D10
Arzago d'Adda 13 F10
Arzana 101 H10
Arzano (Napoli) 64 E24
Arzelato 32 I11
Arzene 18 E20
Arzercavalli 26 G17
Arzergrande 26 G18
Arzignano 26 F15
Arzino 8 C20
Ascea 70 G27
Ascensione (Monte dell') 47 N22
Aschbach / Rio di Lagundo 6 C15
Aschi Alto 52 Q23
Aschio 46 N21
Asciano (Pisa) 36 K13
Asciano (Siena) 44 M16
Ascione (Colle d') 78 J31
Ascolese 71 F28
Ascoli Piceno 47 N22
Ascoli Satriano 60 D28
Ascrea 50 P20
Aselogna 25 G15
Aserei (Monte) 31 H10
Asiago 16 E16
Asigliano Veneto 26 G16
Asigliano Vercellese 22 G7
Asinara (Golfo dell') 94 D7
Asinara (Isola) 94 D6
Asinaro 93 Q27
Asinelli (Isola) 84 M19
Asino (Punta dell') 99 E11
Aso 47 M22
Aso (Fiume) 46 N22
Asola 24 G13
Asolo 17 E17
Aspra 86 M22
Aspra (Monte) 50 O20
Aspromonte 80 M29
Assa 16 E16
Assemini 103 J8
Assenza di Brenzone 15 E14
Assergi 51 O22
Assieni 85 M20
Assietta (Colle dell') 20 G2
Assino 39 L19
Assisi 45 M19
Asso (Como) 13 E9
Asso (Siena) 44 M16
Asso (Castel d') 49 O18
Assolo 100 H8
Assoro 88 O25
Asta 32 J13
Asta (Cima d') 16 D16
Asta (Giogo d') 7 B17
Astfeld / Campolasta 6 C16
Asti 21 H6
Astico 16 E16
Astico (Val d') 16 E15
Astrone 44 N17
Astura 57 R20
Asuai 101 G9
Asuni 100 H8
Ateleta 58 Q24
Atella 66 E28
Atella (Fiumara d') 66 E28
Atena Lucana 66 F28
Aterno 51 O21
Atessa 53 P25
Atina 58 R23
Ato (Punta d') 80 M29
Atrani 65 F25
Atri 52 O23
Atripalda 65 E26
Attigliano 50 O18
Attilia 78 J30
Attimis 9 D21
Atzara 101 H9
Auditore 39 K19
Auer / Ora 16 C15
Augusta 93 P27
Augusta (Golfo di) 93 P27
Augusta (Porto di) 93 P27
Aulella 32 J12
Auletta 66 F28
Aulla 32 J11
Aune 17 D17
Aupa 9 C21
Aurano 12 E7
Aurelia 49 P17
Aurina (Valle) / Ahrntal 7 A17
Aurine (Forcella) 17 D17
Aurino 7 B17
Aurisina 19 E23
Auronzo (Rifugio) 7 C18
Auronzo di Cadore 8 C19
Aurunci (Monti) 58 R22
Ausa 39 K19
Ausoni (Monti) 57 R21
Ausonia 58 R23
Aussa-Corno 19 E21
Ausser Sulden / Solda di Fuori 5 C13
Austis 101 G9
Autaret (Col de l') 10 G3
Autore (Monte) 51 Q21
Avacelli 40 L20
Avegno 31 I9
Avelengo / Hafling 6 C15
Avella 65 E25
Avella (Monti d') 65 E26
Avellino 65 E26
Avena 71 H29
Avenale 41 L21
Avertino 52 P24
Averza 32 J12
Averau (Monte) 7 C18
Averno (Lago d') 64 E24
Aversa 64 E24
Avero 31 I9
Averana 69 F35
Avezzano 51 P22
Aviano 8 D19
Aviatico 14 E11
Avic (Monte) 11 E4
Avigliana 20 G4
Avigliano 66 E29
Avigliano Umbro 50 O19
Avigna / Afing 6 C16
Avio 15 E14
Avise 10 E3
Avisio 16 C16
Avola 93 Q27
Avolasca 22 H8
Avosso 30 I9
Ayas 11 E5
Ayas (Valle d') 11 E5
Avasse 11 F5
Aymavilles 10 E3
Azeglio 11 F5
Azzago 15 F15
Azzanello (Cremona) 24 G11
Azzanello (Pordenone) 18 E19
Azzano 23 H10
Azzano d'Asti 22 H6
Azzano Decimo 18 E20
Azzano Mella 14 F12
Azzate 12 E8
Azzone 14 E12
Azzurra (Grotta) (Anacapri) 64 F24
Azzurra (Grotta) (Palinuro) 70 G27

B

Bacchereto 37 K14
Bacchiglione (Padova) 26 G17
Bacchiglione (Vicenza) 26 F16
Baccinello 44 N16
Bacedasco 24 H11
Bacedasco (Terme di) 24 H11
Baceno 2 D5
Bacoli 64 E24
Bacu Abis 102 J7
Bacucco 27 H19
Bacugno 51 O21
Bad Bergfall / Bagni di Pervalle 7 B18
Bad Froi / Bagni Froi 6 C16
Bad Moos / Bagni di S. Giuseppe 7 B19
Bad Rahmwald / Bagni di Selva 7 B17
Bad Salomonsbrunn / Bagni di Salomone 7 B18
Bad Salt / Bagni di Salto 5 C14
Badagnano 23 H11
Badalucco 29 K5
Badde Salighes 98 F8
Badesi 98 E8
Badesi Mare 98 E8
Badesse 37 L15
Badi 33 J15
Badia (Bologna) 33 I15
Badia (Perugia) 45 M19
Badia / Abtei 7 C17
Badia (Val) / Gadertal 7 B17
Badia a Ruoti 44 L16
Badia a Settimo 37 K15
Badia a Taona 33 J14
Badia Agnano 38 L16
Badia al Pino 38 L17
Badia Ardenga 44 M16
Badia Calavena 15 F15
Badia Coltibuono 38 L16
Badia di Susinana 34 J16
Badia Morronese 52 P23
Badia Pavese 23 G10
Badia Polesine 26 G16
Badia Prataglia 38 K17
Badia Tedalda 39 K18
Badoere 17 F18
Badolato 79 L31
Badolato Marina 79 L31
Badolo 33 I15
Badu Abzolas 97 E9
Badu Crabolu 96 F7
Baffadi 34 J16
Baffe (Punta) 31 J10
Bafia 89 M27
Bagaladi 80 M29
Baganza 32 I12
Baggio 33 K14
Baggiovara 33 I14
Bagheria 86 M22
Baglio Messina 85 M20
Baglionuovo 85 N20
Bagna (Punta) 20 G2
Bagnacavallo 34 I17
Bagnaia (Livorno) 42 N13
Bagnaia (Siena) 37 M15
Bagnaia (Viterbo) 49 O18
Bagnara 46 M20
Bagnara Calabra 80 M29
Bagnara di Romagna 34 I17
Bagnaria 23 H9
Bagnaria Arsa 19 E21
Bagnarola (Bologna) 34 I16
Bagnarola (Pordenone) 18 E20
Bagnasco 29 J5
Bagnatica 14 F11
Bagni 30 I7
Bagni Contursi 66 E27
Bagni del Masino 4 D10
Bagni di Bormio 5 C13
Bagni di Craveggia 2 E7
Bagni di Lavina Bianca / Weisslahnbad 6 C16
Bagni di Lucca 33 J13
Bagni di Lusnizza 9 C22
Bagni di Nocera 46 M20
Bagni di Pervalle / Bad Bergfall 7 B18
Bagni di Petriolo 43 M15
Bagni di Rabbi 5 C14
Bagni di Repole 77 J32
Bagni di Salomone / Bad Salomonsbrunn 7 B18
Bagni di Salto / Bad Salt 5 C14
Bagni di S. Giuseppe / Bad Moos 7 B19
Bagni di S. Martino 98 E8
Bagni di Selva / Bad Rahmwald 7 B17
Bagni di Stigliano 49 P18
Bagni di Tivoli 50 Q20
Bagni di Vicarello 49 P18
Bagni di Vinadio 28 J3
Bagni di Viterbo 49 O18
Bagni Froi / Bad Froi 6 C16
Bagni Minerali 81 M30
Bagni di S. Cataldo 66 E28
Bagni S. Filippo 44 N17
Bagno 55 B29
Bagno a Ripoli 38 K15
Bagno di Romagna 38 K17
Bagno Grande 51 P22
Bagno Vignoni 44 M16
Bagnola 41 L22
Bagnoli del Trigno 59 Q25
Bagnoli di Sopra 26 G17
Bagnoli Irpino 65 E27
Bagnolo (vicino a Roccastrada) 43 M15
Bagnolo (vicino a S. Fiora) 44 N16
Bagnolo (Monte) 69 F34
Bagnolo (Verona) 25 G14
Bagnolo (Vicenza) 26 F16
Bagnolo Cremasco 23 F10
Bagnolo del Salento 75 G37
Bagnolo di Po 26 G16
Bagnolo in Piano 25 H14
Bagnolo Mella 14 F12
Bagnolo Piemonte 20 H3
Bagnolo S. Vito 25 G14
Bagnone 32 J11
Bagnore 44 N16
Bagnoregio 49 O18
Bagnu (Lu) 98 E8
Bagolino 14 E13
Baia (Caserta) 59 S24
Baia (Napoli) 64 E24
Baia delle Zagare 55 B30
Baia Domizia 58 S23
Baia Sardinia 95 D10
Baia Verde 75 G36
Baiano 65 E25
Baiardo 29 K5
Baigno 33 J15
Baion (Rifugio) 8 C19
Baiso 33 I13
Baitone (Monte) 5 D13
Balangero 11 G4
Balata di Baida 85 M20
Balata di Modica 92 Q26
Balate (Masseria) 87 N23
Balacelle (Monte) 36 N22
Balbano 36 K13
Balconevisi 37 L14
Baldichieri d'Asti 21 H6
Baldissero d'Alba 21 H5
Baldissero Torinese 21 G5
Baldo (Monte) 15 E14
Baldu 95 D9
Balestrate 86 M21
Balestrino 29 J6
Balisio (Colle di) 13 E10
Balistreri (Punta) 97 E9
Ballabio Inferiore 13 E10
Ballao 101 I10
Ballata 85 N20
Ballino 15 E14
Ballone (Poggio) 43 N14
Balme 10 G3
Balmuccia 11 E6
Balocco 12 F6
Balossa Bigli 22 G8
Balsente (Masseria) 68 E33
Balsignano 63 D32
Balsorano 58 Q22
Balsorano Vecchio 58 Q22
Balvano 66 F28
Balze (Località) 39 K18
Balze (Volterra) 37 L14
Balzola 22 G7
Banari 98 F8
Bancali 96 E7
Banchetta (Monte) 20 H2
Bandiera (Punta) 83 L27
Bandita 30 I7
Banco 34 I17
Banna 21 G5
Bannia 18 E20
Bannio 2 E6
Bantine 97 F9
Banzi 67 E30
Baone 26 G17
Bar 20 G2
Baracchella 77 J31
Baraccone 58 R24
Baradili 100 H8
Baragazza 33 J15
Baragiano 66 E28
Baranci (Croda dei) 7 B18
Baranello 59 R25
Barano d'Ischia 64 E23
Baratili S. Pietro 100 H7
Baratti 42 N13
Baratti (Golfo di) 42 M13
Baratz (Lago) 96 E6
Barbagia Belvi 101 H9

Amendola (Via Giovanni) DZ 3
Battisti (Piazza Cesare) CDZ 5
Carmine (Strada del) DY 15
Cavour (Corso) DYZ
Cognetti (Via Salvatore) DY 17
Crociate (Strada delle) DY 22
De Cesare (Via Raffaele) DZ 24
De Giosa (Via) DZ 26
Diaz (Piazza Armando) DY 28
Federico II (Piazza) CY 30
Ferrarese (Piazza del) DY 32
Fragigena (Rua) DY 35
Gimma (Via Abate) CDY 39
Isabella d'Aragona (Giardini) CY 41
Latilla (Via) CY 43
Luigi di Savoia (Piazza) DZ 44
Martinez (Strada) DY 48
Massari (Piazza G.) CY 49
Mercantile (Piazza) DY 51
Odegitria (Piazza dell') CDY 54
Petroni (Via Prospero) DZ 62
Piccinni (Via) CY
Putignani (Via) CDYZ 65
Salandra (Viale) CZ 69
S. Francesco d'Assisi (Via) CY 70
S. Marco (Strada) DY 72
S. Pietro (Piazza) DY 74
Sonnino (Corso Sidney) DZ 75
Sparano (Via) DYZ 76
Unità d'Italia (Via) DZ 78
Venezia (Via) DY 80
Vittorio Emanuele II (C.) CDY 82
Zuppetta (Via Luigi) DZ 83
20 Settembre (Ponte) DZ 85
24 Maggio (Via) DY 86

B CATTEDRALE

Barbagia Ollolai 101 G9
Barbagia Seulo 101 H9
Barbania 11 G4
Barbara 40 L21
Barbarano Romano 49 P18
Barbarano Vicentino 26 F16
Barbaresco 21 H6
Barbariga 14 F12
Barbarossa (Punta) 94 E6
Barbasso 25 G14
Barbeano 8 D20
Barbellino (Lago del) 5 D12
Barberino di Mugello 33 J15
Barberino Val d'Elsa 37 L15
Barbi (Capo) 80 L29
Barbianello 23 G9
Barbiano 34 I17
Barbona 26 G17
Barbusi 102 J7
Barbuste 11 E4
Barcellona Pozzo di Gotto 83 M27
Barchi 40 K20
Barcis 8 D19
Barcis (Lago di) 8 D19
Barco (Reggio Emilia) 24 H13
Barco (Trento) 16 D15
Barcola 19 E23
Barcon 17 E18
Bard 11 F5
Bardi 31 I11
Bardineto 29 J6
Bardolino 15 F14
Bardonecchia 20 G2
Bareggio 12 F8
Barengo 12 F7
Baressa 100 H8
Barete 51 O21
Barga 32 J13
Bargagli 31 I9
Barge 20 H3
Bargecchia 36 K12
Barghe 14 E13
Bargi 33 J15
Bargino 37 L15
Bargnano 14 F12
Bargone 31 J10
Bari 63 D32
Bari Sardo 101 H10
Bariano 13 F11
Baricella 34 I16
Barigazzo 33 J13
Barigazzo (Monte) 32 I11
Barile 66 E29
Barisciano 51 P22
Barisciano (Lago di) 51 O22
Barletta 62 D30
Barni 13 E9
Barolo 21 I5
Barone (Monte) 11 E6
Baroni (Rifugio) 4 D11
Baronia 99 F11
Baronia (Monte) 85 N20
Baronissi 65 E26
Barrabisa 95 D9
Barrafranca 91 O24
Barrali 103 I9
Barrea 58 Q23
Barrea (Lago di) 58 Q23
Barricata 16 E16
Barriera Noce (Bivio) 91 O24
Barumini 100 H9
Barzago 13 E9
Barzana (Forcella di Palla) 8 D19
Barzaniga 24 G11
Barzanò 13 E9
Barzio 13 E10
Basagliapenta 18 E21
Basaldella (Pordenone) 8 D20
Basaldella (Udine) 9 D21
Basalghelle 18 E19
Basaluzzo 22 H8
Bascape 23 G9
Baschi 45 N18
Bascianella 51 O23
Basciano 52 O23
Baselga di Pinè 16 D15
Baselice 60 C26
Basentello 67 E30
Basento 66 F29
Basicò 89 M27
Basiglio 23 F9
Basiliano 18 D21
Basilicagoiano 24 H13
Basilicanova 24 H13
Basiluzzo (Isola) 83 L27
Basodino (Monte) 2 C7
Basovizza 19 F23
Bassacutena 95 D9
Bassacutena (Rio) 95 D9
Bassana (Punta) 84 N18
Bassano Bresciano 24 G12
Bassano del Grappa 17 E17
Bassano in Teverina 50 O18
Bassano Romano 49 P18
Bassiano 57 R21
Bassignana 22 G8
Bastarda (Cima) 78 J31
Bastardo 45 N19
Bastelli 24 H12
Bastia 60 D28
Bastia (Ancona) 46 L20
Bastia (Belluno) 17 D18
Bastia (Monte) 31 I9
Bastia (Padova) 26 F16
Bastia Mondovì 29 I5
Bastia Umbra (Perugia) 45 M19
Bastida Pancarana 23 G9
Bastiglia 25 H15
Batignano 43 N15
Battaglia (Salerno) 71 G28
Battaglia (Trapani) 85 M20
Battaglia (Piano) 87 N24
Battaglia Terme 26 G17
Battaglione Monte Granero 20 H3
Battifolle (Monte) 33 K14
Battifollo 29 J6
Battipaglia 65 F26
Battisti (Rifugio) 32 J13
Bau 102 I7
Bau Ischios 100 G8
Bau Pressiu (Lago) 102 J8
Baucca 39 L18
Baucina 86 N22
Baudenasca 20 H4
Bauernkohlern / Colle di Villa 6 C16
Bauladu 100 G8
Baunei 101 G10
Baura 34 H17
Baveno 12 E7
Baver 17 E19
Bazzano (L'Aquila) 51 O22
Bazzano (Bologna) 33 I15
Bazzano (Perugia) 46 N20
Beano 18 E21
Beaulard 20 G2
Beauregard (Lago di) 10 F3
Beccarini (Azienda) 55 C29
Becco (Croda di) / Seekofel 7 B18
Becetto 20 I3
Bedero Valcuvia 12 E8
Bedizzole 14 F13
Bèdole 5 D13
Bedollo 16 D15
Bedonia 31 I10
Bee 12 E7
Begosso 26 G16
Beigua (Monte) 30 I7
Beinasco (Torino) 21 G4
Beinette 29 I4
Belagaio 43 M15
Belbo 29 I6
Belcastro 79 J32
Belfiore 25 F15
Belfiore (Cima) 32 J12
Belforte 25 G13
Belforte (Perugia) 46 N20
Belforte (Siena) 37 M15
Belforte all'Isauro 39 K19
Belforte del Chienti 46 M21
Belgioioso 23 G9
Belgirate 12 E7
Belice 85 N20
Belice (Valle) 85 O20
Belice Destro 85 N21
Belici 91 N23
Bella 66 E28
Bellagio 3 E9
Bellamonte 16 D16
Bellano 3 D9
Bellante 47 N23
Bellardina (Colle) 78 L30
Bellaria (Modena) 25 H14
Bellaria (Pesaro e Urbino) 39 L19
Bellaria (Siena) 44 M16
Bellaria-Igea Marina 39 J19
Bellariva 39 J19
Bellavalle 33 J14
Bellavista 6 C16
Bellavista (Capo) 101 H11
Bellecombe 11 E4
Bellegra 57 Q21
Bellino 20 I3
Bellino (Monte) 49 O16
Bellinzago Novarese 12 F7
Bellisio Solfare 40 L20
Bellizzi 65 F26
Bellizzi Irpino 65 E26
Bellocozzo 92 Q26
Belloluogo (Masseria) 69 F35
Bellona 64 D24
Bellori 15 F14
Bellosguardo 70 F27
Belluno 17 D18
Belluno Veronese 15 E14
Bellusco 13 F10
Belmonte Calabro 78 J30
Belmonte Castello 58 R23
Belmonte del Sannio 59 Q25
Belmonte in Sabina 50 P20
Belmonte Mezzagno 86 M22
Belmonte Piceno 46 M22
Belpasso 89 O26
Belprato / Schönau 6 B15
Belsedere 44 M16
Belsito 78 J30
Belu 102 I8
Belvedere 93 P27
Belvedere (Mantova) 25 G14
Belvedere (Perugia) 45 M19
Belvedere (Pesaro e Urbino) 39 K20
Belvedere (Terni) 44 N17
Belvedere (Udine) 19 E22
Belvedere (Monte) 67 E31
Belvedere di Spinello 77 J32
Belvedere Langhe 29 I5
Belvedere Marittimo 76 I29
Belvedere Ostrense 41 L21
Belvi 101 H9
Belviso (Lago di) 5 D12
Benante 92 O26
Benas (Stagno de is) 100 G7
Bene Lario 3 D9
Bene Vagienna 21 I5
Benedello 33 I14
Benestare 81 M30
Benetutti 97 F9
Benevello 21 I6
Benevento 65 D26
Benévolo 10 F3
Benna 11 F6
Benne 11 G4
Bentivoglio 34 I16
Benvignante 34 H17
Benzone (Lago di) 101 G9
Berbenno 13 E10
Berbenno di Valtellina 4 D11
Berceto 32 I11
Berchidda 97 E9
Berchiddeddu 99 E10
Berdia Nuova 92 Q25
Bereguardo 23 G9
Berga 31 I9
Bergamasco 22 H7
Bergamo 13 E10
Bergantino 25 G15
Bergeggi 30 J7
Bergeggi (Isola di) 30 J7
Bergolo 21 I6
Berici (Monti) 26 F16
Bernalda 68 F32
Bernardinis (Rifugio) 9 C22
Bernareggio 13 F10
Bernezzo 28 I4
Bernina (Pizzo) 4 C11
Berra 26 H17
Berretta (Col della) 17 E17
Bersano 24 H12
Bersezio 28 I2
Berta (Capo) 29 K6
Bertacchi (Rifugio) 4 C10
Bertesina 26 F16
Berti (Rifugio) 8 C19
Bertinoro 35 J18
Bertiolo 18 E21
Bertonico 23 G11
Bertrand (Monte) 29 J5
Bertuzzi (Valle) 35 H18
Berzano di S. Pietro 21 G5
Berzano di Tortona 22 H8
Berzo 14 E12
Besana in Brianza 13 E9
Besano 12 E8
Besate 22 G8
Beseno (Castello) 16 E15
Besnate 12 E8
Besozzo 12 E7
Besozzola 24 H11
Bessude 98 F8
Bettenesco 24 G12
Bettola (Verona) 15 F15
Bettola (Piacenza) 23 H10
Bettole (Brescia) 14 F12
Bettolelle 41 L21
Bettolle (Siena) 44 M17
Bettona 45 M19
Beura-Cardezza 2 D6
Bevagna 45 N19
Bevano 35 J18
Bevazzana 18 E21
Beverare 26 G17
Beverino 31 J11
Bevilacqua (Ferrara) 25 H15
Bevilacqua (Verona) 26 G16
Bezzecca 15 E14
Bezzi (Rifugio) 10 F3
Biagioni 33 J14
Biana 23 H10
Bianca (Cima) 5 C13
Bianca (Palla) / Weißkugel 5 B14
Bianca (Punta) 91 P22
Biancade 17 F19
Biancanelle (Poggio) 37 L13
Biancano 64 D25
Biancareddu 96 E6
Biancavilla 88 O26
Bianchi 78 J31
Bianco 81 M30
Bianco (Canale) (Ferrara) 26 H17
Bianco (Canale) (Rovigo) 26 G16
Bianco (Capo) (Agrigento) 90 O21
Bianco (Capo) (Brindisi) 69 F36
Bianco (Fiume) 66 F28
Bianconese 24 H12
Biandrate 12 F7
Biandronno 12 E8
Bianzano 14 E11
Bianzé 11 G6
Bianzone 5 D12
Biasi (Rifugio) 6 B15
Biassono 13 F9
Bibano 17 E19
Bibbiano (Reggio Emilia) 24 I13
Bibbiano (Siena) 44 M16
Bibbiena 38 K17
Bibbona 37 M13
Bibiana 20 H3
Bibione 18 F21
Bibione Pineda 18 F21
Biccari 60 C27
Bichl / Colle 6 B15
Bicinicco 19 E21
Bidderdi (Passo) 102 I7
Bidente 34 J17
Bidighinzu (Lago) 98 F8
Bidonì 100 G8
Bielciuken 11 E5
Biella 11 F6
Bielmonte 11 F6
Bienno 14 E12
Bieno 16 D16
Bientina 37 K13
Biferno 59 R25
Bifolchi (Portella dei) 87 N24
Biforco 38 K17
Biglio 32 I11
Bignone (Monte) 29 K5
Bigolino 17 E18
Bigoti 23 H10
Bilioso 72 F31
Bimmisca 93 Q27
Binago 12 E8
Binasco 23 G9
Binetto 63 D32
Binio 5 D14
Biodola 42 N12
Bioglio 11 F6
Bionaz 11 E4
Bionde di Visegna 25 G15
Birchabruck / Ponte Nova 6 C16
Birgi Novo 84 N19
Birgi Vecchi 84 N19
Birnlücke / Picco (Forcella del) 7 A18
Birori 100 G8
Bisaccia 66 D28
Bisacquino 85 N21
Bisano 34 J16

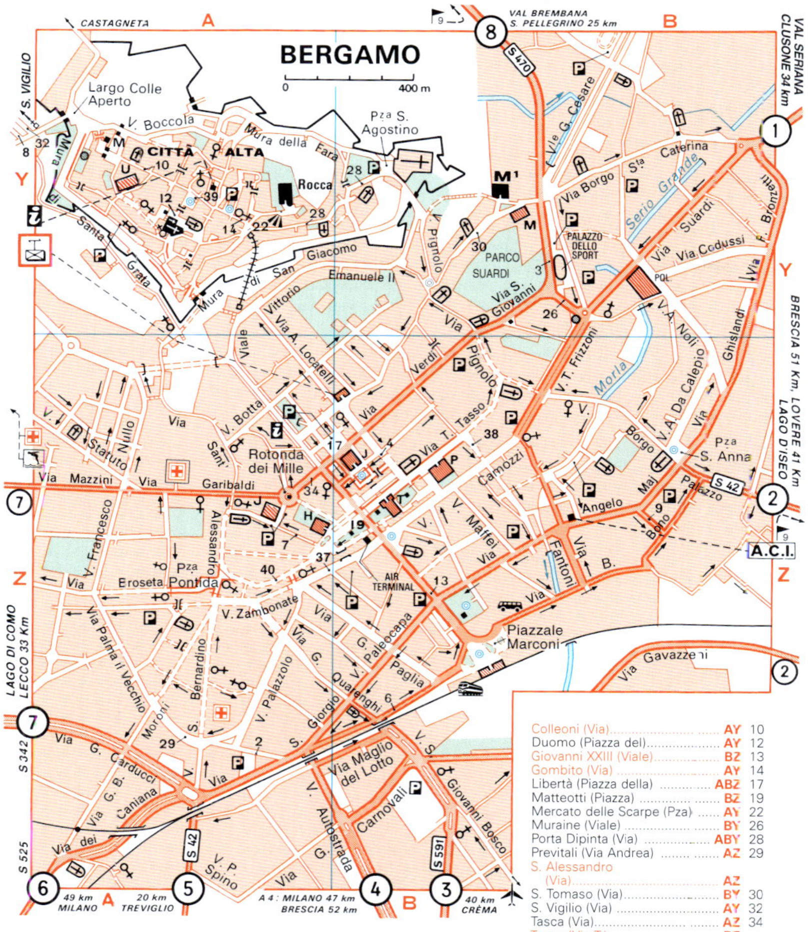

Colleoni (Via) ...... AY 10
Duomo (Piazza del) ...... AY 12
Giovanni XXIII (Viale) ...... BZ 13
Gombito (Via) ...... AY 14
Libertà (Piazza della) ...... ABZ 17
Matteotti (Piazza) ...... BZ 19
Mercato delle Scarpe (Pza) ...... AY 22
Muraine (Viale) ...... BY 26
Porta Dipinta (Via) ...... ABY 28
Previtali (Via Andrea) ...... AZ 29
S. Alessandro (Via) ...... AZ
S. Tomaso (Via) ...... BY 30
S. Vigilio (Via) ...... AY 32
Tasca (Via) ...... AZ 34
Tasso (Via T.) ...... BZ
Tiraboschi (Via) ...... BZ 37
Tre Passi (Via Contrada dei) ...... BZ 38
Vecchia (Piazza) ...... AY 39
20 Settembre (Via) ...... AZ 40

Baschenis (Via Evaristo) ...... AZ 2
Battisti (Via C.) ...... BY 3
Belotti (Largo Bortolo) ...... BZ 4
Bonomelli (Via G.) ...... BZ 6
Borfuro (Via) ...... AZ 7
Borgo Canale (Via) ...... AY 8
Brembate (Via P. da) ...... BZ 9
Camozzi (Via) ...... BZ

Circolazione stradale regolamentata nella « Città Alta »

M¹ ACCADEMIA CARRARA

Bisbino (Monte) 13 E9
Bisce (Isola delle) 95 D10
Bisceglie 62 D31
Biscina 45 M19
Bisegna 52 Q23
Bisenti 52 O23
Bisentina (Isola) 49 O17
Bisenzio 14 E13
Bisenzio (Fiume) 33 K15
Bisignano 76 I30
Bissone 23 G10
Bistagno 30 I7
Bisuschio 12 E8
Bitetto 63 D32
Bithia 102 K8
Bitonto 63 D32
Bitritto 63 D32
Bitti 99 F10
Biviere (il) 92 P25
Biviere (Lago) 88 N26
Bivigliano 38 K15
Bivio Acri 76 I30
Bivio di Reino 59 S26
Bivio Ercole 46 M20
Bivio Guardavalle 81 L31
Bivio Palomonte 66 F27
Bivona 90 O22
Bivongi 81 L31
Bizzarone 12 E8
Bizzozero 12 E8
Blacca (Corna) 14 E13
Blavy (vicino a Nus) 10 E4
Blavy (vicino a St-Christophe) 10 E4
Blera 49 P18
Blessaglia 18 E20
Blessano 8 D21
Blevio 13 E9
Blinnenhorn 2 C6
Blufi 87 N24
Blumau / Prato all'Isarco 6 C16
Blumone (Cornone di) 14 E13
Bo (Cima di) 11 E6
Boara 34 H17
Boara Pisani 26 G17
Boara Polesine 26 G17
Boario Terme 14 E12
Bobbiano 23 H10
Bobbio 23 H10
Bobbio Pellice 20 H3
Boca 12 E7
Bocale Secondo 80 M28
Bocca Chiavica 25 G13
Bocca di Fiume 57 R21
Bocca di Magra 32 J11
Bocca di Piazza 78 J31
Bocca Grande 64 F24
Bocca Piccola 64 F24
Boccadasse (Genova) 30 I8
Boccadifalco 86 M21
Boccadirio (Santuario di) 33 J15
Boccaleone 34 I17
Boccasette 27 H19
Boccassuolo 33 J13
Boccea 50 Q18
Bocche (Cima) 7 C17
Boccheggiano 43 M15
Bocchetta (Passo della) 30 I8
Bocchigliero 77 I32
Boccioleto 11 E6
Bocco (Passo del) 31 I10
Bocconi 38 J17
Bocenago 5 D14
Boeo (Capo) 84 N19
Boesio 12 E8
Boffalora d'Adda 23 F10
Boffalora sopra Ticino 12 F8
Bogliaco 15 E13
Bogliasco 31 I9
Boglietto 21 H6
Boglioni 33 I14
Bognanco 2 D6
Bogogno 12 F7
Boi (Capo) 103 J10
Boirolo 4 D11
Boissano 29 J6
Boite 7 C18
Bojano 59 R25
Bolago 17 D18
Bolano 32 J11
Bolbeno 5 D14
Bolca 15 F15
Boleto 12 E7
Bolgare 14 F11
Bolgheri 37 M13
Bollate (Milano) 13 F9
Bollengo 11 F5
Bologna 33 I15
Bolognano (Pescara) 52 P23
Bolognano (Trento) 15 E14
Bolognetta 86 N22
Bolognola 46 N21
Bolotana 97 G8
Bolsena 49 O17
Bolsena (Lago di) 49 O17
Bolzaneto 30 I8
Bolzano / Bozen 6 C16
Bolzano Vicentino 26 F16
Bomarzo 49 O18
Bomba 52 P25
Bombiana 33 J14
Bombile 81 M30
Bominaco 51 P22
Bompensiere 91 O23
Bompensiero 24 F11
Bompietro 91 N24
Bomporto 25 H15
Bonagia (Golfo di) 84 M19

BOLOGNA
PIANTA D'INSIEME

Amaseo (Via R.) ...... GU 6
Arno (Via) ...... HV 9
Artigiano (Via d.) ...... GU 10
Bandiera (Via I.) ...... FV 12
Barbieri (Via F.) ...... GU 13
Barca (Via d.) ...... FV 15
Battaglia (Via d.) ...... HU 16
Bentivogli (Via G.) ...... GV 19
Beverara (Via della) ...... FU 20
Cadriano (Via) ...... GHU 21
Castiglione (Via) ...... HU 25
Cavazzoni (Via F.) ...... HV 27
Codivilla (Via) ...... GV 31
Colombo (Via C.) ...... FU 34
Coubertin (Via de) ...... FV 36
Dagnini (Via G.) ...... GV 39
Firenze (Via) ...... HV 42
Foscherara (Via d.) ...... GV 43
Gagarin (Via Y.) ...... FU 45
Gandhi (Viale M. K.) ...... FU 49
Marco Polo (Via) ...... FU 60
Mario (Via A.) ...... GV 63
Martelli (Via T.) ...... HV 65
Matteotti (Via) ...... GU 67
Mazzini (Via) ...... GV 69
Mezzofanti (Via G.) ...... GV 72
Montefiorino (Via) ...... FV 73
Ospedaletto (Via d.) ...... EU 79
Palagi (Via P.) ...... GV 81
Panigale (Via) ...... EU 82
Persicetana (Via) ...... EU 84
Persicetana Vecchia (Via) ...... EU 85
Pietra (Via d.) ...... EU 88
Pirandello (Via L.) ...... HU 90
Porrettana (Via) ...... FVE 91
Putti (Via V.) ...... GV 96
Sabbioni (Via d.) ...... GV 100
Sabotino (Via) ...... FUV 102
Saffi (Via A.) ...... FU 103
S. Barbara (Via) ...... GV 105
S. Mamolo (Via) ...... FV 108
Sigonio (Via C.) ...... GV 111
Sturzo (Via Don L.) ...... FV 112
Timavo (Via d.) ...... FU 115
Tolmino (Via) ...... FV 117
Tosarelli (Via B.) ...... HU 118

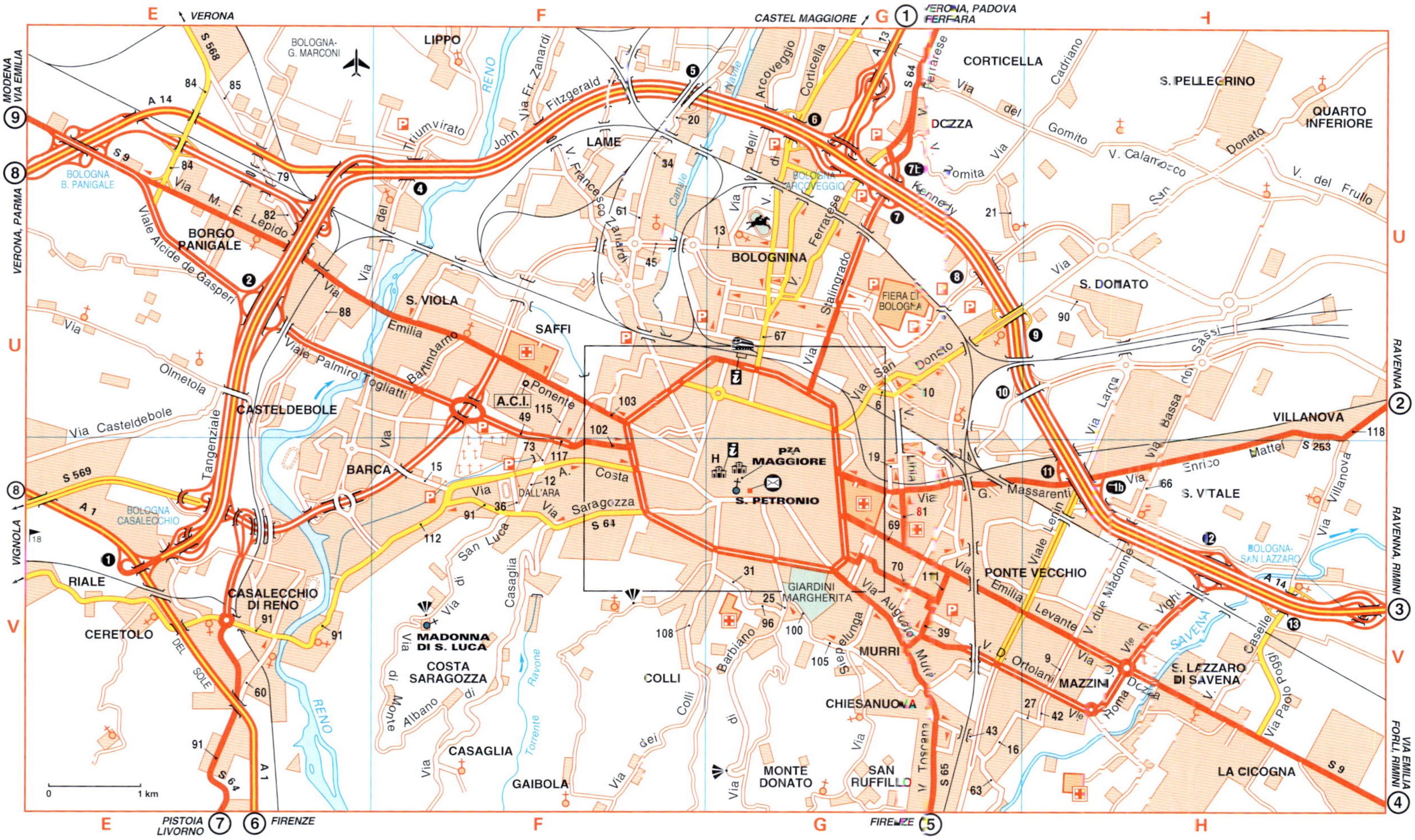

Bonamico 81 M30
Bonarcado 100 G7
Bonassola 31 J10
Bonate Sotto 13 F10
Bonavicina-Borgo 25 G15
Bonavigo 25 G15
Boncore 74 G35
Bondanello 25 H14
Bondeno (Ferrara) 26 H16
Bondeno (Mantova) 25 H14
Bondo 15 E14
Bondone 15 E13
Bondone (Monte) 16 D15
Bonea 65 D25
Bonefro 59 Q26
Bonelli 27 H19
Bonferraro 25 G15
Bonghi (Monte) 101 H10
Bonifacio (Bocche di) 95 D9
Bonifati 76 I29
Bonifati (Capo) 76 I29
Bonifato (Monte) 85 N20
Bonito 65 D26
Bonnanaro 98 F8
Bonne 10 F3
Bono 97 F9
Bonorva 98 F8
Bonu Ighinu 96 F7
Bonze (Cima) 11 F5
Boor (Zuc del) 9 C21
Boragine (Monte) 51 O21
Borbera 22 H8
Borbona 51 O21
Borbore 21 H6
Borca di Cadore 7 C18
Borcola (Passo della) 16 E15
Bordano 8 D21
Bordiana 5 C14
Bordighera 28 K4
Bordino 84 N19
Bordolano 24 G11
Bordolona 5 C14
Bordonchio 39 J19
Bore 24 H11
Borello 39 J18
Borello (Torrente) 39 J18
Boretto 25 H13
Borgagne 75 G37
Borgallo (Galleria del) 32 I11
Borgaro Torinese 21 G4
Borgata Costiera 84 N19
Borgata Palo 91 O23
Borgata Pirastera 101 H9
Borgata Trigoria 56 Q19
Borgetto 86 M21
Borghetto (Macerata) 41 L21
Borghetto (Ravenna) 35 J18
Borghetto (Trento) 15 E14
Borghetto (vicino a Bolsena) 49 O17
Borghetto (vicino a Viterbo) 50 O19
Borghetto d'Arroscia 29 J5
Borghetto di Borbera 22 H8
Borghetto di Vara 31 J11
Borghetto Lodigiano 23 G10
Borghetto Sto Spirito 29 J6
Borghi 39 J19
Borgia 78 K31
Borgiallo 11 F5
Borgio Verezzi 30 J6
Borgo (il) 25 H14
Borgo a Buggiano 37 K14
Borgo a Mozzano 32 K13
Borgo alla Collina 38 K17
Borgo Baccarato 92 O25
Borgo Bainsizza 57 R20
Borgo Bonsignore 90 O21
Borgo Carso 57 R20
Borgo Cascino 91 O24
Borgo Celano 54 B28
Borgo d'Ale 11 F6
Borgo dei Pini Mercadante 63 E32
Borgo di Stazione Montecosaro 47 M22
Borgo di Terzo 14 E11
Borgo Ermada 57 S21
Borgo Faiti 57 R20
Borgo Fazio 85 N20
Borgo Flora 57 R20
Borgo Fornari 30 I8
Borgo Franchetto 88 O26
Borgo Fusara 35 I18
Borgo Grappa 57 R20
Borgo Isonzo 57 R20
Borgo le Taverne 65 E27
Borgo Libertà 61 D29
Borgo Mezzanone 61 C29
Borgo Montello 56 R20
Borgo Montenero 57 S21
Borgo Pace 39 L18
Borgo Panigale (Bologna) 33 I15
Borgo Piave (Latina) 57 R20
Borgo Piave (Lecce) 75 F36
Borgo Pietro Lupo 92 O25
Borgo Podgora 57 R20
Borgo Priolo 23 H9
Borgo Quinzio 50 P20
Borgo Regalmici 91 N23
Borgo Rinazzo 84 N19
Borgo Rivola 34 J17
Borgo Roccella 85 N21
Borgo Sabotino 57 R20
Borgo S. Dalmazzo 28 J4
Borgo S. Donato 57 R20
Borgo S. Giacomo 24 F11
Borgo S. Giovanni 23 G10
Borgo S. Giusto 60 C28
Borgo S. Lorenzo 38 K16
Borgo Sta Maria 57 R20
Borgo S. Martino 22 G7
Borgo S. Pietro 51 P21
Borgo Sta Rita 56 R19
Borgo S. Siro 22 G8
Borgo Schirò 85 N21
Borgo Segezia 60 C28
Borgo Ticino 12 E7
Borgo Tossignano 34 J16
Borgo Tufico 40 L20
Borgo Val di Taro 31 I11
Borgo Valsugana 16 D16
Borgo Velino 51 O21
Borgo Venusio 67 E31
Borgo Vercelli 22 F7
Borgo Vodice 57 R21
Borgoforte (Mantova) 25 G14
Borgoforte (Padova) 26 G17
Borgofranco d'Ivrea 11 F5
Borgofranco sul Po 25 G15
Borgolavezzaro 22 G8
Borgomanero 12 E7
Borgomaro 29 K5

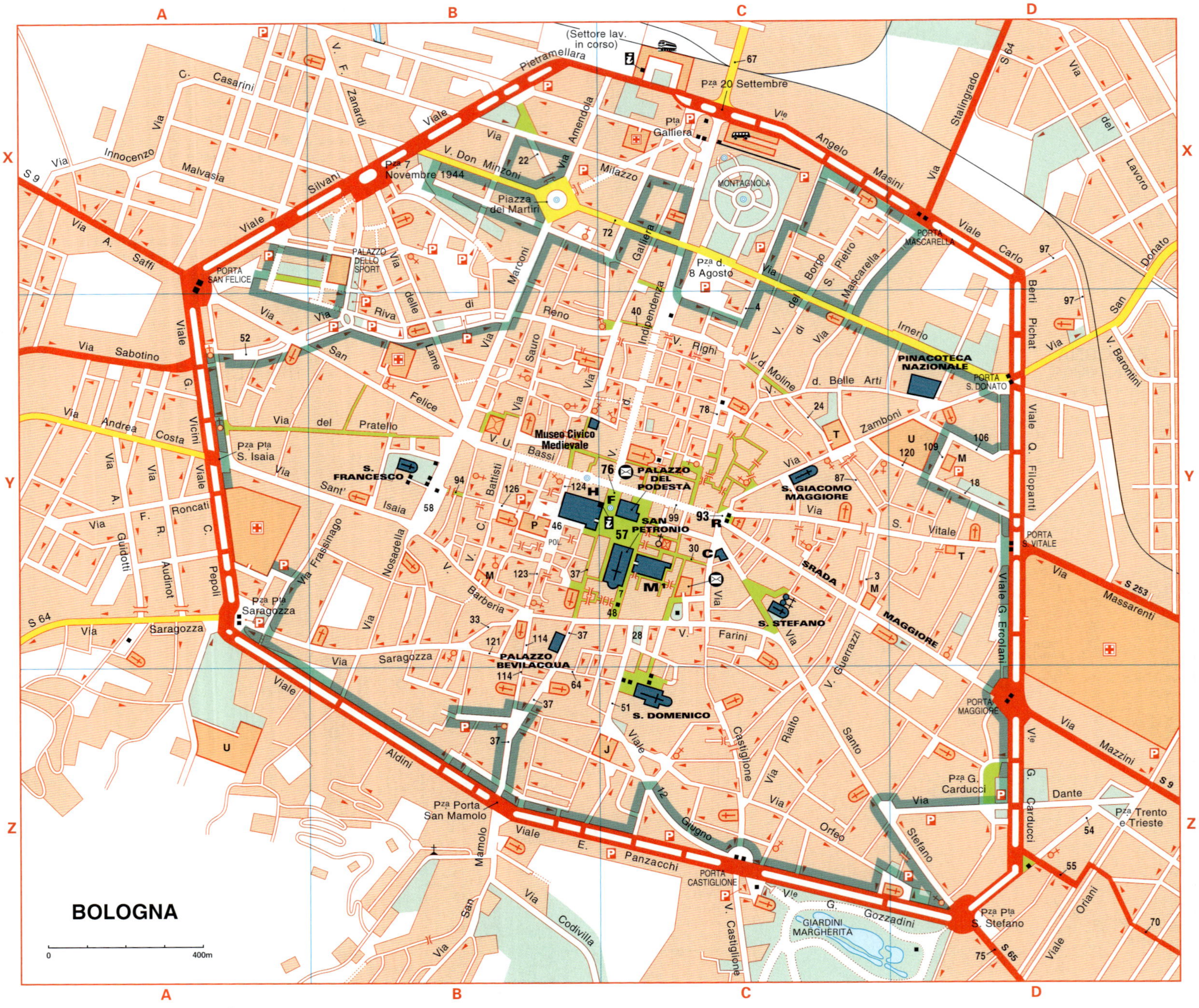

Aldrovandi (Piazza) CY 3	Cavour (Piazza) CY 28	Garibaldi (Via) CZ 51	Marconi (Via) BXY	Porta Ravegnana (Piazza) CY 93	Selmi (Via) DY 109		
Alessandrini (Via) CX 4	Clavature (Via) CY 30	Grada (Via della) AY 52	Marsili (Via) BYZ 64	Portanova (Via) BY 94	Tagliapietre (Via) BYZ 114		
Archiginnasio (Via d.) CY 7	Collegio di Spagna (Via) BY 33	Guinizelli (Via) DZ 54	Mille (Via dei) CX 72	Ranzani (Via) DXY 97	Trombetti (Via) CDY 120		
Bassi (Via U.) BY	D'Azeglio (Via M.) BZ 37	Indipendenza (Via d.) CXY	Murri (Via A.) DZ 75	Rizzoli (Via) CY 99	Urbana (Via) BY 121		
Belmeloro (Via) DY 18	Falegnami (Via d.) CY 40	Lana (Via J. della) DZ 55	Nettuno (Piazza d.) CY 76	S. Giacomo (Via) DY 106	Val d'Aposa (Via) BY 123		
Cairoli (Via) BX 22	Galileo (Piazza) BY 46	Maggiore (Piazza) CY 57	Oberdan (Via) CY 78		Venezian (Via G.) BY 124		
Castagnoli (Via de) CY 24	Galvani (Piazza) CY 48	Malpighi (Piazza) BY 58	Petroni (Via G.) CY 87		4 Novembre (Via) BY 126		

A BASILICA DI SAN PETRONIO
B PALAZZO DEL PODESTÀ
C MERCANZIA
D CHIESA DI SAN GIACOMO MAGGIORE
F CHIESA DI SANTO STEFANO

BOLZANO
GÜNCINA, SARENTINO, S.GENESIO
RENON
MENDOLA MERANO
STRADA DEL VINO
Lago di Carezza BRESSANONE, A22
BRENNERO
TRENTO
A22, TRENTO
Talvera
Isarco
STAZIONE
DUOMO
STADIO
Francescani
Piave
Variante Virgolo
Via M. Nusser
A.C.I.
GRIES

Alto Adige (Via) .... B 2
Brennero (Via) .... B 3
Dodiciville (Via) .... B 7
Domenicani (Piazza) .... B 8
Erbe (Piazza) .... B
Garibaldi (Via) .... B 10
Marconi (Via G.) .... A 14
Mostra (Via della) .... B 15
Museo (Via) .... AB
Ospedale (Via) .... A 16
Parrocchia (Piazza) .... B 17
Portici (Via) .... B
Stazione (Viale) .... B 19
Streiter (Via Dottor) .... B 20
Walther (Piazza) .... B 21

Borgomasino.......11 F5
Borgone Susa..........20 G3
Borgonovo Ligure.....31 I10
Borgonovo
Val Tidone.......23 G10
Borgoratto
Alessandrino.........22 H7
Borgoratto
Mormorolo............23 H9
Borgoricco.........26 F17
Borgorose..................51 P21
Borgosatollo..............14 F12
Borgosesia.................12 E6
Borlasca...............30 I8
Bormida...............29 J6
Bormida (Fiume).......30 I7
Bormida
di Millesimo.........29 J6
Bormida di Spigno...30 I6
Bormina.......................5 C12
Bormio........................5 C13
Bormio 2000...............5 C13
Bornago...............13 F10
Bornato......................14 F12
Borno.........................14 E12
Boroneddu..............100 G8
Borore......................100 G8
Borrello (Chieti).......52 Q24
Borrello (Palermo)...87 N24
Borriana.....................11 F6
Borromee (Isole).......12 E7
Borselli.....................38 K16
Borso del Grappa.....17 E17
Borta Melone
(Monte)...............101 G9
Bortigali...................97 G8
Bortigiadas...............97 E9
Borutta......................98 F8
Borzano.....................33 I13
Borzonasca...............31 I10
Bosa..........................96 G7
Bosa Marina............100 G7
Bosaro.......................26 H17
Boschetiello (Monte) 65 E27
Boschetto...................32 I12
Boschi (Bologna).....34 H16
Boschi (Piacenza)....31 I10
Boschi S. Anna.........26 G16
Bosco.......................71 G28
Bosco (Parma).........32 I12
Bosco (Perugia).......45 M19
Bosco (Vicenza).......16 E16
Bosco ai Frati...........33 K15
Bosco Chiesanuova..15 F15
Bosco Marengo.........22 H8
Bosco Mesola...........27 H18
Bosco (Serra del)......88 N25
Boscone Cusani........23 G10
Bosconero.................11 G5
Boscoreale................64 E25
Boscotrecase............64 E25
Bosio..........................30 I8
Bosisio Parini............13 E9
Bosnasco...................23 G10
Bossea.......................29 J5
Bossea (Grotta di).....29 J5
Bossi..........................38 L17
Bossico......................14 E12
Bossola (Monte)........31 I9
Bossolasco................21 I6
Botricello...................79 K32
Botrugno....................75 G36
Bottagna....................32 J11
Bottanuco..................13 F10
Bottarello (Pizzo).........2 D6
Bottarone...................23 G9
Botte Donato
(Monte)..................76 J3
Botteghelle................92 P25
Botticino-Mattina......14 F12
Botticino-Sera...........14 F12
Bottidda.....................97 [illegible]
Bottigli (Monte).........43 N[illegible]
Bottinaccio.................37 K[illegible]
Bottrighe....................26 G18
Bousson.....................20 [illegible]
Bova...........................80 N29
Bova Marina..............80 N29
Bovalino Marina.......81 M30
Bovalino Superiore...81 M30
Bove (Valle del).........89 N27
Bovecchio..................33 K15
Boveglio.....................33 K13
Bovegno.....................14 E12
Boves.........................29 J4
Bovezzo......................14 F12
Bovile.........................20 H3
Boville Ernica............57 R22
Bovino........................60 D28
Bovisio Masciago.....13 F9
Bovo Marina..............90 O21
Bovolenta...................26 G17
Bovolone....................25 G15
Boz (Rifugio)..............17 D17
Bozen / Bolzano..........6 C16
Bozzente....................12 E8
Bozzole......................22 G7
Bozzolo......................24 G13
Bra.............................21 H5
Brabaisu...................103 I10
Brabbia.......................12 E8
Braccagni...................43 N15
Braccano....................46 M21
Bracchio.....................12 E7
Bracciano...................49 P18
Bracciano (Lago di)..49 P18
Bracco........................31 J10
Bracco (Passo del)....31 J10
Bracigliano.................65 E26
Bradano......................66 E29
Braemi........................91 P24
Braidi..........................89 M27
Braies / Prags..............7 B18
Braies (Lago di) /
Pragser Wildsee......7 B18
Brallo di Pregola.......23 H9
Bram (Monte)............28 I3
Branca........................45 M20
Branca (Rifugio)..........5 C13
Brancaleone Marina.81 N30
Brandizzo...................21 G5
Branzi...........................4 D11
Branzoll / Bronzolo.....6 C15
Brasa (Passo).............33 J14
Brasca (Rifugio)...........4 D10
Brasimone..................33 J15
Brasimone
(Lago di)................33 J15
Bratello (Passo del)..32 I11
Brattirò.......................78 L29
Bratto..........................32 I11
Bratto-Dorga..............14 E12
Brazzano.....................19 E22
Brebbia.......................12 E7
Brebeis
(Stagno de is).....102 K7
Breda Cisoni..............24 G13
Breda di Piave............17 E18
Brefaro........................71 H29
Bregagno (Monte).......3 D9
Breganze....................16 E16
Breguzzo......................5 D14
Breia............................12 E6
Breithorn.....................11 E5
Brembana (Valle)......13 E10
Brembate....................13 F10
Brembilla.....................13 E10
Brembio......................23 G10
Brembo.......................14 E11
Breme..........................22 G7
Brendola.....................25 F16
Brenna........................37 M15
Brennerbad /
Terme di Brennero..6 B16
Brennero (Passo del) /
Brennerpaß...............6 A16

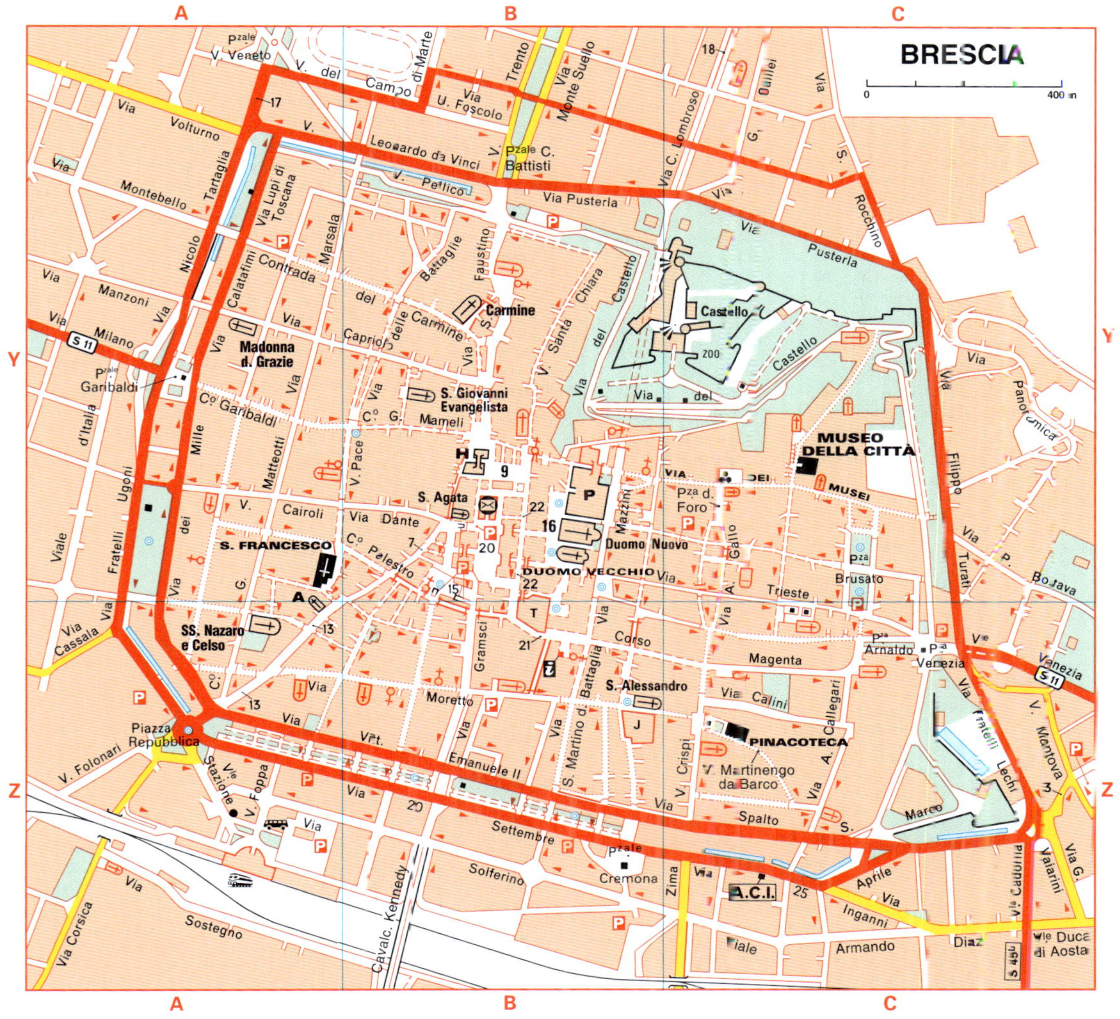
BRESCIA
Castello
Carmine
Madonna d. Grazie
S. Giovanni Evangelista
MUSEO DELLA CITTÀ
S. Agata
S. FRANCESCO
Duomo Nuovo
DUOMO VECCHIO
SS. Nazaro e Celso
S. Alessandro
PINACOTECA
Piazza Repubblica
A.C.I.
Via Pusterla
Corso Garibaldi
Via Cairoli
Via Dante
Corso Palestro
Via Trieste
Corso Magenta
Via Moretto
Via Vittorio Emanuele II
Via Solferino
Via Sostegno
Viale Venezia
Via Spalto S. Marco

Castellini (Via N) .... CZ 3
Fratelli Porcellaga (Via) .... BY 7
Loggia (Piazza della) .... BY 9
Martiri della Libertà (Cso) .... AZ 13
Mercato (Piazza del) .... BY 15
Palestro (Corso) .... BY
Paolo VI (Piazza) .... BY 16
Pastrengo (Via) .... AY 17
S. Crocifissa di Rosa (Via) .... CY 18
Vittoria (Piazza) .... BY 20
Zanardelli (Corso) .... BZ 21
10 Giornate (Via delle) .... BY 22

Brennerpaß / Brennero
(Passo del)..............6 A16
Breno (Brescia).......14 E12
Breno (Piacenza) 23 G10
Brenta 16 D16
Brenta (Cima) 5 D14
Brenta (Foce del) 27 G18
Brenta (Riviera del)...26 F18
Brenta (Taglio di) 27 G18
Brenta d'Abbà 27 G18
Brentari (Rifugio) 16 D16
Brentoni (Monte).........8 C19
Brentonico 15 E14
Brenzone...................15 E14
Breonio 15 F14
Brescello 24 H13
Brescia 14 F12
Bresimo.......................5 C14
Bresimo (Val di)...........5 C14
Bressa 8 D21
Bressana Bottarone ..23 G9
Bressanone / Brixen ...6 B16
Bresso (Milano) 13 F9
Breuil Cervinia 11 E4
Brez 6 C15
Brezza.........................64 D24
Brezzo di Bedero.......12 E8
Briaglia.......................29 I5
Brian...........................18 F20
Briatico.......................78 K30
Bric Bucie 20 H3
Bric Ghinivert 20 H2
Bricherasio 20 H3
Brienno 13 E9
Brienza 66 F28
Brigantina (Punta)......42 O12
Brignano 23 H9
Brignano
Gera d'Adda 13 F10
Brindisi.......................69 F35
Brindisi Montagna 66 F29
Brinzio........................12 E8
Briona 12 F7
Brione 14 F12
Briosco.......................13 E9
Brisighella..................34 J17
Brissogne...................10 E4
Brittoli 52 P23
Brivio..........................13 E10
Brixen / Bressanone ...6 B16
Brizzolara 31 I10
Brocon (Passo del) 16 D17
Brognaturo 78 L31
Brolio (S. Regolo) 38 L16
Brolo 82 M26
Brondello 20 I4
Broni 23 G9
Bronte 88 N26
Bronzolo / Branzoll 6 C15
Brossasco 20 I4
Brosso 11 F5
Brozolo.......................21 G6
Brozzo 14 E12
Bruca..........................85 N20
Bruciati (Corni) 4 D11
Brucoli........................93 P27
Brückele / Ponticello ...7 B18
Brufa 45 M19
Bruggi 23 H9
Brugherio...................13 F9
Brugine 26 G17
Brugnato 31 J11
Brugnera....................18 E19
Brugneto (Lago del) .31 I9
Brugnetto...................41 L21
Bruino 20 G4
Brumano 13 E10
Bruna 45 N20
Bruna (Fiume) 43 N15
Brunate 13 E9
Bruncu 'e Pisu.........101 G11
Bruncu Spina 101 G9
Bruncu Teula 102 J7
Bruneck / Brunico 7 B17
Brunella 99 E10
Brunico / Bruneck 7 B17
Brunner (Rifugio) 9 C22
Bruno 22 H7
Brusago 16 D15
Brusasco 21 G6
Bruscoli......................33 J15
Brusimpiano..............12 E8
Brusnengo 12 F6
Brussa 18 F20
Brusson......................11 E5
Bruzolo.......................20 G3
Bruzzano (Capo)........81 M30
Bruzzano Zeffirio.......81 M30
Bruzzi di Sotto...........31 H10
Bubbio 30 I6
Bubonia (Monte di) ..92 P25
Buccheri 92 P26
Bucchi 79 J33
Bucchianico 52 P24
Bucciano 65 D25
Buccino 66 F28
Bucine 38 L16
Buco 71 F28
Buda 34 I17
Buddusò 97 F9
Budelli (Isola) 95 D10
Budoia 8 D19
Budoni 99 E11
Budoni (Cala di) 99 E11
Budrie 33 I15
Budrio (Bologna) 34 I16
Budrio
(Reggio Emilia) 25 H14
Budrione 25 H14
Bue Marino (El).......101 G10
Buggerru 102 I7
Buggiana 38 K17
Buggiano 46 N20
Buggio 29 K5
Buglio in Monte 4 D11
Bugnara 52 P23
Buia 8 D21
Bulgheria (Monte)......71 G28
Bullone (Su) 98 E8
Bultei 97 F9
Bulzi 98 E8
Bundschen /
Ponticino..................6 C16
Bunnari (Lago) 96 E7
Buole (Passo) 16 E15
Buonabitàcolo 71 G28
Buonalbergo..............60 D26
Buoncammino............95 D9
Buonconveto 44 M16
Buonfornello 87 N23
Buonvicino 76 H29
Burago di Molgora 13 F10
Burana 26 H16
Burano (Pesaro) 39 L19
Burano (Venezia) 18 F19
Burano (Lago di) 48 O16
Burano (Serra di) 39 L19
Burcei.......................103 I10
Burco Sta Maria 39 K20
Bure............................37 K14
Burgeis / Burgusio 5 B13
Burgio (Agrigento) ...90 O21
Burgio (Siracusa) 93 Q27
Burgio (Serra di) 92 P26
Burgos 98 F8
Burgstall / Postal 5 C15
Burgusio / Burgeis......5 B13
Buriano 43 N14
Buriasco.....................20 H4
Buronzo 12 F6
Burraia (Rifugio La) ..38 K17
Burrainiti (Bivio)........91 P23
Busachi....................100 G8
Busalla 30 I8
Busambra (Rocca) 86 N22
Busana 32 I12
Busano 11 G4
Busazza (Cima) 5 D13
Busca 20 I4
Buscate 12 F8
Buscemi 92 P26
Busche 17 D17
Buseto Palizzolo 85 M20
Busi 21 H6
Busnago.....................13 F10
Buso (Ponte del) 8 C20
Bussana Vecchia 29 K5
Bussento.....................71 G28
Busseto.......................24 H12
Bussi sul Tirino 52 P23
Busso 59 R25
Bussolengo.................15 F14
Bussoleno...................20 G3
Busto Arsizio..............12 F8
Busto Garolfo.............12 F8
Bût 8 C21
Butera 91 P24
Buthier 11 E4
Buti.............................37 K13
Buttapietra.................25 F14
Buttigliera 20 G4
Buttigliera d'Asti 21 G5
Buttrio 19 D21
Bùtule.........................98 F8
Buturo 79 J31
Buzzò..........................31 I11

C

Ca' Bazzone 34 I16
Ca' Bertacchi 33 I13
Ca' Bianca..................27 G18
Ca' Briani 27 G18
Ca' Cappello 27 G18
Ca' Corniani...............18 F20
Ca' d'Andrea 24 G12
Ca' de' Bonavogli 24 G12
Ca' de Fabbri..............34 I16
Ca' di Biss...................22 F8
Ca' di David................25 F14
Ca' Gallo 39 K19
Ca' Mello 27 H19
Ca' Morosini...............26 G16
Ca' Noghera 19 F19
Cà Selva (Lago di) 8 D20
Ca' Tron 18 F19
Ca' Venier 27 H19
Cà Zul (Lago di) 8 D20
Ca' Zuliani 27 H19
Cabanne......................31 I10
Cabbia.........................51 O21
Cabella Ligure 31 H9
Cabelli.........................38 K17
Caberlaba (Monte) 16 E16
Cabianca (Monte) 4 D11
Cabiate 13 E9
Cabras.......................100 H7
Cabras (Stagno di) .100 H7
Cabu Abbas (Santuario
Nuragico)................99 E10
Caccamo 87 N23
Cacchiamo.................87 N24
Caccia (Capo) 96 F6
Caccia (Monte) 62 D30
Caccuri 77 J32
Cadè 25 G14
Cadecoppi..................25 H15
Cadelbosco
di Sopra..................25 H13
Cadelbosco di Sotto .25 H13
Cadelle (Monte)...........4 D11
Cadelmonte 23 H10
Cadenabbia..................3 E9
Cadeo 24 H11
Caderzone....................5 D14
Cadignano 24 F12
Cadilana 23 G10
Cadimarco 24 G13
Cadine 16 D15
Cadini (Gruppo dei) 7 C18
Cadino (Val)...............16 D16
Cadipietra /
Steinhaus..................7 B17
Cadoneghe 26 F17
Cadore 7 C18
Cadrezzate 12 E7
Cadria 15 E13
Cadria (Monte) 15 E14
Caerano
di S. Marco...........17 E17
Cafaggio 43 M13
Cafaggiolo 33 K15
Cafasse 11 G4
Caffaraccia 32 I11
Caffaro 14 E13
Caffaro (Val di) 14 E13
Cafragna 24 H12
Caggiano 66 F28
Caginia (Serra di) 88 N26

BRINDISI

Amena (Via) .... Y 4
Annunziata (Via) .... Y 6
Betolo (Via)................................ Z 9
Cappellini (Via) .... Z 15
Cittadella (Via) .... Y 19
Colonne (Via) .... Y 21
Commenda (Viale) .... Z 22
De Marco (Via C.)...................... Z 24
Garibaldi (Corso) .... Y
Madonna della Neve (Via) .... Y 31
Madonna della Scala (Via) ...... Z 33
Matteotti (Piazza) .... Y 39
Montenegro (Via) .... Y 40
Osanna (Via).............................. Z 42
Pozzo Traiano (Via) .... Y 47
Provinciale San Vito
(Via) .... Y 48
Regina Margherita
(Lungomare)......................... Y 49
S. Barbara (Via) .... Y 54
S. Dionisio (Via) .... Y 55
S. Margherita (Via) .... Y 58
Santi (Via).................................. Y 60
Sauro (Via Nazario).................. Z 61
Tarantini (Via) .... Y 64
Tunisi (Via) .... Y 69
Umberto I (Corso) .... YZ

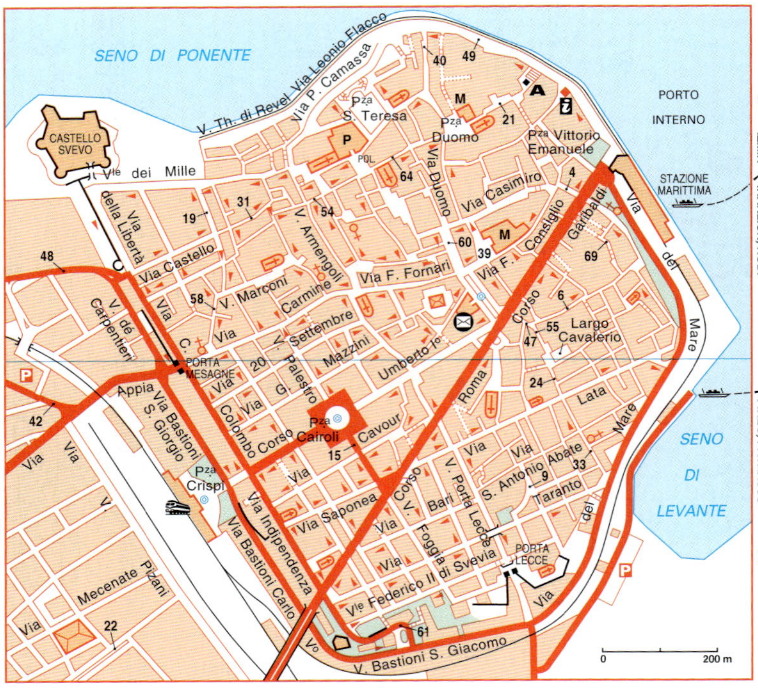

A COLONNA ROMANA

Cagli 39 L19
Cagliari 103 J9
Cagliari (Golfo di) ...103 J9
Cagliari
(Stagno di) 103 J9
Caglio 13 E9
Cagnano Amiterno ...51 O21
Cagnano Varano 55 B29
Cagno..........................77 J31
Caguseli (Ianna)......101 G9
Caianello 58 S24
Caiazzo.......................64 D25
Caicambiucci 39 L19
Caina 45 M18
Caina (Monte) 16 E17
Càines / Kuens 6 B15
Caino 14 F12
Caio (Monte) 32 I12
Caiolo 4 D11
Caira 58 R23
Cairano 66 E28
Cairate........................12 E8
Cairo (Monte) 58 R23
Cairo Montenotte.......30 I6
Caivano 64 E24
Cala d'Oliva 94 D7
Cala Gonone 99 G10
Cala Grande (Punta) .48 O15
Cala Liberotto............99 F11
Cala Mosca...............103 J9
Cala Piccola 48 O15
Cala Piombo
(Punta di)............102 K7
Cala Regina (Torre).103 J10
Calabernardo.............93 Q27
Calabianca (Punta) 85 M20
Calabretto 80 M29
Calabria (Parco
Nazionale della) ...77 I31
Calabricata.................79 K32
Calabritto 65 E27
Calafuria 36 L12
Calaggio......................60 D28
Calaita (Lago di) 17 D17
Calalzo di Cadore........7 C19
Calamandrana............22 H7
Calambrone................36 L12
Calamento (Val di) 16 D16
Calamita (Monte) 42 N13
Calamita Vecchia 84 N19
Calamonaci.................90 O21
Calangianus................97 E9
Calanna.......................80 M29
Calaresu....................101 G10
Calascibetta 91 O24
Calascio 51 P23
Calasetta..................102 J7
Calatabiano 89 N27
Calatafimi 85 N20
Calava (Capo) 82 M26
Calavino 5 D14
Calbenzano.................38 L17
Calcara 33 I15
Calcarella (Punta).......90 T20
Calcarelli 87 N24
Calcata 50 P19
Calcatizzo (Portella) ..88 M26
Calceranica al Lago ..16 D15
Calci 36 K13
Calciano 72 F30
Calcinaia 37 K13
Calcinate 14 F11
Calcinate del Pesce....12 E8
Calcinatello................14 F13
Calcinato 14 F13
Calcinelli 40 K20
Calcinere.....................20 H3
Calcio 14 F11
Calco 13 E10
Caldana (Grosseto) ...43 N14
Caldana (Livorno) 43 M13
Caldaro (Lago di) 6 C15
Caldaro s. str. d. Vino /
Kaltern a. d. W. 6 C15
Caldarola 46 M21
Caldè 12 E7
Calderà........................83 M27
Calderara di Reno 33 I15
Calderari 88 O25
Calderino 33 I15
Caldes 5 C14
Caldiero 15 F15
Caldirola 23 H9
Caldogno 16 F16
Caldonazzo 16 E15
Caldonazzo
(Lago di) 16 D15
Calendasco 23 G10
Calenzano (Firenze) .37 K15
Caleri 27 G18
Calerno 24 H13
Cales 64 D24
Calestano 32 I12
Cali 92 Q25
Calice / Kalch 6 B16
Calice
al Cornoviglio 32 J11
Calice Ligure 29 J6
Calieron (Grotte del) ...8 D19
Caligi (Monte) 33 J14
Calignano 23 G9
Calimera
(Vibo Valentia) 78 L30
Calimera (Lecce) 75 G36
Calisese......................39 J18
Calistri 33 J14
Calitri..........................66 E28
Calizzano....................29 J6
Calla (Passo della) 38 K17
Calle 67 E30
Callianetto 21 G6
Calliano (Asti) 22 G6
Calliano (Trento) 16 E15
Calmasino..................15 F14
Calmazzo 39 K20
Calogero
(Monte Kronio) 90 O21
Calogno 88 N25
Calolziocorte..............13 E10
Calopezzati 77 I32
Calore (Avellino) 65 E27
Calore (Benevento) .64 D25
Calore (Salerno)........71 G29
Caloveto.....................77 I32
Caltabellotta 90 O21
Caltagirone 92 P25
Caltagirone (Fiume) ..92 P25
Caltana 26 F18
Caltanissetta 91 O24
Caltavuturo 87 N23
Caltignaga 12 F7
Calto 26 H16
Caltrano 16 E16
Calusco d'Adda 13 E10
Caluso 11 G5
Calvagese
della Riviera 14 F13
Calvana
(Monti della)..........33 K15
Calvatone....................24 G13
Calvello 66 F29
Calvello (Monte) 65 E27
Calvene 16 E16
Calvenzano 13 F10
Calvera 72 G30
Calvi (Monte)
(Bologna) 33 J15
Calvi (Monte)
(Livorno) 43 M13
Calvi dell'Umbria 50 O19
Calvi (Rifugio)..............8 C20
Calvi Risorta 64 D24
Calvi Vecchia 64 D24
Calvia (Monte)...........98 F8
Calvignano 23 H9
Calvilli (Monte)..........57 R22
Calvisano 15 F13
Calvisi 59 S25
Calvo (Monte)
(Foggia) 55 B29
Calvo (Monte)
(L'Aquila) 51 O21
Calzolaro....................45 L18
Camagna
Monferrato 22 G7
Camaiore 32 K12
Camaldoli 38 K17
Camaldoli (Napoli) ...64 E24
Camaldoli (Salerno) .65 F27
Camaldoli
(Convento)............38 K17
Camandona 11 F6
Camarda 51 O22
Camarina 92 Q25
Camastra 91 P23
Camatta 25 G14
Camatte 25 G14
Cambiago 13 F10
Cambiano (Torino) 21 H5
Cambio (Monte di) ...51 O21
Camemi 92 Q25
Camera (Perugia).......45 N19
Camera (Teramo) 47 N23
Camerano 41 L22
Camerano Casasco ...21 G6
Camerata Picena 41 L22

Camerata Cornello....13 E10
Camerata Nuova......51 P21
Camerelle
(Posta delle)..........61 D29
Cameri......................12 F7
Cameriano.................22 F7
Camerino...................46 M22
Camerota..................70 G28
Camigliano................44 M16
Camigliatello Silano .76 I31
Caminata / Kematen .. 6 B16
Camini.......................81 L31
Camino......................22 G6
Camino al Tagliam....18 E20
Camino (Monte).......11 F5
Camino (Pizzo).........14 E12
Camisa.....................103 J10
Camisano..................13 F11
Camisano Vicentino .26 F17
Camitrici...................91 O24
Cammarata...............91 O22
Cammarata
(Monte)................91 O22
Camogli.....................31 I9
Camonica (Val).........14 E12
Campagna
(Pordenone)............8 D20
Campagna
(Salerno)...............65 E27
Campagna Lupia......27 F18
Campagnano
di Roma.................50 P19
Campagnatico...........43 N15
Campagnola Emilia...25 H14
Campana
(Cosenza)..............77 I32
Campana (Cozzo).....91 O23
Campana Grande
(Grotta)................55 B30
Campana (Sasso)......5 C12
Campanedda............96 E7
Campanella..............16 E16
Campanella (Monte).91 O23
Campanella (Punta)..64 F24
Campea.....................17 E18
Campeda
(Altopiano di).......100 G8
Campegine...............24 H13
Campello
sul Clitunno...........45 N20
Campertogno............11 E6
Campese...................48 O14
Campestri.................38 K16
Campi (Perugia).......46 N21
Campi (Trento)..........15 E14
Campi (Baia di).........55 B30
Campi Bisenzio.........37 K15
Campi Salentina.......75 F36
Campiano.................35 J18
Campidano..............100 H7
Campiglia..................32 J11
Campiglia Cervo.......11 F6
Campiglia dei Berici .26 F16
Campiglia dei Foci....37 L15
Campiglia d'Orcia.....44 N17
Campiglia
Marittima...............43 M13
Campiglia Soana......11 F4
Campiglio.................33 I14
Campigliola..............48 O16
Campiglione..............20 H3
Campigna.................38 K17
Campigno..................38 J16
Campill / Longiarù.....7 C17
Campione.................25 G14
Campione (Monte).....14 E12
Campione
del Garda...............15 E14
Campione d'Italia......12 E8
Campitello.................25 G13
Campitello di Fassa....7 C17
Campitello Matese.....59 R25
Campli.......................47 N23
Campli
(Montagna di).......47 N22
Campliccioli
(Lago di)..................2 D6
Campo........................4 D10
Campo (Monte).........59 Q24
Campo Calabro.........80 M28
Campo dei Fiori
(Monte)..................12 E8
Campo di Fano.........52 P23
Campo di Giove........52 P24
Campo di Pietra........18 E19
Campo di Trens /
Freienfeld..................6 B16
Campo Felice............51 P22
Campo Imperatore ...51 O22
Campo Ligure...........30 I8
Campo Lupino
(Monte)..................57 R22
Campo Reggiano......45 L19
Campo Rotondo........51 Q21
Campo S. Martino.....26 F17
Campo Soriano.........57 R21
Campo Staffi............51 Q22
Campo Tenese.........76 H30
Campo Tures /
Sand in Taufers.......7 B17
Campobasso............59 R25
Campobello
di Licata.................91 P23
Campobello
di Mazara...............85 O20
Campocatino............57 Q22
Campocavallo...........41 L22
Campochiaro............59 R25
Campochiesa............29 J6
Campocologno...........5 D12
Campodalbero..........15 F15
Campodarsego.........26 F17
Campodiegoli...........46 M20
Campodimele...........58 R22
Campodipietra.........59 R26
Campodolcino...........4 C10
Campodonico...........46 M20
Campodoro..............26 F17
Campofelice
di Fitalia.................86 N22
Campofelice
di Roccella..............87 N23
Campofilone............47 M23
Campofiorito............85 N21
Campoformido.........19 D21
Campoforogna.........50 O20
Campofranco...........91 O23
Campogalliano.........25 H14
Campogialli.............38 L17
Campogrosso
(Passo di)...............16 E15
Campolaro...............14 E13
Campolasta / Astfeld ..6 B16
Campolato (Capo).....93 P27
Campolattaro...........59 S26
Campoleone............56 R19
Campoli Appennino .58 Q23
Campoli del Monte
Taburno.................65 D25
Campolieto..............59 R26
Campolongo
(Belluno).................8 C19
Campolongo
(Crotone)...............79 K33
Campolongo
(Passo di)................7 C17
Campolongo
al Torre..................19 E22
Campolongo
Maggiore...............26 G18
Campolongo
sul Brenta..............17 E17
Campomaggiore.......72 F30
Campomarino
(Campobasso).......54 B27
Campomarino
(Taranto)...............74 G34
Campomolon
(Monte)..................16 E15
Campomorone.........30 I8
Campomulo.............16 E16
Campone..................8 D20
Componogara..........26 F18
Campora..................70 G27
Campora
S. Giovanni...........78 J30
Camporeale.............85 N21
Camporgiano...........32 J13
Camporosso.............29 K4
Camporosso
in Valcanale............9 C22
Camporotondo
di Fiastrone..........46 M21
Camporotondo
Etneo.....................89 O27
Camporovere...........16 E16
Camposampiero.......26 F17
Camposano..............64 E25
Camposanto.............25 H15
Camposauro
(Monte).................65 D25
Camposecco
(Lago di)..................2 D6
Camposilvano..........16 E15
Camposonaldo.........38 K17
Campotosto..............51 O22
Campotosto
(Lago di)................51 O22
Campotto.................34 I17
Campovaglio............95 D9
Campovalano...........46 N22
Campoverde.............56 R20
Campremoldo
Sopra....................23 G10
Campremoldo Sotto.23 G10
Campsirago..............13 E10
Campudulimu...........98 E8
Camucia...................44 M17
Camugnano..............33 J15
Cana.........................44 N16
Canaglia...................96 E6
Canal S. Bovo..........17 D17
Canala (Sella)..........59 R26
Canale (Avellino)......65 E26
Canale (Cuneo).........21 H5
Canale (Val)...............9 C22
Canale d'Agordo........7 C17
Canale Monterano....49 P18
Canale (Su)...............99 E10
Canales..................100 G8
Canales (Lago sos)...97 F9
Canaletto..................25 H15
Canali.......................25 I13
Canalicchio...............45 N19
Canalotto
(Masseria).............91 O24
Canapine (Forca)......46 N21
Canaro......................26 H17
Canavaccio...............39 K20
Canazei.......................7 C17
Cancano (Lago di)......5 C12
Cancellara................66 E29
Cancelli.....................46 M20
Cancello...................64 E25
Cancello ed Arnone..64 D24
Cancelo (Passo di)....81 M30
Canciano (Pizzo di).....4 D11
Canda.......................26 G16
Candela....................60 D28
Candelara.................40 K20
Candelaro.................54 B27
Candelaro
(Masseria).............55 C29
Candelaro
(Stazione di).........55 C29
Candeli.....................38 K16
Candelo.....................11 F6
Candelù.....................17 E19
Candia Canavese.....11 G5
Candia (Lago di).......21 G5
Candia Lomellina.....22 G7
Candiana..................26 G17
Candida Parolise.....65 E26
Candidoni.................81 L30
Candigliano..............39 L19
Candiolo....................21 H4
Candoglia.................12 E7
Cane (Monte)............91 O24
Cane (Passo del) /
Hundskehljoch.........7 A18
Cane (Punta del).......93 Q27
Canebola....................9 D22
Canedole..................25 G14
Canegrate.................12 F8
Canelli.......................22 H6
Canepina..................49 O18
Canesano.................32 I12
Canetra....................51 O21
Caneva.....................17 E19
Canevara..................32 J12
Canevare..................33 J14
Canevino...................23 H9
Canfaito (Monte).......46 M21
Cangialoso (Pizzo)....90 N22
Cangiulli (Masseria)..68 E32
Canicattì...................91 O23
Canicattini Bagni......93 P27
Caniga......................96 E7
Canigione
(Punta del)............95 D10
Caniglia di Sotto
(Casa)....................54 B28
Canin (Monte)............9 C22
Canino......................49 O17
Canino (Monte).........49 O17
Canischio..................11 F4
Canistro Inferiore.....51 Q22
Canistro Superiore ...51 Q22
Canitello...................80 M28
Canna (Cosenza).....72 G31
Canna (Messina)......82 L25
Cannai....................102 J7
Cannalonga..............70 G27
Cannara....................45 N19
Cannas...................103 J10
Cannas
(Gola del Rio)......103 I10
Cannas (Is).............103 J9
Canne.......................62 D30
Canneddi (Punta li)...94 D8
Cannero Riviera.........2 D8
Canneto....................37 M14
Canneto (I. Lipari)....82 L26
Canneto (vicino a Sto
Stefano di Cam.).88 M25
Canneto Pavese.......23 G9
Canneto sull'Oglio....24 G13
Cannigione...............95 D10
Cannizzaro...............89 O27
Cannobina (Val)..........3 D7
Cannobino..................3 D7
Cannobio....................2 D8
Cannole....................75 G37
Cannoneris (Is).......102 J8
Canolo (Reggio
di Calabria)...........81 M30
Canolo
(Reggio Emilia)....25 H14
Canonica
(Bergamo).............13 F10
Canonica (Milano)....13 F9
Canosa di Puglia......62 D30
Canosa Sannita........52 P24
Canossa....................32 I13
Canove (Cuneo)........21 H6
Canove (Vicenza).....16 E16
Cansano...................52 P24
Cansiglio (Bosco del)..8 D19
Cantagallo................33 J15
Cantagrillo................37 K14
Cantalice...................50 O20
Cantalupa..................20 H3
Cantalupo
(Alessandria).........22 H7
Cantalupo (Perugia).45 N19
Cantalupo in Sabina.50 P19
Cantalupo Ligure......23 H9
Cantalupo
nel Sannio.............59 R25
Cantarana.................27 G18
Cantari (Monti).........57 Q21
Cantello.....................12 E8
Canterno (Lago di)....57 Q21
Cantiano...................39 L19
Cantinella..................76 H3
Cantoira.....................10 F4
Cantone (Perugia)....39 L18
Cantone
(Reggio Emilia)......32 I13
Cantone (Terni)........45 N18
Cantoniera
(Passo di).............39 K18
Cantù........................13 E9
Canu (Monte)...........95 D10
Canzano...................47 O23
Canzo.......................13 E9
Canzoi (Valle di)........17 D17
Caorera....................17 E17
Caoria.......................16 D17
Caorle.......................18 F20
Caorso......................24 G11
Capaccia (Capo).......95 D10
Capaccio...................70 F27
Capacciotti (Lago di) 61 D29
Capaci.......................86 M21
Capalbio....................48 O16
Capalbio Stazione.....48 O16
Capannaccia.............95 D9
Capanne
(Grosseto)...........44 N16
Capanne
(Perugia).............45 M18
Capanne (Monte).....42 N12
Capanne di Sillano...32 J12
Capanne Marcarolo..30 I8
Capannelle
(Valico delle).........51 O22
Capannole................38 L16
Capannoli.................37 L14
Capannori.................37 K13
Capecchio.................49 O17
Capel Rosso (Punta del)
(I. di Giannutri)....48 P15
Capel Rosso (Punta del)
(I. del Giglio).......48 P14
Capena......................50 P19
Capergnanica............23 F10
Caperino
(Montagna del)......72 F30
Capestrano...............52 P23
Capezzano Pianore...32 K12
Capezzone (Cima).....12 E6
Capichera
(Tomba di)............95 D10
Capilungo..................75 H36
Capio (Monte)...........12 E6
Capistrano.................78 K30
Capistrello.................51 Q22
Capitana..................103 J9
Capitello (Salerno)....71 G28
Capitello (Verona)....25 G15
Capitignano
(Salerno)...............65 E26
Capitignano
(L'Aquila)...............51 O21
Capitone...................50 O19
Capizzi......................88 N25
Caplone (Monte).......15 E13
Capo Calvanico........65 E26
Capo di Ponte............5 D13
Capo di Ponte (Parco Naz.
Inc. Rup.).................5 D13
Capo d'Orlando........82 M26
Capo Passero
(Isola di)................93 Q27
Capo Portiere...........57 R20
Capo Rizzuto............79 K33
Capo Rossello..........90 P22
Capocavallo.............45 M18
Capodacqua.............45 M20
Capodarco................47 M23
Capodimonte
(Napoli).................64 E24
Capodimonte
(Viterbo)................49 O17
Capoferrato.............103 J10
Capoiale...................54 B28
Capolapiaggia..........46 M21
Capoliveri.................42 N13
Capolona..................38 L17
Caponago.................13 F10
Caporciano...............51 P23
Caporiacco..................8 D21
Caporosa..................79 J31
Caposele..................65 E27
Caposile...................13 F19
Capoterra.................103 J8
Capovalle..................14 E13
Cappadocia...............51 P21
Cappeddu (Punta).....95 D9
Cappella....................77 I33
Cappella Maggiore....18 E19
Cappelle....................51 P22

Circolazione regolamentata nel centro città

Azuni (Via)	Y	3
Carlo Felice (Largo)	Z	
Carmine (Piazza)	Z	4
Costituzione (Piazza)	Z	5
D'Arborea (Via E.)	Z	6
Fiume (Via)	Y	7
Fossario (Via)	Y	8
Garibaldi (Piazza)	Y	9
Gramsci (Piazza)	Z	10
Indipendenza (Piazza)	Y	12
Manno (Via G.)	Z	13
Martini (Via)	Y	14
Porceli (Via)	Y	15
Roma (Via)	Z	
S. Benedetto (Piazza)	Y	16
S. Benedetto (Via)	Y	17
S. Cosimo (Piazza)	Z	18
S. Croce (Via)	Y	19
Sardegna (Via)	Z	20
Trieste (Viale)	Z	21
Università (Via)	Z	23
Yenne (Piazza)	Y	24
20 Settembre (Via)	Z	25

Cappelle sul Tavo 52 O24
Cappelletta 25 G14
Capracotta 59 Q24
Capradosso 51 P21
Caprafico 47 O23
Capraglia 22 G8
Capraia 42 M11
Capraia (Isola) 54 A28
Capraia (Isola di) 42 M11
Capralba 13 F10
Capranica 49 P18
Capranica Prenestina 57 Q20
Caprara 24 H13
Caprara d'Abruzzo 52 O24
Caprara (Punta) 94 D6
Caprarica (Masseria) 69 F34
Caprarica di Lecce 75 G36
Caprarico 72 G31
Capraro (Monte) 59 Q24
Caprarola 49 P18
Caprauna 29 J5
Caprera (Isola) 95 D10
Caprese Michelangelo 38 L17
Capri 64 F24
Capri (Isola di) 64 F24
Capri Leone 88 M26
Capriana 16 D16
Capriata d'Orba 22 H8
Capriate S. Gervasio 13 F10
Capriati a Volturno 58 R24
Capricchia 51 O22
Capriccioli 95 D10
Caprile (Arezzo) 39 K18
Caprile (Pesaro e Urbino) 39 L20
Caprile (Belluno) 7 C17
Caprile / Gfrill (vicino a Merano) 6 C15
Caprino Bergamasco 13 E10
Caprino Veronese 15 F14
Caprio 32 I11
Caprioli 70 G27
Capriolo 14 F11
Capriva del Friuli 19 E22
Capro (il) 6 B15
Caprolace (Lago di) 57 R20
Capua 64 D24
Capugnano 33 J14
Capurso 63 D32
Caraffa del Bianco 81 M30
Caraffa di Catanzaro 78 K31
Caraglio 28 I4
Caragna 29 J6
Caramagna Ligure 29 K5
Caramagna Piemonte 21 H5
Caramanico Terme 52 P23
Carameto (Monte) 31 H11
Caramola (Monte) 72 G30
Caramolo (Monte) 76 H30
Carana 97 E9
Carangiaro (Monte) 88 O24
Caranna 69 E34
Carano (Latina) 56 R20
Carano (Trento) 16 D16
Caranza 31 I10
Carapelle 61 C29
Carapelle Calvisio 51 P23
Carapelle (Torrente) 60 D28
Carapellotto 60 D28
Carasco 31 I10
Carassai 47 M23
Carate Brianza 13 E9
Carate Brianza (Rifugio) 4 D11
Carate Urio 13 E9
Caravaggio 13 F10
Caravai (Passo di) 101 G9
Caravino 11 F5
Caravius (Monte is) 102 J8
Caravonica 29 K5
Carbognano 50 P18
Carbonara al Ticino 23 G9
Carbonara (Capo) 103 J10
Carbonara di Bari 63 D32
Carbonara di Po 25 G15
Carbonara (Golfo di) 103 J10
Carbonara (Pizzo) 87 N24
Carbonare 16 E15
Carbone 72 G30
Carbone (Monte) 28 J4
Carbonera 17 E18
Carbonesca 45 M19
Carbonia 102 J7
Carbonin / Schluderbach 7 C18
Carcaci (Monte) 90 N22
Carcaciotto (Borgata) 90 N22
Carcare 30 I6
Carcari 88 O26
Carceri 26 G16
Carceri (Eremo delle) 45 M19
Carchitti 57 Q20
Carcina 14 F12
Carcoforo 11 E6
Carda 38 L17
Cardaxius 103 I9
Carde 20 H4
Cardedu 101 H10
Cardella 39 L19
Cardeto 80 M29
Cardeto Sud 80 M29
Cardezza 2 D6
Cardiga (Monte) 101 I10
Cardinala 25 G15
Cardinale 78 L31
Carditello 64 D24
Cardito (Frosinone) 58 R23
Cardito (Napoli) 64 E24
Carè Alto (Monte) 5 D13
Careggine 32 J12
Carena (Punta) 64 F24
Carenno 13 E10
Careri 81 M30
Caresana (Trieste) 19 F23
Caresana (Vercelli) 22 G7
Caresanablot 22 F7
Careser (Lago del) 5 C14
Carestiato (Rifugio) 17 D18
Carezza al Lago / Karersee 6 C16
Carezzano 22 H8
Carfalo 37 L14
Carfizzi 77 J32
Cargeghe 96 E7
Caria 78 L29
Cariati 77 I32
Cariati (Masseria) 62 D30
Cariati Marina 77 I32
Carife 65 D27
Carige 48 O16
Cariglio 76 I30
Carignano 60 C27
Carignano (Parma) 24 H12
Carignano (Pesaro e Urbino) 40 K20
Carignano (Torino) 21 H5
Carini 86 M21
Carini (Golfo di) 86 M21
Carinola 58 S23
Carisasca 31 H9
Carisio 11 F6
Carisolo 5 D14
Cariusi (Monte) 71 G28
Carlantino 54 C26
Carlazzo 3 D9
Carlentini 93 P27
Carlino 19 E21
Carlo Magno (Campo) 5 D14
Carloforte 102 J6
Carlopoli 78 J31
Carmagnola 21 H5
Carmelia (Piani di) 80 M29
Carmerlona 35 I18
Carmiano 75 F36
Carmignanello 37 K15
Carmignano (Prato) 37 K15
Carmignano (Padova) 26 G16
Carmignano di Brenta 17 F17
Carmine (Verbania) 3 D8
Carmine (Cuneo) 29 I5
Carmo (Monte) (Genova) 31 I9
Carmo (Monte) (Savona) 29 J6
Carnago 12 E8
Carnaio (Colle del) 38 K17
Carnaiola 45 N18
Carnara (Monte) 72 G31
Carnello 58 Q22
Carnia 8 C19
Carnia (Località) 8 C21
Carnizza (Sella) 8 C21
Carobbio 32 I12
Carolei 76 J30
Carona (Bergamo) 4 D11
Carona (Sondrio) 5 D12
Caronia 88 M25
Caronno Pertusella 13 F9
Caronte (Terme) 78 K30
Carosino 69 F34
Carovigno 69 E34
Carovilli 59 Q24
Carpacco 8 D20
Carpana 31 I11
Carpaneto Piacentino 24 H11
Carpani 42 N12
Carpanzano 78 J30
Carpari 68 E33
Carpasio 29 K5
Carpe 29 J6
Carpegna 39 K19
Carpegna (Monte) 39 K18
Carpen 17 E17
Carpenedolo 24 F13
Carpeneto 30 H7
Carpi (Modena) 25 H14
Carpi (Verona) 26 G16
Carpi (Rifugio) 7 C18
Carpiano 23 F9
Carpignano Salentino 75 G37
Carpignano Sesia 12 F7
Carpina 45 L19
Carpinelli (Passo) 32 J12
Carpinello 35 J18
Carpineta 33 J15
Carpineti 32 I13
Carpineto della Nora 52 O23
Carpineto Romano 57 R21
Carpineto Sinello 53 P25
Carpini 45 L19
Carpino 55 B29
Carpinone 59 R24
Carrara 32 J12
Carrè 16 E16
Carrega Ligure 31 I9
Carretto 29 I6
Carriero (Serra) 66 E29
Carrito 52 P23
Carro 31 J10
Carrodano 31 J10
Carrosio 30 I8
Carrù 29 I5
Carruba 89 N27
Carruba Nuova 85 N21
Carrubba (Monte) 93 P27
Carsoli 51 P21
Carsulae 50 O19
Cartasegna 31 I9
Cartigliano 17 E17
Cartoceto (vicino a Calcinelli) 39 K20
Cartoceto (vicino ad Isola di Fano) 40 L20
Cartosio 30 I7
Cartura 26 G17
Carugate 13 F10
Carunchio 53 Q25
Caruso (Forca) 52 P23
Caruso (Monte) 66 E29
Carve 17 D18
Carvico 13 E10
Casa Castalda 45 M19
Casa della Marina 103 J10
Casa Matti 23 H9
Casa Riva Lunga 19 E22
Casabella 91 O23
Casabona 77 J32
Casacalenda 59 Q26
Casacanditella 52 P24
Casacorba 17 F18
Casagiove 64 D24
Casaglia (Pisa) 37 L13
Casaglia (Brescia) 14 F12
Casaglia (Ferrara) 26 H16
Casaglia (Colla di) 38 J16
Casal Borsetti 35 I18
Casal Cermelli 22 H7
Casal di Principe 64 D24
Casal Palocco 56 Q19
Casal Sabini 67 E31
Casal Sottano 70 G27
Casal Velino 70 G27
Casalabate 75 F36
Casalanguida 53 P25
Casalappi Ruschi 43 M14
Casalàttico 58 R23
Casalbarbato 24 H12
Casalbellotto 24 H13
Casalbordino 53 P25
Casalbore 60 D27
Casalborgone 21 G5
Casalbuono 71 G29
Casalbusone 31 I9
Casalbuttano ed Uniti 24 G11
Casalcassinese 58 R23
Casalciprano 59 R25
Casalduni 59 S26
Casale (Forlì) 34 J17
Casale (Mantova) 25 G14
Casale Cinelli 49 P17
Casale Corte Cerro 12 E7
Casale Cremasco 23 F11
Casale delle Palme 57 R20
Casale di Pari 43 M15
Casale di Scodosia 26 G16
Casale Marittimo 37 M13
Casale Monferrato 22 G7
Casale Monferrato (Rifugio) 11 E5
Casale sul Sile 27 F18
Casale (Villa Romana del) (Piazza Armerina) 92 O25
Casalecchio dei Conti 34 I16
Casalecchio di Reno (Bologna) 33 I15
Casaleggio 23 H10
Casaleggio Novara 12 F7
Casaleone 25 G15
Casaletto 49 P18
Casaletto Ceredano 23 G10
Casaletto di Sopra 14 F11
Casaletto Spartano 71 G28
Casalfiumanese 34 J16
Casalgiordana 91 N24
Casalgrande 33 I14
Casalgrasso 21 H4
Casali 38 J16
Casalicchio 91 O23
Casaliggio 23 G10
Casalina 32 I11
Casalincontrada 52 P24
Casalini 69 E34
Casalino (Arezzo) 38 K17
Casalino (Novara) 22 F7
Casalmaggiore 24 H13
Casalmaiocco 23 F10
Casalmorano 24 G11
Casalmoro 24 G13
Casalnoceto 22 H8
Casalnuovo 81 M29
Casalnuovo di Napoli (Napoli) 64 E25
Casalnuovo Monterotaro 54 C27
Casaloldo 24 G13
Casalone (Poggio) 37 M15
Casalotti (Roma) 56 Q19
Casalpoglio 24 G13
Casalpusterlengo 23 G10
Casalromano 24 G13
Casalserugo 26 G17
Casalta 45 N19
Casaltone 24 H13
Casaluce 58 S24
Casaluna 46 M20
Casalvecchio di Puglia 54 C27
Casalvecchio Siculo 89 N27
Casalvieri 58 R23
Casalvolone 22 F7
Casamaina 51 P22
Casamari (Abbazia di) 57 Q22
Casamassima 63 E32
Casamicciola Terme 64 E23
Casanova (Rieti) 50 O20
Casanova (Torino) 21 H5
Casanova dell'Alpe 38 K17
Casanova Elvo 22 F6
Casanova Lerrone 29 J6
Casanova Lonati 23 G9
Casape 57 Q20
Casaprota 50 P20
Casaraccio (Stagno di) 96 E6
Casarano 75 G36
Casargius (Monte) 103 I10
Casargo 13 D10
Casarsa della Delizia 18 E20
Casarza Ligure 31 J10
Casasco d'Intelvi 3 E9
Casaselvatica 32 I12
Casastrada 37 L14
Casateia / Gasteig 6 B16
Casatenovo 13 E9
Casatico 24 G13
Casatisma 23 G9
Casazza 14 E11
Cascano 58 S23
Cascia 46 N21
Casciana Alta 37 L13
Casciana Terme 37 L13
Casciano 43 M15
Cascina 36 K13
Cascina (Torrente) 36 L13
Cascina Grossa 22 H8
Cascine Vecchie 36 K13
Cascinette d'Ivrea 11 F5
Case Orsolina 8 C19
Case Perrone 68 F32
Case Simini 75 F36
Casei Gerola 22 G8
Caselette 21 G4
Casella (La Spezia) 31 J11
Casella (Genova) 30 I8
Casella (Treviso) 17 E17
Caselle 76 H31
Caselle (Treviso) 17 E17
Caselle (Verona) 26 G16
Caselle (Vicenza) 26 G16
Caselle in Pittari 71 G28
Caselle Landi 24 G11
Caselle Lurani 23 G10
Caselle Torinese 21 G4
Casemurate 35 J18
Casenove 46 N20
Casenovole 43 M15
Casentini (Rifugio) 33 J13
Casentino 38 K17
Casentino 51 P22
Casenuove 41 L21
Casera di Fuori 5 B14
Casera Losa 8 C20
Casere 17 E17
Casere / Kasern 7 A18
Caserta 64 D25
Caserta Vecchia 64 D25
Casette 50 O20
Casette d'Ete 47 M23
Casevecchie 45 N20
Casi 64 D24
Casier 17 F18
Casies (Valle di) / Gsies 7 B18
Casigliano 45 N19
Casignana 81 M30
Casina 32 I13
Casina (Cima la) 5 C12
Casinalbo 33 I14
Casine 41 L21
Casinina 39 K19
Casirate d'Adda 13 F10
Caslino d'Erba 13 E9
Casnate 13 E9
Casnigo 14 E11
Casola Canina 34 I17
Casola in Lunigiana 32 J12
Casola Valsenio 34 J16
Casole d'Elsa 37 L15
Casoli (Chieti) 52 P24
Casoli (Lucca) 32 K12
Casoli (Teramo) 52 O23
Cason di Lanza (Passo) 8 C21
Casoni (Genova) 31 I9
Casoni (Reggio Emilia) 25 H14
Casorate Primo 23 G9
Casorate Sempione 12 E8
Casorezzo 12 F8
Casoria (Napoli) 64 E24
Casorzo 22 G7
Casotto 29 J5
Caspano 4 D10
Casperia 50 O20
Caspoggio 4 D11
Cassana (Pizzo) 5 C12
Cassano 65 D26
Cassano allo Ionio 76 H30
Cassano d'Adda 13 F10
Cassano delle Murge 63 E32
Cassano Irpino 65 E27
Cassano Magnago 12 E8
Cassano Spinola 22 H8
Cassano Valcuvia 12 E8
Cassaro 93 P26
Cassella 27 H19
Cassiano 41 L21
Cassibile 93 Q27
Cassibile (Fiume) 93 Q27
Cassiglio 13 E10
Cassina de' Pecchi 13 F10
Cassinasco 22 H6
Cassine 22 H7
Cassinelle 30 I7
Cassinetta di Lugagnano 12 F8
Cassino (Frosinone) 58 R23
Cassino (Rieti) 46 N21
Cassio 32 I12
Casso 17 D18
Cassola 17 E17
Cassolnovo 22 F8
Castagna 78 J31
Castagna (Punta) 82 L26
Castagna (Serra) 77 I31
Castagnaro 26 G16
Castagneto Carducci 43 M13
Castagneto Po 21 G5
Castagnito 21 H6
Castagno (il) 37 L14
Castagno d'Andrea (il) 38 K16
Castagnola 45 N19
Castagnole delle Lanze 21 H6
Castagnole Monferrato 22 H6
Castagnole Piemonte 21 H4
Castana 23 G9
Castanea delle Furie 80 M28
Castano Primo 12 F8
Castedduzzu (Monte su) 98 E8
Casteggio 23 G9
Castegnato 14 F12
Castel Baronia 65 D27
Castel Bolognese 34 J17
Castel Campagnano 64 D25
Castel Castagna 51 O23
Castel Castagnaio 38 K16
Castel Cellesi 49 O18
Castel d'Aiano 33 J15
Castel d'Ario 25 G14
Castel d'Azzano 25 F14
Castel de' Britti 34 I16
Castel del Bosco 37 L14
Castel del Giudice 58 Q24
Castel del Monte (Bari) 62 D30
Castel del Monte (L'Aquila) 51 O23
Castel del Piano (Grosseto) 44 N16
Castel del Piano (Perugia) 45 M18
Castel del Rio 34 J16
Castel dell'Alpi 33 J15
Castel dell'Aquila 50 O19
Castel di Casio 33 J15
Castel di Fiori 45 N18
Castel di Ieri 52 P23
Castel di Iudica 88 O25
Castel di Lucio 88 N24
Castel di Sangro 58 Q24
Castel di Sasso 64 D24
Castel di Tora 50 P20
Castel di Tusa 87 M24
Castel Focognano 38 L17
Castel Fraiano 52 Q25
Castel Frentano 52 P25
Castel Gandolfo 56 Q19
Castel Ginnetti 57 R20
Castel Giòrgio 44 N17
Castel Giuliano 49 P18
Castel Goffredo 24 G13
Castel Guelfo di Bologna 34 I17
Castel Lagopesole 66 E29
Castel Madama 50 Q20
Castel Maggiore 34 I16
Castel Morrone 64 D25
Castel Porziano 56 Q19
Castel Rigone 45 M18
Castel Ritaldi 45 N20
Castel Rocchero 22 H7
Castel S. Giovanni (Perugia) 46 N21
Castel S. Giovanni (Piacenza) 23 G10
Castel S. Elia 50 P19
Castel S. Gimignano 37 L15
Castel S. Giorgio 65 E26
Castel S. Giovanni (vicino a Spoleto) 45 N20
Castel S. Lorenzo 70 F27
Castel Sta Maria (Macerata) 46 M21
Castel Sta Maria (Perugia) 46 N21
Castel S. Niccolò 38 K17
Castel S. Pietro 46 M21
Castel S. Pietro Terme 34 I16
Castel S. Venanzo 46 M21
Castel S. Vincenzo 58 R24
Castel Seprio 12 E8
Castel Venzago 14 F13
Castel Viscardo 44 N18
Castel Vittorio 29 K5
Castel Volturno 64 D23
Castelbaldo 26 G16
Castelbelforte 25 G14
Castelbello / Kastelbell 5 C14
Castelbianco 29 J6
Castelbottaccio 59 Q26
Castelbuono 87 N24
Castelcanafurone 31 H10
Castelcerino 15 F15
Castelceriolo 22 H8
Castelchiodato 50 P20
Castelcivita 66 F27
Castelcivita (Grotta di) 65 F27
Castelcovati 14 F11
Castelcucco 17 E17
Casteldaccia 86 M22
Casteldarne / Ehrenburg 7 B17
Casteldelci 39 K18
Casteldelfino 20 I3
Casteldelmonte 45 N19
Casteldidone 24 G13
Casteldimezzo 39 K20
Casteldoria (Terme di) 98 E8

Castelfalfi 37 L14
Castelferretti 41 L22
Castelferro 22 H7
Castelfidardo 41 L22
Castelfiorentino 37 L14
Castelfondo 6 C15
Castelforte 58 S23
Castelfranci 65 E27
Castelfranco di Sopra 38 L16
Castelfranco di Sotto 37 K14
Castelfranco Emilia 33 I15
Castelfranco in Miscano 60 D27
Castelfranco Veneto 17 E17
Castelgomberto 26 F16
Castelgrande 66 E28
Castelguglielmo 26 G16
Castelguidone 59 Q25
Castellabate 70 G26
Castellaccio 57 Q21
Castellaccio (Monte) 86 M21
Castellaccio di Fratacchia (Monte) 85 N20
Castellace 80 M29
Castellafiume 51 Q21
Castell'Alfero 21 H6
Castellalto 47 N23
Castellammare (Golfo di) 85 M20
Castellammare del Golfo 85 M20
Castellammare di Stabia 64 E25
Castellamonte 11 F5
Castellana (Grotte di) 68 E33
Castellana Grotte 68 E33
Castellana Sicula 87 N24
Castellaneta 68 F32
Castellaneta Marina 68 F32
Castellano 46 N22
Castellanza 12 F8
Castell'Apertole 11 G6
Castellarano 33 I14
Castellaro (Imperia) 29 K5
Castellaro (Modena) 33 J14
Castellaro (Parma) 24 H11
Castellaro (Pavia) 23 H9
Castellaro Lagusello 25 F13
Castell'Arquato 24 H11
Castell'Azzara 44 N17
Castellazzo Bormida 22 H7
Castellazzo (Monte) 88 N26
Castelleone (Cremona) 23 G11
Castelleone (Perugia) 45 N19
Castelleone di Suasa 40 L20
Castelletto (Brescia) 24 G12
Castelletto (Piacenza) 24 H11
Castelletto Busca 28 I4
Castelletto Cervo 12 F6
Castelletto di Brenzone 15 E14
Castelletto d'Orba 30 H8
Castelletto Molina 22 H7
Castelletto Monferrato 22 G7
Castelletto Po 23 G9
Castelletto sopra Ticino 12 E7
Castelletto Stura 29 I4
Castelli 51 O23
Castelli Calepio 14 F11
Castelli (Monte) 88 N25
Castelli Romani 56 Q19
Castellina (Firenze) 37 K14
Castellina in Chianti 37 L15
Castellina Marittima 37 L13
Castellina Scalo 37 L15
Castellina (Parma) 24 H12
Castellinaldo 21 H6
Castellino del Biferno 59 Q26
Castellino Tanaro 29 I5
Castelliri 58 Q22
Castello (Canale) 61 D29
Castello (Monte) 42 M11
Castello (Spiaggia del) 55 B30
Castello (Brescia) 14 F13
Castello (La Spezia) 31 J10
Castello (Cima di) 4 D11
Castello d'Agogna 22 G8
Castello d'Argile 25 H15
Castello dell'Acqua 5 D12
Castello di Annone 22 H6
Castello di Cisterna 64 E25
Castello di Godego 17 E17
Castello di Lago 65 D26
Castello di Serravalle 33 I15
Castello Inici 85 N20
Castello Lavazzo 17 D18
Castello Molina di Fiemme 16 D16
Castello Tesino 16 D16
Castellonalto 50 O20
Castellonchio 32 I12
Castellonorato 58 S23
Castell'Ottieri 44 N17
Castellucchio 25 G13
Castelluccio (Modena) 33 J14
Castelluccio (Perugia) 46 N21
Castelluccio (Siracusa) 93 Q26
Castelluccio Cosentino 66 F28
Castelluccio dei Sauri 60 D28
Castelluccio-Inferiore 71 G29
Castelluccio (Monte) 91 O23
Castelluccio-Superiore 71 G29
Castelluccio Valmaggiore 60 C27
Castell'Umberto 88 M26
Castelluzzo 85 M20
Castelluzzo (Masseria) 69 F34
Castelmagno 28 I3
Castelmassa 25 G15
Castelmauro 59 Q26
Castelmenardo 51 P21
Castelmezzano 72 F30
Castelmola 89 N27
Castelmonte 9 D22
Castelnovetto 22 G7
Castelnovo 23 H10
Castelnovo Bariano 25 G15
Castelnovo di Sotto 25 H13
Castelnuovo ne' Monti 32 I13
Castelnuovo (L'Aquila) 51 P22
Castelnuovo (Mantova) 24 G13
Castelnuovo (Padova) 26 F17
Castelnuovo (Pesaro e Urbino) 39 K19
Castelnuovo (Ravenna) 34 I17
Castelnuovo (Trento) 16 D16
Castelnuovo a Volturno 58 R24
Castelnuovo Berardenga 44 L16
Castelnuovo Bocca d'Adda 24 G11
Castelnuovo Bormida 22 H7
Castelnuovo Calcea 22 H6
Castelnuovo Cilento 70 G27
Castelnuovo dei Sabbioni 38 L16
Castelnuovo del Friuli 8 D20
Castelnuovo del Garda 15 F14
Castelnuovo della Daunia 54 C27
Castelnuovo della Misericordia 36 L13
Castelnuovo dell'Abate 44 N16
Castelnuovo d'Elsa 37 L14
Castelnuovo di Ceva 29 I6
Castelnuovo di Conza 66 E27
Castelnuovo di Farfa 50 P20
Castelnuovo di Garfagnana 32 J13
Castelnuovo di Porto 50 P19
Castelnuovo di Val di Cecina 37 M14
Castelnuovo Don Bosco 21 G5
Castelnuovo Fogliani 24 H11
Castelnuovo Magra 32 J12
Castelnuovo Nigra 11 F5
Castelnuovo Rangone 33 I14
Castelnuovo Scrivia 22 H8
Castelnuovo Vomano 47 O23
Castelpagano 59 R26
Castelpetroso 59 R25
Castelpizzuto 59 R24
Castelplanio 40 L21
Castelpoggio 32 J12
Castelponzone 24 G12
Castelpoto 65 D26
Castelraimondo 46 M21
Castelromano 58 R24
Castelrotto / Kastelruth 6 C16
Castelsantangelo sul Nera 46 N21
Castelsaraceno 71 G29
Castelsardo 98 E8
Castelsavino (Monte) 38 K17
Castelsilano 77 J32
Castelspina 22 H7
Casteltermini 91 O22
Casteltodino 45 O19
Castelvecchio / Altenburg (Bolzano) 6 C15
Castelvecchio (Pistoia) 33 K14
Castelvecchio (Vicenza) 15 F15
Castelvecchio Calvisio 51 P23
Castelvecchio di Rocca Barbena 29 J6
Castelvecchio Pascoli 32 J13
Castelvecchio Subequo 51 P23
Castelvenere 59 S25
Castelverde 24 G11
Castelvero 15 F15
Castelverrino 59 Q25
Castelvetere in Val Fortore 59 R26
Castelvetere sul Calore 65 E26
Castelvetrano 85 N20
Castelvetro di Modena 33 I14
Castelvetro Piacentino 24 G11
Castelvisconti 24 G11
Castenaso 34 I16
Castenedolo 14 F12
Casterno 22 F8
Castiadas 103 J10
Castiglion Fibocchi 38 L17
Castiglion Fiorentino 44 L17
Castiglioncello 36 L13
Castiglioncello Bandini 44 N16

CATANIA

Angelo Custode (Via) DZ 3
Benedetto (Piazza A. d.) DZ 11
Biondi (Via) EY 12
Bovio (Piazza G.) EY 15
Carlo Alberto (Piazza) EY 19
Castello Ursino (Via) DZ 21
Conte di Torino (Via) EY 25
Currio (Piazza) DZ 26
Cutelli (Piazza) EZ 27
Dante (Piazza) DY 29
Etnea (Via) DXY
Giuffrida (Via Vincenzo) EX 39
Guardie (Piazza delle) EY 42
Imbriani (Via M. R.) DEX 43
Landolina (Via) EZ 45
Lupo (Piazza Pietro) EY 47
Museo Biscari (Via) EZ 57
Orlando (V. Vitt. E.) EX 60
Porticello (Via) EZ 68
Rabbordone (Via) EY 69
Rapisardi (Via Michele) EY 70
Rotonda (Via d.) DYZ 77
S. Anna (Via) DZ 79
San F. d'Assisi (Pza) DZ 80
San Gaetano alle G. (Via) DEY 81
San Giuseppe al D. (Via) DZ 82
Spirito Santo (Piazza) EY 87
Stesicoro (Piazza) DY 91
Teatro Massimo (Via) EYZ 92
Trento (Piazza) EX 95
Umberto I (Via) DEX
Università (Piazza dell') DZ 96
Verga (Piazza) EX 98
Vittorio Emanuele III (Pza) EY 100

D
E
X
Y
Z
Monserrato
Via San Nicolò al Borgo
Via Cicaglione
Orto Botanico
Via Papale
Via Francesco Riso
Settembre
Corso Italia
Via Salvatore Paola
Pza V. Lanza
Viale
V. Ipogeo
Via Regina
Margherita
Via Conte
Via Ruggero
Firenze
Umberto
VILLA BELLINI
Caronda
Luigi
Capuana
Oberdan
Musumeci
Ventimiglia
Francesco
Pacini
V. Ughetti
Giordano Bruno
Maddem
D'Amico
V. Focca Romana
Pza Grenoble
Pza Repubblica
V. Archimede
Cappuccini
V. S. Vito
Plebiscito
S. Biagio
Crociferi
Manzoni
Etnea
Sicilia
Via Coppola
Antonio
San Giuliano
C.o Martiri d. Libertà
Sturzo
Crispi
Via Antonio
S. Giuliano
Via Gesuiti
Pza Bellini
Teatro Greco
Pal. Sangiuliano
Vitt. Emanuele
Piazza dei Martiri
DUOMO
S. Placido
PAL. BISCARI
Emanuele II
PZA DEL DUOMO
Vittorio
Garibaldi
Dusmet
Terme dell' Indirizzo
Plebiscito
Cristoforo
Colombo
PORTO VECCHIO
Via Ferrara
Via Di Giacomo
Piazza Fed. di Svevia
Castello Ursino
Grimaldi
0
200 m

Castiglioncello del Trinoro 44 N17
Castiglione (Ancona) 46 M20
Castiglione (Isernia) 59 Q24
Castiglione (Lecce) 75 H37
Castiglione (Perugia) 45 M19
Castiglione a Casauria 52 P23
Castiglione Chiavarese 31 J10
Castiglione Cosentino 76 I30
Castiglione d'Adda 23 G11
Castiglione dei Pepoli 33 J15
Castiglione del Bosco 44 M16
Castiglione del Genovesi 65 E26
Castiglione del Lago 44 M18
Castiglione della Pescaia 43 N14
Castiglione della Valle 45 M18
Castiglione delle Stiviere 14 F13
Castiglione di Garfagnana 32 J13
Castiglione di Ravenna 35 J18
Castiglione di Sicilia 89 N27
Castiglione d'Intelvi 3 E9
Castiglione d'Orcia 44 M16
Castiglione Falletto 21 I5
Castiglione in Teverina 49 O18
Castiglione Mantovano 25 G14
Castiglione Marittimo 78 K30
Castiglione Messer Marino 59 Q25
Castiglione Messer Raimondo 52 O23
Castiglione Olona 12 E8
Castiglione Tinella 21 H6
Castiglioni 40 L21
Castignano 47 N22
Castilenti 52 O23
Castino 21 I6
Castion Veronese 15 F14
Castione (Piacenza) 23 H11
Castione (Treviso) 17 E17
Castione Andevenno 4 D11
Castione de Baratti 32 I13
Castione della Presolana 14 E12
Castione Marchesi 24 H12
Castions 18 E20
Castions di Strada 19 E21
Casto 14 E12
Castorano 47 N23
Castrezzato 14 F11
Castri di Lecce 75 G36
Castrignano de' Greci 75 G36
Castrignano del Capo 75 H37
Castro (Bergamo) 14 E12
Castro (Lecce) 75 G37
Castro dei Volsci 57 R22
Castro Marina 75 G37
Castro (Portella) 91 O24
Castro (Rocche del) 88 M26
Castro S. Martino 38 J15
Castrocaro Terme 34 J17
Castrocielo 58 R23
Castrocucco 71 H29
Castrocucco di Maratea 71 H29
Castrofilippo 91 O23
Castrolibero 76 J30
Castroncello 44 M17
Castronno 12 E8
Castronuovo di S. Andrea 72 G30
Castronuovo di Sicilia 86 N22
Castropignano 59 R25
Castroreale 89 M27
Castroreale Terme 83 M27
Castroregio 72 H31
Castrovillari 76 H30
Casumaro 34 H16
Casuzze 92 Q25
Cataeggio 4 D10
Cataforio 80 M29
Cataio 26 G17
Catalano (Isola) 100 H6
Catania 89 O27
Catania (Golfo di) 89 O27
Catania (Piana di) 88 O26
Catania-Fontanarossa (Aeroporto di) 89 O27

Catanzaro 78 K31
Catanzaro Lido 79 K31
Catena Costiera 76 I29
Catenaia (Alpe di) 38 L17
Catenanuova 88 O26
Catignano 52 O23
Catinaccio / Rosengarten 6 C16
Catirina (Punta) 99 F10
Catobagli 40 L20
Catolivier 20 G2
Catona 80 M28
Catria (Monte) 39 L20
Cattaragna 31 I10
Cattolica 39 K20
Cattolica Eraclea 90 O22
Catullo (Grotte di) 15 F13
Catuso (Monte) 91 N23
Cau (Monte) 96 E7
Caulonia 81 L31
Caulonia (vicino a Monasterace) 81 L31
Cauria / Gfrill (vicino a Salorno) 16 D15
Cautano 65 D25
Cava d'Aliga 92 Q26
Cava de' Tirreni 65 E26
Cava Manara 23 G9
Cava (Monte) 51 P21
Cava Tigozzi 24 G11
Cavacurta 23 G11
Cavadonna 93 P27
Cavaglià 11 F6
Cavaglietto 12 F7
Cavaglio d'Agogna 12 F7
Cavagnano 51 O21
Cavaion Veronese 15 F14
Cavalese 16 D16
Cavallano 37 L15
Cavallerizzo 76 I30
Cavallerleone 21 H4
Cavallermaggiore 21 H5
Cavalli (Lago dei) 2 D6
Cavallina 33 K15
Cavallino (Lecce) 75 G36
Cavallino (Venezia) 18 F19
Cavallino (Monte) / Großer-Kinigat 7 B19
Cavallirio 12 F7
Cavallo (Monte) (Frosinone) 58 R23
Cavallo (Monte) (Grosseto) 48 O16
Cavallo (Monte) (Macerata) 46 N20
Cavallo (Monte) (Bolzano) 6 B16
Cavallo (Monte) (Pordenone) 8 D19
Cavallo (Monte) (Udine) 9 C21
Cavallone (Grotta del) 52 P24
Cavalo 15 F14
Cavanella d'Adige 27 G18
Cavanella di Vara 31 J11
Cavanella Po 27 G18
Cavareno 6 C15
Cavargna 3 D9
Cavargna (Val) 3 D9
Cavaria 12 E8
Cavarzano 33 J15
Cavarzere 26 G18
Cavaso del Tomba 17 E17
Cavasso Nuovo 8 D20
Cavatore 30 I7
Cavazzale 26 F16
Cavazzo (Lago di) 8 D21
Cavazzo Carnico 8 C21
Cavazzona 33 I15
Cave 57 Q20
Cave del Predil 9 C22
Cavedago 16 D15
Cavedine 15 E14
Cavedine (Lago di) 15 E14
Cavenago d'Adda 23 G10
Cavenago di Brianza 13 F10
Cavernago 13 F11
Cavezzo 25 H15
Cavi 31 J10
Caviaga 23 G10
Caviola 7 C17
Cavo 42 N13
Cavo (Monte) 56 Q20
Cavogna (Monte) 46 N20
Cavola 32 I13
Cavoli 42 N12
Cavoli (Isola dei) 103 J10
Cavone 73 F31
Cavour 20 H4
Cavour (Canale) 21 G6
Cavrari 16 E16
Cavrasto 5 D14
Cavriago 24 H13
Cavriana 25 F13
Cavrié 17 E19
Cavriglia 38 L16
Cazoli (Punta di) 2 C7
Cazzago S. Martino 14 F12
Cazzano di Tramigna 15 F15
Ceccano 57 R21
Cecchignola (Roma) 56 Q19
Cecchina 56 Q19
Cecchini di Pasiano 18 E19
Cece (Cima di) 16 D17
Ceci 23 H9
Cecima 23 H9
Cecina (Livorno) 36 M13
Cecina (Pistoia) 37 K14
Cecina (Campo) 32 J12
Cecina (Fiume) 37 M15
Cecita (Lago di) 77 I31
Cedegolo 5 D13
Cedra 32 I12
Cedrino 99 F10
Cedrino (Lago del) 101 G10
Cefalà Diana 86 N22
Cefalicchio 62 D30
Cefalo (Monte) 58 S22
Cefalù 87 M24
Ceggia 18 E19
Ceglie del Campo 63 D32
Ceglie Messapica 69 F34
Cegliolo 44 M17
Cei (Lago di) 16 E15
Celano 51 P22
Celenza sul Trigno 53 Q25
Celenza Valfortore 54 C26
Cella (Forlì) 39 J19
Cella (Reggio Emilia) 24 H13
Cella Dati 24 G12
Cellamare 63 D32
Cellarengo 21 H5
Cellatica 14 F12
Celle (Pistoia) 33 K14
Celle (Ravenna) 34 J17
Celle (Torino) 20 G4
Celle di Bulgheria 70 G28
Celle di Macra 20 I3
Celle di S. Vito 60 D27
Celle (le) 44 M17
Celle Ligure 30 I7
Celle sul Rigo 44 N17
Cellena 44 N16
Celleno 49 O18
Cellere 49 O17
Cellina 8 D19
Cellina (Val) 8 D19
Cellino Attanasio 52 O23
Cellino S. Marco 69 F35
Cellole 58 S23
Celone 60 C27
Celpenchio 22 G7
Celso 70 G27
Cembra 16 D15
Cembra (Val di) 16 D15
Cenadi 78 K31
Cenaia 36 L13
Cenate 75 G36
Cenate di Sotto 14 E11
Cencenighe Agordino 7 C17
Cene 14 E11
Ceneselli 26 G16
Cenesi 29 J6
Cengalo (Pizzo) 4 D10
Cengio 29 I6
Cengio (Monte) 16 E16
Cengles 5 C13
Cennina 38 L16
Ceno 31 I10
Cenova 29 K6
Centa S. Nicolò 16 E15
Centallo 21 I4
Centaurino (Monte) 71 G28
Cento (Bologna) 34 I16
Cento Croci (Passo di) 31 I10
Cento (Ferrara) 25 H15
Centocelle (Roma) 56 Q19
Centoforche (Colle di) 38 J17
Centoia 44 M17
Centola 70 G27
Centovera 23 H11
Centrache 78 K31
Centuripe 88 O26
Cepagatti 52 O24
Cepletischis 9 D22
Ceppaloni 65 D26
Ceppo di Rocca Sta Maria 47 N22
Ceppo (Monte) 29 K5
Ceppo Morelli 11 E6
Ceprano 58 R22
Ceraino 15 F14
Cerami 88 N25
Cerami (Fiume) 88 N25
Ceramida 80 M29
Ceranesi 30 I8
Cerano 22 F8
Cerasa 40 K21
Cerasi 80 M29
Cerasia (Monte) 81 M30
Ceraso 70 G27
Ceraso (Capo) 99 E10
Ceraso (Murgia del) 67 E31
Cerasolo 39 K19
Cerasuolo 58 R24
Cerbaia 37 K15
Cerboli (Isola) 42 N13
Cercemaggiore 59 R26
Cercena (Passo) 5 C14
Cercenasco 21 H4
Cercepiccola 59 R25
Cerchiara di Calabria 76 H31
Cerchio 51 P22
Cercivento 8 C20
Cercola (Napoli) 64 E25
Cerda 87 N23
Cerdomare 50 P20
Cerea 25 G15
Cereda (Passo di) 17 D17
Cereglio 33 J15
Ceregnano 26 G17
Cerella (Monte) 50 Q20
Cerenzia 77 J32
Ceres 10 G4
Ceresara 25 G13
Cereschiatis (Sella di) 9 C21
Cereseto (Alessandria) 22 G6
Cereseto (Parma) 31 I11
Ceresole (Lago di) 10 F3
Ceresole Alba 21 H5
Ceresole Reale 10 F3
Ceresolo (Scolo) 26 G17
Cerete-Alto 14 E11
Cerete-Basso 14 E11
Ceretto 21 H4
Cerfone 38 L18
Cergnago 22 G8
Ceri 49 Q18
Ceriale 29 J6
Ceriana 29 K5
Cerignale 31 H10
Cerignola 61 D29
Cerisano 78 J30
Cerlongo 25 G13
Cermenate 13 E9
Cermignano 52 O23
Cermone 51 O21
Cernobbio 13 E9
Cernusco 13 E10
Cernusco sul Naviglio 13 F9

COMO

Ambrosoli (V.) Z 2
Battisti (Vle Cesare) Z 3
Carcano (Via) Y 5
Castelnuovo (Via) Z 6
Cattaneo (Viale C.) Z 7
Cavallotti (Viale) Y 8
Gallio (Via T.) Y 14
Garibaldi (Via) Y 15
Giulio Cesare (Vle) Z 16
Leoni (Via Leone) Z 18
Lucini (Via) Z 19
Manzoni (Via) Y 21
Masia (Viale M.) Y 22
Plinio (Via) Y 26
Piave (Via) Z 27
Recchi (Via) Y 29
Rosselli (Viale F.) Y 30
S. Bartolomeo (Pza) Z 32
S. Rochetto (Pzale) Y 33
Trento (Lgo Lario) Y 36
Trieste (Lgo Lario) Y 37
Vittorio (Piazza) Y 39
Vittorio Emanuele II (Via) Y 40
Volta (Piazza) Y 42

A BROLETTO

Cerqueto (vicino a Gualdo Tadino) 45 M20
Cerqueto (vicino a Marsciano) 45 N18
Cerratina 52 O24
Cerré 32 I13
Cerredolo 33 I13
Cerreto (Avellino) 60 D27
Cerreto (Isernia) 59 Q24
Cerreto (Passo del) 32 J12
Cerreto Alpi 32 J12
Cerreto d'Esi 46 M20
Cerreto di Spoleto 46 N20
Cerreto Grue 22 H8
Cerreto Guidi 37 K14
Cerreto Laziale 51 Q20
Cerreto (Monte) 65 E25
Cerreto Sannita 59 S25
Cerretto Langhe 21 I6
Cerrina Monferrato 21 G6
Cerrione 11 F6
Cerrisi 78 J31
Cerrito 69 F35
Cerro 12 E7
Cerro (Forca di) 46 N20
Cerro al Lambro 23 G10
Cerro al Volturno 58 R24
Cerro (Passo del) 23 H10
Cerro Tanaro 22 H7
Cerro Veronese 15 F15
Cerrone (Monte) 39 L19
Cersosimo 72 G31
Certaldo 37 L15
Certosa di Pesio 29 J4
Cerusulo (Monte) 71 F28
Cerva 79 J32
Cervandone (Monte) 2 D6
Cervara (Massa Carrara) 32 I11
Cervara (Parma) 24 H12
Cervarese Sta Croce 26 F17
Cervaro 60 C28
Cervaro (Frosinone) 58 R23
Cervaro (Teramo) 51 O22
Cervaro (Forcella di) 58 R23
Cervaro (Ponte) 60 C28
Cervaro (Torrente) 60 D27
Cervarolo 12 E6
Cervasca 28 I4
Cervati (Monte) 71 G28
Cervatto 11 E6
Cervazzera 32 I13
Cervellino (Monte) 32 I12
Cerveno 5 D12
Cerventosa (Passo di) 45 M18
Cervara di Roma 51 Q21
Cervere 21 I5
Cervesina 23 G9
Cerveteri 49 Q18
Cervi (Monte dei) 87 N23
Cervia 39 J19
Cervialto (Monte) 65 E27
Cervicati 76 I30
Cervignano del Friuli 19 E21
Cervignasco 21 H4
Cervina (Punta) / Hirzerspitze 6 B15
Cervinara 65 D25
Cervino 64 D25
Cervino (Monte) / Matterhorn 11 E4
Cervo 29 K6
Cervo (Pizzo) 86 M22
Cervo (Torrente) 11 E5
Cervognano 44 M17
Cerzeto 76 I30
Cesa 64 E24
Cesacastma 51 O22
Cesana Torinese 20 H2
Cesano (Ancona) 41 K21
Cesano (Roma) 50 P19
Cesano Boscone 13 F9
Cesano (Fiume) 40 K21
Cesano Maderno 13 F9
Cesaproba 51 O21
Cesara 12 E7
Cesarò 88 N26
Cesarolo 18 E21
Cese (L'Aquila) 51 P22
Cese (Perugia) 45 N20
Ceselli 46 N20
Cesen (Monte) 17 E18
Cesena 35 J18
Cesenatico 39 J19
Ceserano 32 J12
Cesi (Macerata) 46 M20
Cesi (Terni) 50 O19
Cesiomaggiore 17 D17
Cesole 25 G13
Cessalto 18 E19
Cessaniti 78 L30
Cessapalombo 46 M21
Cessuta (Sella) 71 G29
Cesuna 16 E16
Cetara 65 F26
Cetica 38 K16
Cetinale 37 M15
Ceto 5 D13
Cetona 44 N17
Cetona (Monte) 44 N17
Cetraro 76 I29
Ceva 29 I6
Cevedale (Monte) 5 C13
Cevo 5 D13
Chabodey 10 E3
Challand-St. Anselme 11 E5
Chambave 11 E4
Chambeyron (Brec de) 20 I2
Chamois 11 E4
Champdepraz 11 E4
Champoluc 11 E5
Champorcher 11 F4
Chanavey 10 F3
Chardonney 11 F4
Charvensod 10 E3
Château des Dames 11 E4
Châtelair 10 E3
Châtillon 11 E4
Chécrouit 10 E2
Cheradi (Isole) 68 F33
Cherasco 21 I5
Cheremule 98 F8
Cherio 14 E11
Chero 24 H11
Chero (Torrente) 24 H11
Chia 50 O18
Chiaicis 8 C20
Chialamberto 10 F4
Chiampo 15 F15
Chiampo (Torrente) 15 F15
Chiana (Canale Maestro della) 44 M17
Chiana (Val di) 38 L17
Chianacce 44 M17
Chianale 20 I2
Chianca 62 D31
Chianca (Isola la) 55 B30
Chianca (Torre) 75 F36
Chianche 65 D26
Chianciano 44 M17
Chianciano Terme 44 M17
Chiani 45 N18
Chianni 37 L13
Chianti 37 L15
Chianti (Monti del) 38 L16
Chianzutan (Sella) 8 C20
Chiappa (Punta) 31 J9
Chiappera 20 I2
Chiappi 28 I3
Chiappo (Monte) 31 H9
Chiaramonte Gulfi 92 P26
Chiaramonti 98 E8
Chiarano 18 E19
Chiaravalle 41 L21
Chiaravalle Centrale 78 K31
Chiaravalle della Colomba 24 H11
Chiaravalle Milanese (Milano) 13 F9
Chiareggio 4 D11
Chiarescons (Monte) 8 C19
Chiari 14 F11
Chiaromonte 72 G30
Chiarso 8 C21
Chiáscio 45 L20
Chiaserna 39 L20
Chiassa 38 L17

Chiatona 68 F33
Chiauci 59 Q25
Chiavano.......................46 O21
Chiavano (Forca di) ..46 N21
Chiavari........................31 J9
Chiavenna.....................4 D10
Chiavenna (Rifugio) 4 C10
Chiavenna
(Torrente)..................24 H11
Chiavenna Landi.......24 G11
Chiaverano 11 F5
Chibbò (Monte).........91 O23
Chieffo (Masseria) 60 D28
Chienes / Kiens 7 B17
Chienti.........................46 M20
Chieri...........................21 G5
Chies d'Alpago............8 D19
Chiesa (Belluno) 7 C18
Chiesa (Verbania-Cusio-
Ossola).................2 C7
Chiesa
in Valmalenco..........4 D11
Chiesa Nuova
(Belluno)..............17 E17
Chiesa Nuova
(Trapani)...............84 M19
Chiesanuova
(Firenze) 37 K15
Chiesanuova
(Ravenna)............34 I17
Chiesanuova
di S. Vito................41 L21
Chiese 14 F13
Chiesina 33 J14
Chiesina Uzzanese....37 K14
Chiesino......................38 L17
Chiesuol del Fosso ...34 H16
Chiesuola................34 I18
Chieti...........................52 O24
Chieuti.........................54 B27
Chieve 23 F10
Chievolis 8 D20
Chignolo Po...............23 G10
Chilivani.....................98 F8
Chioggia 27 G18
Chioggia (Porto di) ...27 G18
Chiomonte..................20 G2
Chions 18 E20
Chiotas (Digo del) 28 J4
Chiozzola 24 H13
Chirignano..................27 F18
Chisola 21 H4
Chisone 20 H3
Chisone (Valle del) 20 G2
Chitignano 38 L17
Chiuduno 14 F11
Chiulano 23 H10
Chiunzi (Valico di) 65 E25
Chiuppano 16 E16
Chiuro 4 D11
Chiusa (Bolzano).........6 B16
Chiusa (Reggio
di Calabria) 81 M30
Chiusa di Pesio 29 J5
Chiusa / Klausen 6 C16
Chiusa Sclafani 85 N21
Chiusaforte 9 C21
Chiusanico..................29 K5
Chiusano
di S. Domenico 65 E26
Chiusavecchia 29 K5
Chiusdino 43 M15
Chiusella 11 F5
Chiusi 44 M17
Chiusi (Lago di) 44 M17
Chiusi della Verna.....38 K17
Chiusi Scalo 44 M17
Chiusola......................31 I11
Chivasso 21 G5
Chizzola......................15 E14
Chorio 80 N29
Ciaculli 86 M22
Ciagola (Monte) 71 H29
Cialancia (Punta).......20 H3
Ciampie 7 C17
Ciampino 56 Q19
Ciamprisco 59 S24
Cianciana 90 O22
Ciane (Fonte).............93 P27
Ciano (Modena)..........33 I15
Ciano (Treviso)..........17 E18
Ciano d'Enza 32 I13
Ciarforòn.....................10 F3
Ciaudon (Testa) 29 J4
Ciavolo........................84 N19
Cibiana (Passo) 7 C18
Cibiana di Cadore 7 C18
Cibottola 45 N18
Cicagna 31 I9
Cicala 78 J31
Ciccalento
(Ponte di) 54 C28
Ciccia (Monte)...........80 M28
Cicciano 64 E25
Cicerale 70 F27
Cicese..........................26 G17
Cichero.........................31 I9
Ciciliano 50 Q20
Ciclopi (Riviera dei) ..89 O27
Cicogna 2 D7
Cicognara 24 H13
Cicogni 23 H10
Cicognolo 24 G12
Cicolano......................51 P21
Ciconicco 8 D21
Cigliano (Firenze) 38 K16
Cigliano (Vercelli).....11 G6
Cignana (Lago di) 11 E4
Cignano 24 F12
Cigno............................59 Q26
Cignone 24 G11
Cigole 24 G12
Cilavegna....................22 G8
Cilento.........................70 F27
Cima Fiammante
Rifugio 6 B15
Cima Gogna 8 C19
Cima Tre Scarperi 7 C18
Cimabanche.................7 C18
Cimadolmo................18 E19
Cimaferle 30 I7
Cimasappada................8 C20
Cime Nere / Hintere
Schwärze 5 B14
Cimego 15 E13
Cimetta (Colle) 57 Q21
Ciminà.........................81 M30
Ciminarella
(Masseria)..............62 D30
Cimini (Monti) 49 O18
Ciminna 86 N22
Cimino (Masseria) 63 E32
Cimino (Monte)..........49 O18
Cimiti (Capo) 79 K33
Cimitile........................64 E25
Cimolais 8 D19
Cimoliana.....................8 D19
Cimone (Monte)..........33 J14
Cimpello 18 E20
Cinecitta (Roma) 56 Q19
Cineto Romano 50 P20
Cinghio 24 H12
Cingia de' Botti 24 G12
Cingoli........................41 L21
Cinigiano 44 N16
Cinisello Balsamo
(Milano) 23 F9
Cinisi 86 M21
Cino 4 D10
Cinquale......................32 K12
Cinque Croci
(Passo) 16 D16
Cinque Denti (Cala) ..84 Q18
Cinque Terre...............31 J11
Cinquefrondi 81 L30
Cinquemiglia
(Piano della) 58 Q23
Cinte Tesino...............16 D16
Cinto Caomaggiore ..18 E20
Cinto Euganeo 26 G16
Cintoia.........................38 L16
Cintolese.....................37 K14
Cinzano (Cuneo) 21 H5
Cinzano (Torino) 21 G5
Cioccaro......................22 G6
Ciociaria......................57 Q21
Ciola 39 K18
Ciommarino 60 D28
Ciorlano 58 R24
Cipollaro
(Galleria del) 32 J12
Cipressi 52 O24
Cirami (Monte)..........90 O21
Circello........................59 R26
Circeo (Cap)...............57 S21
Circeo (Monte) 57 S21
Circeo (Parco
Nazionale del).......57 R21
Cirella (Cosenza) 76 H29
Cirella (Reggio
di Calabria) 81 M30
Cirella (Isola di).........76 H29
Cirella (Punta di) 76 H29
Cirello..........................80 L29
Ciriano 24 H11
Ciricilla 78 J31
Ciriè..............................11 G4
Ciriè (Rifugio) 10 G3
Ciriegia (Colle di) 28 J3
Ciriga (Punta) 93 Q26
Cirigliano 72 F30
Cirò...............................77 I33
Cirò Marina 77 I33
Cirone (Passo)...........32 I12
Cisa (Passo della) 32 I11
Cisano 15 F14
Cisano Bergamasco..13 E10
Cisano sul Neva........29 J6
Cisigliana 32 J12
Cislago 12 F8
Cisliano 12 F8
Cismon........................17 D17
Cismon del Grappa ..17 E17
Cismon (Monte).........17 E17
Cison di Valmarino ...17 E18
Cispiri.........................100 G8
Cissone 21 I6
Cistella (Monte)...........2 D6
Cisterna 8 D20
Cisterna d'Asti...........21 H6
Cisterna di Latina......57 R20
Cisternino 69 E34
Citara (Spaggia di)....64 E23
Citelli (Rifugio) 89 N27
Citeriore 52 P23
Citerna (Parma) 32 I12
Citerna (Perugia)......39 L18
Citerna (Monte).........33 J15
Città della Pieve 44 N18
Città di Castello.........39 L18
Città di Milano
(Rifugio) 5 C13
Città di Novara
(Rifugio) 2 D6
Città S. Angelo..........52 O24
Cittadella....................17 F17
Cittadella del Capo ...76 I29
Cittaducale.................50 O20
Cittanova (Modena) .33 I14
Cittanova (Reggio
di Calabria) 81 L30
Cittareale 51 O21
Cittiglio 12 E7
Citulo (Masseria).......62 D30
Ciuchesu 95 D9
Ciuffenna 38 L16
Civago 32 J13
Civate 13 E10
Civé 27 G18
Civenna 3 E9
Civetta (Monte) 7 C18
Civezzano...................16 D15
Civiasco 12 E6
Cividale del Friuli 9 D22
Cividale Mantovano .24 G13
Cividate al Piano 14 F11
Cividate Camuno 14 E12
Civiello (Masseria) 66 E29
Civita 76 H30
Civita (Perugia) 46 N21
Civita (Viterbo)..........49 O18
Civita (Forca di).........46 N21
Civita Castellana 50 P19
Civita d'Antino 57 Q22
Civitacampomarano .59 Q26
Civitaluparella 52 Q24
Civitanova Alta..........47 M23
Civitanova
del Sannio 59 Q25
Civitanova Marche....47 M23
Civitaquana 52 P23
Civitaretenga.............51 P23
Civitate (Ponte di) 54 B27
Civitatomassa............51 O21
Civitavecchia
(Frosinone) 58 R22
Civitavecchia
(Roma) 49 P17
Civitella 50 P20
Civitella (Monte)
(Grosseto) 44 N17
Civitella (Monte)
(Perugia) 39 L18
Civitella Alfedena......58 Q23
Civitella Casanova 52 O23
Civitella Cesi..............49 P18
Civitella d'Agliano ...49 O18
Civitella del Lago 45 N18
Civitella del Tronto ...47 N23
Civitella
di Romagna...........38 J17
Civitella in Val
di Chiana 38 L17
Civitella Licinio.........59 S25
Civitella Marittima 43 N15
Civitella Messer
Raimondo 52 P24
Civitella Ranieri........45 M19
Civitella Roveto.........51 Q22
Civitella S. Paolo.......50 P19
Civo 4 D10
Civorio 38 K18
Cixerri 102 J7
Cizzago.......................14 F11
Cizzolo........................25 G14
Claino-Osteno..............3 D9
Clapier (Monte).........29 J4
Classe (Pineta di) 35 I18
Claut 8 D19
Clautana (Forcella)......8 D19
Clauzetto 8 D20
Clavière.......................20 H2
Cles................................6 C15
Cleto............................78 J30
Cleulis 8 C20
Climiti (Monti) 93 P27
Cliternia Nuova 54 B27
Clitunno (Fonti del)...45 N20
Clitunno (Tempio di).45 N20
Clivio 12 E8
Clusane sul Lago 14 F12
Clusio 5 B13
Clusone.......................14 E11
Coazze.........................20 G3
Coazzolo 21 H6
Coca (Pizzo di).............5 D12
Coccaglio 14 F11
Coccanile 26 H17
Coccau 9 C22
Coccia (Poggio di) 49 P18
Coccolia 35 J18
Cocconato...................21 G6
Coccorino 78 L29
Coccovello (Monte) ..71 G29
Cocco (Monte del) 85 N20
Cocquio Trevisago 12 E8
Cocullo........................52 P23
Cocumola 75 G37
Cocuzza (Monte) 80 M29
Cocuzzo (Monte)
(Cosenza) 78 J30
Cocuzzo (Monte)
(Salerno)...............71 G28
Coda Cavallo
(Capo) 99 E11
Coda (Rifugio)...........11 F5
Codarda 57 R21
Codelago o Devero
(Lago).......................2 C6
Codevigo 27 G18
Codevilla....................23 H9
Codigoro.....................35 H18
Codiponte...................32 J12
Codisotto 25 H14
Codogne 17 E19
Codogno 23 G11
Codonfuri...................80 M29
Codrignano................34 J16
Codroipo....................18 E20
Codrongianos...........98 F8
Codula de Sisine 101 G10
Codula di Luna 101 G10
Coeli Aula 37 K15
Cofano (Golfo del) ...85 M20
Cofano (Monte).........85 M20
Coggina (Genna) 101 G10
Coggiola 11 E6
Coghinas 97 E9
Coghinas (Fiume) 98 E8
Coghinas (Lago del) .97 E9
Cogliàns (Monte)
Hohe Warte 8 C20
Cogliate......................13 F9
Cogne.........................10 F4
Cogne (Val di) 10 F3
Cogoleto 30 I7
Cogoli 99 F10
Cogollo del Cengio...16 E16
Cogolo..........................5 C14
Cogorno 31 J10
Cogozzo 24 H13
Cogruzzo 25 H13
Col Collon (Rifugio)..11 E4
Col di Prà...................17 D17
Colà 15 F14
Colazza 12 E7
Colbertaldo 17 E18
Colbordolo.................39 K20
Colbu (Lu)..................97 E9
Colcavagno...............21 G6
Colcellalto..................39 K18

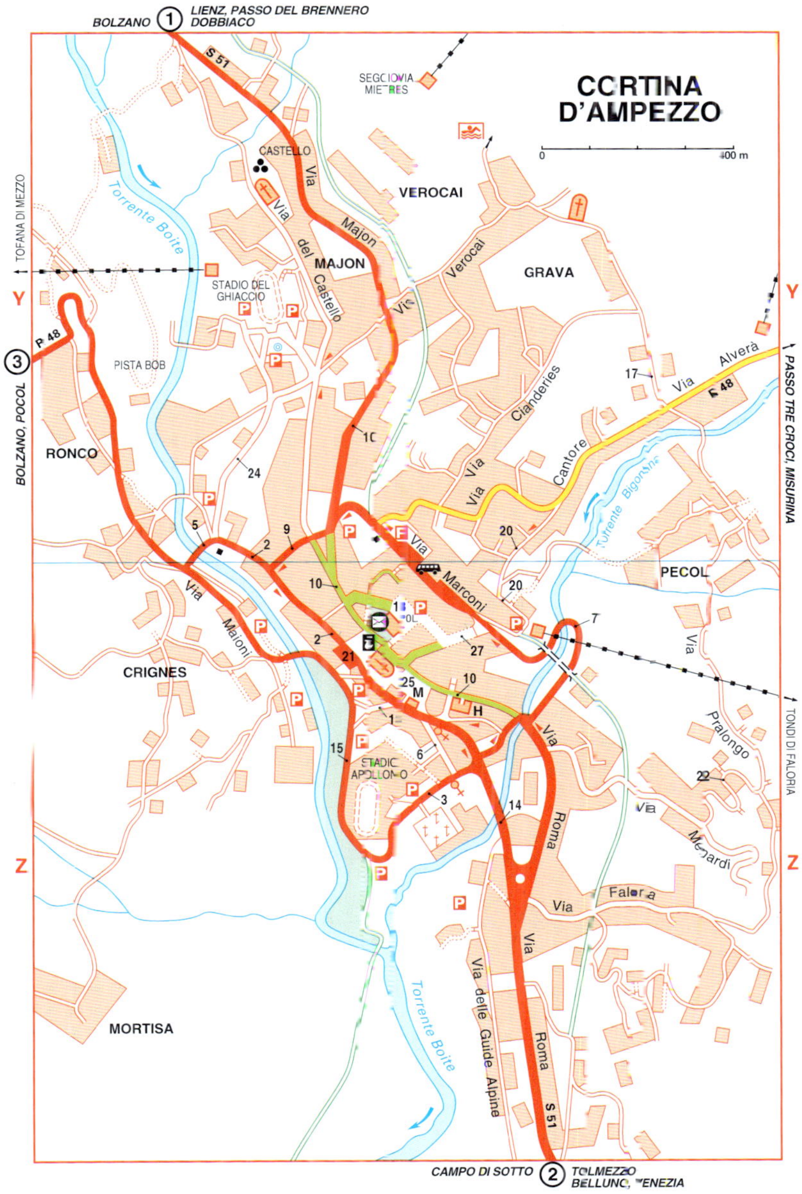

Battisti (V. Cesare) .... YZ 2
Campi (Via dei) .... Z 3
Corona (Ponte) .... Y 5
Difesa (Via della)...................... Z 6
Franchetti (Via B.) .... Z 7
Grohmann (Via) .... Y 9
Italia (Corso)............................ YZ 10
Mercato (Via) .... Z 13
Olimpia (Via) .... Z 14
Parco (Via del).......................... Z 15
Pierosà (Via) .... Y 17
Poste (Largo delle) .... Z 18
Ria de Zeto (Via)...................... YZ 20
Roma (Piazza) .... Z 21
Spiga (Via).................................. Z 22
Stadio (Via dello) .... Y 24
Venezia (Piazza) .... Z 25
29 Maggio (Via) .... Z 27

COSENZA

Alimena (V^le degli) .... Y 2
Amendola (Piazza) .... Z 3
Cafarone (Via) .... Z 5
Calabria (Via) .... Y 6
Campanella (Piazza) .... Z 7
Crispi (Piazza) .... Z 9
De Seta (Lungo Crati) .... Z 10
Frugiele (Via D.) .... Y 12
Gravina (Via G. V.) .... Z 13
Grotte S. Francesco d'Assisi (Via) .... Z 14
Matteotti (Piazza) .... Y 16
Mazzini (Corso) .... Y
Monte Baldo (Via) .... YZ 19
Monte Grappa (Via) .... Y 20
Monte S. Michele (Via) Y 22
Panebianco (Via) .... Y 23
Parisio (Via N.) .... Y 45
Pezzullo (Via) .... Z 24
Plebiscito (Corso) .... Z 25
Ponte M. Martire .... Z 27
Riforma (Piazza) .... Z 40
Roma (Via) .... Y 28
Scura (Piazza P.) .... Y 29
Serra (Via A.) .... Z 33
Spirito Santo (Piazza) .... Z 34
Stadi (Via degli) .... Y 35
Tocci (Via G.) .... Y 36
Tribunali (Via) .... Z 38
Vittoria (Piazza della) .... Y 39
Vittorio Veneto (Via) .... Y 41
20 Settembre (Piazza) .... Y 43
24 Maggio (Via) .... Y 44

COURMAYEUR E DINTORNI

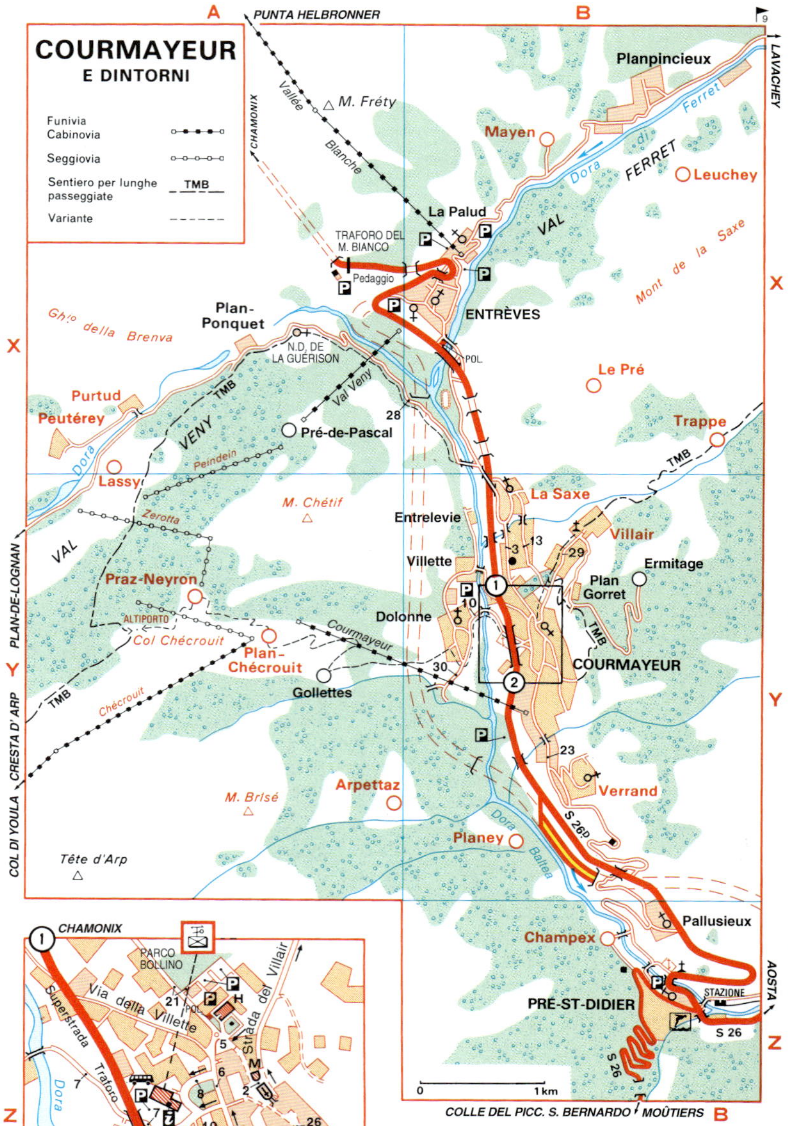

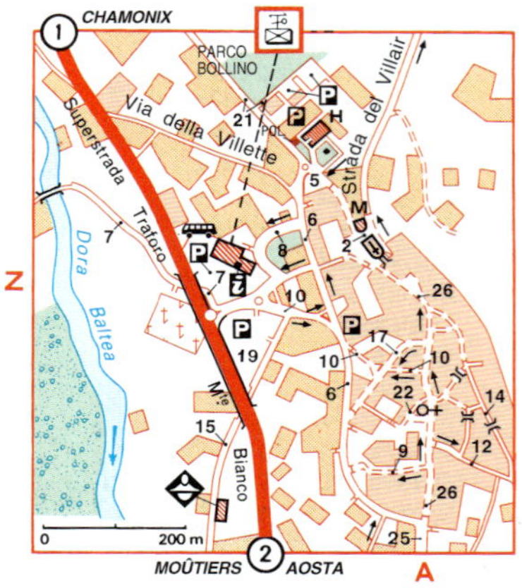

Abate Henry (Pza) .... AZ 2
Bagni (Via dei) .... BY 3
Brocherel (Piazza) .... AZ 5
Circonvallazione (Via) AZ 6
Courmayeur-Dolonne (Str.) .... AZ 7
Croux (Via) .... AZ 8
Degli Anziani (Via) .... AZ 9
Dolonne (Vicolo) ...... AZ 10
Donzelli (Via Beniamino) .... AZ 12
Grand Ru (Strada) .... BY 13
Marconi (Via) .... AZ 14
Margherita (Str.) ...... AZ 15
Mario Puchoz (Via) .. AZ 17
Monte Bianco (Pzale) .... AZ 19
Monte Bianco (Vle) .. AZ 21
Petigax (Piazza G.) .... AZ 22
Regionale (Strada) .... BY 23
Regionale (Via) .... AZ 25
Roma (Via) .... AZ 26
Val Vény (Strada della) .... BX 28
Villair (Strada) .... BY 29
Vittoria (Via della) .... BY 30

CREMONA

Boccaccino (Via) .... BZ 3
Cadorna (Piazza L.) .... AZ 4
Campi (Corso) .... BZ 5
Cavour (Corso) .... BZ 6
Comune (Piazza del) .... BZ 7
Garibaldi (Corso) .... AYZ
Geromini (Via Felice) .... BY 9
Ghinaglia (Via F.) .... AY 12
Ghisleri (Via A.) .... BY 13
Libertà (Piazza della) .... BY 14
Mantova (Via) .... BY 17
Manzoni (Via) .... BY 18
Marconi (Piazza) .... BZ 19
Marmolada (Via) .... BZ 22
Matteotti (Corso) .... BYZ
Mazzini (Corso) .... BZ 23
Melone (Via Altobello) .... BZ 24
Mercatello (Via) .... BZ 25
Monteverdi (Via Claudio) .... BZ 27
Novati (Via) .... BZ 28
Risorgimento (Piazza) .... AY 29
S. Maria in Betlem (Via) .... BZ 32
S. Rocco (Via) .... BZ 33
Spalato (Via) .... AY 35
Stradivari (Piazza) .... BZ 37
Tofane (Via) .... BZ 39
Ugolani Dati (Via) .... BY 40
Vacchelli (Corso) .... BZ 42
Verdi (Via) .... BZ 43
Vittorio Emanuele II (Corso) .... AZ 45
4 Novembre (Piazza) .... BZ 46
20 Settembre (Corso) .... BZ 48

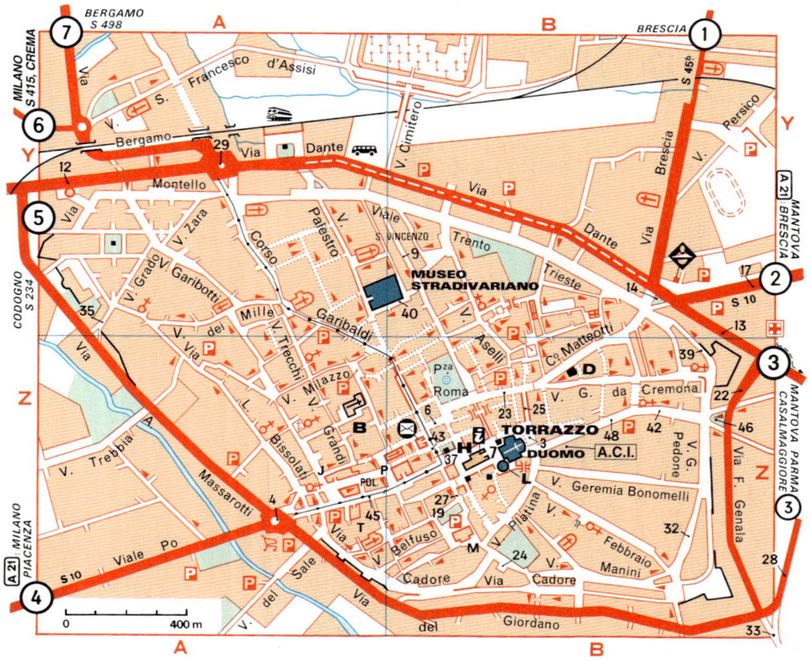

B CHIESA DI SANT'AGOSTINO D PALAZZO FODRI L BATTISTERO

Colcerasa 46 M21
Coldrano / Goldrain 5 C14
Coleazzo (Monte) 5 D13
Coler 5 C14
Colere 14 E12
Colfelice 58 R22
Colfiorito 46 M20
Colfosco 17 E18
Coli 23 H10
Colico 4 D10
Colla 88 M26
Colla (Monte) 88 N26
Colla (Monte sa) 101 H10
Colla (Passo) 31 I11
Colla (Passo la) 71 G29
Collagna 32 I12
Collalbo / Klobenstein 6 C16
Collalto (Siena) 37 L15
Collalto (Udine) 9 D21
Collalto / Hochgall 7 B18
Collalto Sabino 51 P21
Collalunga (Cima di) 28 J3
Collamato 46 M20
Collarmele 51 P22
Collatoni 46 N20
Collazzone 45 N19
Colle 8 D20
Colle (L'Aquila) 51 O21
Colle (Ascoli Piceno) 46 N21
Colle Alto 58 R22
Colle / Bichl 6 B15
Colle Croce 46 M20
Colle d'Anchise 59 R25
Colle di Tora 50 P20
Colle di Val d'Elsa 37 L15
Colle di Villa / Bauernkohlern 6 C16
Colle Don Bosco (Santuario) 21 G6
Colle Isarco / Gossensaß 6 B16
Colle-Lupo 48 O16
Colle San Paolo 45 M18
Colle S. Lorenzo 45 N20
Colle Sta Lucia 7 C18
Colle S. Magno 58 R23
Colle S. Marco 47 N22
Colle Sannita 59 R26
Colle Umberto 18 E19
Collebaldo 45 N18
Collebarucci 33 K15
Collebeato 14 F12
Collebrincioni 51 O22
Collecchio 24 H12
Collecorvino 52 O24
Colledara 52 O23
Colledimacine 52 P24
Colledimezzo 52 Q25
Colledoro 51 O23
Colleferro 57 Q21
Collegiove 51 P21
Collegno (Torino) 21 G4
Collelongo 58 Q22
Collelungo 45 N18
Collelungo (Torre) 48 O15
Collemancio 45 N19
Collemeto 75 G36
Collemincio 45 M20
Colleoli 37 L14
Collepardo 57 Q22
Collepasso 75 G36
Collepepe 45 N19
Collepietra / Steinegg 6 C16
Collepietro 52 P23
Collepino 45 M20
Collere (Monte) 31 I9
Colleri 23 H9
Collerin (Monte) 10 G3
Collesalvetti 36 L13
Collesano 87 N23
Collesanto 46 M21
Collesecco (Perugia) 45 N19
Collesecco (Terni) 45 N19
Collestatte Piano 50 O20
Collestrada 45 M19
Colletorto 54 B26
Collevalenza 45 N19
Collevecchio 50 O19
Colli a Volturno 58 R24

CUNEO

Alba (Via) .... Y 2
Audiffredi (Largo) .... Y 3
Bellavista (Via) .... Y 4
Boves (Piazza) .... Y 6
De Amicis (Largo Edmondo) .. Y 8
Dronero (Via) .... Y 10
Foro Boario (Piazza) .... Y 12
Galimberti (Piazza) .... Z 13
Garibaldi (Corso) .... Z 14
Giovanni XXIII (Lungo Gesso) .... YZ 15
Martiri d. Libertà (Piazza) .... Z 16
Mondovi (Via) .... Y 7
Nizza (Corso) .... Z
Roma (Via) .... Y 21
Santa Maria (Via) .... Y 23
Savigliano (Via) .... Y 24
Virginio (Piazza) .... Y 26

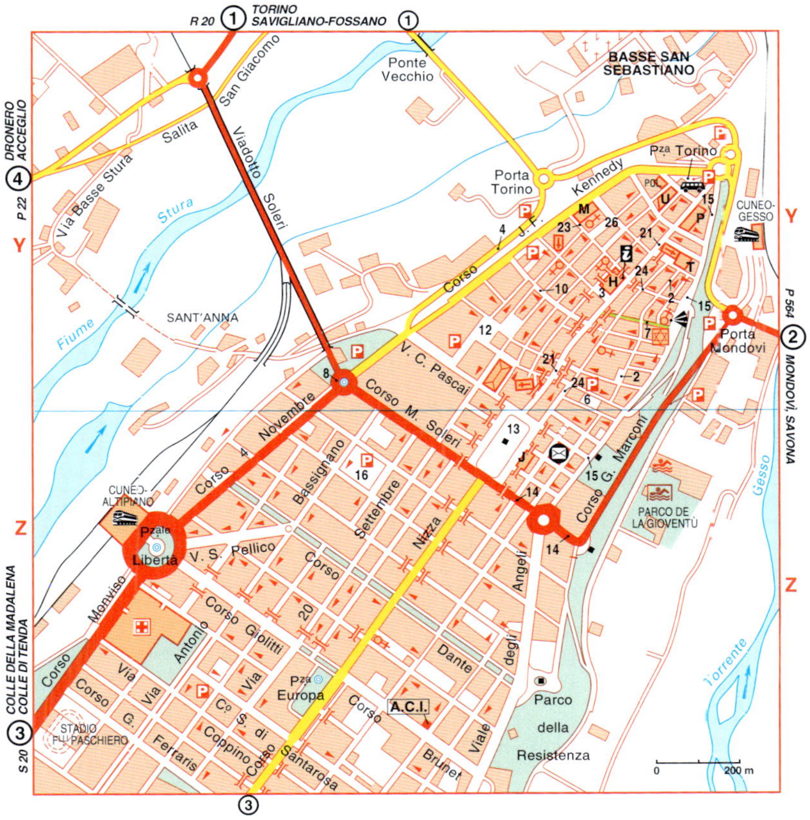

Colli del Tronto 47 N23
Colli di Montebove ..51 P21
Colli Euganei 26 G17
Colli sul Velino 50 O20
Colliano 66 E27
Collicelle 51 O21
Collimento 51 P22
Collina (Ancona) 41 L21
Collina (Lucca) 37 K13
Collina (Udine) 8 C20
Collina (Passo della) 33 J14
Collinas 100 I8
Colline Metallifere 37 M14
Collinello 39 J18
Collio 14 E13
Collodi 36 K13
Colloredda (Punta di) 99 E10
Colloredo di Monte Albano 8 D21
Colloredo di Prato 8 D21
Colma di Monbarone 11 F5
Colma la 12 E6
Colmurano 46 M22
Colobraro 72 G31
Cologna (Ferrara) 26 H17
Cologna (Teramo) 47 N23
Cologna Spiaggia 47 N23
Cologna Veneta 26 G16
Cologne 14 F11
Cologno al Serio 13 F11
Cologno Monzese (Milano) 13 F9
Colognola 45 M19
Colognola ai Colli 15 F15
Colognora (vicino a Diecimo) 36 K13
Colognora (vicino a Villa Basilica) 36 K13
Colombaia 32 I13
Colombara (Secca) 41 K21
Colombardo (Colle del) 20 G3
Colombare 15 F13
Colombata (Isola) 84 M19
Colombine (Monte) ..14 E13
Colombo (Monte) 11 F4
Colonna 56 Q20
Colonna (Capo) 79 J33
Colonna di Grillo 44 M16
Colonnata 37 K15
Colonnata (Cave di) ..32 J12
Colonne (Punta delle) 102 J6
Colonnella 47 N23
Colonnetta 45 N18
Coloretta 31 I11
Colorno 24 H13
Colosimi 78 J31
Colostrai (Stagno di) 103 I10
Colpalombo 45 M19
Colpetrazzo 45 N19
Coltaro 24 H12
Comabbio 12 E8
Comabbio (Lago di) ..12 E8
Comacchio 35 H18
Comacchio (Valli di) ..34 H17
Comano 32 J12
Comano Terme 5 D14
Comazzo 13 F10
Combai 17 E18
Combolo (Monte) 5 D12
Comeglians 8 C20
Comelico Superiore 8 C19
Comerconi 78 L29
Comero (Monte) 38 K18
Comezzano-Cizzago ..14 F11
Comino 52 P24
Comino (Capo) 99 F11
Comiso 92 Q25
Comitini 91 O22
Commessaggio 24 G13
Communitore (Monte) 46 N21
Como 13 E9
Como (Lago di) 13 E9
Como (Rifugio) 3 D9
Comoretta (Punta) 97 F9
Compiano (Parma) 31 I10
Compiano (Reggio Emilia) 32 I13
Compione 32 J12
Comun Nuovo 13 F10
Comuna 11 F6
Comunanza 46 N22
Comuneglia 31 I10
Comunelli (Lago) 91 P24
Cona Faiete 47 N22
Cona (Ferrara) 34 H17
Cona (Venezia) 26 G18
Conca 39 K19
Conca Casale 58 R24
Conca dei Marini 65 F25
Conca di Campania ..58 R23
Conca d'Oro (Masseria) 68 F32
Conca (Pizzo) 87 N23
Concas 99 F10
Concerviano 50 P20
Concesio 14 F12
Concessa 80 M28
Conche 27 G18
Conco 16 E16
Concordia Sagittaria 18 E20
Concordia sulla Secchia 25 H14
Concorezzo 13 F10
Condino 15 E13
Condofuri Marina 80 N29
Condove 20 G3
Condrò 83 M27
Conegliano 17 E18
Cónero (Monte) 41 L22
Confienza 22 G7
Configni 50 O19
Confinale (Monte) 5 C13
Confinale (Passo) 4 D11
Conflenti 78 J30
Coniale 34 J16
Conigli (Isola dei) 90 U19
Coniolo 14 F11
Consandolo 34 I17
Conscenti 31 I10
Conselice 34 I17
Conselve 26 G17
Consolazione (Convento) 60 D28
Consuma 38 K16
Consuma (Passo della) 38 K16
Contane 26 H18
Contarina 27 G18
Conte di Noia (Masseria) 61 D29
Conte (Porto) 96 F6
Contessa (Monte) 92 P26
Contessa Entellina 85 N21
Contessa (Monte) 78 K31
Contessa (Punta della) 69 F36
Contigliano 50 O20
Contignano 44 N17
Contrada 65 E26
Contrasto (Colle del) 88 N25
Contrebbia 23 G10
Controguerra 47 N23
Controne 65 F27
Contursi Terme 66 F27
Conversano 68 E33
Conza (Lago di) 66 E27
Conza (Sella di) 66 E27
Conza della Campania 66 E28
Conzano 22 G7
Cop di Breguzzo (Cima) 5 D13
Copanello 79 K31
Copertino 75 G36
Copiano 23 G9
Coppa 23 H9
Coppa Ferrata (Monte) 55 B29
Copparo 26 H17
Coppe di Maltempo (Masseria) 61 D29
Coppito 51 O22
Coppolo (Monte) (Belluno) 17 D17
Coppolo (Monte) (Matera) 72 G31
Corace 78 J31
Coraci 78 J31
Corallo (Porto) 103 I10
Corana 22 G8
Corano 23 H10
Corato 62 D31
Corbara (Salerno) 65 E25
Corbara (Terni) 45 N18
Corbara (Lago di) 45 N18
Corbesassi 23 H9
Corbetta 12 F8
Corbola 26 G18
Corcagnano 24 H12
Corchia 32 I11
Corchiano 50 O19
Corciano 45 M18
Corcolle 56 Q20
Corcrevà 26 G18
Corcumello 51 P22
Cordenons 18 E20
Cordevole 17 D17
Cordignano 17 E19
Cordovado 18 E20
Coredo 6 C15
Coreggia 68 E33
Coreglia Antelminelli 32 J13
Corella 38 K16
Coreno Ausonio 58 R23
Corese Terra 50 P20
Corezzo 38 K17
Corfinio 52 P23
Corfino 32 J13
Cori 57 R20
Coriano 39 K19
Corigliano 58 S23
Corigliano Calabro 77 I31
Corigliano Calabro Stazione 77 I31
Corigliano d'Otranto 75 G36
Corinaldo 40 L21
Corio 10 G4
Corleone 85 N21
Corleto 61 D28
Corleto (Bosco di) 66 F28
Corleto Monforte 70 F28
Corleto Perticara 72 F30
Corlo (Lago del) 17 E17
Cormons 19 E22
Cormor 18 E21
Cornacchia (Monte) (Foggia) 60 C27
Cornacchia (Monte) (L'Aquila) 58 Q22
Cornaget (Monte) 8 D19
Cornaiano / Girlan 6 C15
Cornale 22 G8
Cornaredo 13 F9
Cornate d'Adda 13 F10
Cornedo Vicentino 26 F16
Corneliano d'Alba 21 H5
Cornello (Passo) 46 M20
Cornetto 16 E15
Cornia 43 M14
Corniglia 31 J11
Corniglio 32 I12
Corniolo 38 K17
Cornisello (Lago di) 5 D14
Corno (Rieti) 50 O20
Corno (Udine) 18 E21
Corno Bianco (Aosta) 11 E5
Corno Bianco (Bolzano) 6 B16
Corno di Rosazzo 19 E22
Corno Giovine 23 G11
Corno Grande 51 O22
Corno (Isola del) 102 J6
Cornolo 31 I10
Cornone 54 B27
Cornour (Punta) 20 H3
Cornovecchio 24 G11
Cornoviglio (Monte) ..32 J11
Cornuda 17 E18
Cornus 100 G7
Corona 30 I7
Coronella 34 H16
Corones (Plan de) / Kronplatz 7 B17
Corongiu (Laghi di) 103 I9
Corongiu (Punta) 101 H10
Corpo di Cava 65 E26
Corpolò 39 J19
Corra Cherbina (Punta) 97 F9
Corrasi (Punta) 101 G10
Correggio 25 H14
Correggioli 25 G15
Correnti (Isola delle) 93 Q27
Correzzola 26 G18
Corridonia 46 M22
Corropoli 47 N23
Corsaglia 29 I5
Corsaglia (Torrente) ..29 J5
Corsano 75 H37
Corsi (Piano dei) 30 J6
Corsi (Rifugio) (Bolzano) 5 C14
Corsi (Rifugio) (Udine) 9 C22
Corsico (Milano) 23 F9
Corsignano (Pieve di) 44 M17
Corso (Portella) 91 P23
Cortaccia s. str. d. vino / Kurtatsch a. d. Weinstraße 16 D15
Cortale 78 K31
Cortandone 21 H6
Cortazzone 21 G6
Corte (Belluno) 7 C18
Corte (Nuoro) 100 G7
Corte (Vercelli) 12 E6
Corte Brugnatella 23 H10
Corte Centrale 34 H18
Corte Cerbos (Monte) 100 H9
Corte de' Cortesi 24 G12
Corte de' Frati 24 G12
Corte Falasio 23 G10
Corte Franca 14 F11
Corte Porcus 101 H10
Corte S. Andrea 23 G10
Corte Vetere (Masseria) 74 G35
Cortellazzo 18 F20
Cortemaggiore 24 H11
Cortemaggiore (Masseria) 69 F34
Cortemilia 21 I6
Cortenedolo 5 D12
Corteno (Val di) 5 D12
Corteno Golgi 5 D12
Cortenova 13 E10
Cortenuova 14 F11
Corteolona 23 G10
Corticato (Sella del) ..70 F28
Corticella (Bologna) ..34 I16
Corticelle Pieve 14 F12
Cortiglione 22 H7
Cortigno 46 N20
Cortile 25 H14
Cortina d'Ampezzo 7 C18
Cortina s. str. d. Vino / Kurtinig 16 D15
Cortino 51 O22
Cortoghiana 102 J7
Cortona 44 M17
Corva 18 E19
Corvara 52 P23
Corvara in Badia 7 C17
Corvara / Rabenstein ..6 B15
Corvaro 51 P21
Corvi (Monte dei) 41 L22
Corvia 45 N20
Corviale (Roma) 56 Q19
Corvo (Monte) 51 O22
Corzes / Kortsch 5 C14
Cosa 8 D20
Cosa (Ansedonia) 48 O15
Cosa (Fiume) 57 R21
Coscerno (Monte) 46 N20
Coscile 76 H30
Coseano 8 D21
Cosentino (Masseria) 76 I31
Cosenza 76 J30
Cosimo (Pizzo) 87 N24
Cosio Valtellino 4 D10
Cosoleto 80 M29
Cossano Belbo 29 I6
Cossato 11 F6
Cossignano 47 N23
Cossogno 12 E7
Cossoine 98 F8
Costa (Brescia) 15 E13
Costa (Ragusa) 92 Q25
Costa Amalfitana 64 F25
Costa de' Nobili 23 G10
Costa di Rovigo 26 G17
Costa Dorata 99 E10
Costa Merlata 69 E34
Costa Paradiso 95 D8
Costa Pavesi 24 H12
Costa Rossa (Brec) 29 J4
Costa S. Abramo 24 G11
Costa Vescovato 22 H8
Costa Viola 80 M29
Costa Volpino 14 E12
Costabissara 26 F16
Costacciaro 45 L20
Costafontana 31 I9
Costapino 37 M15
Costalta 23 H10
Costalunga 15 F15
Costalunga (Passo di) / Karerpaß 6 C16
Costanzana 22 G7
Coste 15 F14
Costeggiola 15 F15
Costermano 15 F14
Costey 11 F5
Costigliole d'Asti 21 H6
Costigliole Saluzzo 20 I4
Costozza 26 F16
Cotignola 34 I17
Cotronei 79 J32
Cotschen (Monte) 5 C12
Cottanello 50 O20
Courmayeur 10 E2
Coviglaio 33 J15
Coviolo 25 H13
Covo 14 F11
Cozines 103 I9
Cozzana 68 E33
Cozzano 32 I12
Cozze 63 D33
Cozzo 22 G7
Cozzuolo 17 E18
Craco 72 F31
Crana (Pizzo di) 2 D7
Crandola Valsassina ..13 D10
Crati 76 I30
Crava 29 I5
Cravagliana 12 E6
Cravanzana 21 I6
Cravasco 30 I8
Craveggia 2 D7
Cravi (Monte) 31 I9
Crea (Santuario di) ..22 G6
Creazzo 26 F16
Crecchio 52 P24
Creda 33 J15
Credaro 14 F11
Credera Rubbiano 23 G10
Crema 23 F11
Cremenaga 12 E8
Cremeno 13 E10
Cremia 3 D9
Cremolino 30 I7
Cremona 24 G12
Cremona alla Stua (Rifugio) 6 B15
Cremosano 23 F10
Crep (Monte) 17 E18
Crepaldo 18 F20
Crescentino 21 G6
Cresia (Genna 'e) 101 H10
Cresia (Punta sa) 102 J8
Crespadoro 15 F15
Crespano del Grappa 17 E17
Crespellano 33 I15
Crespiatica 23 F10
Crespina 37 L13
Crespino 26 H17
Crespino del Lamone 38 J16
Cresole 33 K14
Cressa 12 F7

Cresta d'Arp 10 E2
Cresto (Monte) 11 E5
Creta 23 G10
Creta Forata (Monte) 8 C20
Creta (Portella) 88 N24
Cretaz 10 F4
Creti 44 M17
Creto 30 I9
Cretone 50 P20
Crevacuore 12 E6
Crevalcore 25 H15
Crevoladossola 2 D6
Crichi 79 K31
Cridola (Monte) 8 C19
Crispiano 68 F33
Crispiero 46 M21
Crispiniano (Monte) 60 D27
Crissolo 20 H3
Cristallo 7 C18
Cristo (Monte) 58 S22
Cristo Re 68 E33
Croara 34 J16
Crobus (Monte is) 101 I10
Crocchio 79 J32
Crocci 84 M19
Croccia (Monte la) 72 F30
Crocco (Monte) 81 L30
Croce 39 K19
Croce (Colle della) 58 Q23
Croce (Monte) 16 D16
Croce (Pania della) 32 J12
Croce (Pian della) 57 R21
Croce (Picco di) / Wilde Kreuzspitze 6 B16
Croce (Portella della) 86 N22
Croce a Veglia 33 J14
Croce al Promontario 83 M27
Croce Arcana (Passo) 33 J14
Croce d'Aune (Passo) 17 D17
Croce dello Scrivano (Passo) 66 F29
Croce di Magara 77 J31
Croce di Panaro (Passo) 78 L31
Croce di Raparo 71 G29
Croce di Serra (Monte) 50 O18
Croce Dominii (Passo di) 14 E13
Croce Ferrata (Passo) 81 L30
Croce Mancina (Monte) 89 N27
Croce Rossa 10 G3
Crocefieschi 31 I9
Crocelle (Passo delle) 66 E28
Crocera di Barge 20 H4
Crocetta 21 H5
Crocetta (Bologna) 34 I17
Crocetta (Rovigo) 26 G16
Crocetta del Montello 17 E18
Crocetta (Passo) 76 J30
Crocette (Goletto del) 14 E13
Crocevie 84 M19
Croci (Monte di) 45 M19
Croci (Vetta Le) 38 K16
Croci di Calenzano 33 K15
Crodo 2 D6
Crognaleto 51 O22
Cropalati 77 I32
Cropani 79 K32
Cropani Marina 79 K32
Crosa 12 E6
Crosano 15 E14
Crosia 77 I32
Crostis (Monte) 8 C20
Crostolo 32 I13
Crotone 79 J33
Crotta d'Adda 24 G11
Crova 11 G6
Crozzòn di Lares 5 D13
Crucoli 77 I33
Crucoli Torretta 77 I33
Cruser 35 I18
Cruxi (Genna) 101 G10
Cruzitta (Punta) 95 D8
Cuasso al Monte 12 E8
Cuccaro Monferrato 22 G7
Cuccaro Vetere 70 G27
Cucchinadorza (Lago di) 101 G9
Cucco (Monte) 45 L20
Cuccurano 40 K20
Cuccurdoni Mannu (Punta) 102 I8
Cuccureddu (Monte) 101 G9
Cuccuru 'e Paza 101 G10
Cuceglio 21 G5
Cuddia 84 N19
Cuestalta / Hoher Trieb 8 C21
Cuffiano 59 R26
Cuga 96 F7
Cuga (Lago) 96 F7
Cuggiono 12 F8
Cuglieri 100 G7
Cugnana (Punta) 95 D10
Cugnoli 52 P23
Cuiaru (Monte) 98 F8
Cuma 64 E24
Cumiana 20 H4
Cumignano sul Naviglio 24 F11
Cuna 44 M16
Cunardo 12 E8
Cuneo 29 I4
Cuorgnè 11 F4
Cupa 58 S23
Cupello 53 P26
Cupetti (Punta) 99 F10
Cupi 46 M21
Cupoli 52 O23
Cupra Marittima 47 M23
Cupramontana 41 L21
Cura 49 P18
Curcuris 100 H8
Curi (Monte sa) 99 E10
Curiglia 3 D8
Curinga 78 K30
Curino 12 F6
Curon Venosta / Graun im Vinschgau 5 B13
Curone 23 H9
Cursi 75 G36
Cursolo Orasso 3 D7
Curtarolo 26 F17
Curtatone 25 G14
Curticelle 65 E26
Cusa (Cave di) 85 O20
Cusago 13 F9
Cusano 18 E20
Cusano Milanino (Milano) 13 F9
Cusano Mutri 59 R25
Cusercoli 38 J18
Cusio 13 E10
Cusna (Monte) 32 J13
Cussorgia 102 J7
Custonaci 85 M20
Custoza 25 F14
Cutigliano 33 J14
Cutro 79 J32
Cutrofiano 75 G36
Cuvio 12 E8
Cuzzago 2 D7

D

Dalmine 13 F10
Dambel 6 C15
Danta 8 C19
Daone 15 E13
Daone (Val di) 5 D13
Darfo-Boario Terme 14 E12
Darzo 14 E13
Dasà 78 L30
Dattilo 84 N19
Daunia (Monti della) 60 C27
Davagna 31 I9
Davoli 78 L31
Dazio 4 D10
De Costanzi 20 I3
De Gasperi (Rifugio) 8 C20
De Lorenzis (Masseria) 67 E31
Decima 25 H15
Decimomannu 103 J8
Decimoputzu 102 I8
Decollatura 78 J31
Decorata 59 R26
Degano 8 C20
Dego 30 I6
Deiva Marina 31 J10
Del Vecchio (Masseria) 68 F32
Delebio 4 D10
Delfino (Lido) 84 N19
Delia 91 O23
Delia (Fiume) 91 P23
Delianuova 80 M29
Deliceto 60 D28
Dello 14 F12
Demo 5 D13
Demonte 28 J3
Denice 30 I7
Denno 16 D15
Denore 34 H17
Dent d'Hérens 11 E4
Dente del Gigante 10 E2
Denza (Rifugio) 5 D13
Derby 10 E3
Dermulo 16 C15
Dernice 23 H9
Deruta 45 N19
Dervio 3 D9
Desana 22 G7
Dese 27 F18
Dese (Fiume) 27 F18
Desenzano del Garda 14 F13
Desio 13 F9
Destro 77 I32
Desulo 101 G9
Desusino (Monte) 91 P24
Deta (Pizzo) 57 Q22
Deutschnofen / Nova Ponente 6 C16
Devero (Val) 2 D6
Dezzo 14 E12
Dezzo (Fiume) 14 E12
Di Brazza (Rifugio) 9 C22
Di Santo (Masseria) 63 E32
Diacceto 38 K16
Diamante 76 H29
Diano Arentino 29 K6
Diano Castello 29 K6
Diano d'Alba 21 I6
Diano Marina 29 K6
Diano (Vallo di) 71 F28
Diavolo (Passo del) 58 Q23
Diavolo (Pizzo del) 4 D11
Dicomano 38 K16
Dieci (Cima) 7 C17
Diecimo 32 K13
Diegaro 35 J18
Dierico 8 C21
Dietro Isola (Porto) 84 Q18
Digerbato 84 N19
Dignano 8 D20
Dignini 24 H11
Diliella (Fattoria) 91 P24
Diligenza 92 Q25
Dimaro 5 D14
Dinami 78 L30
Dino (Isola di) 71 H29
Dipignano 78 J30
Dipilo (Pizzo) 87 N23
Dirillo 92 P25
Dirillo (Lago) 92 P26
Disfida di Barletta (Monumento alla) 62 D31
Disgrazia (Monte) 4 D11
Diso 75 G37
Disueri 91 P24
Disueri (Lago) 92 P24
Dittaino 88 O25
Divedro (Val) 2 D6
Diveria 2 D6
Divieto 80 M28
Divignano 12 F7
Divino Amore (Santuario del) 56 Q19
Dobbiaco / Toblach 7 B18
Dobbiaco (Lago di) 7 B18
Dobbiaco Nuovo 7 B18
Doberdò del Lago 19 E22
Dodici (Cima) 16 E16
Dogana Nuova 33 J13
Doganaccia 33 J14
Doganella 57 R20
Dogaro 25 H15
Doglia (Monte) 96 F6
Dogliani 21 I5
Doglio 45 N18
Dogliola 53 Q25
Dogna 9 C21
Dogna (Torrente) 9 C22
Dolcè 15 F14
Dolceacqua 29 K4
Dolcecanto 67 E30
Dolcedo 29 K5
Dolcedorme (Serra) 76 H30
Dolegna del Collio 9 D22
Dolent (Monte) 10 E3
Dolianova 103 I9
Dolo 26 F18
Dolo (Torrente) 32 J13
Dolomiti Bellunesi (Parco Nazionale delle) 17 D17
Dolzago 13 E10
Domanico 78 J30
Domanins 18 D20
Domaso 3 D9
Domegge di Cadore 8 C19
Domegliara 15 F14
Domelletto 12 E7
Domenica (Città della) (Perugia) 45 M19
Domicella 65 E25
Domo 40 L21
Domo di Sasso (Poggio) 38 K16
Domodossola 2 D6
Domu 'e s'Orcu (Sa) 103 J9
Domus de Maria 102 K8
Domusnovas 102 J7
Donada 27 G18
Donato 11 F5
Dondena 11 F4
Dongo 3 D9
Donigala 101 H11
Donigala Fenughedu 100 H7
Donna Giacoma (Cozzo) 86 N22
Donna (Punta sa) 99 F10
Donnafugata 92 Q25
Donnalucata 92 Q25
Donnas 11 F5
Donoratico 43 M13
Donori 103 I9
Dont 7 C18
Donzella (Isola della) 27 H19
Doppo (Monte) 14 F12
Dora Baltea 10 E3
Dora di Rhêmes 10 F3
Dora di Valgrisanche 10 F3
Dora Riparia 20 H2
Dordo 13 E10
Dorga 14 E12
Dorgali 99 G10
Doria 76 H31
Dorigoni (Rifugio) 5 C14
Dorio 3 D9
Dorno 22 G8
Dorra 30 I9
Dosimo 24 G12
Dosolo 25 H13
Dossena 13 E11
Dosso 34 H16
Dosso del Liro 3 D9
Dosson 17 F18
Doues 10 E3
Dovadola 38 J17
Dovaru (Monte su) 101 G9
Dovera 23 F10
Dozza (vicino ad Imola) 34 I16
Dragoncello 25 H15
Dragone 32 J13
Dragone (Colle del) 76 H30
Dragonetti 66 E29
Dragoni 64 D24
Drapia 78 L29
Drei Zinnen / Lavaredo (Tre Cime di) 7 C18
Dreieck-Spitze / Triangolo di Riva 7 B18
Dreiherrnspitze / Tre Signori (Picco dei) 7 A18
Drena 15 E14
Drenchia 9 D22
Dresano 23 F10
Drizzona 24 G13
Dro 15 E14
Dronero 28 I4
Drosi 80 L29
Druento 21 G4
Druges 11 E4
Druogno 2 D7
Drusco 31 I10
Dualchi 100 G8
Duanera la Rocca 54 C28
Dubbione 20 H3
Dubino 4 D10
Duca degli Abruzzi (Rifugio) 51 O22
Duca (Masseria del) 69 F34
Duca (Masseria Nuova del) 62 D31
Ducato Fabriago 34 I17
Duchessa (Lago della) 51 P22
Due Carrara 26 G17
Due Maestà 25 I13
Due Santi (Passo dei) 31 I11
Duesanti 45 N19
Dueville 16 F16
Dufour (Punta) 2 E5
Dugenta 64 D25
Duglia 76 I31
Dugliolo 34 I16
Duino-Aurisina 19 E22
Dumenza 3 D8
Dunarobba 45 N19
Duno 12 E8
Duomo 14 F12
Dura (Cima) 7 B18
Duran (Passo) 17 D18
Durazzanino 35 J18
Durazzano 64 D25
Durnholz / Valdurna 6 B16
Durone (Passo) 5 D14
Duronia 59 R25

E

Ebba (Scala s') 100 H8
Eboli 65 F27
Eclause 20 G2
Ederas (Piana) 98 E8
Edolo 5 D12
Ega (Val d') / Eggental 6 C16
Egadi (Isole) 84 N18
Eggental / Ega (Val d') 6 C16
Egna 11 E6
Egna / Neumarkt 16 D15
Egnazia 68 E34
Egola 37 L14
Ehrenburg / Casteldarne 7 B17
Eia 24 H12
Eianina 76 H30
Eira (Passo d') 5 C12
Eisack / Isarco 6 B16
Eisacktal / Isarco (Val) 6 B16
Eita 5 C12
Elba (Isola d') 42 N12
Elcito 46 M21
Eleme (S') 97 E9
Eleutero 86 N22
Elice 52 O23
Elicona 89 M27
Elini 101 H10
Elio (Monte d') 54 B28
Elisabetta 10 E2
Ellena Soria 28 J4
Ellera 30 I7
Ellero 29 J5
Ello 13 E10
Elmas 103 J9
Elmo 44 N17
Elmo (Monte) 44 N17
Elmo (Monte) / Helm 7 B19
Eloro 93 Q27
Elsa 37 L14
Eltica (Monte la) 97 E9
Elva 20 I3
Elvo 11 F6
Emarèse 11 E5
Embrisi (Monte) 80 M29
Emilius (Monte) 10 E4
Empoli 37 K14
Ena 'e Tomes (Sa) 99 F10
Enas 99 E10
Enciastraia (Monte) 28 I2
Endine (Lago di) 14 E11
Endine Gaiano 14 E11
Enego 17 E17
Enego 2000 16 E16
Enemonzo 8 C20
Enfola (Capo d') 42 N12
Enna 88 O24
Enna (Bergamo) 13 E10
Enneberg / Marebbe 7 B17
Ente 44 N16
Entracque 28 J4
Entrata (Sella) 80 M29
Entrèves 10 E2
Envie 20 H4
Enza 32 I12
Eolie o Lipari (Isole) 82 L26
Eores / Afers 6 B17
Epinel 10 F3
Episcopia 72 G30
Epitaffio (Masseria) 67 E30
Epomeo (Monte) 64 E23
Equi Terme 32 J12
Era 4 D10
Era (Fiume) 37 L14
Eraclea (Matera) 73 G32
Eraclea (Venezia) 18 F20
Eraclea Mare 18 F20
Eraclea Minoa 90 O21
Eramo a Marzagaglia (Casino) 63 E32
Erba 13 E9
Erba (Masseria dell') 68 E33
Erbano (Monte) 59 S25
Erbavuso 88 O24
Erbè 25 G14
Erbe (Passo di) 7 B17
Erbea (Monte) 4 D10
Erbezzo 15 F14
Erbognone 22 G8
Erbonne 3 E9
Erbusco 14 F11
Erchia (Casino d') 68 E33
Erchie 69 F35
Ercolano (Napoli) 64 E25
Ercolano Scavi 64 E25
Erei (Monti) 91 O24
Eremita (Monte) 66 E28
Eremita (Pizzo dell') 88 N26
Erice 84 M19
Erli 29 J6
Ernici (Monti) 57 Q21
Erro 30 I7
Erto 17 D19
Erula 98 E8
Erve 13 E10
Esanatoglia 46 M20
Esaro 76 I30
Escalaplano 101 I10
Escolca 101 H9
Escovedu 100 H8
Esenta 14 F13
Esine 14 E12
Esino 46 L20
Esino Lario 13 E10
Esperia 58 R23
Esporlatu 98 F8
Esse 44 M17
Este 26 G16
Esterzili 101 H9
Etna (Cantoniera dell') 88 N26
Etna (Monte) 88 N26
Etroubles 10 E3
Etsch / Adige 6 C15
E.U.R. (Roma) 56 Q19
Eurialo 93 P27
Eva (Punta) 102 K8
Evançon 11 E5
Exilles 20 G2

F

Fabbri 45 N20
Fabbrica Curone 23 H9
Fabbriche 33 J13
Fabbriche di Vallico 36 K13
Fabbrico 25 H14
Fabriano 46 L20
Fabrica di Roma 50 O18
Fabrizia 81 L30
Fabro 44 N18
Fabro Scalo 44 N18
Facen 17 D17
Fadalto 17 D19
Fadalto (Sella di) 17 D19
Faedis 9 D22
Faedo (Sondrio) 4 D11
Faedo (Trento) 16 D15
Faedo (Vicenza) 16 F16
Faenza 34 J17
Faetano (San Marino) 42 K19
Faeto 60 D27
Fagagna 8 D21
Faggiano (Taranto) 69 F34
Fagnano Alto 51 P22
Fagnano Castello 76 I30
Fagnano Olona 12 E8
Fagnigola 18 E20
Fago del Soldato 76 I31
Fai della Paganella 16 D15
Faiallo (Passo del) 30 I8
Faiano 65 F26
Faiatella 71 G28
Faicchio 59 S25
Faida 16 D15
Faidello 33 J13
Faiolo 45 N18
Faito (Monte) 64 E25
Falcade 7 C17
Falciano 38 L17
Falciano del Massico 58 S23
Falcioni 40 L20
Falcognana 56 Q19
Falconara 91 P24
Falconara Albanese 76 J30
Falconara Marittima 41 L22
Falcone 89 M27
Falcone (Capo del) 96 E6
Falcone (Monte) 84 N18
Falcone (Punta) 95 D9
Falconiera (Capo) 41 K21
Faleria (Ascoli Piceno) 46 M22
Faleria (Viterbo) 50 P19
Falerii Novi 50 P19
Falerna 78 J30
Falerna Marina 78 K30
Falerone 46 M22
Falicetto 21 I4
Falier (Rifugio) 7 C17
Fallascoso 52 P24
Faller (Corno di) 2 E5
Fallère (Monte) 10 E3
Fallo 52 Q24
Falmenta 3 D7
Faloria (Tondi di) 7 C18
Falterona (Monte) 38 K17
Faltona (Arezzo) 38 L17
Faltona (Firenze) 38 K16
Falvaterra 58 R22
Falzarego (Passo di) 7 C18
Falze di Piave 17 E18

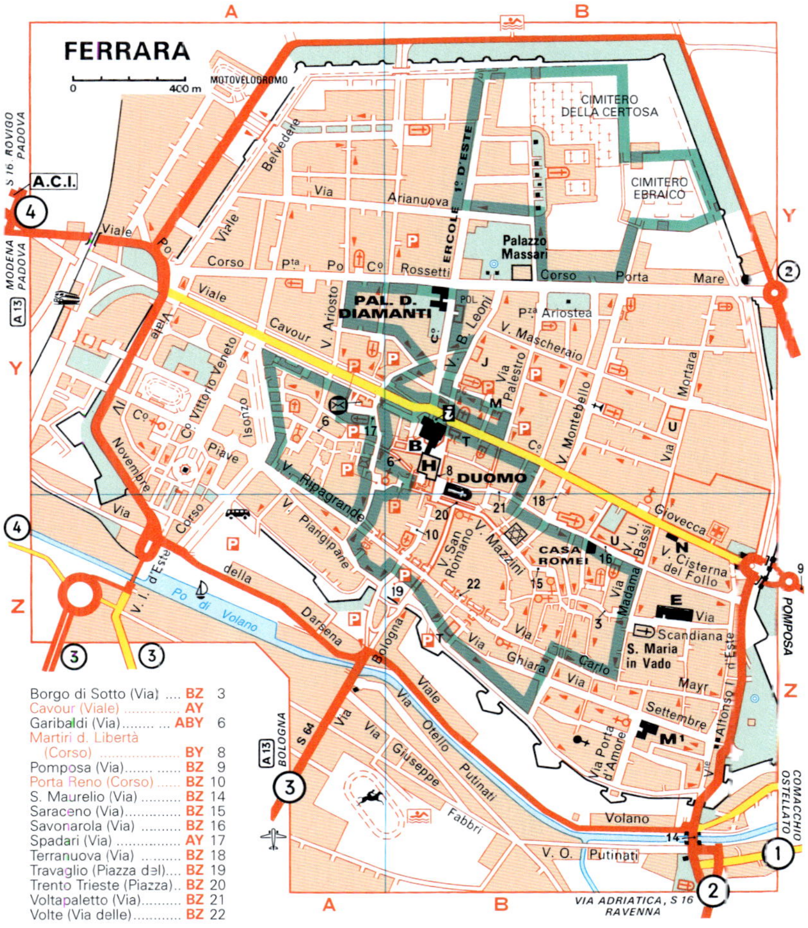

Borgo di Sotto (Via) .... BZ 3
Cavour (Viale) .... AY
Garibaldi (Via) .... ABY 6
Martiri d. Libertà (Corso) .... BY 8
Pomposa (Via) .... BZ 9
Porta Reno (Corso) ...... BZ 10
S. Maurelio (Via) .... BZ 14
Saraceno (Via) .... BZ 15
Savonarola (Via) .... BZ 16
Spadari (Via) .... AY 17
Terranuova (Via) .... BZ 18
Travaglio (Piazza del) .... BZ 19
Trento Trieste (Piazza) .. BZ 20
Voltapaletto (Via) .... BZ 21
Volte (Via delle) .... BZ 22

B CASTELLO ESTENSE
E PALAZZO SCHIFANOIA
M¹ PALAZZO DI LUDOVICO IL MORO
N PALAZZINA DI MARFISA D'ESTE

Ferrera Erbognone ...22 G8
Ferrere (Asti) ...21 H6
Ferrere (Cuneo) ...28 I2
Ferret (Col du) ...10 E3
Ferret (Val) ...10 E3
Ferretto ...44 M17
Ferricini (Monte) ...85 N21
Ferriere ...31 I10
Ferriere (Le) ...56 R20
Ferro ...72 G31
Ferro (Canale del) ...9 C21
Ferro (Capo) ...95 D10
Ferro di Cavallo ...45 M19
Ferro (Pizzo del) ...5 C12
Ferro (Porto) ...96 E6
Ferrone ...37 L15
Ferru (Monte) (Cagliari) ...103 J10
Ferru (Monte) (Nuoro) ...101 H10
Ferru (Monte) (Oristano) ...100 G7
Ferruzzano ...81 M30
Fersinone ...45 N18
Fertilia ...96 F6
Festiona ...28 J4
Feto (Capo) ...84 O19
Fetovaia ...42 N12
Fetovaia (Punta di) ...42 N12
Feverstein / Montarso ...6 B15
Fiamenga ...45 N19
Fiamignano ...51 P21
Fianello ...50 O19
Fiano (Firenze) ...37 L15
Fiano (Lucca) ...32 K13
Fiano Romano ...50 P19
Fiano (Torino) ...21 G4
Fiascherino ...32 J11
Fiaschetti ...18 E19
Fiastra ...46 M21
Fiastra (Abbazia di) ...46 M22
Fiastra (Lago di) ...46 M21
Fiastra (Torrente) ...46 M22
Fiastrone ...46 M21
Fiavé ...5 D14
Fibreno (Lago) ...58 Q23
Ficarazzi ...86 M22
Ficarolo ...26 H16
Ficarra ...88 M26
Ficulle ...45 N18
Ficuzza ...86 N22
Ficuzza (Bosco della) ...86 N22
Ficuzza (Fattoria) ...91 P23
Ficuzza (Fiume) ...92 P25
Ficuzza (Pizzo) ...91 O23
Ficuzza (Rocca) ...90 O21
Fidenza ...24 H12
Fiè allo Sciliar / Völs am Schlern ...6 C16
Fiemme (Val di) ...16 D16
Fiera di Primiero ...17 D17
Fiera (Monte della) ...85 N21
Fierozzo ...16 D15
Fieschi (Basilica dei) ...31 J10
Fiesco ...14 F11
Fiesole (Firenze) ...37 K15
Fiesse ...24 G12
Fiesso d'Artico ...26 F18
Fiesso Umbertiano ...26 H16
Figari (Capo) ...99 E11
Figino Serenza ...13 E9
Figline ...33 K15
Figline Valdarno ...38 L16
Figline Vegliaturo ...78 J30
Filadelfia ...78 K30
Filadonna (Becco di) ...16 E15
Filaga ...90 N22
Filandari ...78 L30
Filattiera ...32 I11
Filau (Monte) ...102 K8
Filettino ...57 Q21
Filetto (Ancona) ...41 L21
Filetto (L'Aquila) ...51 O22
Filetto (Chieti) ...52 P24
Filettole ...36 K13
Filiano ...66 E29
Filibertu ...96 E6
Filicudi (Isola) ...82 L25
Filicudi Porto ...82 L25
Filighera ...23 G9
Filignano ...58 R24
Filio (Pizzo) ...88 N25
Filippa ...79 J32
Fillacano ...50 P19
Filo ...34 I17
Filogaso ...78 K30

FIRENZE

PERCORSI DI ATTRAVERSAMENTO E DI CIRCONVALLAZIONE

Agnelli (Via Giovanni) .... BS 4
Alberti (Piazza L.B.) .... BS 6
Aretina (V.) .... BS 13
Chiantigiana (Via) .... BS 36
Colombo (Lung C.) .... BS 37
D'Annunzio (Via G.) .... BS 41
De Amicis (Viale E.) .... BS 45
Europa (Viale) .... BS 49
Giannotti (Viale D.) .... BS 58
Guidoni (Viale A.) .... AR 67
Mariti (Via G. F.) .... BR 81
Novoli (Via di) .... AR 91
Panche (Via delle) .... BR 100
Paoli (Via) .... AS 103
Paoli (Viale Pasquale) .... BS 105
Pietro Leopoldo (Piazza) ...... BR 114
Poggio Imperiale (Viale) ...... BS 118
Pollaiuolo (Via A. del) .... AS 121
Salviati (Via) .... BR 144
S. Domenico (Via) .... BR 147
Villamagna (Via di) .... BS 196

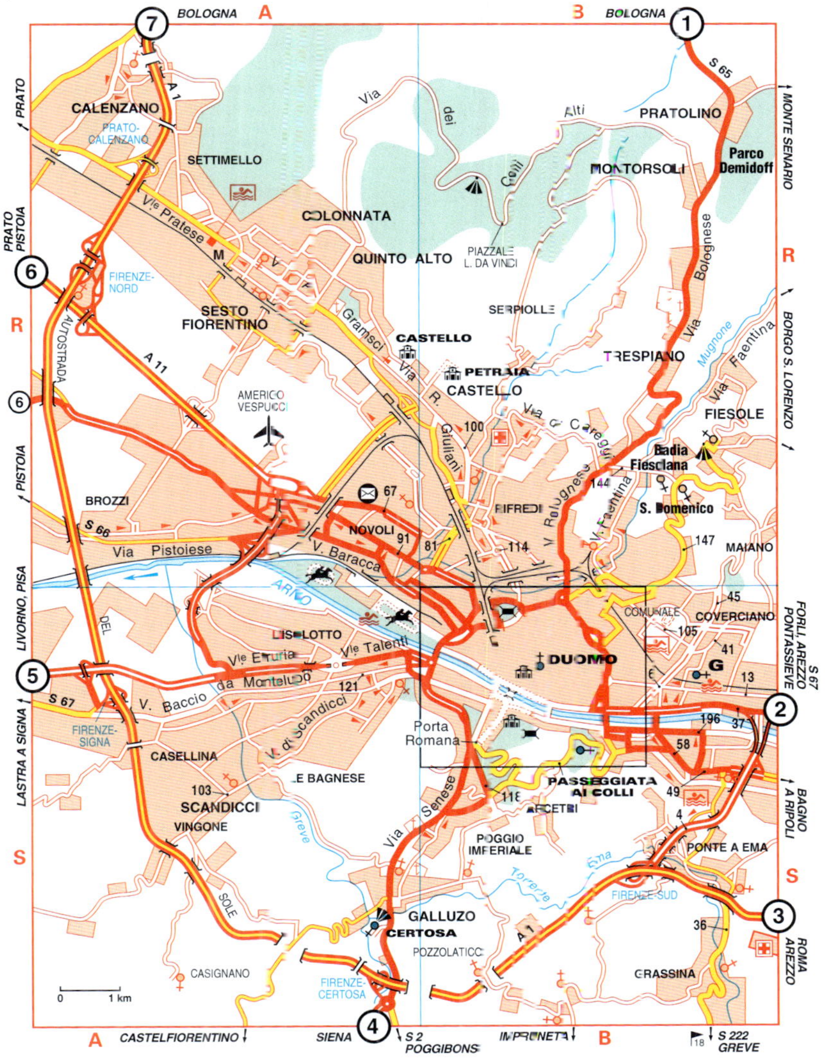

G CENACOLO DI SAN SALVI

Falzes / Pfalzen ...7 B17
Fana (Corno di) / Toblacher Pfannhorn ...7 B18
Fanaco (Lago) ...90 O22
Fanano ...33 J14
Fanciullo ...49 P17
Fane ...15 F14
Fangacci (Passo) ...38 K17
Fanghetto ...29 K4
Fanna ...8 D20
Fano ...40 K21
Fano a Corno ...51 O22
Fano Adriano ...51 O22
Fantina ...89 M27
Fantiscritti (Cave di) ...32 J12
Fantoli (Rifugio) ...12 E7
Fanzarotta ...91 O23
Fanzolo ...17 E17
Fara Filiorum Petri ...52 P24
Fara Gera d'Adda ...13 F10
Fara in Sabina ...50 P20
Fara Novarese ...12 F7
Fara S. Martino ...52 P24
Fara Vicentino ...16 E16
Faraglione (Punta) ...84 N18
Faraglioni (Isola) ...64 F24
Fardella ...72 G30
Farfa ...50 P20
Farfa (Abbazia di) ...50 P20
Farfengo ...24 G11
Farigliano ...21 I5
Farindola ...52 O23
Farini ...23 H10
Farnese ...49 O17
Farneta (Cosenza) ...72 G31
Farneta (Modena) ...33 I13
Farneta (Abbazia di) ...44 M17
Farneta di Riccò ...33 I14
Faro (Capo) ...82 L26
Faro Superiore ...80 M28
Faroma (Monte) ...11 E4
Farra d'Alpago ...17 D19
Farra di Soligo ...17 E18
Farro ...17 E18
Fasana ...77 J33
Fasana Polesine ...26 G18
Fasanella ...65 F27
Fasano (Brescia) ...15 F13
Fasano (Brindisi) ...68 E34
Fasano (Palermo) ...87 N24
Fascia ...31 I9
Fassa (Val di) ...7 C17
Fassinoro ...50 P20
Fastello ...49 O18
Fate (Monte delle) ...57 R21
Fattoria (Zoo) ...86 M21
Fau (Pizzo) ...88 N25
Fauglia ...36 L13
Faule ...21 H4
Favale di Malvaro ...31 I9
Favalto (Monte) ...39 L18
Favara ...91 P22
Favara (Lago) ...90 O21
Favazzina ...80 M29
Faver ...16 D15
Faverga ...17 D18
Faverzano ...24 F12
Favignana ...84 N18
Favignana (Isola) ...84 N18
Favogna / Fennberg ...16 D15
Favoscuro ...88 N26
Favria ...21 G5
Fazzon ...5 D14
Fedaia (Lago di) ...7 C17
Fedaia (Passo di) ...7 C17
Feglino ...30 J6
Feisoglio ...21 I6
Felci (Fossa) ...82 L25
Feldthurns / Velturno ...6 B16
Felegara ...24 H12
Feletto ...11 G5
Feletto Umberto ...9 D21
Felina ...32 I13
Felino ...24 H12
Felisio ...34 I17
Felitto ...70 F27
Felizzano ...22 H7
Fella ...9 C22
Fellicarolo ...33 J14
Felonica ...26 H16
Feltre ...17 D17
Fema (Monte) ...46 N21
Femmina Morta ...38 J16
Femmina Morta Miraglia (Portella) ...88 N25
Femminamorta ...33 K14
Femminamorta (Monte) (Crotone) ...79 J32
Femminamorta (Monte) (Enna) ...88 N25
Femmine (Isola delle) ...86 M21
Fenaio (Punta del) ...48 O14
Fener ...17 E17
Fenestrelle ...20 G3
Fenigli ...39 L20
Fenile ...40 K20
Fenis ...11 E4
Fennau (Monte) ...101 G10
Fennberg / Favogna ...16 D15
Ferdinandea ...81 L31
Ferentillo ...50 O20
Ferentino ...57 Q21
Ferento ...49 O18
Feriolo ...12 E7
Ferla ...92 P26
Fermignano ...39 K19
Fermo ...47 M23
Fernetti ...19 E23
Ferno ...12 F8
Feroleto Antico ...78 K31
Feroleto della Chiesa ...81 L30
Ferrandina ...72 F31
Ferrania ...30 I6
Ferranti (Masseria) ...60 D28
Ferrara ...34 H16
Ferrara di Monte Baldo ...15 E14
Ferraro ...81 M30
Ferrato (Capo) ...103 J10
Ferrera ...11 E6

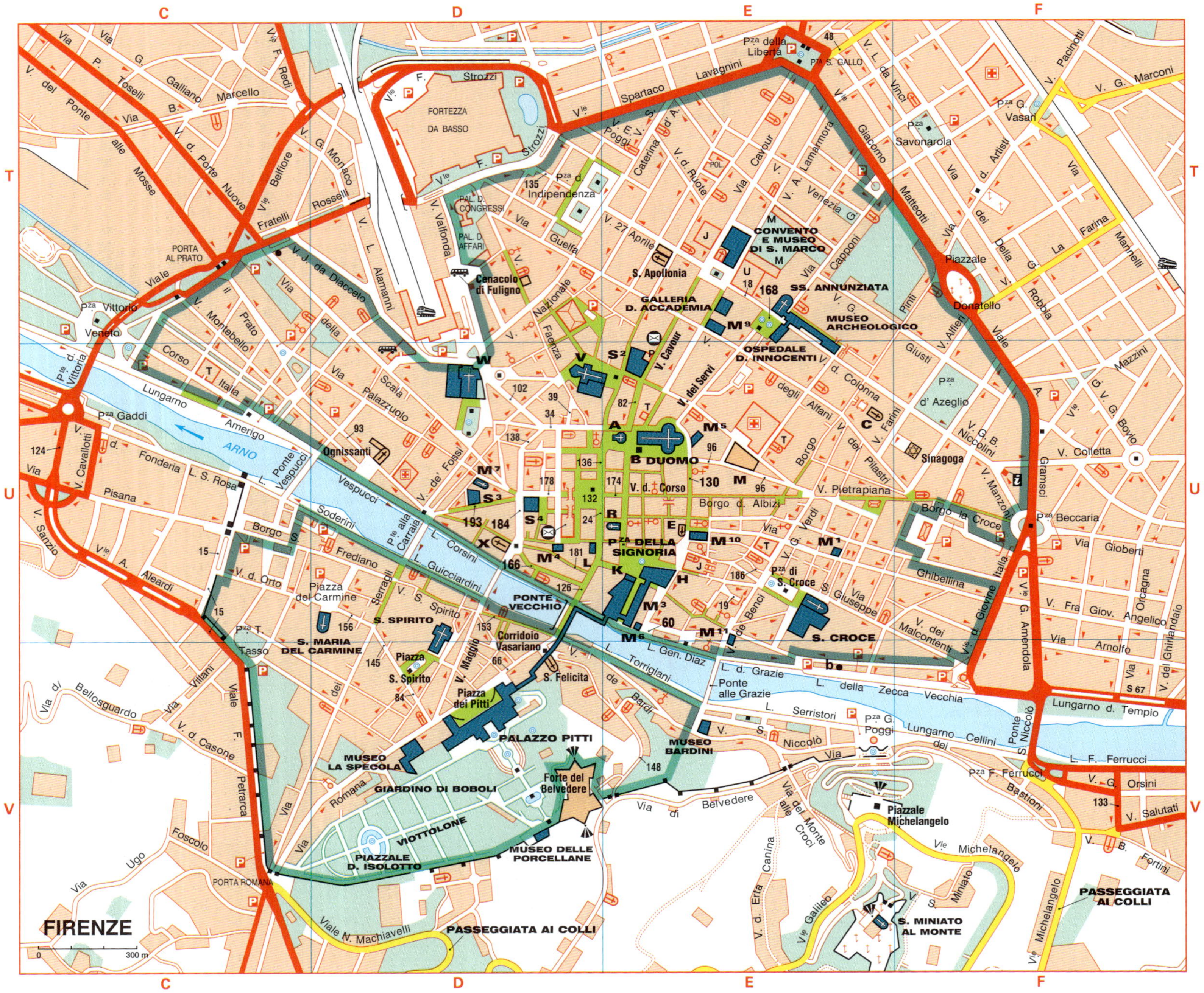

Ariosto (Viale F.) .... CU 15
Battisti (Via C.) .... ET 18
Bentaccordi (Via) .... EU 19
Calimala (Via) .... DU 24
Cerretani (Via de') .... DU 34
Conti (Via de') .... DU 39
Don G. Minzoni (Viale) .... ET 48
Giudici (Piazza dei) .... EU 60
Guicciardini (Via de') .... DV 66
Martelli (Via de') .... EU 82
Mazzeta (Via) .... DV 84
Ognissanti (Borgo) .... DU 93
Oriuolo (Via d.) .... EU 96
Panzani (Via) .... DU 102
Poggio Imperiale (Viale del) CV 118
Ponte Sospeso (Via del) ...... CU 124
Proconsolo (Via del) .... EU 130
Repubblica (Piazza della) .... DU 132
Ricorborli (Via di) .... FV 133
Ridolfi (Via C.) .... DT 135
Roma (Via) .... DU 136
S. Agostino (Via) .... DV 145
S. Giorgio (Costa di) .... EV 148
S. Jacopo (Borgo) .... DU 153
S. Leonardo (Via di) .... DV 154
S. Monaca (Via) .... DU 156
Santi Apostoli (Borgo) .... DU 166
Santissima Annunziata
(Piazza della) .... ET 168
Strozzi (Via degli) .... DU 178
Tornabuoni (Via) .... DTU 184
Torta (Via) .... EU 186
Vigna Nuova (V. della) .... DU 193

A BATTISTERO
B CAMPANILE
C CROCIFISSIONE DEL PERUGINO
E LA BADIA
H PALAZZO VECCHIO
K LOGGIA DELLA SIGNORIA
M^{1} CASA BUONARROTI
M^{3} GALLERIA DEGLI UFFIZI
M^{4} PALAZZO DAVANZATI
M^{5} MUSEO DELL'OPERA DEL DUOMO
M^{6} MUSEO DI STORIA DELLA SCIENZA
M^{7} MUSEO MARINO MARINI
M^{9} OPIFICIO DELLE PIETRE DURE
M^{10} PALAZZO E MUSEO DEL BARGELLO
N LOGGIA DEL MERCATO NUOVO
R ORSANMICHELE
S^{2} PALAZZO MEDICI-RICCARDI
S^{3} PALAZZO RUCELLAI
S^{4} PALAZZO STROZZI
W CHIESA DI SANTA MARIA NOVELLA
X CHIESA SANTA TRINITÀ

Filottrano 41 L22
Finale 87 M24
Finale di Rero 34 H17
Finale Emilia 25 H15
Finale Ligure 30 J7
Fine 36 L13
Finero 2 D7
Finestra
di Champorcher 11 F4
Finestre
(Colle delle) 20 G3
Fino 52 O23
Fino del Monte 14 E11
Fino Mornasco 13 E9
Finocchio 56 Q20
Fioio 51 Q21
Fionchi (Monte) 45 N20
Fiora 44 N16
Fiorana 34 I17
Fiorano Modenese 33 I14
Fiordimonte 46 M21
Fiore 45 N19
Fiorentina 34 I16
Fiorentino
(San Marino) 42 K19
Fiorenzuola d'Arda ...24 H11
Fiorenzuola
di Focara 40 K20
Fiori (Montagna di) ...47 N22
Fiorino 30 I8
Firenze 37 K15
Firenzuola (Firenze) .38 J16
Firenzuola (Terni) 45 N19
Firmo 76 H30
Fiscalino (Campo) /
Fischleinboden 7 C18
Fisciano 65 E26
Fisciolo (Serra) 71 G29
Fisrengo 22 F7
Fissa (Posta) 60 D28
Fittanze della Sega
(Passo) 15 E14
Fiuggi 57 Q21
Fiumalbo 33 J13
Fiumana 34 J17
Fiumarella 66 E29
Fiumata 51 P21
Fiume 46 M21
Fiume (il) 18 E19
Fiume Nicà (Punta) ...77 I33
Fiume Veneto 18 E20
Fiumedinisi 80 M28
Fiumefreddo Bruzio ..78 J30
Fiumefreddo
di Sicilia 89 N27
Fiumenero 4 D11
Fiumi Uniti 35 I18
Fiumicella 41 L22
Fiumicello 19 E22
Fiumicello
Sta Venere 71 H29
Fiumicino 56 Q18
Fiuminata 46 M20
Fivizzano 32 J12
Flaas / Valas 6 C15
Flagogna 8 D20
Flaiban-Pacherini
(Rifugio) 8 C19
Flaibano 8 D20
Flambruzzo 18 E21
Flascio 88 N26
Flassin 10 E3
Flavia (Porto) 102 J7
Flavon 16 D15
Flegrei (Campi) 64 E24
Fleres / Pflersch 6 B16
Fleres (Val di) 6 B16
Fleri 89 O27
Flero 14 F12
Flores (Genna) 101 G9
Floresta 88 N26
Floridia 93 P27
Florinas 96 F7
Floripotena 89 M27
Flumendosa 101 H10
Flumendosa
(Foce del) 103 I10
Flumendosa
(Lago Alto del) 101 H10
Flumendosa
(Lago del) 101 H9
Flumeri 65 D27
Flumignano 18 E21
Flumineddu
(Cagliari) 103 I9
Flumineddu (Cagliari
e Nuoro) 103 I10
Flumineddu
(Nuoro) 101 G10
Fluminese 102 I7
Flumini 103 J9
Flumini (Rio) 101 H9
Fluminimaggiore 102 I7
Fluno 34 I17
Fobello 11 E6
Focà 81 L31
Foce
(Ascoli Piceno) 46 N21
Foce (Terni) 50 O19
Foce di Varano 55 B29
Foce Verde 57 R20
Focene 56 Q18
Focette 32 K12
Fodara Vedla 7 C18
Foén 17 D17
Foggia 60 C28
Foghe (Punta di) 100 G7
Foglia 39 K19
Foglianise 65 D26
Fogliano 33 I13
Fogliano (Lago di) 57 R20
Fogliano (Monte) 49 P18
Fogliano Redipuglia .19 E22
Foglizzo 11 G5
Fognano 34 J17
Foi di Picerno
(Monte li) 66 F29
Foiana / Vollan 6 C15
Foiano della Chiana ..44 M17
Foiano
di Val Fortore 60 C26
Folgaria 16 E15
Folgarida 5 D14
Folignano 47 N22
Foligno 46 N20
Follerato (Masseria) ..68 F32
Follina 17 E18
Follo 32 J11
Follone 76 I30
Follonica 43 N14
Follonica (Golfo di) ...43 N13
Folta 31 I11
Fombio 23 G11
Fondachelli-Fantina ..89 N27
Fondachello 89 N27
Fondi 57 R22
Fondi (Lago di) 57 S22
Fondi (Lido di) 57 S21
Fondiano 33 I13
Fondo 6 C15
Fondotoce 12 E7
Fongara 16 E15
Fonni 101 G9
Fontainemore 11 F5
Fontalcinaldo 43 M14
Fontana 17 E18
Fontana (Val) 4 D11
Fontana Bianca
(Lago di) 5 C14
Fontana di Papa 56 Q19
Fontana Fredda 24 H11

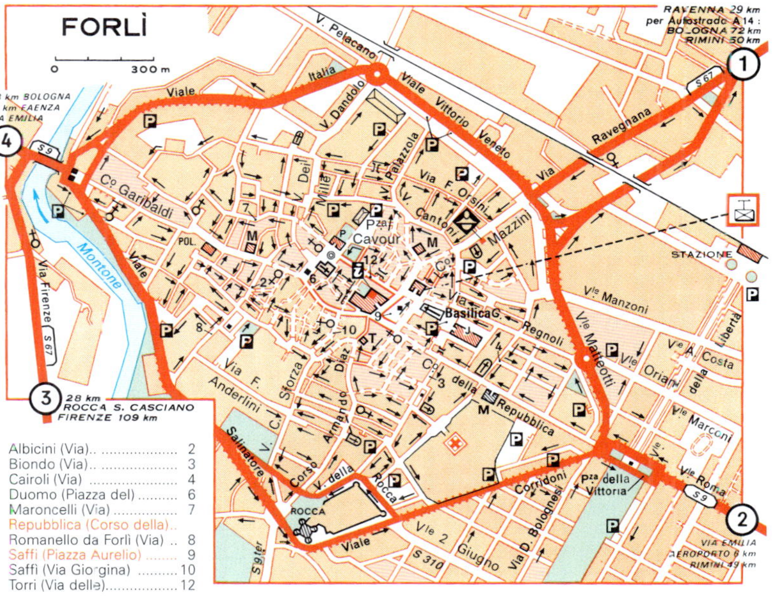
FORLÌ
0
300 m
RAVENNA 29 km
per Autostrada A 14 :
BOLOGNA 72 km
RIMINI 50 km
63 km BOLOGNA
14 km FAENZA
VIA EMILIA
28 km
ROCCA S. CASCIANO
FIRENZE 109 km
VIA EMILIA
AEROPORTO 6 km
RIMINI 49 km
STAZIONE
Albicini (Via) 2
Biondo (Via) 3
Cairoli (Via) 4
Duomo (Piazza del) 6
Maroncelli (Via) 7
Repubblica (Corso della)
Romanello da Forlì (Via) 8
Saffi (Piazza Aurelio) 9
Saffi (Via Giorgina) 10
Torri (Via delle) 12

Fontana Liri Inferiore 58 R22
Fontana Liri Superiore 58 R22
Fontanafratta 57 Q22
Fontanafredda 18 E19
Fontanamare 102 J7
Fontanarosa 65 D27
Fontane Bianche 93 Q27
Fontanefredde / Kaltenbrunn 16 D16
Fontanelice 34 J16
Fontanella (Bergamo) 14 F11
Fontanella (Firenze) 37 L14
Fontanella Grazioli 24 G12
Fontanellato 24 H12
Fontanelle (Cuneo) 29 J4
Fontanelle (Teramo) 52 O23
Fontanelle (Parma) 24 H12
Fontanelle (Treviso) 17 E19
Fontanelle (Vicenza) 16 E16
Fontaneto d'Agogna 12 F7
Fontanetto Po 21 G6
Fontanigorda 31 I9
Fontanile 22 H7
Fontaniva 17 F17
Fonte (Treviso) 17 E17
Fonte alla Roccia / Trinkstein 7 A18
Fonte Avellana (Eremo di) 39 L20
Fonte Cerreto 51 O22
Fonte Colombo (Convento di) 50 O20
Fonte Lardina 46 M21
Fonte Vetica (Rifugio) 51 O23
Fonteblanda 48 O15
Fontecchia (Monte) 58 Q23
Fontecchio 51 P22
Fontechiari 58 Q23
Fontecorniale 39 K20
Fontegreca 58 R24
Fonteno 14 E12
Fonterutoli 37 L15
Fontespina 47 M23
Fontevivo 24 H12
Fonti (Cima) 16 E16
Fontignano 45 M18
Fonzaso 17 D17
Foppa (Passo di) 5 D12
Foppiano (Verbania) 2 D7
Foppiano (Genova) 31 I9
Foppolo 4 D11
Foradada (Isola) 96 F6
Forani 28 J3
Forano 50 P19
Forano (Convento di) 41 L22
Forbici (Passo di) 32 J13
Forca di Valle 51 O22
Force 46 N22
Forcella 46 N20
Forcella (Monte) 71 G28
Forcella (Passo la) 31 I10
Forcella Vallaga (Rifugio) 6 B16
Forchetta (Valico della) 58 Q24
Forcito 92 P26
Forcola (Pizzo di) / Furkel Spitze 5 C13
Forcoli 37 L14
Forcuso (Monte) 65 E27
Fordongianus 100 H8
Forenza 66 E29
Foresta (Crotone) 79 J32
Foresta (Cosenza) 77 I32
Foresta (Convento La) 50 O20
Foresta di Burgos 98 F8
Foresta (Timpone della) 76 H31
Foresto 21 H5
Foresto Sparso 14 E11
Forgaria nel Friuli 8 D20
Foria 70 G27
Forino 65 E26
Forio 64 E23
Forlì 34 J18
Forlì del Sannio 58 Q24
Forlimpopoli 35 J18
Formazza 2 C7
Formazza (Val) 2 C7
Forme 51 P22
Formello 50 P19
Formeniga 17 E18
Formia 58 S22
Formica di Burano (Isola) 48 O15
Formica (Isola) 84 N19
Formiche (Punta delle) 93 Q27
Formico (Pizzo) 14 E11
Formicola 64 D24
Formigara 23 G11
Formigine 33 I14
Formigliana 12 F6
Formignana 34 H17
Formigosa 25 G14
Formole 38 L18
Fornace (Bologna) 33 I15
Fornace (Firenze) 38 K16
Fornacette (Firenze) 37 L15
Fornacette (Pisa) 37 K13
Fornaci 14 F12
Fornaci (Passo di) 46 N21
Fornaci di Barga 32 J13
Fornazzano 34 J16
Fornazzo 89 N27
Fornelli (Isernia) 58 R24
Fornelli (Sassari) 94 E6
Forni Avoltri 8 C20
Forni di Sopra 8 C19
Forni di Sotto 8 C20
Forni (i) 5 C13
Forni (Vedretta dei) 5 C13
Fornisono (Masseria) 67 E31
Forno (Verbania) 12 E6
Forno (Massa Carrara) 32 J12
Forno (Torino) 20 G3
Forno (Monte) / Ofen 9 C23
Forno (Monte del) 4 C11
Forno Alpi Graie 10 F3
Forno Canavese 21 G4
Forno di Zoldo 7 C18
Fornoli 33 J13
Fornovo di Taro 24 H12
Fornovolasco 32 J13
Foro 52 P24
Forotondo 23 H9
Forte Buso (Lago di) 17 D17
Forte dei Marmi 32 K12
Forte di Bibbona 36 M13
Forte (Monte) 96 E6
Fortezza / Franzensfeste 6 B16
Fortino 71 G29
Fortore 60 C26
Fortuna (Passo della) 50 O20
Forza d'Agrò 89 N27
Foscagno (Monte) 5 C12
Foscagno (Passo di) 5 C12
Fosciandora 32 J13
Fosdinovo 32 J12
Fosini 43 M14
Fossa (L'Aquila) 51 P22
Fossa (Modena) 25 H15
Fossa delle Felci (Monte) 82 L26
Fossabiuba 18 E19
Fossacesia 53 P25
Fossacesia Marina 53 P25
Fossalon di Grado 19 E22
Fossalta (Ferrara) 34 H17
Fossalta (Modena) 33 I14
Fossalta (Padova) 27 F18
Fossalta di Piave 18 F19
Fossalta di Portogruaro 18 E20
Fossalta Maggiore 18 E19
Fossalto 59 Q25
Fossalunga 17 E18
Fossano 21 I5
Fossanova (Abbazia di) 57 R21
Fossanova S. Marco 34 H16
Fossato (Colle di) 45 M20
Fossato di Vico 45 M20
Fossato Ionico 80 M29
Fossato Serralta 79 K31
Fossazza (Monte) 89 M27
Fossazzo 83 M27
Fosse 15 F14
Fosse (Monte le) 90 O22
Fosso 26 F18
Fosso del Lupo (Passo) 78 K31
Fossola 32 J12
Fossombrone 39 K20
Foxi 103 J9
Foxi (Porto) 103 J9
Foxi Manna (Sa) 101 H10
Foza 16 E16
Fra (Monte) 14 E12
Frabosa Soprana 29 J5
Frabosa Sottana 29 J5
Fraccano 39 L18
Fraciscio 4 C10
Fraforeano 18 E20
Fragagnano 69 F34
Fragaiolo 38 L17
Fragneto (Masseria) 68 F33
Fragneto l'Abate 59 S26
Fragneto Monforte 59 S26
Fraigada (Sa) 98 F8
Fraine (Brescia) 14 E12
Fraine (Chieti) 53 Q25
Fraioli 58 R22
Frais 20 G2
Fraisse 20 G2
Fraiteve (Monte) 20 H2
Fram (Punta) 84 Q17
Framura 31 J10
Francavilla al Mare 52 O24
Francavilla Angitola 78 K30
Francavilla Bisio 22 H8
Francavilla d'Ete 46 M22
Francavilla di Sicilia 89 N27
Francavilla Fontana 69 F34
Francavilla in Sinni 72 G30
Francavilla Marittima 76 H31
Francenigo 18 E19
Francesi (Punta di li) 95 D9
Franche (Forcella) 17 D18
Franchini 22 H7
Francica 78 L30
Francofonte 92 P26
Francolino 26 H16
Francolise 64 D24
Franscia 4 D11
Franzensfeste / Fortezza 6 B16
Frasassi (Grotte di) 40 L20
Frasca (Capo della) 100 H7
Frascarolo 22 G8
Frascati 56 Q20
Frascineto 76 H30
Frassanito 75 G37
Frassené 17 D17
Frassine 43 M14
Frassinelle Polesine 26 H17
Frassinello Monferrato 22 G7
Frassineta 34 J16
Frassineti 33 I14
Frassineto 44 L17
Frassineto (Passo di) 39 K18
Frassineto Po 22 G7
Frassinetto 11 F4
Frassino (Cuneo) 20 I3
Frassino (Mantova) 25 G14
Frassinoro 33 J13
Frasso Telesino 64 D25
Fratta 35 J18
Fratta (Fiume) 26 G16
Fratta Polesine 26 G16
Fratta Todina 45 N19
Frattaguida 45 N18
Frattamaggiore 64 E24
Fratte 26 F17
Fratte Rosa 40 L20
Fratticiola Selvatica 45 M19
Frattina 85 N21
Frattocchie 56 Q19
Frattuccia 50 O19
Frattura 52 Q23
Frazzanò 88 M26
Fredane 65 E27
Freddo 85 N20
Fregene 56 Q18
Fregona 17 D19
Freidour (Monte) 20 H3
Freienfeld / Campo di Trens 6 B16
Frejus (Traforo del) 20 G2
Fremamorta (Cima di) 28 J3
Frentani (Monti dei) 53 Q25
Fresagrandinaria 53 Q25
Fresciano 39 K18
Fresonara 22 H8
Frigento 65 D27
Frigintini 92 Q26
Frignano 64 E24
Frigole 75 F36
Frioland (Monte) 20 H3
Frisa 52 P25
Frise 28 I3
Frisolino 31 J10
Frodolfo 5 C13
Front 21 G4
Frontale 40 L21
Frontano (Monte) 39 L19
Fronte (Monte) 29 J5
Frontignano 46 N21
Frontino 39 K19
Frontone 39 L20
Froppa (Cimon del) 8 C19
Frosini 37 M15
Frosinone 57 R22
Frosolone 59 R25
Frossasco 20 H4
Frua (la) 2 C7
Frugarolo 22 H8
Frugno 60 D28
Frusci 66 E29
Frusciu (Monte) 96 F7
Fubine 22 H7
Fucecchio 37 K14
Fucecchio (Padule di) 37 K14
Fucine 5 D14
Fucino (Piana del) 51 P22
Fugazzolo 32 I12
Fuipiano Valle Imagna 13 E10
Fulgatore 85 N20
Fumaiolo (Monte) 39 K18
Fumane 15 F14
Fumero 5 C13
Fumo 23 G9
Fumo (Monte) (Pesaro) 39 L19
Fumo (Monte) (Trento) 5 D13
Fumo (Monte) / Rauchkofel 7 A18
Fumo (Val di) 5 D13
Fumone 57 Q21
Fundres / Pfunders 7 B17
Fúndres (Val di) 7 B17
Funes / Villnöß 7 C17
Funes (Val di) 7 C17
Funesu (Monte) 100 I7
Funtana Bona 101 G10
Funtana Congiada (Punta) 101 H9
Funtaneddas 101 G9
Fuorni 65 F26
Furci 53 P25
Furci Siculo 89 N28
Furggen 11 E5
Furiano 88 N25
Furkel Spitze / Forcola (Pizzo di) 5 C13
Furlo 39 L20
Furlo (Gola del) 39 L20
Furlo (Passo del) 39 L20
Furnari 89 M27
Furonis (Perda is) 101 I10
Furore 65 F25
Furtei 100 I8
Fusaro (Lago del) 64 E24
Fuscaldo 76 I30
Fusignano 34 I17
Fusina 27 F18
Fusine 4 D11
Fusine (Foresta di) 9 C22
Fusine (Laghi di) 9 C23
Fusine in Valromana 9 C22
Fusine Laghi 9 C23
Fusino 5 D12
Futa (Passo della) 33 J15
Futani 70 G27

G

Gabbiani (Baia dei) 55 B30
Gabbioneta 24 G12
Gabbro 36 L13
Gabella 41 L21
Gabella Grande 79 J33
Gabella Nuova 46 M21
Gabelletta 50 P18
Gabellino 43 M15
Gabiano 21 G6
Gabicce Mare 39 K20
Gabicce Monte 39 K20
Gabiet (Lago) 11 E5
Gabria 19 E22
Gabutti 29 I6
Gaby 11 E5
Gadera 7 B17
Gadertal / Badia (Val) 7 B17
Gadignano 23 H10
Gadir 84 Q18
Gadoni 101 H9
Gaeta 58 S22
Gaeta (Golfo di) 58 S23
Gaggi 89 N27
Gaggiano 23 F9
Gaggio 33 I15
Gaggio Montano 33 J14
Gaglianico 11 F6
Gagliano (Catanzaro) 79 K31
Gagliano (Udine) 9 D22
Gagliano Aterno 51 P23
Gagliano Castelferrato 88 N25
Gagliano del Capo 75 H37
Gagliato 78 K31
Gagliole 46 M21
Gaianello 33 J14
Gaianico 26 F17
Gaiano (Parma) 24 H12
Gaiano (Salerno) 65 E25
Gaiarine 18 E19
Gaiato 33 J14
Gaiba 26 H16
Gaibana 34 H16
Gaibanella 34 H16
Gaifana 45 M20
Gainago 24 H13
Gaiola 28 I4
Gaiole in Chianti 38 L16
Gaione 24 H12
Gairo 101 H10
Gairo (Ruderi di) 101 H10
Gais 7 B17
Galassi (Rifugio) 7 C18
Galati 81 N30
Galati Mamertino 88 M26
Galati Marina 80 M28
Galatina 75 G36
Galatone 75 G36
Galatro 81 L30
Galbiate 13 E10
Galciana 37 K15
Galeata 38 K17
Galeazza 25 H15
Galera (Punta) 95 D10
Galgagnano 23 F10
Galiello (Monte) 85 N21
Galiga 38 K16
Galisia (Punta di) 10 F3
Gallarate 12 F8
Gallareto 21 G6
Galleggione (Pizzo) 4 C10
Galleno 37 K14
Gallese 50 O19
Galli (Li) 64 F25
Gallia 22 G8
Galliano 33 J15
Galliate 12 F8
Galliate Lombardo 12 E8
Galliavola 22 G8
Gallicano 32 J13
Gallicano nel Lazio 57 Q20
Gallicchio 72 G30
Gallico 80 M29
Gallico Marina 80 M28
Galliera 34 H16
Galliera Veneta 17 F17
Gallignano 14 F11
Gallinara (Isola) 29 J6
Gallinaro 58 R23
Gallinaro (Pizzo di) 90 O22
Gallinazza 19 E21
Gallio 16 E16
Gallipoli 75 G35
Gallicello 85 N20
Gallivaggio 4 C10
Gallizzi 72 G30
Gallo (L'Aquila) 51 P21
Gallo (Caserta) 59 R24
Gallo (Pesaro e Urbino) 39 K20
Gallo (Capo) 86 M21
Gallo (Pizzo di) 85 N21
Gallo d'Oro 91 O23
Gallo (Lago del) 5 C12
Gallodoro 89 N27
Galluccio 58 R23
Gallura 97 E9
Galluzzo (Firenze) 37 K15
Galtellì 99 F10
Galugnano 75 G36
Galzignano Terme 26 G17
Gamalero 22 H7
Gambara 24 G12
Gambarana 22 G8
Gambarie 80 M29
Gambaro 31 I10
Gambasca 20 I4
Gambassi Terme 37 L14
Gambatesa 59 R26
Gambellara 26 F16
Gamberale 52 Q24
Gambettola 39 J19
Gambolò 22 G8
Gambugliano 26 F16
Gambulaga 34 H17
Gammauta (Lago di) 90 N22
Gampenjoch / Palade (Passo delle) 6 C15
Ganaceto 25 H14
Ganda di Martello 5 C14
Gandellino 14 E11
Gandino 14 E11
Gangi 87 N24
Gangi (Fiume) 87 N24
Ganna 12 E8

Gannano del Monte .72 G31
Gannano (Lago di) .72 G31
Gantkofel / Macaion (Monte) .6 C15
Ganzanigo .34 I16
Ganzirri .80 M28
Garadassi .23 H9
Garaguso .72 F30
Garaventa .31 I9
Garavicchio .48 O16
Garbagna .22 H8
Garbagna Novarese .22 F7
Garbagnate Milanese .13 F9
Garcia .91 N23
Garda (Brescia) .5 D13
Garda (Verona) .15 F14
Garda (Isola di) .15 F13
Garda (Lago di) .14 F13
Gardena (Passo di) / Grödner Joch .7 C17
Gardena (Val) / Grödnertal .6 C16
Gardolo .16 D15
Gardone Riviera .15 F13
Gardone Val Trompia .14 E12
Garelli (Rifugio) .29 J5
Gares .17 D17
Garessio .29 J6
Garfagnana .32 J13
Gargallo (Modena) .25 H14
Gargallo (Novara) .12 E7
Gargano (Promontorio del) .59 B29
Gargano (Testa del) .55 B30
Gargazon / Gargazzone .6 C15
Gargazzone / Gargazon .6 C15
Gargnano .15 E13
Gargonza .44 L17
Gari .58 R23
Garibaldi (Casa di) .95 D10
Garibaldi (Cippo) (Aspromonte) .80 M29
Garibaldi (Cippo di Anita) .35 I18
Garibaldi (Rifugio) .5 D13
Gariffi (Pantano) .92 Q26
Garigliano .58 S23
Gariglione (Monte) .79 J31
Garitta Nuova (Testa di) .20 I3
Garlasco .22 G8
Garlate .13 E10
Garlate (Lago di) .13 E10
Garlenda .29 J6
Garniga .16 D15
Garrufo .47 N23
Garza .14 F12
Garzeno .3 D9
Garzigliana .20 H4
Garzirola (Monte) .3 D9
Gaspare (Rifugio) .11 E5
Gasperina .79 K31
Gassano .32 J12
Gassino Torinese .21 G5
Gasteig / Casateia .6 B16
Gatta .32 I13
Gattaia .38 K16
Gattarella .55 B30
Gattatico .24 H13
Gatteo .39 J19
Gatteo a Mare .39 J19
Gàttico .12 E7
Gattinara .12 F7
Gattorna .31 I9
Gaudiano .61 D29
Gaudo (Piano del) .65 E27
Gavardo .14 F13
Gavassa .25 H14
Gavasseto .25 I14
Gavelli .46 N20
Gavello (Modena) .25 H15
Gavello (Rovigo) .26 G17
Gaverina Terme .14 E11
Gavi .22 H8
Gavia (Monte) .5 C13
Gavia (Passo di) .5 C13
Gavignano .57 Q21
Gaville (Ancona) .40 L20
Gaville (Firenze) .38 L16
Gavinana .33 J14
Gavirate .12 E8
Gavoi .101 G9
Gavorrano .43 N14
Gazoldo degli Ippoliti .25 G13
Gazzaniga .14 E11
Gazzano .32 J13
Gazzaro .24 H13
Gazzo (Mantova) .25 G14
Gazzo (Padova) .26 F17
Gazzo Veronese .25 G15
Gazzola .23 H10
Gazzoli .15 F14
Gazzuolo .25 G13
Geislerspitze / Odle (le) .7 C17
Gela .92 P24
Gela (Fiume) .91 P24
Gela (Golfo di) .91 Q24
Gelagna Bassa .46 M21
Gelas (Cima dei) .28 J4
Gelé (Monte) .11 E4
Gello (Lucca) .32 K13
Gello (Pisa) .37 L13
Gelso .82 L26
Gelsomini (Costa dei) .81 N30
Gemelli (Laghi) .14 E11
Gemelli (Monte) .38 K17
Gemini .75 H36
Gemmano .39 K19
Gemona del Friuli .8 D21
Gemonio .12 E8
Gena .17 D18
Genazzano .57 Q20
Generoso (Monte) .3 E9
Genga .40 L20
Genis (Monte) .103 I9
Genivolta .14 F11
Genna Maria (Nuraghe) .100 I8
Gennargentu (Monti del) .101 G9
Gennaro (Monte) .50 P20
Genola .21 I5
Genoni .100 H9
Genova .30 I8
Genova (Rifugio) (Bolzano) .7 C17
Genova (Rifugio) (Cuneo) .28 J3
Genova (Val di) .5 D13
Genovese (Grotta del) .84 M18
Gentile (Col) .8 C20
Genuardo (Monte) .85 N21
Genuri .100 H8
Genzana (Monte) .52 Q23
Genzano di Lucania .67 E30
Genzano di Roma .56 Q20
Genzano (Lago) .67 E30
Genziana (Monte) .101 G10
Genzone .23 G10
Gera Lario .4 D10
Gerace .81 M30
Geracello .91 O24
Geraci Siculo .87 N24
Gerano .51 Q20
Gerbini .88 O26
Gerchia .8 D20
Geremeas .103 J10
Gerenzago .23 G10
Gerenzano .13 F9
Gerfalco .43 M14
Gergei .101 H9
Germagnano .11 G4
Germanasca .20 H3
Germano .77 J32
Germignaga .12 E8
Gerocarne .78 L30
Gerola Alta .4 D10
Gerosa .13 E10
Gerre de Caprioli .24 G12
Gerrei .103 I9
Gesico .101 I9
Gessate .13 F10
Gesso (Cuneo) .28 J3
Gesso (Messina) .80 M28
Gessopalena .52 P24
Gesturi .100 H9
Gesualdo .65 D27
Gesuiti .76 I30
Gfrill / Caprile (vicino a Merano) .6 C15
Gfrill / Cauria (vicino a Salorno) .16 D15
Ghedi .14 F12
Ghemme .12 F7
Gherardi .34 H17
Gherra (Monte) .96 F7
Ghertele .16 E16
Ghiare .32 I11
Ghibullo .35 I18
Ghifetti (Punta) .2 E5
Ghiffa .12 E7
Ghigo .20 H3
Ghilarza .100 G8
Ghimbegna (Passo) .29 K5
Ghirla .12 E8
Ghisalba .13 F11
Ghisione .25 G15
Ghislarengo .12 F7
Ghivizzano .32 J13
Ghizzano .37 L14
Giacalone .86 M21
Giacciano con Baruchella .26 G16
Giacopiane (Lago di) .31 I10
Giaf (Rifugio) .8 C19
Giafaglione (Monte) .90 O22
Giammaria (Monte) .85 N21
Giampilieri .80 M28
Gianforma .92 Q26
Giannetti (Rifugio) .4 D10
Giannutri (Isola di) .48 P15
Giano (Monte) .51 O21
Giano dell'Umbria .45 N19
Giano Vetusto .64 D24
Giara (Sa) .101 H9
Giara di Gesturi .100 H8
Giardina Gallotti .90 O22
Giardinello (vicino a Mezzoiuso) .86 N22
Giardinello (vicino a Montelepre) .86 M21
Giardinetto .60 D28
Giardini di Gioiosa .81 M30
Giardini-Naxos .89 N27
Giardino (il) .48 O16
Giardino-Esperia .33 J14
Giarole .22 G7
Giarratana .92 P26
Giarre .89 N27
Giau (Passo di) .7 C18
Giave .98 F8
Giaveno .20 G4
Giavera del Montello .17 E18
Giavino (Monte) .11 F4
Giazza .15 F15
Giba .102 J7
Gibele (Monte) .84 Q18
Gibellina .85 N20
Gibellina (Ruderi di) .85 N20
Gibilmanna (Santuario di) .87 N24
Gibilmesi (Monte) .86 M21
Gibilrossa .86 M22
Gibli (Monte) .91 P24
Giffone .81 L30
Giffoni Sei Casali .65 E26
Giffoni Valle Piana .65 E26
Gigante (Grotta) .19 E23
Giglio (il) .57 R22
Giglio (Isola del) .48 O14
Giglio Castello .48 O14
Giglio Porto .48 O14
Gignese .12 E7
Gignod .10 E3
Gilba .20 I3
Gilberti (Rifugio) .9 C22
Gildone .59 R26
Gilordino .40 K20
Gimigliano .79 K31
Gimillan .10 F4
Ginestra (Firenze) .37 K15
Ginestra (Potenza) .66 E29
Ginestra degli Schiavoni .60 D27
Ginestra (Portella) .85 N21
Ginistrelli .66 D29
Ginnircu (Punta) .101 G11
Gino (Pizzo di) .3 D9
Ginosa .68 F32
Ginosa Marina .68 F32
Ginostra .83 K27
Giogo Lungo (Rifugio) .7 A18
Gioi .70 G27
Gioia (Golfo di) .80 L29
Gioia dei Marsi .51 Q23
Gioia del Colle .63 E32
Gioia del Tirreno .80 L29
Gioia Sannitica .59 S25
Gioia Tauro .80 L29
Gioiella .44 M17
Gioiosa Ionica .81 L30
Gioiosa Marea .82 M26
Giordano (Capo) .102 J7
Giovà (Passo di) .31 H9
Giovagallo .32 J11
Giove .49 O18
Giove Anxur (Tempio di) (Terracina) .57 S21
Giove (Monte) .2 C7
Giovecca .34 I17
Giovenco .51 P23
Giovenzano .23 G9
Gioveretto .5 C14
Gioveretto (Lago di) .5 C14
Giovi .38 L17
Giovi (Monte) .38 K16
Giovi (Passo dei) .30 I8
Giovinazzo .63 D32
Giovo .16 D15
Giovo (Colle del) .30 I7
Giovo (Foce a) .33 J13
Giovo (Monte) .33 J13
Gioz .17 D18
Girardi .50 P19
Girasole .101 H10
Girifalco .78 K31
Girlan / Cornaiano .6 C15
Gironico .13 E9
Gissi .53 P25
Giudicarie (Valli) .15 E13
Giuggianello .75 G37

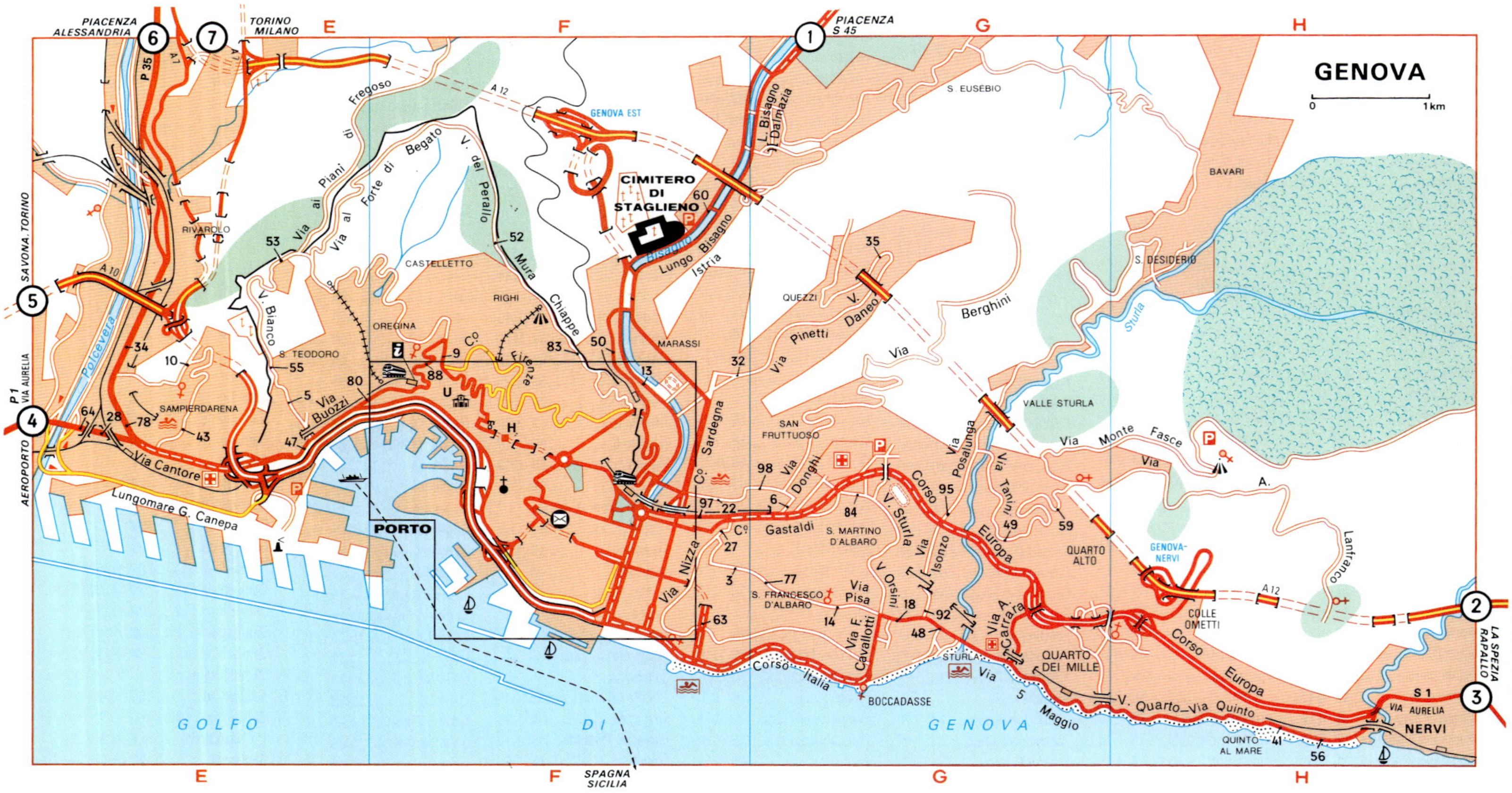

Albaro (Via) F 3
Angeli (Salita degli) E 5
Barrili (Via) G 6
Bassi (Corso U.) F 9
Belvedere (Corso) E 10
Bobbio (Via) F 13
Boselli (Via) G 14
Caprera (Via) G 18
Casoni (Via) F 22
Dassori (Via F.) F 27
Degola (Via) E 28
Fereggiano (Via) F 32
Fillak (Via W.) E 34
Fontanarossa (Via S.) G 35
Gianelli (Via A.) H 41
Martinetti (Corso L. A.) E 43
Milano (Via) E 47
Mille (Via dei) G 48
Monaco Simone (Via) G 49
Montaldo (Via L.) F 50
Mura del Castellaccio (Via) F 52
Mura di Granorolo (Via) E 53
Mura di Porta Murata (Via delle) E 55
Murcarolo (Via) H 56
Olivieri (Via) G 59
Piacenza (Via) F 60
Piave (Via) F 63
Pieragostini (Via R.) E 64
Ricci (Via) G 77
Rolando (Via C.) E 78
S. Benedetto (Via) EF 80
S. Erasmo (Mura) F 83
S. Martino (Via) G 84
S. Ugo (Via) F 88
Sturla (Via) G 92
Timavo (Via) G 95
Tolemaide (Via) F 97
Torti (Via G.) G 98

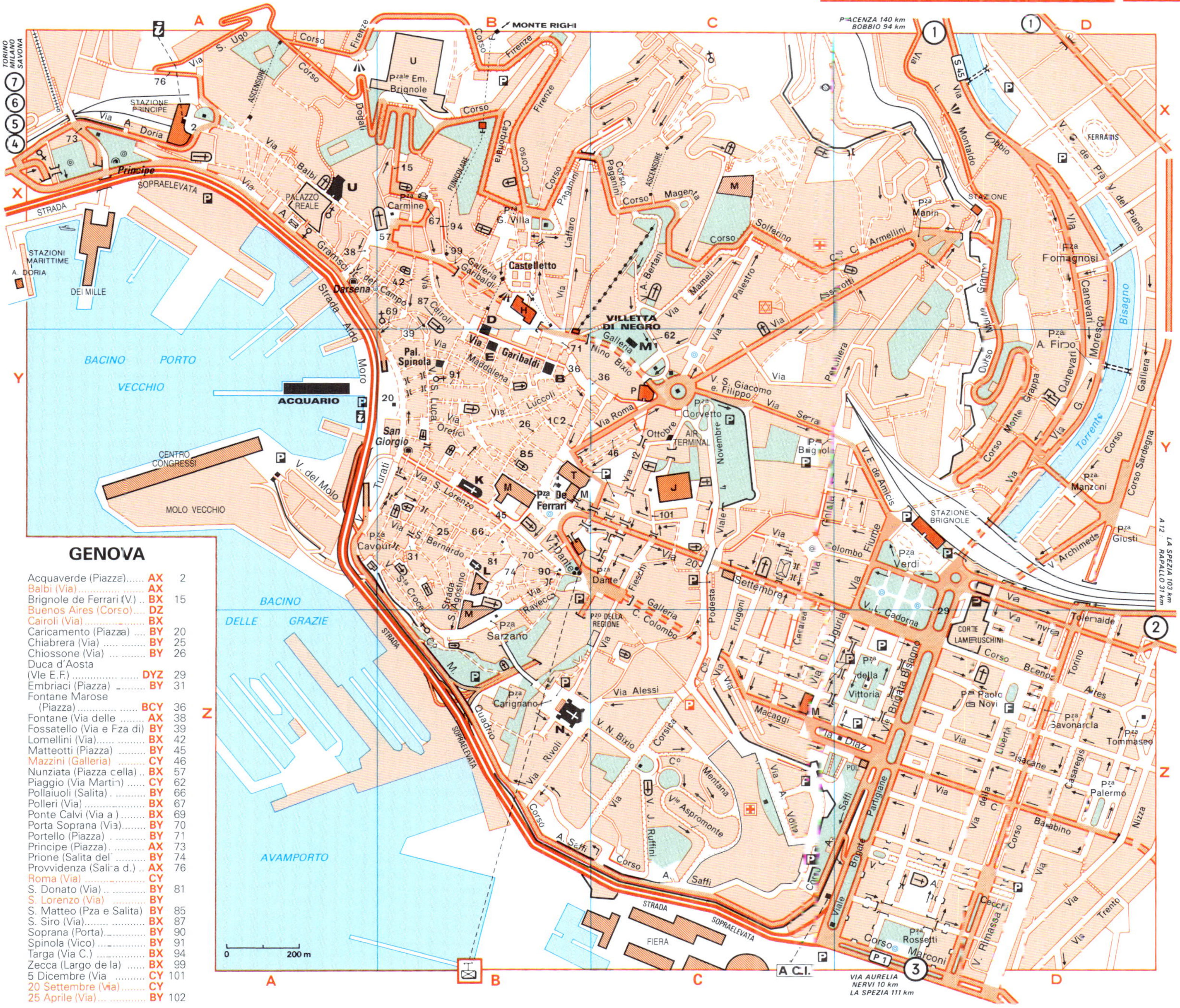

GENOVA

Acquaverde (Piazza) ...... AX 2
Balbi (Via) ...... AX
Brignole de Ferrari (V.) .. BX 15
Buenos Aires (Corso) .... DZ
Cairoli (Via) ...... BX
Caricamento (Piazza) .... BY 20
Chiabrera (Via) ...... BY 25
Chiossone (Via) ...... BY 26
Duca d'Aosta (Vle E.F.) ...... DYZ 29
Embriaci (Piazza) ...... BY 31
Fontane Marose (Piazza) ...... BCY 36
Fontane (Via delle ...... AX 38
Fossatello (Via e Pza di) BY 39
Lomellini (Via) ...... BX 42
Matteotti (Piazza) ...... BY 45
Mazzini (Galleria) ...... CY 46
Nunziata (Piazza della) .. BX 57
Piaggio (Via Martin) ...... CY 62
Pollaiuoli (Salita) ...... BY 66
Polleri (Via) ...... BX 67
Ponte Calvi (Via a) ...... BX 69
Porta Soprana (Via) ...... BY 70
Portello (Piazza) ...... BY 71
Principe (Piazza) ...... AX 73
Prione (Salita del ...... BY 74
Provvidenza (Salita d.) .. AX 76
Roma (Via) ...... CY
S. Donato (Via) ...... BY 81
S. Lorenzo (Via) ...... BY
S. Matteo (Pza e Salita) BY 85
S. Siro (Via) ...... BX 87
Soprana (Porta) ...... BY 90
Spinola (Vico) ...... BY 91
Targa (Via C.) ...... BX 94
Zecca (Largo de la) ...... BX 99
5 Dicembre (Via ...... CY 101
20 Settembre (Via) ...... CY
25 Aprile (Via) ...... BY 102

B PALAZZO CATALDI
D PALAZZO BIANCO
E PALAZZO ROSSO
K CATTEDRALE DI SAN LORENZO
L CHIESA DI SAN DONATO
M¹ MUSEO CHIOSSONE
N CHIESA DI SANTA MARIA DI CARIGNANO
U PALAZZO DELL'UNIVERSITÀ

Giugliano in Campania **64** E24
Giulfo (Monte).. ....**91** O24
Giuliana **85** N21
Giulianello **57** O20
Giulianello (Lago di) **57** O21
Giuliano **66** E29
Giuliano di Roma......**57** R21
Giuliano Teatino........**52** P24
Giulianova **47** N23
Giulianova Lido.........**47** N23
Giumarra **88** O25
Giumenta (Serra la)..**71** G29
Giuncarico **43** N14
Giuncata (Masseria) .**62** D30
Giuncugnano. **32** J12
Giungano...................**70** F27
Giurazzi (Masseria)...**66** E28
Giurdignano **75** G37
Giussago (Pavia) **23** G9
Giussago (Venezia) ..**18** E20
Giussano....................**13** E9
Giusvalla...... ....**30** I7
Givoletto **21** G4
Gizio **52** P23
Gizzeria **78** K30
Gizzeria Lido..............**78** K30
Glacier.........................**10** E3
Glacier (Monte).........**11** F4
Gleno (Monte) **5** D12
Gleris...........................**18** E20
Gliaca **82** M26
Glorenza / Glurns........**5** C13
Glurns / Glorenza........**5** C13
Gnignano....................**23** G9
Gnocca........................**35** H18
Gnocchetta **27** H19
Gnutti (Rifugio) **5** D13
Gobbera (Passo di)...**17** D17
Goceano **97** F9
Goceano (Catena del)...........**98** F8
Godega di S. Urbano **17** E19
Godiasco....................**23** H9
Godo **35** I18
Godrano......................**86** N22
Goglio **2** D6
Goillet (Lago) **11** E5
Goito **25** G14
Gola (Passo di) / Klammljoch **7** B18
Golasecca **12** E7
Goldrain / Coldrano....**5** C14
Golferenzo **23** H9
Golfo Aranci **99** E10
Golfo Orosei e del Gennargentu (Parco Nazionale) **101** G10
Gologone (Sorgente su) **99** G10
Gomagoi **5** C13
Gombio **32** I13
Gombola **33** I14
Gonars **19** E21
Goni **101** I9
Gonnesa **102** J7
Gonnoscodina.........**100** H8
Gonnosfanadiga **102** I7
Gonnosno................**100** H8
Gonnostramatza **100** H8
Gonzaga.....................**25** H14
Goraiolo......................**33** K14
Gordana......................**32** I11
Gordona **4** D10
Gorfigliano **32** J12
Gorga (Roma)..........**57** R21
Gorga (Salerno) **70** G27
Gorgo..........................**18** E21
Gorgo al Monticano .**18** E19
Gorgo (Laghetto) **90** O21
Gorgofreddo.............**68** E33
Gorgoglione.............**72** F30
Gorgona (Isola di).....**36** L11
Gorgonzola. **13** F10
Goriano Sicoli **52** P23
Goriano Valli **51** P23
Goricizza **18** E20
Gorino **27** H19
Gorizia........................**19** E22
Gorla Maggiore.........**12** F8
Gorla Minore.............**12** F8
Gorlago.......................**14** E11
Gornalunga **88** O25
Goro **35** H18
Gorra **30** J6
Gorré **28** I4
Gorreto **31** I9
Gorruppu (Gola su) **101** G10
Gorto (Canale di) **8** C20
Gorzano **33** I14
Gorzano (Monte).......**51** O22
Gorzegno **21** I6
Gorzone (Canale)......**26** G17
Gosaldo **17** D17
Gossensaß / Colle Isarco.............**6** B16
Gossolengo **23** G10
Gottasecca.................**29** I6
Gottero (Monte)........**31** I11
Gottolengo **24** G12
Governolo..................**25** G14
Govone **21** H6
Govossai (Lago)......**101** G9
Gozzano **12** E7
Grabellu (Punta su) ..**99** F10
Gracciano **44** M17
Gradara......................**39** K20
Gradara (Monte) **86** M21
Gradella **23** F10
Gradisca.......................**8** D20
Gradisca d'Isonzo **19** E22
Gradiscutta **18** E21
Gradizza **26** H17
Grado **19** E22
Grado (Laguna di) **19** E21
Grado Pineta **19** E22
Gradoli **49** O17
Graffignana **23** G10
Graffignano **43** O18
Graglia **11** F5
Graglia (Santuario di)........**11** F5
Gragnanino **23** G10
Gragnano (Lucca) **37** K13
Gragnano (Napoli) ...**64** E25
Gragnano Trebbiense............**23** G10
Gragnola....................**32** J12
Graines **11** E5
Gramignazzo **24** H12
Grammatica...............**32** I12
Grammichele.............**92** P25
Gramolazzo **32** J12
Gran Bagna **20** G1
Gran Cratere.............**82** L26
Gran Monte **9** D21
Gran Paradiso **10** F3
Gran Paradiso (Parco Nazionale del).......**10** F3
Gran Pilastro / Hochfeiler **7** B17
Gran Queyron **20** H3
Gran S. Bernardo (Colle del) (Aosta)................**10** E3
Gran S. Bernardo (Traforo del) (Aosta)..........**10** E3
Gran S. Bernardo (Valle del) (Aosta)................**10** E3
Gran S. Pietro **10** F4
Gran Sasso d'Italia ...**51** O22
Gran Sasso (Parco Naz. del) ...**57** O22
Gran Tournalin **11** E5
Gran Tuc....................**20** H3
Gran Zebrù **5** C13
Grana **21** G6
Grana (Torrente) (Alessandria) **22** H7
Grana (Torrente) (Cuneo) **28** I3
Granaglione.......... ....**33** J14
Granaione............ ....**44** N15
Granano (Monte di).............**39** L19
Granarolo **34** I17
Granarolo dell'Emilia........ .....**34** I16
Granarone **26** G16
Granatello...................**84** N19
Granaxiu..................**100** H8
Grancona **26** F16
Grand Assaly.............**10** F2
Grand Combin **10** E3
Grand Eyvia....... ....**10** F3
Grand Golliaz **10** E3
Grande (Parma).......**24** H12
Grande (Trapani) **85** N20

Grande o Imera Settentrionale 87 N23
Grande Bonifica Ferrarese 26 H18
Grande (Isola) 84 N19
Grande (Lago) 20 G4
Grande (Montagna) (I. di Pantelleria) 84 Q18
Grande (Montagna) (Messina) 89 N27
Grande (Montagna) (Trapani) 85 N20
Grande (Porto) 93 P27
Grande (Punta) 90 P22
Grande Rochère (la) 10 E3
Grande Rousse 10 F3
Grande Sassière 10 F3
Grandola ed Uniti 3 D9
Granero (Monte) 20 H3
Granieri 92 P25
Granieri (Masseria) 93 Q26
Granieri (Monte) 81 L31
Graniti 89 N27
Granitola (Punta) 85 O20
Granozzo 22 F7
Grantola 12 E8
Grantorto 26 F17
Granze 26 G17
Grappa (Monte) 17 E17
Grassano 72 F30
Grassina Ponte a Ema 37 K15
Grassobbio 13 F11
Gratosoglio 23 F9
Gratteri 87 N23
Graun im Vinschgau / Curon Venosta 5 B13
Grauno 16 D15
Grauson (Monte) 10 F4
Grauzaria 9 C21
Gravedona 3 D9
Gravellona 22 G8
Gravellona Toce 12 E7
Gravina di Catania 89 O27
Gravina di Laterza 68 F32
Gravina di Matera 67 E31
Gravina di Picciano 67 E31
Gravina in Puglia 67 E31
Graziano (Capo) 82 L25
Grazie (Lago di) 46 M21
Grazie (Monte le) 49 P17
Grazzanise 64 D24
Grazzano Badoglio 22 G6
Grazzano Visconti 23 H11
Grecale (Capo) 90 U19
Greccio 50 O20
Greci 60 D27
Greco (Monte) 58 Q23
Greggio 12 F7
Grego (Rifugio) 9 C22
Gremiasco 23 H9
Gressan 10 E3
Gressone (Val di) 11 F5
Gressoney-la Trinité 11 E5
Gressoney-St. Jean 11 E5
Greve 37 L15
Greve in Chianti 38 L15
Grezzana 15 F15
Grezzano 38 J16
Gricuzzo (Monte) 91 P24
Gries (Passo di) / Griespass 2 C7
Grighini (Monte) 100 H8
Grigna Meridionale 13 E10
Grigna Settentrionale 13 E10
Grignano 19 E23
Grignano Polesine 26 G17
Grignasco 12 E7
Grigno 16 D16
Grigno (Torrente) 16 D16
Grilli 43 N14
Grimaldi 78 J30
Grimesi (Torre) 85 N20
Grinzane Cavour 29 I5
Grisenche (Val) 10 F3
Grisi 85 N21
Grisignano di Zocco 26 F17
Grisolia 76 H29
Grizzana 33 J15
Grödner Joch / Gardena (Passo di) 7 C17
Grödnertal / Gardena (Val) 6 C16
Grognardo 30 I7
Gromo 14 E11
Gromo S. Marino 14 E11
Gromola 65 F26
Grondana 31 I10
Grondo 76 H30
Grondola 32 I11
Grondona 22 H8
Grondone 31 H10
Grone 14 E11
Gronlait 16 D16
Gropa (Monte) 23 H9
Gropello Cairoli 22 G8
Gropello d'Adda 13 F10
Gropina 38 L16
Groppallo 31 H10
Gropparello 23 H11
Groppera (Pizzo) 4 C10
Groppovisdomo 23 H11
Gros Passet 20 H3
Groscavallo 10 F3
Grosina (Valle) 5 C12
Grosio 5 D12
Grosotto 5 D12
Groß Löffler / Lovello (Monte) 7 A17
Großer-Kinigat / Cavallino (Monte) 8 B19
Grosseto 43 N15
Grosseto (Formiche di) 48 O14
Grosso (Capo) (I. Levanzo) 84 M19
Grosso (Capo) (Palermo) 86 M22
Grosso (Monte) 93 P27
Groste (Cima) 5 D14
Grottaferrata 56 Q20
Grottaglie 69 F34
Grottaminarda 65 D27
Grottammare 47 N23
Grottazza (Punta) 82 L26
Grottazzolina 47 M22
Grotte 91 O23
Grotte di Castro 44 N17
Grotte Sto Stefano 49 O18
Grotteria 81 L30
Grotti (Perugia) 46 N20
Grotti (Rieti) 50 O20
Grotti (Siena) 44 M15
Grotticelle (Monte) 91 O23
Grottole 72 F31
Grottolella 65 E26
Gruaro 18 E20
Grue 22 H8
Gruf (Monte) 4 D10
Grugliasco (Torino) 21 G4
Grugua 102 I7
Grumello Cremonese 24 G11
Grumello del Monte 14 F11
Grumento Nova 71 G29
Grumentum 71 G29
Grumo Appula 63 D32
Grumolo delle Abbadesse 26 F16
Gruppa 103 I10
Gruppo di Brenta 5 D14
Gruppo (Monte) 7 B17
Gsies / Casies (Valle di) 7 B18
Guà 26 F16
Guaceto (Torre) 69 E35
Guadagnolo 50 Q20
Guagnano 69 F35
Gualdo (Arezzo) 38 K16
Gualdo (Ferrara) 34 H17
Gualdo (Forlì) 38 J18
Gualdo (vicino a Sarnano) 46 M21
Gualdo (vicino a Visso) 46 N21
Gualdo (Passo di) 46 N21
Gualdo Cattaneo 45 N19
Gualdo Tadino 46 M20
Gualtieri 25 H13
Gualtieri Sicaminò 89 M27
Guamaggiore 101 I9
Guanzate 13 E9
Guarcino 57 Q21
Guarda Ferrarese 26 H17
Guarda Veneta 26 H17
Guardamiglio 23 G11
Guardapasso 56 R19
Guardavalle 79 L31
Guardea 50 O18
Guardia 89 O27
Guardia (Serra la) 76 I31
Guardia Alta 6 C15
Guardia dei Mori 102 J6
Guardia Lombardi 65 E27
Guardia (Monte della) 92 P24
Guardia (Monte La) 88 N25
Guardia Perticara 72 F30
Guardia Piemontese 76 I30
Guardia Piemontese Marina 76 I29
Guardia Sanframondi 59 S25
Guardia (Serra La) 91 P23
Guardia Vomano 47 O23
Guardiagrele 52 P24
Guardialfiera 59 Q26
Guardiaregia 59 R25
Guardistallo 37 M13
Guarene 21 H6
Guarenna 52 P25
Guasila 100 I9
Guastalla 25 H13
Guasticce 36 L13
Guazzolo 21 G6
Guazzora 22 G8
Gubbio 45 L19
Gudo Visconti 23 F9
Guella (Rifugio) 15 E14
Guello 3 E9
Guerro 33 I14
Guffone (Monte) 38 K17
Guglielmo (Monte) 14 E12
Guglionesi 53 Q26
Guidizzolo 25 G13
Guidonia 50 Q20
Guietta 17 E18
Guiglia 33 I14
Guilmi 53 Q25
Guinza 39 L18
Gulfi (Santuario di) 92 P26
Gurlamanna 67 E31
Gurro 3 D7
Gurue 101 G10
Gusana (Lago di) 101 G9
Guselli 23 H11
Guspini 100 I7
Gussago 14 F12
Gussola 24 G13
Gutturu Mannu 102 J8
Guzzafame 23 G10
Guzzini (Monte) 101 H9
Guzzurra (Cantoniera) 99 F10

H

Hafling / Avelengo 6 C15
Halæsa 87 M24
Helbronner (Pointe) 10 E2
Helm / Elmo (Monte) 7 B19
Helsenhorn 2 D6
Helvia Ricina 46 M22
Hera Lacinia (Santuario) 79 J33
Herbetet 10 F3
Herculanum (Napoli) 64 E25
Hintere Schwärze / Cime Nere 5 B14
Hintere Seelenkogl / Anime (Cima delle) 6 B15
Hirzerspitze / Cervina (Punta) 6 B15
Hochalpjoch / Oregone (Passo dell') 8 C20
Hochfeiler / Gran Pilastro 7 B17
Hochgall / Collalto 7 B18
Hochjoch / Alto (Giogo) 5 B14
Hochkreuz Spitze / Altacroce (Monte) 7 B18
Hochwilde / L'Altissima 6 B15
Hohe Geisel / Rossa (Croda) 7 C18
Hohe Warte / Coglians (Monte) 8 C20
Hoher Treib / Cuestalta 8 C21
Hoherfirst / Principe (Monte) 6 B15
Hone 11 F5
Hundskehljoch / Cane (Passo del) 7 A18

I

Iacono (Casa) 92 Q25
Iacurso 78 K31
Iano (Firenze) 37 L14
Iano (Reggio Emilia) 33 I14
Iato 86 M21
Iazzo Vecchio (Monte) 90 O22
Ible (Monti) 92 P26
Idice 34 I16
Idice (Torrente) 34 J16
Idolo (Monte) 101 H10
Idro 14 E13
Idro (Lago d') 14 E13
Iermanata 81 N30
Iesce (Masseria) 67 E31
Igea Marina 39 J19
Iglesias 102 J7
Iglesiente 102 I7
Igliano 29 I6
Igno (Monte) 46 M20
Ilbono 101 H10
Ilci 45 N19
Illasi 15 F15
Illasi (Torrente d') 15 F15
Illegio 8 C21
Illorai 97 F9
Imbriaca (Portella) 90 N22
Imele 51 P21
Imelle 50 P19
Imer 17 D17
Imera 87 N23
Imera Meridionale 87 N24
Imola 34 I17
Impalata 68 E33
Imperatore (Punta) 64 E23
Imperia 29 K6
Impiso (Colle d') 76 H30
Impiso (Ponte) 67 E30
Impruneta 37 K15
Inacquata (Masseria) 61 C29
Incaroio (Canale d') 8 C21
Incisa (Passo della) 38 K18
Incisa in Val d'Arno 38 L16
Incisa Scapaccino 22 H7
Incoronata 60 C28
Incoronata (Santuario dell') 60 C28
Incudine 5 D13
Indicatore 38 L17
Indiritto 20 G3
Indren (Punta) 2 E5
Induno Olona 12 E8
Infantino 77 J32
Infernaccio (Gola dell') 46 N21
Infernetto 56 Q19
Inferno (Pizzo d') 4 C10
Inferno (Ponte) 71 G28
Infreschi (Punta degli) 71 H28
Ingarano (Passo di) 54 B28
Ingria 11 F4
Ingurtosu 102 I7
Innichen / S. Candido 7 B18
Intimiano 13 E9
Intra 12 E7
Intragna 12 E7
Introbio 13 E10
Introd 10 E3
Introdacqua 52 P23
Inverigo 13 E9
Inveruno 12 F8
Invorio 12 E7
Invrea 30 I7
Inzago 13 F10
Ioanneddu (Punta) 99 F11
Iolanda di Savoia 26 H17
Iolo 37 K15
Ioppolo Giancaxio 90 O22
Iorenzo 60 C28
Ippari 92 Q25
Ippocampo 55 C29
Irgoli 99 F10
Iria 88 M25
Irminio 92 P26
Irpinia 65 D27
Irsina 67 E30
Irveri (Monte) 99 G10
Isalle 99 F10
Isarco / Eisack 6 B16
Isarco (Val) / Eisacktal 6 B16
Isca de sa Mela (Valico s') 101 G9
Isca Marina 79 L31
Isca sullo Ionio 79 L31
Iscala Mola 96 F7
Ischia 64 E23
Ischia di Castro 49 O17
Ischia (Isola d') 64 E23
Ischia-Ponte 64 E23
Ischia-Porto 64 E23
Ischitella 55 B29
Ischitella Lido 64 E24
Iscoba (monte) 98 E8
Iselle 2 D6
Iseo 14 F12
Iseo (Lago d') 14 E12
Isera 16 E15
Isernia 58 R24
Isili 101 H9
Isnello 87 N24
Isola 38 K17
Isola (Genova) 31 I9
Isola (Sondrio) 3 C9
Isola Bella 57 R20
Isola d'Arbia 44 M16
Isola d'Asti 21 H6
Isola del Cantone 30 I8
Isola del Gran Sasso d'Italia 51 O22
Isola del Liri 58 Q22
Isola della Scala 25 G15
Isola delle Femmine 86 M21
Isola di Capo Rizzuto 79 K33
Isola di Fano 40 L20
Isola di Fondra 13 E11
Isola di Piano 39 K20
Isola Dovarese 24 G12
Isola Farnese 50 P19
Isola Fossara 39 L20
Isola Pescaroli 24 G12
Isola Rizza 25 G15
Isola Rossa 94 D8
Isola S. Antonio 22 G8
Isola S. Biagio 46 N21
Isola Santa 32 J12
Isola Vicentina 16 F16
Isolabella 21 H5
Isolabona 29 K4
Isolaccia 5 C12
Isoletta 58 R22
Isonzo 19 E22
Isorella 24 G12
Isorno 2 D7
Isorno (Valle dell') 2 D7
Ispani 71 G28
Ispica 92 Q26
Ispica (Cava d') 92 Q26
Ispinigoli 99 G10
Ispra 12 E7
Issengo / Issing 7 B17
Issime 11 E5
Issing / Issengo 7 B17
Isso 13 F11
Issogne 11 F5
Istia d'Ombrone 43 N15
Istrago 8 D20
Istrana 17 E18
Itala 80 M28
Itala Marina 80 M28
Italba 35 H18
Itri 58 S22
Itria (Valle d') 68 E34
Ittia (Punta) 99 E10
Ittireddu 98 F8
Ittiri 96 F7
Iudica (Fattoria) 92 O26
Iudica (Monte) 88 O25
Iuvanum 52 P24
Ivigna (Punta) 6 B15
Ivrea 11 F5
Ixi (Monte) 103 I9
Izano 14 F11
Izzana 97 E9

J

Jafferau (Monte) 20 G2
Jamiano 19 E22
Jannarello (Bivio) 88 O26
Jaufenpaß / Monte Giovo (Passo di) 6 B15
Jelsi 59 R26
Jenesien / S. Genesio Atesino 6 C15
Jenne 57 Q21
Jerzu 101 H10
Jesi 41 L21
Jesolo 18 F19
Joppolo 78 L29
Joux (Colle di) 11 E5
Joux (la) 10 E2
Judrio 9 D22

K

Kalch / Calice 6 B16
Kaltenbrunn / Fontanefredde 16 D16
Kaltern a. d. Weinstraße / Caldaro s. str. d. V. 6 C15
Karerpaß / Costalunga (Passo di) 6 C16
Karersee / Carezza al Lago 6 C16
Kartibubbo 85 O20
Kasern / Casere 7 A18
Kastelbell / Castelbello 5 C14
Kastelruth / Castelrotto 6 C16
Kematen / Caminata 6 B16
Khamma 84 Q18
Kiens / Chienes 7 B17
Klammljoch / Gola (Passo di) 7 B18
Klausen / Chiusa 6 C16
Klobenstein / Collalbo 6 C16
Knutten-Alm / Malga dei Dossi 7 B18
Kortsch / Corzes 5 C14
Kreuzboden / Plan de Gralba 7 C17
Krimmlertauern / Tauri (Passo dei) 7 A18
Kronio (Monte) 90 O21
Kronplatz / Corones (Plan de) 7 B17
Kuens / Caines 6 B15
Kurtatsch a. d. Weinstraße / Cortaccia 16 D15
Kurtinig a. d. Wein-straße / Cortina 16 D15
Kurzras / Maso Corto 5 B14

L

La Barcaccia 45 M19
La Berzigala 33 I14
La Bottaccia 56 Q18
La Briglia 33 K15
La Caletta (Cagliari) 102 J6
La Caletta (Nuoro) 99 F11
La California 36 M13
La Cassa 21 G4
La Clava 6 B15
La Conia 95 D10
La Corte 96 E6
La Costa 32 I13
La Crocina 38 L17
La Crosetta 8 D19
La Crucca 96 E7
La Fagosa 72 G30
La Farnesiana 49 P17
La Ficaccia 95 D9
La Foce 44 M17
La Forca (L'Aquila) 51 P21
La Forca (Rieti) 51 O21
La Fossiata 77 I31
La Gabellina 32 J12
La Gala 83 M27
La Gardenaccia 7 C17
La Giustiniana (Roma) 50 Q19
La Grivola 10 F3
La Guardia 58 Q23
La Lama 68 F33
La Lima 33 J14
La Loggia 21 H5
La Maddalena 95 D10
La Madonnina 57 Q22
La Maina 8 C20
La Marchesa 54 C27
La Martella 72 F31
La Meta 58 Q23
La Monna 57 Q22
La Montagna 72 F30
La Montagna (Catania) 88 O25
La Montagna (Palermo) 87 N22
La Montagnola 89 N27
La Morra 21 I5
La Motticella 54 C28
La Muda 17 D18
La Muddizza 98 E8
La Mula 76 H29
La Nurra 96 F6
La Palazza 39 L18
La Palazzina 59 R25
La Pedraia 96 E6
La Pescia 61 C29
La Petrizia 79 K32
La Picciola 65 F26
La Pizzuta 85 N21
La Presanella 5 D13
La Punta 102 J6
La Reale 94 D6
La Rocca 25 H13
La Rotta (Grosseto) 49 O17
La Rotta (Pisa) 37 L14
La Salute di Livenza 18 F20
La Santona 33 J14
La Scala 44 M17
La Sellata 66 F29
La Selva 37 M15
La Serra 37 L14
La Serra d'Ivrea 11 F5
La Serra Lunga 85 N21
La Sila 78 J31
La Solfatara 64 E24
La Spezia 32 J11
La Stanga 17 D18
La Sterza 37 L14
La Strada 32 I12
La Taverna 58 R22
La Torraccia 42 M13
La Torre 39 K20
La Trinita 24 H11
La Valle / Wengen 7 C17
La Valle Agordina 17 D18
La Varella 7 C17
La Vecchia 32 I13
La Verna (Arezzo) 38 K17

La Verna (Modena) ..33 I13
La Villa 46 M21
La Villa / Stern 7 C17
Laas / Lasa 5 C14
Laatsch / Laudes 5 B13
Labante 33 J15
L'Abbandonato 44 N16
Labbro (Monte) 44 N16
Labico 57 Q20
Labro 50 O20
Lacchiarella 23 G9
Laccio 31 I9
Lacco Ameno 64 E23
Laccu sa Vitella
(Punta) 100 H8
Lacedonia 66 D28
Laceno (Lago di) 65 E27
Laces / Latsch 5 C14
Lachelle 22 G6
Lacina (Lago di) 78 L31
Lacona 42 N12
Laconi 100 H9
Lada (Perda) 101 I10
Ladispoli 49 Q18
Laerru 98 E8
Laga (Monti della) 51 O22
Lagadello 24 I11
Laganadi 80 M29
Lagarina (Val) 16 E15
Lagaro 33 J15
Lagastrello
(Passo di) 32 I12
Lagdei 32 I12
Laghi 16 E15
Laglesie-S. Leopoldo ..9 C22
Laglio 13 E9
Lagnasco 21 I4
Lago (Cosenza) 78 J30
Lago (Treviso) 17 E18
Lago (Croda da) 7 C18
Lago Bianco (Punta /
Weißseespitze 5 B14
Lago Gelato (Pizzo) 2 D7
Lagolo 16 D15
Lagonegro 71 G29
Lagoni 43 M15
Lagoni del Sasso 43 M14
Lagoni Rossi 43 M14
Lagorai (Catena dei) .16 D16
Lagorai (Lago) 16 D16
Lagosanto 35 H18
Lagrimone 32 I12
Laguna Veneta 27 G18
Lagundo / Algund 6 B15
Lagune 33 I15
L'Aia 50 O19
Laiatico 37 L14
Laigueglia 29 K6
Lainate 13 F9
Laino 3 E9
Laino Borgo 71 H29
Laino Castello 71 H29
Laion / Lajen 6 C16
Laives / Leifers 6 C16
Lajen / Laion 6 C16
L'Altissima /
Hochwilde 6 B15
Lama (Bologna) 33 I15
Lama (Perugia) 39 L18
Lama dei Peligni 52 P24
Lama di Monchio 33 I14
Lama lesa 43 M15
Lama la Noce
(Masseria) 67 E31
Lama Mocogno 33 J14
Lama Polesine 26 G17
Lamalunga 61 D29
Lamandia 68 E34
Lambrinia 23 G10
Lambro (Como 13 E9
Lambro (Salerno) 70 G27
Lambrugno 8 C21
Lamezia Terme 78 K30
Lamole 38 L16
Lamon 17 D17
Lamone 34 J17
Lampedusa 90 U19
Lampedusa
(Isola di) 90 U19
Lampione (Isola di) 90 U18
Lamporecchio 37 K14
Lamporo 21 G6
Lana 6 C15
Lana (Col di) 7 C17
Lanara (Monte) 59 R24
Lanciaia 37 M14
Lanciano 52 P25
Lanciano (Passo) 52 P24
Landiona 12 F7
Landriano 23 G9
Landro (Val di) 7 B18
Landshuter Haus
(Rifugio) 6 B16
Langan (Colla di) 29 K5
Langhe 29 I6
Langhirano 32 I12
Langosco 22 G7
L'Annunciata 65 D26
L'Annunziata 55 C29
Lanusei 101 H10
Lanùvio 56 Q20
Lanzada 4 D11
Lanzé 26 F16
Lanzo d'Intelvi 3 E9
Lanzo Torinese 11 G4
Lanzone (Pizzo) 90 N22
Lao 71 H29
Laorca 13 E10
Lapanu (Monte) 102 K8
Lapedona 47 M23
Lapio (Avellino) 65 E26
Lapio (Vicenza) 26 F16
Lappach / Lappago 7 B17
Lappago / Lappach 7 B17
L'Aquila 51 O22
Larcher (Rifugio) 5 C13
Larciano 37 K14
Lardaro 15 E13
Larderello 37 M14
Lardería 80 M28
Lardirago 23 G9
Lari 37 L13
Lariano 57 Q20
Larino 59 Q26
Lasa / Laas 5 C14
Lasa (Punta di) 5 C14
Lascari 87 M23
Lases 16 D15
Lasina (Piano) 103 I9
Lasino 5 D14
Lasnigo 13 E9
Lastebasse 16 E15
Lastra a Signa 37 K15
Lastreto
(Abbazia di) 40 L20
Lat (Piz) 5 B13
Látemar 6 C16
Latera 49 O17
Laterina 38 L17
Laterza 68 F32
Latiano 69 F35
Latina (Caserta) 59 S24
Latina (Pisa) 57 R20
Latina (Lido di) 57 R20
Latina Scalo 57 R20
Latisana 18 E20
Lato 68 F32
Latronico 72 G30
Latsch / Laces 5 C14
Lattari (Monti) 65 F25
Lattarico 76 I30
Latzfons / Lazfons 6 B16
Laudemio (Lago) 71 G29
Laudes / Laatsch 5 B13
Laura 70 F26
Laura (Serbatoio) 91 P23
Laurasca (Cima di) 2 D7
Laureana Cilento 70 G27
Laureana
di Borrello 81 L30
Laurenzana 67 F29
Laureto 68 E34
Lauria 71 G29
Lauriano 21 G5
Laurino 70 F28
Laurito 70 G28
Laurito (Masseria) 69 F34
Lauro (Avellino) 65 E25
Lauro (Caserta) 58 S23
Lauro (Monte) 92 P26
Lauropoli 76 H31
Lauzacco 19 E21
Lauzo (Monte) 57 S22
Lavachey 10 E3
Lavagna (Lodi) 13 F10
Lavagna (Genova) 31 J10
Lavagna (Torrente) 31 I9
Lavaiano 37 L13
Lavane (Monte) 38 K16
Lavardet (Forcella) 8 C19
Lavaredo (Tre Cime di) /
Drei Zinnen 7 C18
Lavariano 19 E21
Lavarone 16 E15
Lavaze (Passo di) 6 C16
Lavello 66 D29
Lavena 12 E8
Laveno 14 E12
Laveno Monbello 12 E7
Lavenone 14 E13
Lavezzola 34 I17
Laviano 66 E27
Lavinio-Lido di Enea.56 R19
Lavino 33 I15
Lavino di Mezzo 33 I15
Lavis 16 D15
Lavone 14 E12
Lazfons / Latzfons 6 B16
Lazise 15 F14
Lazzaretti 16 E16
Lazzaro 80 N29
Lazzaro (Monte) 23 H10
Lazzi (Cima di) 11 E5
Le Bolle 37 L15
Le Castella 79 K33
Le Cerbaie 37 K14
Le Conche 74 G34
Le Conie 44 N17
Le Cornate 43 M14
Le Coste 33 I14
Le Crete 44 M16
Le Croci 79 K31
Le Grazie 32 J11
Le Mainarde 58 R23
Le Moline 31 I10
Le Monache 57 R21
Le Monachelle 76 I31
Le Murge 62 D30
Le Murgie 79 J33
Le Palombe 62 D30
Le Piastre 33 J14
Le Pizzorne 33 K13
Le Polle 33 J14
Le Pozze 33 K14
Le Prese 5 C13
Le Pulci 45 M19
Le Regine 33 J14
Le Rocchette 43 N14
Le Tagliole 33 J13
Le Tofane 7 C18
Le Torri 45 N19
Le Torri 61 D29
Le Vigne 76 H30
Le Ville 39 L18
Le Volte 29 J6
Leano (Monte) 57 R21
Leardo (Monte) 86 N22
Lebbrosario 63 E32
Leca 29 J6
Lecce 75 F36
Lecce nei Marsi 51 Q23
Lecce (Tavoliere di) 69 F35
Lecchi 38 L16
Lecchiore 29 K5
Leccio 38 K16
Leccio (Poggio del) 48 O15
Leccio (Rio) 37 K13
Lecco 13 E10
Lecco (Lago di) 13 E9
Lechaud (Pointe de) .10 E2
Lechère (la) 11 E4
Ledra (Canale) 8 D21
Ledro (Lago di) 15 E14
Ledro (Val di) 15 E14
Ledu (Pizzo) 3 D9
Leffe 14 E11
Legnago 25 G15
Legnano 12 F8
Legnaro 26 F17
Legnone (Monte) 13 D10

LA SPEZIA

Battisti (Piazza Cesare) .... AB 2
Beverini (Piazza G.) .... A 3
Brin
(Piazza Benedetto) .... A 4
Caduti del Lavoro
(Piazzale) .... A 6
Cavour (Corso e Piazza) .... AB
Chiodo (Pza e Via Domenico) B 8
Colli (Via dei) .... AB 9
Da Passano (Via) .... B 10
Europa (Piazza) .... B 12
Fieschi (Viale Nicolò) .... A 13
Fiume (Via) .... A 14
Manzoni (Via) .... B 15
Milano (Via) .... A 16
Mille (Via dei) .... A 17
Napoli (Via) .... A 18
Prione (Via del) .... AB
Rosselli (Via F.lli) .... A 20
Spallanzani
(Via e Salita) .... A 22
Verdi (Pza Giuseppe) .... B 23
20 Settembre (Via) .... B 24
27 Marzo (Via) .... AB 26

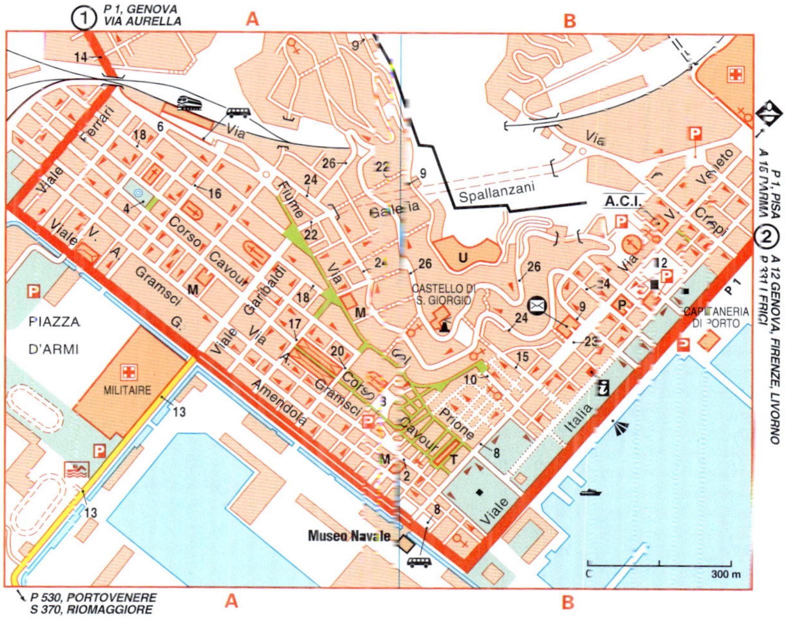

Legoli 37 L14
Legri 33 K15
Lei 96 G8
Lei (Lago di) 4 C10
Lei (Valle di) 4 C10
Leia 49 O17
Leifers / Làives 6 C16
Leinì 21 G5
Leivi 31 I9
L'Elefante 98 E8
Lella (Masseria) 69 F34
Lelo (Monte) 77 I32
Lema (Monte) 3 D8
Lemene 18 E20
Lemie 10 G3
Lemina 21 H4
Lemma 20 I4
Lemme 22 H8
Lempa 47 N22
Lena (Punta) 83 K27
Lendinara 26 G16
Leni (Cagliari) 102 I7
Leni (Messina) 82 L26
Lenna 13 E11
Lenno 2 E9
Leno 24 F12
Lenola 57 R22
Lenta 12 F7
Lentate sul Seveso 13 E9
Lentiai 17 D18
Lentigione 24 H13
Lentini 93 P27
Lentini
(Serbatoio di) 92 P26
Lentiscosa 70 G28
Lentula 33 J15
Leo 33 J14
Leofreni 51 P21
Leone (Monte) 2 D6
Leone (Pizzo del) 86 N22
Leonessa 50 O20
Leonessa (Sella di) 51 O21
Leonforte 88 O25
Leoni (Monte) 43 N15
Leontinoi 93 P27
Leopardi 64 E25
Lepini (Monti) 57 R20
Leporano 69 F33
Lequile 75 G36
Lequio Berria 21 I6
Lequio Tanaro 21 I5
Lercara Bassa 91 N22
Lercara Friddi 90 N22
Lerch 39 L18
Lerici 32 J11
Lerma 30 I8
Lerno (Monte) 97 F9
Lerno (Su 99 E10
Lesa 12 E7
Lese 77 I32

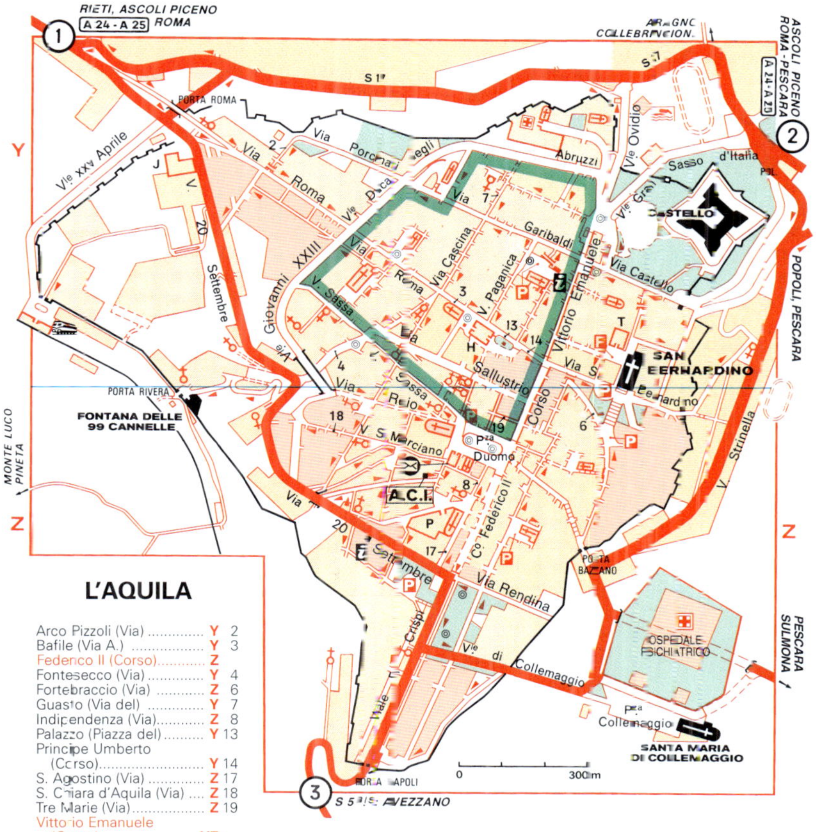

L'AQUILA

Arco Pizzoli (Via) .... Y 2
Bafile (Via A.) .... Y 3
Federico II (Corso) .... Z
Fontesecco (Via) .... Y 4
Fortebraccio (Via) .... Z 6
Guasto (Via del) .... Y 7
Indipendenza (Via) .... Z 8
Palazzo (Piazza del) .... Y 13
Principe Umberto
(Corso) .... Y 14
S. Agostino (Via) .... Z 17
S. Chiara d'Aquila (Via) .... Z 18
Tre Marie (Via) .... Z 19
Vittorio Emanuele
(Corso) .... YZ

LECCE

Aragona (Via F. d') .... YZ 3
Caracciolo (Via Roberto) .... Z 7
Cavalotti (Viale) .... Y 8
Costadura (Via M.C.) .... Y 9
Fazzi (Via Vito) .... Y 12
Imperatore Adriano (V.) .... Y 14
Imperatore Augusto (V.).......... Y 15
Jacobis (V. Agostino de) .... Z 17
Ludovico (Via) .... Y 21
Orsini del Balzo (Via) .... Z 25
Palazzo dei Conti di Lecce (Via del) .... Z 26
Pietro (Via M. de).................... Y 28
Rubichi (Via Francesco).................... Y 32
S. Oronzo (Piazza) .... Y
Taranto (Via) .... Y 38
Vitt. Emanuele (Cso) .... Y 42
Vittorio Emanuele (Pza) .... Y 43
25 Luglio (Via) .... Y 44

M MUSEO PROVINCIALE

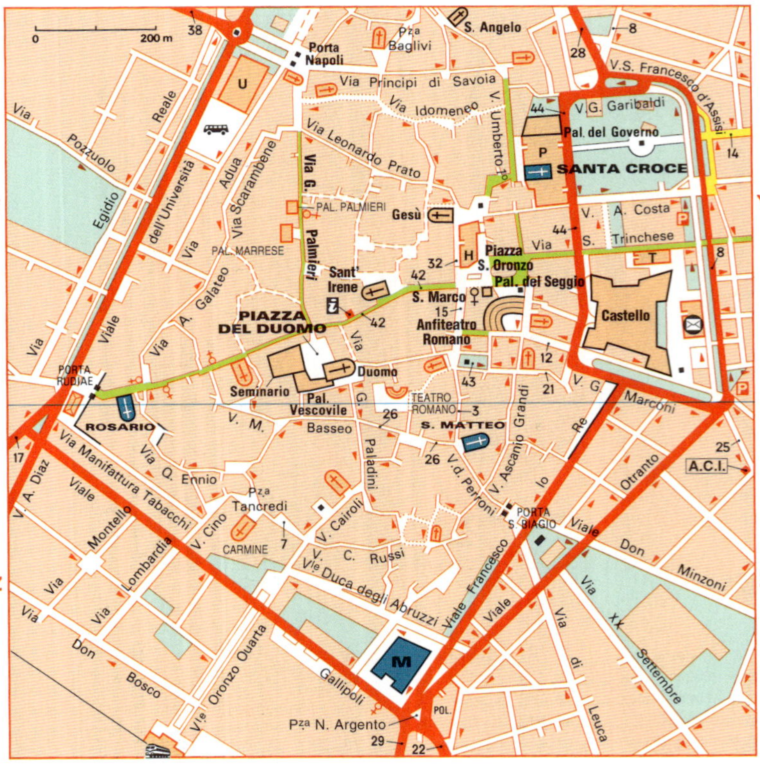

Lesegno 29 I5
Lesignano de' Bagni.24 I12
Lesima (Monte).........31 H9
Lesina.........................54 B28
Lesina (Lago di) 54 B28
Lesmo 13 F9
Lessini (Monte) 16 E15
Lessolo.......................11 F5
Lestans.........................8 D20
Lestizza 18 E21
Letegge (Monte) 46 M21
Letino 59 R24
Letojanni....................89 N27
Lettere........................65 E25
Lettomanoppello.......52 P24
Lettopalena................52 P24
Levada (Padova) 17 F18
Levada (Treviso) 18 E19
Levaldigi 21 I4
Levane 38 L16
Levanna 10 F3
Levante (Riviera di) ..31 J9
Levanto 31 J10
Levanzo......................84 N19
Levanzo (Isola)..........84 M18
Levata 24 G12
Levate 13 F10
Leverano....................75 G36
Leverogne..................10 E3
Levi-Molinari 20 G2
Levice.........................21 I6
Levico Terme.............16 D15
Levigliani 32 J12
Levone 11 G4
Lezzeno 3 E9
Liano (Bologna) 34 I16
Liano (Brescia) 15 E13
Liariis...........................8 C20
Libbiano.....................37 M14
Libeccio (Punta) (Livorno) 42 O12
Libeccio (Punta) (Trapani)...............84 N18
Liberi 64 D24
Libertinia....................88 O25
Libra (Monte) 88 O25
Librari.........................74 G34
Librizzi........................88 M26
Licata..........................91 P23
Licciana Nardi 32 J12
Licenza 50 P20
Licodia Eubea............92 P26
Licola Mare................64 E24
Licosa (Isola) 70 G26
Licosa (Monte) 70 G26
Licosa (Punta) 70 G26
Licusati.......................70 G28
Lidi Ferraresi 35 H18
Lido 42 N13
Lido (Porto di) 18 F19
Lido Adriano 35 I18
Lido Azzurro 68 F33
Lido Bruno.................68 F33
Lido Cannatello.........91 P22
Lido Cerano...............69 F36
Lido degli Estensi 35 I18
Lido degli Scacchi 35 H18
Lido dei Maronti 64 E23
Lido dei Pini 56 R19
Lido del Sole (Foggia) 55 B29
Lido del Sole (Sassari) 99 E10
Lido delle Conchiglie 75 G36
Lido delle Nazioni.....35 H18
Lido delle Sirene.......56 R19
Lido di Camaiore 36 K12
Lido di Campomarino 54 B27
Lido di Casalbordino.........53 P25
Lido di Castel Fusano 56 Q18
Lido di Cincinnato 56 R19
Lido di Classe............39 J19
Lido di Dante.............35 I18
Lido di Faro...............56 Q18
Lido di Fermo............47 M23
Lido di Jesolo 18 F19
Lido di Lonato...........14 F13
Lido di Metaponto 73 F32
Lido di Noto 93 Q27
Lido di Ostia..............56 Q18
Lido di Pittulongu 99 E10
Lido di Policoro.........73 G32
Lido di Pomposa.......35 H18
Lido di Portonuovo...55 B30
Lido di Procida..........64 E24
Lido di Rivoli 55 C29
Lido di S. Giuliano....84 M19
Lido di Savio 39 J19
Lido di Scanzano 73 G32
Lido di Siponto 55 C29
Lido di Spina.............35 I18
Lido di Tarquinia.......49 P17
Lido di Torre Mileto..54 B28
Lido di Tortora 71 H29
Lido di Venezia..........18 F19
Lido di Volano...........35 H18
Lido Gandoli..............69 F33
Lido Marausa 84 N19
Lido Marini 75 H36
Lido Quarantotto 73 G32
Lido Riccio.................52 O25
Lido S. Angelo 77 I31
Lido Signorino 84 N19
Lido Silvana 74 F34
Lierna 3 E9
Lignana 22 G7
Lignano (Monte) 38 L17
Lignano Pineta 18 F21
Lignano Riviera 18 F21
Lignano Sabbiadoro.19 E21
Ligonchio...................32 J13
Ligoncio (Pizzo) 4 D10
Ligosullo 8 C21
Lilibeo (Capo)............84 N19
Lillaz 10 F4
Lillianes......................11 F5
Lilliano 37 L15
Lima 32 J13
Limana 17 D18
Limatola.....................64 D25
Limbadi......................78 L29
Limbara (Monte) 97 E9
Limbara (Passo del)..97 E9
Limbiate.....................13 F9
Limena 26 F17
Limentra Inferiore.....33 J15
Limes 14 E13
Limidario (Monte) 3 D7
Limina 89 N27
Limina (Monte) 81 L30
Limite 37 K14
Limito 13 F9
Limo (Passo di) 7 C18
Limone Piemonte 29 J4
Limone sul Garda 15 E14
Limonetto 29 J4
Limoni (Riveira dei) ..89 O27
Limosano...................59 Q25
Limpida (Serra la).....71 H29
Limpiddu 99 E11
Linaro 39 K18
Linaro (Capo) 49 P17
Linarolo......................23 G9
Linas (Monte)..........102 I7
L'Incontro...................38 K16
Lindinuso...................75 F36
Linera 89 O27
Lingua 82 L26
Linguaglossa 89 N27
Lingueglietta 29 K5
Linosa 90 T20
Linosa (Isola di) 90 T20
Lio Piccolo 18 F19
Lioni 65 E27
Lipari 82 L26
Lipari (Isola) 82 L26
Lippiano.....................39 L18
Lippo (Pizzo).............88 N25
Lipuda 77 I33
Liri 57 Q21
Liro 4 C10
Lis (Colle del) 20 G4
Lisca Bianca (Isola)...83 L27
Liscate........................13 F10
Liscia (Chieti)............53 Q25
Liscia (Sassari).........95 D9
Liscia (Lago della).....97 E9
Lisciano......................50 O20
Lisciano Niccone.......45 M18
Liscione (Lago del) ...59 Q26
Lisignago 16 D15
L'Isola 55 B29
Lissone.......................13 F9
Lissone (Rifugio) 5 D13
Liternum 64 E24
Littu Petrosu (Punta) 99 E10
Liuru (Monte).........103 J10
Livenza.......................18 D19
Liveri 65 E25
Lividonia (Punta).......48 O15
Livigno 5 C12
Livigno (Forcola di).....5 C12
Livigno (Valle di) 5 C12
Livo (Como) 3 D9
Livo (Trento) 6 C15
Livorno.......................36 L12
Livorno Ferraris 11 G6
Livraga 23 G10
Lizzanello 75 G36
Lizzano (Pistoia).......33 J14
Lizzano (Taranto)......69 F34
Lizzano in Belvedere 33 J14
Lizzola 5 D12
Loano 29 J6
Loazzolo.....................30 H6
Lobbi 22 H8
Lobbia Alta 5 D13
Lobbie (Cima delle) ..20 I3
Lobia 26 F15
Locana 11 F4
Locana (Valle di) 10 F3
Locate di Triulzi.........23 F9
Locatelli (Rifugio)........7 C18
Locati 91 N24
Loceri 101 H10
Loco 31 I9

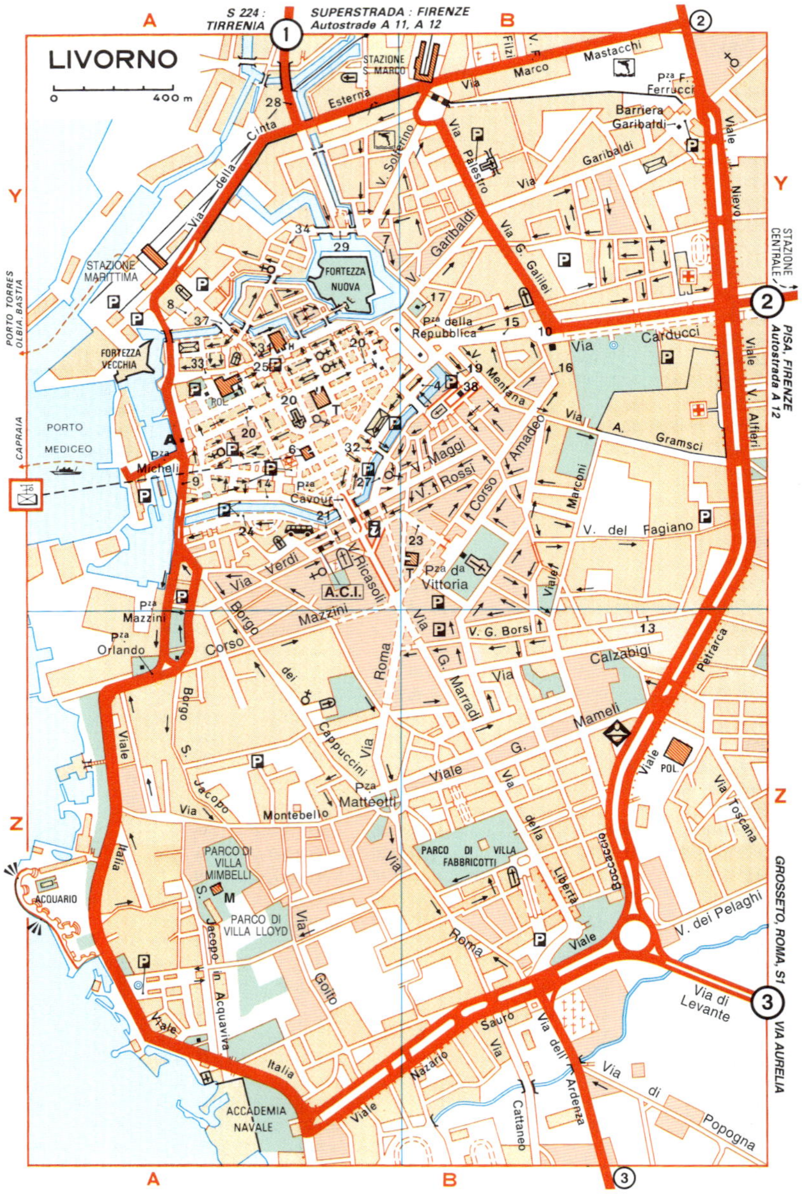

Bettarini (Scali) .... BY 4
Cairoli (Via) .... AY 6
Cantine (Scali delle) .... AY 7
Cialdini (Scali Enrico) .... AY 8
Cisternone (Piazza del) .... BY 10
Coccoluto Ferrigni (Via P.) .... BZ 13
D'Azeglio (Scali) .... AY 14
De Larderel (Via).................. BY 15
Del Corona (Via) .... BY 16
Garibaldi (Piazza).................. BY 17
Gazzarrini (Via) .... BY 19
Grande (Piazza e Via) .... AY 20
Indipendenza (Via) .... AY 21
Magenta (Via) .... BY 23
Manzoni (Scali) .... AY 24
Municipio (Piazza)................. AY 25
Olandesi (Scali degli) .... ABY 27
Orlando (Via Salvatore)........ AY 28
Pontino (Scali)....................... AY 29
Porticciolo (Via del)............. AY 31
Ricasoli (Via) .... AY
Saffi (Scali Aurelio) .... AY 32
S. Giovanni (Via) .... AY 33
S. Marco (Via) .... AY 34
Venezia (Via) .... AY 37
20 Settembre (Piazza).......... BY 38

A MONUMENTO A FERDINANDO I DE' MEDICI

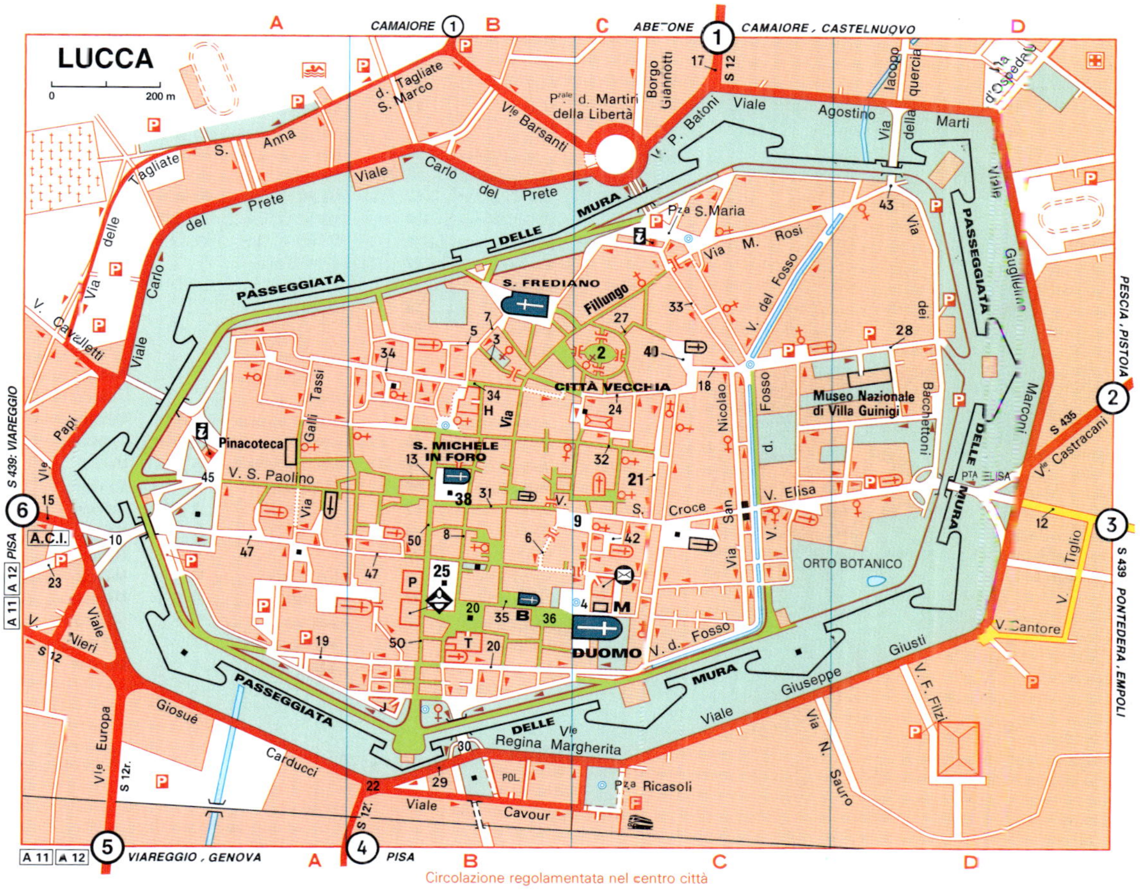

Circolazione regolamentata nel centro città

Anfiteatro (Pza dell')	C	2
Angeli (Via degli)	B	3
Antelminelli (Pza)	C	4
Asili (Via degli)	B	5
Battistero (Via del)	B	6
Battisti (Via C.)	B	7
Beccheria (Via)	B	8
Bernardini (Pza dei)	C	9
Boccherini (Pza L.)	A	10
Cadorna (Viale)	D	12
Calderia (Via)	B	13
Catalani (Via)	A	15
Civitali (Via M.)	C	17
Fillungo (Via)	BC	
Fratta (Via della)	C	18
Garibaldi (Corso)	AB	19
Giglio (Pza del)	B	20
Guinigi (Via)	C	21
Indipendenza (Piazza dell')	B	22
Luporini (Viale)	A	23
Mordini (Via A.)	C	24
Napoleone (Pza)	B	25
Portico (Via del)	C	27
Quarquonia (Via della)	D	28
Repubblica (Viale)	B	29
Risorgimento (Pza)	B	30
Roma (Via)	B	31
S. Andrea (Via)	C	32
S. Gemma Galgani (Via)	C	33
S. Giorgio (Via)	B	34
S. Giovanni (Pza)	B	35
S. Martino (Pza)	B	36
S. Michele (Pza)	B	38
S. Pietro (Pza)	C	40
Servi (Pza dei)	C	42
Varanini (Pza L.)	D	43
Verdi (Pzale G.)	A	45
Vittorio Emanuele II (Via)	AB	47
Vittorio Veneto (Via)	B	50

Locoe 101 G10
Locone 67 E30
Loconia 61 D29
Locorotondo 68 E33
Locri 81 M30
Locri Epizefiri 81 M30
Loculi 99 F10
Lodè 99 F10
Lodi 23 G10
Lodi Vecchio 23 G10
Lodignano
(Sella di) 32 I12
Lodine 101 G9
Lodrino 14 E12
Lodrone 14 E13
Loelle 97 F9
Loggio (Monte) 39 K18
Lograto 14 F12
Logudoro 98 F8
Loiano 34 J15
Loiri 99 F10
Lollove 97 F9
Lomaso 5 D14
Lomazzo 13 E9
Lombai 9 D22
Lombarda (Colle di) 28 J3
Lombardi 49 P17
Lombardore 11 G5
Lombriasco 21 H4
Lomellina 22 G7
Lomello 22 G8
Lonate Ceppino 12 E8
Lonate Pozzolo 12 F8
Lonato 14 F13
Loncon 18 E20
Londa 38 K16
Longa 16 E16
Longa (Serra) 71 G29
Longano 59 R24
Longara 26 F16
Longare 26 F16
Longarini (Pantano) ..93 Q27
Longarone 17 D18
Longastrino 34 I18
Longega /
Zwischenwasser 7 B17
Longerin (Crode dei) ..8 C19
Longhena 14 F12
Longhi 16 E15
Longi 88 M26
Longiano 39 J18
Longiarù / Campill 7 C17
Longobardi 78 J30
Longobardi Marina ...78 J30
Longobucco 77 I31
Longone al Segrino ..13 E9
Longone Sabino 50 P20
Longoni (Rifugio) 4 D11
Longu 103 J9
Lonigo 26 F16
Loppio 15 E14
Loranzè 11 F5
L'Orecchia di Lepre 5 C14
Loreggia 26 F17
Loreggiola 26 F17
Lorenzago di Cadore ..8 C19
Lorenzana 36 L13
Lorenzatico 25 I15
Loreo 27 G18
Loretello 40 L20
Loreto 41 L22
Loreto Aprutino 52 O23
Loria 17 E17
Lorica 77 J31
Lorio (Monte) 5 D12
Lornano 37 L15
Loro Ciuffenna 38 L16
Loro Piceno 46 M22
Lorsica 31 I9
Losa (Abbasanta) 100 G8
Losciale-Garrappa 68 E34
Loseto 63 D32
Losine 14 E12
Lotzorai 101 H10
Lova 27 G18
Lovadina 17 E18
Lovello (Monte) /
Groß Löffler 7 A17
Lovere 14 E12
Lovero 5 D12
Lovoleto 34 I16
Lozio 14 E12
Lozze (Monte) 16 E16
Lozzo Atestino 26 G16
Lozzo di Cadore 8 C19
Lozzolo 12 F6
Lu 22 G7
Lubriano 49 O18
Lucca 36 K13
Lucca Sicula 90 O21
Lucchio 33 J14
Lucco (Monte) 38 L16
Lucedio 22 G6
Lucera 54 C28
Lucignano 44 M17
Lucignano d'Arbia 44 M16
Lucinico 19 E22
Lucino 13 E9
Lucito 59 Q26
Luco (Monte)
(L'Aquila) 51 O22
Luco dei Marsi 51 Q22
Luco (Monte) 6 C15
Lucolena 38 L16
Lucoli 51 P22
Lucrezia 40 K20
Lucugnano 75 H36
Ludu (Genna su) 101 H10
Lüsen / Luson 7 B17
Lugagnano 15 F14
Lugagnano
Val d'Arda 24 H11
Lugano (Lago di) 12 E8
Luggerras
(Cuccuru) 101 I10
Lugnano 45 L18
Lugnano
in Teverina 49 O18
Lugnola 50 O19
Lugo (Ravenna) 34 I17
Lugo
(Reggio Emilia) 33 I13
Lugo (Venezia) 27 F18
Lugo (Verona) 15 F14
Lugo di Vicenza 16 E16
Lugosano 65 E26
Lugugnana 18 E20
Lugugnano 32 I12
Luicciana 33 J15
Luino 12 E8
Lula 99 F10
Lumarzo 31 I9
Lumbaldu 98 E8
Lumezzane 14 F12
Lumie 8 C20
Luminaria (Pizzo) 88 N25
Lumini 15 F14
Luna (Alpe della) 39 L18
Luna (Cala di) 101 G10
Lunamatrona 100 I8
Lunaro 39 K19
Lunella (Punta) 20 G3
Lunga (Cala) 102 J7
Lunga (Serra) 58 Q22
Lungavilla 23 G9
Lunghezza 50 Q20
Lungo (Lago)
(Latina) 57 S22
Lungo (Lago) (Rieti) .50 O20
Lungo (Sasso) 7 C17
Lungro 76 H30
Luni 32 J12
Lunigiana 32 J11
Luogosano 65 D26
Luogosanto 95 D9
Lupara
(Campobasso) 59 Q26
Lupara (Foggia) 61 C29
Lupara (Masseria) 66 E29
Lupia 16 F16
Lupicino / Wölfl 6 C16
Lupo (Portella del) 87 N23
Lupo (Valico di) 55 B30
Lupone (Monte) 57 R20
Lura 13 E9
Lurago d'Erba 13 E9
Lurago Marinone 12 E8
Luras 97 E9
Lurate Caccivio 13 E9
Luretta 23 H10
Luriano 43 M15
Lurisia 29 J5
Luseney (Becca di) ...11 E4
Luserna 16 E15
Luserna
S. Giovanni 20 H3
Lusevera 9 D21
Lusia 26 G16
Lusia (Passo di) 17 C17
Lusiana 16 E16
Lusiglié 21 G5
Luson / Lüsen 7 B17
Lustignano 37 M14
Lustra 70 G27
Lusurasco 24 H11
Lutago / Luttach 7 B17
Lutirano 38 J17
Lutrano 18 E19
Luttach / Lutago 7 B17
Luzzara 25 H14
Luzzi 76 I30
Luzzogno 12 E7
Lys 11 F5
Lyskamm 2 E5

M

Macaion (Monte) /
Gantkofel 6 C15
Macalube
(Vulcanelli di) 91 O22
Macari 85 M20
Maccabei 65 D26
Maccacari 25 G15
Maccagno 3 D8
Maccarese 56 Q18
Maccarese
(Bonifica di) 56 Q18
Macchia (Catania) 89 N27
Macchia (Cosenza) ..76 I31
Macchia
(Coppa della) 55 B29
Macchia da Sole 47 N22
Macchia di Monte 68 E33
Macchia d'Isernia 58 R24
Macchia Rotonda 61 C29
Macchia Valfortore ...59 R26
Macchiagodena 59 R25
Macchialunga
(Monte) 50 O20
Macchiareddu 103 J9
Macchiascandona 43 N14
Macchiatornella 51 O22
Macchie (Perugia) 45 M18
Macchie (Terni) 50 O19
Macchina Lagana 81 L30
Macchioni 57 R22
Macciano (Perugia) ..45 N19
Macciano (Siena) 44 M17
Macconi (i) 92 Q25
Macello 20 H4
Mácera di Morte 46 N22
Macerata 46 M22
Macerata (Pisa) 36 L13
Macerata Campania .64 D24
Macerata Feltria 39 K19
Macere 57 Q20
Macereto (Ponte) 43 M15
Macereto
(Santuario di) 46 N21
Macerino 45 N19
Macerone 39 J19
Maciano 39 K18
Macina 46 M22
Macion (Monte) 103 J10
Maclodio 14 F12
Macomer 97 G8
Macra 20 I3
Macugnaga 11 E5
Maddalena 30 I7
Maddalena
(Arcipelago della) .95 D10
Maddalena (Colle della)
(Cuneo) 28 I2
Maddalena (Colle della)
(Torino) 21 G5
Maddalena (Isola) 95 D10
Maddalena (Monte) ..14 F12
Maddalena
(Monti della) 71 F28
Maddalena
(Penisola della) 93 P27
Maddalena
Spiaggia 103 J9
Maddalene 21 I4
Maddaloni 64 D25
Madesimo 4 C10
Madone 13 F10
Madonna 22 H7
Madonna
Cancelecchia 51 Q22
Madonna dei Bagni
(Deruta) 45 N19
Madonna
dei Fornelli 33 J15
Madonna
dei Miracoli 62 D30
Madonna dei Monti ..45 L19
Madonna del
Buon Cammino 67 E31
Madonna del
Buonconsiglio 92 P25
Madonna del Carmine
(Salerno) 66 F28
Madonna del Carmine
(Taranto) 63 F32
Madonna del Furi 86 M21
Madonna
del Ghisallo 3 E9
Madonna
del Monte (Forlì) ...39 J18
Madonna del Monte
(Perugia) 46 N20
Madonna
del Monte Vivo 70 F28
Madonna
del Pettoruto 76 H29
Madonna del Piano ..92 P25
Madonna del Ponte ..40 K21
Madonna del Sasso ..12 E7
Madonna
della Cava 84 N19
Madonna
della Cima 45 L19
Madonna
della Civita 58 S22
Madonna
della Lanna 58 Q23
Madonna
della Libera 85 N20
Madonna
della Neve 46 N21
Madonna
della Pace 51 Q21
Madonna
della Quercia 49 O18
Madonna della Scala
(Bari) 68 E33
Madonna della Scala
(Santuario della)
(Taranto) 68 F33
Madonna
della Stella 72 G30
Madonna della Valle .45 N19
Madonna dell'Acero .33 J14
Madonna
dell'Acqua 36 K13

MANTOVA

Accademia (Via) BY 2
Acerbi (Via) AZ 3
Broletto (Via e Piazza) BZ 4
Canossa (Piazza) AY 5
Don Leoni (Piazza) AZ 6
Don Tazzoli (Via Enrico) BZ 7
Erbe (Piazza delle) BZ 8
Fratelli Cairoli (Via) BY 10
Libertà (Corso) AZ 12
Mantegna (Piazza Andrea) BZ 13
Marconi (Piazza) ABZ 15
Martiri di Belfiore (Piazza) AZ 16
Matteotti (Via) AZ 17
Roma (Via) AZ
S. Giorgio (Via) BY 20
Sordello (Piazza) BY 21
Umberto (Corso) AZ
Verdi (Via Giuseppe) AZ 24
Virgilio (Via) AY 25
20 Settembre (Via) BZ 27

B ROTONDA DI SAN LORENZO

Madonna dell'Alto 85 N20
Madonna dell'Ambro 46 N21
Madonna dell'Auricola 57 R22
Madonna delle Grazie 26 G18
Madonna di Baiano 45 N20
Madonna di Campiglio 5 D14
Madonna di Canneto (Campobasso) 59 Q25
Madonna di Canneto (Frosinone) 58 Q23
Madonna di Costantinopoli 70 F27
Madonna di Cristo 54 C28
Madonna di Fatima 97 F9
Madonna di Gaspreano 46 M21
Madonna di Mellitto 67 E31
Madonna di Monserrato 42 N13
Madonna di Novi Velia 70 G28
Madonna di Pergamo 72 F30
Madonna di Piano 40 L20
Madonna di Picciano 67 E31
Madonna di Pietralba 6 C16
Madonna di Porto Salvo 90 U19
Madonna di Pugliano 39 K19
Madonna di Ripalta 61 D29
Madonna di S. Luca (Bologna) 33 I15
Madonna di Senales / Unserfrau 5 B14
Madonna di Sterpeto 62 D30
Madonna di Stignano (Santuario della) 54 B28
Madonna di Tirano 5 D12
Madonna di Viatosto 21 H6
Madonna di Viggiano (Viggiano) 71 F29
Madonnino 44 M17
Madonnuzza (Portella) 87 N24
Madrano 16 D15
Mae 17 D18
Maenza 57 R21
Maerne 27 F18
Maestrale (Stagno di) 102 K7
Maestrello 45 M18
Mafalda 53 Q26
Maffiotto 20 G3
Magaggiaro (Monte) 85 N20
Magasa 15 E13
Magazzino 33 I15
Magazzolo 90 O22
Magdeleine (la) 11 E4
Magenta 12 F8
Maggio 13 E10
Maggio (Monte) (Ancona) 46 M20
Maggio (Monte) (Siena) 37 L15
Maggiora 12 E7
Maggiorasca (Monte) 31 I10
Maggiore (Isola) (L. Trasimeno) 45 M18
Maggiore (Lago) 12 E7
Maggiore (Monte) (Caserta) 58 S24
Maggiore (Monte) (Grosseto) 49 O16
Maggiore (Monte) (Perugia) 46 N20
Maggiore (Punta) 99 E10
Maggiore (Serra) 72 G31
Magherno 23 G9
Magisano 79 J31
Magliano Alfieri 21 H6
Magliano Alpi 29 I5
Magliano de' Marsi 51 P22
Magliano di Tenna 46 M22
Magliano in Toscana 48 O15
Magliano Romano 50 P19
Magliano Sabina 50 O19
Magliano Vetere 70 F27
Magliati (Masseria) 68 F32
Maglie 75 G36
Magliolo 29 J6
Magnacavallo 25 G15
Magnago 12 F8
Magnano (Biella) 11 F6
Magnano (Potenza) 72 G30
Magnano in Riviera 9 D21
Magnisi (Penisola) 93 P27
Magnola (Monte della) 51 P22
Magnolini (Rifugio) 14 E12
Magomadas 96 G7
Magra 32 I11
Magras 5 C14
Magré s. str. d. vino / Magreid 16 D15
Magredis 9 D21
Magreglio 3 E9
Magreid a. d. Weinstraße / Magré 16 D15
Magreta 33 I14
Magugnano 49 O18
Magusu (Punta) 102 I7
Mai (Monte) 65 E26
Maiano (Perugia) 45 N20
Maiano (Pesaro e Urbino) 39 K18
Maiano Monti 34 I17
Maida 78 K31
Maida Marina 78 K30
Maiella (Montagna della) 52 P24
Maiella (Parco Naz. della) 52 Q24
Maielletta (la) 52 P24
Maierà 76 H29
Maierato 78 K30
Maiern / Masseria 6 B15
Maiero 34 H17
Maiolati Spontini 41 L21
Maiolo 23 H10
Maiorana (Masseria) 67 E31
Maiori (Salerno) 65 F25
Maiori (Sassari) 97 E9
Maiori (Monte) 100 H8
Maira (Torrente) 20 I3
Maira (Valle) 28 I3
Mairago 23 G10
Mairano 14 F12
Maissana 31 I10
Majano 8 D21
Mal di Ventre (Isola di) 100 H6
Malacalzetta 102 I7
Maladecia (Punta) 28 J3
Malagnino 24 G12
Malagrotta 56 Q19
Malaina (Monte) 57 R21
Malalbergo 34 H16
Malamocco 27 F19
Malamocco (Porto di) 27 F18
Malara (Monte) 65 D27
Malborghetto 9 C22
Malcesine 15 E14
Malchina 19 E22
Malciaussia 20 G3
Malcontenta 27 F18
Malé 5 C14
Malegno 14 E12
Malenco (Val) 4 D11
Maleo 23 G11
Malesco 2 D7
Maletto 88 N26
Malfa 82 L26
Malfatano (Capo) 102 K8
Malga Bissina (Lago di) 5 D13
Malga Boazzo (Lago di) 5 D13
Malga dei Dossi / Knutten-Alm 7 B18
Malga di Valmaggiore 16 D16
Malga Fana 6 B16
Malga Movlina 5 D14
Malga Prato / Wieser Alm 7 A18
Malga Pudio / Pidig Alm 7 B18
Malga Sadole 16 D16
Malghera 5 C12
Malgrate 13 E10
Malignano 37 M15
Malina 8 D21
Malinvern (Testa) 28 J3
Malito 78 J30
Mallare 30 J6
Mällero 4 D11
Malles Venosta / Mals 5 B13
Malnate 12 E8
Malnisio 8 D19
Malo 16 F16
Malonno 5 D12
Malopasseto (Passo) 87 N24
Malosco 6 C15
Malpaga (Bergamo) 13 F11
Malpaga (Brescia) 24 F12
Mals / Malles Venosta 5 B13
Maltignano (Ascoli Piceno) 47 N23
Maltignano (Perugia) 46 N21
Malu 102 I8
Malvagna 89 N27
Malvicino 30 I7
Malvito 76 I30
Malvizza 60 D27
Malvizzo (Monte) 91 P23
Mamiano 24 H13
Mammola 81 L30
Mamoiada 101 G9
Mamone 99 F10

MESSINA

Antonello (Piazza) BY 2
Cairoli (Piazza) BZ 3
Castronovo (Piazza) BY 4
Concezione (Via) BY 5
Consolato del Mare (Via) BY 6
Duomo (Piazza del) BY 8
Lo Sardo (Piazza) AZ 13
Martino (Via A.) AZ 15
Maurolico (Piazza Francesco) AZ 16
Minutoli (Largo Giacomo) BY 17
Mons. D'Arrigo (Via) BY 18
Rizzo (Via Luigi) BZ 21
S. Agostino (Via) AY 23
S. Francesco da Paola (Largo) BY 24
S. Martino (Viale) ABZ

Mamusi 99 E10
Manacore 55 B30
Manara (Punta) 31 J10
Manarola 31 J11
Manciano 48 O16
Mancuso (Monte) 78 J30
Mandanici 89 M27
Mandarini (Portella) 87 N24
Mandas 101 I9
Mandatoriccio 77 I32
Mandatoriccio-Campana (Stazione di) 77 I32
Mandela 50 P20
Mandello del Lario 13 E9
Mandello Vitta 12 F7
Mandolossa 24 F12
Mandra de Caia (Punta) 101 G10
Mandrazzi (Portella) 39 N27
Mandria Luci 76 H30
Mandriole 35 I18
Mandrioli (Passo dei) 38 K17
Mandriolo (Cima) 16 E16
Mandrogne 22 H8
Mandrolisai 101 G9
Mandrone (Monte) 5 D13
Manduria 69 F34
Manerba del Garda 15 F13
Manerbio 24 F12
Manfredonia 55 C29
Manfredonia (Golfo di) 55 C30
Manfredonico (Mussomeli) 91 O23
Manfria 91 P24
Manganaro (Bivio) 86 N22
Mangari (Monte) 9 C22
Manghen (Passo) 16 D16
Mangiante (Portella) 87 N23
Mangiatoriello (Pizzo) 86 N22
Mango 21 H6
Mangone 78 J30
Maniace (Abbazia di) 88 N26
Maniago 8 D20
Maniago (Rifugio) 8 D19
Maniglia (Monte) 20 I2
Maniva (Passo del) 14 E13
Mannu (ad Est di Teulada) 102 K8
Mannu (a Nord di Nuoro) 97 F9
Mannu (ad Ovest di Siniscola) 99 F10
Mannu (a Sud di Terralba) 102 I8
Mannu (Flumini-maggiore) 102 I7
Mannu (vicino a Cuglieri) 100 G7
Mannu (vicino a Narcao) 102 J8
Mannu (vicino ad Ozieri) 98 F8
Mannu (vicino a Samugheo) 100 H8
Mannu (vicino a Santadi) 102 J8
Mannu (vicino a Sassari) 96 F7
Mannu (vicino a Villasor) 102 I8
Mannu (Capo) (Oristano) 100 G7
Mannu (Capo) (Sassari) 96 E6
Mannu (Monte) 96 F7
Mannu della Reale (Porto) 94 D6
Manocalza 65 E26
Manolino 29 J5
Manoppello 52 P24
Manoppello Scalo 52 P24
Mansuè 18 E19
Manta 20 I4
Mantignana 45 M18
Mantova 25 G14
Manzano 19 E22
Manziana 49 P18
Manzolino 33 I15
Mapello 13 E10
Mappa 91 O23
Mara 96 F7
Maracalagonis 103 J9
Maragnole 16 E16
Marana 51 O21
Marane 52 P23
Maranello 33 I14
Marano 33 J15
Marano (Laguna di) 19 E21
Marano (Torrente) 39 K19
Marano di Napoli (Napoli) 64 E24
Marano Equo 51 Q21
Marano Lagunare 18 E21
Marano Marchesato 76 J30
Marano Principato 76 J30
Marano sul Panaro 33 I14
Marano Ticino 12 F7
Marano Valpolicella 15 F14
Marano Vicentino 16 E16
Maranola 58 S22
Maranza / Meransen 6 B16
Maranzana 22 H7
Maraone (Isola) 84 N19
Marargiu (Capo) 96 F7
Marasca (Colle) 59 Q25
Maratea 71 H29
Maratea (Grotta di) 71 H29
Marausa 84 N19
Marazzino 95 D9
Marcallo 12 F8
Marcanzotta 84 N19
Marcaria 24 G13
Marcato Bianco 91 O24
Marcato d'Arrigo 91 O24
Marcatobianco 91 N23
Marceddì 100 H7
Marceddì (Stagno di) 100 H7
Marcedusa 79 J32
Marcellinara 78 K31
Marcelli 41 L22
Marcellina (Cosenza) 71 H29
Marcellina (Roma) 50 P20
Marcellise 15 F15
Marcetelli 51 P21
Marcheno 14 E12
Marchesa (Masseria la) 54 B27
Marchesato 79 J32
Marchese (Punta del) 42 O12
Marchetti (Rifugio) 15 E14
Marchiazza 12 F7
Marchione (Castello) 68 E33
Marchioni (Masseria) 74 G35
Marchirolo 12 E8
Marciana 42 N12
Marciana Marina 42 N12
Marcianise 64 D24
Marciano 38 K17
Marciano della Chiana 44 M17
Marciaso 32 J12
Marcignago 23 G9
Marcignana 37 K14
Marcignano 39 L18
Marco 16 E15
Marcolano (Monte) 58 Q23
Marcon 27 F18
Marconi (Mausoleo di G.) 33 I15
Marconia 73 F32
Mardimago 26 G17
Mare Grande 68 F33
Mare Piccolo 69 F33
Mare (Portella di) 87 N23
Mare (Val de la) 5 C14
Marebbe / Enneberg 7 B17
Marebello 39 J19
Marecchia 39 K18
Marechiaro (Napoli) 64 E24
Marega 26 G16
Maremma 43 N15
Maremma (Parco Naturale della) 48 O15
Marene 21 I5
Mareneve 89 N27
Marengo (Alessandria) 22 H8
Marengo (Cuneo) 21 I6
Marengo (Mantova) 25 G14
Mareno di Piave 18 E19
Marentino 21 G5
Marepotamo 78 L30
Maresca 33 J14
Mareson 7 C18
Mareto 31 H10
Marettimo 84 N18
Marettimo (Isola) 84 N18
Margana (Valle della) 86 N22
Margarita 29 I5
Margherita 27 F18
Margherita di Savoia 61 C30
Margherito Soprano 92 O25
Margherito Sottano 92 O25
Marghine (Catena di) 97 G8
Margi 92 P26
Margine di Momigno 33 K14
Marginetto (Punta) 95 D10

MILANO

Agrate (V. M. d') BP 2
Antonini (V. G.) BP 8
Arcangelo Corelli (V.) CP 9
Bartolini (V.) AO 18
Bellini (V. G.) AP 23
Benefattori dell' Ospedale (V.) BO 24
Berna (V.) AP 29
Cà Granda (Vle) BO 44
Cardinale A. Sforza (V.) BP 50
Casiraghi (Vle FII) BO 51
Cassinis (V. G. B.) BP 53
Cermenate (V. G. da) BP 60
Chiesa Rossa (V.) AP 62
Comasinella (V.) BO 68
Corsica (Vle) BP 74
Don L. Milani (Cavalcavia) AP 78
Faenza (Vle) AP 89
Famagosta (Vle) AP 90
Girardengo (V.) AO 103
Grassi (V. G. B.) AO 107
Graziano Imperatore BO 108
Harar (V.) AP 112
Ippodromo (V.) AOP 117
La Spezia (V.) AP 119
Legioni Romane (Vle) AP 125
Lucania (Vle) BP 134
Mambretti (V.) AO 137
Marconi (V.) BO 143
Marelli (Vle) BO 146
Marochetti (V.) BP 149
Milano (V.) AP 161
Montegani (V.) BP 173
Omero (Vle) BP 186
Palizzi (V.) AO 192
Parenzo (V.) AP 194
Patroclo (V.) AP 196
Picardi (V. FIli) BO 200
Quaranta (V. E.) BP 209
Ravenna (V.) BP 212
Rembrandt (V.) AP 213
Rivoltana (Strada) CP 216
Rogoredo (V.) CP 218
Roma (V.) BO 219
Rospigliosi (V. dei) AP 221
Rubicone (Vle) BO 224
S. Arialdo (V.) CP 227
S. Elia (V. A.) AO 233
S. Rita da Cascia (V.) AP 239
Sauro (V. N.) AO 242
Solaroli (V.) BP 249
Stratico (V. S.) AP 252
Tucidide (V.) CP 263
Valassina (V.) BO 265
Vittorio Emanuele (V.) AP 276

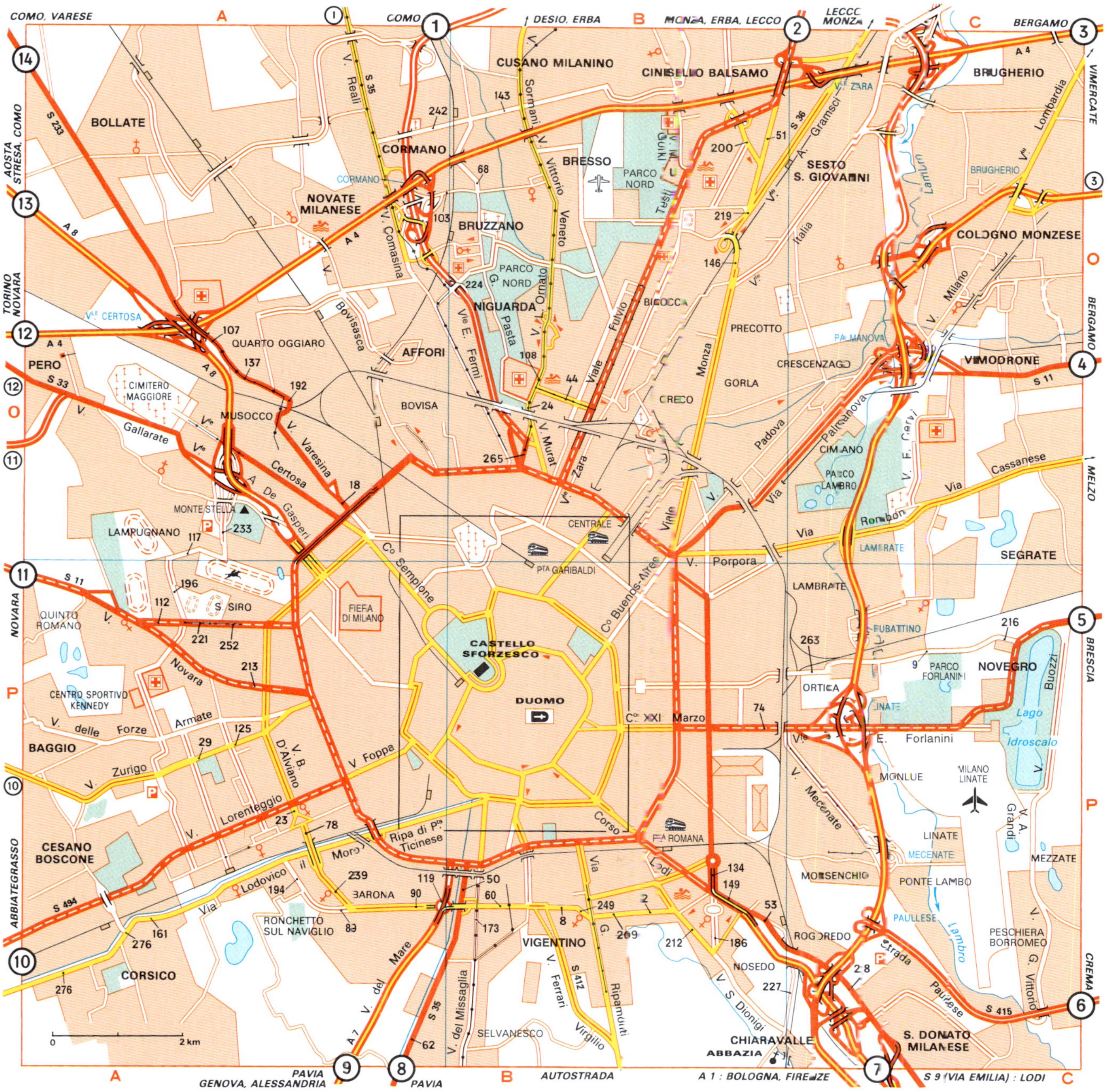

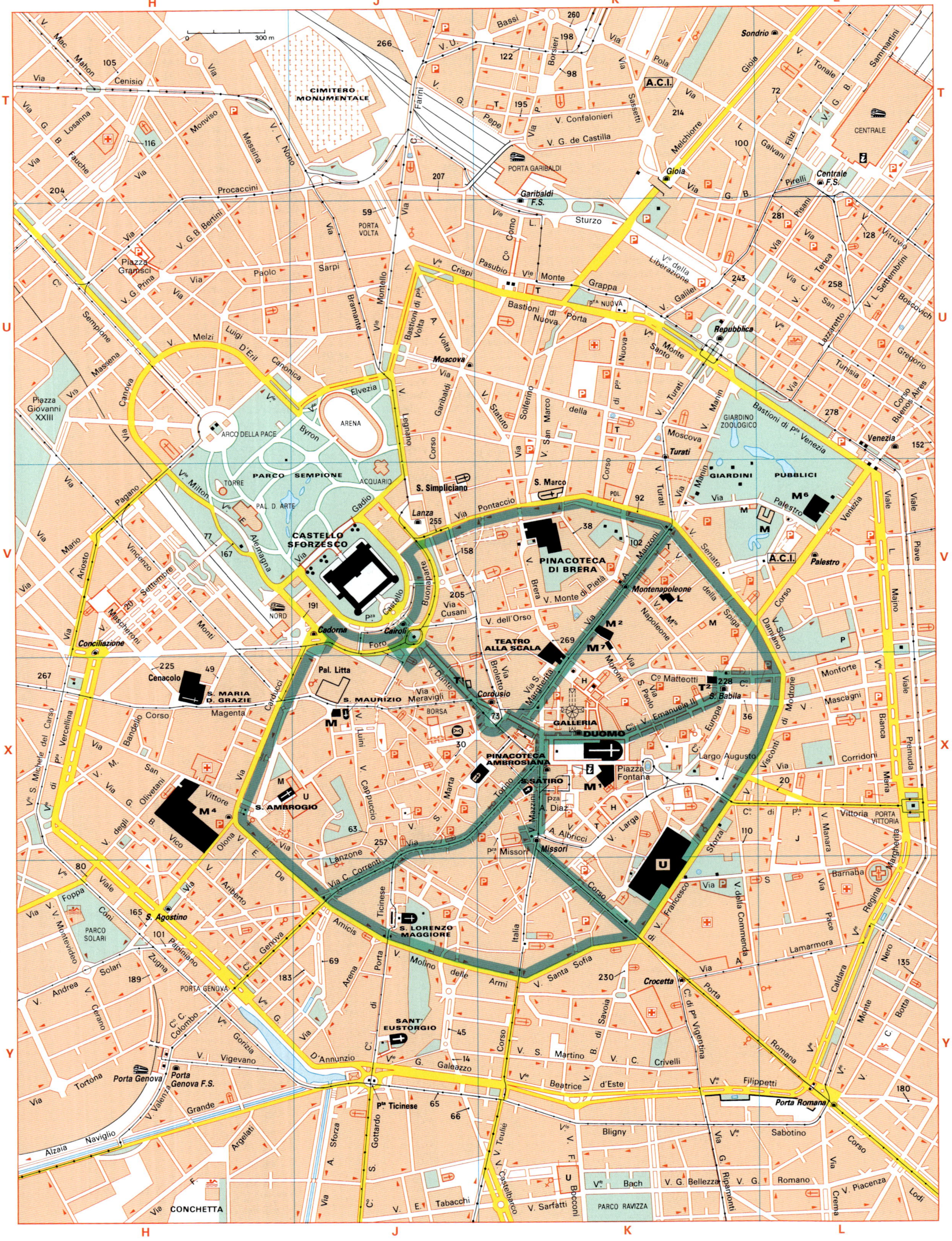
CIMITERO MONUMENTALE
PORTA GARIBALDI
Garibaldi F.S.
CENTRALE
Centrale F.S.
A.C.I.
Gioia
Repubblica
PARCO SEMPIONE
ARCO DELLA PACE
ARENA
ACQUARIO
TORRE
PAL. D. ARTE
CASTELLO SFORZESCO
Cadorna
Cairoli
Lanza
Moscova
S. Simpliciano
S. Marco
PINACOTECA DI BRERA
Montenapoleone
TEATRO ALLA SCALA
Cordusio
GALLERIA
DUOMO
PINACOTECA AMBROSIANA
S. SATIRO
Missori
S. Babila
Turati
GIARDINI PUBBLICI
GIARDINO ZOOLOGICO
Palestro
Venezia
Porta Venezia
Conciliazione
Cenacolo
S. MARIA D. GRAZIE
Pal. Litta
S. MAURIZIO
S. AMBROGIO
S. Agostino
PARCO SOLARI
S. LORENZO MAGGIORE
SANT' EUSTORGIO
Porta Genova
Porta Genova F.S.
P.ta Ticinese
Crocetta
Porta Romana
PORTA VITTORIA
PARCO RAVIZZA
CONCHETTA
Piazza Gramsci
Piazza Giovanni XXIII
Largo Augusto
Piazza Fontana
Sempione
Procaccini
Sarpi
Farini
Sturzo
Monte Grappa
Bastioni di Porta Nuova
Bastioni di P.ta Venezia
Manzoni
Corso Buenos Aires
Corso Magenta
Corso Genova
Corso di Porta Romana
Corso di Porta Ticinese
Corso Venezia
Corso Vittorio Emanuele II
Corso Italia
Naviglio Grande
Alzaia Naviglio
Sondrio
Tonale
Vittorio
Lodi
300 m

MILANO

Aurispa (V.)	JY	14
Battisti (V. C.)	KLX	20
Bocchetto (V.)	JX	30
Borgogna (V.)	KX	36
Borgonuovo (V.)	KV	38
Calatafimi (V.)	JY	45
Caradosso (V.)	HX	49
Ceresio (V.)	JU	59
Circo (V.)	JX	63
Col di Lana (Vle)	JY	65
Col Moschin (V.)	JY	66
Conca del Naviglio (V.)	JY	69
Copernico (V.)	LT	72
Cordusio (Pza)	KX	73
Curie (Vle P. M.)	HV	77
Dugnani (V.)	HY	80
Fatebenefratelli (V.)	KV	92
Garigliano (V.)	KT	98
Generale Fara (V.)	KT	100
Ghisleri (V. A.)	HY	101
Giardini (V. dei)	KV	102
Gran S. Bernardo (V.)	HT	105
Guastalla (V.)	KX	110
Induno (V. Fratelli)	HT	116
Lambertenghi (V. P.)	KT	122
Lepetit (V.)	LTU	128
Mercato (V.)	JV	158
Modestino (V.)	HY	165
Moliere (Vle E.)	HV	167
Muratori (V. L.)	LY	180
Oggiono (V. M. d')	HJY	183
Orseolo (V.)	HY	189
Paleocapa (V.)	JV	191
Pastrengo (V.)	KT	195
Perasto (V.)	KT	198
Poliziano (V.)	HTU	204
Ponte Vetero (V.)	JV	205
Quadrio (V. M.)	JT	207
Ruffini (V. Fili)	HX	225
S. Babila (Pza)	KX	228
S. Calimero (V.)	KY	230
Savoia (Vle F. di)	KU	243
Tivoli (V.)	HV	255
Torchio (V.)	JX	257
Torriani (V. N.)	LU	258
Trau (V.)	KT	260
Valtellina (V.)	JT	266
Vercelli (Cso)	HX	267
Verdi (V.)	KV	269
Vittorio Veneto (Vle)	KLU	278
Zezon (V.)	LU	281

L PALAZZO BAGATTI VALSECCHI
M¹ MUSEO DEL DUOMO
M² MUSEO POLDI-PEZZOLI
M⁴ MUSEO NAZIONALE DELLA SCIENZA E DELLA TECNICA LEONARDO DA VINCI
M⁶ MUSEO DI STORIA NATURALE
M⁷ CASA DI MANZONI

Marginone 37 K14
Margno 13 D10
Margone 10 G3
Margorabbia 12 E8
Marguareis (Punta) 29 J5
Mari Ermi 100 H7
Maria e Franco (Rifugio) 5 D13
Maria Luisa (Rifugio) 2 C7
Maria (Monte) 103 J10
Mariana Mantovana 24 G13
Mariano Comense 13 E9
Mariano del Friuli 19 E22
Marianopoli 91 O23
Marigliano 64 E25
Marilleva 5 D14
Marina 18 E20
Marina (Torrente) 33 K15
Marina dei Ronchi 32 K12
Marina del Cantone 64 F25
Marina di Alberese 48 O15
Marina di Amendolara 77 H31
Marina di Andora 29 K6
Marina di Andrano 75 H37
Marina di Arbus 100 I7
Marina di Ascea 70 G27
Marina di Avola 93 Q27
Marina di Belmonte 78 J30
Marina di Belvedere 76 I29
Marina di Bibbona 36 M13
Marina di Camerota 70 G28
Marina di Campo 42 N12
Marina di Carcnia 88 M25
Marina di Carrara 32 J12
Marina di Casal Velino 70 G27
Marina di Castagneto-Donoratico 36 M13
Marina di Caulonia 81 L31
Marina di Cecina 36 M13
Marina di Cetraro 76 I29
Marina di Chieuti 54 B27
Marina di Davoli 79 L31
Marina di Fuscaldo 76 I30
Marina di Gairo 101 H11
Marina di Gioia Tauro 80 L29
Marina di Gioiosa Ionica 81 M30
Marina di Grosseto 43 N14
Marina di Lago di Patria 64 E24
Marina di Lesina 54 B28
Marina di Leuca 75 H37
Marina di lu Impostu 99 E11
Marina di Mancaversa 75 H36
Marina di Maratea 71 H29
Marina di Massa 32 J12
Marina di Melilli 93 P27
Marina di Minturno 58 S23
Marina di Modica 92 Q26
Marina di Montemarciano 41 L22
Marina di Montenero 53 P26
Marina di Novaglie 75 H37
Marina di Orosei 99 F11
Marina di Ostuni 69 E34
Marina di Palma 91 P23
Marina di Palmi 80 L29
Marina di Paola 76 I30
Marina di Patti 82 M26
Marina di Pescia Romana 48 O16
Marina di Pescoluse 75 H36
Marina di Pietrasanta 32 K12
Marina di Pisa 36 K12
Marina di Pisciotta 70 G27
Marina di Pisticci 73 G32
Marina di Pulsano 74 F34
Marina di Ragusa 92 Q25
Marina di Ravenna 35 I18
Marina di S. Lorenzo (Reggio di Calabria) 80 N29
Marina di Salivoli 42 N13
Marina di S. Antonio 79 L31
Marina di S. Ilario 81 M30
Marina di S. Lorenzo (Roma) 56 R19
Marina di S. Vito 52 P25
Marina di Sorso 96 E7
Marina di Strongoli 77 J33
Marina di Torre del Lago 36 K12
Marina di Torre Grande 100 H7
Marina di Varcaturo 64 E24
Marina di Vasto 53 P26
Marina di Zambrone 78 K29
Marina Faleriense 47 M23
Marina Grande 64 F24
Marina Palmense 47 M23
Marina Piccola 64 F24
Marina Romea 35 I18
Marina Roseto Capo Spulico 73 H31
Marina Schiavonea 77 I31
Marina Serra 75 H37
Marina Velca 49 P17
Marine di Posto Rossi 75 H36
Marinella (Trapani) 85 O20
Marinella (Venezia) 18 E21
Marinella di Sarzana 32 J12
Marinella (Golfo di) 95 D10
Marinelli (Rifugio) (Sondrio) 4 C11
Marinelli (Rifugio) (Udine) 8 C20
Marineo 86 N22
Marineo (Monte) 92 P26
Marini (Rifugio) 87 N24
Marino 56 Q19
Marino (Monte) 38 K17
Mariotti (Rifugio) 32 I12
Mariotto 62 D31
Maristella 96 F6
Marlengo / Marling 6 C15
Marlia 36 K13
Marliana 33 K14
Marling / Marlengo 6 C15
Marmagna (Monte) 32 I11
Marmarole (Gruppo delle) 7 C18
Marmigliaio 36 L13
Marmilla 100 H8
Marmirolo 25 G14
Marmitte (Parco delle) 4 D10
Marmolada 7 C17
Marmontana (Monte) 3 D9
Marmora 28 I3
Marmora (Punta la) 101 H9
Marmorata (Isola la) 95 D9
Marmore (Aosta) 11 E4
Marmore (Terni) 50 O20
Marmore (Cascata delle) 50 O20
Marmorta 34 I17
Marmottere (Punta) 10 G3
Marmuri (Su) 101 H10
Marocco 27 F18
Marogella (Passo della) 14 E11
Maroglio 92 P24
Marola (Reggio Emilia) 32 I13
Marola (Vicenza) 26 F16
Marone 14 E12
Maropati 81 L30
Marostica 16 E16
Marotta 41 K21
Marozzo 35 H18
Marradi 38 J16
Marrara 34 H17
Marro 80 L29
Marroggia 45 N20
Marrubiu 100 H7
Mars (Monte) 11 F5
Marsaglia (Cuneo) 29 I5
Marsaglia (Piacenza) 23 H10
Marsala 84 N19
Marsala (Punta) 84 N19
Marsciano 45 N19
Marsia 51 P21
Marsiai 17 D18
Marsicano (Monte) 58 Q23
Marsico Nuovo 71 F29
Marsicovetere 71 F29
Marsiliana 48 O16
Marsure 8 D19
Marta 49 O17
Marta (Fiume) 49 O17
Martana (Isola) 49 O17
Martani (Monti) 45 N19
Martano 75 G36
Martano (Monte) 45 N19
Martell / Martello 5 C14
Martellago 27 F18
Martello / Martell 5 C14
Martello (Fizzo) 3 D9
Martello (Val) 5 C14
Marti 37 L14
Martignacco 8 D21
Martignana di Po 24 G13
Martignano 75 G36
Martignano (Lago di) 50 P18
Martina Franca 68 E34
Martina Olba 30 I7
Martinelle 27 G18
Martinengo 23 F11
Martinetto 29 J6
Martinez (Case) 91 O24
Martiniana Po 20 I4
Martino (Poggio) 49 O17
Martinsicuro 47 N23
Martirano 78 J30
Martirano Lombardo 78 J30
Martis 98 E8
Martone 81 L30
Martorano 35 J18
Maru 88 M26
Maruggio 74 G34
Marza 92 Q26
Marzabotto 33 I15
Marzamemi 93 Q27
Marzano 23 G9
Marzano Appio 58 S24
Marzano di Nola 65 E25
Marzeno 34 J17
Marzettelle 25 H14
Marzi 78 J30
Marziano (il) 62 D30
Marzio 12 E8
Marzo (Monte) 11 F4
Marzocca 41 K21
Marzolara 32 I12
Mas 17 D18
Masainas 102 J7
Masarè 7 C18
Masarolis 9 D22
Masate 13 F10
Mascali 89 N27
Mascalucia 89 O27
Mascari 96 E7
Maschito 66 E29
Maser 17 E17
Masera 2 D6
Maserà di Padova 26 G17
Maserada sul Piave 17 E18
Masi 26 G16
Masi di Cavalese 16 D16
Masi S. Giacomo 34 H17
Masi Torello 34 H17
Masennera (Punta) 97 F9
Masino 4 D10
Masino (Torrente) 4 D10
Masio 22 H7
Maso Corto / Kurzras 5 B14
Mason Vicentino 16 E16
Masone (Genova) 30 I8
Masone (Reggio Emilia) 25 H14
Massa 32 J12
Massa Annunziata 89 O27
Massa d'Albe 51 P22
Massa e Cozzile 37 K14
Massa Fermana 46 M22
Massa Finalese 25 H15
Massa Fiscaglia 34 H18
Massa Lombarda 34 I17
Massa Lubrense 64 F25
Massa Marittima 43 M14
Massa Martana 45 N19
Massa S. Giorgio 80 M28
Massaciuccoli 36 K13
Massaciuccoli (Lago di) 36 K13
Massafra 68 F33
Massama 100 H7
Massanzago 26 F17
Massarella 37 K14
Massarosa 36 K13
Massazza 11 F6
Massello 20 H3
Massenzatica 27 H18
Masserano 12 F6
Masserecci (Poggio) 38 L17
Masseria / Maiern 6 B15
Massico (Monte) 58 S23
Massignano 47 M23
Massimino 29 J6
Massino Visconti 12 E7
Massone (Monte) 12 E7
Mastallone 11 E6
Mastaun 5 B14
Mastixi (Punta su) 101 H11
Masua 102 I7
Masuccio (Monte) 5 D12
Masullas 100 H8
Mataiur (Monte) 9 D22
Matarazzo (Monte) 91 O24
Matarocco 84 N19
Matelica 46 M21
Matera 67 E31
Materdomini 65 E27
Matese (Lago del) 59 R25
Matese (Monti del) 59 R25
Mathi 11 G4
Matigge 45 N20
Matine di Latta (Masseria le) 62 D3
Matinella 65 F27
Matino 75 G35
Matraia 33 K13
Matrice 59 R25
Matsch / Mazia 5 B13
Mattarana 31 J10
Mattarello 16 D15
Matterhorn / Cervino (Monte) 11 E4
Mattie 20 G3
Mattina (Monte) 66 E28
Mattinata 55 B30
Mattinata (Porto di) 55 B30
Mattinatella 55 B30
Mattinella 66 E27
Matto (Monte) 28 J3
Matzaccara 102 J7
Maucini 93 Q27
Mauls / Mules 6 B16
Mauria (Passo della) 8 C19
Maurin (Colle de) 20 I2
Mauro (Monte) 59 S26
Maxia (Punta) 102 J8
Mazara del Vallo 84 O19
Mazaro 84 N19
Mazia / Matsch 5 B13
Mazia (Val di) 5 B13
Mazzangrugno 41 L21
Mazzano Romano 50 P19
Mazzarà S. Andrea 89 M27
Mazzarino 91 P24
Mazzarino (Castello di) 92 P24
Mazzarò 89 N27
Mazzarrone 92 P25
Mazzarrone (Poggio) 92 P25
Mazzé 11 G5
Mazzi 39 K18
Mazzin 7 C17
Mazzo di Valtellina 5 D12
Mazzolla 37 L14
Mazzorno 27 G18
Meana di Susa 20 G3
Meana Sardo 101 H9
Meano (Trento) 16 D15
Meano (Belluno) 17 D18
Mecca 10 G4
Meda (Milano) 13 F9
Meda (Vicenza) 16 E16
Medaris (Monte) 97 F9
Medaro (Pizzo) 2 D7
Medau (Genna 'e) 101 H10
Medau Zirimilis (Lago di) 102 J8
Mede 22 G8
Medea 19 E22
Medelana 33 I15
Medesano 24 H12
Medeuzza 19 E22
Mediano 32 I12
Medicina 34 I16
Medico (Scoglio del) 41 K21
Mediglia 13 F9
Mediis 8 C20
Mediterraneo (Lido) 84 N19
Medolago 13 E10
Medole 24 G13
Medolla 25 H15
Meduna 8 D20
Meduna di Livenza 18 E19
Meduno 8 D20
Megara Hyblaea 93 P27
Meggiano 46 N20
Megliadino S. Fidenzio 26 G16
Megliadino S. Vitale 26 G16
Meia (Rocca la) 28 I3
Meina 12 E7
Mel 17 D18
Mela 89 M27
Melag / Melago 5 B13
Melago / Melag 5 B13
Melandro 66 F28
Melara 25 G15
Melas 96 F7
Melazzo 30 I7
Meldola 35 J18
Mele 30 I8
Mele (Capo) 29 K6
Meledo 26 F16
Meledrio (Val) 5 D14
Melegnanello 23 G10
Melegnano 23 F9
Melendugno 75 G37
Meleta 43 M15
Meleti 24 G11
Meleto 38 L16
Meletole 25 H13
Mélezet 20 G2
Melfa 58 R22
Melfa (Fiume) 58 R23
Melfi 66 E28
Melia (Messina) 89 N27
Melia (Reggio di Calabria) 80 M29
Melicuccà 80 M29
Melicucco 81 L30
Melilli 93 P27
Melilli (Casa) 93 P27
Melisenda 101 I10
Melissa 77 J33
Melissano 75 H36
Melito 80 N29
Melito Porto Salvo 80 N29
Melito Irpino 65 D27
Melito Irpino Vecchia 65 D27
Melizzano 64 D25
Mella 14 E12
Melle 20 I3
Mellea 21 I4
Mello 4 D10
Melogno (Colle di) 29 J6
Meloria (Torre della) 36 L12
Melosa (Colla) 29 K5
Melpignano 75 G36
Meltina / Mölten 6 C15
Melzo 13 F10
Mená 26 G16
Menaggio 3 D9
Menago 25 G15
Menarola 4 D10
Menata 34 I18
Menconico 23 H9
Mendatica 29 J5
Mendelpaß / Mendola (Passo della) 6 C15
Mendicino 76 J30
Mendola 85 N20
Mendola (Fiume della) 86 N22
Mendola (Passo d.) / Mendelpaß 6 C15
Menegosa (Monte) 31 H11
Menfi 85 O20
Menga (Punta) 102 K7
Mengara 45 M19
Menotre 46 N20
Mensa 35 J18
Mensanello 37 L15
Mensano 37 M15
Menta (Pizzo la) 90 O22
Mentana 50 P19
Mentorella 57 Q20
Menzano 51 O21
Meolo 18 F19
Mera 4 D10
Meran / Merano 6 C15
Merano 2000 6 B15
Merano / Meran 6 C15
Meransen / Maranza 6 B16
Merate 13 E10
Meraviglia (Monte) 46 N21
Mercadante (Foresta di) 63 E32
Mercallo 12 E8
Mercante (Passo di) 81 M30
Mercantour (Cima di) 28 J3
Mercatale (Bologna) 34 I16
Mercatale (Pesaro e Urbino) 39 K19
Mercatale (vicino a Cortona) 45 M18
Mercatale (vicino a Montevarchi) 38 L16
Mercatale in Val di Pesa 37 L15
Mercatello (vicino a Marsciano) 45 N18
Mercatello (vicino a Montefalco) 45 N20
Mercatello (Passo del) 31 I10
Mercatello sul Metauro 39 L19
Mercatino Conca 39 K19
Mercato (Parma) 32 I12
Mercato (Salerno) 65 E26
Mercato Cilento 70 G27
Mercato S. Severino 65 E26
Mercato Saraceno 39 K18
Mercato Vecchio 39 K19
Mercenasco 21 F5
Merchis 100 G8
Mercogliano 65 E26
Mercore 24 H11
Mercure 76 H30
Mereto di Tomba 8 D21
Mergo 40 L21
Mergozzo 12 E7
Mergozzo (Lago di) 12 E7
Merì 83 M27
Merine 75 G36
Merizzo 32 J11
Merlara 26 G16
Merlino 23 F10
Mernicco 9 D22
Merone 13 E9
Merse 43 M15
Mesa 57 R21
Mesa (Punta sa) 97 F9
Mesagne 69 F35
Meschio 18 E19
Mesco (Punta) 31 J10
Mescolino (Monte) 38 K18
Mesiano 81 L30
Mesima 78 L30
Mesola 27 H18
Mesola (Bosco della) 35 H18
Mesoraca 79 J32

Messignadi 81 M29
Messina 80 M28
Messina (Stretto di) .. 80 M28
Mestre 27 F18
Mestrino 26 F17
Mesu 'e Roccas (Monte) 100 G7
Mesule / Möseler 7 B17
Meta (L'Aquila) 57 Q22
Meta (Napoli) 64 F25
Meta (Monti della) 58 Q23
Meta (Serra) 92 Q26
Metaponto 73 F32
Metapontum 68 F32
Metato 36 K13
Metato (Poggio) 37 L14
Metauro 39 L19
Metramo 81 L30
Mezzalama (Rifugio) . 11 E5
Mezzana (Pisa) 36 K13
Mezzana (Trento) 5 D14
Mezzana Bigli 22 G8
Mezzana (Cima) 5 C14
Mezzana Corti 23 G9
Mezzana-Frido 76 H30
Mezzana Grande (Masseria) 60 C27
Mezzana Rabattone .. 23 G9
Mezzana-Salice 72 H30
Mezzane 24 F13
Mezzane (Torrente) ... 15 F15
Mezzane di Sotto 15 F15
Mezzanego 31 I10
Mezzanino (Lodi) 24 G11
Mezzanino (Pavia) 23 G9
Mezzano (Piacenza) . 24 G11
Mezzano (Ravenna) . 35 I18
Mezzano (Trento) 17 D17
Mezzano (Valle del) .. 34 H17
Mezzano Inferiore 24 H13
Mezzano (Lago di) 49 O17
Mezzano Scotti 23 H10
Mezzano Superiore 24 H13
Mezzaselva 16 E16
Mezzaselva / Mittewald 6 B16
Mezzocampo 77 I32
Mezzocanale 17 D18
Mezzocorona 16 D15
Mezzogoro 35 H18
Mezzoiuso 86 N22
Mezzola (Lago di) 4 D10
Mezzolago 15 E14
Mezzolara 34 I16
Mezzoldo 4 D10
Mezzolombardo 16 D15
Mezzomerico 12 F7
Miale Ispina (Monte) 96 F7
Miane 17 E18
Miano (Forlì) 34 J17
Miano (Teramo) 51 O23
Miano (Monte) 54 C27
Miasino 12 E7
Miazzina 12 E7
Micciano 37 M14
Micheli (Rifugio) 32 I12
Micigliano 51 O21
Midia (Monte) 51 P21
Miemo 37 L14
Miggiano 75 H36
Migiana 45 M18
Migiana di Monte Tezio 45 M19
Migianella dei Marchesi 45 M18
Migliana 33 K15
Miglianico 52 O24
Migliano 45 N18
Migliara 32 I13
Migliarina 25 H14
Migliarino (Ferrara) .. 34 H17
Migliarino (Pisa) 36 K12
Migliarino S. Rossore i Massaciuccoli (Parco Naturale) 36 K12
Migliaro 34 H17
Miglierina 78 K31
Miglionico 72 F31
Mignagola 17 E18
Mignanego 30 I8
Mignano (Lago di) 23 H11
Mignano Monte Lungo 58 R23
Mignone 49 P17
Milano 13 F9
Milano-Linate (Aeroporto di) 13 F9
Milano-Malpensa (Aeroporto di) 12 F8
Milano Marittima 39 J19
Milazzese (Punta) 83 L27
Milazzo 83 M27
Milazzo (Capo di) 83 M27
Milazzo (Golfo di) 83 M27
Milena 91 O23
Mileto 78 L30
Miletto (Monte) 59 R25
Mili S. Pietro 80 M28
Milia 43 M14
Milianni 87 M24
Milici 89 M27
Milicia 86 N22
Milione (Portella) 90 O22
Milis 100 G7
Militello in Val di Catania 92 P26
Militello Rosmarino .. 88 M26
Millesimo 29 I6
Milo 89 N27
Milzano 24 G12
Mimola 58 Q23
Mincio 25 F14
Mineo 92 P26
Minerbe 26 G16
Minerbio 34 I16
Minerva (Monte) 96 F7
Minervino di Lecce .. 75 G37
Minervino Murge 62 D30
Mingardo 71 G28
Minniminni (Monte) 103 J10
Minore 97 F9
Minori 65 F25
Minozzo 32 I13
Minturnæ 58 S23
Minturno 58 S23
Minucciano 32 J12
Mioglia 30 I7
Mione 8 C20
Mira 27 F18
Mirabella 16 E16
Mirabella Eclano 65 D26
Mirabella Imbaccari .. 92 P25
Mirabella (Pizzo) 86 M21
Mirabello 34 H16
Mirabello Monferrato 22 G7
Mirabello Sannitico .. 59 R26
Miradolo Terme 23 G10
Mirafiori (Torino) 21 G4
Miralago (Passo di) .. 59 R25
Miramare (Rimini) 39 J19
Miramare (Trieste) ... 19 E23
Miranda 59 R24
Mirandola 25 H15
Mirano 27 F18
Mirasole (Mantova) . 25 G14
Mirasole (Milano) 23 F9
Miratoio 39 K18
Miravidi (Monte) 10 E2
Miroglio 29 J5
Mirra (Monte sa) 102 J8
Mirto 88 M26
Mirto Crosia 77 I32
Mis (Belluno) 17 D18
Mis (Trento) 17 D17
Mis (Canale del) 17 D17
Mis (Lago del) 17 D18
Misa 40 L21
Misano Adriatico 39 K20
Misano di Gera d'Adda 13 F10
Misano Monte 39 K19
Miscano 60 D27
Misciano 38 L17
Misegna 72 F30
Miseno 64 E24
Miseno (Capo) 64 E24
Misericordia 44 L17
Miserin (Lago) 11 F4
Misilbesi (Portella) 85 O20
Misilmeri 86 M22
Misinto 13 F9
Missaglia 13 E10
Missanello 72 G30
Misserio 89 N27
Missian / Missiano 6 C15
Missiano 45 M18
Missiano / Missian 6 C15
Misterbianco 89 O27
Mistras (Stagno di) 100 H7
Mistretta 88 N25
Misurina 7 C18
Misurina (Lago di) 7 C18
Mittertal / Val di Mezzo 6 B16
Mittewald / Mezzaselva 6 B16
Mizofato 76 I31
Mizzole 15 F15
Mocasina 14 F13
Mocchie 20 G3
Moccone 76 I31
Moda (Pizzo della) 80 M28
Modditzi (Punta sa) 103 I10
Modena 33 I14
Modesti (Masseria) 67 E31
Modica 92 Q26
Modica (Villa) 92 Q26
Modigliana 34 J17
Modione 85 O20
Modolena 32 I13
Modolo 96 G7
Modugno 63 D32
Mölten / Meltina 6 C15
Moena 6 C16
Möseler / Mesule 7 B17
Moggio 13 E10
Moggio Udinese 9 C21
Moggiona 38 K17
Moglia 25 H14
Mogliano 47 M22
Mogliano Veneto 27 F18
Mogorella 100 H8
Mogoro 100 H8
Mogoro (Rio) 100 H8
Moi (Col de) 17 D18
Moiano 44 M18
Moiano (Benevento) 64 D25
Moiano (Napoli) 64 F25
Moiazza (Monte) 17 C18
Moie 41 L21
Moimacco 9 D22
Moio (Monte) 66 E28
Moio Alcantara 89 N27
Moio della Civitella .. 70 G27
Moiola 28 J4
Mola di Bari 63 D33
Molara (Isola) 99 E11
Molare 30 I7
Molaro 80 N29
Molassana 30 I8
Molazzana 32 J13
Molella 57 S21
Molentina 101 G10
Molentis (Punta) 103 J10
Molfetta 62 D31
Molfetta (Pulo di) 62 D31
Molina (Perugia) 45 M20
Molina (Trento) 16 D16
Molina Aterno 52 P23
Molina di Ledro 15 E14
Molinaccio 35 I18
Molinara 59 S26
Molinatico (Monte) 32 I11
Molinazzo 23 H10
Molinella 34 I17
Molinetto 14 F13
Molini (Alessandria) 30 I8
Molini (Vicenza) 16 E15
Molini di Triora 29 K5
Molini di Tures / Mühlen 7 B17
Molino dei Torti 22 G8
Molino del Piano 38 K16
Molino di Bascio 39 K18
Molise 59 R25
Moliterno 71 G29
Molla (Capo) 94 D6
Molleone 39 L20
Molli 37 M15
Mollia 11 E6
Mollières 20 H2
Mollo 58 Q23
Molochio 81 M30
Molteno 13 E9
Moltrasio 13 E9
Molvena 16 E16
Molveno 5 D14
Molveno (Lago di) 5 D14
Mombaldone 30 I6
Mombarcaro 29 I6
Mombaroccio 40 K20
Mombaruzzo 22 H7
Mombasiglio 29 I5
Mombello Monferrato 22 G6
Mombercelli 22 H6
Momo 12 F7
Mompantero 20 G3
Mompiano 14 F12
Monaci (Isole) 95 D10
Monaci (Lago di) 57 R20
Monaci (Masseria) 68 E33
Monacilioni 59 R26
Monacizzo 74 G34
Monaco Cappelli (Masseria) 54 C28
Monaco (Monte) 85 M20
Monale 21 H6
Monasterace 81 L31
Monasterace Marina 81 L31
Monasteri 93 P27
Monastero 46 M21
Monastero Bormida . 30 I6
Monastero di Vasco .. 29 I5
Monasterolo 24 G12
Monasterolo del Castello 14 E11
Monasterolo di Savigliano 21 H4
Monastier di Treviso. 18 F19
Monastir 103 I9
Monate (Lago di) 12 E8
Monbello di Torino .. 21 G5
Moncalieri (Torino) .. 21 G5
Moncalvo 22 G6
Moncenisio 20 G2
Monchio 33 I13
Monchio delle Corti .. 32 I12
Moncioni 38 L16
Monclassico 5 C14
Moncolombone 21 G4
Moncrivello 21 G6
Moncucco Torinese .. 21 G5
Mondaino 39 K20
Mondalavia 29 I5
Mondanica-Viola 34 I17
Mondavio 40 K20
Mondello (Palermo) . 86 M21
Mondole (Monte) 29 J5
Mondolfo 40 K21
Mondovì 29 I5
Mondragone 64 D23
Mondrone 10 G3
Monega (Monte) 29 J5
Moneglia 31 J10
Mónesi di Triora 29 J5
Monesiglio 29 I6
Monestirolo 34 H17
Moneta 95 D10
Monfalcon di Montanaia 8 C19
Monfalcone 19 E22
Monferrato 21 H5
Monforte d'Alba 21 I5
Monforte S. Giorgio . 80 M28
Monfret (Cima) 10 F3
Mongardino (Asti) 21 H6
Mongardino (Bologna) 33 I15
Mongerati 87 N23
Monghidoro 33 J15
Mongia 29 I5
Mongiana 78 L30
Mongiardino Ligure . 31 I9
Mongioia 20 I2
Mongioie (Monte) 29 J5
Mongiuffi 89 N27
Mongrando 11 F6
Monguelfo / Welsberg 7 B18
Moniga del Garda 14 F13
Monna Casale (Monte) 58 R23
Monno 5 D13
Monopoli 68 E33
Monreale (Cagliari) 100 I8
Monreale (Palermo) 86 M21
Monreale (Castellacio di) 86 M21

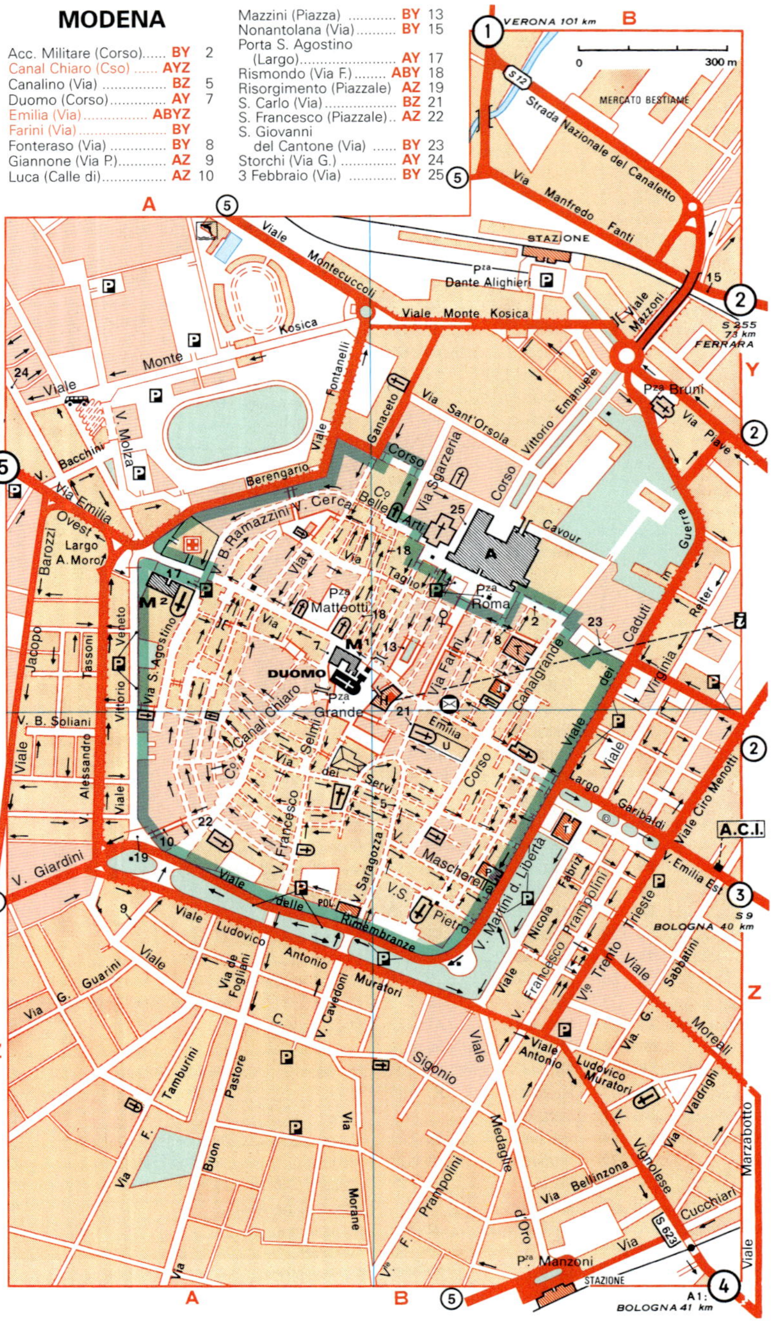

A PALAZZO DUCALE
M¹ MUSEO DEL DUOMO
M² PALAZZO DEI MUSEI

Monrupino.................19 E23
Monsampietro
Morico 47 M22
Monsampolo
di Tronto 47 N23
Monsano....................41 L21
Monselice 26 G17
Monserrato.............103 J9
Monsignore
(Casino di) 62 D31
Monsola.....................21 I4
Monsole.....................26 G18
Monsummano
Terme......................37 K14
Monta.........................21 H5
Montabone 22 H7
Montacuto
(Alessandria) 23 H9
Montacuto
(Ancona).................41 L22
Montafia 21 G6
Montagano 59 R26
Montagna (Arezzo) ..39 L18
Montagna
(Cosenza) 71 H29
Montagna (Cozzo)....91 P23
Montagna Grande 58 Q23
Montagna / Montan..16 D15
Montagnana
(Firenze) 37 K15
Montagnana
(Padova) 26 G16
Montagnano............. 44 L17
Montagnareale.........82 M26
Montagnola 58 Q23
Montagnola (Monte) 37 M15
Montagnone (il) 65 E27
Montagnone-Sonico.14 F12
Montaguto.............. .60 D27
Montaione 37 L14
Montalbano 69 E34
Montalbano
(Rimini)................39 J19
Montalbano Elicona .89 M27
Montalbano
(Ferrara)........... ..34 H16
Montalbano Ionico ..73 G31
Montalbo 23 H10
Montalcinello 37 M15
Montalcino 44 M16
Montaldeo 30 H8
Montaldo di Cosola ..31 H9
Montaldo
di Mondovì............29 J5
Montaldo Roero........21 H5
Montaldo Scarampi ..22 H6
Montale (La Spezia).31 J10
Montale (Modena)....33 I14
Montale (Pistoia) 33 K15
Montalenghe.............21 G5
Montalfoglio 40 L20
Montali......................45 M18
Montallegro...............90 O22
Montaltino (Bari) 62 D30
Montaltino (Foggia) .61 C29
Montalto (Forlì) 39 K18
Montalto (Isernia) 58 Q24
Montalto
(Reggio Emilia) 32 I13
Montalto (Monte).......80 M29
Montalto di Castro....49 O16
Montalto di Marche ..47 N22
Montalto Marina 49 P16
Montalto Dora...........11 F5
Montalto Ligure 29 K5
Montalto Pavese.......23 H9
Montalto Uffugo 76 I30
Montan / Montagna..16 D15
Montanara 25 G14
Montanari 35 J18
Montanaro 64 D24
Montanaro
(Piacenza).... ....24 H11
Montanaro (Torino) ..21 G5
Montanaso
Lombardo...............23 F10
Montanello (Pizzo) ...86 M21
Montanera 21 I4
Montano Antilia 70 G28
Montaperto...... ....90 P22
Montappone 46 M22
Montaquila 58 R24
Montardone..............33 I14
Montarso /
Feverstein 6 B15
Montasio (Jôf di) 9 C22
Montasola.................50 O20
Montata 32 I13
Montauro..................79 K31
Montazzoli 52 Q25
Monte Amiata 44 N16
Monte Antico 44 N16
Monte Bianco............10 E2
Monte Bianco
(Traforo del) 10 E2
Monte Buono 45 M18
Monte Calderaro 34 I16
Monte Casale
(Convento di) 39 L18
Monte Castello
di Vibio 45 N19
Monte Catone 34 I16
Monte Cavallo...........46 N20
Monte Cerignone......39 K19
Monte Codruzzo........39 J18
Monte Corona 45 M19
Monte Cotugno
(Lago di) 72 G31
Monte Croce.............17 D17
Monte Croce Carnico
(Passo di) /
Plöckenpaß.............8 C20
Monte Croce di Comelico
(Passo di) /
Kreuzbergpass 7 C19
Monte Cucco.............44 N15
Monte d'Accoddi 96 E7
Monte del Lago.........45 M18
Monte di Malo 16 F16
Monte di Procida 64 E24
Monte Domenico 31 J10
Monte Falterona, Campigna
e delle Foreste
Casentinesi 38 K17
Monte Giberto...........47 M22
Monte Giovo (Passo di) /
Jaufenpaß 6 B15
Monte Grande...........58 S22
Monte Gridolfo 39 K20
Monte Grimano 39 K19
Monte Isola 14 E12
Monte Lattaia 43 N15
Monte Livata 51 Q21
Monte Maria
(Abbazia di) 5 B13
Monte Mario
(Roma) 50 Q19
Monte Martello 39 L20
Monte Melino............45 M18
Monte Nai 103 J10
Monte Nero (Rif.)......20 H2
Monte Nieddu.........102 J8
Monte Ombraro 33 I15
Monte Orsello 33 I14
Monte Paganuccio....39 L20
Monte Petroso 99 E10
Monte Porzio............40 K21
Monte Porzio
Catone 56 Q20
Monte Pranu
(Lago di) 102 J7
Monte Rinaldo 47 M22
Monte Roberto..........41 L21
Monte Romano 49 P17
Monte Rosa 11 E5
Monte Rota /
Radsberg 7 B18
Monte Sacro
(Roma) 50 Q19
Monte S. Angelo.......55 B29
Monte S. Biagio 57 R22
Monte S. Giacomo ...71 F28
Monte S. Giovanni ...33 I15
Monte S. Giovanni
Campano 58 R22
Monte S. Giovanni
in Sabina 50 P20
Monte S. Giusto........47 M22
Monte Sta Maria
Tiberina..................39 L18
Monte Ste Marie.......44 M16
Monte S. Martino 46 M22
Monte S. Pietrangeli.47 M22
Monte S. Pietro
(Bologna)..............33 I15
Monte S. Pietro / Petersberg
(Bolzano) 6 C16
Monte S. Savino 44 M17
Monte S. Vito
(Ancona)...............41 L21
Monte S. Vito
(Perugia)...............46 N20
Monte Santu
(Capo di).............101 G11
Monte Scuro
(Valico di) 76 I31
Monte Senario
(Convento di) 38 K16
Monte Sirai 102 J7
Monte Sopra
Rondine 38 L17
Monte Terlago...........16 D15
Monte Urano 47 M23
Monte Vergine
(Santuario di) 65 E26
Monte Vidon
Combatte...............47 M22
Monte Vidon
Corrado..................46 M22
Montea......................76 I29
Monteacuto
delle Alpi 33 J14
Monteacuto
Ragazza.................33 J15
Monteacuto Vallese..33 J15
Monteaperta..............9 D21
Monteaperti 44 M16
Montebamboli...........43 M14
Montebaranzone.......33 I14
Montebello (Rimini) .39 K19
Montebello (Pesaro
e Urbino) 40 K20
Montebello
(Viterbo) 49 P17
Montebello della
Battaglia 23 G9
Montebello
di Bertona..............52 O23
Montebello Ionico.....80 N29
Montebello
sul Sangro.............52 Q24
Montebello
Vicentino................26 F16
Montebelluna 17 E18
Montebenichi 38 L16
Montebibico 45 O20
Montebonello............33 I14
Montebruno 31 I9
Montebufo.................46 N21
Montebuono..............50 O19
Montebuono
Alppato 44 N16
Montecagnano..........37 M15
Montecagno 32 J13
Montecalvello...........49 O18
Montecalvo
in Foglia..................39 K19
Montecalvo Irpino 60 D27
Montecalvo
Versiggia................23 H9
Montecampano.........50 O19
Montecanepino.........41 L22
Montecarelli 33 J15
Montecarlo 37 K14
Montecarlo
(Convento).............38 L16
Montecarotto.............40 L21
Montecarulli 37 L14
Montecassiano..........41 L22
Montecassino
(Abbazia di) 58 R23
Montecastelli............45 L18
Montecastelli
Pisano 37 M14
Montecastello............22 H8
Montecastrilli 50 O19
Montecatini Alto 37 K14
Montecatini Terme....37 K14
Montecatini Val
di Cecina................37 L14
Montecchia
di Crosara........... .15 F15
Montecchio
(Arezzo)........... .44 M17
Montecchio
(Perugia) 45 M20
Montecchio (Pesaro
e Urbino) 39 K20
Montecchio (Terni)..49 O18
Montecchio Emilia...24 H13
Montecchio
Maggiore..............26 F16
Montecchio
Precalcino.............16 F16
Montecelio........... ...50 P20
Montecerboli.............37 M14
Montecerreto.............33 I14
Montechiaro 91 P23
Montechiaro d'Asti ...21 G6
Montechiaro Piana ...30 I7
Montechiarugolo 24 H13
Monteciccardo 39 K20
Montecilfone 53 Q26
Montecompatri 56 Q20
Montecontieri............44 M16
Montecopiolo............39 K19
Montecorice 70 G26
Montecorvino
(Valico di) 38 K18
Montecorvino
Pugliano 65 E26
Montecorvino
Rovella 65 E26
Montecosaro 47 M22
Montecreto...............33 J14
Montecristo
(Formica di).... ......42 O12
Montecristo
(Isola di)................42 O12
Montecuccoli.............33 J15
Montedale 39 L18
Montedinove.............47 N22
Montedoro........ ....91 O23
Montefalcione 65 E26
Montefalco 45 N19
Montefalcone 37 K14
Montefalcone
Appennino.............46 N22
Montefalcone
di Val Fortore 60 D27
Montefalcone
nel Sannio 59 Q25
Montefano 41 L22
Montefegatesi 33 J13
Montefelcino 40 K20
Montefeltro..... ....39 K18
Monteferrante 52 Q25
Montefiascone 49 O18
Montefino 52 O23
Montefiore Conca 39 K19
Montefiore dell Aso..47 M23
Montefiorentino
(Convento di) 39 K19
Montefiorino 33 I13
Montefridolfi 37 L15
Montefiavio 50 P20
Montefollonico...........44 M17
Monteforte.................96 E6
Monteforte Cilento ...70 F27
Monteforte
d'Alpone 15 F15
Monteforte Irpino 65 E26
Montefortino 46 N22
Montefosca 9 D22
Montefoscoli 37 L14
Montefranco. 50 O20
Montefredane...........65 E26
Montefredente 33 J15
Montefusco 65 D26
Montegabbione.........45 N18
Montegalda 26 F17
Montegaldella 26 F17
Montegallo 46 N21
Montegaudio 39 K20
Montegelli 39 K18
Montegemoli.............37 M14
Montegiordano 73 G31
Montegiordano
Marina 73 G31
Montegiorgio 46 M22
Montegiove 45 N18
Montegiovi
(Arezzo) 38 L17
Montegiovi
(Grosseto) 44 N16
Montegonzi 38 L16
Montegranaro 47 M22
Montegrassano 76 I30
Montegrazie 29 K5
Montegrino
Valtravaglia 12 E8
Montegroppo 31 I11
Montegrosso (Asti) ..21 H6
Montegrosso (Bari) ..62 D30
Montegrosso d'Asti ..21 H6
Montegrotto Terme ..26 F17
Monteguidi................37 M15
Monteguiduccio 39 K20
Monteiasi...................69 F34
Montelabate 45 M19
Montelabbate............39 K20
Montelabreve............39 K18
Montelago 39 L20
Montelaguardia.........89 N26
Montelanico 57 R21
Monteleone 23 G10
Monteleone
di Fermo 46 M22
Monteleone
di Puglia 60 D27
Monteleone
di Spoleto.............45 O20
Monteleone
d'Orvieto...............45 N18
Monteleone
Rocca Doria...........96 F7
Monteleone Sabino ..50 P20
Montelepre................86 M21
Monteleto 45 L19
Montelibretti..............50 P20
Montelicciano............39 K19
Montella.....................65 E27
Montello (il)...............17 E18
Montelongo...............59 Q26
Montelparo................47 M22
Monteluco 45 N20
Montelungo...............32 I11
Montelupo Albese 21 I5
Montelupo
Fiorentino.............37 K15
Montelupone.............41 L22
Montemaggio............39 K15
Montemaggiore
(Forlì) 38 J17
Montemaggiore
(Roma) 50 P20
Montemaggiore (vicino
a Monteaperta) 9 D22
Montemaggiore (vicino
a Savogna) 9 D22
Montemaggiore
al Metauro............40 K20
Montemaggiore
Belsito...................87 N23
Montemagno............22 H6
Montemale
di Cuneo 28 I4
Montemarano 65 E26
Montemarcello..........32 J11
Montemarciano.........41 L21
Montemartano 45 N19
Montemarzino...........22 H8
Montemassi...............43 M15
Montemerano 48 O16
Montemesola 68 F34
Montemignaio...........38 K16
Montemiletto.............65 D26
Montemilone.............66 D29
Montemitro 53 Q25
Montemonaco...........46 N21
Montemurlo 33 K15
Montemurro..............71 E29
Montenars 9 E21
Montenero
(Cosenza) 77 J31
Montenero
(Foggia) 54 B29
Montenero
(Grosseto) 44 N16
Montenero
(Livorno)..............36 L13
Montenero
(Perugia)..............45 N19
Montenero
(Salerno)..............65 E27
Montenero
di Bisaccia 53 Q26
Montenero
(Portella di)............87 N24
Montenero Sabino....50 P20
Montenero Val
Cocchiara..............58 Q24
Montenerodomo.......52 Q24
Montenotte
Superiore...............30 I7
Monteodorisio...........53 P25
Monteorsaro.............32 J13
Monteortone 26 F17
Montepagano...........47 N23
Montepaone.............78 K31
Montepaone Lido 79 K31
Monteparano............69 F34
Montepastore...........33 I15
Montepescali............43 N15
Montepescini............44 M16
Montepiano 33 J15
Monteponi..............102 J7
Monteponi (Lago)...102 I7
Monteprandone 47 N23
Montepulciano 44 M17
Montepulciano
(Lago di) 44 M17
Montepulciano
Stazione................44 M17
Monterado................40 K21
Monterappoli............37 K14
Monterchi 39 L18
Montereale
(L'Aquila) 51 O21
Montereale (Forlì) 39 J18
Montereale Valcellina .8 D19
Montereggi...............38 K16
Montereggio.............32 J11
Monterenzio 34 J16
Monteriggioni 37 L15
Monteroduni 58 R24
Monterolo.................40 L20
Monteroni d'Arbia 44 M16
Monteroni di Lecce...75 G36
Monterosi 50 P18
Monterosi (Lago di)..50 P18
Monterosso
(Ancona).............40 L20
Monterosso
(Bolzano) 5 B14
Monterosso al Mare.31 J10
Monterosso Almo.....92 P26
Monterosso Calabro.78 K30
Monterosso Grana....28 I3
Monterotondo...........50 P19
Monterotondo
Marittimo..............43 M14
Monterotondo Scalo 50 P19
Monterubbiano 47 M23
Monterubiaglio 44 N18
Monteruga
(Masseria).............69 F35
Montesano
Salentino 75 H36
Montesano sulla
Marcellana............71 G29
Montesanto
di Lussari 9 C22
Montesarchio 65 D25
Montesardo...............75 H37
Montescaglioso.........68 F32
Montescano..............23 G9
Montescudaio 37 M13
Montescudo 39 K19
Montese....................33 J14
Montesegale.............23 H9
Montesicuro 41 L22
Montesilvano
Marina 52 O24
Montesoffio...............39 K19
Montesoro................78 K30
Montespertoli............37 L15
Montespluga 3 C9
Montespluga
(Lago di) 4 C10
Monteti 48 O16
Monteu Roero...........21 H5
Montevacca
(Passo di)..............31 I10
Montevago 85 N20
Montevarchi 38 L16
Montevecchio 100 I7
Monteveglio 33 I15
Monteventano 23 H10
Monteverde..............66 D28
Monteverdi
Marittimo...............37 M14
Montevettolini...........37 K14
Monteviale................26 F16
Montevitozzo............44 N17
Montezemolo 29 I6
Monti (Sassari) 97 E9
Monti (Siena) 44 L16
Monti (Torino)...........10 G4
Monti Sibillini (Parco
Nazionale dei) 46 N21
Montiano (Forlì) 39 J18
Montiano
(Grosseto) 48 O15
Monticano 28 E19
Montichiello..............44 M17
Monticchio.................51 P22
Monticchio
(Laghi di)...............66 E28
Monticchio Bagni......66 E28
Monticelli...................58 R22
Monticelli
d'Ongina 24 G11
Monticelli Pavese......23 G10
Monticelli Terme.......24 H13
Monticello.................44 N16
Monticello (Lecco)....13 E9
Monticello
(Piacenza)............23 H10
Montichiari 14 F13
Monticiano 43 M15
Montieri 43 M15
Montiglio 21 G6
Montignano..............41 K21
Montignoso 32 J12
Montingegnoli 37 M15
Montioni 43 M14
Montirone 14 F12
Montisi......................44 M16
Montjovet..................11 E5
Montjovet
(Castello) 11 E4
Montodine.................23 G11
Montoggio.................31 I9
Montone (Perugia)...45 L18
Montone (Teramo)...47 N23
Montone (Fiume)......38 J17
Montone (Monte)....... 7 B18
Montoni-Vecchio.......91 N23
Montopoli
di Sabina 50 P20
Montopoli
in Val d'Arno 37 K14
Montorfano 13 E9
Montorgiali...............43 N15
Montorio
(Grosseto) 44 N17
Montorio (Verona) ...15 F15
Montorio
al Vomano............51 O22
Montorio
nei Frentani.......... 59 Q26
Montorio Romano ... 50 P20
Montoro 41 L22
Montoro Inferiore.... 65 E26
Montorsaio 43 N15
Mont'Orso
(Galleria di) 57 R21
Montorso Vicentino .26 F16
Montoso .... .20 H3
Montottone .... .47 M22
Montovolo 33 J15
Montresta 96 F7
Montù Beccaria........23 G9
Monvalle.................. ..12 E7
Monveso di Forzo.. ..10 F4
Monza 13 F9
Monzambano 15 F14
Monzone...................32 J12
Monzoni.....................7 C17
Monzuno...................33 J15
Moos / S. Giuseppe....7 B19

Moos in Passeier / Moso in Passiria 6 B15
Morano Calabro 76 H30
Morano sul Po 22 G7
Moraro 19 E22
Morasco (Lago di) 2 C7
Morazzone 12 E8
Morbegno 4 D10
Morbello 30 I7
Morcella 45 N18
Morciano di Leuca 75 H36
Morciano di Romagna 39 K19
Morcone 59 R25
Mordano 34 I17
Morea (Masseria) 68 E33
Morello 91 O24
Morello (Monte) 37 K15
Morena (Perugia) 39 L19
Morena (Roma) 56 Q19
Morengo 13 F11
Moreri 89 M27
Mores 98 F8
Moresco 47 M23
Moretta 21 H4
Morfasso 23 H11
Morgantina 88 O25
Morgex 10 E3
Morgonaz 10 E4
Morgongiori 100 H8
Mori 15 E14
Moria 39 L19
Moriago della Battaglia 17 E18
Moricone 50 P20
Morigerati 71 G28
Morimondo 22 F8
Morino 57 Q22
Morleschio 45 M19
Morlupo 50 P19
Mormanno 71 H29
Mornago 12 E8
Mornese 30 I8
Mornico Losana 23 G9
Moro 52 P25
Moro (Monte) (Rieti) 51 P21
Moro (Monte) (Sassari) 95 D10
Moro (Passo di Monte) 11 E5
Moro (Sasso) 4 D11
Morolo 57 R21
Morone (Colle) 78 L30
Moronico 34 J17
Morozzo 29 I5
Morra 45 L18
Morra De Sanctis 65 E27
Morra (Monte) 50 P20
Morrano Nuovo 45 N18
Morre 45 N19
Morrea (Forchetta) 58 Q22
Morrice 46 N22
Morro d'Alba 41 L21
Morro d'Oro 52 O23
Morro (Monte del) 88 N26
Morro Reatino 50 O20
Morrone (Montagne del) 52 P23
Morrone (Monte) 52 P23
Morrone del Sannio 59 Q26
Morrovalle 47 M22
Morsano al Tagliamento 18 E20
Morsasco 30 I7
Mortara 22 G8
Mortegliano 19 E21
Mortelle 80 M28
Morter 5 C14
Morterone 13 E10
Mortizza 23 G11
Mortizzuolo 25 H15
Morto (Lago) 17 D18
Morto di Primaro 34 H16
Morto (Portella del) 91 O24
Mortola Inferiore 28 K4
Mortorio (Isola) 95 D10
Moscazzano 23 G11
Moschella 61 D29
Moscheta 38 J16
Moschiano 65 E25
Moschin (Col) 16 E17
Mosciano S. Angelo 47 N23
Moscufo 52 O24
Mosio 24 G13
Moso in Passiria / Moos in Passeier 6 B15
Mosorrofa 80 M29
Mossa 19 E22
Mosso Sta Maria 11 F6
Mosson 16 E16
Mostri (Parco dei) 49 O18
Moticella 81 M30
Mòtola (Monte) 70 F28
Motta (Modena) 25 H14
Motta (Vicenza) 26 F16
Motta Baluffi 24 G12
Motta Camastra 89 N27
Motta d'Affermo 87 N24
Motta de Conti 22 G7
Motta di Livenza 18 E19
Motta Montecorvino 54 C27
Motta S. Anastasia 89 O26
Motta S. Giovanni 80 M29
Motta Sta Lucia 78 J30
Motta Visconti 22 G8
Mottafollone 76 I30
Mottalciata 11 F6
Mottarone 12 E7
Mottaziana 23 G10
Motteggiana 25 G14
Mottola 68 F33
Mottorra 99 G10
Mozia 84 N19
Mozzagrogna 52 P25
Mozzanica 13 F11
Mozzate 12 E8
Mozzecane 25 G14
Muccia 46 M21
Mucone 76 I30
Mucone (Lago di) 77 I31
Mucrone (Monte) 11 F5
Mühlbach / Rio di Pusteria 6 B16
Mühlbach / Riomolino 7 B17
Mühlen / Molini di Tures 7 B17
Mühlwald / Selva dei Molini 7 B17
Mugello (Autodromo Internazionale del) 38 K16
Muggia 19 F23
Muggia (Baia di) 19 F23
Muglia 88 O26
Mugnai 17 D17
Mugnano 45 M18
Mugnano del Cardinale 65 E25
Mugnano di Napoli (Napoli) 64 E24
Mugnano in Teverina 50 O18
Mugnone 37 K15
Mugnone (Punta) 84 N18
Mulargia 101 H9
Mulargia (Lago di) 101 I9
Mulazzano (Lodi) 23 F10

NAPOLI

Augusto (Viale) .... AU 10
Capodichino (Calata) .... CT 16
Caravaggio (Via Michelangelo Da) .. AU 19
Casoria (Str. Prov.) .... CT 21
Cilea (Via Francesco) .... BU 26
Claudio (Via) .... AU 28
De Amicis (Via Tommaso) .... BT 41
De Pinedo (Via) .... CT 44
Di Vittorio (Piazza) .... CT 45
Domiziana (Via) .... AU 46
Don Bosco (Via) .... CT 47
Europa (Corso) .... BU 52
Ferraris (Via Galileo) .... CTU 54
Garibaldi (Corso G.) .... DU 62
Gianturco (Via E.) .... CTU 64
Giulio Cesare (Via) .... AU 66
Imparato (Via F.) .... CTU 68
Jannelli (Via Gabriele) .... BT 69
Kennedy (Viale J. F.) .... AU 70
Maddalena (Viale U.) .... CT 71
Miraglia (Via Nicola) .... CT 79
Napoli Capodimonte (Via) .... BT 92
Nicolini (Via Nicola) .... CT 95
Orazio (Via) .... BU 103
Piave (Via) .... AU 112
Pietravalle (Via M.) .... BT 114
Pigna (Via) .... BU 116
Ponti Rossi (Via) .... BT 122
Reggia di Portici (Via) .... CU 128
Riposo (Via del) .... CT 132
S. Giovanni a Teduccio (Corso) .... CU 141
Taddeo da Sessa (Via) .... CT 157
Tasso (Via Torquato) .... BU 158
Tecchio (Piazzale V.) .... AU 160
Traccia a Poggioreale (Via) .... CT 164
Volta (Via A.) .... CU 173

M[1] PALAZZO E GALLERIA DI CAPODIMONTE

Mulazzano (Parma) 32 I12
Mulazzo 32 J11
Mules / Mauls 6 B16
Mulinello 88 O25
Mulino di Arzachena 95 D10
Multeddu 98 E8
Mumullonis (Punta) 102 I7
Muntiggioni 98 E8
Mura 14 E13
Muraglione (Passo del) 38 K16
Murano 27 F19
Muravera 103 I10
Murazzano 23 I6
Murci 44 N16
Murello 21 H4
Murera 101 H9
Muretto (Passo del) 4 C11
Murgetta 67 E31
Muri (Necropoli di li) 95 D9
Murialdo 29 J6
Muris 8 D20
Murisengo 21 G6
Murittu (Punta) 99 F10
Murlo 44 M16
Muro Leccese 75 G37
Muro Lucano 66 E28
Muros 96 E7
Murro di Porco (Capo) 93 P28
Murta Maria 99 E10
Murtazzolu 100 G8
Musano 17 E18
Muscletto 18 E21
Musei 102 J8
Musellaro 52 P23
Musi 9 D21
Musignano (Varese) 3 D8
Musignano (Viterbo) 49 O17
Musile di Piave 18 F19
Musone 41 L21
Mussolente 17 E17
Mussomeli 91 O23
Muta (Lago di) 5 B13
Mutignano 52 O24
Mutria (Monte) 59 R25
Muxarello 91 O22
Muzza (Canale) 13 F10
Muzza S. Angelo 23 G10
Muzzana del Turgnano 18 E21

N

Nago 15 E14
Nai (Monte) 103 J10
Naia 45 N19
Nàlles / Nals 6 C15
Nals / Nàlles 6 C15
Nambino (Monte) 5 D14
Nanno 16 D15
Nanto 26 F16
Napola 84 N19
Napoli 64 E24
Napoli-Capodichino (Aeroporto) 64 E24
Napoli (Golfo di) 64 E24
Narba (Monte) 103 I10
Narbolia 100 G7
Narcao 102 J8
Narcao (Monte) 102 J7
Nardis (Cascata di) 5 D14
Nardo 75 G36
Nardodipace 81 L31
Nardodipace Vecchio 81 L31
Naregno 42 N13
Narni 50 O19
Narni Scalo 50 O19
Naro 91 P23
Naro (Fiume) 91 P23
Naro (Portella di) 91 P23
Narzole 21 I5
Nasino 29 J6
Naso 88 M26
Naso (Fiume di) 88 M26
Naßfeld-Paß / Pramollo (Passo di) 8 C21
Natile Nuovo 81 M30
Natisone 9 D22
Naturno / Naturns 6 C15
Naturns / Naturno 6 C15
Natz / Naz 6 B17
Nava 29 J5
Nava (Colle di) 29 J5
Navacchio 36 K13
Nave 14 F12
Nave (Monte La) 88 N26
Nave S. Felice 16 D15
Navelli 51 P23
Navene 15 E14
Navene (Bocca di) 15 E14
Navicello 25 H14
Navone (Monte) 92 O24
Naxos 89 N27
Naz / Natz 6 B17
Nazzano (Roma) 50 P19
Nazzano (Pavia) 23 H9
Nebbiano 46 L20
Nebbiuno 12 E7
Nebida 102 J7
Nebin (Monte) 20 I3
Nebius (Monte) 28 I3
Nebrodi 88 N25
Negra (Punta) 94 E6
Negrar 15 F14
Neirone 31 I9
Neive 21 H6
Nembro 13 E11
Nemi 56 Q20
Nemi (Lago di) 56 Q20
Nemoli 71 G29
Neoneli 100 G8
Nepi 50 P19
Nera 46 N20
Nera (Croda) 7 B18
Nera (Punta) (Aosta) 11 F4
Nera (Punta) (Livorno) 42 N12
Nera (Punta) (Nuoro) 99 F11
Nerbisci 45 L19
Nerone (Monte su) 101 G10
Nereto 47 N23
Nerina (Val) 46 N20
Nero (Capo) 29 K5
Nero (Monte) 89 N27
Nero (Sasso) 4 D11
Nero (Sasso) / Schwarzenstein 7 A17
Nerola 50 P20
Nerone (Monte) 39 L19
Nervesa d. Battaglia 17 E18
Nervi (Genova) 31 I9
Nervia (Torrente) 28 K4
Nervia (Val) 28 K4
Nerviano 12 F8
Nery (Monte) 11 E5
Nespoledo 18 E21
Nespolo 51 P21
Nesso 13 E9
Nestore (vicino a Marsciano) 45 N18
Nestore (vicino a Trestina) 45 L18
Neto 77 J31
Netro 11 F5
Nettuno 56 R19
Nettuno (Grotta di) 96 F6
Neumarkt / Egna 16 D15
Neurateis / Rattisio Nuovo 5 B14
Neustift / Novacella 6 B16
Neva (Torrente) 29 J6
Neva (Val) 29 J6
Nevea (Passo di) 9 C22
Nevegal 17 D18
Néves (Lago di) 7 B17
Neviano 75 G36
Neviano de' Rossi 24 I12
Neviano degli Arduini 32 I12
Neviera (Serra la) 66 F29
Nevola 40 L21
Niardo 14 E13
Nibbia 12 F7
Nibbiaia 36 L13
Nibbiano 23 H10
Nicà (Cosenza) 77 I32
Nica (Trapani) 84 Q17
Nicastro 78 K30
Niccioleta 43 M14
Niccone 45 M18
Niccone (Torrente) 45 M18
Nichelino (Torino) 21 H4

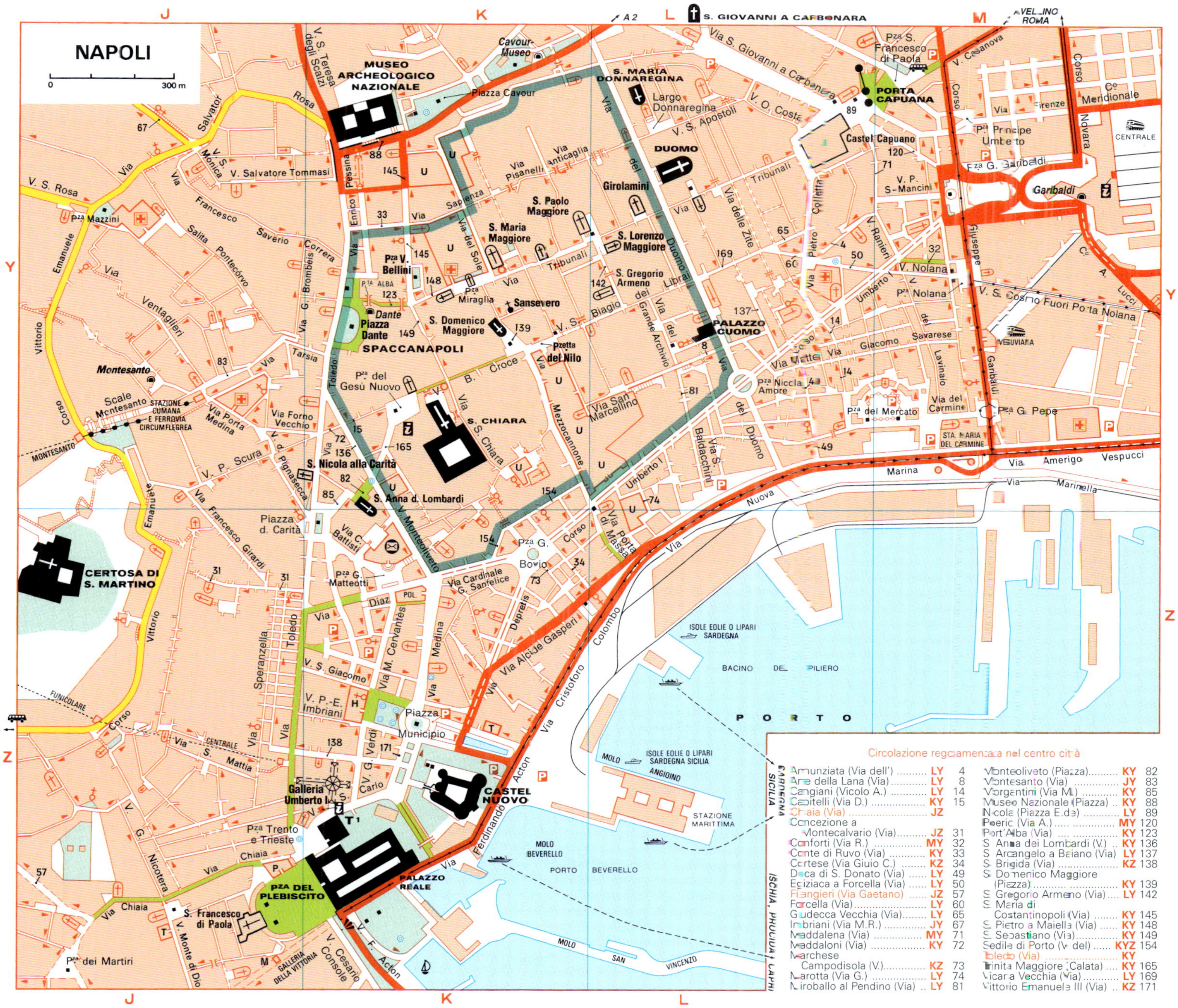

T¹ TEATRO SAN CARLO

Antonelli (Via) A 2
Bellini (Largo) A 3
Cavallotti (Corso F.) B 4
Cavour (Corso) B
Don Minzoni (Largo) A 5
Ferrari (Via G.) A 6
Galilei (Via Galileo) A 7
Italia (Corso) AB
Martiri della Libertà (Piazza) A 8
Mazzini (Corso) B
Puccini (Via) A 13
Risorgimento (Corso) A 14
San Francesco d'Assisi (Via) B 15
San Gaudenzio (Via) A 17
Trieste (Corso) B 18
Vittoria (Corso della) B 19
20 Settembre (Corso) A 20

Nicola Bove (Monte) 103 J10
Nicola (Monte) 55 B30
Nicoletti (Lago) 91 O24
Nicolosi 89 O27
Nicorvo 22 G8
Nicosia 88 N25
Nicotera 78 L29
Nicotera Marina 78 L29
Nieddu (Monte) 99 E10
Nieddu di Ottana (Monte) 101 G9
Niederdorf / Villabassa 7 B18
Niel 11 E5
Niella Belbo 21 I6
Niella Tanaro 29 I5
Nigra (Passo) 6 C16
Nimis 9 D21
Ninfa 57 R20
Niovole 37 K14
Nirano 33 I14
Niscemi 92 P25
Nisida (Isola di) (Napoli) 64 E24
Nissoria 88 O25
Niviano 23 H10
Niviere (Pizzo dello) 85 M20
Nivolet (Colle del) 10 F3
Nizza di Sicilia 89 N28
Nizza Monferrato 22 H7
Noale 26 F18
Noasca 10 F3
Nocara 72 G31
Nocchi 36 K13
Nocciano 52 O23
Noce (Potenza) 71 G29
Noce (Trento) 5 C14
Nocelleto 64 D24
Nocera Inferiore 65 E25
Nocera Superiore 65 E26
Nocera Terinese 78 J30
Nocera Umbra 45 M20
Noceto 24 H12
Noci 68 E33
Nociara 92 O24
Nociazzi 87 N24
Nociglia 75 G36
Noepoli 72 G30
Nogara 25 G15
Nogarè 17 E18
Nogaro 19 E21
Nogarole Rocca 25 G14
Nogarole Vicentino 15 F15
Nogheredo 8 D19
Nogna 45 L19
Noha 75 G36
Noicattaro 63 D32
Nola 64 E25
Nole 11 G4
Noli 30 J7
Noli (Capo di) 30 J7
Nomi 16 E15
Non (Val di) 16 D15
Nona 5 D12
Nonantola 25 H15
None 21 H4
Nongruella 9 D21
Nonio 12 E7
Nora 103 J9
Noragugume 100 G8
Norba 57 R20
Norbello 100 G8
Norchia 49 P17
Norcia 46 N21
Nordio-Deffar (Rif.) 9 C22
Norge Polesine 27 G18
Norma 57 R20
Nortiddi 99 F10
Nosate 12 F8
Nosedole 25 G14
Nostra Signora de Cabu Abbas 98 F8
Nostra Signora della Solitudine 99 G10
Nostra Signora di Bonaria 98 E8
Nostra Signora di Castro 97 E9
Nostra Signora di Gonari 101 G9
Nostra Signora di Monserrato (Nuoro) 99 G10
Nostra Signora di Montallegro (Genova) 31 I9
Notaresco 47 O23
Noto 93 Q27
Noto (Golfo di) 93 Q27
Noto Antica 93 Q27
Notteri (Stagno) 103 J10
Nova Levante / Welschnofen 6 C16
Nova Milanese 13 F9
Nova Ponente / Deutschnofen 6 C16
Nova Siri 73 G31
Nova Siri Stazione 73 G31
Novacella / Neustift 6 B16
Novafeltria 39 K18
Novale (Vicenza) 15 F15
Novale / Rauth (Bolzano) 6 C16
Novaledo 16 D16
Novalesa 20 G3
Novara 12 F7
Novara di Sicilia 89 M27
Novate Mezzola 4 D10
Nove 16 E17
Novegigola 32 J11
Noveglia 31 I11
Novegno (Monte) 16 E15
Novellara 25 H14
Novello 21 I5
Noventa di Piave 18 F19
Noventa Padovana 26 F17
Noventa Vicentina 26 G16
Novi di Modena 25 H14
Novi Ligure 22 H8
Novi Velia 70 G27
Noviglio 23 F9
Novoli 75 F36
Nozza 14 E13
Nozzano 36 K13
Nubia 84 N19
Nuccio 84 N19
Nucetto 29 I6
Nuchis 97 E9
Nudo (Col) 8 D19
Nughedu di S. Nicolò 97 F9
Nughedu Sta Vittoria 100 G8
Nugola 36 L13
Nule 97 F9
Nulvi 98 E8
Numana 41 L22
Nunziata 89 N27
Nuoro 97 G9
Nuova Bisaccia 66 D28
Nuova Olonio 4 D10
Nuovo (Ponte) 60 D28
Nuracciolu (Punta) 100 I7
Nurachi 100 H7
Nuradeo 96 G7
Nuraghi (Valle dei) 98 F8
Nuragus 100 H9
Nurallao 101 H9
Nuraminis 103 I9
Nuraxi (Su) (Barumini) 100 H8
Nuraxi de Mesu (Valico) 102 K8
Nuraxi Figus 102 J7
Nure 24 H11
Nureci 100 H8
Nuria (Monte) 51 O21
Nurri 101 H9
Nurri (Cantoniera di) 101 H9
Nus 11 E4
Nuschele (Monte) 97 F9
Nusco 65 E27
Nusenna 38 L16
Nuvolato 25 G15
Nuvolau (Rifugio) 7 C18
Nuvolento 14 F13
Nuvolera 14 F13
Nuxis 102 J8

O

Ober Wielenbach / Vila di Sopra 7 B17
Oberbozen / Soprabolzano 6 C16
Obereggen / S. Floriano 6 C16
Obolo 23 H10
Oca 27 H18
Occhieppo 11 F6
Occhiobello 26 H16
Occhione (Punta) 95 D10
Occhito (Lago di) 59 R26
Occimiano 22 G7
Oclini (Passo di) 16 C16
Ocre (L'Aquila) 51 P22
Ocre (Rieti) 50 O20
Ocre (Monte) 51 P22
Odalengo Grande 21 G6
Oderzo 18 E19
Odle (le) / Geislerspitze 7 C17
Odolo 14 F13
Oes 98 F8
Ofanto 66 E28
Ofanto (Foce dell') 61 C30
Ofen / Forno (Monte) 9 C23
Ofena 52 P23
Offagna 41 L22
Offanengo 23 F11
Offida 47 N23
Offlaga 14 F12
Oggia (Colle di) 29 K5
Oggiono 13 E10
Ogliastra 101 H10
Ogliastra (Isola dell') 101 H11
Ogliastro Cilento 70 F27
Ogliastro (Lago di) 88 O25
Ogliastro Marina 70 G26
Oglio 5 D13
Ogliolo 5 D12
Ogna (Monte) 66 E28
Ognina 93 Q27
Ognina (Capo) 93 Q27
Ognio 31 I9
Ognissanti 63 D32
Oisternig (Monte) 9 C22
Ola 97 G9
Olang / Valdaora 7 B18
Olbia 99 E10
Olbia (Golfo di) 99 E10
Olbicella 30 I7
Olcenengo 22 F6
Olcio 3 E9
Olda 13 E10
Oleggio 12 F7
Oleggio Castello 12 E7
Oleis 19 D22
Olengo 12 F7
Olevano di Lomellina 22 G8
Olevano Romano 57 Q21
Olevano sul Tusciano 65 F27
Olgiasca 3 D9
Olgiata 50 P19
Olgiate Comasco 12 E8
Olgiate Olona 12 F8
Olginate 13 E10
Olia (Monte) 99 E10
Olia Speciosa 103 J10
Oliena 101 G10
Oliena (Rio d') 101 G10
Olinie (Monte) 101 G10
Olivadi 78 K31
Olivarella 83 M27
Oliveri 83 M27
Oliveto 80 M29
Oliveto (Arezzo) 44 L17
Oliveto (Bologna) 33 I15
Oliveto (Masseria) 67 E30
Oliveto Citra 65 E27
Oliveto Lario 3 E9
Oliveto Lucano 72 F30
Oliveto Maggiore (Abbazia di Monte) 44 M16
Olivetta 28 K4
Olivieri (Masseria) 67 E31
Olivo 88 O24
Olivo (Ponte) 92 P24
Olivola 32 J12
Ollastra Simaxis 100 H8
Ollastu 103 I10
Olle 16 D16
Ollolai 101 G9
Ollomont 10 E3
Olmedo 96 F7
Olmeneta 24 G12
Olmi 37 K14
Olmi (Monte degli) 5 C14
Olmo (Arezzo) 38 L17
Olmo (Firenze) 38 K16
Olmo (Reggio Emilia) 24 H13
Olmo (Sondrio) 4 C10
Olmo (Treviso) 17 E17
Olmo (Vicenza) 26 F16
Olmo al Brembo 13 E10
Olmo Gentile 30 I6
Olona 12 E8
Olonia 13 F9
Olpeta 49 O17
Oltre il Colle 14 E11
Oltre Vara 31 J11
Olza 24 G11
Olzai 97 G9
Ombrone (vicino a Grosseto) 44 M16
Ombrone (vicino a Pistoia) 33 K14
Ome 14 F12
Omegna 12 E7
Omignano 70 G27
Omignano Scalo 70 G27
Omodeo (Lago) 100 G8
Onamarra (Punta) 101 G10
Onani 99 F10
Onano 44 N17
Onara 17 F17
Oncino 20 H3
Oneglia 29 K6
Ongaro 16 E15
Ongina 24 H12
Onifai 99 F10
Oniferi 101 G9
Onigo di Piave 17 E17
Onno 13 E9
Onzo 29 J6
Opera 23 F9
Opi 58 Q23
Opicina 19 E23
Oppeano 25 G15
Oppido Lucano 67 E29
Oppido Mamertina 81 M29
Oppio (Passo di) 33 J14
Ora / Auer 6 C15
Orani 101 G9
Orasso 2 D7
Oratino 59 R25
Orba 22 H7
Orbai (Monte) 102 J8
Orbassano (Torino) 21 G4
Orbetello 48 O15
Orbetello (Laguna di) 48 O15
Orbetello Scalo 48 O15
Orcenico Inferiore 18 E20
Orcia 44 N16
Orciano di Pesaro 40 K20
Orciano Pisano 36 L13
Orciatico 37 L14
Orco 10 F3
Ordini (Monte) 103 I10
Ordona 60 D28
Orecchiella 32 J13
Oregone (Passo d.) / Hochalpljoch 8 C20
Orentano 37 K13
Orezzoli 31 I10
Orgiano 26 F16
Orgnano 18 D21
Orgosolo 101 G10
Oria (Brindisi) 69 F34
Oria (Como) 3 D9
Oriago 27 F18
Oricola 51 P21
Origgio 13 F9
Orimini (Masseria) (vicino a Martina Franca) 68 E33
Orimini (Masseria) (vicino a S. Simone) 69 F33
Orino 12 E8
Orio al Serio 13 E11
Orio Litta 23 G10
Oriolo (Cosenza) 72 G31
Oriolo (Pavia) 23 G9
Oriolo (Perugia) 45 N20
Oriolo Romano 49 P18
Oristano 100 H7
Oristano (Golfo di) 100 H7
Orlando (Capo d') 88 M26
Ormea 29 J5
Ormelle 17 E19
Ornaro 50 P20
Ornavasso 12 E7
Orneta 65 D27
Ornica 13 E10
Oro (Conca d') 86 M21
Oro (Monte d') 87 N23
Oro (S') 103 I10
Orolo 26 F16
Oronaye (Monte) 28 I2
Oropa 11 F5
Orosei 99 F11
Orosei (Golfo di) 101 G11
Orotelli 101 G9
Orotelli (Serra d') 97 F9
Orri (Monte) 102 J8
Orria 70 G27
Orrido di S. Anna 2 D8
Orriola (Monte) 97 E9
Orroli 101 H9
Orru (Cuccuru) 103 I9
Orsago 17 E19
Orsaiola 39 L19
Orsara di Puglia 60 D27
Orsaria 9 D22
Orsetti (Monte) 68 E33
Orsia 11 E5
Orsiera (Monte) 20 G3
Orso (Capo d') (Salerno) 65 F26
Orso (Capo d') (Sassari) 95 D10
Orso (Colle dell') 59 R25
Orsogna 52 P24
Orta 52 P24
Orta di Atella 64 E24
Orta (Lago d') 12 E7
Orta Nova 61 D29
Orta S. Giulio 12 E7
Ortacesus 103 I9
Orte 50 O19
Ortelle 75 G37
Ortezzano 47 M22
Orti 80 M29
Orticelli 26 G18
Ortigara (Monte) 16 D16
Ortignano-Raggiolo 38 K17
Ortimino 37 L15
Ortisei / St. Ulrich 7 C17
Ortler / Ortles 5 C13
Ortles / Ortler 5 C13
Ortobene (Monte) 99 G10
Ortolano 51 O22
Ortona 52 O25
Ortona dei Marsi 52 Q23
Ortonovo 32 J12
Ortovero 29 J6
Ortuabis (Valico) 101 H9
Ortucchio 51 Q22
Ortueri 100 G8
Orune 99 F10
Orvieto 45 N18
Orvinio 50 P20
Orzano 9 D22
Orzinuovi 14 F11
Orzivecchi 14 F11
Osasco 21 H4
Osasio 21 H4
Oscasale 24 G11
Oscata 66 D27
Oschiri 97 E9
Oschiri (Rio di) 97 I9
Osento (Avellino) 66 E28
Osento (Chieti) 53 P25
Osidda 97 F9
Osiglia 29 J6
Osiglietta (Lago di) 29 J6
Osilo 98 E8
Osimo 41 L22
Osimo Stazione 41 L22
Osini-Nuovo 101 H10
Osini-Vecchio 101 H10
Osio Sotto 13 F10
Oslavia 19 E22
Osnago 13 E10
Osoppo 8 D21
Ospedaletti 29 K5
Ospedaletto 23 G10
Ospedaletto (Forlì) 34 J18

Ospedaletto
(Rimini)................39 K19
Ospedaletto (Terni)...45 N18
Ospedaletto (Trento) 16 D16
Ospedaletto
(Treviso)...............17 F18
Ospedaletto (Udine)...8 D21
Ospedaletto
d'Alpinolo.............65 E26
Ospedaletto
Euganeo 26 G16
Ospedalicchio............45 M19
Ospitale (Ferrara).....26 H16
Ospitale (Modena)...33 J14
Ospitale di Cadore....17 D18
Ospitaletto (Brescia) 14 F12
Ospitaletto
(Mantova)...........25 G13
Ospitalleto
(Modena).............33 I14
Ospitalmonacale.......34 H17
Ossago Lodigiano.....23 G10
Ossalengo.................24 G12
Ossegna....................31 I10
Osservanza (Siena) ..44 L16
Ossi............................96 E7
Ossola (Val d')............2 D6
Ossolaro 24 G11
Ossona........................12 F8
Ossuccio 3 E9
Ostana.........................20 H3
Ostellato 34 H17
Osteria del Gatto 45 M20
Osteria dell'Osa 56 Q20
Osteria di Morano 45 M20
Osteria Grande..........34 I16
Osteria Nuova
(Roma) 50 P18
Osterianova 41 L22
Ostia Antica..............56 Q18
Ostia Parmense.........32 I11
Ostiano 24 G12
Ostiglia.......................25 G15
Ostigliano 70 G27
Ostra 41 L21
Ostra Vetere 40 L21
Ostuni 69 E34
Oten (Valle d')............7 C18
Otranto.......................75 G37
Otranto (Capo d')......75 G37
Otricoli 50 O19
Ottana 101 G9
Ottati 66 F27
Ottava 96 E7
Ottavia (Roma) 50 Q19
Ottaviano 64 E25
Ottiglio 22 G7
Ottiolu (Punta d') 99 E11
Ottobiano...................22 G8
Ottone 31 I10
Oulx............................20 G2
Ovada..........................30 I7
Ovaro 8 C20
Oviglio 22 H7
Ovindoli 51 P22
Ovo (Torre dell')........74 G34
Ovodda 101 G9
Oyace 10 E4
Ozegna 21 G5
Ozein 10 E3
Ozieri 97 F9
Ozzano dell'Emilia 34 I16
Ozzano Monferrato...22 G7
Ozzano Taro..............24 H12
Ozzero 22 F8

PADOVA

Altinate (Via)	DYZ	
Carmine (Via del)	DY	10
Cavour (Piazza e Via)	DY	15
Cesarotti (Via M)	DZ	17
Dante (Via)	CY	
Erbe (Piazza delle)	DZ	20
Eremitani (Piazza)	DY	21
Filiberto (Via E.)	DY	24
Frutta (Piazza della)	DZ	25
Garibaldi (Corso)	DY	27
Garibaldi (Piazza)	DY	28
Gasometro (Via dell'ex)	DY	29
Guariento (Via)	DY	35
Insurrezione (Piazza)	DY	39
Monte di Pietà (Via del)	CZ	45
Petrarca (Via)	CY	50
Ponte Molino (Vicolo)	CY	52
Ponti Romani (Riviera dei)	DYZ	53
Roma (Via)	DZ	
S. Canziano (Via)	DZ	57
S. Fermo (Via)	DY	
S. Lucia (Via)	DY	59
Vandelli (Via D.)	CZ	66
Verdi (Via G.)	CY	67
Vittorio Emanuele II (Corso)	CZ	70
8 Febbraio (Via)	DZ	74
58 Fanteria (Via)	DZ	75

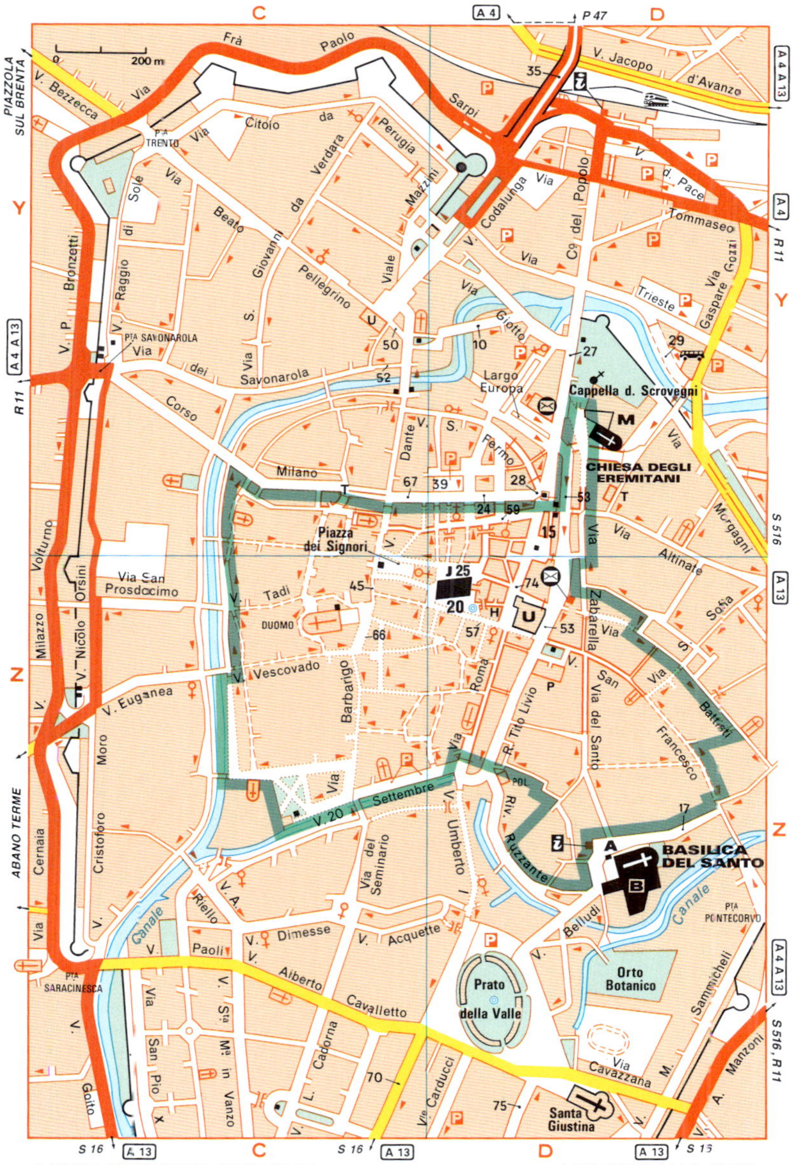

A STATUA EQUESTRE DEL GATTAMELATA
B ORATORIO DI SAN GIORGIO-SCUOLA DI SAN'ANTONIO
J PALAZZO DELLA RAGIONE
M PINACOTECA CIVICA

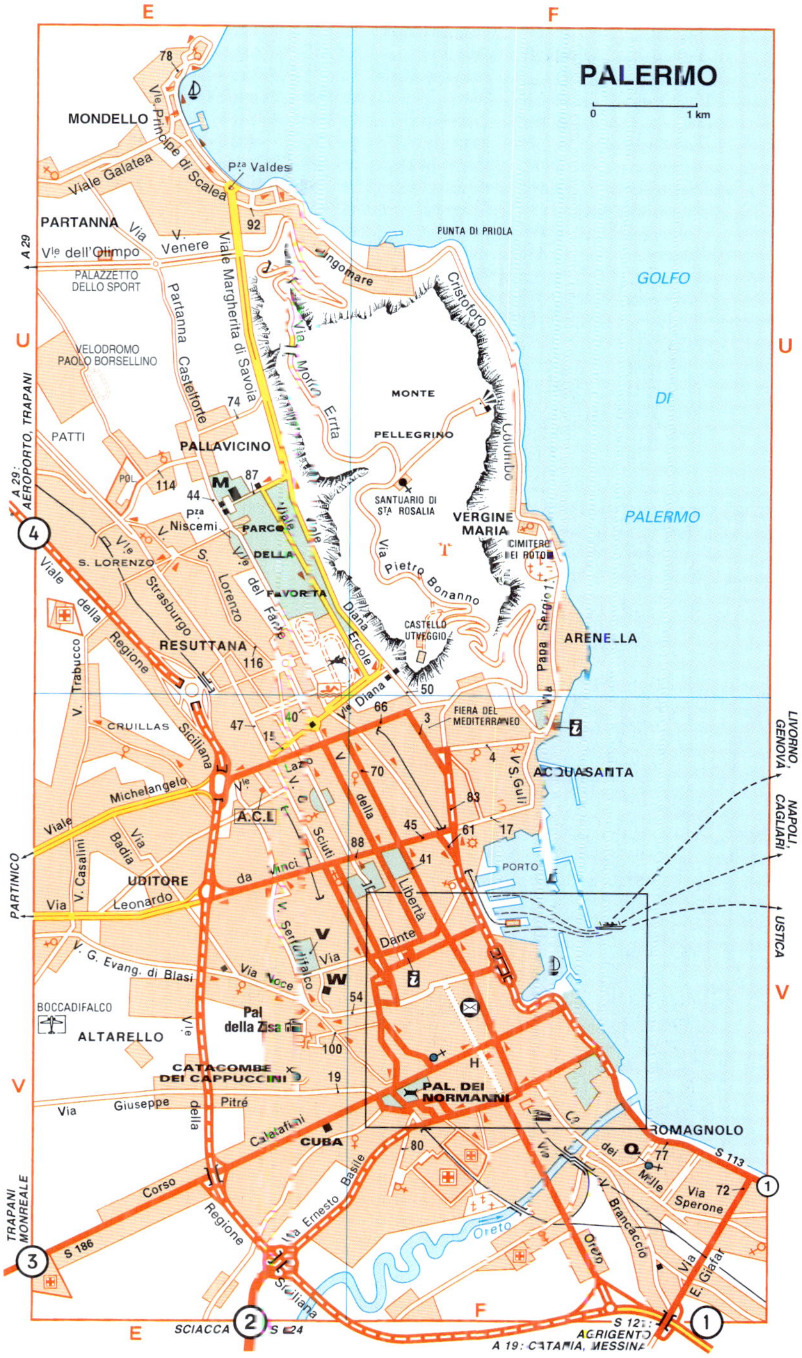

Ammiraglio Rizzo (Via L.)	FV	4
Brigata Verona (Viale)	EV	15
Cantieri Navali (V. dei)	FV	17
Cappuccini (V. dei)	EV	19
Croce Rossa (Via)	EUV	40
Dalla Chiesa (V. C.A.)	FV	41
Duca degli Abruzzi (Viale)	EU	44
Duca della Verdura (V.)	FV	45
Empedocle Restivo (Via)	EV	47
Favorita (Via della)	FUV	50
Finocchiaro Aprile (C.)	EV	54
Generale Cascino (Pza)	FV	60
Giacchery (Piazza)	FV	61
Imperatore Federico (V.)	FV	66
Marchese di Villabianca (Via)	FV	70
Maresciallo Diaz (Via)	FV	72
Messina Marine (Via)	FV	77
Mondello (Via)	EU	78
Montegrappa (Via)	FV	80
Monte Pellegrino (Via)	FV	83
Museo Etnografico (V.le)	EU	87
Notarbartolo (Via E.)	EFV	88
Palme (Viale delle)	EU	92
Parrocchia (Via della)	EU	94
Piazza (Via)	EV	100
Quattroventi (Via)	FV	113
Resurrezione (V. della)	EU	114
Resuttana (Via)	EU	116

P

Pabillonis................100 I8
Pace...........................80 M28
Pace del Mela...........83 M27
Paceco.......................84 M19
Pacengo 15 F14
Pacentro....................52 P23
Pachino 93 Q27
Paciano 45 M18
Padenghe sul Garda.14 F13
Padergnone 5 D14
Paderno (Belluno) 17 D18
Paderno (Bologna)...34 I15
Paderno d'Adda........13 E10
Paderno del Grappa .17 E17
Paderno di Ponzano
(Treviso)...............17 E18
Paderno Dugnano.....13 F9
Paderno Ponchielli....24 G11
Padiglione.................41 L22
Padiglione
(Bosco di) 56 R19
Padola 8 C19
Pàdola (Val)................8 C19
Padova 26 F17
Padova (Rifugio) 8 C19
Padria 96 F7
Padriciano.................19 F23
Padrio (Monte) 5 D12
Padru.........................99 E10
Padru (Monte) 95 D9
Padula 71 F23
Padule 45 M19
Paduli 65 D25
Paduli (Lago) 32 I12
Padulle 33 I15
Paesana 20 H3
Paese..........................17 E18
Paestum.....................70 F27
Paestum Antica.........65 F27
Paganella (Monte) 16 D15
Pagani........................65 E25
Pagania 76 I31
Paganica 51 O22
Paganico 43 N15
Pagano (Monte) 58 Q24
Paganuccio (Monte) 40 L20
Pagazzano.................13 F11
Paghera.....................14 E13
Paglia 44 N17
Paglia
(Portella della).....86 M21
Pagliara 89 N28
Pagliare 47 N23
Pagliarelle..................79 J32
Pagliaroli....................51 O22
Pagliarone (Monte)...60 C27
Paglieres....................28 I3
Paglieroccio...............38 K17
Paglieta 53 P25
Pagliosa (Isola sa)....96 F7
Pagnacco 9 D21

Pagnano 17 E17
Pagno 20 I4
Pagnona 13 D10
Pago Veiano 59 S26
Pai 15 F14
Paidorzu (Monte) 97 F9
Paisco 5 D12
Paisco (Valle) 5 D12
Palade (Passo delle) / Gampenjoch 6 C15
Paladina 13 E10
Palagano 33 J13
Palagianello 68 F32
Palagiano 68 F33
Palagogna (Masseria) 69 F34
Palagonia 92 P26
Palai (Punta) 98 F8
Palaia 37 L14
Palanuda (Monte) 76 H30
Palanzano 32 I12
Palanzone (Monte) 13 E9
Palata 53 Q26
Palata Pepoli 25 H15
Palau 95 D10
Palavas (Monte) 20 H2
Palazello 76 I30
Palazzago 13 E10
Palazzelli 92 O26
Palazzetto 43 M15
Palazzine Sta Maria 72 F30
Palazzo (Ancona) 40 L20
Palazzo (Livorno) 42 N13
Palazzo (Macerata) 46 M20
Palazzo (Perugia) 45 M19
Palazzo Adriano 90 N22
Palazzo d'Ascoli 60 D28
Palazzo del Pero 38 L17
Palazzo Foscarini (Mira) 27 F18
Palazzo S. Gervasio 67 E29
Palazzolo Acreide 92 P26
Palazzolo dello Stella 18 E21
Palazzolo sull'Oglio 14 F11
Palazzolo Vercellese 22 G6
Palazzone 44 N17
Palazzuolo 44 L16
Palazzuolo sul Senio 38 J16
Palena 52 Q24
Paleparto (Monte) 77 I31
Palermiti 78 K31
Palermo 86 M22
Palermo (Golfo di) 86 M22
Palermo (Portella) 91 O23
Palermo-Punta Raisi (Aeroporto di) 86 M21
Palese 63 D32
Palestrina 57 Q20
Palestro 22 G7
Paliano 57 Q21
Palidano 25 H14
Palidoro 49 Q18
Palinuro 70 G27
Palinuro (Capo) 70 G27
Palizi 81 N29
Palizi Marina 81 N29
Palla Palla 77 J32
Pallagorio 77 J32
Pallanfre 28 J4
Pallanza 12 E7
Pallare 30 J6
Pallareta (Monte) 72 G30
Pallerone 32 J12
Pallosu (Cala su) 100 G7
Palma 84 N19
Palma (Fiume) 91 P23
Palma Campania 65 E25
Palma di Montechiaro 91 P23
Palmadula 96 E6
Palmaiola (Isola) 42 N13
Palmanova 19 E21
Palmaria (Isola) 32 J11
Palmariggi 75 G37
Palmarini (Masseria) 69 F35
Palmas 102 J7
Palmas (Golfo di) 102 J7
Palmas (Rio) 102 J7
Palmas Arborea 100 H7
Palmavera 96 F6
Palme (Masseria delle) 68 F32
Palmi 80 L29
Palmiano 46 N22
Palmieri (Rifugio) 7 C18
Palmoli 53 Q25
Palmori 54 C28
Palmschoss / Plancios 7 B17
Palo 49 Q18
Palo (Savona) 30 I7
Palo (Trento) 15 E14
Palo del Colle 63 D32
Palombaio 62 D31
Palombara 52 O23
Palombara Sabina 50 P20
Palombaro 52 P24
Palombina 41 L22
Palomonte 66 F27
Palosco 14 F11
Palù 25 G15
Palù (Cima) 5 D14
Palu (Lago) 4 D11
Palu (Pizzo) 4 C11
Palù del Fersina 16 D16
Paludi 77 I32
Palus San Marco 7 C18
Paluzza 8 C21
Pamparato 29 J5
Pampeago 16 C16
Pan di Zucchero 102 I7
Panarea (Isola) 83 L27
Panaro 33 I14
Panarotta 16 D16
Pancalieri 21 H4
Pancarana 23 G9
Panchià 16 D16
Pancole (Grosseto) 43 N15
Pancole (Siena) 37 L15
Pandino 23 F10
Pandoro (Masseria) 68 E33
Panettieri 78 J31

PALERMO
0
300 m
A
B
C
D
X
Y
Z
GOLFO
DI
PALERMO
STAZIONE MARITTIMA
PORTO
LA CALA
TORRE MASTRA
GALLERIA D'ARTE MODERNA
Teatro Massimo
S. Giorgio dei Genovesi
S. Cita
S. Domenico
S. Agostino
QUATTRO CANTI
PZA PRETORIA
CATTEDRALE
MARTORANA
S. CATALDO
SS. Salvatore
Chiesa d. Gesù
PALAZZO DEI NORMANNI
CAPPELLA PALATINA
S. GIOVANNI DEGLI EREMITI
VILLA BONANNO
Porta Nuova
Parco D'Orléans
Porta Felice
Passeggiata delle Cattive
Palazzo Branciforti-Butera
PALAZZO CHIARAMONTE
Giardino Garibaldi
S. FRANCESCO D'ASSISI
La Gancia
S. Maria d. Spasimo
La Magione
Porta dei Greci
VILLA GIULIA
ORTO BOTANICO
GIARDINO TROPICALE
Mercato di Ballarò
Pal. Comitini
Chiesa d. Carmine
Giulio Cesare
CENTRALE
AIR TERMINAL
S 113

Albergheria (Via) BZ 3
Aragona (Piazza) CY 6
Aragona (Via) CY 7
Archimede (Via) AX 9
Beati Paoli (Piazza) AY 124
Beati Paoli (Via) AY 10
Benedettini (Via d.) AZ 12
Bologni (Piazza) BYZ 13
Calatafimi (Corso) AZ 16
Cappuccinelle (Via d.) AY 20
Cappuccini (V. dei) AZ 19
Caracciolo (Piazza) BY 22
Carini (Via I.) AX 24
Carmine (Piazza d.) BZ 25
Cassa di Risparmio (Piazza) BY 27
Cassari (Via) BCY 28
Castelnuvo (Piazza) AX 30
Cattedrale (Piazza d.) AZ 31
Cavalieri di Malta (Largo) BY 33
Cervello (Via) CY 34
Collegio di Maria (Via) BX 36
Colonna Rotta (Via) AZ 37
Croce dei Vespri (Piazza d.) BY 39
Donizetti (Via G.) ABY 43
Errante (Via V.) BZ 49
Filiciuzza (Via) ABZ 52
Finocchiaro Aprile (C.) AY 54
Fonderia (Piazza) CY 57
Garibaldi (Via) CZ 58
Generale Cardona (Via) AZ 59
Giudici (Discesa d.) BY 63
Juvara Cluviero (Via) AY 67
Latini (Via B.) AX 69
Maqueda (Via) BYZ
Marino (Via S.) BZ 73
Meccio (Via S.) AX 75
Monteleone (Via) BY 82
Mosca (Via G.) AZ 84
Mura del Cattive (Salita) CY 85
Orleans (Piazza) AZ 90
Orologio (Via) BY 91
Paternostro (Via A.) BCY 96
Paternostro (Via P.) AX 97
Peranni (Piazza D.) AY 99
Pignatelli d'Aragona (Via) AY 102
Pisani (Corso P.) AZ 103
Ponticello (Via) BZ 105
Porta Montalto (Piazza) AZ 106
Porta S. Agata (Via) BZ 108
Porto Salvo (Via) CY 109
Principe Granatelli (Via) ABX 111
Rivoluzione (Piazza) CZ 117
Roma (Via) BXCZ
Ruggero Settimo (Piazza) AX 118
Ruggero Settimo (Via) AXY
S. Agata (Via) AY 120
S. Anna (Piazza) BY 121
S. Antonino (Piazza) BZ 123
S. Domenico (Piazza) BY 126
S. Francesco da Paola (Piazza) AY 127
S. Francesco d'Assisi (Piazza) CY 129
S. Giorgio dei Genovesi (Piazza) BY 130
S. Giovanni Decollato (Piazetta) AZ 132
S. Isidoro alla Guilla (Piazza) AY 133
S. Orsola (Vicolo) BZ 134
S. Sebastiano (Via) BY 135
S. Teresa (Via) CY 136
Sammartino (Via) AX 138
Scuole (Via d.) AZ 139
Spasimo (Via d.) CY 141
Spirito Santo (Via d.) ABY 142
Squarcialupo (Via) BY 144
Stazzone (Piazza) AZ 145
Torremuza (Via) CY 147
Turrisi Colonna (Via) AX 148
Valverde (Via) BY 149
Virgilio (Piazza) AX 150
Vittoria (Piazza d.) AZ 151
Vittorio Emanuele (Corso) AZCY
XIII Vittime (Piazza d.) BX 153

PARMA

Street	Grid	No.
Cavour (Strada)	BY	3
Duomo (Strada al)	CY	8
Farini (Strada)	BZ	
Garibaldi (Piazza)	BZ	9
Garibaldi (Via)	BCY	
Mazzini (Via)	BZ	13
Pace (Pza della)	BY	15
Pilotta (Piazza)	BY	17
Ponte Caprazucca	BZ	19
Ponte Italia	BZ	20
Ponte di Mezzo	BZ	21
Ponte Verdi	BY	22
Reggio (Via)	BY	23
Repubblica (Strada della)	CZ	
Rustici (Viale G.)	BZ	24
Salnitrara (Borgo)	BZ	26
Studi (Borgo degli)	CY	27
Toscanini (Viale)	BZ	28
Trento (Via)	CY	30
Varese (Via)	BZ	31

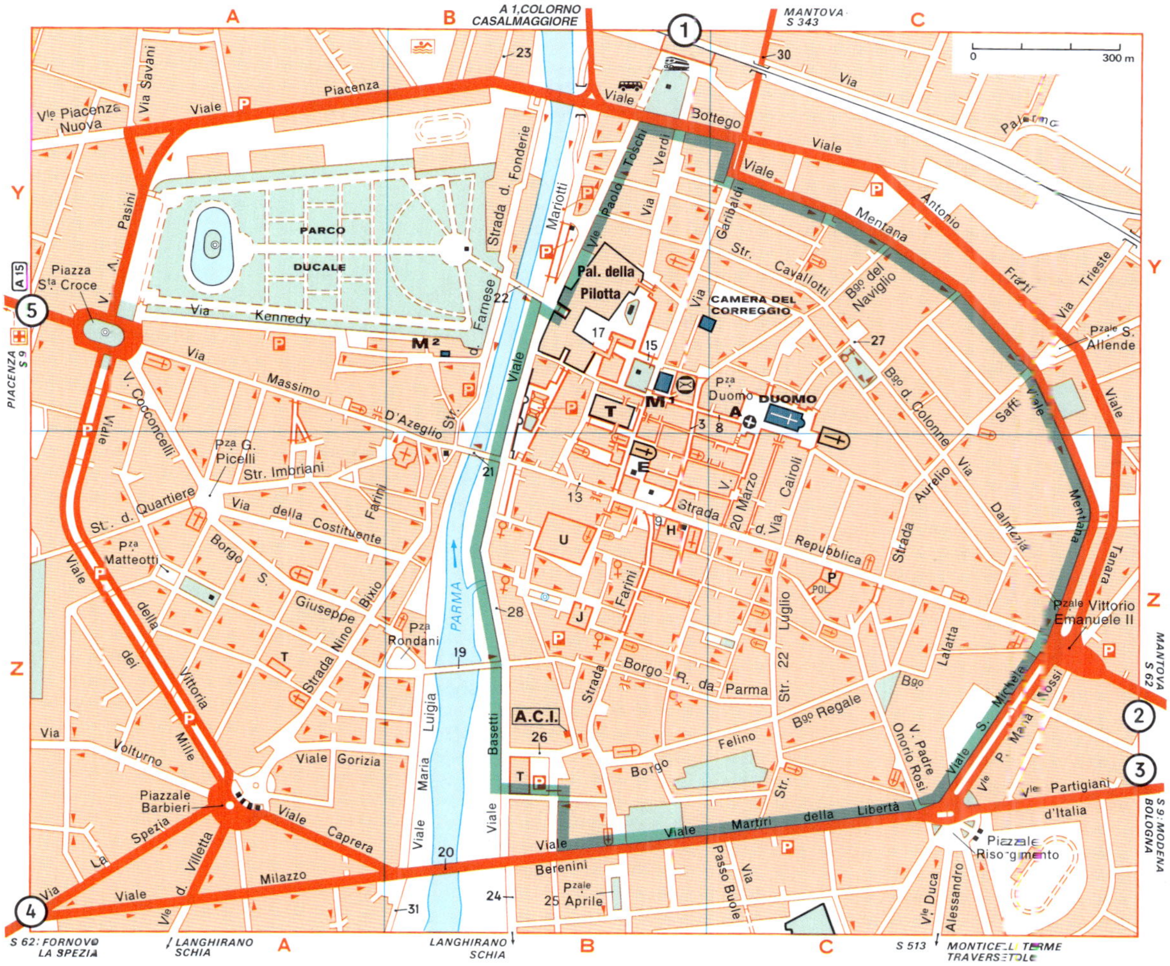

A BATTISTERO
E CHIESA DELLA MADONNA DELLA STECCATA
M¹ MUSEO GLAUDO LOMBARDI
M² CASA TOSCANINI

Street	Grid	No.
Battisti (Viale)	AY	2
Borgo Calvenzano (Piazza)	AY	3
Brambilla (Viale A.)	AY	4
Castello (Piazza)	BY	5
Cavallotti (Via)	BZ	7
Cavour (Corso)	AZ	
Chiesa (Viale Damiano)	AY	8
Dante (Piazza)	AY	10
Diacono (Via P.)	AZ	12
Filiberto (Piazza E.)	BY	13
Gatti (Via B.)	AZ	16
Giulietti (Via M. G.)	AZ	17
Manzoni (Corso)	AYZ	18
Matteotti (Viale)	AY	21
Mentana (Via)	ABZ	22
Minerva (Piazzale)	AZ	23
Omodeo (Via)	AZ	26
Petrarca (Piazza)	AY	27
Porta Pertusi (Via)	AZ	28
Sacchi (Via)	BYZ	31
S. Margherita (Via)	AZ	32
S. Maria alle Pertiche (Via)	BY	34
Strada Nuova	AZ	
Vinci (Piazza Leonardo da)	BZ	37
Vittoria (Piazza)	AZ	38
20 Settembre (Via)	AZ	39

B CHIESA DI SAN MICHELE
D DUOMO

Paneveggio 17 D17
Panfresco
(Masseria) 62 D31
Panicale 45 M18
Panicarola 45 M18
Pannaconi 78 K30
Pannarano 65 D26
Panni 60 D27
Panocchia 24 H12
Pantaleo 102 J8
Pantalica
(Necropoli di) 93 P27
Pantalla 45 N19
Pantanelle
(Passo delle) 92 P25
Pantasina 29 K5
Pantelleria 84 Q17
Pantelleria (Isola di) 84 Q18
Pantianicco 18 D21
Pantigliate 13 F10
Panzano 38 L15
Panzano (Golfo di) 19 E22
Panzano Bagni 19 E22
Paola 76 I30
Paolillo (Masseria) 61 D29
Paolini 84 N19
Paolisi 65 D25
Papa (Monte del) 71 G29
Papanice 79 J33
Paparotti 9 D21
Papasidero 71 H29
Papiano (Arezzo) 38 K17
Papiano (Perugia) 45 N19
Papola-Casale
(Aeroporto di) 69 F35
Papozze 26 H18
Para 34 J18
Parabiago 12 F8
Parabita 75 G36
Paradiso 69 F35
Paradiso (Costa) 95 D8
Paraggi 31 J9
Paramont (Monte) 10 E3
Paranesi 46 N22
Paranzello (Punta) 90 T20
Paras (Is) 101 H9
Parasacco 22 G8
Paratico 14 F11
Paravati 78 L30
Parcines / Partschins ..6 B15
Parco dei Monaci
(Masseria) 73 F31
Pardu Atzei 100 I7
Parenti 78 J31
Parete 64 E24
Parghelia 78 K29
Pari 43 M15
Pariana 33 K13
Paringianu 102 J7
Parisa (Masseria) 54 C27
Parisi (Casa) 92 O25
Parma 24 H12
Parma (Torrente) 32 I12
Parmetta 24 H13
Parnacciano 39 L18
Parodi Ligure 30 H8
Parola 24 H12
Parola (Torrente) 24 H12
Paroldo 29 I6
Paroletta 24 H12
Parona 22 G8
Parona
di Valpolicella 15 F14
Parrana-S. Giusto 36 L13
Parrana-S. Martino 36 L13
Parrano 45 N18
Parre 14 E11
Parredis (Monte) 103 I10
Parrino (Punta) 84 N19
Parrino (Serre del) 85 N21
Partanna (Palermo) 86 M21
Partanna (Trapani) 85 N20
Partinico 86 M21
Partschins / Parcines ..6 B15
Parzanica 14 E12
Pascarosa 69 E34
Pasian di Prato 9 D21
Pasiano
di Pordenone 18 E19
Paspardo 5 D13
Pasquali 24 H12
Passaggio 45 M19
Passaggio d'Assisi 45 M19
Passante
(Serbatoio del) 78 J31
Passarella 18 F19
Passariano 18 E21
Passatore 28 I4
Passeiertal /
Passiria (Val) 6 B15
Passerano 21 G6
Passero (Capo) 93 Q27
Passignano 37 L15
Passignano
sul Trasimeno 45 M18
Passirano 14 F12
Passiria (Val) /
Passeiertal 6 B15
Passirio 6 B15
Passo 2 D7
Passo Corese 50 P19
Passo di Mirabella 65 D27
Passo di Treia 46 M21
Passo d'Orta 61 D29
Passo Oscuro 56 Q18
Passo S. Angelo 46 M22
Passons 9 D21
Passopisciaro 89 N27
Pastena (Frosinone) 57 R22
Pastena (Isernia) 59 R24
Pastena (Grotte di) 57 R22
Pastorano 64 D24
Pastorello 32 I12
Pastrengo 15 F14
Pasturana 22 H8
Pasturo 13 E10
Pasubio 16 E15
Pasubio (Ossario) 16 E15
Paternò (Catania) 88 O26
Paterno (Potenza) 71 F29
Paterno (L'Aquila) 51 P22
Paterno (Macerata) 46 M21
Paterno Calabro 78 J30
Paternopoli 65 E27
Patigno 31 I11
Patino (Monte) 46 N21
Patria (Lago di) 64 E24
Patrica 57 R21
Pattada 97 F9
Patti 82 M26
Patti (Golfo di) 83 M27
Patù 75 H37
Pau 100 H8
Pauceris Mannu
(Monte is) 102 J8
Paularo 8 C21
Paularo (Monte) 8 C21
Pauli Arbarei 100 I8
Paulilatino 100 G8
Paullo 23 F10
Pauloni (Serra) 95 D9
Paupisi 65 D25
Pavarolo 21 G5
Pavia 23 G9
Pavia (Certosa di) 23 G9
Pavia di Udine 18 E21
Pavione (Monte) 17 D17
Pavona 56 Q19
Pavone 37 M14
Pavone Canavese 11 F5
Pavone del Mella 24 G12
Pavullo
nel Frignano 33 I14
Pazzano (Modena) 33 I14
Pazzano (Reggio
di Calabria) 81 L31

PERUGIA

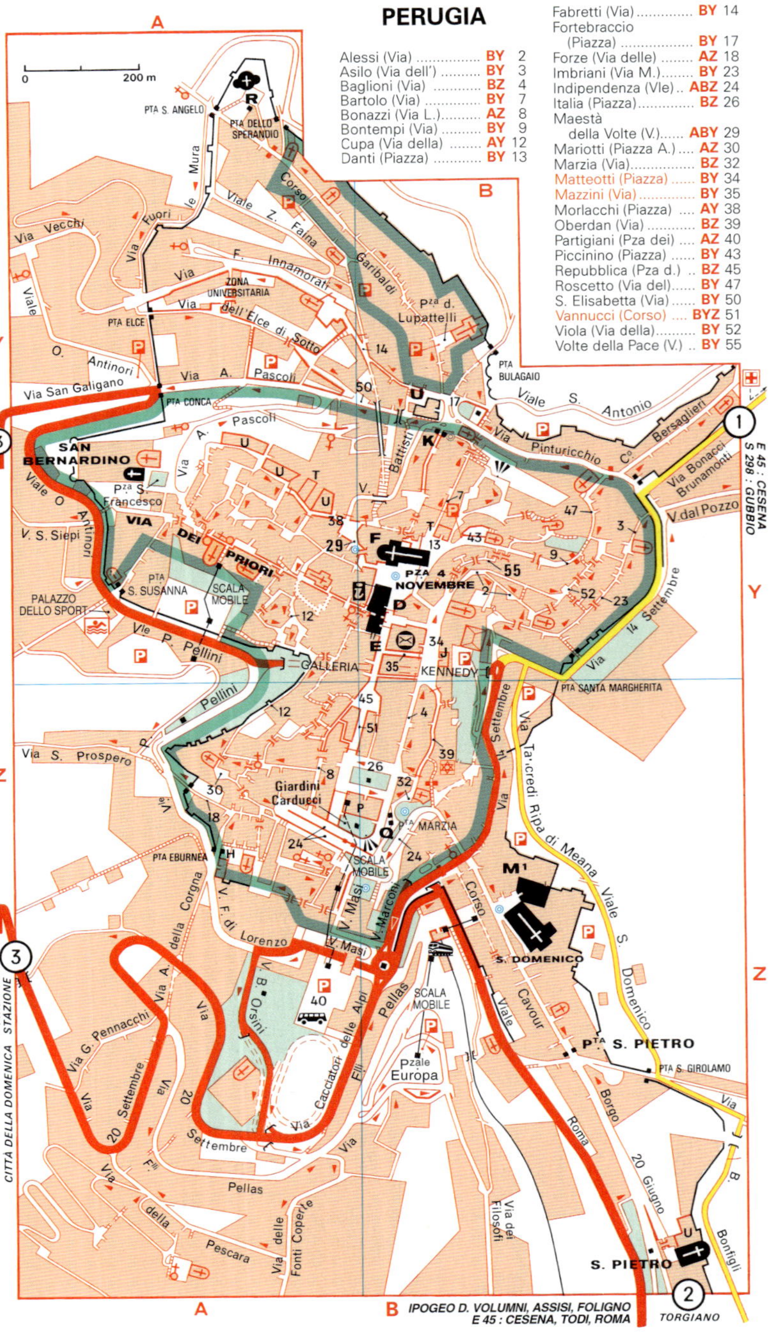

Alessi (Via) BY 2
Asilo (Via dell') BY 3
Baglioni (Via) BZ 4
Bartolo (Via) BY 7
Bonazzi (Via L.) AZ 8
Bontempi (Via) BY 9
Cupa (Via della) AY 12
Danti (Piazza) BY 13
Fabretti (Via) BY 14
Fortebraccio (Piazza) BY 17
Forze (Via delle) AZ 18
Imbriani (Via M.) BY 23
Indipendenza (Vle) ABZ 24
Italia (Piazza) BZ 26
Maestà della Volte (V.) ABY 29
Mariotti (Piazza A.) AZ 30
Marzia (Via) BZ 32
Matteotti (Piazza) BY 34
Mazzini (Via) BY 35
Morlacchi (Piazza) AY 38
Oberdan (Via) BZ 39
Partigiani (Pza dei) AZ 40
Piccinino (Piazza) BY 43
Repubblica (Pza d.) BZ 45
Roscetto (Via del) BY 47
S. Elisabetta (Via) BY 50
Vannucci (Corso) BYZ 51
Viola (Via della) BY 52
Volte della Pace (V.) BY 55

D PALAZZO DEI PRIORI
E COLLEGIO DEL CAMBIO
F CATTEDRAL
K ARCO ETRUSCO
M¹ MUSEO ARCHEOLOGICO NAZIONALE DELL'UMBRIA
Q PORTA MARZIA
R CHIESA DI SANT'ANGELO

PESARO

Battisti (Vle Cesare) Y 2
Belvedere (Via) Z 3
Branca (Via) Z 4
Bruno (Via G.) Z 6
Castelfidardo (Via) Z 7
Cialdini (Viale) Z 9
Della Robbia (Via L.) Y 10
Innocenti (Pzale degli) Z 12
Lazzarini (Piazza) Z 13
Mazzolari (Via) Z 15
Minzoni (Viale Don) Z 16
Monti (Via V.) Z 17
Nathan (Via Sara L.) Z 18
Popolo (Piazza del) Z 19
Raffaello Sanzio (Vle) Z 20
Repubblica (Viale) Z 21
Rosselli (Via Flli) Z 22
Rossini (Via) Z 24
San Francesco (Via) Z 26
Sauro (Lungomare N.) Y 27
Trento (Viale) Y 29
1° Maggio (Piazzale) Z 30
11 Settembre (Corso) Z

Pazzon 15 F14
Peccioli 37 L14
Pecetto di Valenza 22 G8
Pecetto Torinese (Torino) 21 G5
Pecora 43 M14
Pecora (Capo) 102 I7
Pecorara 23 H10
Pecoraro (Monte) 78 L31
Pecorile 32 I13
Pecorini 82 L25
Pecorone 71 G29
Pedace 76 J31
Pedagaggi 92 P26
Pedalino 92 P25
Pedara 89 O27
Pedaso 47 M23
Pedavena 17 D17
Pedemonte (Genova) 30 I8
Pedemonte (Verona) 15 F14
Pederiva 26 F16
Pederoa 7 C17
Pederobba 17 E17
Pedescala 16 E16
Pedesina 4 D10
Pediano 34 J17
Pedicino (Monte) 57 Q22
Pedivigliano 78 J30
Pedra Ettori 96 F7
Pedrabianca (Sa) 99 F10
Pedraces / Pedratsches 7 C17
Pedralunga (Monte) 97 F9
Pedratsches / Pedraces 7 C17
Pegli 30 I8
Peglia (Monte) 45 N18
Peglio (Pesaro e Urbino) 39 K19
Peglio (Salerno) 71 G28
Pegognaga 25 H14
Pegolotte 26 G18
Peio 5 C14
Peio Terme 5 C13
Pelagatta (Passo) 16 E15
Pelagie (Isole) 90 U18
Pelago 38 K16
Pelau 101 H10
Pelizzone (Passo del) 24 H11
Pellarini (Rifugio) 9 C22
Pellaro 80 M28
Pellaro (Punta di) 80 M28
Pellecchia (Monte) 50 P20
Pellegrina (Reggio di Calabria) 80 M29
Pellegrina (Verona) 25 G15
Pellegrino 80 M28
Pellegrino (Cozzo del) 76 H30
Pellegrino (Monte) 86 M22
Pellegrino Parmense 24 H11
Peller (Monte) 5 D14
Pellestrina 27 G18
Pellezzano 65 E26
Pellice 20 H3
Pellizzano 5 D14
Pelmo (Monte) 7 C18
Peloritani (Monti) 89 M27
Peloro (Capo) 80 M28
Pelosa 31 I10
Pelosa (Spiaggia della) 94 E6
Pelugo 5 D14
Pelvo d'Elva 20 I3
Pendenza 51 O21
Pènegal (Monte) 6 C15
Penice (Monte) 23 H9
Penice (Passo del) 23 H9
Penna (Lago della) 38 L17
Penna (Monte) (Arezzo) 38 K17
Penna (Monte) (Perugia) 46 M20
Penna (Punta di) 53 P26
Penna Alta 38 L16
Penna in Teverina 50 O19
Penna (Monte) 31 I10
Penna S. Andrea 52 O23
Penna S. Giovanni 46 M22
Pennabilli 39 K18
Pennadomo 52 P24
Pennapiedimonte 52 P24
Penne 52 O23
Penne (Forca di) 52 P23
Penne (Lago di) 52 O23
Penne (Punta) 69 E35
Pennes / Pens 6 B16
Pennes (Passo di) / Penserjoch 6 B16
Pennes (Val di) 6 B16
Pennino (Monte) 46 M20
Pens / Pennes 6 B16
Penserjoch / Pennes (Passo di) 6 B16
Penta 65 E26
Pentedattilo 80 N29
Pentema 31 I9
Pentolina 37 M15
Pentone 79 K31
Peonis 8 D21
Peralba (Monte) 8 C20
Perano 52 P25
Perarolo 26 F16
Perarolo di Cadore 7 C19
Perca / Percha 7 B17
Percha / Perca 7 B17
Perciato (Punta di) 82 L26
Percile 50 P20
Percoto 19 E21
Perd 'e Sali 103 J9
Perda de sa Mesa (Punta) 102 I7
Perda Liana (Monte) 101 H10
Perdaia (Monte) 102 K8
Perdas de Fogu 102 J7
Perdasdefogu 101 H10
Perdaxius 102 J7
Perdifumo 70 G27
Perdonig / Predonico 6 C15
Perer 17 D17
Pereta 48 O15
Pereto 51 P21
Perfugas 98 E8
Pergine Valdarno 38 L17
Pergine Valsugana 16 D15
Pergola (Pesaro e Urbino) 40 L20
Pergola (Potenza) 71 F29
Pergusa 88 O24
Pergusa (Lago di) 88 O24
Peri 15 F14
Periasc 11 E5
Perignano 37 L13
Perinaldo 29 K5
Perino 23 H10
Perito 70 G27
Perletto 21 I6
Perlo 29 J6
Perloz 11 F5
Pernate 12 F8
Pernocari 78 L30
Pernumia 26 G17
Pero (Golfo) 95 D10
Pero (Milano) 13 F9
Pero (Savona) 30 I7
Perolla 43 M14
Perosa Argentina 20 H3
Perotti 31 I10
Peroulaz 10 E3
Perrero 20 H3
Perrone (Sella del) 59 R25
Persano 65 F27
Persi 22 H8
Persico 24 G12
Persignano 38 L16
Pertegada 18 E21
Pertengo 22 G7
Pertica Alta 14 E13
Pertica Bassa 14 E13
Perticano 39 L20
Perticara 39 K18
Pertosa 66 F28
Pertosa (Grotta di) 66 F28
Pertusa (Portella) 89 N27
Pertusillo (Lago del) 71 G29
Pertuso 31 I10
Perugia 45 M19
Pesa 37 K15
Pesariis 8 C20
Pesarina (Val) 8 C20
Pesaro 40 K20
Pescaglia 32 K13
Pescantina 15 F14
Pescara 52 O24
Pescara (Fiume) 52 P23
Pescarella (Masseria) 67 E30
Pescarolo ed Uniti 24 G12
Pescasseroli 58 Q23
Pesche 59 R24
Peschici 55 B30
Peschiera 72 F31
Peschiera Borromeo 13 F9
Peschiera del Garda 15 F14
Pescia (Perugia) 46 N21
Pescia (Pistoia) 37 K14
Pescia (Torrente) 33 K14
Pescia Fiorentina 48 O16
Pescia Romana 48 O16
Pescina (L'Aquila) 51 P22
Pescina (Firenze) 37 K15
Pesco Sannita 59 S26
Pescocostanzo 52 Q24
Pescolanciano 59 Q25
Pescomaggiore 51 O22
Pescopagano 66 E28
Pescopennataro 52 Q24
Pescorocchiano 51 P21
Pescosansonesco 52 P23
Pescosolido 58 Q22
Pescul 7 C18
Peseggia 27 F18
Pesek 19 F23
Pesio 29 J5
Pesipe 78 K31
Pessinetto 10 G4
Pessola 32 I11
Pessola (Torrente) 32 I11
Pesus 102 J7
Petacciato 53 P26
Petacciato Marina 53 P26
Petano (Monte) 50 O20
Petersberg / Monte S. Pietro (Bolzano) 6 C16
Petilia Policastro 79 J32
Petina 66 F28
Petralia Soprana 87 N24
Petralia Sottana 87 N24
Petralla Salto 51 P21
Petrano (Monte) 39 L19
Petrarca (Rifugio) 6 B15
Petrella (Monte) 58 S23
Petrella Guidi 39 K18
Petrella Liri 51 P21
Petrella Massana 39 K18
Petrella Tifernina 59 Q26
Petrelle 45 L18
Petriano 39 K20

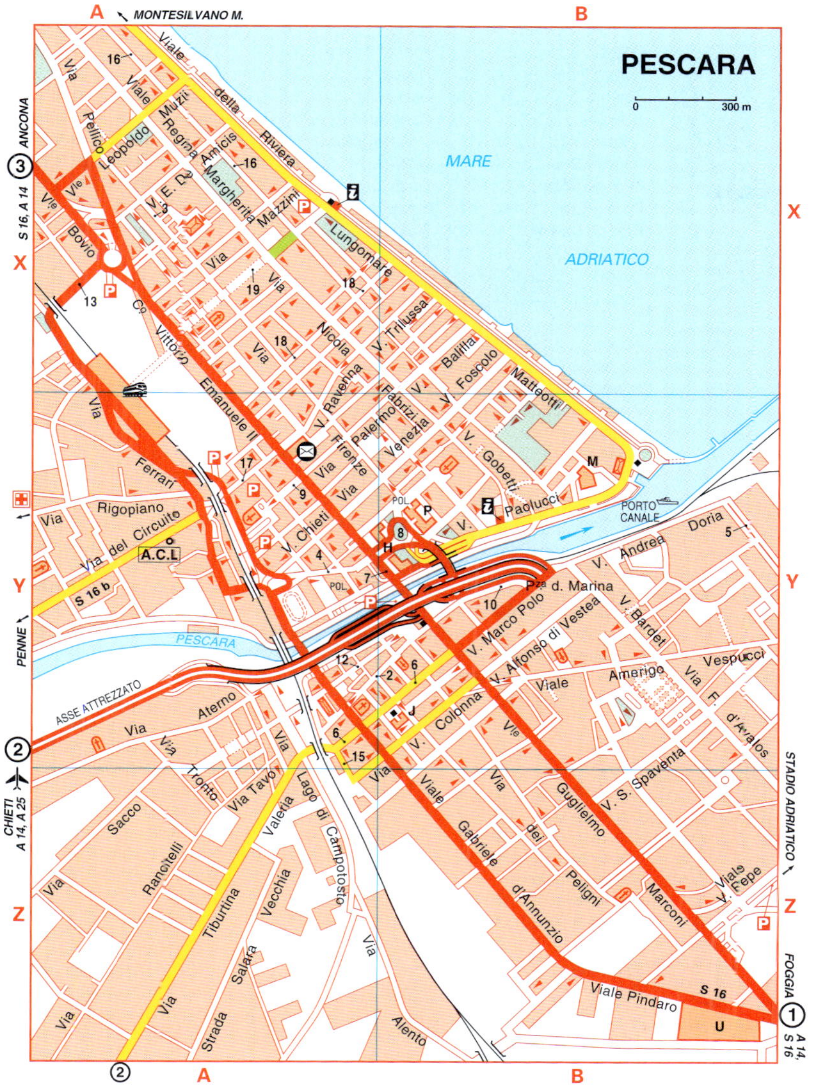

Bastioni (Via) ABY 2
Battisti (Via Cesare) AX 3
Bovio (Viale) AX
Caduta del Forte (Via) AY 4
Chieti (Via) AY
Colombo (Lung. C.) BY 5
Conte di Ruvo (Via) ABX 6
Duca d'Aosta (Piazza) ABY 7
Fabrizi (Via Nicola) AX
Firenze (Via) AXY
Italia (Piazza) BY 8
L'Aquila (via) AY 9
Lungaterno Sud (Via) BY 10
Manthone (Corso G.) AY 12
Marconi (Vle G.) BYZ
Michelangelo (Via) AX 13
Orazio (Via) AYZ 15
Palermo (Via) AY
Ravenna (Via) AXY
Regina Elena (Viale) AX 16
Teramo (Via) AY 17
Trieste (Via) AX 18
Umberto I (Corso) AX 19
Venezia (Via) ABY
Vitt. Emanuele II (Cso) AXY

Petricci 44 N16
Petrignacola 32 I12
Petrignano 45 M19
Petrignano di Lago 44 M17
Petriolo 46 M22
Petritoli 47 M22
Petrizzi 78 K31
Petrognano (vicino a Borgo S. Lorenzo) 38 K16
Petrognano (vicino a Certaldo) 37 L15
Petroio 44 M17
Petrona 79 J32
Petrosino 84 N19
Petrosino (Masseria) 63 E32
Petroso (Monte) 58 Q23
Petrulli (Masseria) 54 C27
Petruscio (Villaggio di) (Mottola) 68 F33
Pettenasco 12 E7
Pettinascura (Monte) 77 I31
Pettineo 87 N24
Pettino 46 N20
Pettoranello del Molise 59 R24
Pettorano sul Gizio 52 Q23
Pettorazza Grimani 26 G17
Peveragno 29 J4
Pezza (Piano di) 51 P22
Pezzana 22 G7
Pezzano 65 E26
Pezzaze 14 E12
Pezze di Greco 69 E34
Pezzo 5 D13
Pezzolo 80 M28
Pfalzen / Falzes 7 B17
Pfatten / Vadena 6 C15
Pfelders / Plan 6 B15
Pfitscherjoch / Vizze (Passo di) 6 B16
Pflersch / Fleres 6 B16
Pflerscher Tribulaun / Tribuláun 6 B16
Pfunders / Fundres 7 B17
Pia Camuno 14 E12
Piacenza 23 G11
Piacenza d'Adige 26 G16
Piadena 24 G13
Piagge 40 K20
Piaggia 46 N20
Piaggine 70 F28
Piaggio di Valmara 2 D8
Piamprato 11 F4
Pian Castagna 30 I7
Pian d'Alma 43 N14
Pian d'Audi 21 G4
Pian de Valli 50 O20
Pian dei Ratti 31 I9
Pian del Falco 33 J14
Pian del Leone (Lago) 90 N22
Pian del Re 20 H3
Pian del Voglio 33 J15
Pian dell'Osteria 8 D19
Pian delle Betulle 13 D10
Pian delle Fugazze (Passo) 16 E15
Pian di Barca 31 J11
Pian di Marte 45 M18
Pian di Molino 39 L19
Pian di Morrano 49 O16
Pian di Novello 33 J14
Pian di Sco 38 L16
Pian di Venola 33 I15
Pian Gelassa 20 G3
Pian Munè 20 I3
Pian Palu (Lago di) 5 D13
Piana (Campobasso) 59 R25
Piana (Perugia) 44 M18
Piana (Masseria la) 72 F31
Piana Caruso 77 I31
Piana Crixia 30 I6
Piana degli Albanesi 86 M21
Piana degli Albanesi (Lago di) 85 N21
Piana di Monte Verna 64 D25
Piana (Isola) (Cagliari) 102 J6
Piana (Isola) (vicino ad Alghero) 96 F6
Piana (Isola) (vicino a Stintino) 96 E6
Pianaccio 33 J14
Pianazze (Passo delle) 31 I10
Piancaldoli 34 J16
Piancastagnaio 44 N17
Piancavallo 8 D19
Pianche 28 J3
Piancogno 14 E12
Piandelagotti 32 J13
Piandimeleto 39 K19
Piane di Falerone 46 M22
Piane di Mocogno 33 J14
Piane (le) 12 E6
Pianedda (Monte sa) 99 E10
Pianella (Pescara) 52 O24
Pianella (Siena) 44 L16
Pianello (Pesaro) 39 L19
Pianello (Palermo) 87 N24
Pianello (Ancona) 41 L21
Pianello (Perugia) 45 M19
Pianello del Lario 3 D9
Pianello Val Tidone 23 H10
Pianengo 23 F11
Pianetto 38 K17
Pianetto (Portella del) 86 M22
Pianezza (Torino) 21 G4
Pianezze 17 E18
Pianfei 29 I5
Piangipane 35 I18
Piani di Artavaggio 13 E10
Piani Resinelli 13 E10
Pianico 14 E12
Pianiga 26 F18
Piano 21 H6
Piano (Pesaro e Urbino) 39 L19
Piano (Rovigo) 27 H18
Piano d'Arta 8 C21
Piano dei Peri 71 G29
Piano del Cansiglio 8 D19
Piano del Monaco (Masseria) 62 D30
Piano della Limina 81 L30
Piano delle Fonti 52 P24
Piano di Pieve 45 M19
Piano di Sorrento 64 F25
Piano Laceno 65 E27
Piano Maggiore 47 N22
Pianoconte 82 L26
Pianola 51 P22
Pianopantano 65 D26
Pianopoli 78 K31
Pianoro 34 I16
Pianosa 42 O12
Pianosa (Isola) 42 O12
Pianosinatico 33 J14
Piansano 49 O17
Piantedo 4 D10
Piantonia 24 I12
Pianura (Napoli) 64 E24
Piasco 28 I4
Piateda Alta 4 D11
Piave 7 C19
Piave Vecchia (Porto di) 18 F19
Piavola 39 J18
Piavon 18 E19
Piazza (Siena) 37 L15
Piazza (Cuneo) 29 I5
Piazza (Parma) 24 H13
Piazza al Serchio 32 J12
Piazza Armerina 92 O25
Piazza Brembana 14 E11
Piazza di Brancoli 32 K13
Piazzatorre 13 E11
Piazze 44 N17
Piazzi (Cima de) 5 C12
Piazzo 30 I9
Piazzola sul Brenta 26 F17
Picchetta 12 F8
Picciano 52 O23
Picilli 58 R24
Piccione 45 M19
Picco (Forcella dei) / Birnlücke 7 A18
Piccoli 23 H10
Piccoli (Masseria) 68 E33
Piccolo (Corno) 51 O22
Piccolo (Lago) 20 G4
Piccolo S. Bernardo (Colle del) 10 E2
Picentini (Monti) 65 E26
Picentino 65 E26
Picerno 66 F28
Picinisco 58 R23
Pico 58 R22
Picognola (Monte) 39 L19
Pideura 34 J17
Pidig Alm / Malga Pudio 7 B18
Pidocchio (Masseria il) 60 D28
Pie di Moggio 50 O20
Pie di Via 24 H11
Piedicavallo 11 E5
Piediluco 50 O20
Piediluco (Lago di) 50 O20
Piedimonte 38 J16
Piedimonte Alta 58 R23
Piedimonte Etneo 89 N27
Piedimonte Massicano 58 S23
Piedimonte Matese 59 R25
Piedimonte S. Germano 58 R23
Piedimulera 2 D6
Piedipaterno 46 N20
Piediripa 46 M22
Piedivalle 46 N21
Piegaio 45 L18
Piegaro 45 N18
Piegolelle 65 E26
Pielungo 8 D20
Pienza 44 M17
Pierabec 8 C20
Pieranica 23 F10
Pierantonio 45 M19
Pierfaone (Monte) 66 F29
Pieris 19 E22
Pietole 25 G14
Pietra (Torre) 61 C30
Pietra Bismantova 32 I13
Pietra de' Giorgi 23 G9
Pietra dell'Uso 39 K18
Pietra Grande 5 D14
Pietra Ligure 30 J6
Pietra Marazzi 22 H8
Pietra Spada (Passo di) 78 L31
Pietrabbondante 59 Q25
Pietrabruna 29 K5
Pietrabuona 37 K14
Pietracamela 51 O22
Pietracatella 59 R26
Pietracupa 59 Q25
Pietracuta 39 K19
Pietradefusi 65 D26
Pietrafaccia 30 I8
Pietraferrazzana 52 Q25
Pietrafitta 76 J31
Pietrafitta (Perugia) 45 N18
Pietrafitta (Siena) 37 L15
Pietragalla 66 E29
Pietragavina 23 H9
Pietraia (Arezzo) 44 M17
Pietraia (Perugia) 45 M18
Pietralacroce 41 L22
Pietraliscia (Serra) 92 P25
Pietralunga 39 L19
Pietralunga (Villa) 88 N25
Pietramelara 58 S24
Pietramelina 45 M19
Pietramontecorvino 54 C27
Pietramurata 5 D14
Pietranico 52 P23
Pietransieri 58 Q24
Pietrapaola 77 I32

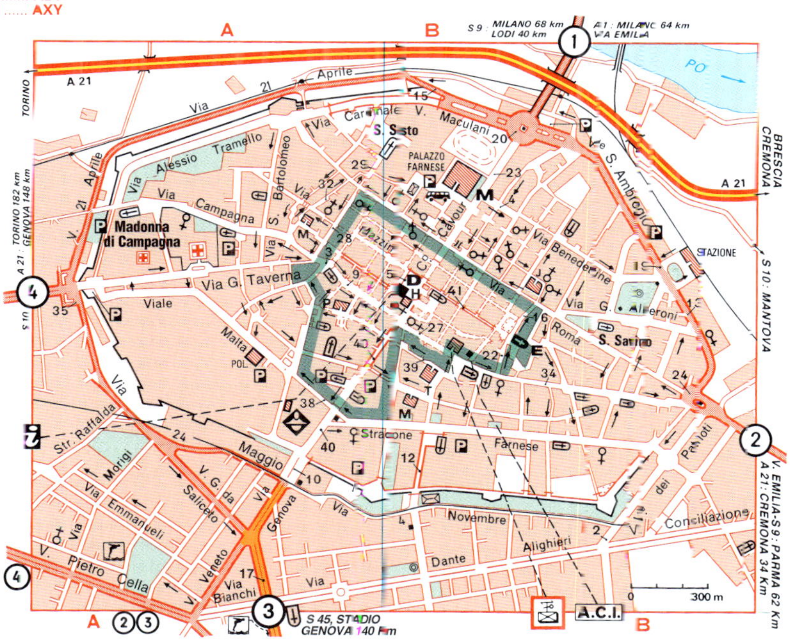

PIACENZA

Belcredi (Via G.) B 2
Borgo (Piazza) A 3
Campo della Fiera (Via) B 4
Cavalli (Piazza dei) B 5
Garibaldi (Via) A 9
Genova (Piazzale) A 10
Giordani (Via P.) B 12
La Primogenita (Via) B 13
Legione Zanardi Landi (Via) B 15
Legnano (Via) B 16
Manfredi (Via Giuseppe) A 17
Marconi (Piazzale) B 19
Milano (Piazzale) B 20
Pace (Via) B 22
Risorgimento (Viale) B 23
Roma (Piazzale) B 24
S. Antonino (Via) B 27
S. Eufemia (Via) A 28
S. Sisto (Via) A 29
S. Tommaso (Via) A 32
Scalabrini (Via) B 34
Torino (Piazzale) A 35
Venturini (Via) A 38
Verdi (Via) B 39
Vittorio Emanuele II (Corso) A 40
20 Settembre (Via) B 41

D IL GOTICO

E DUOMO

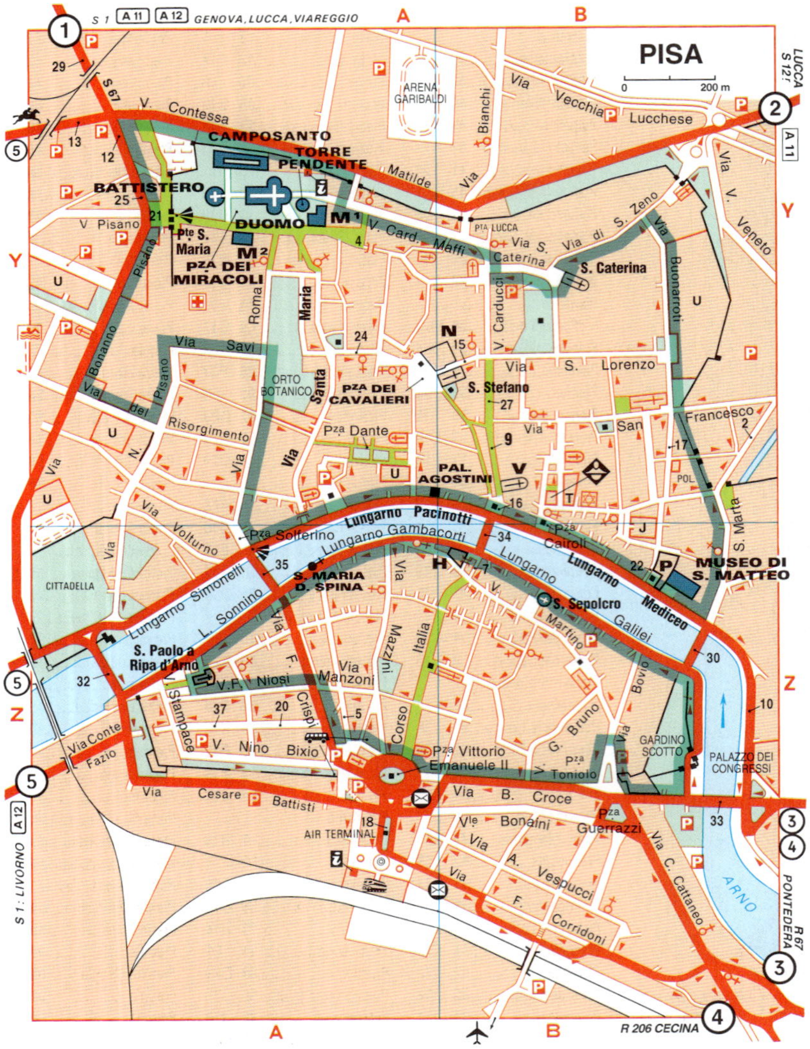

Amicis (Via de) BY 2
Arcivescovado (Pza) AY 4
Azeglio (Via d') AZ 5
Banchi (Via di) BZ 7
Borgo Stretto BY 9
Buozzi (Lungarno B) BZ 10
Cammeo (Via) AY 12
Cascine (Viale delle) AY 13
Consoli del Mare (Via) BY 15
Garibaldi (Piazza) BY 16
Giovanni di Simone (Via) BY 17
Gramsci (Viale) AZ 18
Italia (Corso) AZ
Lavagna (Via) AZ 20
Manin (Piazza) AY 21
Mazzini (Piazza) BZ 22
Mille (Via del) AY 24
Niccolini (Via) AY 25
Oberdan (Via) BY 27
Pietrasantina (Via) AY 29
Ponte alla Fortezza BZ 30
Ponte della Cittadella AZ 32
Ponte della Vittoria BZ 33
Ponte di Mezzo BZ 34
Ponte Solferino AZ 35
Zerboglio (Via) AZ 37

M[1] MUSEO DELL'OPERA DEL DUOMO
M[2] MUSEO DELLE SINOPIE
N PALLAZO DEI CAVALIERI
V CHIESA DI SAN MICHELE IN BORGO

Pietrapaola (Stazione di) 77 I32
Pietrapazza 38 K17
Pietrapennata 81 N30
Pietrapertosa 72 F30
Pietraperzia 91 O24
Pietraporzio 28 I3
Pietraroia 59 R25
Pietrarossa 92 P25
Pietrarossa (Serbatoio di) 92 O25
Pietrarúbbia 39 K19
Pietrasanta 32 K12
Pietrasecca 51 P21
Pietrastornina 65 E26
Pietravairano 58 S24
Pietravecchia (Monte) 29 K4
Pietre Nere (Punta) 54 B28
Pietrelcina 65 D26
Pietretagliate 84 N19
Pietri 66 E27
Pietroso (Monte) 85 N21
Pieve 15 E14
Pieve a Nievole 33 K14
Pieve a Salti 44 M16
Pieve al Toppo 38 L17
Pieve Albignola 22 G8
Pieve d'Alpago 17 D19
Pieve del Cairo 22 G8
Pieve del Pino 34 I16
Pieve della Rosa 39 L18
Pieve di Bono 15 E13
Pieve di Cadore 8 C19
Pieve di C. (Lago di) 8 C19
Pieve di Cagna 39 K19
Pieve di Cento 25 H15
Pieve di Chio 44 L17
Pieve di Compito 37 K13
Pieve di Compresseto 45 M20
Pieve di Coriano 25 G15
Pieve di Gusaliggio 32 I11
Pieve di Ledro 15 E14
Pieve di Livinallongo 7 C17
Pieve di Marebbe / Plaiken 7 B17
Pieve di Monti 32 J12
Pieve di Rigutino 44 L17
Pieve di S. Andrea 34 J16
Pieve di Scalenghe 21 H4
Pieve di Soligo 17 E18
Pieve di Teco 29 J5
Pieve d'Olmi 24 G12
Pieve Emanuele 23 F9
Pieve Fosciana 32 J13
Pieve Ligure 31 I9
Pieve Porto Morone 23 G10
Pieve S. Giacomo 24 G12
Pieve S. Giovanni 38 L17
Pieve S. Nicolò 45 M19
Pieve S. Vicenzo 32 I12
Pieve Sto Stefano (Arezzo) 38 K18
Pieve Tesino 16 D16
Pieve Torina 46 M21
Pieve Trebbio 33 I14
Pieve Vecchia 44 M17
Pieve Vergonte 2 D6
Pievebovigliana 46 M21
Pievefavera (Lago di) 46 M21
Pieveottoville 24 G12
Pievepelago 33 J13
Pievescola 37 M15
Pievetta 29 J6
Pievetta e Bosco Tosca 23 G10
Pigazzano 23 H10
Piglio 57 Q21
Pigna 29 K4
Pignataro Interamna 58 R23
Pignataro Maggiore 64 D24
Pignola 66 F29
Pignone 31 J11
Pigra 3 E9
Pila (Aosta) 10 E3
Pila (Perugia) 45 M18
Pila (Rovigo) 27 H19
Pila (La) 42 N12
Pilastrello (Ferrara) 34 H15
Pilastrello (Parma) 24 H13
Pilastri 25 H15
Pilastrino 33 I15
Pilastro (Mantova) 25 G13
Pilastro (Parma) 24 H12
Pilato (Monte) 71 F29
Pilcante 15 E14
Pillaz 11 F5
Pilli (Fattoria) 100 G7
Pillonis (Is) 102 K7
Pilo (Stagno di) 94 E6
Pilosu (Monte) 98 E8
Pilzone 14 E12
Pimentel 103 I9
Piminoro 81 M30
Pimonte 64 E25
Pinarella 39 J19
Pinarolo Po 23 G9
Pinasca 20 H3
Pincara 26 H16
Pinedo 8 D19
Pinerolo 20 H3
Pineta Grande 64 D23
Pineta Mare 64 E23
Pineto 52 O24
Pineto (Bosco il) 68 F32
Piniteddu (Monte) 89 N27
Pino Grande 77 J32
Pino Lago Maggiore 3 D8
Pino (Porto) 102 K7
Pino Torinese (Torino) 21 G5
Pinocchio 41 L22
Pinu (Monte) 99 E10
Pinzano al Tagliamento 8 D20
Pinzolo 5 D14
Pio XI (Rifugio) 5 B14
Piobbico 39 L19
Piobesi Torinese 21 H4
Piode 11 E6
Pioltello 23 F9
Pioltone (Pizzo) 2 D6
Piombino 42 N13
Piombino (Canale di) 42 N13
Piombino Dese 26 F17
Piombino (Monte) 87 N23
Piombo (Cala) 102 K7
Piona (Abbazia di) 3 D9
Pione 31 I10
Pioppa 25 H14
Pioppi 70 G27
Pioppo 86 M21
Pioraco 46 M20
Piosina 39 L18
Piossasco 20 H4
Piovà Massaia 21 G6
Piovacqua (Masseria) 68 F33
Piove di Sacco 26 G18
Piovene Rocchette 16 E16
Piovera 22 H8
Pioverna 13 E10
Piozzano 23 H10
Piozzo 21 I5
Pira (Cala) 103 J10
Pira 'e Onni (Cantoniera) 101 G10
Piraino 82 M26
Piramide Vincent 2 E5
Piras 99 F10
Pirazzolu 95 D10
Piretto 76 I30
Piroi (Monte su) 103 I10
Pirri 103 J9
Pisa 36 K13
Pisa (Certosa di) 36 K13
Pisa-Galileo Galilei (Aeroporto) 36 K13
Pisanino (Monte) 32 J12
Pisano 12 E7
Pisano (Monte) 36 K13
Pisanu Mele (Monte) 101 G9
Piscicelli (Masseria) 54 B27
Piscina 20 H4
Piscinas (vicino a Guspini) 100 I7
Piscinas (vicino a Santadi) 102 J8
Piscinella (Masseria) 68 E33
Pisciotta 70 G27
Piscopio 78 L30
Piscu 101 I9
Pisignano 35 J18
Pisogne 14 E12
Pisoniano 57 Q20
Pissignano 45 N20
Pisterzo 57 R21
Pisticci 73 F31
Pisticci Scalo 72 F31
Pistoia 33 K14
Pistone (Monte) 31 J10
Pistrino 39 L18
Pisucerbu (Bruncu 'e) 101 G10
Pitecchio 33 J14
Piteglio 33 J14
Piticchio 40 L20
Pitigliano (Grosseto) 48 O16
Pitigliano (Perugia) 39 L18
Pitino 46 M21
Pittada (Monte) 96 F7
Pittu (Monte) 98 F8
Pitursiddo (Cozzo) 91 O23
Pitziu 100 G8
Piubega 24 G13
Piumazzo 33 I15
Piuro 4 D10
Pizzale 23 G9
Pizziferro (Masseria) 68 F33
Pizzighettone 24 G11
Pizzillo (Monte) 89 N27
Pizzini-Frattola (Rif.) 5 C13
Pizzo 78 K30
Pizzo Alto (Rifugio) 13 D10
Pizzo (Torre del) 75 H35
Pizzoc (Monte) 8 D19
Pizzocco (Monte) 17 D18
Pizzocorno 23 H9
Pizzoferrato 52 Q24
Pizzoferro Monsignore 63 E32
Pizzolato 84 N19
Pizzoli 51 O21
Pizzolungo 84 M19
Pizzone 58 Q24
Pizzoni 78 L30
Pizzuto (Monte) 50 O20
Placanica 81 L31
Place Moulin (Lago di) 11 E4
Plaesano 81 L30
Plätzwiesen / Prato Piazza 7 C18
Plaia (Capo) 87 M23
Plaia (Lido di) 89 O27
Plaiken / Pieve di Marebbe 7 B17
Plampincieux 10 E2
Plan / Pfelders 6 B15
Plan (Val di) 6 B15
Plan de Gralba / Kreuzboden 7 C17
Planaval (vicino a Courmayeur) 10 E3
Planaval (vicino a Leverogne) 10 E3
Planca di Sotto / Unterplanken 7 B18
Plancios / Palmschoss 7 B17
Planeil / Planol 5 B13
Planol / Planeil 5 B13
Plassas (Las) 100 H8
Plataci 76 H31
Platamona Lido 96 E7
Platani 91 N23
Platania 78 J30
Plateau Rosa 11 E5
Platì 81 M30
Platischis 9 D22
Plauris (Monte) 9 C21
Plaus 6 C15
Playa Grande 92 Q25
Plesio 3 D9
Ploaghe 98 F8
Plodio 29 I6
Plöckenpaß / Monte Croce Carnico (Passo di) 8 C20
Plose (Cima di) / Plose Bühel 7 B17
Plugna 8 C20
Po 20 H3
Po Bandino 44 M17
Po della Donzella o di Gnocca 35 H18
Po della Pila 27 H19
Po della Pila (Bocche del) 27 H19
Po delle Tolle 27 H19
Po delle Tolle (Bocca del) 27 H19
Po di Gnocca (Bocche del) 27 H19
Po di Goro 35 H18
Po di Goro (Bocca del) 27 H19
Po di Levante 27 G18
Po di Levante (Foce del) 27 G19
Po di Maistra 27 H19
Po di Maistra (Foce del) 27 G19
Po di Venezia 27 H19
Po di Volano 34 H17
Pocapaglia 21 H5
Pocenia 19 E21
Pocol 7 C18
Podenzana 32 J11
Podenzano 23 H11
Poderia 70 G28
Poetto 103 J9
Poffabro 8 D20
Pofi 57 R22
Poggetto 34 H16
Poggi del Sasso 44 N15
Poggiardo 75 G37
Poggibonsi 37 L15
Poggio (Bologna) 34 I16
Poggio (Livorno) 42 N12
Poggio (Lucca) 32 J13
Poggio (Macerata) 46 M20
Poggio a Caiano 37 K15
Poggio alla Croce 38 L16
Poggio alle Mura 44 N16
Poggio Aquilone 45 N18
Poggio Berni 39 J19
Poggio Buco 49 O16
Poggio Bustone 50 O20
Poggio Cancelli 51 O21
Poggio Catino 50 P20
Poggio Cinolfo 51 P21
Poggio d'Acona 38 L17
Poggio d'Api 46 N21
Poggio di Roio 51 P22
Poggio Filippo 51 P21
Poggio Imperiale 37 K15
Poggio Imperiale 54 B28
Poggio Mirteto 50 P20
Poggio Moiano 50 P20
Poggio Montone 45 N18
Poggio Murella 44 N16
Poggio Nativo 50 P20
Poggio Picenze 51 P22
Poggio Primocaso 46 N20
Poggio Renatico 34 H16
Poggio Rusco 25 H15
Poggio S. Polo 38 L16
Poggio S. Lorenzo 50 P20
Poggio S. Marcello 40 L21
Poggio S. Romualdo 40 L21
Poggio S. Vicino 40 L21
Poggio Sannita 59 Q25
Poggiodomo 46 N20
Poggioferro 44 N16
Poggiofiorito 52 P24
Poggiola 38 L17
Poggiomarino 65 E25
Poggiomoretto 47 N23
Poggioreale 85 N21
Poggioreale (Ruderi di) 85 N21
Poggiorsini 67 E30
Poggiridenti 4 D11
Pognana Lario 13 E9
Pognano 13 F10
Pogno 12 E7
Poiana Maggiore 26 G16
Poira (Portella di) 85 N21
Poirino 21 H5
Polaveno 14 F12
Polcanto 38 K16
Polcenigo 18 D19
Polenta 39 J18
Polentes 17 D18
Poleo 16 E15
Polesella 26 H17
Polesine 26 H17
Polesine (Isola di) 27 H19
Polesine (Località) 25 H14
Polesine Camerini 27 H19
Polesine Parmense 24 G12
Poli 57 Q20
Polia 78 K30
Policastro (Golfo di) 71 G28
Policastro Bussentino 71 G28
Policoro 73 G32
Polignano 24 G11
Polignano a Mare 68 E33
Polinago 33 I14
Polino 50 O20
Polino (Monte) 91 O24
Polistena 81 L30
Polizzello 91 O23
Polizzi Generosa 87 N23
Polizzo (Monte) 85 N20
Polla 66 F28
Pollara 82 L26
Pollastra 22 H8
Pollena-Trocchia 64 E25
Pollenza 46 M22
Pollenzo 21 H5
Pollica 70 G27
Pollina 87 N24
Pollina (Fiume) 87 N24

Pollinara 76 H31
Pollino 76 H30
Pollino (Monte) 76 H30
Pollino (Parco Nazionale di) 72 G30
Pollone 11 F5
Polluce (Masseria) 54 C28
Pollutri 53 P25
Polonghera 21 H4
Polpenazze del Garda 14 F13
Polpet 17 D18
Polsa 15 E14
Polsi (Santuario di) 80 M29
Poltu Quatu 95 D10
Poludnig (Monte) 9 C22
Polvano 44 L18
Polveraia 44 N15
Polveraia (Punta) 42 N12
Polverara 26 G17
Polverello 88 N26
Polverigi 41 L22
Polverina (Ascoli Piceno) 43 N22
Polverina (Macerata) 46 M21
Polverina (Lago di) 46 M21
Polvese (Isola) 45 M18
Polvica Tramonti 65 E25
Poma (Lago) 85 N21
Poma (Passo di) 7 C17
Pomaia 37 L13
Pomarance 37 M14
Pomarico 72 F31
Pomaro Monferrato 22 G7
Pombia 12 F7
Pometo 23 H9
Pomezia 56 Q19
Pomiere (Monte) 88 N25
Pomigliano d'Arco 64 E25
Pomino 38 K16
Pomone 45 N19
Pomonte (Grosseto) 48 O16
Pomonte (Livorno) 42 N12
Pompagnano 45 N20
Pompeano 33 I14
Pompei 64 E25
Pompei Scavi 64 E25
Pompeiana 29 K5
Pompiano 14 F11
Pomponesco 25 H13
Pomposa (Abbazia di) 35 H18
Pompu 100 H8
Poncarale 14 F12
Ponente (Capo) 90 U19
Ponente (Riviera di) 29 K6
Ponsacco 37 L13
Ponsano 37 L14
Ponso 26 G16
Pont 10 F3
Pont Canavese 11 F4
Pont-St. Martin 11 F5
Pontassieve 38 K16
Pontboset 11 F5
Ponte (Trapani) 84 N19
Ponte (Udine) 8 C21
Ponte (Benevento) 59 S26
Ponte (Caserta) 58 S23
Ponte (Il) 34 I16
Ponte a Cappiano 37 K14
Ponte a Egola 37 K14
Ponte a Elsa 37 K14
Ponte a Moriano 36 K13
Ponte agli Stolli 38 L16
Ponte Arche 5 D14
Ponte Barizzo 65 F27
Ponte Biferchia 64 D25
Ponte Buggianese 37 K14
Ponte Buriano 38 L17
Ponte Caffaro 14 E13
Ponte Cappuccini 39 K19
Ponte Centesimo 45 M20
Ponte d. Valle 34 J17
Ponte d'Arbia 44 M16
Ponte d'Assi 45 M19
Ponte della Venturina 33 J14
Ponte dell'Olio 23 H10
Ponte di Barbarano 26 F16
Ponte di Brenta 26 F17
Ponte di Ferro 45 N19
Ponte di Ghiaccio (Passo) 7 B17
Ponte di Legno 5 D13
Ponte di Masino 37 K14
Ponte di Nava 29 J5
Ponte di Piave 18 E19
Ponte di Samone 33 I14
Ponte di Turbigo 12 F8
Ponte di Verzuno 33 J15
Ponte Erro 28 I7
Ponte Ete 47 M23
Ponte Felcino 45 M19
Ponte Fontanelle (Lago di) 67 F29
Ponte Galeria 56 Q19
Ponte Gardena / Waidbruck 6 C16
Ponte in Valtellina 4 D11
Ponte Lambro (Como) 13 E9
Ponte Ludovico 28 K4
Ponte Marmora 20 I3
Ponte Messa 39 K18
Ponte nelle Alpi 17 D18
Ponte Nizza 23 H9
Ponte Nossa 14 E11
Ponte Nova / Birchabruck 6 C16
Ponte Nuovo (Macerata) 46 N21
Ponte Nuovo (Perugia) 45 M19
Ponte Nuovo (Pistoia) 33 K14
Ponte Pattoli 45 M19
Ponte Rio 40 K21
Ponte Ronca 33 I15
Ponte Samoggia 33 I15
Ponte S. Giovanni 45 M19
Ponte S. Marco 14 F13
Ponte S. Nicolò 26 F17
Ponte S. Pellegrino 25 H15
Ponte S. Pietro 13 E10
Ponte Taro 24 H12
Ponte 13 Archi 54 C26
Ponte Tresa 12 E8
Ponte Uso 39 K18
Ponte Valleceppi 45 M19
Ponte Zanano 14 E12
Pontebba 9 C21
Pontecagnano 65 F26
Pontecasale 26 G17
Pontecchio Polesine 26 G17
Ponteceno (vicino a Badia) 31 I10
Ponteceno (vicino a Bedonia) 31 I10
Pontechianale 20 I3
Pontechiusita 46 N20
Pontecorvo 58 R23
Pontecurone 22 H8
Pontedassio 29 K6
Pontedazzo 39 L19
Pontedecimo 30 I8
Pontedera 37 L13
Ponteginori 37 L14
Pontegrande (Catanzaro) 79 K31
Pontegrande (Verbania) 2 E6
Pontegrosso 24 H11
Pontelagoscuro 26 H16
Pontelandolfo 59 S26
Pontelatone 64 D24
Pontelongo 26 G18
Pontelungo 23 G9
Pontenano 38 L17
Pontenure 24 H11
Pontepetri 33 J14
Ponteranica 13 E11
Ponteranica (Pizzo) 4 D10
Pontericcioli 39 L19
Pontestrambo 31 I10
Pontestura 22 G7
Pontevico 24 G12
Pontey 11 E4
Ponti 30 I7
Ponti di Spagna 26 H16
Ponti sul Mincio 15 F14
Ponticelli (Bologna) 34 J16
Ponticelli (Rieti) 50 P20
Ponticello / Brückele 7 B18
Ponticino 38 L17
Ponticino / Bundschen 6 C16
Pontida 13 E10
Pontinia 57 R21
Pontinvrea 30 I7
Pontirolo Nuovo 13 F10
Pontoglio 14 F11
Pontorme 37 K14
Pontremoli 32 I11
Ponzalla 38 J16
Ponzano 47 N23
Ponzano di Fermo 46 M22
Ponzano Monferrato 22 G6
Ponzano Romano 50 P19
Ponzano Veneto 17 E18
Ponze 46 N20
Ponzone (Biella) 11 F6
Ponzone (Alessandria) 30 I7
Popelli 81 L31
Popiglio 33 J14
Popoli 52 P23
Poppi 38 K17
Populonia 42 N13
Porano 45 N18
Porassey 10 E2
Porcari 37 K13
Porcellengo 17 E18
Porchette (Foce di) 32 J13
Porchia 47 N22
Porchiano (Ascoli Piceno) 47 N22
Porchiano (Terni) 50 O19
Porcia 18 E19
Porciano 38 K17
Porcile (Monte) 31 I10
Porco (Ponte del) 54 B27
Pordenone 18 E20
Pordenone (Rifugio) 8 C19
Pordoi (Passo) 7 C17
Poreta S. Giacomo 45 N20
Porlezza 3 D9
Pornassio 29 J5
Pornello 45 N18
Poro (Monte) 78 L29
Porotto-Cassana 34 H16
Porpetto 18 E21
Porretta Terme 33 J14
Porri (Isola dei) 96 E6
Porro 7 B17
Porro (Rifugio) 4 D11
Portacomaro 22 H6
Portalbera 23 G9
Portaria 45 O19
Portatore 57 S21
Porte 20 H3
Portegrandi 18 F19
Portelle 88 N25
Portello (Passo di) 31 I9
Portese 14 F13
Porticelle Soprane 88 N26
Porticello 86 M22
Porticello-Sta Trada 80 M29
Portici (Napoli) 64 E25
Portico di Caserta 64 D24
Portico di Romagna 38 J17
Portigliola 81 M30
Portiglione 43 N14
Portile 33 I14
Portio 30 J7
Portiolo 25 G14
Portis 9 C21
Portisco 95 D10
Portixeddu 102 I7
Porto 44 M17
Porto Alabe 100 G7
Porto Azzurro 42 N13
Porto Badino 57 S21
Porto Badisco 75 G37
Porto Botte 102 J7
Porto Botte (Stagno di) 102 J7
Porto Ceresio 12 E8
Porto Cervo 95 D10
Porto Cesareo 74 G35
Porto Conte 96 F6
Porto Corsini 35 I18
Porto d'Ascoli 47 N23
Porto di Falconera 18 F20
Porto di Levante 82 L26
Porto di Maratea 71 H29
Porto di Ponente 82 L26
Porto di Vasto 53 P26
Porto Empedocle (Agrigento) 90 P22
Porto Ercole 48 O15
Porto Fuori 35 I18
Porto Garibaldi 35 H18
Porto Istana 99 E10
Porto Levante 27 G19
Porto Mandriola 100 G7
Porto Mantovano 25 G14
Porto Marghera 27 F18
Porto Maurizio 29 K6
Porto Nogaro 19 E21
Porto Palma 100 H7
Porto Palo 85 O20
Porto Pino 102 K7
Porto Potenza Picena 41 L23
Porto Pozzo 95 D9
Porto Raphael 95 D10
Porto Recanati 41 L22
Porto Rotondo 95 D10
Porto S. Paolo 99 E10
Porto S. Elpidio 47 M23
Porto S. Giorgio 47 M23
Porto Sta Margherita 18 F20
Porto Sto Stefano 48 O15
Porto Tolle 27 H18
Porto Torres 96 E7
Porto Tricase 75 H37
Porto Valtravaglia 12 E8
Porto Viro 27 G18
Portobello di Gallura 95 D9
Portobuffolé 18 E19
Portocannone 54 B27
Portoferraio 42 N12
Portofino 31 J9
Portofino (Penisola di) 31 J9
Portofino Vetta 31 J9
Portogreco 55 B30
Portogruaro 18 E20
Portole 44 M18
Portomaggiore 34 H17
Portonovo (Ancona) 41 L22
Portonovo (Bologna) 34 I17
Portopalo di Capo Passero 93 Q27
Portoscuso 102 J7
Portovenere 32 J11
Portoverrara 34 H17
Portovesme 102 J7
Porziano 45 M19
Posada 99 F11
Posada (Fiume di) 99 F11
Posada (Lago di) 99 F10
Poscante 13 E11
Posillesi 85 N20
Posillipo (Napoli) 64 E24
Posina 16 E15
Positano 64 F25
Possagno 17 E17
Possidente 66 E29
Posta 51 O21
Posta Fibreno 58 Q23
Postal / Burgstall 6 C15
Postalesio 4 D11
Postiglione 66 F27
Postioma 17 E18
Postua 12 E6
Potame 78 J30
Potenza 66 F29
Potenza (Macerata) 46 M21
Potenza Picena 41 L22
Poti (Alpe di) 38 L17
Pottu Codinu (Necropoli di) 96 F7
Pove del Grappa 17 E17
Povegliano 17 E18
Povegliano Veronese 25 F14
Poverella 78 J31
Poverello (Monte) 80 M28
Poviglio 24 H13
Povolaro 16 F16
Povoletto 9 D21
Poza 58 S24
Pozza 33 I14
Pozza di Fassa 6 C17
Pozzaglia Sabino 50 P20
Pozzaglio ed Uniti 24 G12
Pozzale 37 K14
Pozzallo 92 Q26
Pozzella (Torre) 69 E35
Pozzengo 22 G6
Pozzilli 58 R24
Pozzillo 89 O27
Pozzillo (Lago) 88 O25
Pozzillo (Monte) 91 P23
Pozzo (Alessandria) 21 G6
Pozzo (Arezzo) 44 M17
Pozzo Guacito 69 E34
Pozzo Salerno 69 F34
Pozzo S. Nicola 94 E6
Pozzo Terraneo 61 D29
Pozzo (vicino a Pasiano di P.) 18 E19
Pozzo (vicino a Provesano) 8 D20
Pozzol-Groppo 23 H9
Pozzolengo 15 F13
Pozzoleone 16 F17
Pozzolo 25 G14
Pozzolo Formigaro 22 H8
Pozzomaggiore 96 F7
Pozzoni (Monte) 46 O21
Pozzonovo 26 G17
Pozzuoli 64 E24
Pozzuolo 44 M17
Pozzuolo del Friuli 19 E21
Pozzuolo Martesana 13 F10
Prà 30 I8
Prà Campo 5 D12
Pracchia 33 J14
Pracchiola 32 I11
Prad am Stilfserjoch / Prato allo Stelvio 5 C13
Prada 15 E14
Pradalunga 14 E11
Pradamano 9 D21
Pradarena (Passo di) 32 J12
Prade 17 D17
Pradello 25 G14
Pradeltorno 20 H3
Pradidali (Rifugio) 17 D17
Pradielis 9 D21
Pradipozzo 18 E20
Pradleves 28 I3
Pradovera 23 H10
Pragelato 20 G2
Praglia 30 I8
Praglia (Abbazia di) 26 F17
Prags / Braies 7 B18
Pragser Wildsee / Braies (Lago di) 7 B18
Praia a Mare (Cosenza) 71 H29
Praia a Mare (Taranto) 68 F33
Praiano 65 F25
Prainito (i) 93 Q26
Pralboino 24 G12
Prali 20 H3
Pralormo 21 H5
Pralungo 11 F6
Pramaera 101 H10
Pramaggiore 18 E20
Pramaggiore (Monte) 8 C19
Pramollo 20 H3
Pramollo (Passo di) / Naßfeld-Paß 9 C21
Pramper (Cima di) 17 D18
Pramperet (Rifugio) 17 D18
Pranello 32 I12
Prano (Monte) 32 K13
Pranolz 17 D18
Pranu Mutteddu 101 I9
Pranzo 15 E14
Prarayer 11 E4
Prascorsano 11 F4
Prastondu 11 F4
Prata (Avellino) 65 E26
Prata (Grosseto) 43 M14
Prata Camportaccio 4 D10
Prata d'Ansidonia 51 P22
Prata di Pordenone 18 E19
Prata Sannita 58 R24
Pratella 58 R24
Pratello (Monte) 58 Q23
Prateria 81 L30
Prati (i) 50 O20
Prati di Tivo 51 O22
Prati / Wiesen 6 B16
Pratica di Mare 56 R19
Praticello 24 H13
Pratieghi 39 K18

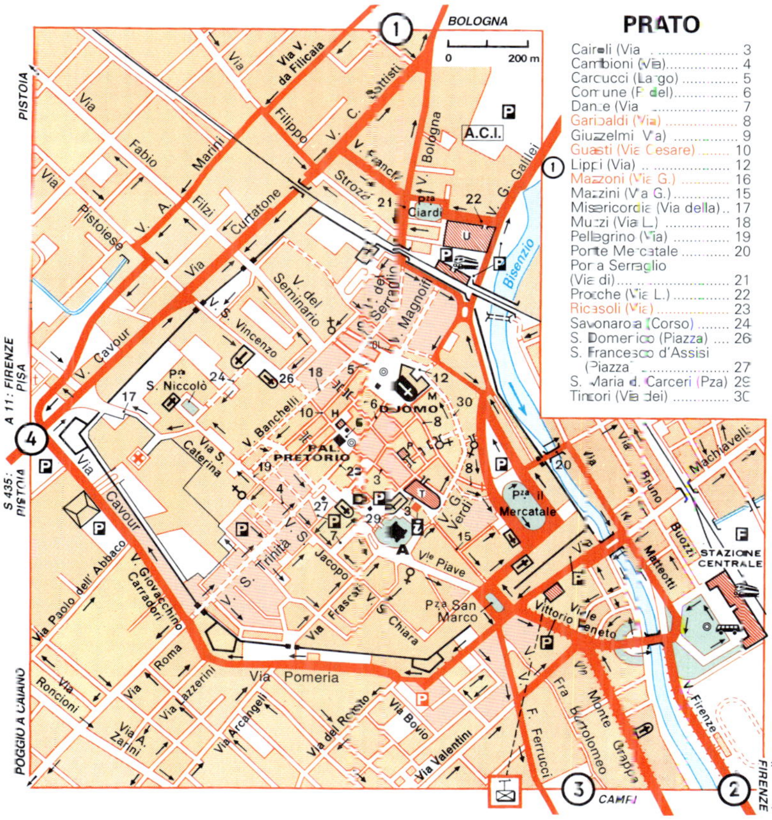

A CASTELLO DELL'IMPERATORE

D PALAZZO PRETORIO

Prato (Prato) 37 K15
Prato (Genova) 31 I10
Prato (Reggio Emilia) 25 H14
Prato (Terni) 45 N18
Prato (Monte) 32 J13
Prato (Tempa del) 66 F27
Prato alla Drava / Winnebach 7 B19
Prato all'Isarco / Blumau 6 C16
Prato allo Stelvio / Prad am Stilfser-joch 5 C13
Prato Carnico 8 C20
Prato di Campoli 57 Q22
Prato Nevoso 29 J5
Prato Perillo 71 F28
Prato Piazza / Plätzwiesen 7 C18
Prato Ranieri 43 N14
Prato Selva 51 O22
Prato Sopralacroce 31 I10
Pratobello 101 G9
Pratobotrile 20 G3
Pratola Peligna 52 P23
Pratola Serra 65 E26
Pratolino (Firenze) 37 K15
Pratomagno 38 K16
Pratomedici 32 J12
Pratorsi 33 J14
Pratovecchio 38 K17
Pravisdomini 18 E20
Pray 12 E6
Praz 11 E4
Prazzo 20 I3
Pré de Bar 10 E3
Pré-St. Didier 10 E2
Prea 29 J5
Precenicco 18 E21
Preci 46 N21
Preda Rossa 4 D11
Preda (Val) 51 O22
Predappio 38 J17
Predappio Alta 38 J17
Predazzo 16 D16
Predel / Predil (Passo del) 9 C22
Prediera 32 I13
Predil (Lago del) 9 C22
Predil (Passo del) / Predel 9 C22
Predoi / Prettau 7 A18
Predoi (Pizzo Rosso di) / Rötspitze 7 A18
Predonico / Perdonig 6 C15
Predore 14 E12
Predosa 22 H7
Preganziol 27 F18
Preggio 45 M18
Preglia 2 D6
Pregnana Milanese 13 F9
Preit 28 I3
Prelá 29 K5
Prelerna 32 I11
Premana 13 D10
Premariacco 9 D22
Premeno 12 E7
Premia 2 D7
Premilcuore 38 K17
Premosello 2 D7
Prena (Monte) 51 O23
Prenestini (Monti) 57 Q20
Preola (Lago di) 84 O19
Preone 8 C20
Prepotto 9 D22
Presa (Isola la) 95 D10
Presanella (Cima) 5 D13
Presciano 56 R20
Preseglie 14 E13
Preselle 43 N15
Presenzano 58 R24
Presicce 75 H36
Presolana (Passo della) 14 E12
Presolana (Pizzo della) 14 E12
Pressana 26 G16
Presta (Forca di) 46 N21
Prestianni 91 O24
Prestone 4 C10
Preta 58 S24
Pretara 51 O22
Pretare 46 N21
Preti (Cima dei) 8 C19
Pretoro 52 P24
Prettau / Predoi 7 A18
Preturo 51 O21
Prevalle 14 F13
Prezza 52 P23
Priabona 16 F16
Priatu 97 E9
Priero 29 I6
Prignano Cilento 70 G27
Prignano sulla Secchia 33 I14
Prima Porta (Roma) 50 P19
Primaluna 13 E10
Primero (Bocca di) 19 E22
Primolano 17 E17
Primolo 4 D11
Principe (Monte) / Hoherfirst 6 B15
Principina a Mare 43 N15
Priocca d'Alba 21 H6
Priola 29 J6
Priola (Punta di) 86 M22
Priolo 92 P25
Priolo Gargallo 93 P27
Priora (Monte) 46 N21
Prisdarella 81 L31
Priverno 57 R21
Prizzi 90 N22
Prizzi (Lago di) 86 N22
Procchio 42 N12
Proceno 44 N17
Procida 64 E24
Procida (Canale di) 64 E24
Procida (Isola di) 64 E24
Prodo 45 N18
Progno 15 F14
Promano 45 L18
Propata 31 I9
Prosciutto (Punta) 74 G35
Prosecco 19 E23
Prossedi 57 R21
Prossenicco 9 D22
Provaglio d'Iseo 14 F12
Provaglio Val Sabbia 14 E13
Provagna 17 D18
Provazzano 32 I13
Proveis / Pròves 6 C15
Pròves / Proveis 6 C15
Provesano 8 D20
Provonda 20 G3
Provvidenti 59 Q26
Prudenzini (Rifugio) 5 D13
Prun 15 F14
Pruna (Punta sa) 101 G10
Pruna (Sa) 101 G9
Prunella 80 N29
Prunetta 33 J14
Prunetto 29 I6
Pruno 32 J12
Pruno (Poggio al) 37 M14
Pucciarelli 44 M18
Pudiano 14 F12
Puegnago sul Garda 14 F13
Puez (Rifugio) 7 C17
Puglia 45 N19
Puglianello 64 D25
Pugnochiuso 55 B30
Puia 18 E19
Puianello 33 I13
Pula 103 J9
Pula (Capo di) 103 J9
Pulfero 9 D22
Pulicciano 38 L16
Pullir 17 D17
Pulsano 68 F34
Pulsano (Santuario di) 55 B29
Pumenengo 14 F11
Punta Ala 43 N14
Punta Braccetto 92 Q25
Punta del Lago 49 P18
Punta Gennarta (Lago) 102 I7
Punta Marina 35 I18
Punta Sabbioni 18 F19
Punta Secca 92 Q25
Puntalazzo 89 N27
Puntazza (Capo) 85 M20
Punti (Li) 96 E7
Puos d'Alpago 17 D19
Pura (Passo del) 8 C20
Puranno (Monte) 46 N20
Purgatorio 85 M20
Pusiano 13 E9
Pusiano (Lago di) 13 E9
Pusteria (Val) 7 B17
Putia (Sass de) 7 C17
Putifigari 96 F7
Putignano 68 E33
Putignano (Grotta di) 68 E33
Putzu Idu 100 G7
Puzzillo (Monte) 51 P22

Q

Quaderna 34 I16
Quaderni 25 G14
Quadri 52 Q24
Quadro (Pizzo) 3 C9
Quaglietta 65 E27
Quaglio 92 P25
Quáira (Lago di) 5 C14
Qualiano 64 E24
Qualso 9 D21
Quara 32 I13
Quaranta 44 N16
Quarantoli 25 H15
Quargnento 22 H7
Quarna 12 E7
Quarnan (Rifugio) 9 D21
Quarona 12 E6
Quarrata 37 K14
Quart 11 E4
Quartaia 37 L15
Quartesana 34 H17
Quartiere Paolo VI 68 F33
Quarto (Forlì) 39 K18
Quarto (Napoli) 64 E24
Quarto (Piacenza) 24 G11
Quarto (Lago di) 39 K18
Quarto d'Altino 18 F19
Quarto Inferiore (Asti) 21 H6
Quarto Inferiore (Bologna) 34 I16
Quartu (Golfo di) 103 J9
Quartu S. Elena 103 J9
Quartucciu 103 J9
Quasano 67 E31
Quattordio 22 H7
Quattro Castella 32 I13
Quattrocase 25 H15
Quattropani 82 L26
Quattrostrade 48 O15
Quattroventi 59 R24
Querce al Pino 44 M17
Quercegrossa 37 L15
Querceta 32 K12
Querceto 37 M14
Quercia del Monaco (Passo della) 57 R22
Quercianella 36 L13
Querciola 33 J14
Quero 17 E17
Quezzi 30 I8
Quiesa 36 K13
Quiliano 30 J7
Quincinetto 11 F5
Quindici 65 E25
Quingentole 25 G15
Quinto al Mare (Genova) 30 I8
Quinto Alpini (Rifugio) 5 C13
Quinto di Treviso 17 F18
Quinto di Valpantena 15 F15
Quinto Vercellese 22 F7
Quinto Vicentino 26 F16
Quinzano d'Oglio 24 G12
Quirra 103 I10
Quirra (Isola di) 103 I10
Quirra (Rio de) 101 H10
Quistello 25 G14

R

Rabbi 5 C14
Rabbi (Fiume) 38 K17
Rabbi (Val di) 5 C14
Rabbini 23 H11
Rabenstein / Corvara 6 B15
Racale 75 H36
Racalmuto 91 O23
Raccolana (Canale di) 9 C22
Racconigi 21 H5
Raccuia 88 M26
Racines / Ratschings 6 B16
Racines (Val di) 6 B15
Radda in Chianti 38 L16
Raddusa 88 O25
Radein / Redagno 16 C16
Radi 44 M16
Radici (Passo delle) 32 J13
Radicofani 44 N17
Radicondoli 37 M15
Radogna 60 D28
Radsberg / Monte Rota 7 B18
Raffadali 90 O22
Ragada 5 D13
Ragalna 88 O26
Raganello 76 H30
Ragazzola 24 G12
Raggiolo (Ortignano-) 38 K17
Ragogna 8 D20
Ragola (Monte) 31 I10
Ragoli 5 D14
Ragusa 92 Q26
Raia (Monte) 65 E26
Raialunga (Monte) 71 G28
Raiamagra (Monte) 65 E27
Raiano 52 P23
Rain in Taufers / Riva di Tures 7 B18
Raisi (Punta) 86 M21
Raisigerbi (Capo) 87 M24
Raldon 25 F15
Ram 5 C13
Rama (Capo) 86 M21
Ramacca 92 O26
Ramaceto (Monte) 31 I9
Ramière (Punta) 20 H2
Ramilia (Case) 91 O23
Ramiseto 32 I12
Ramon 17 E17
Ramponio 3 E9
Ramundo 77 J31
Rancale 45 M19
Ranchio 39 K18
Rancia (Castello della) 46 M22
Rancio Valcuvia 12 E8
Ranco (Arezzo) 38 L18
Ranco (Varese) 12 E7
Randazzo 88 N26
Rangona 26 H16
Ranica 14 E11
Ranzanico 14 E11
Ranzano 32 I12
Ranzo (Imperia) 29 J6
Ranzo (Trento) 5 D14
Ranzola (Colle di) 11 E5
Rapagnano 47 M22
Rapallo 31 I9
Raparo (Monte) 71 G29
Rapegna 46 N21
Rapino 52 P24
Rapolano Terme 44 M16
Rapolla 66 E29
Rapone 66 E28
Rasciesa 6 C16
Rascino (Lago) 51 O21
Rasenna 46 N20
Rasiglia 46 N20
Rasocolmo (Capo) 80 M28
Raspollino (Padule di) 43 N15
Rassa 11 E6
Rassina 38 L17
Rastrello (Valico del) 31 J11
Rasu (Monte) (Nuoro) 103 I10
Rasu (Monte) (Sassari) 97 F9
Rasun-Anterselva / Rasen-Antholz 7 B18
Rasura 4 D10
Raticosa (Passo della) 34 J16
Ratschings / Racines 6 B16
Rattisio Nuovo / Neurateis 5 B14
Ratzes / Razzes 6 C16
Rauchkofel / Fumo (Monte) 7 A18
Rauscedo 8 D20
Rauth / Novale (Bolzano) 6 C16
Rava (Cimon) 16 D16
Ravadese 24 H13
Ravagnese 80 M28
Ravalle 26 H16
Ravanusa 91 P23
Ravarano 32 I12
Ravari (Bocca di) 33 J15
Ravarino 25 H15
Ravascletto 8 C20
Ravello 65 F25
Ravenna 35 I18
Raveo 8 C20
Ravi 43 N14
Ravina 16 D15
Raviscanina 59 R24
Razzà 81 N30
Razzes / Ratzes 6 C16
Razzo (Sella di) 8 C19
Razzoli (Isola) 95 D10
Razzuolo 38 J16
Re 2 D7
Re (Serra del) 88 N26
Rea 23 G9
Reale (Canale) 69 F35
Reale (Rada della) 94 D6
Realmonte 90 P22
Reana del Roiale 9 D21
Reatini (Monti) 50 O20
Rebecco 98 F8
Recanati 41 L22
Recattivo 91 O24
Recattivo (Portella) 91 O24
Recchio 24 H12
Recco 31 I9
Recetto 12 F7
Recoaro Mille 16 E15
Recoaro Terme 16 E15
Recoleta 73 G31
Recovato 33 I15
Reda 34 J17
Redagno / Radein 6 C16
Redasco (Cime) 5 C12
Redavalle 23 G9
Redebus (Passo) 16 D15
Redena 25 H15
Redi Castello (Monte) 5 D13

Caduti per la Libertà (Pza)	Z	4
Candiano (Via)	Z	5
Castel S. Pietro (Via)	Z	6
Corti alle Mura (Via)	Z	7
Diaz (Via)	Y	8
Falier (Via)	Y	9
Garibaldi (Piazza)	Z	12
Gessi (Via Romolo)	Z	13
Ghiselli (Via G.)	Y	14
Gordini (Via)	Z	15
Guerrini (Via)	Z	16
Guidarelli (Via)	Z	17
Industrie (Via delle)	Y	18
Mariani (Via)	Z	19
Maroncelli (Viale)	Y	20
Molinetto (Circ. canale)	Z	21
Molino (Via)	Z	22
Monfalcone (Via)	Z	23
Oberdan (Via)	Z	24
Oriani (Via A.)	Z	25
Pallavicini (Viale G.)	Z	26
Piave (Via)	Z	27
Ponte Marino (Via)	Y	28
Popolo (Piazza del)	Z	29
Rava (Via L.)	Z	30
Ricci (Via C.)	Z	31
Ricci (Via Romolo)	Z	32
Rocca Brancaleone (Via)	Y	33
Romea (Via)	Z	34
S. Teresa (Via)	Z	35
4 Novembre (Via)	Y	40

B MAUSOLEO DI TEODORICO D BATTISTERO DEGLI ARIANI M² MUSEO DELL'ARCIVESCOVADO

Redipuglia 19 E22
Redona.........................8 D20
Redondesco..............24 G13
Redone......................14 F13
Refavaie 16 D16
Refrancore 22 H7
Refrontolo..................17 E18
Regalbuto 88 O25
Regalgioffoli 87 N22
Reggello.....................38 K16
Reggio di Calabria ...80 M28
Reggio nell' Emilia ...25 H13
Reggiolo 25 H14
Regi Lagni 64 E25
Regina 76 I30
Regina Elena
(Canale) 12 F7
Regnano 32 J12
Regona.......................24 G11
Rei (Costa)..............103 J10
Reino..........................59 S26
Reinswald / S. Martino
(Bolzano) 6 B16
Reischach / Riscone....7 B17
Reit (Cresta di) 5 C13
Reitano.......................88 N25
Religione (Punta) 92 Q26
Remanzacco 9 D21
Remedello Sopra......24 G13
Remedello Sotto 24 G13
Remondò 22 G8
Renaio........................32 J13
Renate........................13 E9
Renazzo.....................25 H15
Rendale......................16 E16
Rende.........................78 J30
Rendena (Valle) 5 D14
Rendina (Lago del) ...66 D29
Rendinara 57 Q22
Renna (Monte) 92 Q26
Renna (Monte)
(Siracusa) 92 Q26
Renno.........................33 J14
Reno (Bologna)..........33 J14
Reno (Varese)............12 E7
Reno (Foce del).........35 I18
Reno Finalese............34 H15
Renòn (Corno di) 6 C16
Renon / Ritten 6 C16
Reppia........................31 I10
Resana 17 F17
Rescaldina 12 F8
Resceto 32 J12
Reschen / Resia...........5 B13
Reschenpaß / Resia
(Passo di)................5 B13
Reschensee / Resia
(Lago di) 5 B13
Resettum (Monte) 8 D19
Resia............................9 C21
Resia / Reschen...........5 B13
Resia (Lago di) /
Reschensee 5 B13
Resia (Passo di) /
Reschenpaß..............5 B13
Resia (Valle di).............9 C21
Resiutta 9 C21
Rest (Forcola
di Monte) 8 C20
Resta 43 N14
Restinco (Masseria)..69 F35
Resuttano
(Caltanissetta) 87 N24
Resuttano
(Palermo)..............91 N24
Retorbido 23 H9
Revello 20 I4
Reventino (Monte)....78 J30
Revere........................25 G15
Revine 17 D18
Revò 6 C15
Rezzanello..................23 H10
Rezzato.......................14 F12
Rezzo..........................29 J5
Rezzoaglio 31 I10
Rhêmes-
Notre Dame..........10 F3
Rhêmes-St. Georges 10 F3
Rhêmes (Val di).........10 F3
Rho.............................13 F9
Riace 81 L31
Riace Marina 81 L31
Rialto...........................29 J6
Riano...........................50 P19
Riardo 58 S24
Ribera..........................90 O21
Ribolla.........................43 N15
Ribordone....................11 F4
Ricadi 78 L29
Ricaldone....................22 H7
Ricavo 37 L15
Riccardina...................34 I16
Riccia...........................59 R26
Riccio 44 M18
Riccione 39 J19
Riccò del Golfo
di Spezia.................31 J11
Riccovolto....................32 J13
Ricengo.......................23 F11
Ricetto.........................51 P21
Ricigliano....................66 E28
Ridanna / Ridnaun 6 B15
Ridanna (Val 6 B15
Ridnaun / Ridanna 6 B15
Ridotti (i).....................58 Q22
Ridracoli......................38 K17
Ridracoli (Lago di) 38 K17
Rienza...........................7 B17
Riepenspitze /
Ripa (Monte)...........7 B18
Ries (Vedrette di) /
Rieserfernergruppe ..7 B18
Riese Pio X 17 E17
Riesi 91 P24
Rieti 50 O20
Rifiano / Riffian 6 B15
Rifreddo 66 F29
Rifredo 38 J16
Rigali 45 M20
Righetto (Passo del) .32 I11
Rigiurfo Grande
(Case)....................92 P25
Riglio...........................23 H11
Riglio (Torrente) 24 G11
Riglione-Oratoio.........36 K13
Rignano Flaminio 50 P19
Rignano Garganico...54 B28
Rignano sull'Arno.....38 K16
Rigo (Ponte del) 44 N17
Rigolato........................8 C20
Rigoli...........................36 K13
Rigolizia 92 Q26
Rigomagno.................44 M17
Rigoso........................32 I12
Rigutino 44 L17
Rilievo 84 N19
Rima 11 E6
Rimagna 32 I12
Rimasco 11 E6
Rimella.......................11 E6
Rimendiello 71 G29
Rimini.........................39 J19
Riminino 49 O16
Rimiti..........................89 N27
Rinalda (Torre) 75 F36
Rinella 82 L26
Rino.............................5 D13
Rio di Lagundo /
Aschbach 6 C15
Rio di Pusteria /
Mühlbach................6 B16
Rio (il) 57 R21
Rio Marina..................42 N13
Rio nell'Elba 42 N13
Rio Saliceto 25 H14
Rio Secco...................38 J17
Riobianco / Weißenbach
(vicino a Campo
Tures) 7 B17
Riobianco / Weißenbach
(vicino a Pennes) ..6 B16
Riofreddo...................29 J6
Riofreddo (Forlì).......39 K18
Riofreddo (Roma) 51 P21
Riofreddo (Udine) 9 C22
Riola 33 J15
Riola Sardo 100 H7
Riolo...........................33 I15
Riolo Terme 34 J17
Riolunato 33 J13
Riomaggiore..............31 J11
Riomolino /
Mühlbach.................7 B17
Riomurtas.................102 J8
Rionero in Vulture ...66 E29
Rionero Sannitico 58 Q24
Riosecco.....................39 L18
Riotorto.......................43 N14
Rioveggio 33 J15
Ripa 20 H2
Ripa (L'Aquila) 51 P22
Ripa (Perugia)...........45 M19
Ripa d'Orcia...............44 M16
Ripa (Monte) /
Riepenspitze............7 B18
Ripa Sottile
(Lago di)................50 O20
Ripa Teatina...............52 O24
Ripaberarda...............47 N22
Ripabottoni................59 Q26
Ripacandida...............66 E29
Ripaldina....................23 G10
Ripalimosano 59 R25
Ripalta........................54 E27
Ripalta Arpina...........23 G11
Ripalta Cremasca.....23 G11
Ripalti (Punta dei) 42 N13
Ripalvella...................45 M18
Ripapersico................34 H17
Riparbella 37 L13

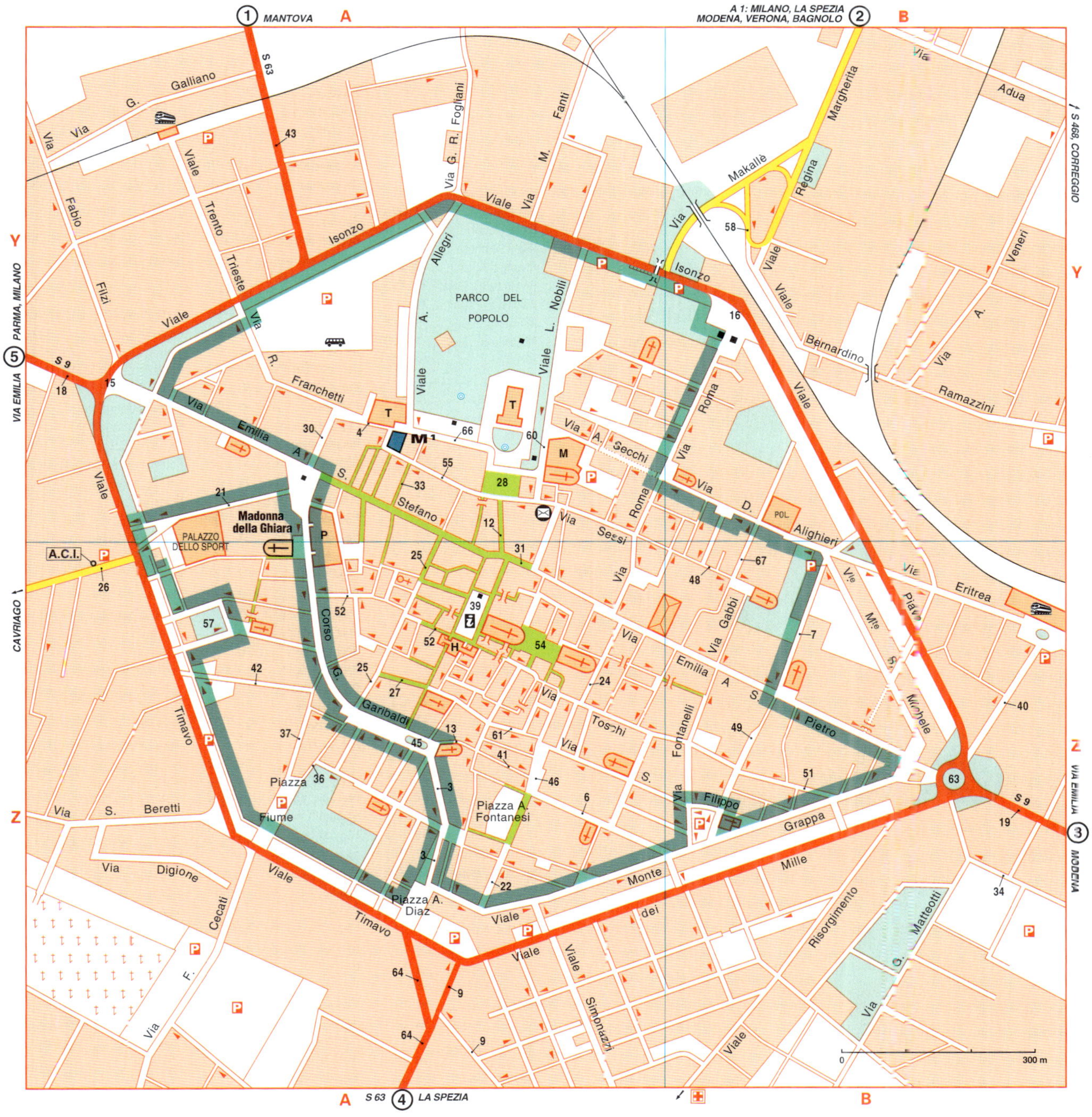

REGGIO NELL'EMILIA

Adua (Via) .... BY
Alighieri (Via D.) .... BYZ
Allegri (Viale A.) .... AY
Ariosto (Via L.) .... AZ 3
Beretti (Via S.) .... AZ
Cairoli (Corso B.) .... AY 4
Campo Marzio (Via) .... AZ 6
Campo Samarotto (Via) .... BY 7
Cassoli (Via F.) .... AZ 9
Cecati (Via F.) .... AZ
Crispi (Via F.) .... AYZ 12
Cristo (Via del) .... AZ 13
Diaz (Piazza A.) .... AZ
Digione (Via) .... AZ
Duca d'Aosta (Piazza) .... AY 15
Duca degli Abruzzi (Piazza) BY 16
Emilia all'Angelo (Via) .... AY 18
Emilia all'Ospizio (Via) .... BZ 19
Emilia A S. Pietro (Via) .... ABZ
Emilia A S. Stefano (Via) .... AY
Eritrea (Via) .... BZ
Fanti (Via M.) .... AY
Filzi (Via F.) .... AY
Fiume (Piazza) .... AZ
Fogliani (Via G. R.) .... AY
Fontanelli (Via) .... BZ
Fontanesi (Piazza A.) .... AZ
Franchetti (Via R.) .... AY
Gabbi (Via) .... BZ
Galliano (Via G.) .... AY
Garibaldi (Corso G.) .... AYZ
Guasco (Via) .... AY 21
Guazzatoio (Via) .... AZ 22
Guicelli (Via) .... AZ 24
Guido da Castello (Via) .... AZ 25
Isonzo (Viale) .... ABY
Magenta (Viale) .... AZ 26
Makallè (Via) .... BY
Malta (Via) .... AZ 27
Martiri del 7 Luglio (Piazza) AY 28
Matteotti (Via G.) .... BZ
Mazzini (Via G.) .... AY 30
Mille (Viale dei) .... ABZ
Monte (Piazza del) .... AZ 31
Monte Grappa (Viale) .... ABZ
Monte S. Michele (Viale) .... BZ
Monzermone (Via) .... AYZ 33
Nobili (Via L.) .... AY
Olimpia (Viale) .... BZ 34
Panciroli (Via G.) .... AZ 36
Piave (Viale) .... BYZ
Porta Brenone (Via) .... AZ 37
Prampolini (Piazza C.) .... AZ 39
Quattro Novembre (Viale) .... BZ 40
Quinziane (Via delle) .... AZ 41
Racchetta (Via della) .... AZ 42
Ramazzini (Viale B.) .... BY
Regina Elena (Viale) .... AY 43
Regina Margherita (Viale) .... BY
Risorgimento (Viale) .... BZ
Roma (Via) .... ABY
Roversi (Piazza L.) .... AZ 45
S. Carlo (Via) .... AZ 46
S. Domenico (Via) .... BZ 48
S. Filippo (Via) .... ABZ
S. Girolamo (Via) .... BZ 49
S. Martino (Via) .... BZ 51
S. Pietro Martire (Via) .... AZ 52
S. Prospero (Piazza) .... AZ 54
S. Rocco (Via) .... AY 55
S. Zenone (Piazza) .... AZ 57
Secchi (Via A.) .... AY
Sessi (Via) .... AYZ
Sforza (Via G.) .... BY 58
Simonazzi (Viale E.) .... AZ
Spallanzani (Via L.) .... AY 60
Squadroni (Via) .... AZ 61
Timavo (Viale) .... AYZ
Toschi (Via) .... AZ
Trento Trieste (Viale) .... AY
Tricolore (Piazza) .... BZ 63
Umberto I (Viale) .... AZ 64
Veneri (Via A.) .... BY
Vittoria (Piazza della) .... AY 66
Zaccagni (Via) .... BZ 67

GALLERIA PARMEGGIANI

REGGIO DI CALABRIA

Agam Spanò (Via) Z 2
Arcovito (Via) Z 3
Bàrlaam (Via) Z 4
Cattolica dei Greci (Via) Z 6
Cimino (Via Antonio) Z 7
Crocefisso (Via) Z 9
De Nava (Piazza) Y 10
Garibaldi (Corso) YZ
Garibaldi (Piazza) Z 12
Genoese Zerbi (Viale) Y 14
Indipendenza (Piazza) Y 15
Italia (Via) Y 17
Manfroce (Viale) Y 18
Matteoti (Corso Giacomo) YZ 28
Missori (Via) Z 19
Popolo (Piazza del) Y 21
Salvatore (Via del) Z 22
S. Caterina (Via) Y 24
S. Francesco da Paola (Viale) Z 25
S. Marco (Via) Y 27
Vitt. Emanuele III (Pza) Z 29
25 Luglio 1943 (Viale) Y 31

Ripatransone 47 N23
Ripe (Ancona) 40 K21
Ripe (Pesaro e Urbino) 39 K20
Ripe (Teramo) 47 N22
Ripe S. Ginesio 46 M22
Ripi 57 R22
Ripoli 39 L18
Riposa (la) 20 G3
Riposto 89 N27
Risano 19 E21
Riscone / Reischach 7 B17
Risicone 92 P26
Rispescia 43 N15
Ristola (Punta) 75 H37
Rittana 20 I4
Ritten / Renon 6 C16
Riva (Piacenza) 23 H10
Riva (Torino) 20 H4
Riva (Valle di) 7 A17
Riva degli Etruschi 42 M13
Riva dei Tarquini 49 P16
Riva dei Tessali 68 F32
Riva del Garda 15 E14

RIMINI

Augusto (Corso d') AZ 2
Bastioni Settentrionale (Via) AYZ 3
Cavour (Piazza) AZ 4
Clementini (Via) BZ 6
Galeria (Via C.) BZ 7
Giovanni XXIII (Corso) AYZ 8
Giulio Cesare (largo) AZ 9
Principe Amedeo (V.) BY
Rodi (Viale) ABY 10
Serpieri (Via) AZ 12
Tempio Malatestiano (Via) AZ 14
Tonini (Via L.) AZ 15
Tre Martiri (Piazza) AZ 16
Verdi (Via G.) AZ 19
4 Novembre (Via) AZ

A TEMPIO MALATESTIANO

Riva del Sole 43 N14
Riva di Faggeto 13 E9
Riva di Solto 14 E12
Riva di Tures / Rain in Taufers 7 B18
Riva Ligure 29 K5
Riva presso Chieri 21 H5
Riva Trigoso 31 J10
Riva Valdobbia 11 E5
Rivabella 75 G36
Rivabella (Rimini) 39 J19
Rivabella (Bologna) 33 I15
Rivalba 21 G5
Rivalta 25 I13
Rivalta Bormida 22 H7
Rivalta di Torino (Torino) 21 G4
Rivalta Scrivia 22 H8
Rivalta sul Mincio 25 G14
Rivalta Trebbia 23 H10
Rivamonte Agordino 17 D18
Rivanazzano 23 H9
Rivara (Modena) 25 H15
Rivara (Torino) 11 F4
Rivarolo Canavese 11 F5
Rivarolo del Re 24 G13
Rivarolo Ligure (Genova) 30 I8
Rivarolo Mantovano 24 G13
Rivarone 22 H8
Rivarossa 11 G5
Rivazzurra 39 J19
Rive 22 G7
Rive d'Arcano 8 D21
Rivello 71 G29
Rivergaro 23 H10
Rivignano 18 E21
Rivis 18 D20
Rivisondoli 58 Q24
Rivo 50 O19
Rivodutri 50 O20
Rivoli (Torino) 21 G4
Rivoli Veronese 15 F14
Rivolta d'Adda 13 F10
Rivoltella (Brescia) 15 F13
Rivoltella (Pavia) 22 G7
Rivoschio Pieve 38 J18
Rizzacorno 52 P25
Rizziconi 80 L29
Rizzolo 23 H11
Rizzuto (Capo) 79 K33
Ro Ferrarese 26 H17
Roana 16 E16
Roaschia 28 J4
Roasco 5 D12
Robassomero 21 G4
Robbio 22 G7
Robecco d'Oglio 24 G12
Robecco Pavese 23 G9
Robecco sul Naviglio 12 F8
Robella 21 G6
Roberti (Masseria) 63 D33
Robilante 28 J4
Roboaro 30 I7
Roburent 29 J5
Roca Vecchia 75 G37
Rocca 17 E17
Rocca Canterano 51 Q21
Rocca Corneta 35 J14
Rocca Corneta 33 J14
Rocca d'Arazzo 22 H6
Rocca de' Giorgi 23 H9
Rocca d'Evandro 58 R23
Rocca di Botte 51 P21
Rocca di Cambio 51 P22
Rocca di Capri Leone 88 M26
Rocca di Cave 57 Q20
Rocca di Corno 51 O21
Rocca di Mezzo 51 P22
Rocca di Neto 79 J33
Rocca di Papa 56 Q20
Rocca di Roffeno 33 J15
Rocca Fiorita 89 N27
Rocca Grimalda 30 H7
Rocca Imperiale 73 G31
Rocca Imperiale Marina 73 G31
Rocca Massima 57 Q20
Rocca Pia 52 Q23
Rocca Pietore 7 C17
Rocca Priora (Ancona) 41 L22
Rocca Priora (Roma) 56 Q20
Rocca Ricciarda 38 L16
Rocca S. angelo 45 M19
Rocca S. Casciano 38 J17
Rocca S. Felice 65 E27
Rocca San Giovanni 53 P25
Rocca Sta Maria 46 N22
Rocca Sto Stefano 51 Q21
Rocca Sinibalda 50 P20
Rocca Susella 23 H9
Rocca Tunda 100 G7
Roccabascerana 65 D26
Roccabernarda 79 J32
Roccabianca 24 G12
Roccacaramanico 52 P24
Roccacasale 52 P23
Roccacinquemiglia 58 Q24
Roccadaspide 70 F27
Roccaferrara 32 I12
Roccafinadamo 52 O23
Roccafluvione 46 N22
Roccaforte del Greco 80 M29
Roccaforte Ligure 31 H9
Roccaforte Mondovì 29 J5
Roccaforzata 69 F34
Roccafranca 14 F11
Roccagiovine 50 P20
Roccagloriosa 70 G28
Roccagorga 57 R21
Roccalbegna 44 N16
Roccalumera 89 N28
Roccalvecce 49 O18
Roccamandolfi 59 R25
Roccamare 43 N14
Roccamena 85 N21
Roccamonfina 58 S23
Roccamontepiano 52 P24
Roccamorice 52 P24
Roccanova 72 G30
Roccantica 50 P20
Roccapalumba 87 N22
Roccapiemonte 65 E26
Roccaporena 46 N20
Roccarainola 65 E25
Roccaraso 58 Q24
Roccaravindola 58 R24
Roccaromana 59 S24
Roccarossa (Tempa di) 71 G29
Roccasalli 46 O21
Roccascalegna 52 P24
Roccasecca 58 R23
Roccasecca dei Volsci 57 R21
Roccasicura 58 Q24
Roccaspinalveti 53 Q25
Roccastrada 43 M15
Roccatamburo 46 N20
Roccatederighi 43 M15
Roccavaldina 80 M28
Roccaverano 30 I6
Roccavione 28 J4
Roccavivara 59 Q25
Roccavivi 58 Q22
Roccazzo 92 P25
Roccelito (Monte) 87 N23
Roccella (Caltanissetta) 91 O23
Roccella (Catanzaro) 79 K31
Roccella Ionica 81 M31
Roccella Valdemone 89 N27
Rocchetta (Caserta) 58 S24
Rocchetta (Massa Carrara) 32 J11
Rocchetta (Perugia) 46 N20
Rocchetta a Volturno 58 R24
Rocchetta (Trento) 16 D15
Rocchetta Belbo 21 I6
Rocchetta Cairo 30 I6
Rocchetta di Vara 31 J11
Rocchetta Ligure 23 H9
Rocchetta Mattei 33 J15
Rocchetta Nervina 29 K4
Rocchetta Nuova 58 R24
Rocchetta S. Antonio 66 D28
Rocchetta Tanaro 22 H7
Rocchette 44 N16
Rocciamelone 20 G3
Roccoli Lorla (Rifugio) 13 D10
Rochemolles 20 G2
Roddi 21 H5
Roddino 21 I6
Rodeano 8 D21
Rodeneck / Rodengo 6 B17
Rodengo / Rodeneck 6 B17
Rodengo-Saiano 14 F12
Rodi 89 M27
Rodi Garganico 55 B29
Rodia 80 M28
Rodigo 25 G13
Rodio 70 G27
Rodoretto 20 H3
Roen (Monte) 6 C15
Rötspitze / Predoi (Pizzo Rosso di) 7 A18
Rofrano 70 G28
Roggiano Gravina 76 I30
Roggione (Pizzo) 3 D9
Roghudi 80 M29
Rogio (Canale) 37 K13
Rogliano 78 J30
Roglio 37 L14
Rognano 23 G9
Rogno 14 E12
Rognosa (Punta) 20 H2
Rogolo 4 D10
Roia 28 K4
Roia / Rojen 5 B13
Roiano 47 N22
Roiate 57 Q21
Roio del Sangro 52 Q25
Roisan 10 E3
Rojen / Roia 5 B13
Roletto 20 H3
Rolle (Cima di) 6 B16
Rolle (Passo di) 17 D17
Rolo 25 H14
Roma 56 Q19
Roma-Ciampino (Aeroporto) 56 Q19
Roma-Fiumicino L. da Vinci (Aeroporto) 56 Q18
Romagnano al Monte 66 F28
Romagnano Sesia 12 F7
Romagnese 23 H9
Romana 96 F7
Romanelli (Grotta) 75 G37
Romanengo 14 F11
Romano d'Ezzelino 17 E17
Romano di Lombardia 14 F11
Romans d'Isonzo 19 E22
Rombiolo 80 L29
Rombo (Passo del) / Timmelsjoch 6 B15
Romena (Castello di) 38 K17
Romena (Pieve di) 38 K17
Romeno 6 C15
Romentino 12 F8
Rometta (Massa Carrara) 32 J12
Rometta (Messina) 80 M28
Romitello (Santuario del) 86 M21
Ron (Vetta di) 4 D11
Roncà 15 F15
Roncade 18 F19
Roncadelle (Brescia) 14 F12
Roncadelle (Treviso) 17 E19
Roncagli 29 K6
Roncaglia 24 G11
Roncalceci 35 I18
Roncanova 25 G15

Roncarolo 24 G11
Roncastaldo.................34 J15
Roncegno 16 D16
Roncello...................13 F10
Ronche.....................18 E19
Ronchi (Savona) 29 J6
Ronchi (Trento)........16 E15
Ronchi dei
Legionari 19 E22
Ronchi (I) 17 E18
Ronchis (vicino
a Latisana)..........18 E20
Ronchis (vicino
a Udine) 9 D21
Ronciglione 49 P18
Roncitelli...................41 K21
Ronco.......................35 J18
Ronco (Fiume)...........35 J18
Ronco all'Adige.........25 F15
Ronco Biellese 11 F6
Ronco Campo
Canetto 24 H12
Ronco Canavese 11 F4
Ronco Scrivia 30 I8
Roncobello 13 E11
Roncobilaccio...........33 J15
Roncoferraro 25 G14
Roncofreddo.............33 J18
Roncola.....................13 E10
Roncole Verdi...........24 H12
Roncoleva.................25 G14
Roncone...................15 E13
Rondanina 31 I9
Rondelli....................43 N14
Rondine
(Pizzo della)...........90 O22
Rondissone...............11 G5
Ronsecco 22 G6
Ronta........................38 J16
Ronzo Chienis 15 E14
Ronzone....................6 C15
Ropola (Passo di).......81 M30
Rora..........................20 H3
Rore...........................20 I3
Rosa (Pordenone)....18 E20
Rosà (Vicenza).........17 E17
Rosa dei Bianchi.......11 F4
Rosa Marina.............69 E34
Rosali.......................80 M29
Rosanisco.................58 R23
Rosano (Firenze)......38 K16
Rosano
(Reggio Emilia)....32 I13
Rosapineta................27 G18
Rosario
(Santuario del).......85 N21
Rosarno 80 L29
Rosaro.......................32 J12
Rosasco 22 G7
Rosate........................23 F9
Rosazza 11 E5
Rosciano 52 P24
Roscigno-Nuovo 70 F28
Roscigno-Vecchio 70 F28
Rosciolo dei Marsi....51 P22
Rose 76 I30
Rose (Monte).............90 O22
Rose (Pieve delle).....39 L18
Rose (Timpa delle)....71 F28
Roseg (Pizzo) 4 C11
Roselle 43 N15
Roselle (Località) 43 N15
Roselli 58 R23
Rosello 52 Q25
Rosengarten /
Catinaccio...............6 C16
Rosennano 38 L16
Roseto Capo
Spulico...................73 H31
Roseto
degli Abruzzi 47 N24
Roseto Valfortore......60 C27
Rosia 37 M15
Rosignano
Marittimo.............36 L13
Rosignano
Monferrato 22 G7
Rosignano Solvay.....36 L13
Rosito........................79 K33
Rosola.......................33 J14
Rosolina....................27 G18
Rosolina Mare..........27 G18
Rosolini.....................93 Q26
Rosone......................10 F4
Rosora.......................40 L21
Rossa (Croda /
Hohe Geisel............7 C18
Rossa (Isola)
(Cagliari) 102 K8
Rossa (Isola)
(Nuoro) 96 G7
Rossa (Isola)
(Sassari) 94 D8
Rossa (Punta)
(Sassari) 95 D10
Rossa (Punta)
(Foggia) 55 B30
Rossa (Punta)
(Livorno) 42 P12
Rossana.....................20 I4
Rossano (Cosenza)..77 I31
Rossano
(Massa Carrara)...32 J11
Rossano Stazione 77 I31
Rossano Veneto........17 E17
Rosse (Cuddie).........84 Q17
Rossenna...................33 I14
Rossiglione................30 I8
Rosso (Monte)...........89 N27
Rossola (Pizzo di).......2 D7
Rossomanno
(Monte) 88 O25
Rosta 25 G15
Rota...........................49 P18
Rota d'Imagna...........13 E10
Rota Greca.................76 I30
Rotale........................71 G29
Roteglia.....................33 I14
Rotella.......................47 N22
Rotella (Monte) 52 Q24
Rotello.......................54 B27
Rotonda 76 H30
Rotondella 72 G31
Rotondella (Monte)...72 G31
Rotondi 65 D25
Rotondo (Monte)
(Salerno)...............71 G28
Rotondo (Monte) (vicino
a Campo Felice)..51 P22
Rotondo (Monte) (vicino
a Scanno)............58 Q23
Rottanova 26 G18
Rottofreno 23 G10
Rotzo.........................16 E16
Roure 20 H3
Rovagnate 13 E10
Rovale.......................77 J31
Rovasenda................12 F6
Rovasenda
(Torrente)..............12 F6
Rovato......................14 F11
Roveda.....................16 D15
Rovegno 31 I9
Roveleto Landi 23 H10
Rovellasca 13 E9
Rovello Porro 13 F9
Roverbella 25 G14
Roverchiara 25 G15
Rovere (L'Aquila) 51 P22
Rovere (Forlì) 34 J17
Roverè della Luna.....16 D15
Rovere Veronese.......15 F15
Roveredo di Guà.......26 G16
Roveredo in Piano....18 D19
Rovereto (Ferrara)....34 H17
Rovereto (Trento).....16 E15
Rovescala 23 G10
Roveto (Pantano)......93 Q27
Roveto (Val)..............57 Q22
Rovetta......................14 E11
Roviasca 30 J7
Rovigliano 39 L18
Rovigo.......................26 G17
Rovina.......................24 H11
Rovito.......................76 J30
Rovittello 89 N27
Rozzano 13 F9
Rua la Cama
(Forca 46 N20
Rua (Monte) 26 G17
Ruazzo (Monte) 58 S22
Rubano 26 F17
Rubbio 16 E16
Rubiana 20 G4
Rubicone..................39 J19
Rubiera 25 I14
Rubino (Lago) 85 N20
Rubizzano.................34 H16
Rucas 20 H3
Ruda.........................19 E22
Rudiano 14 F11
Rueglio 11 F5
Rufeno (Monte).........44 N17
Ruffano 75 H36
Ruffi (Monti).............51 C20
Ruffia........................21 H4
Rufina.......................38 K16
Ruggiano 55 E29
Rughe (Monte)..........96 G7
Ruia (Isola) 99 F11
Ruina........................26 H17
Ruinas 100 H8
Ruino........................23 H9

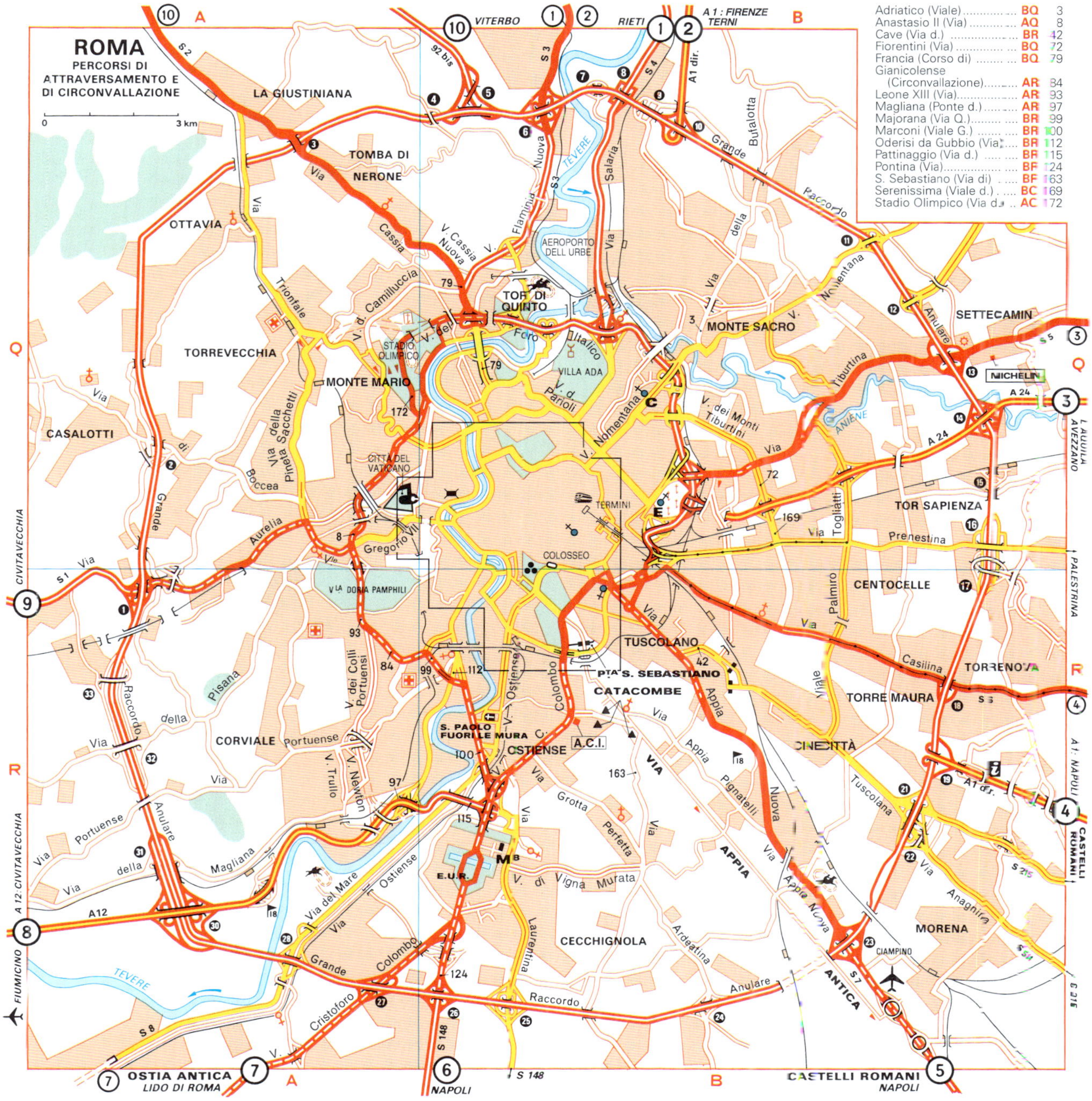

Mª MUSEO DELLA CIVILITÀ ROMANA

ROMA

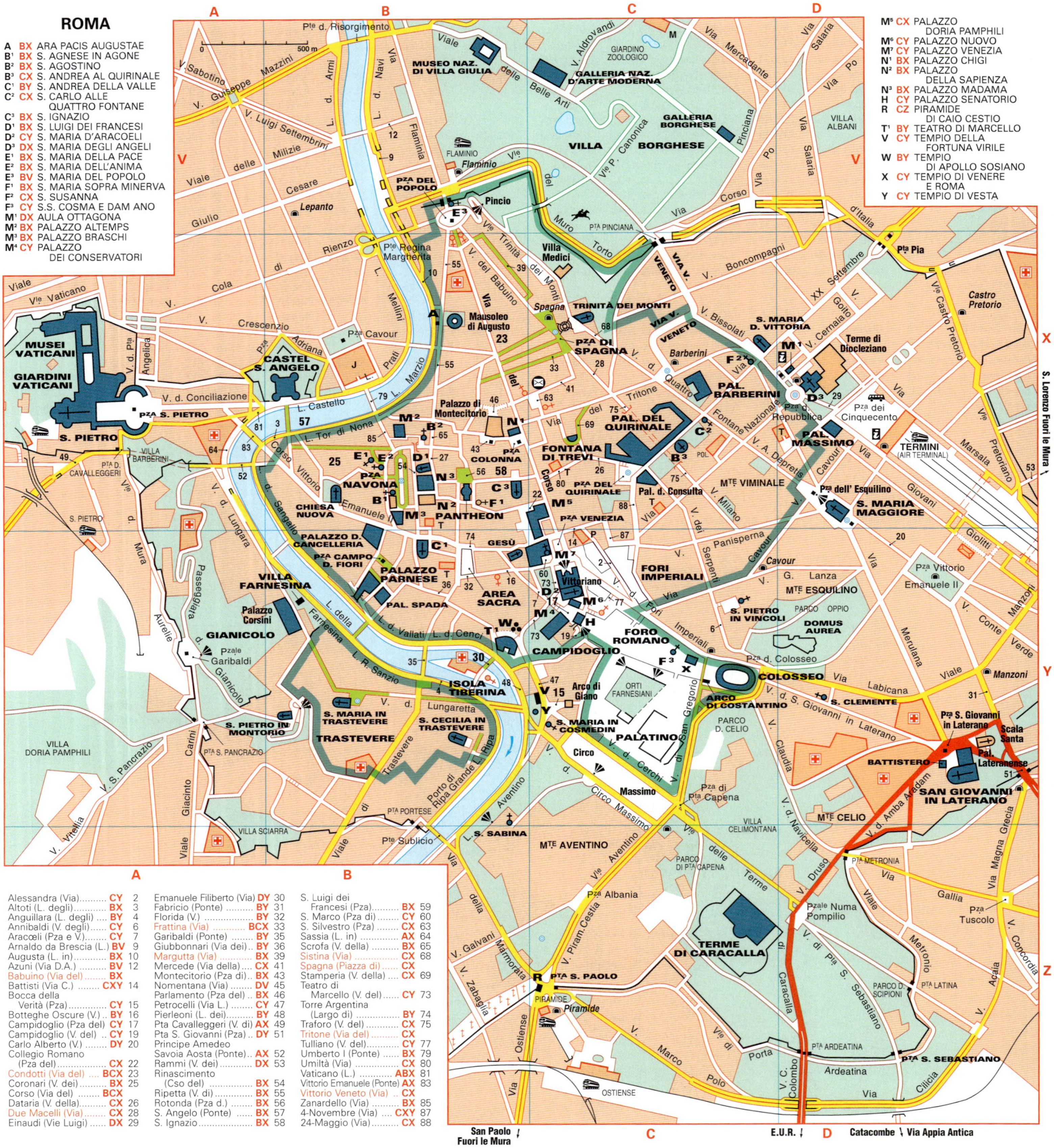

A **BX** ARA PACIS AUGUSTAE
B1 **BX** S. AGNESE IN AGONE
B2 **BX** S. AGOSTINO
B3 **CX** S. ANDREA AL QUIRINALE
C1 **BY** S. ANDREA DELLA VALLE
C2 **CX** S. CARLO ALLE QUATTRO FONTANE
C3 **BX** S. IGNAZIO
D1 **BX** S. LUIGI DEI FRANCESI
D2 **CY** S. MARIA D'ARACOELI
D3 **DX** S. MARIA DEGLI ANGELI
E1 **BX** S. MARIA DELLA PACE
E2 **BX** S. MARIA DELL'ANIMA
E3 **BV** S. MARIA DEL POPOLO
F1 **BX** S. MARIA SOPRA MINERVA
F2 **CX** S. SUSANNA
F3 **CY** S.S. COSMA E DAM ANO
M1 **DX** AULA OTTAGONA
M2 **BX** PALAZZO ALTEMPS
M3 **BX** PALAZZO BRASCHI
M4 **CY** PALAZZO DEI CONSERVATORI
M5 **CX** PALAZZO DORIA PAMPHILI
M6 **CY** PALAZZO NUOVO
M7 **CY** PALAZZO VENEZIA
N1 **BX** PALAZZO CHIGI
N2 **BX** PALAZZO DELLA SAPIENZA
N3 **BX** PALAZZO MADAMA
H **CY** PALAZZO SENATORIO
R **CZ** PIRAMIDE DI CAIO CESTIO
T1 **BY** TEATRO DI MARCELLO
V **CY** TEMPIO DELLA FORTUNA VIRILE
W **BY** TEMPIO DI APOLLO SOSIANO
X **CY** TEMPIO DI VENERE E ROMA
Y **CY** TEMPIO DI VESTA

Alessandra (Via).......... **CY** 2
Altoti (L. degli)............ **BX** 3
Anguillara (L. degli) .... **BY** 4
Annibaldi (V. degli)...... **CY** 6
Aracœli (Pza e V.)........ **CY** 7
Arnaldo da Brescia (L.) **BV** 9
Augusta (L. in)............ **BX** 10
Azuni (Via D.A.) .... **BV** 12
Babuino (Via del) .... **BX**
Battisti (Via C.) .... **CXY** 14
Bocca della Verità (Pza).............. **CY** 15
Botteghe Oscure (V.) .. **BY** 16
Campidoglio (Pza del) **CY** 17
Campidoglio (V. del) .. **CY** 19
Carlo Alberto (V.) .... **DY** 20
Collegio Romano (Pza del).................. **CX** 22
Condotti (Via del) .... **BCX** 23
Coronari (V. dei).......... **BX** 25
Corso (Via del) .... **BCX**
Dataria (V. della).......... **CX** 26
Due Macelli (Via)........ **CX** 28
Einaudi (Vie Luigi) ...... **DX** 29
Emanuele Filiberto (Via) **DY** 30
Fabricio (Ponte) .... **BY** 31
Florida (V.) .... **BY** 32
Frattina (Via) .... **BCX** 33
Garibaldi (Ponte) .... **BY** 35
Giubbonnari (Via dei).. **BY** 36
Margutta (Via) .... **BX** 39
Mercede (Via della).... **CX** 41
Montecitorio (Pza di).. **BX** 43
Nomentana (Via) .... **DV** 45
Parlamento (Pza del) .. **BX** 46
Petrocelli (Via L.) .... **CY** 47
Pierleoni (L. dei).......... **BY** 48
Pta Cavalleggeri (V. di) **AX** 49
Pta S. Giovanni (Pza) .. **DY** 51
Principe Amedeo Savoia Aosta (Ponte).. **AX** 52
Rammi (V. dei)............ **DX** 53
Rinascimento (Cso del) .... **BX** 54
Ripetta (V. di).............. **BX** 55
Rotonda (Pza d.) .... **BX** 56
S. Angelo (Ponte) ...... **BX** 57
S. Ignazio.................... **BX** 58
S. Luigi dei Francesi (Pza).......... **BX** 59
S. Marco (Pza di)........ **CY** 60
S. Silvestro (Pza) .... **CX** 63
Sassia (L. in) .... **AX** 64
Scrofa (V. della) .... **BX** 65
Sistina (Via) .... **CX** 68
Spagna (Piazza di)...... **CX**
Stamperia (V. della) .... **CX** 69
Teatro di Marcello (V. del)...... **CY** 73
Torre Argentina (Largo di) .... **BY** 74
Traforo (V. del)............ **CX** 75
Tritone (Via del).......... **CX**
Tulliano (V. del)............ **CY** 77
Umberto I (Ponte) ...... **BX** 79
Umiltà (Via) .... **CX** 80
Vaticano (L.) .... **ABX** 81
Vittorio Emanuele (Ponte) **AX** 83
Vittorio Veneto (Via) .. **CX**
Zanardello (Via) .... **BX** 85
4-Novembre (Via) .... **CXY** 87
24-Maggio (Via).......... **CX** 88

Ruiu (Monte) (vicino ad Arzachena) **95** D10
Ruiu (Monte) (vicino a Porto S. Paolo)....**99** E10
Ruiu (Monte) (vicino a Villanova Mont.) ..**96** F7
Rumo............................**6** C15
Runzi **26** H16
Ruocce **45** L20
Ruoti.............................**66** E29
Ruscello **39** K18
Ruscio **50** O20
Russi **34** I18
Russo (Masseria) **55** C29
Rustico **41** L22
Rustigazzo **23** H11
Ruta.............................**31** I9
Rutigliano **63** D33
Rutino **70** G27
Ruttars **19** E22
Ruviano.......................**64** D25
Ruvo del Monte **66** E28
Ruvo di Puglia..........**62** D31
Ruvolo (Monte).........**88** N26
Ruzzano **32** I12

S

S. Anastasia (Crotone) **77** I33
S. Angelo (Vibo Valentia) **78** L30
S. Anna (Crotone) ...**79** J33
S. Benedetto (Verona)**15** F13
S. Clemente (Rimini)**39** K19
S. Cono (Vibo Valentia) **78** K30
S. Fiorano (Lodi) **23** G11
S. Gabriele.................**51** O22
S. Giacomo (Rovereto) **15** E14
S. Giacomo di Roburent (vicino a Frabosa Soprana).............**29** J5
S. Giacomo di Teglio (Sondrio)................**5** D12
S. Giovanni (Vibo Valentia) **78** L30
S. Giuseppe (Prato)..**33** J15
S. Giuseppe al lago / St. Joseph am See (Bolzano) **6** C15
S. Grato (Lodi) **23** G10
S. Lorenzo (Verbania) **2** D6
S. Martino in Strada (Lodi)...................**23** G10
S. Nicola (Monte) (Vibo Valentia) **78** L31
S. Nicolò (Vibo Valentia) **78** L29
S. Onofrio (Vibo Valentia) **78** K30
S. Paolo d'Argon **14** E11
S. Pietro (Sondrio) **4** D10
S. Polo **24** H13
S. Prospero sulla Seccia (Modena).............**25** H15
S. Vigilio **15** F14
Sabatini (Monti)........**49** P18
Sabato.........................**65** E26
Sabaudia....................**57** S21
Sabaudia (Lago di) ...**57** S21
Sabbia.........................**12** E6
Sabbio Chiese...........**14** F13
Sabbioneta **24** H13
Sabbioni (Bologna) ..**34** J15
Sabbioni (Ferrara)....**26** H17
Sabbucina (Monte)...**91** O24
Sabia (Val) **14** E13
Sabina (Punta) **94** D7
Sabini (Monti) **50** P20
Sabiona (Convento di)...........**6** C16
Sabioncello S. Vittore...............**34** H17
Sacca (Mantova)......**25** G13
Sacca (Parma) **24** H13
Saccarello (Monte) ...**29** J5
Saccione **54** B27
Sacco (Frosinone)....**57** Q21

Sacco (Salerno) 70 F28
Sacco (Sondrio) 4 D10
Saccolongo 26 F17
Sacile 18 E19
Sacra di S. Michele .. 20 G4
Sacramento
(Scoglio del) 90 U19
Sacro (Monte)
(Foggia) 55 B30
Sacro (Monte)
(Salerno) 70 G28
Sacro Monte
(Varallo) 12 E6
Sacrofano 50 P19
Sadali 101 H9
Sadali (Fio de) 101 H9
Sagama 96 G7
Sagittario 52 Q23
Sagittario (Gole de) .. 52 Q23
Sagliano Micca 11 F6
Sagrado 19 E22
Sagrata 39 L19
Sagron-Mis 17 D17
Saiano 14 F12
Sailetto 25 G14
Sala 65 E26
Sala (Forlì) 39 J19
Sala (Terni) 45 N18
Sala Baganza 24 H12
Sala Biellese 11 F5
Sala Bolognese 33 I15
Sala Comacina 3 E9
Sala Consilina 71 F28
Salamone (Case) 91 O22
Salamu (Bruncu) 103 I9
Salandra 72 F30
Salandrella 72 F30
Salaparuta 85 N21
Salaparuta
(Ruderi di) 85 N20
Salara 26 H16
Salarno (Lago di) 5 D13
Salasco 22 G6
Salassa 21 G5
Salbertrand 20 G2
Salboro 26 F17
Salcito 59 Q25
Saldura (Punta) 5 B14
Sale 22 H8
Sale Marasino 14 E12
Sale Porcus
(Stagno) 100 H7
Sale S. Giovanni 29 I6
Salemi 85 N20
Salento 70 G27
Salerano
sul Lambro 23 G10
Salere 22 H6
Salerno 65 E26
Salerno (Golfo di) 64 F25
Saletto (Padova) 26 G16
Saletto (Udine) 9 C22
Saletto di Piave 17 E19
Salgareda 18 E19
Sali Vercellese 21 G6
Salica 79 J33
Salice Salentino 69 F35
Salice Terme 23 H9
Saliceto 29 I6
Saliceto Panaro 33 I14
Salici (Monte) 88 N25
Salici (Punta) 98 E8
Salina 25 H13
Salina
(Canale della) 82 L26
Salina (Isola) 82 L26
Salinas (Torre) 103 I10
Saline 46 M22
Saline (Cala) 100 G7
Saline di Volterra 37 L14
Saline Ioniche 80 N29
Salinello 47 N23
Salisano 50 P20
Salito 91 O23
Salitto 65 E27
Salizzole 25 G15
Salle (la) 10 E3
Salle Nuova 52 P23
Salmenta
(Masseria) 74 G35
Salmour 21 I5
Salò 14 F13
Salomone
(Masseria) 67 E30
Salonetto / Schlaneid . 6 C15
Salorno / Salurn 16 D15
Salso (Agrigento) 91 N24
Salso (Enna) 88 N25
Salso o Imera
Meridionale 91 O24
Salsola 60 C27
Salsomaggiore
Terme 24 H11
Salsominore 31 I10
Saltara 40 K20
Saltaus / Saltusio 6 B15
Saltino 38 K16
Salto 33 J14
Salto di Quirra 101 I10
Salto (Fiume) 51 P21
Salto (Lago del) 51 P21
Saltusio / Saltaus 6 B15
Saludecio 39 K20
Saluggia 21 G6
Salurn / Salorno 16 D15
Salussola 11 F6
Saluzzo 21 I4
Salvarano 32 I13
Salvarosa 17 E17
Salvaterra 33 I14
Salve 75 H36
Salviano 36 L13
Salvirola 24 F11
Salvitelle 66 F28
Salza di Pinerolo 20 H3
Salza Irpina 65 E26
Salzano 27 F18
Samarate 12 F8
Samassi 102 I8
Samatzai 103 I9
Sambiase 78 K30
Samboseto 24 H12
Sambuca 37 L15
Sambuca di Sicilia 90 O21
Sambuca (Passo) 38 J16
Sambuca Pistoiese 33 J15
Sambuceto 52 O24
Sambucheto 45 O20
Sambuchi 87 N22
Sambuci 50 Q20
Sambucina
(Abbazia della) 76 I30
Sambuco 28 I3
Sambuco (Monte) 54 C27
Sambughé 27 F18
Sambughetti
(Monte) 88 N25
Sammartini 25 H15
Sammichele di Bari .. 63 E32
Sammommè 33 J14
Samo 81 M30
Samoggia 33 J15
Samolaco 4 D10
Samone (Modena) 33 I14
Samone (Trento) 16 D16
Sampeyre 20 I3
Sampierdarena
(Genova) 30 I8
Sampieri 92 Q26
Sampieri (Pozzo) 91 N23
Samugheo 100 H8
San Feliciano 45 M18
San Remo 29 K5
S. Adriano 38 J16
S. Agapito 58 R24
S. Agata (Cosenza) .. 76 I31
S. Agata (Foggia)
di Calabria) 80 M29
S. Agata (Monte) 88 O25
S. Agata (Firenze) 38 J16
S. Agata
alle Terrine 38 L18
S. Agata (Piacenza) .. 24 H12
S. Agata Bolognese .. 25 I15
S. Agata de' Goti 64 D25
S. Agata del Bianco .. 81 M30
S. Agata di Esaro 76 I29
S. Agata di Militello .. 88 M25
S. Agata di Puglia 60 D28
S. Agata Feltria 39 K18
S. Agata Fossili 22 H8
S. Agata li Battiati 89 O27
S. Agata sui
Due Golfi 64 F25
S. Agata sul
Santerno 34 I17
S. Agnello 64 F25
S. Agostino 34 H16
S. Agrippina
(Masseria) 88 N25
S. Albano 23 H9
S. Albano Stura 21 I5
S. Alberto
(Bologna) 34 H16
S. Alberto
(Ravenna) 35 I18
S. Alberto (Treviso) .. 17 F18
S. Alberto di Butrio
(Abbazia) 23 H9
S. Albino 44 M17
S. Alessio (Capo) 89 N28
S. Alessio in
Aspromonte 80 M29
S. Alessio Siculo 89 N28
S. Alfio 89 N27
S. Alfio (Chiesa di) 89 O27
S. Allerona 44 N18
S. Ambrogio
(Modena) 33 I15
S. Ambrogio
(Palermo) 87 M24
S. Ambrogio
di Torino 20 G4
S. Ambrogio
di Valpolicella 15 F14
S. Ambrogio
sul Garigliano 58 R23
S. Ampeglio (Capo) .. 29 K5
S. Anastasia
(Napoli) 64 E25
S. Anatolia
(Perugia) 46 N21
S. Anatolia (Rieti) 51 P21
S. Anatolia di Narco . 46 N20
St. Andrä / S. Andrea
in Monte 6 B17
S. Andrea 103 J9
S. Andrea
(Caserta) 64 D24
S. Andrea (Forlì) 35 J18
S. Andrea (Isernia) ... 59 Q25
S. Andrea (Livorno) . 42 N12
S. Andrea (Lecce) 75 G37
S. Andrea (Potenza) 66 E23
S. Andrea (Siena) 37 L15
S. Andrea (Isola)
(Brindisi) 69 F35
S. Andrea (Isola)
(Lecce) 74 G36
S. Andrea
(Padova) 26 F17
S. Andrea
(Pordenone) 18 E19
S. Andrea Apostolo
dello Ionio 79 L31
S. Andrea Apostolo dello
Ionio Marina 79 L31
S. Andrea (Verona) .. 15 F15
S. Andrea (Isola) 19 E21
S. Andrea Bagni 24 H12
S. Andrea Bonagia ... 84 M19
S. Andrea di Conza ... 66 E28
S. Andrea di Foggia . 31 I9
S. Andrea
di Garigliano 58 R23
S. Andrea
di Sorbello 45 M18
S. Andrea Frius 103 I9
S. Andrea in Monte /
St. Andrä 6 B17
S. Andrea in
Percussina 37 K15
S. Andria Priu
(Necropoli di) 98 F8
S. Angelo (Ancona) .. 41 K21
S. Angelo (Caserta) . 64 E25
S. Angelo (Cosenza) 76 I29
S. Angelo (Napoli) 64 E23
S. Angelo (Potenza) . 66 E29
S. Angelo (Pianella) . 52 O24
S. Angelo (Rieti) 51 O21
S. Angelo (Lago di) .. 52 P24
S. Angelo (Monte) 82 L26
S. Angelo (Pizzo) 87 N24
S. Angelo a
Fasanella 66 F28
S. Angelo a Scala 65 E26
S. Angelo all'Esca 65 D26
S. Angelo (Venezia) . 26 F18
S. Angelo d'Alife 59 R24
S. Angelo dei
Lombardi 65 E27
S. Angelo del Pesco . 52 Q24
S. Angelo di Brolo 88 M26
S. Angelo di
Lomellina 22 G7
S. Angelo di Piove
di Sacco 26 F18
S. Angelo in Colle 44 N16
S. Angelo in Formis . 64 D24
S. Angelo in Lizzola .. 39 K20
S. Angelo in
Pontano 46 M22
S. Angelo in
Theodice 58 R23
S. Angelo in Vado 39 L19
S. Angelo in Villa 57 R22
S. Angelo le Fratte 66 F28
S. Angelo
Limosano 59 Q25
S. Angelo Lodigiano . 23 G10
S. Angelo (Monte)
(Latina) 58 S22
S. Angelo Muxaro 90 O22
S. Angelo Romano ... 50 P20
S. Anna
(Agrigento) 90 O21
S. Anna (Oristano) . 100 H7
S. Anna
(vicino a Bianco) .. 81 M30
S. Anna (vicino
a Seminara) 80 M29
S. Anna (Lucca) 32 K12
S. Anna Arresi 102 J7
S. Anna (Venezia) 27 G18
S. Anna (vicino
a Bellino) 20 I2
S. Anna (vicino
a Cuneo) 28 I4
S. Anna (vicino
a Demonte) 28 J3
S. Anna (Sant. di) 28 J3
S. Anna d'Alfaedo 15 F14
S. Anna di
Boccafossa 18 F20
S. Anna Morosina 26 F17
S. Anna Pelago 32 J13
S. Ansano 37 K14
S. Antimo 64 E24
S. Antimo (Castelnuovo
dell'Abate) 44 M16
Santu Antine 98 F8
Santu Antine
(Santuario) 100 G8
S. Antioco 102 J7
S. Antioco
(Isola di) 102 J7
S. Antioco
di Bisarcio 98 F8
S. Antonino
di Susa 20 G3
S. Antonio
(L'Aquila) 52 Q24
S. Antonio
(Belluno) 17 D18
S. Antonio
(Bologna) 34 I17
S. Antonio
(Frosinone) 57 R22
S. Antonio
(Modena) 33 I14
S. Antonio
(Monte) 100 G8
S. Antonio (Sondrio) .. 5 C13
S. Antonio (Varese) .. 12 E8
S. Antonio
(Vicenza) 16 E15
S. Antonio
(Viterbo) 49 O17
S. Antonio
(Eremo di) 52 Q24
S. Antonio
(Santuario) 69 F35
S. Antonio Abate 65 E25
S. Antonio
di Gallura 97 E9
S. Antonio
di Mavignola 5 D14
S. Antonio
di Ranverso 20 G4
S. Antonio
di Santadi 100 H7
S. Antonio
in Mercadello 25 H14
S. Antonio
(Lago di) 56 R20
S. Antonio Negri 24 G12
S. Antonio Ruinas . 100 H8
S. Antonio (Serra) 51 O22
S. Apollinare 58 F23
S. Apollinare
in Classe 35 I18
S. Arcangelo
(Perugia) 45 M18
S. Arcangelo
(Potenza) 72 G30
S. Arcangelo
(Monte) 72 G31
S. Arcangelo
Trimonte 60 D26
S. Arpino 64 E24
S. Arsenio 66 F28
Sta Barbara
(Nuoro) 97 G8
Sta Barbara
(Salerno) 70 G27
Sta Barbara
(Messina) 89 M27
Sta Barbara
(Ragusa) 92 Q25
S. Barnaba 34 J17
S. Baronto 37 K14
St. Barthelemy 11 E4
S. Bartolo 83 K27
S. Bartolo (Bivio) 90 O21
S. Bartolomeo
(Cuneo) 29 J4
S. Bartolomeo
(Perugia) 39 L19
S. Bartolomeo
(Terni) 50 O19
S. Bartolomeo
(Trieste) 19 F23
S. Bartolomeo
(Colle) 29 J5
S. Bartolomeo
al Mare 29 K6
S. Bartolomeo
de' Fossi 45 M18
S. Bartolomeo
in Bosco 34 H16
S. Bartolomeo
in Galdo 60 C27
S. Bartolomeo
Val Cavargna 3 D9
S. Basile 76 H30
S. Basilio
(Cagliari) 101 I9
S. Basilio
(Messina) 39 M27
S. Basilio (Taranto) .. 63 E32
S. Bassano 24 G11
S. Bellino 26 G16
S. Benedetto
(Cagliari) 102 I7
S. Benedetto
(Subiaco) 51 Q21
S. Benedetto (vicino
a Pietralunga) 39 L19
S. Benedetto (vicino
ad Umbertide) 45 L19
S. Benedetto
(Alpe di) 38 K17
S. Benedetto
dei Marsi 51 P22
S. Benedetto
del Querceto 34 J16
S. Benedetto
del Tronto 47 N23
S. Benedetto
in Alpe 38 K17
S. Benedetto
in Perillis 52 P23
S. Benedetto Po 25 G14
S. Benedetto Ullano . 76 I30
S. Benedetto Val
di Sambro 33 J15
S. Benigno
Canavese 21 G5
S. Bernardino 20 G4
S. Bernardino (Pesaro
e Urbino) 39 K19

Circolazione regolamentata nel centro città

Abate Coforti (Largo) .... AB 2
Alfano 1° (Piazza) .... B 3
Cavaliero (Via L.) .... B 4
Cilento (Via A.) .... B 6
Dogana Vecchia (Via) .... A 7
Duomo (Via) .... B 8
Indipendenza (Via) .... A 9
Lista (Via Stanislas) .... A 10
Luciani (Piazza M.) .... A 12
Mercanti (Via) .... AB
Paglia (Via M.) .... B 13
Plebiscito (Largo) .... B 14
Portacatena (Via) .... A 15
Porta di Mare (Via) .... A 16
Sabatini (Via A.) .... A 19
S. Eremita (Via) .... B 20
S. Tommaso d'Aquino
(Largo) .... B 22
Sedile del Campo (Largo) .... A 23
Sedile di Pta. Nuova (Pza) .... B 24
Sorgente (Via Camillo) .... B 25
Velia (Via) .... B 26
Vittorio Emanuele (Corso) .... B
24 Maggio (Piazza) .... B 27

S. Bernardino (Ravenna) 34 I17
S. Bernardo 4 D11
S. Bernardo (Colla) ...29 J5
S. Bernardo (Colle) ...29 J6
S. Berniero 65 F26
S. Bernolfo 28 J3
S. Biagio 22 G8
S. Biagio (Modena) ..25 H15
S. Biagio (Messina) .83 M27
S. Biagio (Padova) ...26 F17
S. Biagio (Palermo) ..90 O21
S. Biagio (Siena) 44 M17
S. Biagio (vicino ad Argenta) 34 I17
S. Biagio (vicino a Bondeno) 26 H16
S. Biagio (Santuario) 71 H29
S. Biagio della Cima .29 K4
S. Biagio di Callalta ..17 E19
S. Biagio Platani 90 O22
S. Biagio Saracinisco 58 R23
Sta Bianca 34 H16
S. Biase (Campobasso) 59 Q25
S. Biase (Salerno) 70 G27
S. Boldo (Passo di) ...17 D18
S. Bonico 23 G11
S. Bonifacio 15 F15
S. Bortolo delle Montagne 15 F15
Sta Brigida (Bergamo) 13 E10
Sta Brigida (Firenze) 38 K16
S. Brizio 45 N20
S. Bruzio 48 O15
S. Buono 53 Q25
S. Calogero 78 L30
S. Calogero (Monte) 87 N23
S. Candido / Innichen .7 B18
S. Canzian d'Isonzo ..19 E22
S. Carlo (Genova) 30 I8
S. Carlo (Palermo) 90 O21
S. Carlo (Foggia) 61 D29
S. Carlo (Ferrara) 34 H16
S. Carlo (Forlì) 39 J18
S. Carlo (Livorno) 43 M13
S. Carlo (Reggio di Calabria) 80 N29
S. Carlo (Colle) 10 E2
S. Carlo Terme 32 J12
S. Carlo Vanzone 11 E6
S. Casciano (Lago di) 44 N17
S. Casciano dei Bagni 44 N17
S. Casciano in Val di Pesa 37 L15
S. Cassiano (Ravenna) 34 J17
S. Cassiano (Sondrio) 4 D10
S. Cassiano / St. Kassian 7 C17
S. Cassiano (Cima) 6 B16
S. Cassiano in Pennino 38 J17
S. Cataldo (Lecce) ...75 F36
S. Cataldo (Caltanissetta) 91 O23
Sta Caterina (Grosseto) 44 N16
Sta Caterina (Lecce) 75 G35
Sta Caterina (Oristano) 100 G7
Sta Caterina (Stagno di) 102 J7
Sta Caterina (Belluno) 8 C19
Sta Caterina Albanese 76 I30
Sta Caterina (Parma) 24 H12
Sta Caterina / St. Katharina (vicino a Merano) ..6 C15
Sta Caterina (vicino a Rattisio Nuovo) 5 B14
Sta Caterina del Sasso 12 E7
Sta Caterina dello Ionio 79 L31
Sta Caterina dello Ionio Marina 79 L31
Sta Caterina di Pittinuri 100 G7
Sta Caterina (Monte) 84 N18
Sta Caterina Valfurva ..5 C13
Sta Caterina Villarmosa 91 O24
S. Centignano 50 O18
Sta Cesarea Terme ...75 G37
S. Cesareo 57 Q20
S. Cesario di Lecce ...75 G36
S. Cesario sul Panaro 33 I15
S. Chiaffredo 21 I4
Sta Chiara 100 G8
S. Chirico (Masseria) 55 C29
S. Chirico Nuovo 67 E30
S. Chirico Raparo 72 G30
St. Christina i. Gröden / Sta Cristina Valgardena 7 C17
S. Cipirello 85 N21
S. Cipriano d'Aversa 64 D24
S. Cipriano Picentino 65 E26
S. Cipriano Po 23 G9
S. Ciro 85 N20
S. Claudio al Chienti 46 M22
S. Clemente (Bologna) 34 J16
S. Clemente (Caserta) 58 R23
S. Clemente a Casauria (Abbazia) 52 P23
S. Clemente al Vomano 52 O23
S. Colombano (Brescia) 14 E13
S. Colombano al Lambro 23 G10
S. Colombano Certenoli 31 I9
S. Colombano (Forlì) 38 J18
S. Cono (Catania) 92 P25
S. Corrado di Fuori ...93 Q27
S. Cosimo della Macchia 69 F35
Santi Cosma e Damiano 58 S23
S. Cosmo Albanese ...76 I31
S. Costantino 71 G29
S. Costantino Albanese 72 G30
S. Costantino Calabro 78 L30
S. Costanzo 40 K21
S. Cresci 38 K16
S. Crispieri 69 F34
Sta Crista d'Acri 76 I31
Sta Cristina 100 G8
Sta Cristina (Chiesa di) 100 G8
Sta Cristina d'Aspromonte 80 M29
Sta Cristina e Bissone 23 G10
Sta Cristina Gela 85 N21
Sta Cristina Valgardena / St. Christina in Gröden 7 C17
S. Cristoforo (Alessandria) 22 H8
S. Cristoforo (Arezzo) 38 L17
S. Cristoforo (Trento) 16 D15
Sta Croce 4 D10
Sta Croce (Ancona) ..40 L20
Sta Croce (Latina) 58 S23
Sta Croce (Rieti) 51 O21
Sta Croce (Trieste) ...19 E23
Sta Croce (Capo) 93 P27
Sta Croce (Forca di) ..46 N21
Sta Croce (Monte) (Caserta) 58 S23
Sta Croce (Monte) (Potenza) 66 E28
Sta Croce Cameina ...92 Q25
Sta Croce (Capo) 29 J6
Sta Croce del Lago (Belluno) 17 D18
Sta Croce del Sannio 59 R26
Sta Croce di Magliano 54 B26
Sta Croce (Lago di) ...17 D19
Sta Croce sull'Arno ..37 K14
Sta Crocella (Passo) .59 R25
S. Dalmazio (Modena) 33 I14
S. Dalmazio (Pisa) 37 M14
S. Dalmazio (Siena) .37 L15
S. Damaso 33 I14
S. Damiano (Perugia) 45 N19
S. Damiano (Piacenza) 23 H11
S. Damiano (Assisi) .45 M19
S. Damiano al Colle ..23 G10
S. Damiano d'Asti 22 H6
S. Damiano Macra 20 I3
S. Daniele del Friuli ...8 D21
S. Daniele Po 24 G12
S. Demetrio 93 O27
S. Demetrio Corone ..76 I31
S. Demetrio ne' Vestini 51 P22
S. Desiderio 30 I9
Sta Domenica 78 L29
Sta Domenica (Abbazia di) 78 J30
Sta Domenica Talao .71 H29
Sta Domenica Vittoria 88 N26
S. Domenico 2 D6
S. Domenico (Masseria) 68 F32
S. Domino 54 A28
S. Domino (Isola) (I. Tremiti) 54 A28
S. Donà di Piave 18 F19
S. Donaci 69 F35
S. Donato 69 F33
S. Donato (Grosseto) 48 O15
S. Donato (Lucca) 32 K13
S. Donato (Siena) 37 L15
S. Donato di Lecce ...75 G36
S. Donato di Ninea ...76 H30
S. Donato in Collina .38 K16
S. Donato in Poggio .37 L15
S. Donato in Tavignone 39 K19
S. Donato Milanese (Milano) 23 F9
S. Donato Val di Comino 58 Q23
S. Donnino (Firenze) 37 K15
S. Donnino (Modena) 33 I14
S. Dono 26 F18
S. Dorligo della Valle 19 F23
S. Efisio 103 J9
S. Egidio 45 M19
S. Egidio alla Vibrata 47 N23
S. Elena (Macerata) .46 M21
S. Elena (Padova) 26 G17
S. Elena Sannita 59 R25
S. Elia (Cagliari) 103 J9
S. Elia (Messina) 88 N25
S. Elia (Ancona) 40 L21
S. Elia (Catanzaro) ...79 K31
S. Elia (Rieti) 50 O20
S. Elia (Reggio di Calabria) 80 N29
S. Elia (Monte) (Reggio di Calabria) 80 L29
S. Elia (Monte) (Taranto) 68 F33
S. Elia a Pianisi 59 R26
S. Elia (Capo) 103 J9
S. Elia Fiumerapido ..58 R23
S. Elisabetta (Agrigento) 90 O22
S. Elisabetta (Torino) 11 F4
S. Ellero (Firenze) 38 K16
S. Ellero (Forlì) 38 K17
S. Elpidio 51 P21
S. Elpidio a Mare 47 M23
S. Elpidio Morico 47 M22
S. Enea 45 M19
S. Eraclio 45 N20
S. Erasmo (Macerata) 46 M21
S. Erasmo (Terni) 50 O19
S. Eufemia 38 K17
S. Eufemia (Faro di) .55 B30
S. Eufemia (Golfo di) 78 K29
S. Eufemia a Maiella 52 P24
S. Eufemia d'Aspromonte 80 M29
S. Eufemia della Fonte 14 F12
S. Eufemia Lamezia ..78 K30
S. Eufemia Vetere 78 K30
S. Eurosia 11 F6
S. Eusanio del Sangro 52 P24
S. Eusebio (Brescia) .14 F13
S. Eusebio (Modena) 33 I14
S. Eutizio (Abbazia di) 46 N21
S. Faustino 45 L19
S. Fedele Intelvi 3 E9
S. Fele 66 E28
S. Felice 58 S24
S. Felice a Cancello ..64 D25
S. Felice Circeo 57 S21
S. Felice del Benaco .14 F13
S. Felice del Molise ..53 Q26
S. Felice / St. Felix 6 C15
S. Felice sul Panaro ..25 H15
St. Felix / S. Felice 6 C15
S. Ferdinando 80 L29
S. Ferdinando di Puglia 62 D30
S. Fidenzio (Abbazia) 45 N19
S. Fili 76 I30
S. Filippo (Rieti) 50 O20
S. Filippo (Sassari) ...97 E9
S. Filippo del Mela ...83 M27
S. Filippo di Fragala .88 M26
Ss. Filippo e Giacomo 84 N19
S. Fior 18 E19
Sta Fiora 44 N16
S. Fiorano (Pesaro e Urbino) 39 L19
Sta Firmina 38 L17
Sta Flavia 86 M22
S. Floreano 8 D21
S. Floriano / Obereggen 6 C16
S. Floriano del Collio 19 E22
S. Floro 79 K31
S. Foca (Lecce) 75 G37
S. Foca (Pordenone) ..8 D20
S. Fortunato (Montefalco) 45 N19
Sta Francesca 57 Q22
S. Francesco (Rieti) ..50 O20
S. Francesco (Taranto) 68 E32
S. Francesco (Santuario di) (Paola) 76 I30
S. Francesco a Folloni 65 E27
S. Francesco al Campo 21 G4
S. Francesco (Pordenone) 8 D20
S. Francesco (Trento) 16 D16
S. Francesco (Verona) 15 F15
S. Fratello 88 M25
S. Fruttuoso 31 J9
S. Gabriele 34 I16
S. Gaetano 18 F20
S. Galgano (Abbazia di) 43 M15
S. Gavino Monreale 100 I8
S. Gemiliano 103 I9
S. Gemini 50 O19
S. Gemini Fonte 50 O19
S. Genesio Atesino / Jenesien 6 C15
S. Genesio ed Uniti ..23 G9
S. Gennaro 37 K13
S. Gennaro Vesuviano 64 E25
St. Georgen / S. Giorgio 7 B17
S. Germano Chisone 20 H3
S. Germano dei Berici 26 F16
S. Germano Vercellese 22 F6
Sta Gertrude / St. Gertraud 5 C14
S. Gervasio 37 L14
S. Gervasio Bresciano 24 G12
S. Giacomo 92 Q26
S. Giacomo (Chieti) .53 P25
S. Giacomo (Teramo) 47 N22
S. Giacomo (Masseria) 69 F34
S. Giacomo / St. Jakob (vicino a Bolzano) ..6 C15
S. Giacomo (Pavia) ..23 G9
S. Giacomo (Reggio Emilia) 25 H13
S. Giacomo (vicino a Boves) 29 J4
S. Giacomo (vicino a Demonte) 28 I3
S. Giacomo (Passo di) 2 C7
S. Giacomo (Val) 4 C10
S. Giacomo / St. Jakob (vicino a Vipiteno) .6 B16
S. Giacomo (Cima) 6 B16
S. Giacomo (Convento) 50 O20
S. Giacomo d'Acri 76 I31
S. Giacomo degli Schiavoni 53 Q26
S. Giacomo delle Segnate 25 H15
S. Giacomo di Fraele (Lago di) ..5 C12
S. Giacomo di Martignone 33 I15
S. Giacomo di Veglia 17 E18
S. Giacomo Filippo 4 C10
S. Giacomo Maggiore 33 J14
S. Giacomo Roncole 25 H15
S. Giacomo Vercellese 12 F6
S. Gillio 21 G4
S. Gimignanello 44 M16
S. Gimignano 37 L15
S. Ginesio 46 M21
S. Giorgio (Cagliari) 103 J8
S. Giorgio (Savona) .30 J7
S. Giorgio (Agrigento) 90 O21
S. Giorgio (Bari) 63 D32
S. Giorgio (Catania) .89 O27
S. Giorgio (Enna) 88 O25
S. Giorgio (Ferrara) ..34 I17
S. Giorgio (Forlì) 34 J18
S. Giorgio (Messina) 82 M26
S. Giorgio (Pesaro e Urbino) 39 K20
S. Giorgio (Potenza) 66 E29
S. Giorgio (Rieti) 51 O21
S. Giorgio (Teramo) .51 O22
S. Giorgio (Chiesa) ...76 I31
S. Giorgio (Udine) 9 C21
S. Giorgio (Verona) ..16 E15
S. Giorgio / St. Georgen 7 B17
S. Giorgio a Colonica 37 K15
S. Giorgio a Cremano (Napoli) 64 E25
S. Giorgio a Liri 58 R23
S. Giorgio Albanese .76 I31
S. Giorgio Canavese .11 F5
S. Giorgio del Sannio 65 D26
S. Giorgio della Richinvelda 8 D20
S. Giorgio delle Pertiche 26 F17
S. Giorgio di Cesena 35 J18
S. Giorgio di Livenza 18 F20
S. Giorgio di Lomellina 22 G8
S. Giorgio di Nogaro 19 E21
S. Giorgio di Pesaro 40 K20
S. Giorgio di Piano ...34 I16
S. Giorgio in Bosco ..26 F17
S. Giorgio in Salici ...15 F14
S. Giorgio Ionico 69 F34
S. Giorgio la Molara 59 S26
S. Giorgio Lucano 72 G31
S. Giorgio Monferrato 22 G7
S. Giorgio Morgeto ..81 L30
S. Giorgio Piacentino 23 H11
S. Giorgio (Rio di) ..103 I10
S. Giorio di Susa 20 G3
S. Giovanni (L'Aquila) 51 P21

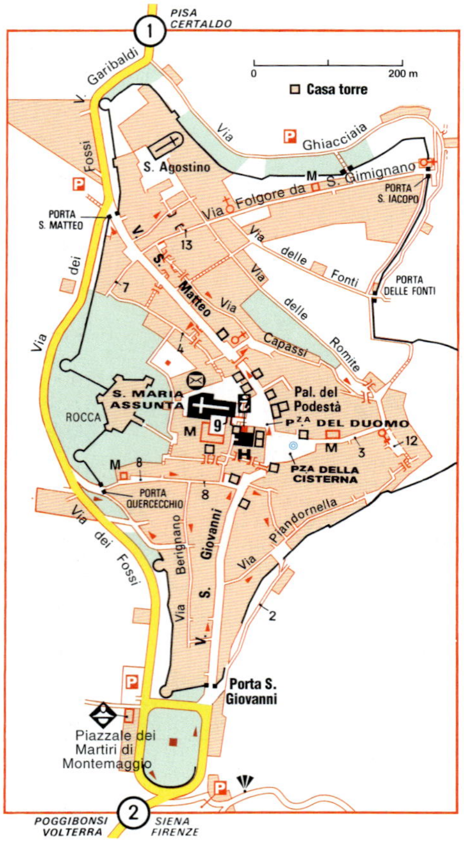

SAN GIMIGNANO

Circolazione stradale regolamentata nel centro città

Bonda (Via di) 2
Castello (Via del) 3
Diacceto (Via) 4
Mainardi 7
Quercecchio (Via di) 8
Pecori (Piazza Luigi) 9
Santo Stefano (Via) 12
20 Settembre (Via) 13

S. Giovanni (Ascoli Piceno) 46 N22
S. Giovanni (Catanzaro) 79 J31
S. Giovanni (Cagliari) 102 I7
S. Giovanni (vicino a Castelsardo) 98 E8
S. Giovanni (vicino a Sassari) 96 E7
S. Giovanni (Lago)....91 P23
S. Giovanni a Piro 71 G28
S. Giovanni a Teduccio (Napoli) 64 E24
S. Giovanni (Cuneo) 21 I5
S. Giovanni (Ferrara)...............34 H18
S. Giovanni (Trento).15 E14
S. Giovanni (vicino a Polcenigo) 18 D19
S. Giovanni (vicino a S. Vito al T.)......18 E20
S. Giovanni / St. Johann 7 B17
S. Giovanni al Mavone 51 O23
S. Giovanni al Natisone...........19 E22
S. Giovanni al Timavo............. 19 E22
S. Giovanni Bianco.. 13 E10
S. Giovanni d'Asso...44 M16
S. Giovanni del Dosso 25 H15
S. Giovanni del Pantano .... .45 M18
S. Giovanni delle Contee 44 N17
S. Giovanni di Baiano 45 N20
S. Giovanni di Gerace........... .81 L30
S. Giovanni di Sinis 100 H7
S. Giovanni Galermo.............. ..89 O27
S. Giovanni Gemini ..91 O22
S. Giovanni Ilarione..15 F15
S. Giovanni in Argentella 50 P20
S. Giovanni in Croce 24 G13
S. Giovanni in Fiore .77 J32
S. Giovanni in Fonte 61 D29
S. Giovanni in Galdo..................59 R26
S. Giovanni in Galilea 39 K19
S. Giovanni in Ghiaiolo...............39 K19
S. Giovanni in Marignano 39 K20
S. Giovanni in Persiceto 33 I15
S. Giovanni in Venere 53 P25
S. Giovanni Incarico.58 R22
S. Giovanni Incarico (Lago di) 58 R22
S. Giovanni la Punta 89 O27
S. Giovanni Lipioni...59 Q25
S. Giovanni Lupatoto 15 F15
S. Giovanni Maggiore.................38 K16
S. Giovanni Reatino .50 O20
S. Giovanni Rotondo...... ....55 B29
S. Giovanni Suergiu........ ....102 J7
S. Giovanni Teatino ..52 O24
S. Giovanni Valdarno 38 L16
S. Giovenale... ....51 O21
S. Girolamo.... ....101 H10
Sta Giulia 29 I6
S. Giuliano (Piacenza)............24 G11
S. Giuliano (Viterbo) 49 O17
S. Giuliano (Lago di) 72 F31
S. Giuliano del Sannio 59 R25
S. Giuliano di Puglia 59 Q26
S. Giuliano Milanese 23 F9
S. Giuliano Nuovo 22 H8
S. Giuliano Terme.....36 K13
S. Giuliano Vecchio ..22 H8
S. Giulio (Isola) 12 E7
S. Giuseppe (Ferrara)...............35 H18
S. Giuseppe (Macerata)...........46 M21
S. Giuseppe (Siena) .44 M17
S. Giuseppe Iato 85 N21
S. Giuseppe / Moos 7 B19
S. Giuseppe Vesuviano.............64 E25
Sta Giusta.................100 H7
Sta Giusta (Monte) ...94 E6
Sta Giusta (Ponte) 54 C28
Sta Giusta (Stagno di) 100 H7
Sta Giustina...............31 I10
Sta Giustina (Rimini) 39 J19
Sta Giustina (Belluno)..............17 D18
Sta Giustina (Lago di) 6 C15
Sta Giustina in Colle 26 F17
S. Giustino.................39 L18
S. Giustino Valdarno 38 L17
S. Giusto....................46 M21
S. Giusto Canavese ..11 G5
S. Godenzo................38 K16
S. Grato (Aosta).......11 E5
S. Gregorio (Cagliari) 103 J10
S. Gregorio (Perugia).............45 M19
S. Gregorio (Verona)..............15 F15
S. Gregorio (Lecce) .75 H36
S. Gregorio (Reggio di Calabria) 80 M28
S. Gregorio da Sassola.............50 Q20
S. Gregorio di Catania 89 O27
S. Gregorio d'Ippona 78 L30
S. Gregorio Magno...66 F28
S. Gregorio Matese ..59 R25
S. Gregorio nelle Alpi 17 D18
S. Guglielmo al Goleto (Abbazia) 65 E27
S. Guido......................37 M13
S. Gusme...................44 L16
Sto Ianni 64 D24
S. Ignazio.................100 G8
S. Ilario 66 E28
S. Ilario dello Ionio ...81 M30
S. Ilario d'Enza 24 H13
S. Ilario di Baganza ..24 I12
S. Ilario Trebbio 46 M21
S. Imento 23 G10
Sto Iona 51 P22
Sto Iorio.......................64 D24
S. Ippolito (Pesaro e Urbino)..............40 K20
S. Ippolito (Pisa) 37 M14
S. Isidoro 74 G35
S. Isidoro (vicino a Quartu S. Elena)............103 J9
S. Isidoro (vicino a Teulada)..........102 K8
St. Jacques................11 E5
St. Johann / S. Giovanni..............7 B17
S. Jorio (Passo di) 3 D9
St. Kassian / S. Cassiano.............7 C17
S. Latino 23 G11
S. Lazzaro (Napoli)....65 F25
S. Lazzaro (Pesaro e Urbino) 39 K20
S. Lazzaro di Savena (Bologna)..............34 I16
S. Leo...........................80 M28
S. Leo (Arezzo).........38 L17
S. Leo (Pesaro e Urbino) 39 K19
S. Leonardo (Foggia) 61 D29
S. Leonardo (Oristano) 100 G8
S. Leonardo (Palermo)...............86 N22
S. Leonardo (Udine)...9 D22
S. Leonardo (Passo) .52 P24
S. Leonardo / St. Leonhard............6 B17
S. Leonardo de Siete Fuentes................100 G7
S. Leonardo di Cutro.................79 K32
S. Leonardo di Siponto.............55 C29
S. Leonardo in Passiria / St. Leonhard in Passeier 6 B15
S. Leonardo Valcellina..................8 D20
S. Leone.......................90 P22
St. Leonhard in Passeier / S. Leonardo in Passiria 6 B15
St. Leonhard / S. Leonardo............7 B17
S. Leucio del Sannio 65 D26
S. Liberale 27 F19
Sta Liberata................48 O15
S. Liberato 50 O19
S. Liberato (Lago di) 50 O19
S. Liberatore (Cappella) 60 D27
S. Loe..........................85 N21
S. Lorenzello 59 S25
St. Lorenzen / S. Lorenzo di Sebato 7 B17
S. Lorenzo 80 M29
S. Lorenzo (Latina)...58 S23
S. Lorenzo (Macerata)...........46 M21
S. Lorenzo (Nuoro)....99 E11
S. Lorenzo (Sassari) .96 E7
S. Lorenzo (Certosa di) (Padula) 71 F28
S. Lorenzo a Merse ..43 M15
S. Lorenzo (vicino a Camagnola) 21 H5
S. Lorenzo (vicino a Cuneo) 29 I4
S. Lorenzo (vicino a Savigliano) 21 I5
S. Lorenzo al Lago....46 M21
S. Lorenzo al Mare ...29 K5
S. Lorenzo (Pordenone) 18 E20
S. Lorenzo (Udine) ...19 E22
S. Lorenzo Bellizzi.....76 H30
S. Lorenzo (Capo)....103 I10
S. Lorenzo de' Picenardi 24 G12
S. Lorenzo del Vallo .76 H30
S. Lorenzo di Rabatta 45 M19
S. Lorenzo di Sebato / St. Lorenzen 6 B17
S. Lorenzo e Flaviano..............46 O21
S. Lorenzo (Fattoria)..................93 Q27
S. Lorenzo in Banale ..5 D14
S. Lorenzo in Campo..............40 L20
S. Lorenzo in Correggiano......39 J19
S. Lorenzo in Noceto..............34 J18
S. Lorenzo Isontino ..19 E22
S. Lorenzo Maggiore..............59 S25
S. Lorenzo Nuovo.....44 N17
S. Lorenzo Vecchio ..93 Q27
S. Luca (Perugia) .... .45 N20
S. Luca (Reggio di Calabria) 81 M30
Sta Luce.....................37 L13
Sta Luce (Lago di) ...36 L13
Sta Lucia (Cagliari) .103 I9
Sta Lucia (Bari) 68 E33
Sta Lucia (Benevento) 59 R25
Sta Lucia (Firenze)...33 J15
Sta Lucia (Nuoro) 99 F11
Sta Lucia (Perugia) ..39 L18
Sta Lucia (Rieti) 51 P21
Sta Lucia (Siena) 37 L15
Sta Lucia (vicino a Battipaglia) 65 F26
Sta Lucia (vicino a Cagliari) 102 J8
Sta Lucia (vicino a Nocera) 65 E26
Sta Lucia (Chiesa di) 65 E27
Sta Lucia (Cuneo) 28 I3
Sta Lucia (Mantova)...........25 G15
Sta Lucia (Sondrio) 5 C13
Sta Lucia (Terme di) .32 I12
Sta Lucia del Mela 83 M27
Sta Lucia delle Spianate 34 J17
Sta Lucia di Piave.....17 E18
Sta Lucia di Serino ...65 E26
Sta Lucia (Rio) 102 J8
S. Lucido........... ....76 J30
S. Lugano 16 D16
S. Lugano (Pale di) ...17 D17
S. Lugano (Val di) 17 D17
S. Lupo 59 S25
Santu Lussurgiu 100 H8
Santu Lussurgiu (Local tà)....... ......100 G7
S. Macario in Piano ..36 K13
S. Macario (Isola) ...103 J9
Sta Maddalena in Casies / St. Magdalena.........7 B18
Sta Maddalena Vallalda / St. Magdalena.........7 C17
S. Magno 62 D31
S. Mamete 3 D9
S. Mango....... ....70 G27
S. Mango d'Aquino ..78 J30
S. Mango Piemonte ..65 E26
S. Mango sul Calore.65 E26
St. Marcel 11 E4
S. Marcello 41 L21
S. Marcello Pistoiese 33 J14
S. Marco (Messina) .89 M27
S. Marco (L'Aquila) ..51 O21
S. Marco (Bari) 68 E33
S. Marco (Catania)...89 N27
S. Marco (Perugia)...45 M19
S. Marco (Ravenna) .35 I18
S. Marco (vicino a Caserta) 64 D25
S. Marco (vicino a Castellabate) 70 G26
S. Marco (vicino a Teano) 64 D24
S. Marco (vicino a Teggiano) 71 F28
S. Marco (Padova) ...26 G16
S. Marco Argentano .76 I30
S. Marco (Udine) 8 D21
S. Marco (Capo) (Agrigento) 90 O21
S. Marco (Capo) (Oristano) 100 H7
S. Marco d'Alunzio ...88 M26
S. Marco dei Cavoti ..59 S26
S. Marco Evangelista 64 D25
S. Marco in Lamis 54 B28
S. Marco in Lamis (Stazione di) 54 B28
S. Marco la Catola 54 C27
S. Marco (Passo).........4 D10
S. Marco (Rifugio).......7 C18
Sta Margherita........103 K8
Sta Margherita (Ascoli Piceno) 46 M22
Sta Margherita (Firenze) 33 J15
Sta Margherita (Parma) 24 H12
Sta Margherita d'Adige 26 G16
Sta Margherita di Belice.................85 N21
Sta Margherita di Staffora 23 H9
Sta Margherita Ligure.....................31 J9
Sta Maria (Cagliari) 102 J7
Sta Maria (Catanzaro) 79 K31
Sta Maria (Messina) 88 M26
Sta Maria (Isola) 95 D10
Sta Maria de Siones (Modena)...........33 I14
Sta Maria (Terni) 50 O19
Sta Maria (Canale).....54 C27
Sta Maria (Monte) 89 N26
Sta Maria (Piacenza)...........23 H10
Sta Maria (Verona) 25 F15
Sta Maria (Vercelli) ..11 E6
Sta Maria a Belverde 44 N17
Sta Maria (Giogo di) / Umbrail (Pass) 5 C13
Sta Maria a Mare (Ascoli Piceno) 47 M23
Sta Maria a Mare (Foggia) 54 A23
Sta Maria a Monte....37 K14
Sta Maria a Pantano.64 E24
Sta Maria a Pié di Chienti 47 M22
Sta Maria a Vezzano .38 K16
Sta Maria a Vico 64 D25
Sta Maria al Bagno...75 G35
Sta Maria alla Fonderia 5 C14
Sta Maria Amaseno..57 Q22
Sta Maria Arabona ...52 P24
Sta Maria Capua Vetere.........64 D24
Sta Maria Codifiume.............34 I16
Sta Maria Coghinas ..98 E8
Sta Maria d'Anglona.............72 G31
Sta Maria d'Armi (Santuario) 76 H31
Sta Maria d'Attoli 68 F32
Sta Maria degli Angeli 45 N19
Sta Maria dei Bisognosi 51 P21
Sta Maria dei Lattani 58 S23
Sta Maria dei Martiri..............71 E28
Sta Maria dei Sabbioni..........24 E11
Sta Maria del Bosco (Palermo).............85 N21
Sta Maria del Bosco (Vibo Valentia) 78 L30
Sta Maria del Calcinaio 44 M17
Sta Maria del Casale (Brindisi) 69 F35
Sta Maria del Cedro .76 H29
Sta Maria del Lago (Moscufo)............52 O24
Sta Maria del Monte 12 E8
Sta Maria del Monte (Cosenza) 76 H31
Sta Maria del Monte (Rimini).................39 K21
Sta Maria del Patire (Santuario) 77 I31
Sta Maria del Plano ..58 R23
Sta Maria del Rivo....23 H11
Sta Maria del Taro 31 I10
Sta Maria della Colonna (Convento).............62 D31
Sta Maria della Consolazione (Perugia)..............45 N19
Sta Maria della Matina...................76 I30
Sta Maria della Strada 59 R26
Sta Maria della Versa 23 H9
Sta Maria delle Grazie di Forno (Forlì) 35 J18
Sta Maria delle Grazie (Messina) 83 M27
Sta Maria delle Grotte.....................51 P22
Sta Maria delle Vertighe 44 M17
Sta Maria di Antico ..39 K18
Sta Maria di Arzilla ...40 K20
Sta Maria di Barbana.............19 E22
Sta Maria di Bressanoro........23 G11
Sta Maria di Castellabate 70 G26
Sta Maria di Cerrate (Abbazia) 75 F36
Sta Maria di Corte (Abbazia di)...........96 G8
Sta Maria di Flumentepido .102 J7
Sta Maria di Galeria .50 P18
Sta Maria di Gesù (Palermo).............86 M22
Sta Maria di Giano ...62 D31
Sta Maria di Legarano 50 O20
Sta Maria di Leuca (Capo) 75 H37
Sta Maria di Leuca (Santuario di)........75 H37
Sta Maria di Licodia .88 O26
Sta Maria di Loreto ..65 E27
Sta Maria di Merino .55 B30
Sta Maria di Pieca 46 M21
Sta Maria di Portonovo 41 L22
Sta Maria di Propezzano 47 O23
Sta Maria di Pugliano 57 Q21
Sta Maria di Rambona...........46 M21
Sta Maria di Ronzano 52 O23
Sta Maria di Sala (Venezia).............26 F18
Sta Maria di Sala (Viterbo) 49 O17
Sta Maria di Sette.....45 L18
Sta Maria di Siponto..............55 C29
Sta Maria d'Irsi 67 E31
Sta Maria in Castello 38 J17
Sta Maria in Selva (Abbazia di)...........46 M22
Sta Maria in Stelle....15 F15
Sta Maria in Valle Porclaneta 51 P22
Sta Maria in Vescovio............50 P19
Sta Maria Infante 58 S23
Sta Maria la Fossa....64 D24
Sta Maria la Longa ...19 E21
Sta Maria la Palma ...96 F6
Sta Maria Lignano 45 M20
Sta Maria Maddalena 98 E8
Sta Maria Maddalena 26 H16
Sta Maria Maggiore....2 D7
Sta Maria Navarrese............101 H11
Sta Maria Nuova (Ancona)..............41 L21
Sta Maria Nuova (Forlì) 35 J18
Sta Maria Occorrevole...........59 R25
Sta Maria Orsoleo 72 G30
Sta Maria Pietrarossa 45 N20
Sta Maria Rassinata .45 L18
Sta Maria Rezzonico ...3 D9
S. Mariano.... ....45 M18
Ste Marie 51 P21
Sta Marina (Forlì) 38 J17
Sta Marina (Salerno).. ....71 G28
Sta Marina Salina 82 L26
Sta Marinella.............49 P17
Sto Marino (Modena) 25 H14
S. Marino (Terni)......45 N18
S. Marino (Repubblica di) 42 K19
S. Marzocco.... ....46 M21
St. Martin / S. Martino................7 B18
St. Martin in Passeier / S. Martino in Passiria 6 B15
St. Martin in Thurn / S. Martino in Badia. 7 B17
S. Martino (Bologna) 34 I17
S. Martino (Livorno) 42 N12
S. Martino (Perugia) 39 L19
S. Martino (Rieti) 51 O22
S. Martino / Reinswald (Bolzano) 6 B16
S. Martino (Brescia).14 E13
S. Martino (Cuneo)..20 H4
S. Martino (Novara) .12 F8
S. Martino (Parma) ..24 H13
S. Martino (Savona).30 I7
S. Martino (Sondrio) ..4 D10
S. Martino / St. Martin.................7 B18
S. Martino (Pal di) 17 D17
S. Martino a Maiano 37 L15
S. Martino a Scopeto 38 K16
S. Martino al Cimino..............49 O18
S. Martino al Monte . .5 C14
S. Martino al Tagliamento 18 D20
S. Martino Alfieri 21 H6
S. Martino alla Palma.............37 K15
S. Martino Buon Albergo....... 15 F15
S. Martino Canavese 11 F5
S. Martino d'Agri 72 G30
S. Martino dall'Argine........... .24 G13
S. Martino d'Alpago ...8 D19
S. Martino dei Muri .39 L20
S. Martino del Piano 39 L19
S. Martino della Battaglia..... ..15 F13
S. Martino delle Scale..............86 M21
S. Martino di Campagna..... .....8 D19
S. Martino di Castrozza....... ...17 D17
S. Martino di Finita ...76 I30
S. Martino di Lupari .17 F17
S. Martino di Venezze 26 G17
S. Martino in Argine.34 I16
S. Martino in Badia / St. Martin in Thurn.7 B17
S. Martino in Beliseto 24 G11
S. Martino in Campo......... .....45 M19

S. Martino in Colle (vicino a Gubbio) 45 L19
S. Martino in Colle (vicino a Perugia) 45 M19
S. Martino in Freddana 32 K13
S. Martino in Gattara 38 J17
S. Martino in Passiria / St. Martin in Passeier 6 B15
S. Martino in Pensilis 54 B27
S. Martino in Rio 25 H14
S. Martino in Soverzano 34 I16
S. Martino in Strada (Forlì) 34 J18
S. Martino Monteneve 6 B15
S. Martino Pizzo 2 D6
S. Martino Siccomario 23 G9
S. Martino Spino 25 H15
S. Martino sul Fiora .. 44 N16
S. Martino Valle Caudina 65 D25
S. Marzano di S. Giuseppe 69 F34
S. Marzano Oliveto ... 22 H6
S. Marzano sul Sarno 65 E25
S. Massimo 59 R25
S. Matteo (Cuneo) ... 28 I4
S. Matteo (Foggia) ... 54 B28
S. Matteo (Punta) 5 C13
S. Matteo delle Chiaviche 25 G13
S. Matteo in Lamis (S. Marco) 54 B28
S. Maurizio Canavese 21 G4
S. Maurizio d'Opaglio 12 E7
S. Mauro 100 G9
S. Mauro (Varco) 76 I31
S. Mauro a Mare 39 J19
S. Mauro Castelverde 87 N24
S. Mauro Cilento 70 G27
S. Mauro di Saline 15 F15
S. Mauro Forte 72 F30
S. Mauro la Bruca 70 G27
S. Mauro Marchesato 79 J32
S. Mauro (Monte) ... 101 I9
S. Mauro Pascoli 39 J19
S. Mauro Torinese (Torino) 21 G5
S. Mazzeo 78 J30
S. Menaio 55 B29
S. Miai Terraseo (Monte) 102 J7
S. Miali (Punta di) ... 102 I8
S. Michele 102 I8
S. Michele (Brescia) . 15 E14
S. Michele (Imperia) 28 K4
S. Michele (Latina) ... 57 R20
S. Michele (Napoli) .. 64 F25
S. Michele (Pesaro e Urbino) 40 L20
S. Michele (Piacenza) 23 H11
S. Michele (Punta) .. 102 I7
S. Michele (Ravenna) 35 I18
S. Michele (Reggio Emilia) 25 H14
S. Michele (Salerno) 71 F28
S. Michele (Abbazia) 66 E28
S. Michele (Monte) ... 38 L16
S. Michele all'Adige . 16 D15
S. Michele al Tagliamento 18 E20
S. Michele Arenas (Monte) 102 J7
S. Michele dei Mucchietti 33 I14
S. Michele di Ganzaria 92 P25
S. Michele di Piave ... 18 E19
S. Michele di Plaianu 96 E7
S. Michele di Salvenero 98 F8
S. Michele di Serino . 65 E26
S. Michele Gatti 24 H12
S. Michele in Bosco . 25 G13
S. Michele in Teverina 49 O18
S. Michele Mondovì . 29 I5
S. Michele (Monte) (Gorizia) 19 E22
S. Michele Salentino 69 F34
S. Miniato 37 K14
Sta Monica 39 K20
S. Morello 77 I32
S. Nazario (Santuario) 54 B28
S. Nazzaro (Parma) .. 24 H12
S. Nazzaro Piacenza) 24 G11
S. Nazzaro Sesia 12 F7
S. Nicola (L'Aquila) .. 51 P21
S. Nicola (Messina) . 88 M26
S. Nicola (Potenza) .. 66 E29
S. Nicola (Salerno) ... 70 G27
S. Nicola (vicino ad Ardore) 81 M30
S. Nicola (vicino a Caulonia) 81 L31
S. Nicola (Isola) (I. Tremiti) 54 A28
S. Nicola Arcella 71 H29
S. Nicola Baronia 65 D27
S. Nicola da Crissa ... 78 L30
S. Nicola dell'Alto 77 J32
S. Nicola la Strada 64 D25
S. Nicola l'Arena 86 M22
S. Nicola Manfredi 65 D26
S. Nicola (Monte) (Bari) 68 E33
S. Nicola (Monte) (Palermo) 90 O22
S. Nicola Varano 54 B29
St. Nicolas 10 E3
S. Nicolò (Piacenza) . 23 G10
S. Nicolò (Ferrara) .. 34 H17
S. Nicolò (Perugia) .. 45 N20
S. Nicolò a Tordino ... 47 N23
S. Nicolò / St. Nikolaus 5 C14
S. Nicolò d'Arcidano 100 H7
S. Nicolò di Comelico 8 C19
S. Nicolò di Trullas ... 98 F8
S. Nicolò Gerrei 103 I9
S. Nicolò Po 25 G14
St. Nikolaus / S. Nicolò 5 C14
Sta Ninfa 85 N20
S. Odorico 8 D20
S. Olcese 30 I8
Sta Oliva 58 R22
S. Omero 47 N23
S. Omobono Imagna 13 E10
S. Onofrio (Cosenza) 76 H30
S. Onofrio (Latina) ... 58 R22
S. Onofrio (Teramo) . 47 N23
S. Oreste 50 P19
S. Orsola 16 D15
S. Osvaldo (Passo di) 8 D19
St. Oyen 10 E3
Sto Padre delle Perriere 84 N19
Sta Panagia 93 P27
Sta Panagia (Capo) ... 93 P27
S. Pancrazio 95 D9
S. Pancrazio (Arezzo) 38 L16
S. Pancrazio (Firenze) 37 L15
S. Pancrazio (Parma) 24 H12
S. Pancrazio (Ravenna) 35 I18
S. Pancrazio Salentino 69 F35
S. Pancrazio / St. Pankraz 6 C15
S. Panfilo d'Ocre 51 P22
St. Pankraz / S. Pancrazio 6 C15
S. Pantaleo 95 D10
S. Pantaleo (Isola) 84 N19
S. Pantaleone 80 N29
Sta Paolina 65 D26
S. Paolino (Monte) 91 O23
S. Paolo (Siracusa) .. 93 Q27
S. Paolo (Sassari) 99 E10
S. Paolo (Taranto) 69 F33
S. Paolo (Isola) 68 F33
S. Paolo (Masseria) .. 69 F33
S. Paolo Albanese 72 G31
S. Paolo (Brescia) 24 F12
S. Paolo Bel Sito 65 E25
S. Paolo Cervo 11 F6
S. Paolo di Civitate ... 54 B27
S. Paolo di Jesi 41 L21
S. Paolo (Pordenone) 18 E20
S. Paolo Solbrito 21 H5
S. Pasquale 95 D9
S. Paterniano 41 L22
S. Patrizio 34 I17
Santu Pedru (Tomba) 96 F7
S. Pelino (Corfinio) ... 52 P23
S. Pelino (vicino ad Avezzano) 51 P22
S. Pelino (vicino a Montereale) 51 O21
S. Pellegrinetto 33 I14
S. Pellegrino (Firenze) 38 J16
S. Pellegrino (Pistoia) 33 J14
S. Pellegrino (vicino a Fossato di Vico) .. 45 M20
S. Pellegrino (vicino a Norcia) 46 N21
S. Pellegrino (Passo) .. 7 C17
S. Pellegrino (Val di) .. 7 C17
S. Pellegrino in Alpe 32 J13
S. Pellegrino Terme .. 13 E10
St. Peter / S. Pietro 7 A18
S. Pier d'Isonzo 19 E22
S. Pier Niceto 80 M28
S. Piero a Grado 36 K13
S. Piero a Ponti 37 K15
S. Piero a Sieve 38 K15
S. Piero in Bagno 38 K17
S. Piero in Campo (Livorno) 42 N12
S. Piero in Campo (Siena) 44 N17
S. Piero Patti 88 M26
St. Pierre 10 E3
S. Pietro (L'Aquila) ... 51 O22
S. Pietro (Cagliari) .. 102 I8
Sto Pietro (Catania) .. 92 P25
S. Pietro (Messina) .. 83 L27
S. Pietro (Napoli) 64 F25
S. Pietro (Nuoro) 96 G7
S. Pietro (Perugia) 45 N20
S. Pietro (Rieti) 50 O20
S. Pietro (Viterbo) 49 O17
S. Pietro (Badia di) ... 41 L22
S. Pietro (Lago di) 66 D28
S. Pietro (Monte) Cagliari) 102 J7
S. Pietro (Monte) (Sassari) 97 E9
S. Pietro (Chiesa) 13 E9
S. Pietro a Maida 78 K31
S. Pietro a Maida Scalo 78 K30
S. Pietro a Monte 45 L18
S. Pietro (Venezia) ... 27 G18
S. Pietro (Verona) 25 G15
S. Pietro / St. Peter 7 A18
S. Pietro (Canale di) 8 C21
S. Pietro Acquaeortus 44 N17
S. Pietro al Natisone ... 9 D22
S. Pietro al Tanagro .. 66 F28
S. Pietro all'Olmo 13 F9
S. Pietro Apostolo 78 K31
S. Pietro Avellana 58 Q24
S. Pietro Belvedere ... 36 L13
S. Pietro Casasco 23 H9
S. Pietro Clarenza 89 O27
S. Pietro di Carida 78 L30
S. Pietro di Carnia 8 C21
S. Pietro di Feletto 17 E18
S. Pietro di Morubio . 25 G15
S. Pietro di Ruda 97 E9
S. Pietro di Simbranos 98 E8
S. Pietro di Sorres 98 F8
Ss. Pietro e Paolo 89 N27
S. Pietro in Amantea 78 J30
S. Pietro in Bevagna . 74 G35
S. Pietro in Campiano 35 J18
S. Pietro in Cariano .. 15 F14
S. Pietro in Casale 34 H16
S. Pietro in Cerro 24 G11
S. Pietro in Curolis ... 58 R23
S. Pietro in Gu 16 F16
S. Pietro in Guarano 76 I30
S. Pietro in Lama 75 G36
S. Pietro in Palazzi ... 36 M13
S. Pietro in Silvis 34 I17
S. Pietro in Valle (Isernia) 59 R25
S. Pietro in Valle (Terni) 50 O20
S. Pietro in Vincoli 35 J18
S. Pietro in Volta 27 G18
S. Pietro Infine 58 R23
S. Pietro (Isola) (Taranto) 68 F33
S. Pietro (Isola di) (Cagliari) 102 J6
S. Pietro Mosezzo 12 F7
S. Pietro Mussolino .. 15 F15
S. Pietro Polesine 26 G15
S. Pietro Valdastico .. 16 E16
S. Pietro Vara 31 I10
S. Pietro Vernotico 69 F35
S. Pietro Viminario ... 26 G17
S. Pio delle Camere .. 51 P22
S. Polo 38 L17
S. Polo dei Cavalieri . 50 P20
S. Polo d'Enza 32 I13
S. Polo di Piave 17 E19
S. Polo in Chianti 38 K16
S. Polo Matese 59 R25
S. Possidonio 25 H14
S. Potito 51 P22
S. Potito Sannitico 59 R25
S. Presto 45 M20
S. Priamo 103 I10
S. Primo (Monte) 13 E9
S. Prisco 64 D24
S. Procopio 80 M29
Sta Procula Maggiore 56 R19
S. Prospero (Bologna) 33 I15
S. Prospero (Parma) 24 H13
S. Protaso 24 H11
S. Puoto (Lago) 57 S22
S. Quirico (Grosseto) 44 N17
S. Quirico (Lucca) 36 K13
S. Quirico (Perugia) . 45 M19
S. Quirico d'Orcia 44 M16
S. Quirino 8 D20
Sta Rania 79 J32
S. Regolo 38 L16
Sta Reparata (Forlì) .. 38 J17
Sta Reparata (Sassari) 95 D9
Sta Reparata (Chiesa) 97 F9
Sta Restituta (Sassari) 97 F9
Sta Restituta (Terni) . 50 O19
Sta Rita 91 O24
S. Roberto 80 M29
S. Rocco (Cuneo) 21 I6
S. Rocco (Genova) ... 31 I9
S. Rocco (Lucca) 32 K13
S. Rocco (Reggio Emilia) 25 H13
S. Rocco (Sondrio) 5 C12
S. Rocco (Galleria) 51 P21
S. Rocco a Pilli 37 M15
S. Rocco al Porto 23 G11
S. Romano (Pisa) 37 K14
S. Romano (Reggio Emilia) 33 I13
S. Romano in Garfagnana 32 J13
S. Romedio 6 C15
S. Romolo 29 K5
Sta Rosalia 90 O22
S. Rossore (Tenuta di) 36 K12
Sta Rufina 50 O20
S. Rufino (Abbazia di) 46 M22
S. Rufo 71 F28
S. Saba 80 M28
Sta Sabina (Brindisi) 69 E35
Sta Sabina (Nuoro) 100 G8
S. Salvatore (Brescia) 5 D13
S. Salvatore (Oristano) 100 H7
S. Salvatore (Avellino) 65 E26
S. Salvatore (Bari) 62 D30
S. Salvatore (Foggia) 55 B29
S. Salvatore (Monte) 87 N24
S. Salvatore (Badia) .. 45 M19
S. Salvatore di Fitalia 88 M26
S. Salvatore Monferrato 22 G7
S. Salvatore Telesino 59 S25
S. Salvo 53 P26
S. Salvo Marina 53 P26
S. Saturnino (Terme di) 97 F9
S. Savino (Forlì) 34 J17
S. Savino (Perugia) .. 45 M18
S. Savino (Pesaro e Urbino) 39 L20
S. Savino (Ravenna) 34 I17
S. Savino (Siena) 44 M17
Sta Scolastica (Subiaco) 51 Q21
S. Sebastiano al Vesuvio (Napoli) 64 E25
S. Sebastiano Curone 23 H9
S. Sebastiano da Po . 21 G5
S. Secondo 39 L18
S. Secondo di Pinerolo 20 H3
S. Secondo Parmense 24 H12
Sta Severa 49 P17
Sta Severina 79 J32
S. Severino Lucano .. 72 G30
S. Severino Marche .. 46 M21
S. Severo (Foggia) 54 B28
S. Severo (Terni) 45 N18
S. Silvestro (Pescara) 52 O24
S. Silvestro (vicino a Fabriano) 46 M20
S. Silvestro (vicino a Senigallia) 41 L21
S. Silvestro (Mantova) 25 G14
S. Silvestro (Rocca di) 43 M13
S. Simone (Bergamo) 4 D11
S.Simone (Cagliari) 101 I9
S. Simone (Taranto) . 68 F33
S. Simone (Rio) 99 E10
S. Siro 26 G17
S. Siro Foce 31 I10
S. Sisto (Pesaro e Urbino) 39 K19
S. Sisto (Reggio Emilia) 24 H13
Sta Sofia 38 K17
Sta Sofia d'Epiro 76 I30
S. Sosio 57 R22
S. Sossio Baronia 65 D27
S. Sostene 78 L31
S. Sosti 76 I30
S. Sperate 103 I9
Sto Spirito (Bari) 63 D32
Sto Spirito (Caltanissetta) 91 O24
Sto Spirito (Pescara) 52 P24
Sto Stefano (Isola) 95 D10
Sto Stefano (Ancona) 40 L20
Sto Stefano (L'Aquila) 51 P21
Sto Stefano (Campobasso) 59 R25
Sto Stefano (Firenze) 37 L14

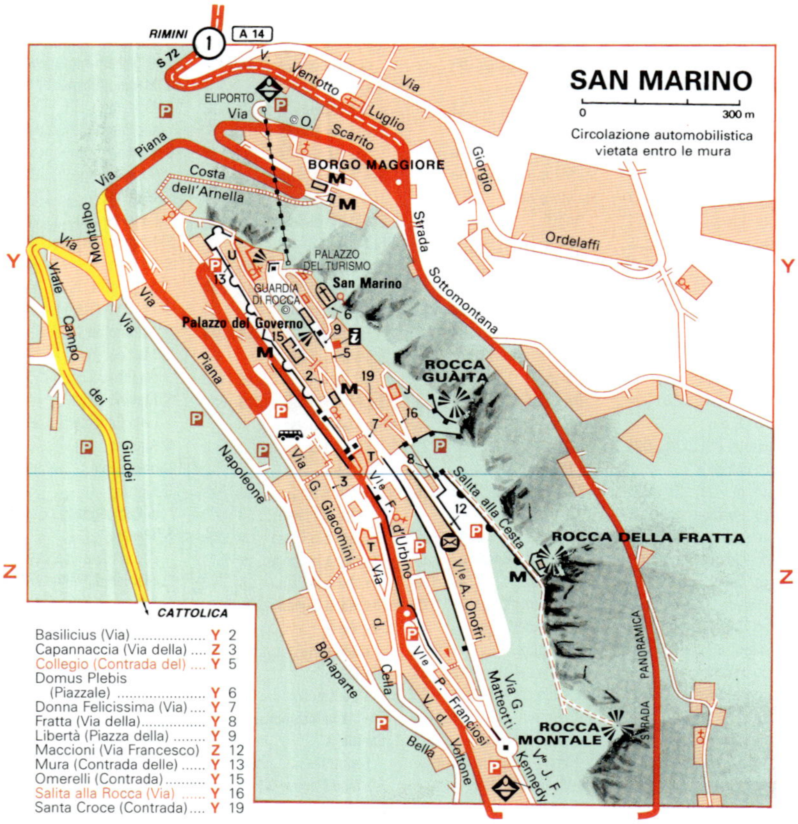
SAN MARINO
0
300 m
Circolazione automobilistica vietata entro le mura
RIMINI
A 14
S 72
CATTOLICA
ELIPORTO
BORGO MAGGIORE
PALAZZO DEL TURISMO
San Marino
GUARDIA DI ROCCA
Palazzo del Governo
ROCCA GUAITA
ROCCA DELLA FRATTA
ROCCA MONTALE
STRADA PANORAMICA
Strada Sottomontana
Ordelaffi
Giangi
Costa dell'Arnella
Via Piana
Viale Campo dei Giudei
Via Napoleone
Via G. Giacomini
Via Bonaparte
Via della Cella
Via J. F. Kennedy
Via Voltone
Via A. Onofri
Via G. Matteotti
Salita alla Cesta
Basilicius (Via) .... Y 2
Capannaccia (Via della) .... Z 3
Collegio (Contrada del) .... Y 5
Domus Plebis (Piazzale) .... Y 6
Donna Felicissima (Via) ..... Y 7
Fratta (Via della) .... Y 8
Libertà (Piazza della) .... Y 9
Maccioni (Via Francesco) ... Z 12
Mura (Contrada delle) ...... Y 13
Omerelli (Contrada) .... Y 15
Salita alla Rocca (Via) ...... Y 16
Santa Croce (Contrada) .... Y 19

SAN REMO

Cassini (Piazza) ... B 2
Cavallotti (Corso) ... B 3
Colombo (Piazza) ... B 4
Dante Alighieri (Via) ... B 5
Feraldi (Via) ... B 6
Gioberti (Via) ... B 7
Manzoni (Via) ... B 8
Matteotti (Via) ... B 9
Matuzia (Corso) ... A 10
Mombello (Corso) ... B 13
Palazzo (Via) ... B 14
Roccasterone (Via) ... A 15
Roma (Via) ... B
San Francesco (Via) ... B 17
San Siro (Piazza) ... B 19
20 Settembre (Via) ... B 18

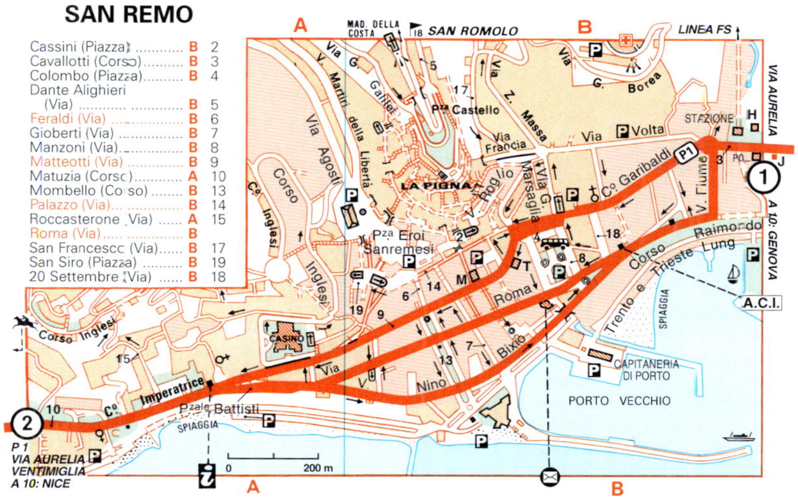

Sto Stefano (Livorno) ... 42 M11
Sto Stefano (Ravenna) ... 35 J18
Sto Stefano (Teramo) ... 47 O22
Sto Stefano (Monte) ... 57 R21
Sto Stefano al Mare ... 29 K5
Sto Stefano (Rovigo) ... 25 G15
Sto Stefano (Verona) ... 26 F16
Sto Stefano Belbo ... 21 H6
Sto Stefano d'Aveto ... 31 I10
Sto Stefano del Sole ... 65 E26
Sto Stefano di Briga ... 80 M28
Sto Stefano di Cadore ... 8 C19
Sto Stefano di Camastra ... 88 M25
Sto Stefano di Magra ... 32 J11
Sto Stefano di Sessanio ... 51 O22
Sto Stefano in Aspromonte ... 80 M29
Sto Stefano Lodigiano ... 23 G11
Sto Stefano Quisquina ... 90 O22
Sto Stino di Livenza ... 18 E20
S. Tammaro ... 64 D24
Sta Tecla ... 89 O27
S. Teodoro (Messina) ... 88 N26
S. Teodoro (Nuoro) ... 99 E11
S. Teodoro (Grotta di) ... 88 M25
S. Teodoro (Stagno di) ... 99 E11
S. Teodoro (Terme di) ... 65 E27
S. Terenziano ... 45 N19
S. Terenzo ... 32 J11
Sta Teresa di Riva ... 89 N28
Sta Teresa Gallura ... 95 D9
Sto Todaro ... 81 L31
S. Tomaso Agordino ... 7 C17
S. Tommaso (Chieti) ... 52 P25
S. Tommaso (Pescara) ... 52 P23
SS. Trinità di Delia ... 85 N20
SS. Trinità di Saccargia ... 98 E8
S. Trovaso ... 17 F18
S. Ubaldo (Gubbio) ... 45 L19
St. Ulrich / Ortisei ... 6 C17
S. Urbano ... 26 G16
S. Urbano (Macerata) ... 40 L21
S. Urbano (Terni) ... 50 O19
Sta Valburga / St. Walburg ... 6 C15
St. Valentin a. d. Haide / S. Valentino alla Muta ... 5 B13
S. Valentino ... 15 E14
S. Valentino (Grosseto) ... 44 N17
S. Valentino (Perugia) ... 45 N19
S. Valentino (Terni) ... 50 O19
S. Valentino alla Muta / St. Valentin a. d. Haide ... 5 B13
S. Valentino in Abruzzo ... 52 P24
S. Valentino Torio ... 65 E25
St. Veit / S. Vito ... 7 B18
S. Venanzio ... 33 I14
S. Venanzo ... 45 N18
S. Vendemiano ... 18 E19
Sta Venera ... 89 N27
Sta Venere (Monte) ... 92 P26
S. Venere (Ponte) ... 66 D28
Sta Venerina ... 89 N27
S. Vero Milis ... 100 G7
S. Vicino (Monte) ... 46 M21
St. Vigil / S. Vigilio ... 6 C15
St. Vigil / S. Vigilio di Marebbe ... 7 B17
S. Vigilio / St Vigil ... 6 C15
S. Vigilio di Marebbe / St. Vigil ... 7 B17
St. Vincent ... 11 E4
S. Vincenzo (Bologna) ... 34 H16
S. Vincenzo (Messina) ... 83 K27
S. Vincenzo (Frosinone) ... 58 Q22
S. Vincenzo (Livorno) ... 42 M13
S. Vincenzo (Masseria) ... 62 D30
S. Vincenzo a Torri ... 37 K15
S. Vincenzo al Volturno ... 58 R24
S. Vincenzo la Costa ... 76 I30
S. Vincenzo Valle Roveto ... 58 Q22
S. Vincenzo Valle Roveto Superiore ... 58 Q22
S. Vitale (Pineta) ... 35 I18
S. Vitale di Baganza ... 32 I12
S. Vito (Cagliari) ... 103 I10
S. Vito (Trapani) ... 84 Q17
S. Vito (Avellino) ... 60 D27
S. Vito (Bari) ... 63 D33
S. Vito (Benevento) ... 65 D26
S. Vito (Latina) ... 57 S21
S. Vito (Modena) ... 33 I14
S. Vito (Teramo) ... 47 N22
S. Vito (Terni) ... 50 O19
S. Vito (vicino a Bassano del G.) ... 17 E17
S. Vito (vicino a Valdobbiadene) ... 17 E17
S. Vito / St. Veit ... 7 B18
S. Vito al Tagliamento ... 18 E20
S. Vito al Torre ... 19 E22
S. Vito (Capo) (Taranto) ... 68 F33
S. Vito (Capo) (Trapani) ... 85 M20
S. Vito Chietino ... 52 P25
S. Vito dei Normanni ... 69 F35
S. Vito di Cadore ... 7 C18
S. Vito di Fagagna ... 8 D21
S. Vito di Leguzzano ... 16 E16
S. Vito in Monte ... 45 N18
S. Vito lo Capo ... 85 M20
S. Vito (Monte) (Caltanissetta) ... 91 O23
S. Vito (Monte) (Foggia) ... 60 D27
S. Vito Romano ... 57 Q20
S. Vito sullo Ionio ... 78 K31
S. Vittore (Forlì) ... 39 J18
S. Vittore (Macerata) ... 41 L21
S. Vittore del Lazio ... 58 R23
S. Vittore di Chiuse ... 40 L20
S. Vittore Olona ... 12 F8
S. Vittore (Verona) ... 15 F15
Sta Vittoria (L'Aquila) ... 51 O21
Sta Vittoria (Reggio Emilia) ... 25 H13
Sta Vittoria (Sassari) ... 98 E8
Sta Vittoria (Monteleone Sabino) ... 50 P20
Sta Vittoria d'Alba ... 21 H5
Sta Vittoria in Matenano ... 46 M22
Sta Vittoria (Monte) ... 101 H9
Sta Vittoria (Nuraghe) ... 101 H9
S. Vittorino (L'Aquila) ... 51 O21
S. Vittorino (Pescara) ... 52 P23
S. Vivaldo ... 37 L14
St. Walburg / Sta Valburga ... 6 C15
S. Zaccaria ... 66 E29
S. Zeno di Montagna ... 15 F14
S. Zeno Naviglio ... 14 F12
S. Zenone al Lambro ... 23 G10
S. Zenone al Po ... 23 G10
S. Zenone degli Ezzelini ... 17 E17
Sanarica ... 75 G37
Sand in Taufers / Campo Tures ... 7 B17
Sandalo (Capo) ... 102 J6
Sandjöchl / Santicolo (Passo di) ... 6 B16
Sandrà ... 15 F14
Sandrigo ... 16 F16
Sanfatucchio ... 44 M18
Sanfrè ... 21 H5
Sanfront ... 20 I3
Sangiano ... 12 E7
Sangineto ... 76 I29
Sangineto Lido ... 76 I29
Sangone ... 21 G4
Sangro ... 58 Q23
Sangro (Lago di) ... 52 Q25
Sanguigna ... 24 H13
Sanguignano ... 23 H9
Sanguinaro ... 24 H12
Sanguinetto ... 25 G15
Sanluri ... 100 I8
Sannace (Monte) ... 63 E32
Sannazzaro de' Burgondi ... 22 G8
Sannicandro di Bari ... 63 D32
Sannicandro Garganico ... 54 B28
Sannicola ... 75 G36
Sannio (Monti del) ... 59 R26
Sannoro ... 60 D27
Sansepolcro ... 39 L18
Santadi ... 102 J8
Santadi Basso ... 102 J8
Santandra ... 17 E18
Santarcangelo di Romagna ... 39 J19
Santena ... 21 H5
Santeramo in Colle ... 63 E32
Santerno ... 34 J16
Santhià ... 11 F6
Santicolo (Passo di) / Sandjöchl ... 6 B16
Santo ... 96 E6
Santo (Col) ... 16 E15
Santo (Lago) (Modena) ... 33 J13
Santo (Lago) (Trento) ... 16 D15
Santo (Monte) (Cagliari) ... 102 J8
Santo (Monte) (Sassari) ... 98 F8
Santomenna ... 66 E27
Santopadre ... 57 R22
Santorso ... 16 E16
Santoru (Porto) ... 103 I10
Santuario ... 30 I7
Sanza ... 71 G28
Sanzeno ... 6 C15
Saonara ... 26 F17
Saonda ... 45 M19
Saoseo (Cima) ... 5 C12
Sapienza (Rifugio) ... 89 N26
Saponara ... 80 M28
Sappada ... 8 C20
Sapri ... 71 G28
Sara (Monte) ... 90 O22
Saracco Volante ... 29 J5
Saracena ... 76 H30
Saraceni (Monte dei) ... 88 M25
Saraceno ... 76 H31
Saraceno (Monte) ... 91 P23
Saraceno (Punta del) ... 85 M20
Saracinesco ... 50 P20
Saragiolo ... 44 N16
Saraloi (Monte) ... 99 F10
Sarbene (Genna) ... 101 G10
Sarcedo ... 16 E16
Sarche ... 5 D14
Sarcidano ... 101 H9
Sarconi ... 71 G29
Sardagna ... 16 D15
Sardara ... 100 I8
Sardigliano ... 22 H8
Sarego ... 26 F16
Sarentina (Valle) ... 6 C16
Sarentino / Sarnthein ... 6 C16
Sarezzano ... 22 H8
Sarezzo ... 14 F12
Sarginesco ... 25 G13
Sariano ... 26 G16
Sarmato ... 23 G10
Sarmede ... 17 E19
Sarmego ... 26 F17
Sarmento ... 72 G31
Sarnano ... 46 M21
Sarnico ... 14 E11
Sarno ... 65 E25
Sarno (Fiume) ... 65 E25
Sarnonico ... 6 C15
Sarone ... 17 E19
Saronno ... 13 F9
Sarrabus ... 103 I9
Sarraina (Cala) ... 95 D8
Sarre ... 10 E3
Sarro ... 89 N27
Sarroch ... 103 J9
Sarsina ... 39 K18
Sartano ... 76 I30
Sarteano ... 44 N17
Sartirana Lomellina ... 22 G7
Sarturano ... 23 H10
Sarule ... 101 G9
Sarzana ... 32 J11
Sarzano ... 26 G17
Sassa ... 37 M14
Sassalbo ... 32 J12
Sassano ... 71 F28
Sassari ... 96 E7
Sassello ... 30 I7
Sassetta ... 43 M13
Sassi (Museo dei) ... 17 F17
Sassinoro ... 59 F25
Sasso (Parma) ... 32 I12
Sasso (Roma) ... 49 P18
Sasso (Vicenza) ... 16 E16
Sasso di Castalda ... 66 F29
Sasso d'Ombrone ... 44 N15
Sasso Marconi ... 33 I15
Sasso Morelli ... 34 I17
Sassocorvaro ... 39 K19
Sassofeltrio ... 39 K19
Sassoferrato ... 40 L20
Sassofortino ... 43 M15
Sassoleone ... 34 J16
Sassonero ... 34 J16
Sassovivo (Abbazia di) ... 46 N20
Sassu (Monte) ... 98 E8
Sassuolo ... 33 I14
Satariano ... 84 Q17
Satriano ... 78 L31
Satriano di Lucania ... 66 F28
Saturnia ... 48 O16
Sauris ... 8 C20
Sauris (Lago di) ... 8 C20
Sauro ... 72 F30
Sauze di Cesana ... 20 H2
Sauze d'Oulx ... 20 G2
Sava ... 69 F34
Sava (Masseria) ... 63 E32
Savara ... 10 F3
Savarenche (Val) ... 10 F3
Savarna ... 35 I18
Savelletri ... 68 E34
Savelli (Crotone) ... 77 J32
Savelli (Perugia) ... 46 N21
Savena ... 33 J15
Savi ... 21 H5
Saviano ... 64 E25
Savigliano ... 21 I4

SASSARI

Alberto (Via C.) ... Z 2
Azuni (Piazza) ... Y 6
Cavallotti (Largo) ... Y 8
Duomo (Piazza) ... Y 9
Fiume (Piazza) ... Z 12
Gazometro (Vicolo) ... Y 14
Nuova (Porta) ... Z 15
Rosello (Via) ... Y 18
Saffi (Via A.) ... Y 20
S. Antonio (Piazza) ... Y 21
S. Caterina (Via) ... Y 22
S. Donato (Via) ... Y 23
S. Elisabetta (Via) ... Y 24
Sicilia (Viale) ... Y 26
Turritana (Via) ... Z 28
Vitt. Emanuele II (Cso) ... Y

M MUSEO NAZIONALE SANNA

Savignano di Rigo 39 K18
Savignano Irpino 60 D27
Savignano sul Panaro 33 I15
Savignano sul Rubicone 39 J19
Savigno 33 I15
Savignone 30 I8
Savio 35 J18
Savio (Fiume) 39 J18
Savio (Foce del) 35 J18
Saviore (Val di) 5 D13
Saviore dell'Adamello 5 D13
Savoca 89 N28
Savogna 9 D22
Savogna d'Isonzo 19 E22
Savognatica 32 I13
Savoia di Lucania 66 F28
Savona 30 J7
Savoniero 33 I13
Savorgnano 38 L17
Savorgnano (Pordenone) 18 E20
Savorgnano (Udine) 9 D21
Savoulx 20 G2
Savuto 78 J30
Savuto (Fiume) 78 J31
Scacciano 39 K19
Scafa 52 P24
Scafati 65 E25
Scaglieri 42 N12
Scagnello 29 J5
Scai 51 O21
Scala (Messina) 80 M28
Scala (Salerno) 65 F25
Scala Coeli 77 I32
Scala (Monte della) 92 P25
Scala Ruia 98 E8
Scalambri (Capo) 92 Q25
Scaldasole 22 G8
Scale (Corno alle) 33 J14
Scalea 71 H29
Scalea (Capo) 71 H29
Scalenghe 21 H4
Scalera 66 E29
Scaleres / Schalders 6 B16
Scaletta Uzzone 29 I6
Scaletta Zanclea 80 M28
Scalino (Pizzo) 4 D11
Scalo dei Saraceni 55 C29
Scalone (Passo dello) 76 I29
Scaltenigo 27 F18
Scalvaia 43 M15
Scalve (Val di) 14 E12
Scampitella 66 D27
Scanaiol (Cima) 17 D17
Scanarello 27 G19
Scandale 79 J32
Scandarello (Lago di) 51 O21
Scandiano 33 I14
Scandicci (Firenze) 37 K15
Scandolara Ravara 24 G12
Scandolara Ripa d'Oglio 24 G12
Scandolaro 45 N20
Scandriglia 50 P20
Scannata (Portella) 91 N22
Scanno (L'Aquila) 52 Q23
Scanno (Salerno) 65 F27
Scanno (Lago di) 52 Q23
Scano di Montiferro 100 G7
Scansano 44 N16
Scanzano 51 P21
Scanzano Ionico 73 G32
Scanzano (Lago dello) 86 N22
Scanzorosciate 13 E11
Scapezzano 41 K21
Scapoli 58 R24
Scaramia (Capo) 92 Q25
Scarcelli 76 I30
Scardovari 27 H19
Scardovari (Sacca degli) 27 H19
Scario 71 G28
Scarlino 43 N14
Scarlino Scalo 43 N14
Scarmagno 11 F5
Scarnafigi 21 H4
Scarperia 38 K16
Scarperia (Giogo di) 38 J16
Scarzana 38 J17
Scattas (Is) 102 J8
Scauri (Latina) 58 S23
Scauri (Trapani) 84 Q17
Scavignano 34 J17
Scavo (Portella dello) 91 N23
Scena / Schenna 6 B15
Scerne 47 O24
Scerni 53 P25
Scesta 33 J13
Schabs / Sciaves 6 B16
Schalders / Scaleres 6 B16
Scheggia 39 L20
Scheggia (Valico di) 38 L17
Scheggino 46 N20
Schenna / Scena 6 B15
Schia 32 I12
Schiara (Monte) 17 D18
Schiava 65 E25
Schiavi di Abruzzo 59 Q25
Schiavon 16 E16
Schievenin 17 E17
Schignano 33 K15
Schilpario 5 D12
Schino della Croce (Monte) 88 N25
Schio 16 E16
Schisò (Capo) 89 N27
Schivenoglia 25 H15
Schlanders / Silandro 5 C14
Schlaneid / Salonetto 6 C15
Schluderbach / Carbonin 7 C18
Schluderns / Sluderno 5 C13
Schnals / Senales 5 B14
Schönau / Belprato 6 B15
Schwarzenstein / Nero (Sasso) 7 A17
Sciacca 90 O21
Scianne (Masseria) 75 G35
Sciara 87 N23
Sciarborasca 30 I7
Sciaves / Schabs 6 B16
Scicli 92 Q26
Scido 80 M29
Scifelli 57 Q22
Scigliano 78 J30
Sciliar (Monte) 6 C16
Scilla 80 M29
Scillato 87 N23
Sciolze 21 G5
Sciorino (Monte) 91 O24
Sclafani Bagni 87 N23
Scoffera (Passo di) 31 I9
Scoglietti (Punta) 96 E6
Scoglitti 92 Q25
Scoltenna 33 J14
Scomunica (Punta della) 94 D6
Scontrone 58 Q24
Scopello (Trapani) 85 M20
Scopello (Vercelli) 11 E6
Scopetone (Foce di) 38 L17
Scoppio 45 N19
Scoppito 51 O21
Scorace (Monte) 85 N20
Scorciavacche (Portella) 85 N21
Scorda (Monte) 81 M29
Scordia 92 P26
Scorgiano 37 L15
Scorno (Punta dello) 94 D6
Scorrano 75 G36
Scortichino 26 H15
Scorzè 27 F18
Scorzo 66 F27
Scova (Monte sa) 101 H9
Scravaion (Colle) 29 J6
Scrisà 81 M30
Scritto 45 M19
Scrivia 31 I9
Scudo (Porto) 102 K8
Scurcola Marsicana 51 P22
Scurtabò 31 I10
Scurzolengo 22 H6
Sdobba (Punta) 19 E22
Sdruzzina 15 E14
Sebera (Punta) 102 J8
Seborga 29 K5
Seccagrande 90 O21
Secchia 25 I14
Secchia (Fiume) 32 I13
Secchiano (vicino a Cagli) 39 L19
Secchiano (vicino a S. Leo) 39 K18
Secchiello 32 J13
Secchieta (Monte) 38 K16
Secinaro 51 P23
Secine (Monte) 52 Q24
Secondigliano (Napoli) 64 E24
Secugnago 23 G10
Seddanus 102 I8
Sedegliano 18 D20
Sedico 17 D18
Sedilis 9 D21
Sedilo 100 G8
Sedini 98 E8
Sedita (Monte) 90 O22
Sedrano 8 D20
Sedriano 12 F8
Sedrina 13 E10
Seduto (Monte) 81 L30
Seekofel / Becco (Croda di) 7 B18
Sefro 46 M20
Sega 15 F14
Segalare 27 H18
Segariu 100 I8
Segesta 85 N20
Seggiano 44 N16
Seghe 16 E16
Segni 57 Q21
Segno 30 J7
Segonzano 16 D15
Segrate 13 F9
Segromigno in Monte 37 K13
Segusino 17 E17
Seigne (Col de la) 10 E2
Seis / Siusi 6 C16
Seiser Alm / Siusi (Alpe di) 6 C16
Selargius 103 J9
Selbagnone 35 J18
Selci (Perugia) 39 L18
Selci (Rieti) 50 P19
Sele 65 E27
Sele (Foce del) 65 F26
Sele (Piana del) 65 F26
Selegas 101 I9
Selinunte 85 O20
Sella 16 D16
Sella di Corno 51 O21
Sella (Gruppo di) 7 C17
Sella (Passo di) 7 C17
Sella (Lago della) 28 J3
Sella Nevea 9 C22
Sellano 46 N20
Sellate 37 M14
Sellia 79 K31
Sellia Marina 79 K32
Selva 68 E33
Selva (Grosseto) 44 N16
Selva (Piacenza) 31 I10
Selva (Trento) 16 D16
Selva (Bocca della) 59 R25
Selva dei Molini / Mühlwald 7 B17
Selva dei Molini (Val) 7 B17
Selva del Montello 17 E18
Selva di Cadore 7 C18
Selva di Progno 15 F15
Selva di Trissino 15 F15
Selva di Val Gardena / Wölkenstein in Gröden 7 C17
Selva Grossa 32 I12
Selva Malvezzi 34 I16
Selvacava 58 R23
Selvanizza 32 I12
Selvapiana (Cona di) 57 R21
Selvazzano Dentro 26 F17
Selvena 44 N16
Selvino 13 E11
Semestene 98 F8
Semiana 22 G8
Seminara 80 L29
Semonte 45 L19
Sempio (Monte) 99 E10
Sempione (Galleria del) 2 D6
Semprevisa (Monte) 57 R21
Semproniano 44 N16
Senago 13 F9
Senáiga 17 D17
Senáiga (Lago di) 17 D17
Senale / Unsere liebe Frau im Walde 6 C15
Senales / Schnals 5 B14
Senales (Val di) 5 B14
Senalonga (Punta di) 97 E9
Seneghe 100 G7
Senerchia 65 E27
Senes (Monte) 99 F10
Seniga 24 G12
Senigallia 41 K21
Senio 34 J16
Senis 100 H8
Senise 72 G30
Senna Lodigiana 23 G10
Sennariolo 100 G7
Sennori 96 E7
Senora di Boccadirio 33 J15
Senorbì 103 I9
Sentino 39 L20
Sepino 59 R25
Seppio 46 M21
Sequals 8 D20
Serano (Monte) 46 N20
Serapo 58 S22
Seravezza 32 K12
Serchio 32 J12
Serdiana 103 I9
Seregno 13 F9
Seren del Grappa 17 E17
Sergnano 23 F11
Seriana (Valle) 14 E11
Seriate 13 E11
Serina 13 E11
Serino 65 E26
Serino (Monte) 77 I32
Serio 4 D11
Serio (Monte) 68 E33
Serle 14 F13
Sermenza 11 E6
Sermide 25 G15
Sermoneta 57 R20
Sermugnano 49 O18
Sernaglia della Battaglia 17 E18
Sernio (Monte) 8 C21
Serole 21 I6
Serottini (Monte) 5 D13
Serpeddi (Punta) 103 I9
Serpentara (Isola) 103 J10
Serra 96 F7
Serra (Alpe di) 38 K17
Serra d'Aiello 78 J30
Serra de' Conti 40 L21
Serra del Corvo (Lago di) 67 E30
Serra della Stella 67 E31
Serra di Croce 72 F31
Serra di Sotto 39 K19
Serra Ficaia (Murgia di) 67 E31
Serra Marina (Masseria) 68 F32

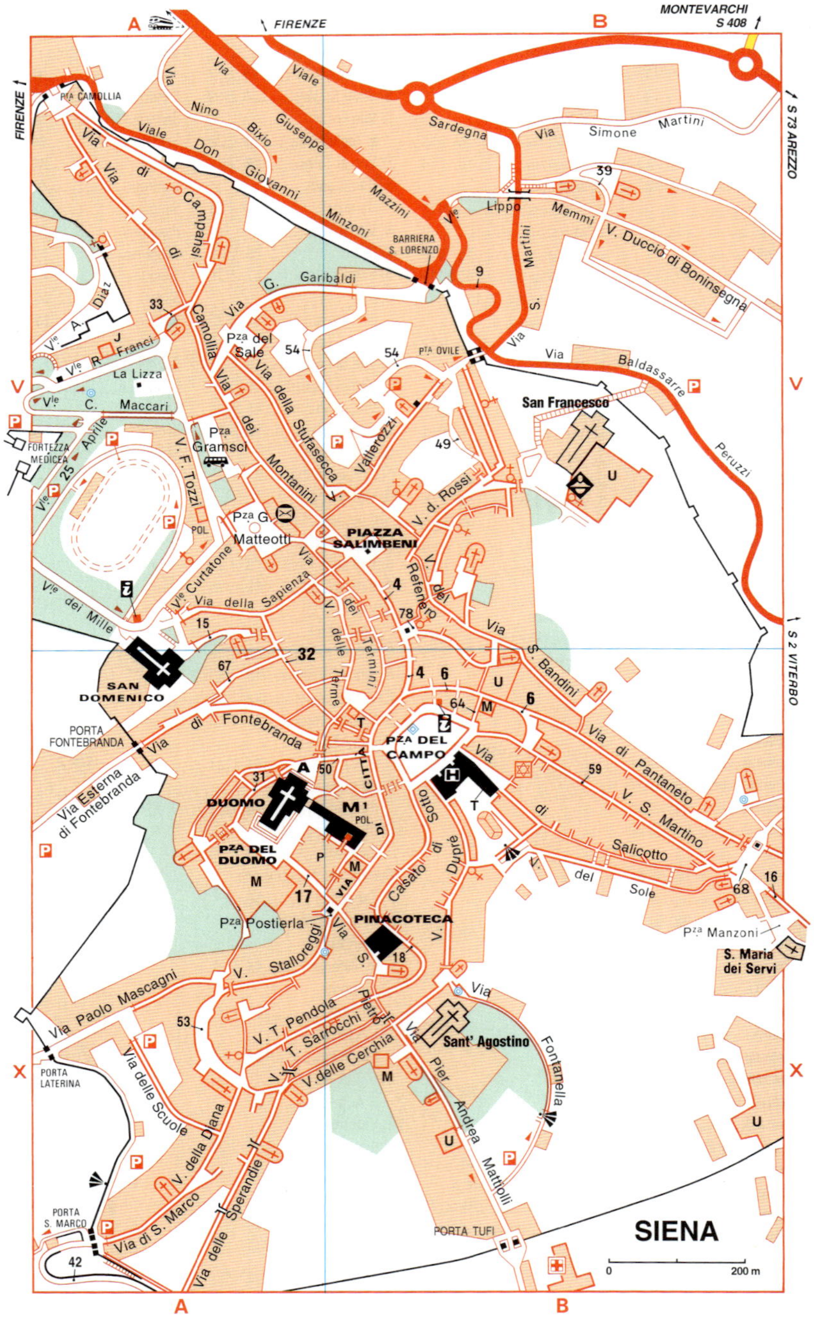

Banchi di Sopra (Via) BVX 4
Banchi di Sotto (Via) BX 6
Beccafumi (Via D.) BV 9
Camporegio (Via) AV 15
Cantine (Via delle) BX 16
Capitano (Via del) AX 17
Casato di Sopra BX 18
Città (Via di) BX
Fusari (Via dei) AX 31
Galluzza (Via della) AX 32
Gazzani (Via) AV 33
Maitani (Via Lorenzo) BV 39
Montanini (Via dei) AV 45
Orti (Via degli) BV 49
Pellegrini (Via dei) BX 50
Pian dei Mantellini AX 53
Pian d'Ovile ABV 54
Porrione (Via del) BX 59
Rinaldini (Via) BX 64
San Girolamo (Via) BX 68
S. Caterina (Via di) AX 67
Tolomei (Piazza) BV 78
Vittorio Emanuele II (Vle) AV 85

A BATTISTERO DI SAN GIOVANNI
H PALAZZO PUBBLICO
M¹ MUSEO DELL'OPERA METROPOLITANA

Circolazione regolamentata nel centro città

Serra (Monte)
(I. d'Elba)............42 N13
Serra (Monte)
(Perugia)............45 M19
Serra Orrios
(Nuraghe)............99 F10
Serra Ricco............30 I8
Serra S. Abbondio....39 L20
Serra S. Bruno..........81 L30
Serra S. Quirico........40 L21
Serracapriola............54 B27
Serrada..........................13 E15
Serrada (Monte)........13 E10
Serradarce..................65 F27
Serradica....................46 M20
Serradifalco................91 O23
Serradipiro..................78 J31
Serraglio......................25 G14
Serraia (Lago di)........16 D15
Serralta di S. Vito......78 K31
Serralunga..................71 G29
Serralunga d'Alba.....21 I6
Serralunga di Crea....22 G6
Serramale (Monte)....71 H29
Serramanna..............102 I8
Serramazzoni............33 I14
Serramezzana...........70 G27
Serramonacesca.......52 P24
Serrano.......................75 G37
Serranova..................69 E35
Serrapetrona..............46 M21
Serrastretta...............78 J31
Serratore (Monte).......78 J30
Serravalle....................21 H6
Serravalle (Arezzo)...38 K17
Serravalle (Ferrara)..26 H18
Serravalle (Perugia).46 N21
Serravalle
(San Marino)........42 K19
Serravalle a Po..........25 G15
Serravalle all'Adige..16 E15
Serravalle di Carda...39 L19
Serravalle di Chienti.46 M20
Serravalle Langhe.....21 I6
Serravalle Pistoiese..37 K14
Serravalle Scrivia......22 H8
Serravalle Sesia........12 E6
Serrazzano.................37 M14
Serre (Cuneo).............20 H3
Serre (Palermo)..........86 N22
Serre (Salerno)...........65 F27
Serre (Passo di)..........58 R23
Serre di Rapolano.....44 M16
Serrenti.......................103 I8
Serri............................101 H9
Serriola (Bocca)..........39 L19
Serristori (Rifugio).......5 C13
Serrone........................57 Q21
Serrungarina...............40 K20
Sersale.........................79 J32
Seruci (Nuraghe).......102 J7
Serva (Monte).............17 D18
Servedio (Masseria)..63 E32
Servigliano..................46 M22
Servo............................17 D17
Sesi...............................84 Q17
Sesia..............................11 E6
Sesia (Cascata di)......11 E5
Sesia (Val)....................11 E6
Sessa Aurunca............58 S23
Sessa Cilento..............70 G27
Sessame.......................30 H7
Sessano del Molise...59 R25
Sesso.............................25 H13
Sesta Godano...............31 J11
Sestino..........................39 K18
Sesto / Sexten..............7 B19
Sesto (Val di) /
Sextental....................7 B19
Sesto al Reghena.......18 E20
Sesto Calende..............12 E7
Sesto Campano...........58 R24
Sesto ed Uniti...............24 G11
Sesto Fiorentino
(Firenze)...................37 K15
Sesto Imolese..............34 I17
Sesto S. Giovanni
(Milano).....................13 F9
Sestola...........................33 J14
Sestri Levante..............31 J10
Sestri Ponente..............30 I8
Sestriere........................20 H2
Sestu............................103 J9
Sesvenna (Piz)...............5 B13
Setta..............................33 I15
Settala............................13 F10
Sette Comuni
(Altopiano dei).........16 E16
Sette Feudi....................92 P25
Sette Fratelli
(Monte dei)..............103 J10
Sette Poste....................61 C29
Sette Selle
(Cima di).....................16 D16
Sette Soldi (Monte)...85 N20
Sette Vene.....................50 P19
Settebagni.....................50 P19
Settecamini (Roma).50 Q19
Settefrati........................58 Q23
Settepani (Monte).......29 J6
Settignano
(Firenze)....................38 K15
Settignano
(Frosinone)................58 R23
Settima...........................23 H10
Settimana (Val)..............8 D19
Settime...........................21 G6
Settimo...........................15 F14
Settimo Milanese.........13 F9
Settimo San Pietro.103 J9
Settimo Torinese
(Torino)......................21 G5
Settimo Vittone............11 F5
Settingiano....................78 K31
Setzu.............................100 H8
Seui...............................101 H9
Seulo.............................101 H9
Seuni.............................101 I9
Seveso............................13 F9
Seveso (Torrente).........13 E9
Sevizzano......................23 H10
Sexten / Sesto...............7 B19
Sextental / Sesto
(Val di).........................7 B19
Sezzadio.........................22 H7
Sezze..............................57 R21
Sfercia............................46 M21
Sferracavallo
(Palermo)....................86 M21
Sferracavallo (Capo)
(Nuoro)......................101 H11
Sferro..............................88 O26
Sforzacosta....................46 M22
Sforzesca
(Grosseto)....................44 N17
Sforzesca (Pavia).........22 G8
Sfruz................................16 C15
Sgolgore (Murgia)........63 E32
Sgonico...........................19 E23
Sgurgola.........................57 Q21
Siamaggiore................100 H7
Siamanna.....................100 H8
Siano...............................65 E26
Siapiccia........................100 H8
Siba..................................84 Q17
Sibari...............................76 H31
Sibari (Piana di)............76 H31
Sibilla (Monte)..............46 N21
Sibillini (Monti).............46 N21
Sicaminò.........................83 M27
Sicani (Monti)................90 O21
Sicignano
degli Alburni..............66 F27
Sicili................................71 G28
Sicilia
(Parco Zoo di)............88 O26
Siculiana..........................90 O22
Siculiana Marina............90 O22
Siddi..............................100 H8
Siderno...........................81 M30
Siderno Superiore........81 M30
Sieci.................................38 K16
Siena................................44 M16
Sierio (Monte)................66 F28
Sieti..................................65 E26
Sieve.................................38 K16
Sigillo (Perugia)............45 M20
Sigillo (Rieti)..................51 O21
Signa...............................37 K15
Signora Pulita
(Monte).....................68 E34
Signoressa......................17 E18
Signorino........................33 J14
Sila Grande....................77 I31
Sila Greca.......................77 I31
Sila Piccola.....................79 J31
Silana (Genna).............101 G10
Silandro /
Schlanders...................5 C14
Silanus.............................97 G8
Sile (Pordenone)............18 E20
Sile (Treviso).................27 F18
Silea.................................17 F18
Sili..................................100 H7
Siligo................................98 F8
Siliqua............................102 J8
Silis...................................96 E7
Silius...............................103 I9
Silla (Bologna)................33 J14
Silla (Salerno).................71 F28
Sillano..............................32 J12
Sillara (Monte)...............32 I12
Sillara (Passo di)............32 I12
Sillaro...............................34 J16
Silvana Mansio..............77 J31
Silvano d'Orba...............30 H8
Silvano Pietra.................22 G8
Silvi Marina.....................52 O24
Silvi Paese.......................52 O24
Silvignano.......................46 N20
Simala............................100 H8
Simaxis..........................100 H8
Simbario..........................79 L31
Simbirizzi (Lago di) 103 J9
Simbruini (Monti).........51 Q21
Simeri...............................79 K31
Simeri Crichi...................78 K31

A
B
C
Y
Z
Castello Eurialo
CATANIA
PARCO ARCHEOLOGICO
DELLA NEAPOLIS
TEATRO GRECO
ANFITEATRO ROMANO
Ara di Ierone II
NEAPOLIS
CATACOMBE DI S. GIOVANNI
MUSEO ARCHEOLOGICO REGIONALE
Villa Landolina
TYCHE
Latomia dei Cappuccini
Piazza Cappuccini
Santuario d. Madonna d. Lacrime
P.za della Vittoria
S. Lucia extra Moenia
Piazza Sta Lucia
ACRADINA
Ginnasio Romano
A.C.I.
PORTO PICCOLO
PORTO GRANDE
MERCATO ORTOFRUTTICOLO
MARE IONIO
ISOLA DI ORTIGIA
ORTIGIA
S. Pietro
Mastrarua
Pta Marina
PASSEGGIO ADORNO
Belvedere S. Giacomo
I. DEI CANI
Forte Vigliena
PAL. BELLOMO
Fonte Aretusa
S. Martino
Spirito Santo
Castello Maniace
S 124, CALTAGIRONE
A 18 S 114, CATANIA
RAGUSA, NOTO
S 115
S 114
VALLETTA (MALTA) / CATANIA
Fonte Ciane
300 m

SIRACUSA

Agatocle (Via)........................ BCY
Agrigento (Via)...................... BCY 2
Archimede (Piazza)................ CZ 3
Arsenale (Via d.)................... BCY
Bainsizza (Via)....................... BY
Bengasi (Via).......................... BZ
Cadorna (Viale L.).................. BY
Capodieci (Via)...................... CZ 4
Cappuccini (Piazza)................ CY
Castello Maniace (Via)........... CZ 6
Catania (Via)........................... BY 7
Columba (Via)......................... AYZ
Crispi (Via F.).......................... BY 9
Diaz (Viale A.)........................ BY 10
Dionisio il Grande (Riviera) CY 12
Duomo (Piazza)...................... CZ 13
Elorina (Via)......................... ABZ
Ermocrate (Via)...................... AY
Euripide (Piazza).................... BY
Foro Siracusano................... BYZ 16
Foro Vittorio Emanuele II.... CZ
Gelone (Corso)....................... BY
Gorizia (Via)........................... BY
Maestranza (Via d.)............... CZ 18
Malta (Via)............................. BZ
Marconi (Piazzale)................ BZ 19
Matteotti (Corso G.).............. CZ 21
Mergulensi (Via).................... CZ 22
Mirabella (Via)....................... CZ 24
Montedoro (Via)..................... BZ
Montegrappa (Via)................. CY
Necropoli Groticelle
(Via d.)............................... BY 25
Nizza (Via)............................. CZ
Orsi (Viale P.)........................ ABY
Pancali (Piazza)..................... CZ 27
Paradiso (Via)........................ AY 28
Piave (Via)............................. BCY
Puglia (Via)............................ CY 30
Regina Margherita (Viale) BYZ 31
Rizzo (Viale G. E.)................ AY
Rodi (Via).............................. BZ
Roma (Via)............................ CZ
Romagnoli (Via).................... ABY 33
S. Giovanni (Viale)............... BY 34
S. Lucia (Piazza)................... CY
S. Martino (Via)..................... CZ 36
Sepolcri (Via d.).................... AY 37
Svevia (Piazza F. d.)............. CZ 38
Teocrito (Viale)..................... BCY
Terracati (Viale).................... BY
Testaferrata (Via G.)............. BY 39
Timoleonte (Corso)............... BY
Torino (Via)........................... CY
Tripoli (Via)........................... BZ 40
Umberto I (Corso)................. BZ
Vittoria (Piazza d.)................ BY
Vittorio Veneto (Via)............. CZ
Von Platen (Via A.)............... BY 41
XX Settembre (Via)............... CZ 42

SORRENTO

De Maio (Via) .... B 3
Italia (Corso) .... AB
S. Antonino (Piazza).. B 6
S. Cesareo (Via)...... AB 7
S. Maria d. Grazie (V.)........................ A 8
Vittoria (Pza della) .... A 9

A BELVEDERE DI CORREALE
F CHIESA DI SAN FGRANCESCO
M MUSEO CORREALE DI TERRANOVA

Simeto	88	N26
Simeto (Foce di)	89	O27
Similaun	5	B14
Simoncello	39	K18
Sinagra	88	M26
Sinalunga	44	M17
Sinarca	53	Q26
Sindacale	18	E20
Sindia	96	G7
Sinello	53	P25
Sini	100	H8
Sinio	21	I6
Sinis	100	H7
Siniscola	99	F11
Siniscola (Rio de)	99	F11
Sinnai	103	J9
Sinni	71	G29
Sinopoli	80	M29
Sinzias (Cala di)	103	J10
Sipicciano (Caserta)	58	S23
Sipicciano (Viterbo)	49	O18
Sipiu	103	I9
Siracusa	93	P27
Sirente (Monte)	51	P22
Sirino (Monte)	71	G29
Siris	100	H8
Sirmione	14	F13
Sirolo	41	L22
Siror	17	D17
Sirri	102	J7
Sises (Monte)	20	H2
Sisini	101	I9
Sissa	24	H12
Sistiana	19	E22
Sisto	57	R21
Sitigliano	46	M21
Sitria (Badia di)	39	L20
Sitzerri	102	I7
Sitzzon	17	E17
Siurgus-Donigala	101	I9
Siusi allo Scialar / Seis am Schlern	6	C16
Siusi (Alpe di) / Seiser Alm	6	C16
Siziano	23	G9
Slingia	5	B13
Slizza	9	C22
Sluderno / Schluderns	5	C13
Smeralda (Costa)	95	D10
Smeraldo (Grotta delle)	65	F25
Smerillo	46	M22
Smirra	40	L20
Soana	11	F4
Soarza	24	G12
Soave (Mantova)	25	G14
Soave (Verona)	15	F15
Sobretta (Monte)	5	C13
Socchieve	8	C20
Soci	38	K17
Sodano (Monte)	72	G31
Soddi	100	G8
Soffi (Isola)	95	D10
Sogliano al Rubicone	39	J18
Sogliano Cavour	75	G36
Soglio (Asti)	21	G6
Soglio (Cuneo)	28	I3
Sola	13	F11
Solagna	17	E17
Solaio	37	M14
Solanas (Cagliari)	103	J10
Solanas (Oristano)	100	H7
Solanas (Rio)	103	J10
Solano	80	M29
Solanto (Punta di)	85	M20
Solara	25	H15
Solarino	93	P27
Solaro	13	F9
Solaro (Monte)	64	F24
Solarolo	34	I17
Solarussa	100	H8
Solbiate Olona	12	F8
Solda / Sulden	5	C13
Solda di Fuori / Ausser Sulden	5	C13
Sole (Monti del)	17	D18
Sole (Vado di)	52	O23
Sole (Val di)	5	C14
Soleminis	103	I9
Solere	21	I4
Solero	22	H7
Solesino	26	G17
Soleto	75	G36
Solfagnano	45	M19
Solferino	25	F13
Solicchiata	89	N27
Soliera	25	H14
Solighetto	17	E18
Solignano	32	I11
Solignano Nuovo	33	I14
Soligo	17	E18
Solofra	65	E26
Sologno	32	I13
Sologo	99	F10
Solopaca	64	D25
Solto Collina	14	E12
Solunto	86	M22
Somaggia	4	D10
Somaglia	23	G10
Somana	13	E9
Somano	21	I6
Sombreno	13	E10
Sombucheto	41	L22
Somma Lombardo	12	E8
Somma (Monte)	64	E25
Somma (Valico di)	46	N20
Somma Vesuviana	64	E25
Sommacampagna	15	F14
Sommariva del Bosco	21	H5
Sommariva Perno	21	H5
Sommati	51	O21
Sommatino	91	O23
Sommeiller (Punta)	20	G2
Sommo	23	G9
Sommo (Monte)	7	B17
Sommo (Passo di)	16	E15
Sompdogna (Sella di)	9	C22
Sompiano	39	L18
Somplago	8	C21
Sona	15	F14
Soncino	14	F11
Sondalo	5	D12
Sondrio	4	D11
Sonico	5	D13
Sonino (Rifugio)	7	C18
Sonnino	57	R21
Soprabolzano / Oberbozen	6	C16
Sopramonte (Nuoro)	101	G10
Sopramonte (Trento)	16	D15
Soprano (Monte) (Cosenza)	73	G31
Soprano (Monte) (Salerno)	70	F27
Sora	58	Q22
Soraga di Fassa	6	C16
Soragna	24	H12
Sorano	44	N17
Soratte (Monte)	50	P19
Sorbara	25	H15
Sorbo	51	P21
Sorbo S. Basile	77	J31
Sorbolo	24	H13
Sordevolo	11	F5
Sordiglio	32	I13
Sordillo (Monte)	77	I31
Soresina	24	G11
Sorga	25	G14
Sorgono	101	G9
Sori	31	I9
Sorianello	78	L30
Soriano Calabro	78	L30
Soriano nel Cimino	49	O18
Sorico	4	D10
Soriso	12	E7
Sorisole	13	E10
Sormano	13	E9
Soro (Monte)	88	N26
Sorradile	100	G8
Sorrentina (Penisola)	64	F25
Sorrento	64	F25
Sorrivoli	39	J18
Sorso	96	E7
Sorti	46	M20
Sortino	93	P27
Sospiro	24	G12
Sospirolo	17	D18
Sossano	26	F16
Sostegno (Biella)	12	F6
Sostegno (Pavia)	23	G10
Sottile (Punta) (I. di Lampedusa)	90	U19
Sottile (Punta) (I. Favignana)	84	N18
Sotto di Troina	88	N25
Sotto il Monte Giovanni XXIII	13	E10
Sottoguda	7	C17
Sottomarina	27	G18
Sottomonte	8	D20
Sovana	49	O16
Sover	16	D15
Soverato	79	K31
Sovere	14	E12
Sovereto	62	D31
Soveria Mannelli	78	J31
Soveria Simeri	79	K32
Soverzene	17	D18
Sovicille	37	M15
Sovico	13	F9
Sovizzo	26	F16
Sozzago	12	F8
Spaccato (Colle)	52	P24
Spada (Monte)	101	G9
Spadafora	80	M28
Spadarolo	39	J19
Spadillo (Punta)	84	Q18
Spadola	79	L31
Spagnoletti (Masseria)	62	D30
Spalavera (Monte)	3	D7
Spalmatore (Punta dello)	41	K21
Sparacia	91	O23
Sparacollo	88	N25
Sparagio (Monte)	85	M20
Sparanise	64	D24
Spargi (Isola)	95	D10
Sparone	11	F4
Sparta	80	M28
Spartivento (Capo) (Cagliari)	102	K8
Spartivento (Capo) (Reggio di Calabria)	81	N30
Sparviere (Monte)	76	H31
Sparviero (Scoglio dello)	43	N14
Sparvo	33	J15
Spazzate Sassatelli	34	I17
Specchia	75	H36
Specchia (Torre)	75	G37
Specchiolla	69	E35
Speco (Convento lo)	50	O19
Spello	45	N20
Spelonga	46	N21
Spergolaia	43	N15
Sperlinga	88	N25
Sperlinga (Bosco di)	88	N24
Sperlonga	57	S22
Sperone	85	M20
Sperone (Capo)	102	K7
Spert	8	D19
Spessa	23	G10
Spessa (Udine)	9	D22
Spessa (Verona)	26	F16
Spezia (Golfo della)	32	J11
Speziale	69	E34
Speziale (Monte)	85	M20
Spezzano Albanese	76	H30
Spezzano Albanese Terme	76	H30
Spezzano della Sila	76	J31
Spezzano Piccolo	76	J31
Spiaggia di Rio Torto	56	R19
Spiaggia Scialmarino	55	B30
Spiazzi (Bergamo)	14	E11
Spiazzi (Verona)	15	F14
Spiazzo	5	D14
Spigno Monferrato	30	I7
Spigno (Monte)	55	B29
Spigno Saturnia	58	S23
Spigno Saturnia Superiore	58	S23
Spigone	32	I13
Spilamberto	33	I15
Spilimbergo	8	D20
Spilinga	78	L29
Spina	35	H18
Spina (Località)	45	N18
Spina (Genna)	100	H8
Spina (Monte la)	71	G29
Spina Nuova	46	N20
Spinacceto	50	O20
Spinaceto	56	Q19
Spinadesco	24	G11
Spinale (Monte)	5	D14
Spinazzola	67	E30
Spindoli	46	M20
Spinea	27	F18
Spineda	24	G13
Spinello	38	K17
Spineta Nuova	65	F26
Spinete	59	R25
Spinetoli	47	N23
Spinetta (Alessandria)	22	H8
Spinetta (Cuneo)	29	I4
Spino d'Adda	23	F10
Spino (Monte)	15	E13
Spino (Valico dello)	38	K17
Spinone al Lago	14	E11
Spinoso	71	G29
Spirano	14	F11
Spluga (Passo dello) / Splügenpass	3	C9
Spoleto	45	N20
Spoltore	52	O24
Spondigna / Spondinig	5	C13
Spondinig / Spondigna	5	C13
Spongano	75	G37
Spormaggiore	16	D15
Sporminore	16	D15
Spotorno	30	J7
Spresiano	17	E18
Spriana	4	D11
Spropolo	81	N30
Spugna (Passo di)	39	K18
Spulico (Capo)	73	H31
Squaneto	30	I7
Squaranto	15	F15
Squarzanella	25	G13
Squillace	79	K31
Squillace (Golfo di)	79	K32
Squinzano	75	F36
St. Christophe	10	E4
St. Gertraud / Sta Gertrude	5	C14
St. Jakob / S. Giacomo (vicino a Bolzano)	6	C15
St. Jakob / S. Giacomo (vicino a Vipiteno)	6	B16
St. Joseph am See/ S. Giuseppe al lago (Bolzano)	6	C15

SPOLETO

Arringo (Via dell') .... YZ 2
Cecili (Via)...................... Y 3
Duchi (Via dei)................ Z 4
Filitteria (Via).................. Y 5
Flaminia Vecchia (V.)...... Y 6
Garibaldi (Corso)............ Y
Giustolo (Via) .... Y 7
Libertà (Piazza della)...... Z 8
Mazzini (Corso)............ YZ
Mentana (Piazza) .... Y 9
Ponzianina (Via della) .... Y 12
Saffi (Via Aurelio) .... Z 13
Salara Vecchia (V.).......... Y 14
Seminario (Via) .... Y 15
Sordini (Piazza) .... Z 16
Torre dell'Olio (Piazza) .... Y 18
Vaita S. Andrea (Via)...... Y 20

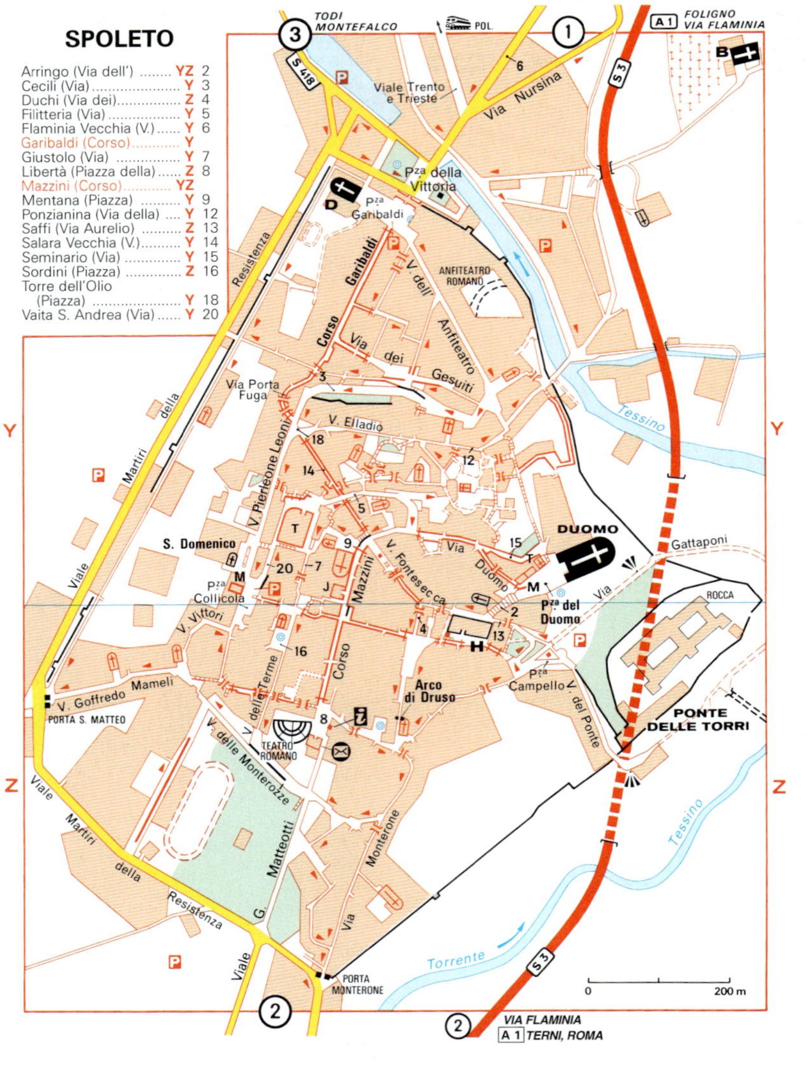

B BASILICA DI SAN SALVATORE
D CHIESA DI SAN GREGORIO MAGGIORE

Bolongaro (Via F.) Y 3
Borromeo (Via F.) Y 4
Cadorna (Piazza) Y 5
Canonica (Via P.) Y 6
Cardinale F. Borromeo (Via) Y 7
Carducci (Via G.) Y 8
Cavour (Via) Y 9
D'Azeglio (Via M.) Y 10
De Amicis (Via E.) Y 12
De Martini (Via C.) Y 13
Devit (Via) Y 14
Europa (Piazzale) Y 15
Fulgosi (Via) Y 18
Garibaldi (Via G.) Y 17
Gignous (Via) Y 20
Italia (Corso) Y 22
Lido (Viale) Y 23
Marconi (Piazza) Y 25
Mazzini (Via G.) Y 30
Monte Grappa (Via del) Y 32
Principe Tomaso (Via) Y 33
Roma (Via) Y 35
Rosmini (Via A.) Y 36
Sempione (Strada statale del) Y 39
Volta (Via A.) Y 42

St. Katharina / Sta Caterina (vicino a Merano) 6 C15
St. Rhémy-en-Bosses 10 E3
Stabiae 64 E25
Stabiziane 7 C18
Stacciola 40 K21
Staffarda (Abbazia di) 20 H4
Staffoli 37 K14
Staffolo (Ancona) 41 L21
Staffolo (Venezia) 18 F20
Staffora 23 H9
Staggia 37 L15
Stagnali 95 D10
Stagnataro (Cozzo) 90 O22
Stagno (Parma) 24 G12
Stagno (Pisa) 36 L13
Stagno Lombardo 24 G12
Stagnone (Isole dello) 84 N19
Staiti 81 M30
Staletti 79 K31
Staletti (Punta di) 79 K31
Stallavena 15 F14
Stalle (Passo) / Stallersattel 7 B18
Stallersattel / Stalle (Passo) 7 B18
Stanghella 26 G17
Staranzano 19 E22
Starleggia 3 C9
Starlex (Piz) 5 C13
Stasulli (Masseria) 67 E31
Statte 68 F33
Staulanza (Forcella) 7 C18
Stava 16 D16
Stavel 5 D13
Stazione di Roccastrada 43 N15
Stazzano (Alessandria) 22 H8
Stazzano (Roma) 50 P20
Stazzema 32 K12
Stazzo 89 O27
Stazzona (Como) 3 D9
Stazzona (Sondrio) 5 D12
Steccato 79 K32
Stefanaconi 78 K30
Steinegg / Collepietra 6 C16
Steinhaus / Cadipietra 7 B17
Steinkarspitz / Antola (Monte) 8 C20
Stella (Ascoli Piceno) 47 N23
Stella (Modena) 33 I14
Stella (Monte della) 70 G27
Stella Cilento 70 G27
Stella (Savona) 30 I7
Stella (Udine) 18 E21
Stella (Pizzo) 4 C10
Stella (Torrente) 37 K14
Stellata 26 H16
Stelle delle Sute (Monte) 16 D16
Stellone 21 H4
Stelvio / Stilfs 5 C13
Stelvio (Parco Nazionale dello) 5 C13
Stelvio (Passo dello) / Stilfserjoch 5 C13
Stenico 5 D14
Stephanago 23 H9
Stern / La Villa 7 C17
Sternai (Cima) 5 C14
Sternatia 75 G36
Sterza 37 M14
Sterzing / Vipiteno 6 B16
Stezzano 13 F10
Stia 38 K17
Sticciano 43 N15
Stienta 26 H16
Stigliano 72 F30
Stignano 81 L31
Stilfs / Stelvio 5 C13
Stilfserjoch / Stelvio (Passo dello) 5 C13
Stilla (Masseria) 54 C27
Stilo 81 L31
Stilo (Punta) 81 L31
Stimigliano 50 P19
Stimpato (Masseria) 88 O26
Stintino 94 E6
Stio 70 G27
Stipes 50 P20
Stirone 24 H11
Stivo (Monte) 15 E14
Stolvizza 9 C22
Stoner 16 E17
Stornara 61 D29
Stornarella 61 D29
Storo 15 E13
Strà (Venezia) 26 F18
Stracia 81 N29
Straciugo (Monte) 2 D6
Strada 41 L21
Strada Casale (La) 34 J17
Strada in Chianti 37 L15
Strada S. Zeno 38 J17
Stradella (Pavia) 23 G9
Stradella (vicino a Borgo Val di T.) 31 I11
Stradella (vicino a Parma) 24 H12
Stradola 60 D27
Strambino 11 F5
Strangolagalli 58 R22
Strano 81 L31
Strasatti 84 N19
Strassoldo 19 E21
Straulas 99 E10
Stregna 9 D22
Stresa 12 E7
Stretti 18 F20
Strettoia 32 K12
Strettura 50 O20
Strevi 22 H7
Striano 65 E25
Stribugliano 44 N16
Strigno 16 D16
Strognano 32 I12
Stromboli (Isola) 83 K27
Strombolicchio (Isola) 83 K27
Strona 11 F6
Strona (Torrente) 12 E7
Strona (Torrente) (Varese) 12 E8
Stroncone 50 O20
Strongoli 77 J33
Stroppiana 22 G7
Stroppo 20 I3
Strove 37 L15
Strovina 102 I8
Strozzacapponi 45 M18
Struda 75 G36
Stuetta 4 C10
Stuffione 25 H15
Stupinigi (Torino) 21 G4
Stupizza 9 D22
Stura (vicino a Murisengo) 21 G6
Stura (vicino ad Ovada) 30 I8
Stura (Valle) 28 J3
Stura di Ala 10 G3
Stura di Demonte 28 I2
Stura di Lanzo 21 G4
Stura di Val Grande 10 F3
Stura di Viù 20 G3
Sturno 65 D27
Suardi 22 G8
Subasio (Monte) 45 M20
Subbiano 38 L17
Subiaco 51 Q21
Subit 9 D22
Succiano 51 P22
Succiso 32 I12
Succiso (Alpe di) 32 J12
Sud (Costa del) 102 K8
Sueglio 13 D9
Suelli 101 I9
Sugana (Val) 16 D16
Sugano 45 N18
Sughera 37 L14
Suisio 13 F10
Sulau 101 H9
Sulcis 102 J7
Sulden / Solda 5 C13
Sulmona 52 P23
Sulpiano 21 G6
Sulzano 14 E12
Sumbraida (Monte) 5 C13
Summaga 18 E20
Suni 96 G7
Suno 12 F7
Superga (Torino) 21 G5
Supersano 75 G36
Supino 57 R21
Surano 75 G37
Surbo 75 F36
Suretta (Pizzo) 4 C10
Surier 10 F3
Susa 20 G3
Susa (Valle di) 20 G2
Susano 25 G14
Susegana 17 E18
Sustinente 25 G15
Sutera 91 O23
Sutri 49 P18
Sutrio 8 C20
Suvaro (Monte) 77 I32
Suvereto 43 M14
Suvero 31 J11
Suvero (Capo) 78 K30
Suviana 33 J15
Suviana (Lago di) 33 J15
Suzza (Monte) 90 O22
Suzzara 25 H14
Suzzi 31 I9
Swölferkofel / Toni (Croda di) 7 C19
Sybaris 76 H31
Sybaris Marine 77 H31

T

Tabaccaro 84 N19
Tabellano 25 G14
Tabiano 24 H12
Tabiano Bagni 24 H12
Tablà / Tabland 5 C14
Taburno (Monte) 65 D25
Taccone 67 E30
Taceno 13 D10
Tacina 79 J32
Tadasuni 100 G8
Tafuri (Masseria) 68 E32
Taggia 29 K5
Tagliacozzo 51 P21
Tagliaferro (Monte) 11 E5
Tagliamento 8 C19
Tagliamento (Foce del) 18 F21
Tagliata (Modena) 33 I14
Tagliata (Reggio Emilia) 25 H14
Tagliata (Monte La) 32 I11
Taglio Corelli 34 I18
Taglio della Falce 35 H18
Taglio di Po 27 G18
Tagliolo Monferrato 30 I8
Tai di Cadore 7 C19
Taibon Agordino 17 D18
Taiet (Monte) 8 D20
Taino 12 E7
Taio 16 D15
Taipana 9 D22
Taisten / Tesido 7 B18
Talamello 39 K18
Talamona 4 D10
Talamone 48 O15
Talana 101 G10
Talarico 28 J2
Talbignano 33 I14
Taleggio 13 E10
Talla 38 L17
Tallacano 46 N22
Talmassons 18 E21
Talocci 50 P20
Taloro 101 G9
Talsano 69 F33
Talucco 20 H3
Talvacchia 46 N22
Talvera 6 B16
Tamai 18 E19
Tamara 34 H17
Tambo (Pizzo) 3 C9
Tambre 8 D19
Tambulano (Pizzo) 88 N25
Tambura (Monte) 32 J12
Tamburello (Bivio) 90 O21
Tamburino 38 K16
Tamer (Monte) 17 D18
Tammaro 59 R25
Tanabuto (Portella) 90 O22
Tanagro 66 F28
Tanai / Thanai 5 B14
Tanamea (Passo di) 9 D22
Tanaro 29 J5
Tanas / Tannas 5 C14
Tanaunella 99 E11
Tanca (Sa) 103 J9
Tanca Marchese 100 H7
Taneto 24 H13
Tanga (Masseria) 66 D27
Tangi 85 N20
Tannas / Tanas 5 C14
Tannure (Punta) 85 M20
Taormina 89 N27
Taormina (Capo) 89 N27
Tappino 59 R25
Taramelli (Rifugio) 7 C17
Tarano 50 O19
Taranta Peligna 52 P24
Tarantasca 21 I4
Taranto 68 F33
Taranto (Golfo di) 74 G33
Tarcento 9 D21
Tarderia 89 O27
Tarino (Monte) 51 Q21
Tarmassia 25 G15
Tarnello 5 C14
Taro 31 I10
Tarquinia 49 P17
Tarres 5 C14
Tarsia 76 I30
Tarsia (Lago di) 76 I30
Tarsogno 31 I10
Tartano 4 D11
Tartano (Passo di) 4 D11
Tartaro 25 G14
Tarugo 39 L20
Tarvisio 9 C22
Tarvisio (Foresta di) 9 C22
Tarzo 17 E18
Tassara 23 H10
Tassarolo 22 H8
Tassei 17 D18
Tassu (Serra di lu) 95 D9
Tatti 43 M15
Taufers im Münstertal / Tubre 5 C13
Taurasi 65 D26
Taureana 80 L29
Tauri (Passo dei) / Krimmlertauern 7 A18
Tauriano 8 D20
Taurianova 81 L30
Taurine (Terme) 49 P17
Taurisano 75 H36
Tauro (Monte) 93 P27
Tavagnacco 9 D21
Tavarnelle Val di Pesa 37 L15
Tavarnuzze 37 K15
Tavarone 31 J10
Tavazzano con Villavesco 23 G10
Tavenna 53 Q26
Taverna (Rimini) 39 K19
Taverna (Catanzaro) 79 J31
Taverna (Frosinone) 58 R23
Taverna Nuova (Masseria) 67 E30
Taverna (Pizzo) 87 N24
Tavernacce 45 M19
Tavernazza 60 C28
Taverne 46 M20
Taverne d'Arbia 44 M16
Tavernelle (Massa Carrara) 32 J12
Tavernelle (Perugia) 45 M18
Tavernelle (Pesaro e Urbino) 40 K20
Tavernelle (Siena) 44 M16
Tavernelle (Vicenza) 26 F16
Tavernelle d'Emilia 33 I15
Tavernerio 13 E9
Tavernette 20 H4
Tavernola 61 C29
Tavernola Bergamasca 14 E12
Tavernole 58 R24
Tavernole sul Mella 14 E12
Taverone 32 J12
Taviano 75 H36
Tavo 52 O23
Tavolara (Isola) 99 E11
Tavole Palatine 68 F32
Tavoleto 39 K19
Tavolicci 39 K18
Tavullia 39 K20
Teana 72 G30
Teano 58 S24
Tebaldi 15 F15
Tebano 34 J17
Tecchia Rossa 32 I11
Teggiano 71 F28
Téglia (Monte) 46 N22
Teglio 5 D12
Teglio Veneto 18 E20
Teia (Punta della) 42 M12
Telegrafo (il) 48 O15
Telegrafo (Pizzo) 90 O21
Telese 64 D25
Telesia 64 D25
Telessio (Lago di) 10 F4
Telgate 14 F11
Tellaro (La Spezia) 32 J11
Tellaro (Siracusa) 93 Q26
Tellaro (Villa Romana del) 93 Q27
Telti 99 E10
Telti (Monte) 99 E10
Telve 16 D16
Temo 96 F7
Tempio Pausania 97 E9
Templi (Valle dei) (Agrigento) 91 P22
Tempone 71 G28
Temù 5 D13
Tenaglie 49 O18
Tenda (Colle di) 29 J4
Tendola 32 J12
Ténibre (Mont) 28 J2
Tenna (Ascoli Piceno) 46 N21
Tenna (Trento) 16 D15
Tenno 15 E14
Tenno (Lago di) 15 E14
Teodorano 39 J18
Teodulo (Colle di) 11 E5
Teolo 26 F17
Teor 18 E21
Teora (Avellino) 66 E27
Teora (L'Aquila) 51 O21
Teppia 57 R20
Teramo 47 N23
Terdobbiate 22 F8
Terdoppio (Novara) 12 F7
Terdoppio (Pavia) 22 G8
Tereglio 33 J13
Terelle 58 R23
Terenten / Terento 7 B17
Terento / Terenten 7 B17
Terenzo 32 I12
Tergola 26 F17
Tergu 98 E8
Terlago 16 D15
Terlan / Terlano 6 C15
Terlano / Terlan 6 C15
Terlato (Villa) 92 Q25
Terlizzi 62 D31
Terme di Bagnolo 43 M14
Terme di Brennero / Brennerbad 6 B16
Terme di Cotilia 51 O21
Terme di Firenze 37 K15
Terme di Fontecchio 39 L18
Terme di Miradolo 23 G10
Terme di Salvarola 33 I14
Terme di S. Calogero 82 L26
Terme di Sardara 100 I8
Terme di Saturnia 48 O16
Terme di Suio 58 S23
Terme di Valdieri 28 J3
Terme Luigiane 76 I29
Terme Pompeo 57 Q21
Terme Vigliatore 83 M27
Termeno s. str. d. vino / Tramin 6 C15
Termina 32 I13
Termine 51 O21
Termine Grosso 79 J32
Termine (Passo di) 46 M20
Termini 64 F25
Termini Imerese 87 N23
Termini Imerese (Golfo di) 87 M23
Terminillo 50 O20
Terminillo (Monte) 50 O20
Terminio (Monte) 65 E26
Termoli 53 P26
Ternavasso 21 H5
Terni 50 O19
Terno d'Isola 13 E10
Terontola 45 M18
Terra del Sole 34 J17
Terra (Pizzo) 2 D6
Terracina 57 S21
Terracino 46 N21
Terradura 70 G27
Terragnolo 16 E15
Terralba 100 H7
Terralba (Monte) 101 H10
Terrana (Poggio) 92 P25
Terranera 51 P22
Terranova 22 G7
Terranova da Sibari 76 I31
Terranova dei Passerini 23 G10
Terranova di Pollino 72 H30
Terranova Sappo Minulio 81 M30
Terranuova Bracciolini 38 L16
Terrarossa 31 I10
Terrasini 86 M21
Terrati 78 J30
Terrauzza 93 P27
Terravecchia 77 I32
Terrazzo 26 G16
Terrenove 84 N19
Terreti 80 M29
Terria 50 O20
Terriccio 36 L13
Terricciola 37 L14
Tersadia (Monte) 8 C21
Tersiva (Punta) 11 F4
Tertenia 101 H10
Tertiveri 60 C27
Terza Grande (Monte) 8 C19
Terzigno 64 E25
Terzo d'Aquileia 19 E22
Terzo S. Severo 45 N19

Terzone S. Pietro 51 O21
Tesa 8 D19
Tesero 16 D16
Tesido / Taisten 7 B18
Tesimo / Tisens 6 C15
Tesina 26 F16
Tesino 47 N23
Tesoro (Becca del) 30 I7
Tessa (Giogaia di) / Texelgruppe 5 B14
Tessennano 49 O17
Tessera 27 F18
Testa (Capo) 95 D9
Testa del Rutor 10 F3
Testa dell'Acqua 93 Q26
Testa Grigia 11 E5
Testa Grossa Capo) 82 L26
Testa (Pozzo Sacro sa) 99 E10
Testico 29 J6
Tête Blanche 11 E4
Teti 101 G9
Tetto (Sasso) 46 M21
Teulada 102 K8
Teulada (Capo) 102 K7
Teulada (Porto di) 102 K8
Teveno 14 E12
Tevere 38 K18
Teverola 64 E24
Teverone 45 N19
Texelgruppe / Tessa (Giogaia di) 5 B14
Tezio (Monte) 45 M19
Tezze (Trento) 17 E17
Tezze (Treviso) 18 E19
Tezze sul Brenta 17 E17
Thanai / Tanai 5 B14
Thapsos 93 P27
Tharros 100 H7
Thiene 16 E16
Thiesi 98 F8
Tho (Pieve del) 34 J17
Thuile (la) 10 E2
Thuins / Tunes 6 B16
Thuras 20 H2
Thures 20 H2
Thurio 76 H31
Tiana 101 G9
Tiarno di Sopra 14 E13
Tiberina (Val) 39 L18
Tiberio (Grotta di) (Sperlonga) 57 S22
Tibert (Monte) 28 I3
Tiburtini (Monti) 50 Q20
Ticchiano (Passo di) 32 I12
Ticengo 24 F11
Ticineto 22 G7
Ticino 12 F8
Tidone 23 H10
Tiepido 33 I14
Tiers / Tires 6 C16
Tiezzo 18 E20
Tiggiano 75 H37
Tigliano 38 K16
Tiglieto 30 I7
Tigliole 21 H6
Tiglione 22 H7
Tignaga (Pizzo) 11 E6
Tignale 15 E14
Tignino (Serra) 87 N23
Tigullio (Golfo del) 31 J9
Timau 8 C21
Timeto 88 M26
Timidone (Monte) 96 F6
Timmari 72 F31
Timmelsjoch / Rombo (Passo del) 6 B15
Timone 49 O17
Timone (Punta) 99 E11
Timpa del Grillo 87 N24
Tinchi 73 F31
Tindari (Capo) 83 M27
Tinnari (Monte) 94 D8
Tinnura 96 G7
Tino 101 G9
Tino (Isola del) 32 J11
Tintinnano 44 M16
Tione 25 G14
Tione degli Abruzzi 51 P22
Tione di Trento 5 D14
Tirano 5 D12
Tires / Tiers 6 C16
Tiria (Monte) 97 F9
Tiriolo 78 K31
Tirivolo 79 J31
Tirli 43 N14
Tirolo / Tirol 6 B15
Tirrenia 36 L12
Tirso 97 F9
Tirso (Cantoniera del) 101 G9
Tirso (Foce del) 100 H7
Tisens / Tesimo 6 C15
Tissi 96 E7
Titelle 17 D17
Titiano 18 E21
Tito 66 F29
Tivoli (Bologna) 33 I15
Tivoli (Roma) 50 Q20
Tizzano Val Parma 32 I12
Toano 32 I13
Tobbiana 33 K15
Tobbio (Monte) 30 I8
Tobia 49 O18
Toblach / Dobbiaco 7 B18
Toblacher Pfannhorn / Fana (Corno di) 7 B18
Toblino (Lago di) 5 D14
Tocco Caudio 65 D25
Tocco da Casauria 52 P23
Toce (Cascata di) 2 C7
Toce (Fiume) 2 D7
Toceno 2 D7
Todi 45 N19
Togano (Monte) 2 D7
Toggia (Lago di) 2 C7
Togliano 9 D22
Toiano 37 L14
Toirano 29 J6
Toirano (Giogo di) 29 J6
Toirano (Grotte di) 29 J6
Tolè 33 J15
Tolentino 46 M21
Tolfa 49 P17
Tolfa (Monti della) 49 P17
Tolfaccia (Monte) 49 P17
Tolle 27 H19
Tollegno 11 F6
Tollo 52 O24
Tolmezzo 8 C21
Tolu 103 I10
Tolve 67 E30
Tomaiolo 55 B29
Tomba (Monte) 16 E15
Tombolo 17 F17
Tombolo (Pineta del) 43 N14
Tombolo (Tenuta di) 36 L12
Tommaso Natale 86 M21
Ton 16 D15
Tonadico 17 D17
Tonale (Monte) 5 D13
Tonale (Passo del) 5 D13
Tonara 101 G9
Tonco 21 G6
Tonengo (Asti) 21 G6
Tonengo (Torino) 11 G5
Tonezza del Cimone 16 E16
Toni (Croda dei) / Swölferkofel 8 C19
Tonini (Rifugio) 16 D16
Tonnara Bonagia 84 M19
Tonnare 102 J6
Tonneri (Monte) 101 H10
Tonnicoda 51 P21
Tonno 31 I9
Tono 83 M27
Tonolini (Rifugio) 5 D13
Tontola 38 J17

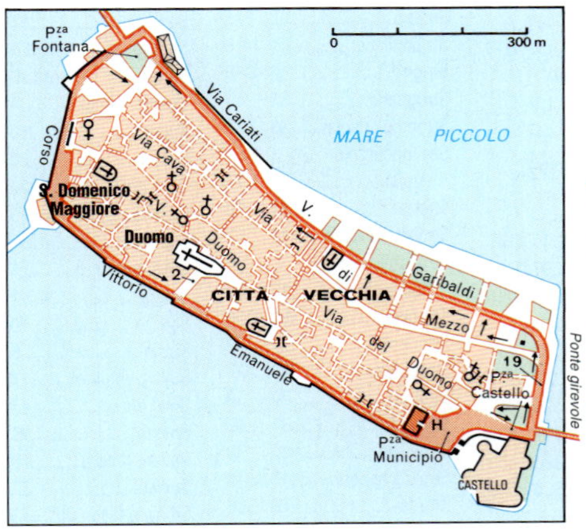

TARANTO

Arcivescovado (Piazza) 2
Aquino (Via d')
Battisti (Via Cesare) 3
Cugini (Via) 4
De Cesare (Via G.) 5
Duca d'Aosta (Viale) 6
Ebalia (Piazza) 8
Falanto (Via) 9
Mari (Corso due) 10
Mignogna (Via Nicola) 13
Palma (Via di)
Ponte (Vico del) 14
Porto Mercantile (Via) 16
Pupino (Via) 17
Roma (Via) 18
Vasto (Via del) 19

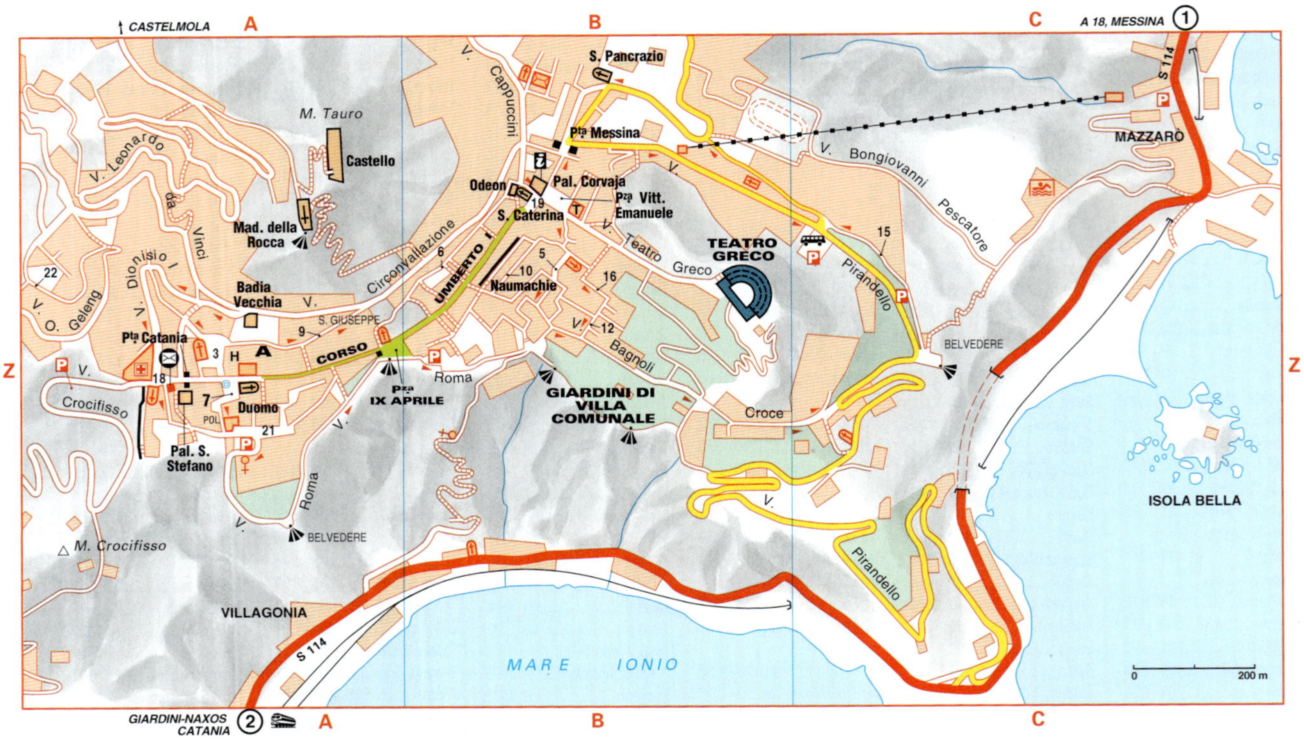

TAORMINA

Circolazione regolamenta nel centro città da giugno a settembre

Carmine (Piazza d.) AZ 3
Don Bosco (Via) BZ 6
Duomo (Piazza d.) AZ 7
Fazzello (Via) AZ 9
Giardinazzo (Via) BZ 10
Ginnasio (Via d.) BZ 12
Giovanni (Via d.) BZ 13
Guardiola Vecchia (Via) BCZ 15
Jallia Bassia (Via) BZ 16
S. Antonio (Piazza) AZ 18
S. Caterina (Largo) BZ 19
S. Domenico (Piazzale) AZ 21
Umberto I (Corso) ABZ
Von Gloeden (Via W.) AZ 22

Topi (Isola dei) 42 N13
Topino 46 M20
Toppe del Tesoro 58 Q24
Toppo 8 D20
Tor d'Andrea 45 M19
Tor Paterno 56 Q19
Tor S. Lorenzo 56 R19
Tor Sapienza (Roma) 56 Q19
Tor Vaianica 56 R19
Tora 58 R24
Torano 51 P21
Torano Castello 76 I30
Torano Nuovo 47 N23
Torbido 81 L30
Torbole 15 E14
Torbole-Casaglia 14 F12
Torcegno 16 D16
Torcello 18 F19
Torchiara 70 G27
Torchiarolo 75 F36
Torchiati 65 E26
Tordinia 47 O22
Tordino 47 O22
Torella dei Lombardi 65 E27
Torella del Sannio 59 R25
Torena (Monte) 5 D12
Torgiano 45 M19
Torgnon 11 E4
Toricella del Pizzo 24 G12
Toricella Sicura 47 O22
Torino 21 G5
Torino di Sangro 53 P25
Torino di Sangro Marina 53 P25
Torino (Rifugio) 10 E2
Toritto 63 E32
Torlano 9 D21
Tormine 25 G14
Tormini 14 F13
Tornaco 22 F8
Tornareccio 52 P25
Tornata 24 G13
Tornimparte 51 P21
Tornitore (Poggio) 88 N25
Torno (Como) 13 E9
Torno (Salerno) 70 G27
Tornolo 31 I10
Tornova 27 G18
Toro 59 R26
Toro (Isola il) 102 K7
Torpè 99 F11
Torraca 71 G28
Torralba 98 F8
Torrate 18 E20
Torrazza Coste 23 H9
Torrazza Piemonte 21 G5
Torrazzo 11 F5
Torre (Macerata) 41 L21
Torre (Udine) 9 D21
Torre a Mare 63 D33
Torre Alfina 44 N17
Torre Annunziata 64 E25
Torre Astura 56 R20
Torre Beretti e Castellaro 22 G8
Torre Bormida 21 I6
Torre Caietani 57 Q21
Torre Calzolari 45 M20
Torre Canavese 11 F5
Torre Canne 69 E34
Torre Cavallo (Capo di) 69 F36
Torre Cervia (Faro di) 57 S21
Torre Ciana (Punta di) 48 O15
Torre Civette 43 N14
Torre Colimena 74 G35
Torre de' Busi 13 E10
Torre de' Passeri 52 P23
Torre de' Picenardi 24 G12
Torre degli Alberi 23 H9
Torre dei Corsari 100 H7
Torre del Colle 45 N19
Torre del Greco (Napoli) 64 E25
Torre del Lago Puccini 36 K12
Torre del Lauro 88 M25
Torre del Mangano 23 G9
Torre delle Stelle 103 J10
Torre dell'Impiso 85 M20
Torre dell'Orso 75 G37
Torre di Bari 101 H11
Torre di Bocca (Masseria) 62 D30
Torre di Fine 18 F20
Torre di Mosto 18 E20
Torre di Palme 47 M23
Torre di Ruggiero 78 L31
Torre di Sta Maria 4 D11
Torre d'Isola 23 G9
Torre d'Ovarda 10 G3
Torre Falcone 96 E6
Torre Faro 80 M28
Torre Lapillo 74 G35
Torre le Nocelle 65 D26
Torre Lupara 50 P19
Torre Maggiore (Monte) 50 O19
Torre Maina 33 I14
Torre Mattarelle 69 F36
Torre Melissa 77 J33
Torre Mileto 54 B28
Torre Mozza 75 H36
Torre Olevola 57 S21
Torre Orsaia 71 G28
Torre Pali 75 H36
Torre Pallavicina 14 F11
Torre Pedrera 39 J19
Torre Pellice 20 H3
Torre S. Giovanni 75 H36
Torre S. Gennaro 75 F36
Torre S. Giorgio 21 H4
Torre S. Marco 40 L20
Torre S. Patrizio 47 M22
Torre Sta Susanna 69 F35
Torre Spagnola (Masseria) 68 E32
Torre Suda 75 H36
Torre Vado 75 H36
Torre Varcaro (Masseria) 55 C29
Torrebelvicino 16 E15
Torrebruna 59 Q25
Torrechiara 24 I12
Torrecuso 65 D26
Torregaveta 64 E24
Torreglia 26 F17
Torregrotta 80 M28
Torremaggiore 54 B27
Torremenapace 22 G8
Torremuzza 88 M24
Torrenieri 44 M16
Torrenova 88 M26
Torrenova (Roma) 56 Q19
Torresina 29 I6
Torretta (Livorno) 36 L13
Torretta (Rovigo) 25 G15
Torretta (Taranto) 74 F34
Torretta (Caltanissetta) 91 O23
Torretta (Palermo) 86 M21
Torretta (Portella) 86 M21
Torretta-Granitola 84 O19
Torretta (Masseria) 61 D29
Torretta (Monte) 66 E29
Torrette (Ancona) 41 L22
Torrette (Pesaro e Urbino) 40 K21
Torrevecchia 23 G9
Torrevecchia (Roma) 50 Q19
Torrevecchia Teatina 52 O24
Torri 29 K4
Torri (Ravenna) 35 I18
Torri (Siena) 37 M15
Torri del Benaco 15 F14
Torri di Quartesolo 26 F16
Torri in Sabina 50 O19
Torriana 39 K19
Torrice 57 R22
Torricella (Cosenza) 77 I31
Torricella (Taranto) 69 F34
Torricella in Sabina 50 P20
Torricella (Mantova) 25 G14
Torricella (Parma) 24 H12
Torricella Peligna 52 P24
Torriglia 31 I9
Torrile 24 H12
Torrita 51 O21
Torrita di Siena 44 M17
Torrita Tiberina 50 P19
Torsa 18 E21
Torsana 32 J12
Torto (Palermo) 91 N23
Torto (Torino) 21 H4
Tortolì 101 H10
Tortolì (Stagno di) 101 H11
Tortona 22 H8
Tortora 71 H29
Tortorella 71 G28
Tortoreto 47 N23
Tortoreto Lido 47 N23
Tortorici 88 M26
Torviscosa 19 E21
Torza 31 J10
Tosa (Cima) 5 D14
Toscanella 34 I16

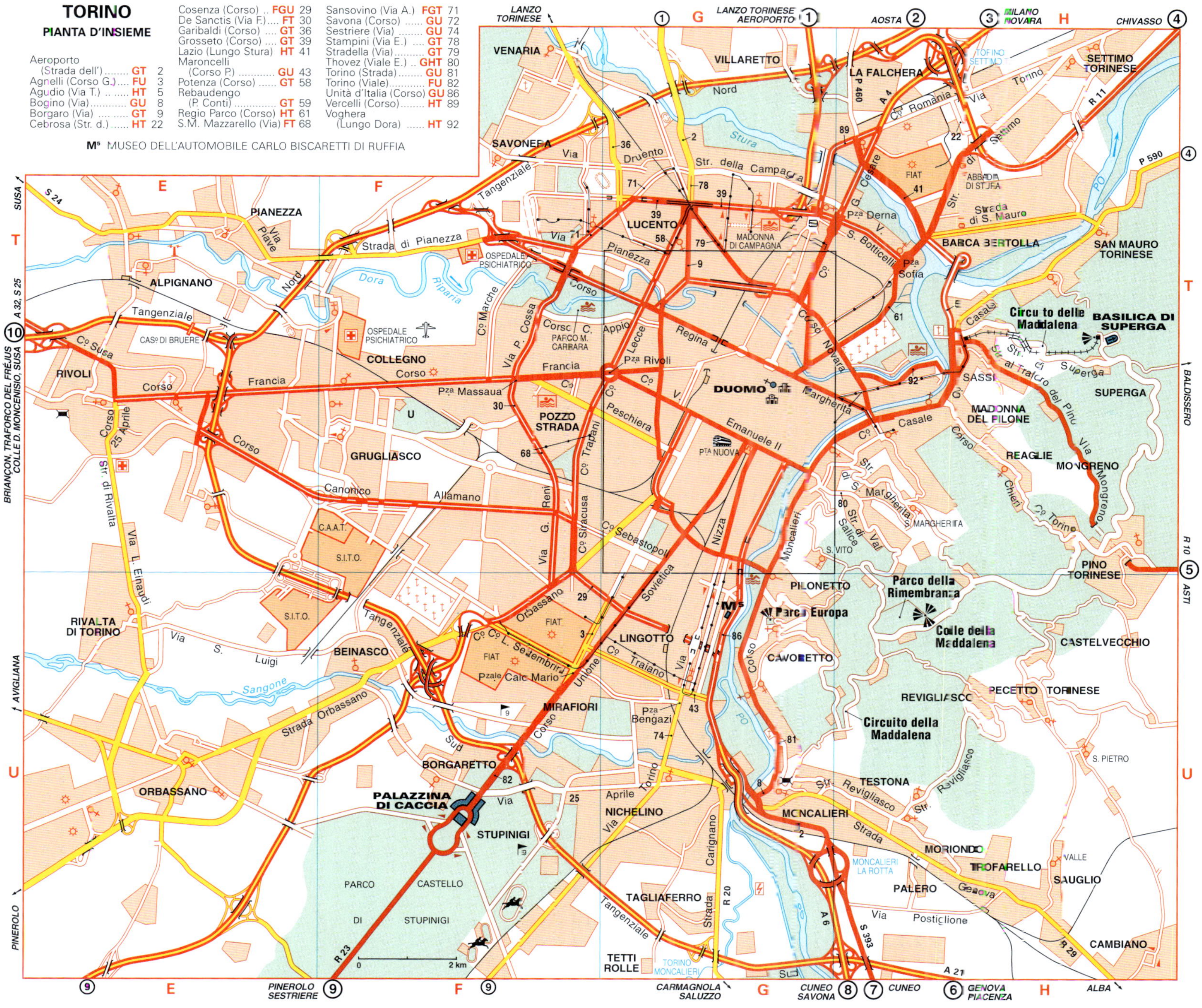

TORINO
PIANTA D'INSIEME
Aeroporto (Strada dell') GT 2
Agnelli (Corso G.) FU 3
Agudio (Via T.) HT 5
Bogino (Via) GU 8
Borgaro (Via) GT 9
Cebrosa (Str. d.) HT 22
Cosenza (Corso) FGU 29
De Sanctis (Via F.) FT 30
Garibaldi (Corso) GT 36
Grosseto (Corso) GT 39
Lazio (Lungo Stura) HT 41
Maroncelli (Corso P.) GU 43
Potenza (Corso) GT 58
Rebaudengo (P. Conti) GT 59
Regio Parco (Corso) HT 61
S.M. Mazzarello (Via) FT 68
Sansovino (Via A.) FGT 71
Savona (Corso) GU 72
Sestriere (Via) GU 74
Stampini (Via E.) GT 78
Stradella (Via) GT 79
Thovez (Viale E.) GHT 80
Torino (Strada) GU 81
Torino (Viale) FU 82
Unità d'Italia (Corso) GU 86
Vercelli (Corso) HT 89
Voghera (Lungo Dora) HT 92
M⁵ MUSEO DELL'AUTOMOBILE CARLO BISCARETTI DI RUFFIA
LANZO TORINESE
LANZO TORINESE AEROPORTO
AOSTA
MILANO NOVARA
CHIVASSO
VENARIA
VILLARETTO
LA FALCHERA
SETTIMO TORINESE
SAVONERA
LUCENTO
MADONNA DI CAMPAGNA
BARCA BERTOLLA
SAN MAURO TORINESE
PIANEZZA
ALPIGNANO
OSPEDALE PSICHIATRICO
COLLEGNO
RIVOLI
CAS° DI BRUERE
POZZO STRADA
DUOMO
PTA NUOVA
BASILICA DI SUPERGA
SUPERGA
SASSI
MADONNA DEL PILONE
REAGLIE
MONGRENO
GRUGLIASCO
S. MARGHERITA
PINO TORINESE
S.I.T.O.
C.A.A.T.
RIVALTA DI TORINO
BEINASCO
FIAT
LINGOTTO
PILONETTO
Parco Europa
Parco della Rimembranza
Colle della Maddalena
CASTELVECCHIO
CAVORETTO
REVIGLIASCO
PECETTO TORINESE
Circuito della Maddalena
MIRAFIORI
ORBASSANO
BORGARETTO
PALAZZINA DI CACCIA
STUPINIGI
NICHELINO
MONCALIERI
TESTONA
MORIONDO
TROFARELLO
SAUGLIO
PALERO
CAMBIANO
TAGLIAFERRO
TETTI ROLLE
PARCO DI STUPINIGI
CASTELLO
S. PIETRO
PINEROLO SESTRIERE
CARMAGNOLA SALUZZO
CUNEO SAVONA
CUNEO
GENOVA PIACENZA
ALBA
ASTI
BALDISSERO
AVIGLIANA
SUSA
BRIANÇON, TRAFORO DEL FRÉJUS COLLE D. MONCENISIO, SUSA
PINEROLO
0 2 km

TORINO

Circolazione regolamentata nel centro città

Alfieri (Via) .... CY 6
Cadorna (Lungo Po L.)...... DY 10
Carignano (Piazza) .... CX 12
Carlo Emanuele II (Pza) .... DY 13
Carlo Felice (Piazza) .... CY 16
Casale (Corso) .... DY 18
Castello (Piazza)................ CX 19
Cesare Augusto (Pza) ...... CV 23
Consolata (Via della) .... CV 27
Diaz (Lungo Po A.) .... DY 32
Gran Madre di Dio (Pza) .. DY 38
Milano (Via) .... CV 46
Napoli (Lunga Dora).......... CV 50
Ponte Umberto I .... DZ 54
Ponte Vitt. Emanuele I ...... DY 55
Repubblica (Pza della) ...... CV 62
Roma (Via)....................... CXY
S. Carlo (Piazza).............. CXY
S.F. d'Assisi (Via) .... CX 66
Solferino (Piazza) .... CX 75
Vitt. Emanuele II (Lgo).... BCY 90
4 Marzo (Via) .... CX 93
20 Settembre (Via) .... CXY 96

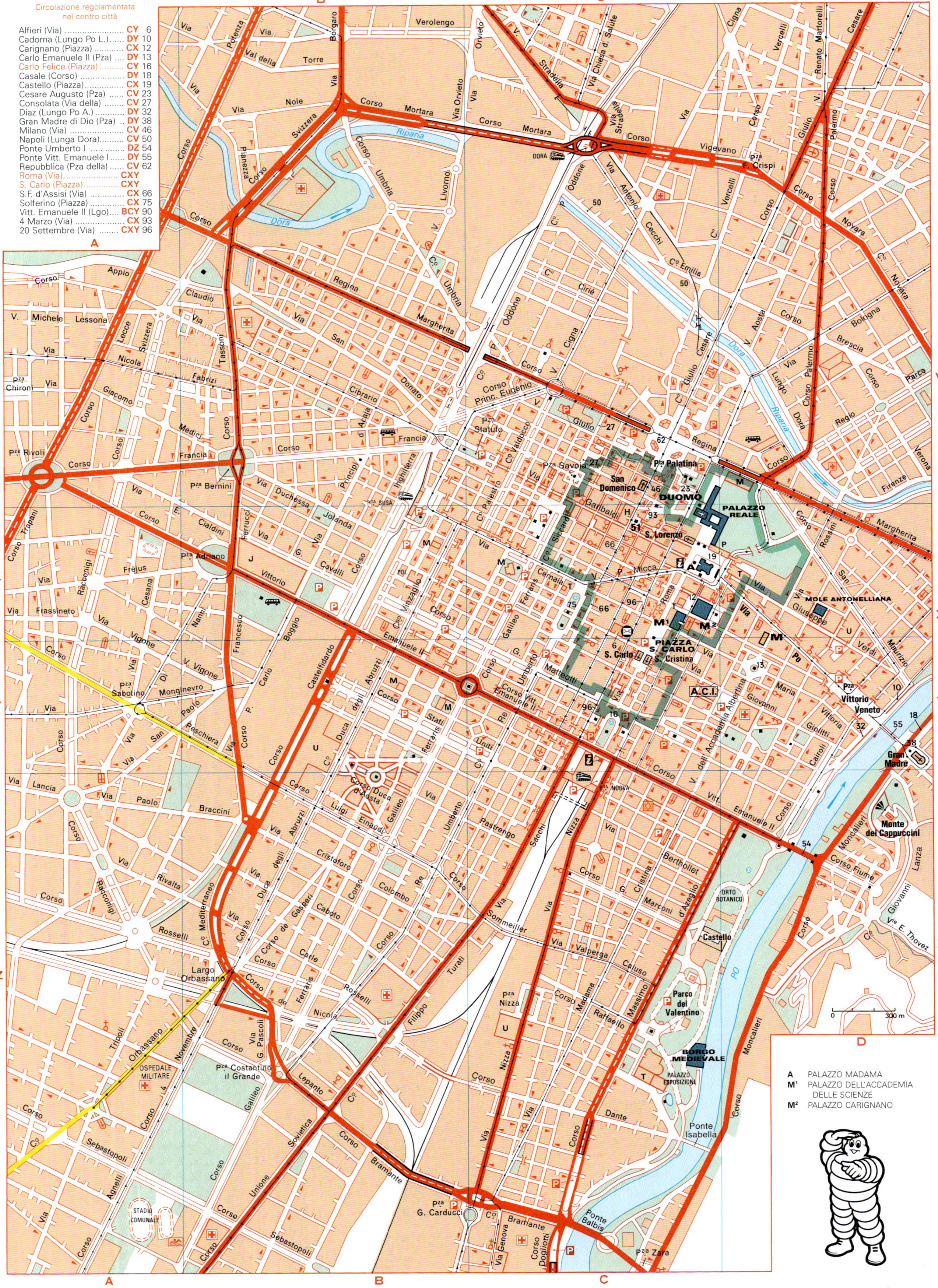

A PALAZZO MADAMA
M[1] PALAZZO DELL'ACCADEMIA DELLE SCIENZE
M[2] PALAZZO CARIGNANO

Toscano (Arcipelago) 42 M12
Toscolano 45 O19
Toscolano-Maderno .. 15 F13
Tosi 38 K16
Tossicia 51 O22
Tossignano 34 J16
Tossino 34 J17
Tottubella 96 E7
Tout Blanc (Monte) ... 10 F3
Tovel (Lago di) 5 D14
Tovena 17 E18
Tovio 17 E17
Tovo di S. Agata 5 D12
Tovo (Monte) 10 F4
Tovo S. Giacomo 29 J6
Trabacche (Grotta delle) 92 Q25
Trabaria (Bocca) 39 L18
Trabia 87 N22
Trabuccato (Punta) 94 D7
Tracchi 16 E15
Tracino 84 Q18
Tracino (Punta) 84 Q18
Tradate 12 E8
Traessu (Monte) 38 F8
Trafficanti 14 E11
Traffiume 2 D8
Trafoi 5 C13
Traghetto 34 I17
Tragliata 50 Q18
Tramariglio 96 F6
Tramatza 100 G7
Tramazzo 38 J17
Trambileno 16 E15
Tramin / Termeno 16 C15
Tramontana (Punta) .. 96 E7
Tramonti (Lago di) 8 D20
Tramonti di Sopra 8 D20
Tramonti di Sotto 8 D20
Tramuschio 25 H15
Tramutola 71 G29
Trana 20 G4
Trani 62 D31
Tranquillo (Monte) 58 Q23
Traona 4 D10
Trapani 84 M19
Trapani-Birgi (Aeroporto di) 84 N19
Trappa 11 F5
Trappeto 86 M21
Trappeto Bambino 81 L30
Trarego Viggiona 3 D7
Trasacco 51 Q22
Trasaghis 8 D21
Traschio 31 I9
Trasimeno (Lago) 45 M18
Trasquera 2 D6
Trassani 40 K20
Tratalias 102 J7
Travacò Siccomario .. 23 G9
Travagliato 14 F12
Travale 43 M15
Travalle 37 K15
Travedona Monate 12 E8
Traversa 33 J15
Traversara 34 I18
Traversella 11 F5
Traversetolo 32 I13
Travesio 8 D20
Travignolo (Val) 17 D17
Travo 23 H10
Trazzonara (Monte) ... 69 F34
Tre Cancelli 56 R20
Tre Cancelli (Valico) .. 72 F30
Tre Croci 49 O18
Tre Croci (Passo) 7 C18
Tre Fontane 85 O20
Tré-la-Tête 10 E2
Tre Pietre (Punta dei) 84 Q17
Tre Pizzi 46 M20
Tre Signori (Corno dei) 5 C13
Tre Signori (Picco dei) / Dreiherrnspitze 7 A18
Tre Signori (Pizzo dei) 13 D10
Tre Termini (Passo del) 14 F12
Trearie 88 N26
Trebaseleghe 26 F18
Trebbia 31 I9
Trebbiantico 40 K20
Trebbio 33 K15
Trebbo di Reno 34 I15
Trebecco 23 H9
Trebecco (Lago di) 23 H9
Trebisacce 77 H31
Trecasali 24 H12
Trecastagni 89 O27
Trecate 12 F8
Trecchina 71 G29
Trecenta 26 G16
Trecine 45 M18
Tredozio 38 J17
Trefinaidi (Monte) 88 N25
Treglio 52 P25
Tregnago 15 F15
Treia 46 M21
Tremalzo (Passo di) .. 15 E14
Trematerra (Monte) .. 78 L31
Tremenico 13 D10
Tremestieri 80 M28
Tremezzo 3 E9
Tremiti (Isole) 54 A28
Tremoli 71 H29
Tremosine 15 E14
Trenta 76 J30
Trentangeli (Masseria) 61 D29
Trentinara 70 F27
Trento 16 D15

Albini (Corso degli)	AY	2
Battisti (Pza C.)	BZ	3
Belenzani (Via R.)	BZ	4
Carducci (Largo)	BZ	6
Clesio (Via B.)	BY	7
Dogana (Via)	BY	8
Duomo (Pza del)	BZ	10
Garibaldi (Via)	BZ	12
Grazioli (Via G.)	BZ	13
Manci (Via)	BZ	14
Mazzini (Via)	BZ	15
Oriola (Via)	BZ	16
Oss Mazzurana (Via)	BZ	17
Porta Nuova (Largo)	BZ	20
Pozzo (Via)	AY	22
Prepositura (Via)	AZ	24
S. Lorenzo (Cavalcavia)	AZ	27
S. Marco (Via)	BZ	30
S. Pietro (Via)	BZ	31
S. Simonino (Via)	BZ	32
S. Vigilio (Via)	BZ	33
Sta Croce (Via)	BZ	34
Torre Vanga (Via)	BZ	35
Torre Verde (Via)	BZ	37
Ventuno (Via dei)	BZ	40

F PALAZZO TABARELLI

M¹ MUSEO DIOCESANO

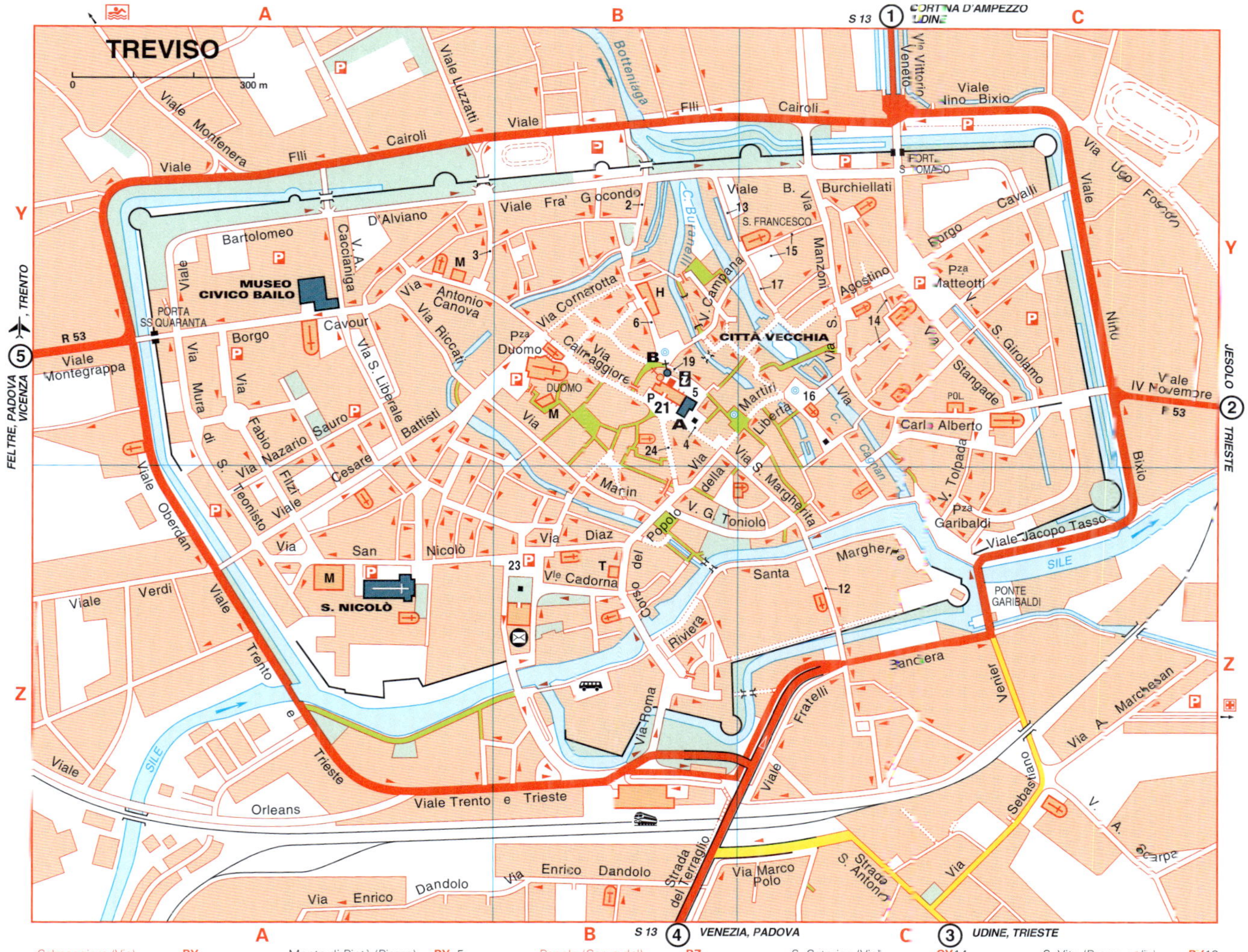

Calmaggiore (Via)	BY	
Filippini (Via)	BY	2
Fra Giocondo (Via)	AY	3
Indipendenza (Pza e Via)	BY	4
Monte di Pietà (Piazza)	BY	5
Municipio (Via)	BY	6
Palestro (Via)	CY	7
Pescheria (Via)	CY	10
Popolo (Corso del)	BZ	
Regg. Italia Libera (Via)	CZ	12
S. Antonio da Padova (Vle)	BY	13
S. Caterina (Via)	CY	14
S. Francesco (Pza e Via)	CY	15
S. Leonardo (Pza e Via)	CY	16
S. Parisio (Via)	CY	17
S. Vito (Piazza e Via)	BY	19
Signori (Piazza dei)	BY	21
Vittoria (Piazza della)	BZ	23
20 Settembre (Via)	BY	24

A PALAZZO DEI TRECENTO

B CHIESA DI SANTA LUCIA

Trentola-Ducenta.......64 E24
Trenzano....................14 F12
Trepalle........................5 C12
Trepidò Soprano.......79 J32
Trepidò Sottano........79 J32
Treponti......................26 F17
Treporti......................18 F19
Treppio.......................33 J15
Treppo Carnico............8 C21
Treppo Grande 8 D21
Trepuzzi......................75 F36
Trequanda..................44 M17
Tres............................16 D15
Tresa (Perugia) 45 M18
Tresa (Varese)..........12 E8
Tresana 32 J11
Tresauro.....................92 Q25
Trescore Balneario....14 E11
Trescore Cremasco...23 F10
Tresenda 5 D12
Tresigallo 34 H17
Tresinaro....................32 I13
Tresino (Monte).........65 F26
Tresino (Punta)..........65 F27
Tresivio.........................4 D11
Tresnuraghes 100 G7
Tressanti 61 C29
Tressi.........................11 F4
Treste 53 P25
Trestina 45 L18
Tretto..........................16 E16
Trevenzuolo 25 G14
Trevesina (Pizzo) 5 D12
Trevi 45 N20
Trevi nel Lazio 57 Q21
Trevico 65 D27
Treviglio.....................13 F10
Trevignano.................17 E18
Trevignano
Romano 49 P18
Treville 17 F17
Trevinano...................44 N17
Treviolo 13 E10
Treviso 17 E18
Treviso (Rifugio)........17 D17
Treviso Bresciano 14 E13
Trevozzo.....................23 H10
Trexenta...................100 I9
Trezzano
sul Naviglio 23 F9
Trezzo sull'Adda.........13 F10
Trezzo Tinella.............21 H6
Triana 44 N16
Trianelli 62 D30
Triangolo di Riva /
Dreieck-Spitze 7 B18
Tribano.......................26 G17
Tribiano......................23 F10
Tribolina.....................14 E11
Tribuláun / Pflerscher
Tribulaun..................6 B16
Tricarico 72 F30
Tricase........................75 H37
Tricerro.......................22 G6
Tricesimo 9 D21
Trichiana 17 D18
Tricoli (Punta)..........101 H10
Tridentina (Rifugio) 7 A18
Triei 101 G10
Trieste 19 F23
Trieste (Golfo di).......19 F22
Triggianello................68 E33
Triggiano....................63 D32
Trigna (Pizzo della) ...86 N22
Trigno.........................59 Q24
Trigolo........................24 G11
Trigona.......................92 P26
Trigus (Serra) 102 I7
Trimezzo.....................46 O21
Trinità 71 F28
Trinità
(Reggio Emilia)....32 I13
Trinità (vicino
ad Entracque).....28 J4
Trinità (vicino
a Fossano) 21 I5
Trinità (Abbazia della) (Cava
de' Tirreni)...........65 E26
Trinità (Abbazia della)
(Venosa) 66 E29
Trinità d'Agultu
e Vignola 98 E8
Trinità (Lago della)...85 N20
Trinitapoli...................61 C30
Trinkstein / Fonte
alla Roccia 7 A18
Trino 22 G6
Triolo (Cosenza) 54 C27
Triona (Monte) 85 N21
Trionto........................77 I31
Trionto (Capo) 77 I32
Triora..........................29 K5
Tripi 89 M27
Triponzo 46 N20
Trischiamps 8 C20
Triscina.......................85 O20
Trisobbio.....................30 I7
Trissino 26 F16
Trisulti (Certosa di) ...57 Q22
Triuggio......................13 F9
Trivento......................59 Q25
Trivero 11 E6
Trivigliano..................57 Q21
Trivignano..................27 F18
Trivignano Udinese ..19 E22
Trivigno......................67 F29
Trivio...........................50 O20
Trodena / Truden 16 D16
Trodica 47 M22
Trofarello (Torino) ...21 H5
Trogkofel / Aip
(Greta di) 8 C21
Trognano 51 O21
Troia 60 C27
Troia (Ponte di) 60 C28
Troia (Punta)..............84 N18
Troina 88 N25
Troina (Fiume)...........88 N25
Tromello.....................22 G8
Trompia (Val).............14 E12
Trona (Lago di)............4 D10
Troncia.....................102 J7
Trontano.......................2 D7
Tronto.........................46 N22
Tronzano Vercellese..11 F6
Tropea 78 K29
Troviggiano 41 L21
Trovo 23 G9
Truccazzano 13 F10
Trucchi 29 I4
Trucco 29 K4
Truden / Trodena 16 D16
Trulli (Regione dei) ...68 E33
Trulli (Zona dei).........68 E33
Trullo (Masseria).......67 E30
Truzzo (Lago del).........3 C9
Tualis 8 C20
Tubre / Taufers
im Münstertal..........5 C13
Tudaio di Razzo
(Monte) 8 C19
Tudderi (Monte) 98 E8
Tudia 91 N23
Tuenno 16 D15
Tufara 59 R26
Tufillo 53 Q25
Tufo 65 D26
Tufo Basso.................51 P21
Tuglie 75 G36
Tuili 100 H8
Tula.............................98 E8
Tului (Monte) 101 G10
Tumbarino (Punta)....94 D6
Tumboi 100 H8
Tundu (Monte)
(Nuoro) 99 F10
Tundu (Monte)
(Sassari) 97 E9
Tunes / Thuins.............6 B16
Tuoma 44 M16
Tuoro
sul Trasimeno 45 M18
Tupei 102 J7
Turago Bordone........23 G9
Turania 51 P21
Turano.........................50 O20
Turano (Lago di) 50 P20
Turano Lodigiano.......23 G10
Turate 13 F9
Turbigo.......................12 F8
Turchi (Balata dei).....84 Q18
Turchino
(Passo del)............30 I8
Turchio (Monte) 88 N26
Turcio 16 E16
Tures (Val di) 7 B17
Turi 68 E33
Turlago.......................32 J12

TRIESTE

Barriera Vecchia (Largo) .. BY 3
Beccaria (Via Cesare) ..... BX 4
Bellini (Via Vincenzo) ...... AX 5
Bramante (Via Donato) .... AY 6
Canale Piccolo (Via del) .. AX 7
Carducci (Via)................ BXY
Castello (Via del)............ AY 8
Cattedrale (Piazza della) .. AY 9
Cavana (Piazza)............... AY 10
Cavana (Via) .... AY 12
Cellini (Via Benvenuto) .... AX 13
Dalmazia (Piazza) .... BX 14
Duca d'Aosta (Via) .... AX 15
Galatti (Via)..................... AX 17
Ghega (Via)...................... AX 18
Imbriani (Via M. R.).......... BY 19
Italia (Corso).................. ABY
Madonna del Mare
(Via) .... AY 20
Monache (Via delle) .... AY 21
Paganini (Via Nicolò) .... BX 22
Pitteri (Largo Riccardo).... AY 23
Ponchielli (V. Amilcare) .... BX 24
Rossini (Via) .... AX 25
Rotonda (Via della) .... AY 26
S. Giusto (Via)................. AY 28
Sansovino (Piazza del) .... BY 29
Tarabocchia (Via Emo) .... BY 31
Teatro Romano
(Via del) .... AY 32
Torri (Via delle) .... BX 33
Unità d'Italia
(Piazza dell') .... AY 35
Vittorio Veneto (Piazza) .. AX 37
30 Ottobre (Via) .... ABX 38

Circolazione regolamentata nel centro città

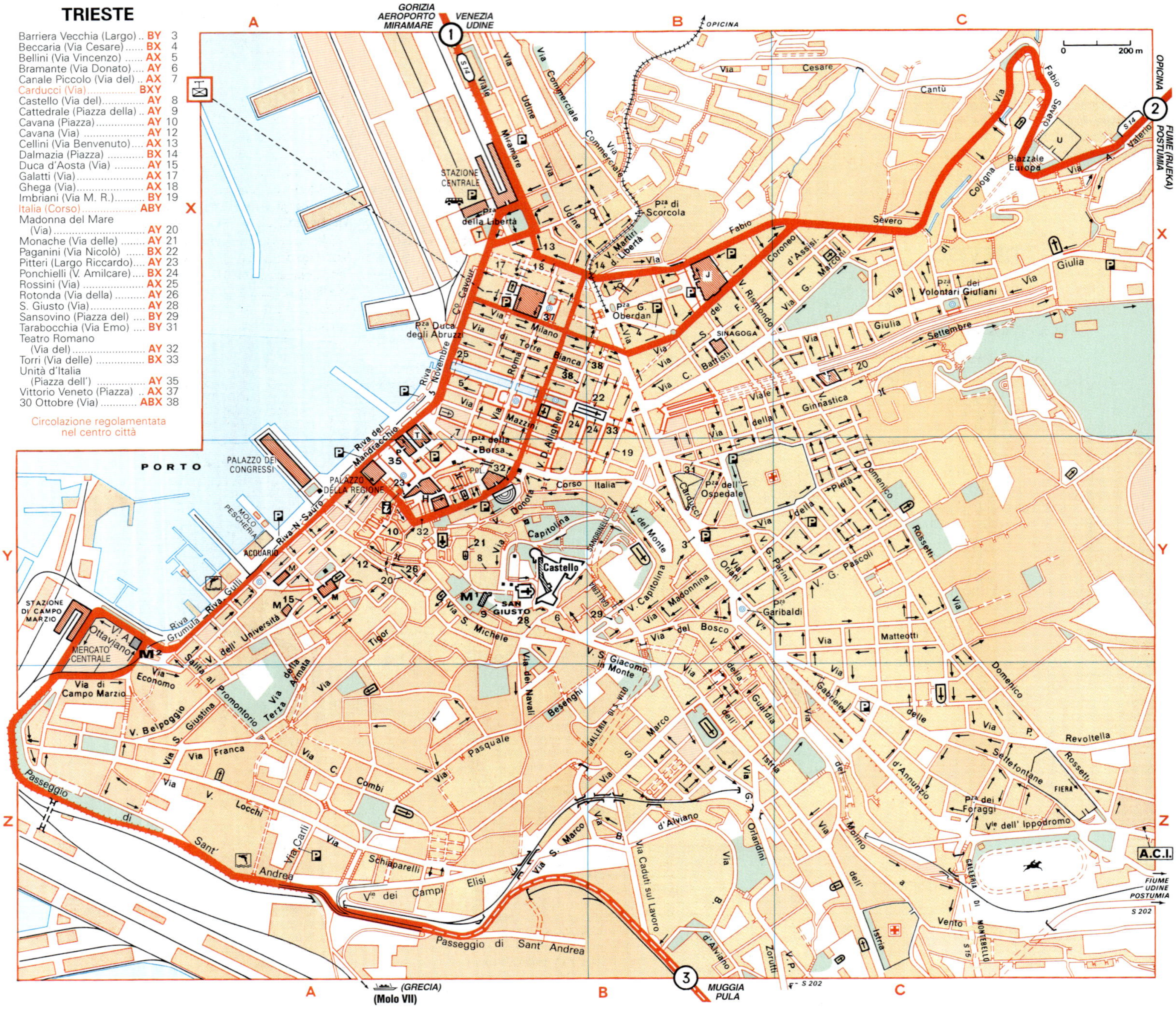

M¹ MUSEO DI STORIA E D'ARTE

M² MUSEO DEL MARE

UDINE

Bartolini (Riva) .... AY 3
Calzolai (Via) .... BZ 4
Carducci (Via) .... BZ 5
Cavedalis (Piazzale G.B.) .... AY 6
Cavour (Via) .... AY 7
D'Annunzio (Piazzale) .... BZ 8
Diacono (Piazzale Paolo) .... AY 9
Gelso (Via del) .... AZ 12
Leopardi (Viale G.) .... BZ 13
Libertà (Piazza della) .... AY 14
Manin (Via) .... BY 16
Marconi (Piazza) .... AY 17
Matteotti (Piazza) .... AY 18
Mercato Vecchio (Via) .... AY 19
Patriarcato (Piazza) .... BY 20
Piave (Via) .... BYZ 21
Rialto (Via) .... AY 22
Vittorio Veneto (Via) .... BY 23
26 Luglio (Piazzale) .... AZ 24

A PALAZZO ARCIVESCOVILE
B DUOMO

URBINO

Circolazione regolamentata nel centro città

Barocci (Via) 2
Comandino (Viale) 4
Don Minzoni (Viale) 5
Duca Federico (Pza) 6
Giro dei Debitori (Via) 8
Matteotti (Via) 10
Mazzini (Via) 12
Mercatale (Borgo) 13
Piave (Via) 16
Puccinotti (Via) 17
Raffaello (Via) 19
Repubblica (Pza della) 20
Rinascimento (Pza) 22
S. Chiara (Via) 23
S. Francesco (Pza) 24
S. Girolamo (Via) 25
Stazione (Via della) 28
Virgili (Via) 29
Vitt. Veneto (Via) 30

A CASA DI RAFFAELLO
B CHIESA DI SAN GIUSEPPE
F CHIESA-ORATORIO DI SAN GIOVANNI BATTISTA
M GALLERIA NAZIONALE DELLE MARCHE

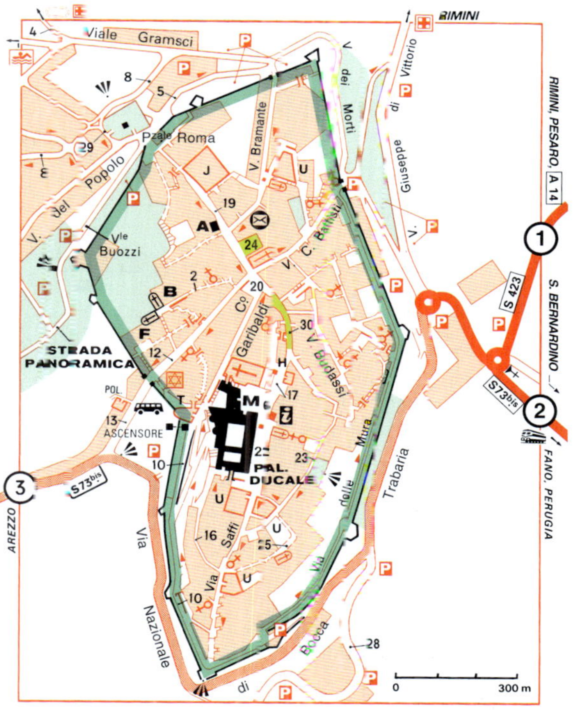

V

Vacca (Isola la) 102 K7
Vaccarile 40 L27
Vaccarizza 23 G9
Vaccarizzo (Catania) . 93 O27
Vaccarizzo (Cosenza) 76 I30
Vaccarizzo Albanese . 76 I31
Vacchelli (Canale) 23 F10
Vaccolino 35 H18
Vacheres 11 F5
Vacone 50 C19
Vacri 52 F24
Vada 36 L13
Vada (Secche di) 36 M13
Vadena / Pfatten 6 C15
Vado 33 J15
Vado (Capo di) 30 J7
Vado Ligure 30 J7
Vado Mistongo 59 R26
Vaggimal 15 F14
Vaggio 38 L16
Vagli (Lago di) 32 J12
Vagli Sopra 32 J12
Vagli Sotto 32 J12
Vaglia 37 K15
Vagliagli 38 L16
Vaglie 32 J12
Vaglierano 21 H6
Vaglio Basilicata 66 E29
Vagnole (le) 64 D23
Vahrn / Varna 6 B16
Vaiano 37 K15
Vaiano Cremasco 23 F10
Vailate 13 F10
Vaiont (Lago del) 17 D19
Vairano Patenora 58 R24
Vairano Scalo 58 S24
Vairo 32 I12
Vajont 8 D20
Val d'Asso 44 M16

Turri 100 H8
Turri (Monte) 101 I9
Tursi 72 G31
Turuddo (Monte) 99 F10
Turusele 101 G10
Tusa 87 N24
Tusa (Fiume di) 87 N24
Tuscania 49 O17
Tusciano 65 E27
Tussio 51 P22
Tuttavista (Monte) 99 F10
Turturano 69 F35
Tyndaris 83 M27

U

Uatzu 101 H9
Uboldo 13 F9
Uccea 9 D22
Ucina (Pizzo d') 88 M26
Ucria 88 M26
Uda (Monte) 103 I9
Udine 9 D21
Uffente 57 R21
Ufita 60 D27
Ugento 75 H36
Uggiano la Chiesa 75 G37
Uggiano Montefusco 69 F34
Uggiate Trevano 12 E8
Uia Bessanese 10 G3
Uia di Ciamarella 10 G3
Uia (Monte) 20 G3
Ulà Tirso 100 G8
Ulassai 101 H10
Ulignano 37 L14
Uliveto Terme 36 K13
Ulmeta (Cantoniera dell') ... 62 D30
Ulmi 85 N20
Ulten / Ultimo 6 C15
Ultental / Ultimo (Val d') 5 C14
Ultimo / Ulten 6 C15
Ultimo (Val d') / Ultental 5 C14
Umbertide 45 M18
Umbra (Foresta) 55 B29
Umbrail (Pass) / Sta Maria (Giogo di) 5 C13
Umbriatico 77 I32
Umito 46 N22
Ummari 85 N20
Uncinano 45 N19
Unghiasse (Monte) 10 F3
Ungroni (S') 100 H7
Unnichedda (Punta) 99 F11
Unsere liebe Frau im Walde / Senale 6 C15
Unserfrau / Madonna di Senales 5 B14
Untermoi / Antermoia 7 B17
Unterplanken / Planca di Sotto 7 B18
Unturzu (Monte) 96 F7
Uomo (Capo d') 48 O15
Upega 29 J5
Urachi (Nuraghe s') 100 G7
Urago d'Oglio 14 F11
Uras 100 H8
Urbana 26 G16
Urbania 39 K19
Urbe 30 I7
Urbino 39 K19
Urbino (Monte) 45 M19
Urbisaglia 46 M22
Urbs Salvia 46 M22
Urgnano 13 F11
Uri 96 F7
Uri (Flumini) 103 I10
Ursini 81 L31
Urtigu (Monte) 100 G7
Ururi 54 B27
Urzano 32 I12
Urzulei 101 G10
Usago 8 D20
Uscerno 46 N22
Uscio 31 I9
Usellus 100 H8
Usi 44 N16
Usini 96 F7
Usmate Velate 13 F10
Uso 39 K18
Ussana 103 I9
Ussaramanna 100 H8
Ussassai 101 H10
Usseglio 10 G3
Ussita 46 N21
Ustica 41 K21
Ustica (Isola di) 41 K21
Uta 103 J8
Utero (Monte) 46 N21
Uttenheim / Villa Ottone 7 B17

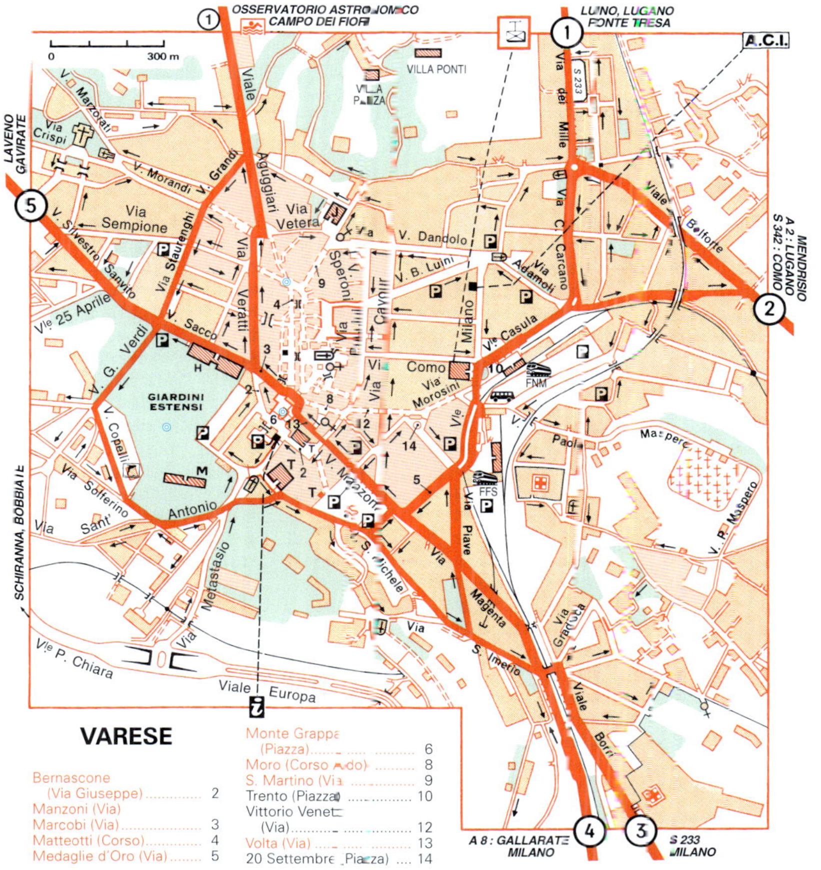

VARESE

Bernascone (Via Giuseppe) 2
Manzoni (Via)
Marcobi (Via) 3
Matteotti (Corso) 4
Medaglie d'Oro (Via) 5
Monte Grappa (Piazza) 6
Moro (Corso Aldo) 8
S. Martino (Via) 9
Trento (Piazza) 10
Vittorio Veneto (Via) 12
Volta (Via) 13
20 Settembre (Piazza) 14

Accademia (Ponte dell') ...... BV 3
Bandiera e Moro (Campo)............................ FV 6
Capello (Ramo) .... FT 10
Gallina, Giacento (Calle Larga)...................... FT 18
Leoncini (Piazzetta dei) .... EV 21
Libertà (Ponte della) .... AT 24
Nuova (Strada)...................... ET 28
Orologio (Merceria dell') .... EV 31
Pescaria (Campo della)........ DT 34
San Bartolomeo (Campo) .... ET 39
San Giovanni Crisostomo (Salizzada) .... ET 43
San Lorenzo (Calle Larga)...................... FT 46
San Marco (Calle Larga) ...... EV 49
San Marco (Piazzetta).......... EV 52
San Maurizio (Campo) .... DV 55
San Moisé (Salizzada).......... EV 58
San Salvador (Merceria) .... EU 61
San Samuele (Campo) .... BV 64
San Simeon Profeta (Campo)............................ BT 66
San Zulian (Merceria) .... EU 67
Sant' Angelo (Campo) .... DV 70
Santi Apostoli (Rio Terà dei) ET 75
Sauro Nazario (Campo)........ BT 76
Seriman (Salizzada) .... ET 78
Traghetto (Campo del) .... DV 79
Verona (Calle della)............. DV 82
2 Aprile (Via) .... EU 85

Val della Torre..........20 G4
Val di Meda..............38 J16
Val di Mela 95 D9
Val di Mezzo / Mittertal 6 B16
Val di Nizza...............23 H9
Val di Sogno.............15 E14
Val Grande (Parco Nazionale) 10 F3
Val Grande (Parco Nazionale della) 2 D7
Val Noana (Lago di)..17 D17
Valas / Flaas................6 C15
Valbella (Punta)..........5 B14
Valbona (Cima di) 5 D13
Valbondione................5 D12
Valbrevenna 31 I9
Valbrona 13 E9
Valbruna.......................9 C22
Valcaira 29 J5
Valcanale 14 E11
Valcasotto 29 J5
Valcava.......................13 E10
Valcavera (Colle di)...28 I3
Valchiusella 11 F5
Valcimarra 46 M21
Valda 16 D15
Valdagno....................15 F15
Valdaora / Olang 7 B18
Valdarno 38 L16
Valdena 32 I11
Valdengo...................11 F6
Valderice 84 M19
Valdicastello Carducci....................32 K12
Valdichiesa 82 L26
Valdidentro 5 C12
Valdieri.......................28 J4
Valdimonte 39 L18
Valdina 80 M28
Valdobbiadene 17 E17
Valdorbia 39 L20
Valdurna 6 B16
Valdurna / Durnholz...6 B16
Valduggia..................12 E6
Valdurna......................6 B16
Valdurna / Durnholz...6 B16
Valeggio 22 G8
Valeggio sul Mincio..25 F14
Valentano..................49 O17
Valenza......................22 G7
Valenzano (Brescia) .14 F12
Valenzano (Bari) 63 D32
Valera Fratta 23 G10
Valeriano.....................8 D20
Valestra 33 I13
Valfabbrica...............45 M19
Valfenera...................21 H5
Valfloriana 16 D16
Valfredda (Sasso di)....7 C17
Valfurva........................5 C13
Valgioie 20 G4
Valgoglio...................14 E11
Valgrana.....................28 I4
Valgrisenche.............10 F3
Valguarnera 88 O25
Valiano 44 M17
Vallà 17 E17
Vallada Agordina........7 C17
Vallalta 25 H15
Vall'Alta (Cala)...........95 D9
Vallarga / Weitental.....7 B17
Vallarsa 16 E15
Vallata 65 D27
Valle (Bologna) 33 J15
Valle (Brescia) 5 D13
Valle (Massa Carrara) 32 I11
Valle Agricola 59 R24
Valle Aurina / Ahrntal .7 B17
Valle Castellana........46 N22
Valle Dame 45 M18
Valle di Cadore 7 C18
Valle di Maddaloni....64 D25
Valle di Sotto 5 C13
Valle Lomellina 22 G7
Valle Mosso 11 F6
Valle S. Bartolomeo .22 H7
Valle S. Felice...........15 E14
Valle S. Giovanni......51 O22
Vallebona..................29 K5
Vallecorsa 57 R22
Vallecrosia 29 K4
Vallecupa 51 P22
Valledolmo 91 N23
Valledoria..................98 E8
Vallefiorita 78 K31
Vallegrande 58 R23
Vallelonga 78 L30
Vallelunga (Caserta)..............58 R24
Vallelunga (Roma) ...50 P19
Vallelunga Piatameno 91 N23
Vallemaio...................58 R23
Vallemare..................51 O21
Vallenoncello............18 E19
Vallenzona 31 I9
Vallepietra.................51 Q21
Valleranello..............56 Q19
Vallerano (Parma) 32 I12
Vallerano (Viterbo) ...50 O18
Valleremita 46 M20
Vallermosa 102 I8
Vallerona..................44 N16
Vallerotonda 58 R23
Valles / Vals.................6 B16
Valles (Passo di)........17 C17
Valles (Val di)..............6 B16
Vallesaccarda 65 D27
Valleverde (Santuario di) 60 D28
Vallevona (Cima di) ..51 P21
Vallevona (Masseria)..............54 C27
Valli del Pasubio 16 E15
Valli Grandi Veronesi................25 G15
Valli Mocenighe 26 G16
Vallicciola..................97 E9
Vallico 32 J13
Vallinfante.................46 N21
Vallinfreda 51 P20
Vallingegno (Abbazia di) 45 M19
Vallio Terme 14 F13
Vallisnera 32 I12
Vallo 11 G5
Vallo della Lucania ...70 G27
Vallo di Nera 46 N20
Vallocchia 46 N20
Vallombrosa 38 K16
Valloni 58 R24
Valloria......................23 G10
Valloriate...................28 I4
Vallugana..................16 F16
Vallurbana 39 L18
Valmacca 22 G7
Valmadonna 22 H7
Valmadrera 13 E10
Valmala 20 I4
Valmeronte (Monte) .39 L18
Valmontone 57 Q20
Valmorel 17 D18
Valmozzola 32 I11
Valnogaredo 26 G16
Valnontey..................10 F4
Valosio 30 I7
Valpantena................15 F14
Valparola (Passo di) ...7 C17
Valpelina 18 F21
Valpelline 11 E4
Valpelline (Località) ..10 E3
Valperga.....................11 F4
Valpiana 43 M14
Valpolicella 15 F14
Valprato Soana 11 F4
Valpromaro...............36 K13
Valrovina....................17 E17
Vals / Valles.................6 B16
Valsanzibio 26 G17
Valsassina..................13 E10
Valsavarenche...........10 F3
Valsavignone............38 K18
Valsecca 13 E10
Valsinni 72 G31
Valsolda........................3 D9
Valstagna 16 E16
Valstrona....................11 E6
Valsura 6 C15
Valtellina 5 D12
Valtina / Walten 6 B15
Valtopina...................45 M20
Valtorta 13 E10
Valtournenche 11 E4
Valtournenche (Località) 11 E4
Valva 66 E27
Valvasone 18 E20
Valverde (Catania)...89 O27
Valverde (Forlì).........39 J19
Valverde (Pavia) 23 H9
Valverde (Santuario di) 96 F7
Valvestino 15 E13
Valvestino (Lago di)..15 E13
Valvisciolo (Abbazia di) 57 R20
Valvori 58 R23
Valzurio 14 E11
Vancimuglio 26 F16
Vancori (i) 83 K27
Vandoies / Vintl 7 B17
Vandra 58 R24

Vaneze 16 D15
Vanga / Wangen 6 C16
Vannino (Lago) 2 C7
Vanoi 17 D17
Vanzago 13 F8
Vanzanghello 12 F8
Vanze 75 G36
Vaprio d'Adda 13 F10
Vaprio d'Agogna 12 F7
Vara 31 I10
Vara Inferiore 30 I7
Varaita 20 I3
Varaita (Valle) 20 I3
Varallo 11 E6
Varallo Pombia 12 E7
Varano Borghi 12 E8
Varano de Melegari 24 H12
Varano (Lago di) 55 B29
Varano Marchesi 24 H12
Varapodio 81 M29
Varazze 30 I7
Varco Sabino 51 P21
Varedo 13 F9
Varena 16 D16
Varenna 3 D9
Varese 12 E8
Varese (Lago di) 12 E8
Varese Ligure 31 I10
Vargo 22 H8
Vari 46 N21
Varignana 34 I16
Varigotti 30 J7
Varmo 18 E20
Varna / Vahrn 6 B16
Varone 15 E14
Varrone 13 D10
Varsi 24 I11
Varzi 23 H9
Varzo 2 D6
Vas 17 E17
Vasanello 50 O19
Vasco 29 I5
Vascon 17 E18
Vasia 29 K5
Vason 16 D15
Vasto (Chieti) 53 P26
Vasto (Mantova) 24 G13
Vastogirardi 59 Q24
Vaticano (Capo) 80 L29
Vaticano (Città del) (Roma) 58 Q19
Vatolla 70 G27
Vauda Canavese 11 G4
Vazia 50 O20
Vazzano 78 L30
Vazzola 17 E19
Vazzoler (Rifugio) 7 C18
Vecchiano 36 K13
Vedano Olona 12 E8
Veddasca (Val) 3 D8
Vedeghetto 33 I15
Vedelago 17 E18
Vedeseta 13 E10
Vedrana 34 I16
Vedriano 32 I13
Veggiano 26 F17
Veggio 33 J15
Veglie 74 G35
Veiano 49 P18
Veio 50 P19
Veirera 30 I7
Vela (Villa) 93 Q27
Vélan (Monte) 10 E3
Veleso 13 E9
Velezzo Lomellina 22 G8
Velia 70 G27
Velino 50 O20
Velino (Gole del) 51 O21
Velino (Monte) 51 P22
Vellano 33 K14
Vellego 29 J6
Velleia 23 H11
Velletri 57 Q20
Velloi / Vellau 6 B15
Velo d'Astico 16 E16
Velo Veronese 15 F15
Velturno / Feldthurns 6 B16
Velva 31 J10
Vena (Catania) 89 N27
Vena (Catanzaro) 78 K31
Venafro 58 R24
Venagrande 47 N22
Venaria Reale (Torino) 21 G4
Venarotta 46 N22
Venas di Cadore 7 C18
Venasca 20 I4
Venaus 20 G3
Venda (Monte) 26 G17
Vendicari (Isola) 93 Q27
Vendone 29 J6
Vendrogno 13 D9
Venegazzu' 17 E18
Venegono 12 E8
Venere 51 Q22
Venere (Monte) 49 O18
Veneria 22 G6
Venetico 80 M28
Venezia 27 F19
Venezia (Rifugio) 7 C18
Venezia (Cima) 5 C14
Venezia-Marco Polo (Aeroporto) 27 F19
Venezzano 34 H16
Venina (Lago di) 4 D11
Venina (Passo) 4 D11
Venosa 66 E29
Venosta (Val) / Vinschgau 5 C13
Venticano 65 D26
Ventimiglia 29 K4
Ventimiglia di Sicilia 86 N22
Vento (Grotta del) 32 J13
Vento (Portella del) 91 O24
Vento (Serra del) 91 N24
Vento (Torre del) 62 D31
Venturina 43 M13
Veny (Val) 10 E2
Venzone 8 D21
Verano / Vöran 6 C15
Verazzano 38 L18
Verbania 12 E7
Verbicaro 76 H29
Verceia 4 D10
Vercelli 22 G7
Verchiano 46 N20
Verde (Capo) 29 K5
Verde (Costa) 100 I7
Verde (Isola) 27 G18
Verde (la) 81 M30
Verde (Lago) 5 C14
Verdéggia 29 J5
Verdello 13 F10
Verdi 87 N24
Verdins 6 B15
Verduno 21 I5
Verdura 90 O21
Verena (Monte) 16 E16
Verezzi 30 J6
Verezzo 29 K5
Vergato 33 J15
Vergemoli 32 J13
Verghereto (Prato) 37 K15
Verghereto (Forlì) 38 K18
Vergiano 39 J19
Vergiate 12 E8
Vergine Maria (Palermo) 86 M22
Vergineto 40 K20
Vergnasco 11 F6
Verica 33 J14
Vermenagna 29 J4
Vermica 79 K33
Vermiglio 5 D14
Vermiglio (Val) 5 C13
Vernà (Pizzo di) 89 M27
Vernago / Vernagt 5 B14
Vernago (Lago di) 5 B14
Vernagt / Vernago 5 B14
Vernante 29 J4
Vernasca 24 H11
Vernazza 31 J11
Vernazzano 45 M18
Vernio 33 J15
Vernole 75 G36
Verolanuova 24 G12
Verolavecchia 24 G12
Verolengo 21 G5
Veroli 57 C22
Verona 15 F14
Verona (Pizzo) 4 C11
Veronella 26 G15
Verrand 10 E2
Verrayes 11 E4
Verrecchie 51 P21
Verrès 11 F5
Verrino 59 Q24
Verrone 11 F6
Verrua Po 23 G9
Verrua Savoia 21 G6
Verrutoli (Monte) 67 E30
Versa 19 E22
Versa (Asti) 21 G6
Versa (Fiume) 18 E20
Versa (Pavia) 23 G9
Versano 58 S24
Versciaco / Vierschach 7 B18
Versilia (Riviera della) 36 K12
Vertana (Cima) 5 C13
Verteglia (Piano di) 65 E26
Vertemate 13 E9
Vertova 14 E11
Verucchio 39 K19
Vervio 5 D12
Vervò 16 D15
Verza 23 G11

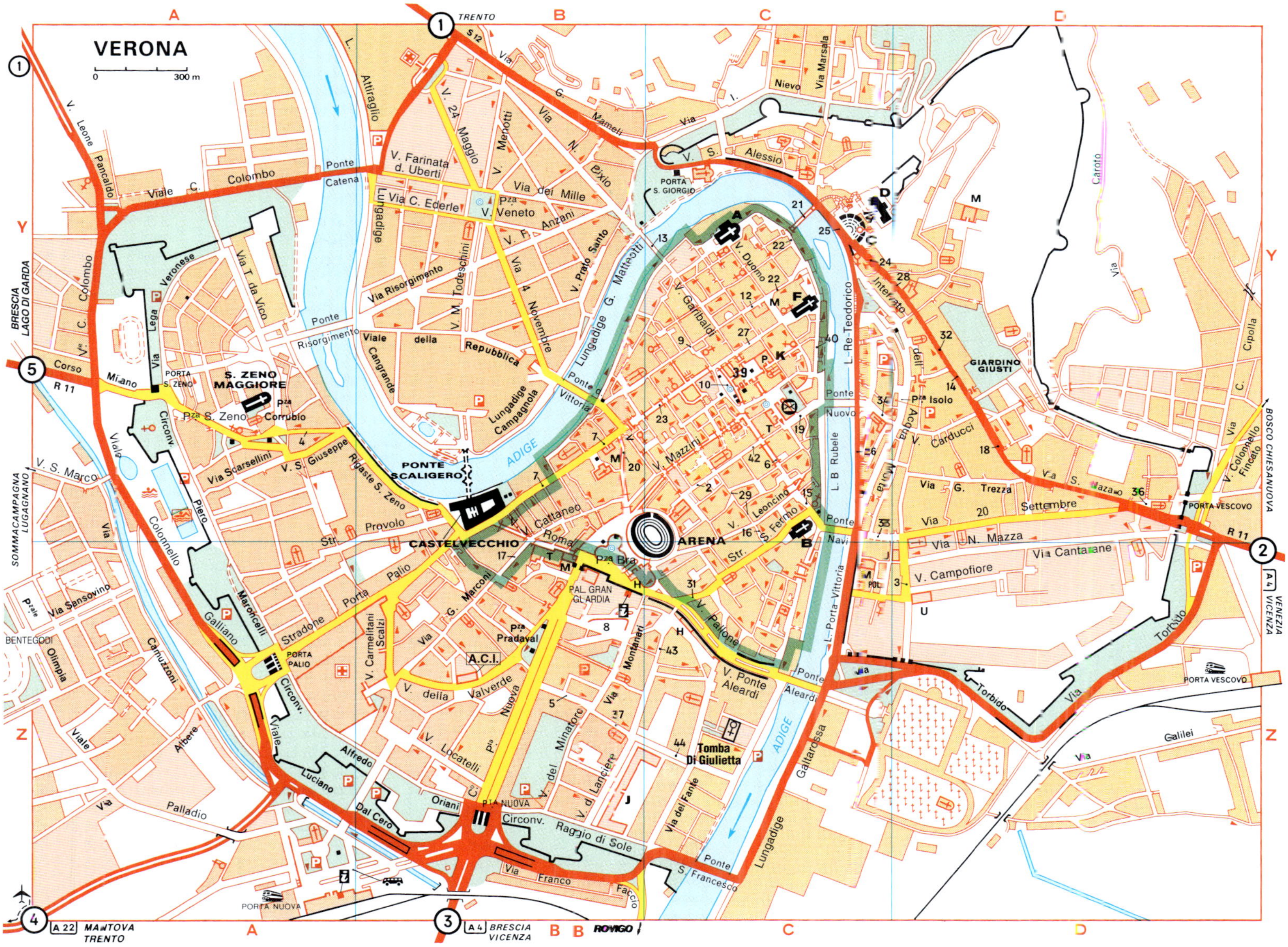

Circolazione regolamentata nel centro città

Anfiteatro (Via) CY 2
Artigliere (V.) CDZ 3
Barbarani (Via B.) AY 4
Battisti (Via C.) BZ 5
Cappello (Via) CY 6
Cavour (Corso) BY 7
Cittadella (Piazza) BZ 8
Emilei (Via Francesco) CY 9
Erbe (Piazza delle) CY 10
Forti (Via Achille) CY 12
Garibaldi (Ponte) CY 13
Giardino Giusti (Via) DY 14
Leoni (Via) CY 15
Malenza (Via G. B.) CY 16
Manin (Via Daniele) BZ 17
Mazzini (Via) CY
Muro Padri (Via) DY 18
Nizza (Via) CY 19
Oberdan (Via) BY 20
Pietra (Ponte di) CY 21
Ponte di Pietra (Via) CY 22
Porta Borsari (Corso) CY 23
Redentore (Via) CY 24
Regaste Redentore CY 25
Roma (Via) BYZ
Sammicheli (Lungadige) CY 26
S. Anastasia (Corso) BCY 27
S. Chiara (Via) DY 28
S. Cosimo (Via) CY 29
S. Maffei (Stradone) CZ 31
S. Maria in Organo (Via) DY 32
S. Paolo (Via) CY 33
S. Tomaso (Via) CY 34
S. Toscana (Piazza) DY 36
SS. Trinità (Via) BZ 37
Signori (Piazza dei) CY 39
Sottoriva (Via) CY 40
Stella (Via) CY 42
Tezone (Via) CZ 43
Zappatore (Via dello) CZ 44

A DUOMO
B SAN FERMO MAGGIORE
C TEATRO ROMANO
D CASTEL SAN PIETRO
F SANT'ANASTASIA
K ARCHE SCALIGERE

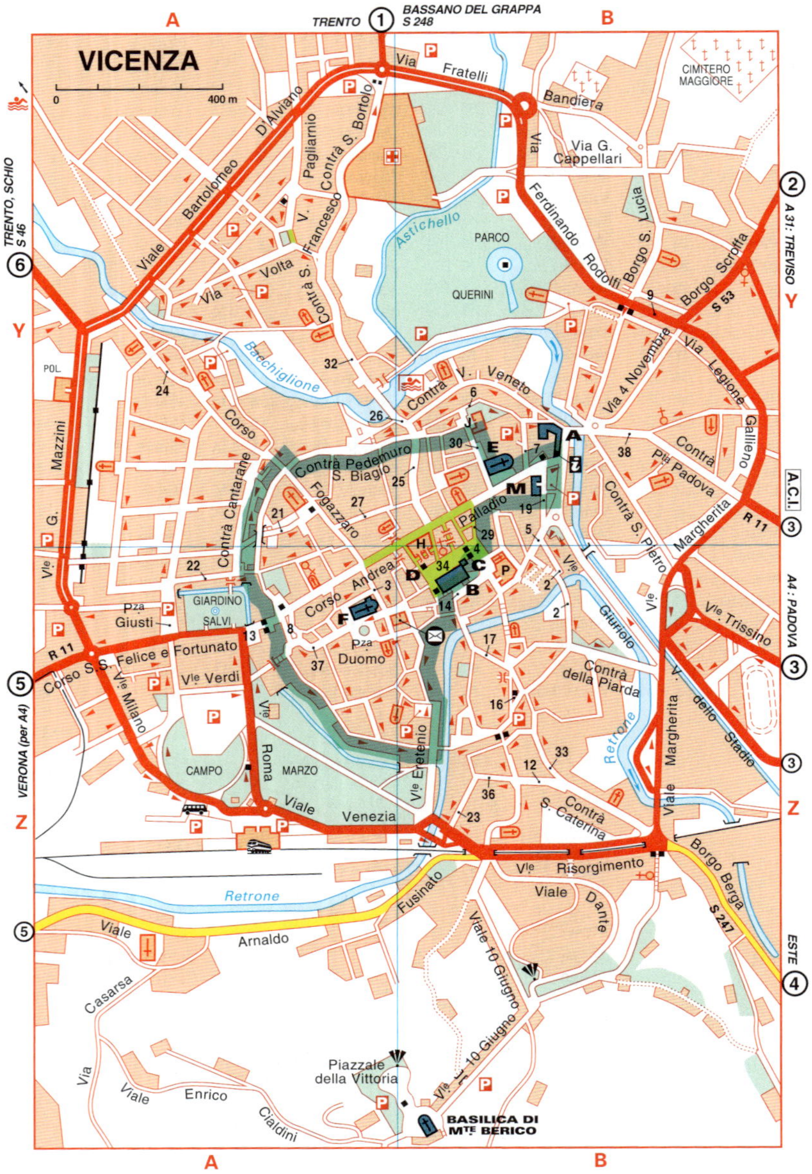

Barche (Contrà delle)	BZ	2
Battisti (Via C.)	AZ	3
Biade o della Biava (Pza d.)	BZ	4
Cabianca (Contrà J.)	BYZ	5
Canove (Contrà delle)	BY	6
Canove Vecchie (Contrà)	BY	7
Castello (Piazza del)	AZ	8
Ceccarini (Via)	BY	9
Chinotto (Via G.)	BZ	12
De Gasperi (Piazzale)	AZ	13
Erbe (Piazza delle)	BZ	14
Gualdi (Piazza)	BZ	16
Lioy (Via P.)	BZ	17
Matteotti (Piazza)	BY	19
Montagna (Via B.)	AY	21
Mure Pta Nuova (Contrà)	AZ	22
Palladio (Corso A.)	ABYZ	
Porta Lupia (Contrà)	BZ	23
Porta S. Croce (Contrà)	AY	24
Porti (Contrà)	BY	25
Pusterla (Contrà)	BY	26
Riale (Contrà)	AY	27
S. Barbara (Contrà)	BY	29
S. Corona (Contrà)	BY	30
S. Marco (Contrà)	AY	32
S. Tomaso (Contrà)	BZ	33
Signori (Piazza dei)	BZ	34
Valmerlara (Contrà)	BZ	36
Vescovado (Contrà)	AZ	37
20 Settembre (Contrà)	BY	38

Circolazione regolamentata nel centro città

A TEATRO OLIMPICO
B BASILICA
C TORRE BISSARA
D LOGGIA DEL CAPITANIO
E CHIESA DELLA SANTA CORONA
F DUOMO
M MUSEO CIVICO

Verzegnis 8 C20
Verzegnis (Monte) 8 C20
Verzi 29 J6
Verzino 77 J32
Verzuolo 20 I4
Vescia Scanzano 45 N20
Vescona 44 M16
Vescovado 44 M16
Vescovana 26 G17
Vescovato 24 G12
Vesime 21 I6
Vesio 15 E14
Vesole (Monte) 70 F27
Vespolate 12 F7
Vespolo (Monte) 4 D11
Vessalico 29 J5
Vesta 14 E13
Vestea 52 O23
Vestenanova 15 F15
Vestigne 11 F5
Vestone 14 E13
Vesuvio 64 E25
Vetan 10 E3
Veternigo 26 F18
Vetralla 49 P18
Vetrano (Serra) 92 P26
Vetria 29 J6
Vetriolo Terme 16 D15
Vette (le) 17 D17
Vettica Maggiore 65 F25
Vettigne 22 F6
Vetto 32 I13
Vettore (Monte) 46 N21
Vetulonia 43 N14
Veveri 12 F7
Vezza 38 L17
Vezza d'Oglio 5 D13
Vezza (Torrente) 49 O18
Vezzanello 32 J12
Vezzano (Parma) 32 I12
Vezzano (Trento) 5 D14
Vezzano Ligure 32 J11
Vezzano
sul Crostolo 32 I13
Vezzena (Passo di) 16 E16
Vezzo 12 E7
Vezzola 25 H14
Vezzolano
(Abbazia di) 21 G5
Viadana 24 H13
Viadana Bresciana 24 F13
Viagrande 89 O27
Viamaggio 39 K18
Viamaggio
(Passo di) 39 K18
Vianino 24 H11
Viano 33 I13
Viarago 16 D15
Viareggio 36 K12
Viarigi 22 G7
Viarolo 24 H12
Viarovere 25 H15
Viazzano 24 H12
Vibo Valentia 78 K30
Vibo Valentia
Marina 78 K30
Viboldone 23 F9
Vibonati 71 G28
Vibrata 47 N23
Vicalvi 58 Q23
Vicarello (Livorno) 36 L13
Vicarello (Roma) 49 P18
Vicari 86 N22
Vicari (Fiume) 86 N22
Vicchio 38 K16
Viceno (Terni) 44 N18
Viceno (Verbania) 2 D6
Vicenza 26 F16
Viciomaggio 38 L17
Vico 33 J14
Vico del Gargano 55 B29
Vico d'Elsa 37 L15
Vico Equense 64 F25
Vico (Lago di) 49 P18
Vico nel Lazio 57 Q22
Vicobarone 23 H10
Vicofertile 24 H12
Vicoforte 29 I5
Vicoforte
(Santuario di) 29 I5
Vicoli 52 O23
Vicomero 24 H12
Vicomoscano 24 H13
Vicopisano 37 K13
Vicovaro 50 P20
Vidalenzo 24 G12
Viddalba 98 E8
Vidiciatico 33 J14
Vidigulfo 23 G9
Vidor 17 E18
Vidracco 11 F5
Viepri 45 N19
Vierschach /
Versciaco 7 B18
Viesci 51 O21
Vieste 55 B30
Vietri di Potenza 66 F28
Vietri sul Mare 65 F26
Vietti 11 G4
Vieyes 10 F3
Viganella 2 D6
Vigarano Mainarda 34 H16
Vigarano Pieve 34 H16
Vigasio 25 G14
Vigatto 24 H12
Vigevano 22 G8
Vigezzo (Piana di) 2 D7
Vigezzo (Val) 2 D7
Viggianello 76 H30
Viggiano 71 F29
Viggiù 12 E8
Vighizzolo (Brescia) 14 F13
Vighizzolo (Milano) 13 E9
Vighizzolo d'Este 26 G16
Vigliano 51 O21
Vigliano Biellese 11 F6
Viglio (Monte) 57 Q22
Viglione (Masseria) 63 E32
Vigna di Valle 49 P18
Vignai 29 K5
Vignale Monferrato 22 G7
Vignanello 50 O18
Vignate 13 F10
Vigne 50 O19
Vignola 95 D9
Vignola
(Massa Carrara) 32 I11
Vignola (Modena) 33 I15
Vignola Mare 95 D9
Vignola (Monte) 15 E14
Vignole 17 D18
Vignole Borbera 22 H8
Vignolo 28 I4
Vigo 26 G15
Vigo di Cadore 8 C19
Vigo di Fassa 6 C17
Vigo Rendena 5 D14
Vigodarzere 26 F17
Vigoleno 24 H11
Vigolo 14 E12
Vigolo Baselga 16 D15
Vigolo Marchese 24 H11
Vigolo Vattaro 16 D15
Vigolzone 23 H11
Vigone 21 H4
Vigonovo
(Pordenone) 18 E19
Vigonovo (Venezia) 26 F18
Vigonza 26 F17
Vigorovea 26 G18
Viguzzolo 22 H8
Vila di Sopra / Ober
Wielenbach 7 B17
Villa 45 M18
Villa (Brescia) 14 E12
Villa (Savona) 29 I6
Villa a Sesta 44 L16
Villa (Udine) 8 C20
Villa Adriana
(Tivoli) 50 Q20
Villa Baldassarri 69 F35
Villa Barbaro
(Maser) 17 E17
Villa Bartolomea 26 G16
Villa Basilica 33 K13
Villa Bozza 52 O23
Villa Caldari 52 P25
Villa Canale 59 Q25
Villa-Carcina 14 F12
Villa Carlotta
(Tremezzo) 13 E9
Villa Castelli 69 F34
Villa Celiera 52 O23
Villa Col de' Canali 45 L20
Villa Collemandina 32 J13
Villa Cordellina-Lombardi
(Tavernelle) 26 F16
Villa d'Adda 13 E10
Villa d'Agri 71 F29
Villa d'Aiano 33 J14
Villa d'Almè 13 E10
Villa d'Artimino 37 K15
Villa del Bosco
(Biella) 12 F6
Villa del Bosco
(Padova) 26 G18
Villa del Conte 26 F17
Villa del Foro 22 H7
Villa della Petraia
(Firenze) 37 K15
Villa di Artimino 37 K15
Villa di Briano 64 D24
Villa di Castello
(Firenze) 37 K15
Villa di Chiavenna 4 D10
Villa di Poggio
a Caiano 37 K15
Villa di Sério 13 E11
Villa di Tirano 5 D12
Villa Dogana 33 J15
Villa d'Ogna 14 E11
Villa d'Orri 103 J9
Villa Estense 26 G17
Villa Faraldi 29 K6
Villa Fastiggi 40 K20
Villa Fontana 34 I16
Villa Forci 36 K13
Villa Foscari
(Malcontenta) 27 F18
Villa Gamberaia
(Settignano) 37 K15
Villa Garibaldi 25 G14
Villa Grande 52 P25
Villa Hanbury 28 K4
Villa Jovis (Capri) 64 F24
Villa La Rotonda
(Vicenza) 26 F16
Villa Lagarina 16 E15
Villa Lante
(Bagnaia) 49 O18
Villa Latina 58 R23
Villa le Sabine 36 M13
Villa Literno 64 D24
Villa Littorio 70 F28
Villa Manin
(Passariano) 18 E21
Villa Mansi
(Segromigno) 36 K13
Villa Margherita 42 M13
Villa Minozzo 32 I13
Villa Napoleone
(S. Martino) 42 N12
Villa Oliveti 52 O24
Villa Olmo (Como) 13 E9
Villa Ottone /
Uttenheim 7 B17
Villa Pasquali 24 G13
Villa Passo 47 N22
Villa Pisani (Strà) 27 F18
Villa Pliniana
(Torno) 13 E9
Villa Poma 25 H15
Villa Potenza 46 M22
Villa Reale
di Marlia 36 K13
Villa Rendena 5 D14
Villa Rosa 47 N23
Villa S. Giovanni
(Pescara) 52 O24
Villa S. Giovanni (Reggio
di Calabria) 80 M28
Villa Saletta 37 L14
Villa S. Angelo 51 P22
Villa S. Antonio 47 N23
Villa Sta Croce 64 D24
Villa S. Faustino 45 N19
Villa S. Giovanni
in Tuscia 49 P18
Villa S. Leonardo 52 P25
Villa Sta Lucia 58 R23
Villa Sta Lucia
degli Abruzzi 52 O23
Villa Sta Maria 52 Q25
Villa S. Pietro 103 J8
Villa S. Sebastiano 51 P21
Villa S. Secondo 21 G6
Villa Sto Stefano 57 R21
Villa Santina 8 C20
Villa Saviola 25 G14
Villa Serraglio 34 I17
Villa Torrigiani
(Segromigno) 36 K13
Villa Vallucci 51 O22
Villa Verde 100 H8
Villa Verdi
(S. Agata) 24 G12
Villa Verucchio 39 J19
Villa Vomano 52 O23
Villabassa /
Niederdorf 7 B18
Villabate 86 M22
Villabella 22 G7
Villaberza 32 I13
Villabruna 17 D17
Villachiara 24 F11
Villacidro 102 I8
Villadeati 21 G6
Villadoro 87 N24
Villadose 26 G17
Villadossola 2 D6
Villafalletto 21 I4
Villafelice 58 R22
Villafontana 25 G15
Villafora 26 G16
Villafranca d'Asti 21 H6
Villafranca di Forlì 34 J18
Villafranca
di Verona 25 F14
Villafranca
in Lunigiana 32 J11
Villafranca
Padovana 26 F17
Villafranca
Piemonte 21 H4
Villafranca Sicula 90 O21
Villafranca Tirrena 80 M28
Villafrati 86 N22
Villaggio Amendola 55 C29
Villaggio Frasso 76 I31
Villaggio Mancuso 79 J31
Villaggio Mosé 91 P22
Villaggio Racise 77 J31
Villaggio Resta 74 G35
Villaggio
Sta Margherita 88 N25
Villagrande 39 K19
Villagrande
(Tornimparte) 51 P21
Villagrande
Strisaili 101 H10
Villagrappa 34 J17
Villagrazia 86 M21
Villagrazia di Carini 86 M21
Villagreca 103 I9
Villalago 52 Q23
Villalba 91 O23
Villalfonsina 53 P25
Villalunga 29 J6
Villalvernia 22 H8
Villamagna (Chieti) 52 P24
Villamagna
(Firenze) 38 K16
Villamagna (Pisa) 37 L14
Villamaina 65 E27
Villamar 100 I8
Villamarina 39 J19
Villamarzana 26 G17
Villamassargia 102 J7
Villammare 71 G28
Villandro / Villanders 6 C16
Villandro (Monte) 6 C16
Villaneto 72 G30
Villanoce 31 I10
Villanova (Bologna) 34 I16
Villanova (Firenze) 37 K14
Villanova (Forlì) 34 J17
Villanova (Modena) 25 H14
Villanova (Pavia) 24 G13
Villanova (Pescara) 52 O24
Villanova (Ravenna) 34 I18
Villanova (Torino) 20 H3
Villanova (Venezia) 18 E20
Villanova (Masseria) 69 F36
Villanova d'Albenga 29 J6
Villanova
d'Ardenghi 23 G9
Villanova d'Asti 21 H5
Villanova
del Battista 60 D27
Villanova
del Ghebbo 26 G16
Villanova del Sillaro 23 G10
Villanova di
Camposampiero 26 F17

VITERBO

Ascenzi (Via F.) ... Y 2
Caduti (Piazza dei) ... Y 3
Cardinale La Fontaine (Via) ... Z 4
Carmine (Via del) ... Z 6
Crispi (Piazza F.) ... Y 7
Fabbriche (Via delle) ... Z 10
Gesù (Piazza del) ... Z 12
Italia (Corso) ... Y
Lorenzo da Viterbo (Via) ... Z 13
Marconi (Via G.) ... Y
Maria SS. Liberatrice (Via) ... Y 15
Matteotti (Via G.) ... Y
Meone (Via del) ... Z 16
Mille (Via dei) ... Z 17
Morte (Piazza della) ... Z 18
Orologio Vecchio (Via) ... Y 19
Pace (Via della) ... Z 20
Piaggiarelle (Via D.) ... Z 23
Pianoscarano (Via di) ... Z 24
Pietra del Pesce (Via) ... Z 25
Plebiscito (Piazza del) ... Y 26
Roma (Via) ... Y 27
Rosselli (Via Fratelli) ... Y 28
Saffi (Via) ... YZ 29
San Bonaventura (Via) ... Y 32
San Carluccio (Piazza) ... Z 33
San Leonardo (Via) ... Z 36
San Pellegrino (Piazza) ... Z 37
San Pellegrino (Via) ... Z 39
Trinità (Piazza della) ... Y 40
Vallepiatta (Via) ... Y 41
Verità (Via della) ... Y 43

Circolazione stradale regolamentata nel centro città

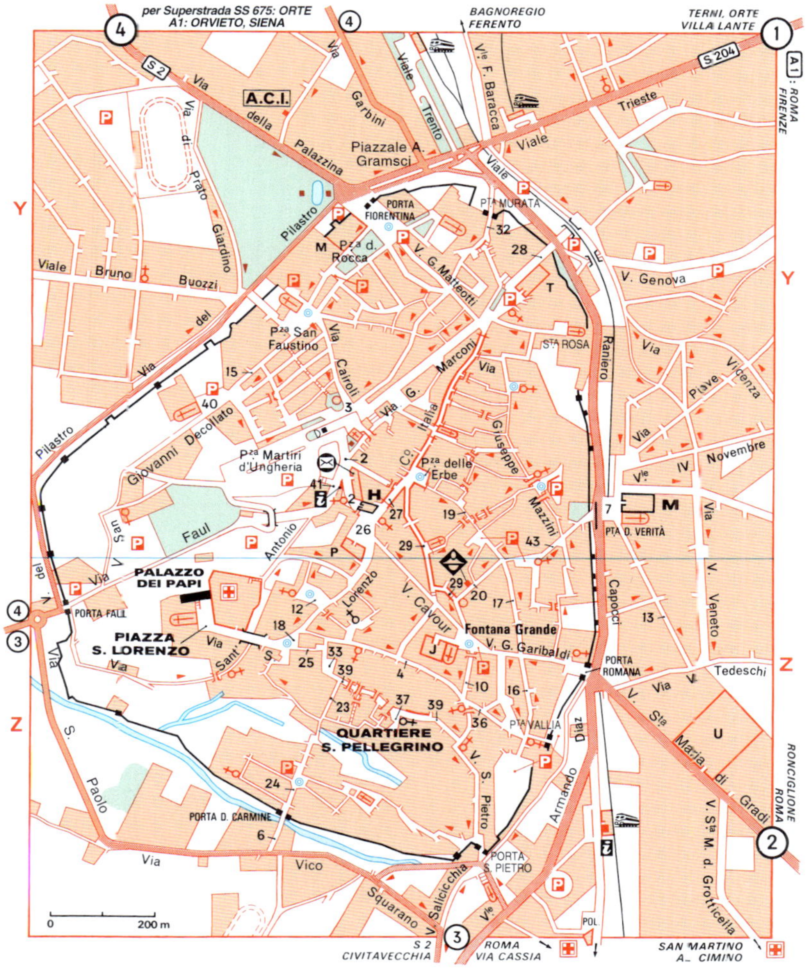

Villanova Franca 100 I9
Villanova Maiardina 25 G14
Villanova Marchesana 26 H17
Villanova Mondovì 29 I5
Villanova Monferrato 22 G7
Villanova Monteleone 96 F7
Villanova Solaro 21 H4
Villanova Strisaili 101 H10
Villanova sull'Arda 24 G11
Villanova Truschedu 100 H8
Villanova Tulo 101 H9
Villanovaforru 100 I8
Villanterio 23 G10
Villanuova 14 F11
Villanuova sul Clisi 14 F13
Villaorba 18 D21
Villapaiera 17 D17
Villaperuccio 102 J8
Villapiana (Belluno) 17 D17
Villapiana (Cosenza) 76 H31
Villapiana Lido 76 H31
Villapiana Scalo 76 H31
Villapriolo 91 O24
Villaputzu 103 I10
Villar Focchiardo 20 G3
Villar Pellice 20 H3
Villar Perosa 20 H3
Villarbasse 21 G4
Villarboit 13 F7
Villareggia 11 G5
Villareia 52 O24
Villaretto 20 G3
Villarios 102 J7
Villaro 20 H3
Villaromagnano 22 H8
Villarosa 91 O24
Villarosa (Lago) 91 O24
Villarotta 25 H14
Villasalto 103 I10
Villasanta 13 F9
Villaseta 90 P22
Villasimius 103 J10
Villasmundo 93 P27
Villasor 103 I8
Villaspeciosa 102 J8
Villastellone 21 H5
Villastrada (Mantova) 25 H13
Villastrada (Perugia) 44 M18
Villata (Cuneo) 28 I4
Villata (Vercelli) 22 F7
Villatalla 29 K5
Villatella 28 K4
Villaurbana 100 H8
Villaurea 87 N23
Villavallelonga 58 Q22
Villaverla 16 F16
Ville di Fano 51 O21
Ville sur Sarre 10 E3
Villeneuve 10 E3
Villerose 51 P21
Villesse 19 E22
Villetta Barrea 58 Q23
Villimpenta 25 G15
Villnöß / Funes 6 C17
Villongo 14 E11
Villorba 17 E18
Villore 38 K16
Villoresi (Canale) 12 F8
Villotta 18 E20
Vilminore di Scalve 14 E12
Vilpian / Vilpiano 6 C15
Vilpiano / Vilpian 6 C15
Vimercate 13 F10
Vimodrone (Milano) 13 F9
Vinadio 28 J3
Vinaio 8 C20
Vinca 32 J12
Vinchiaturo 59 R25
Vinchio 22 H6
Vinci 37 K14
Vinciarello 81 L31
Vinco 80 M29
Vindoli 51 O21
Vinovo 21 H4
Vinschgau / Venosta (Val) 5 C13
Vintl / Vandoies 7 B17
Vinzaglio 22 G7
Viola 29 J5
Viola (Val) 5 C12
Vione 5 D13
Viòz (Monte) 5 C13
Viozene 29 J5
Vipiteno / Sterzing 6 B16
Virgilio 25 G14
Virle Piemonte 21 H4
Visaille (la) 10 E2
Visano 24 G13
Vische 21 G5
Visciano 65 E25
Visciglieto (Masseria) 54 C28
Visdende (Valle) 8 C19
Visentin (Col) 17 D18
Viserba 39 J19
Viserbella 39 J19
Visgnola 3 E9
Visiano 24 H12
Visnadello 17 E18
Viso (Monte) 20 H3
Visome 17 D18
Visone 30 I7
Visso 46 N21
Vistarino 23 G9
Vistrorio 11 F5
Vita 85 N20
Vita (Capo della) 42 N13
Vitalba (Poggio) 37 L13
Vitamore (Masseria) 66 E28
Viterbo 49 O18
Viticuso 58 R23
Vitinia 56 Q19
Vito (Serra di) 88 N26
Vitorchiano 49 O18
Vitravo 77 J32
Vitriola 33 I13
Vittoria 92 Q25
Vittoriale (il) 15 F13
Vittorio Veneto 17 E18
Vittorio Veneto (Rifugio) 7 A17
Vittorito 52 P23
Vittuone 12 F8
Vitulano 65 D25
Vitulazio 64 D24
Viù 10 G4
Viù (Val di) 10 G3
Vivaro 8 D20
Vivaro Romano 51 P21
Viverone 11 F6
Viverone (Lago di) 11 F6
Viviere 28 I2
Vivione (Passo del) 5 D12
Vivo d'Orcia 44 N16
Vizze (Passo di) / Pfitscherjoch 6 B16
Vizze (Val di) 6 B16
Vizzini 92 P26
Vizzola Ticino 12 F8
Vo (Padova) 26 G16
Vo (Vicenza) 26 F16
Vobarno 14 F13
Vobbia 31 I9
Vocca 11 E6
Vodo Cadore 7 C18
Völs am Schlern / Fié allo Sciliar 6 C16
Voghera 23 H9
Voghiera 34 H17
Vogogna 2 D6
Volania 35 H18
Volano (Ferrara) 35 H18
Volano (Trento) 16 E15
Volargne 15 F14
Volciano 14 F13
Volla (Napoli) 64 E25
Vollan / Foiana 6 C15
Volmiano 37 K15
Vologno 32 I13
Volongo 24 G12
Volpago del Montello 17 E18
Volpara (Alessandria) 23 H9
Volpara (Pavia) 23 H9
Volparo 70 F27
Volpe (Cala di) 95 D10
Volpe (Punta della) 95 D10
Volpedo 22 H8
Volperino 46 N20
Volpiano 21 G5
Volsini (Monti) 49 O17
Volta 4 D10
Volta Mantovana 24 G13
Voltaggio 30 I8
Voltago Agordino 17 D18
Voltana 34 I17
Volterra 37 L14
Voltido 24 G13
Voltre 38 J18
Voltri 30 I8
Volturara Appula 60 C27
Volturara Irpina 65 E26
Volturino 60 C27
Volturino (Fiumara) 60 C27
Volturino (Monte) 71 F29
Volturno 58 R24
Volumni (Ipogeo di) 45 M19
Volvera 21 H4
Vomano 51 O22
Vomano (Val di) 51 O22
Vöran / Verano 6 C15
Vorno 36 K13
Vottignasco 21 I4
Votturino (Lago) 77 J31
Voturo (Pizzo) 87 M24
Vulcanello (Monte) 82 L26
Vulcano (Bocche di) 82 L26
Vulcano (Isola) 82 L26
Vulcano (Monte) 90 T20
Vulci 49 O16
Vulgano 60 C27
Vulture (Monte) 66 E28

W

Waidbruck / Ponte Gardena 6 C16
Walten / Valtina 6 B15
Wangen / Vanga 6 C16
Weißenbach / Riobianco (vicino a Campo Tures) 7 B17
Weißenbach / Riobianco (vicino a Pennes) 6 B16
Weißkugel / Bianca (Palla) 5 B14
Weisslahnbad / Bagni di Lavina Bianca 6 C16
Weißseespitze / Lago Bianco (Punta) 5 B14
Weitental / Vallarga 7 B17
Welsberg / Monguelfo 7 B18
Welschnofen / Nova Levante 6 C16
Wengen / La Valle 7 C17
Wiesen / Prati 6 B16
Wieser Alm / Malga Prato 7 A18
Wilde Kreuzspitze / Croce (Picco di) 6 B16
Willy Jervis 20 H3
Winnebach / Prato alla Drava 7 B19
Wölkenstein in Gröden / Selva di Valgardena 7 C17
Wölfl / Lupicino 6 C16

X

Xirbi 91 O24
Xireni (Masseria) 87 N23
Xitta 84 N19
Xomo (Passo di) 16 E15
Xon (Passo) 16 E15

Z

Zaccanopoli 78 L29
Zaccaria 64 E24
Zaccheo 47 N23
Zacchi (Rifugio) 9 C23
Zafferana Etnea 89 N27
Zafferano (Capo) 86 M22
Zafferano (Porto) 102 K7
Zagarise 78 K31
Zagarolo 57 Q20
Zaiama 9 D21
Zambana 16 D15
Zambla 14 E11
Zamboni 32 J13
Zambrone 78 K29
Zambrone (Punta di) 78 K29
Zancona 44 N16
Zané 16 E16
Zangarona 78 K30
Zanica 13 F11
Zanotti 28 J2
Zappolino 33 I15
Zapponeta 61 C29
Zappulla 88 M25
Zappulla (Case) 92 Q25
Zatta (Monte) 31 I10
Zattaglia 34 J17
Zavattarello 23 H9
Zeccone 23 G9
Zeda (Monte) 2 D7
Zeddiani 100 H7
Zelbio 13 E9
Zelo 26 G16
Zelo Buon Persico 23 F10
Zeme 22 G7
Zena 34 I16
Zenna 3 D8
Zenobito (Punta del) 42 M11
Zenson di Piave 18 E19
Zeppara 100 H8
Zerba 31 I9
Zerbio 24 G11
Zerbion (Monte) 11 E4
Zerbolò 23 G9
Zerfaliu 100 H8
Zeri 31 I11
Zerman 27 F18
Zero 27 F18
Zero Branco 27 F18
Zevio 25 F15
Ziano di Fiemme 16 D16
Ziano Piacentino 23 G10
Zibello 24 G12
Zibido 23 G9
Zibido S. Giacomo 23 F9
Zignago 31 J11
Zimardo 92 Q26
Zimella 26 F16
Zimmara (Monte) 87 N24
Zimone 11 F6
Zinasco Nuovo 23 G9
Zinasco Vecchio 23 G9
Zinga 77 J32
Zingarini 56 R19
Zingonia 13 F10
Zinnigas 102 J8
Zinola 30 J7
Zinzulusa (Grotta) 75 G37
Zippo (Masseria) 68 E33
Ziracco 9 D22
Zita (Passo della) 88 M26
Zoagli 31 I9
Zocca 33 I14
Zóccolo (Lago di) 5 C14
Zogno 13 E10
Zola Predosa 33 I15
Zolco Alto 7 C18
Zolco (Valle di) 7 C18
Zollino 75 G36
Zomaro 81 M30
Zone (Brescia) 14 E12
Zone (Lucca) 37 K13
Zoppè 13 E19
Zoppè di Cadore 7 C18
Zoppo (Portella dello) 88 N26
Zoppola 18 E20
Zorlesco 23 G10
Zorzoi 17 D17
Zovallo (Passo) 31 I10
Zovello 8 C20
Zovo (Passo del) 8 C19
Zsigmondy-Comici (Rifugio) 7 C19
Zubiena 11 F5
Zuccarello 29 J6
Zucchi (Piano) 87 N23
Zucco (Lo) 86 M21
Zuccone Campelli 13 E10
Zuccone (Monte) 31 I10
Zuddas (Is) 102 J8
Zuel 7 C18
Zugliano 16 E16
Zuglio 8 C21
Zugna (Monte) 16 E15
Zula 34 I16
Zum Zeri 31 I11
Zumaglia 11 F6
Zumelle (Castello di) 17 D18
Zungoli 60 D27
Zungri 78 L29
Zupo (Pizzo) 4 C11
Zuppino 66 F27
Zurco 25 H13
Zuri 100 G8
Zurrone (Monte) 58 Q24
Zwischenwasser / Longega 7 B17